書簡集からみた宮部金吾

ハーバード大学留学時代の宮部金吾

書簡集からみた宮部金吾
ある植物学者の生涯

秋月俊幸❖編

北海道大学出版会

本書は社団法人「札幌農学振興会」の刊行助成を得て出版された

卒業前の札幌農学校第2期生たち(明治14年)　前列：左から町村金弥・諏訪鹿三・ピーボディ・ブルックス・カッター・宮部金吾・高木玉太郎，後列：足立元太郎・新渡戸稲造・内村鑑三・鶴崎久米一・藤田九三郎・南鷹次郎・廣井勇・岩崎行親

上：東京で再会した生涯の友(明治16年)
　　左から新渡戸・宮部・内村
中：宮部金吾に贈られたマクシモーヴィチの肖像
　　写真(1889年3月撮影)
右：27歳頃の牧野富太郎
下：東北帝国大学農科大学腊葉庫。左は宮部金吾

宮部金吾帰朝歓迎のため集った当時の生物学者たち(明治22年9月17日, 東京九段・富士見軒)　左から, 1列目: 藤田経信・八木奨三郎・八田三郎(中村粲太郎)・岡村金太郎・藤井健次郎・松井敬勝・三好学, 2列目: 堀誠太郎・矢田部良吉・箕作佳吉・飯島魁・松村任三・大久保三郎・宮部金吾, 3列目: 安江豊太郎・澤田駒次郎・岩川友太郎・丘浅次郎・宍戸一郎・齊田功太郎・池野成一郎・岸上鎌吉・染谷徳五郎・五島清太郎, 4列目: 波江元吉・菊地松太郎・長松篤棐・柘植千嘉衛・堀正太郎・松田定久・岡田信利・田中(市川)延次郎

北海道帝国大学附属植物園に集合した植物学者たち(昭和4年7月29日)　左から, 前列: 伊藤誠哉, 榎本鈴雄・富樫浩吾・並河功・木原均・後藤一雄・西山市三・今井三子・亀井専次・本間ヤス, 後列: 工藤祐舜・小南清・山田玄太郎・川村清一・宮部金吾・西田彰三・早田文蔵・草野俊助・坂村徹・田原正人・大賀一郎・山口彌輔・石田文三郎

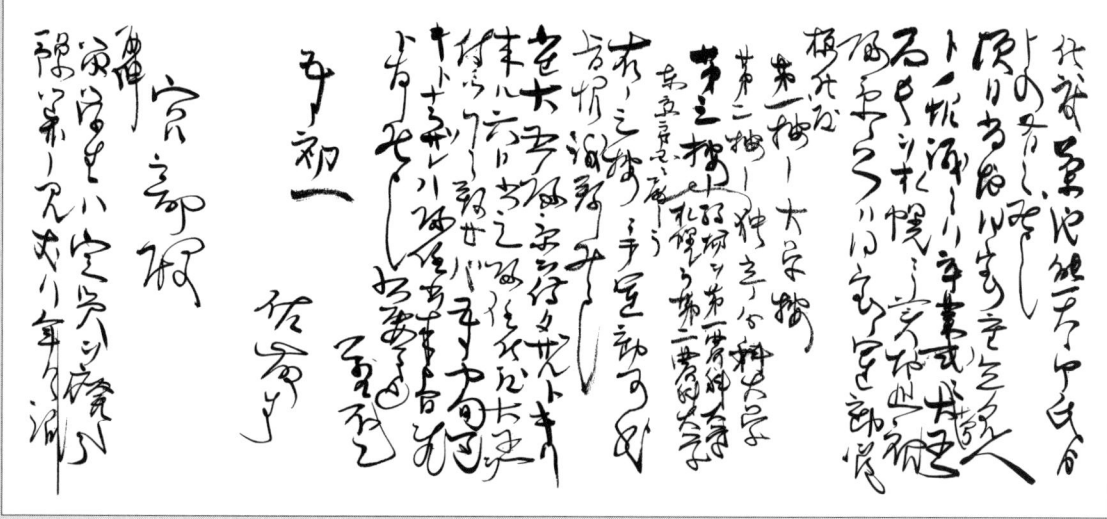

上：牧野富太郎　明治28年12月14日（書簡番号004）
下左：C. Maximowicz　1889年3月19日（書簡番号M-21）
下右：W. Farlow　1908年2月7日（書簡番号F-31）

まえがき

　本書は，明治初年〜昭和20年代の著名な植物学者宮部金吾博士(1860-1951)が生涯にわたり大切に保存されていた約3,000通の書簡を発信者ごとに配列し，それらの内容のごく一部を要約した目録である。それは主として宮部博士に宛てられた書簡集で，博士自身が書かれたものではないにせよ，間接的に博士の人柄や生涯における仕事を如実に物語っている貴重な資料である。宮部博士は植物学に対する貢献によって文化勲章を受けた人であるが，その学問の性格のゆえに札幌農学校時代の同級生であった内村鑑三や新渡戸稲造ほどには世間に知られていないと思われるので，はじめに博士の略歴を簡単に記しておきたい。

略　　歴

　宮部博士は万延元年(1860)江戸下谷の御徒町(現在のJR御徒町駅の東側)に低い身分の幕臣の家に生まれ，明治10年(1877)官立の東京英語学校在学中に開拓使からの募集に応じて札幌農学校に入学した第2期生の一人であった。札幌農学校はその前年の明治9年にアメリカのマサチューセッツ州立農科大学学長W. S. クラークを教頭として開校した学校であったが，英語名を Sapporo Agricultural College という4年制のアメリカ型の単科大学(予科を併置)で，本科の教授たちはすべてアメリカ人教師であった。まもなく新設の東京大学に無試験で進学することが予定されていた東京英語学校(この年「大学予備門」と改称)の最上級生たちが，寒冷な未開地におかれた札幌農学校に12名も応募したのは(ほかに工部大学校予科より4名，長崎英語学校より2名)，外国式の大学教育を標榜するこの学校のハイカラさにひかれたほかに彼らの多くが貧乏士族の子弟だったからのようである。この学校は授業料や教科書，文房具をはじめ衣食住から小遣い銭にいたるまで支給した完全給費制で，卒業後の身分も保証していたことが彼らにとって魅力的であったと思われる。しかし宮部博士の場合はそのほかに，実家が有名な蝦夷地探険家松浦武四郎の住居に近く博士が養子に望まれるほど親密な間柄だったので，日頃から武四郎に蝦夷地のことをいろいろと聞かされていたことも北海道をめざす動機になったのであろう。

　宮部博士は明治14年(1881)に札幌農学校を卒業すると(卒業演説の題は「植物学と農業との関係」)，開拓使の規定に従って御用掛という官吏に任官したが，その身分のままで東京大学の植物学教室(生物学科)に2年間派遣された。それは将来札幌農学校の外国人教師に代わるべき教師の養成のためであった。ところで当時の東京大学も，明治10年に江戸幕府の教育機関を引き継いだ「東京開成学校」と「東京医学校」を合わせて開校してからまもないころで，植物学の初代教授はアメリカのコーネル大学で学んだ矢田部良吉であった(矢田部教授は明治11年には，大森貝塚の発見やわが国への進化論の紹介で有名な動物学者のエドワード・モース教授

と一緒に北海道へ採集旅行の途次に札幌農学校に立寄っている）。宮部博士が留学したころの東京大学植物学教室はまだ日が浅く，したがって植物学の文献やタイプ標本なども不十分のため，矢田部教授でさえ学名の不明な植物は腊葉標本を外国の学者たちに送って学名をつけてもらっていたという。彼が『植物学雑誌』の英文欄で「今後は日本の植物の学名は日本人自身で命名する」と一種の独立宣言をしたのは，ようやく明治23年のことであった。このように当時の日本の植物学はまだ揺籃期にあったものの，宮部博士が東京大学においてこれから日本の動植物学の基礎をつくる人々とともに学んだことは，その後の研究や教育の人脈のうえで大きな影響をもつことになったことが書簡集からも察せられる。

　明治16年に3年間の植物学課程を2年間で修了して東京大学からディプロマ（卒業証書）を得て帰札した宮部博士は，直ちに札幌農学校助教（現在の准教授に相当）となった。そして翌年には札幌農学校の植物園計画の一環としてそこに植えるべき植物の採集のために植物園雇の金田一直治を伴って，6～8月の3カ月間にわたり，徒歩と乗馬で道東の釧路，網走から根室まで跋渉し，さらには千島のシコタン島からエトロフ島にまで渡って多くの植物の苗や種子などを採集している。その翌年には開拓使の後を継いだ農商務省の北海道事業管理局から旧開拓使博物場（現在も国指定重要文化財として北大植物園内に残る）が敷地とともに札幌農学校に移管されたので，宮部博士は早速植物園を設計して今日の北大植物園の基礎をおいたが，それが最終的に完成したのは明治32年のことであった（面積は13万5000平方メートル）。

　明治19年，宮部博士はアメリカのハーバード大学大学院に3年間の留学を命じられたが，そこでは世界的な植物学者エーサ・グレイ名誉教授の腊葉庫の自由な利用を認められ，ファーロー教授などのもとで植物病理学や菌類学，海藻学を研究した。さらに以前シコタン島やエトロフ島で採集した腊葉標本などをもとに『千島植物誌』(The Flora of the Kurile Islands)を学位論文として完成し，『ボストン博物学会誌』に発表している。それは千島列島に関する最初の植物誌であったばかりでなく，日本人が外国で発表した最初の植物地理学の論文であったといわれている。その論文を書き上げるために宮部博士は，以前から文通や腊葉の交換をして親交を深めていたロシアのペテルブルグ植物園のマクシモーヴィチ博士から北千島の植物の情報を受取っていたことが書簡によって知られる。マクシモーヴィチは1887年10月12日付の宮部博士宛の書簡のなかで「千島列島については気象や地理条件のためにロシアの植物学者でも同地を訪れた者は皆無であるが，かつてロシアの調査船の士官たちが北千島で採集した植物標本がロシアの科学アカデミーや植物園にあるので，貴君に対する尊敬の証しとしてウルップ島以北の北千島の109種の植物リストを送る」と書いている。

　明治22年(1889)留学を終えて日本への帰国に際し，博士はマクシモーヴィチの招待を受けてペテルブルグに赴いたが，植物園内の自宅に10日ほど滞在し一家を挙げての歓待を受けたそうである。このマクシモーヴィチという人は，かつてアムール河流域を調査して『アムール地方植物誌』(1859年)をまとめたばかりでなく，1860年以後は幕末期の箱館を中心に横浜・長崎をふくめて3年間も日本に滞在し，従僕の須川長之助の協力によって日本各地の植物を採集し，『日本および満州植物誌』や『アジア新植物誌』などの大著によって「東亜植物学の父」と呼ばれていた有名な植物学者であった。明治20年代の初めまでは，矢田部良吉，牧野富太郎その他の日本の植物学者たちは彼にたくさんの日本の植物標本を送って同定を依頼し，学名をつけてもらっていたので，彼は日本の植物学者たちの教師のような人であった。宮部博士は

帰国の途次にはロシアのほかイギリス，ドイツ，フランスでも多数の著名な植物学者たちに面会しており，当時のわが国ではもっとも視野の広い学者になっていたようである。

宮部博士が帰国した明治22年9月に，東京大学の生物学科(動植物学教室)の教師や学生たちが東京九段の富士見軒で帰国歓迎会を開いたときの写真が残っている。そこには植物学教室初代教授の矢田部良吉，助教授の松村任三のほか，動物学教室からも箕作佳吉，飯島魁，丘浅次郎そのほか，日本の動植物学の草創期の多くの人々が見られる珍しい写真である。恐らくそれは宮部博士から最新の海外事情を聞くことを期待して集まった歓迎会だったと思われる。そこには当時植物学教室付属の小石川植物園の事務掛をしていた堀誠太郎という人も写っているが，彼はかつては札幌農学校の予科教師(マサチューセッツ農科大学におけるクラーク博士の教え子)で，明治10年4月には帰国するクラーク博士の通訳として上京した折に東京英語学校を訪れ，前年のクラーク博士同様熱心な弁舌によって宮部，内村，新渡戸などの札幌農学校第2期生たちを募集した人であった。彼はやがて植物学で学位を取得し，その息子の中井猛之進ものちに東大の植物学教授になっている。

このようにして帰国とともに札幌農学校教授となった宮部博士は，その後昭和2年(1927)に退官するまで約40年にわたり東北帝国大学農科大学，ついで北海道帝国大学農学部の教授を歴任し，植物病理学，菌類学，藻類学，北方植物学などの分野で内外の専門家たちから世界的な学者として尊敬されていた。その門下からは地方大学としては異例なほど多くのすぐれた学者たちを輩出しており，教育者としても偉大な人であったことが想像される。

書簡集のこと

北海道大学は，平成2年(1990)東京の宮部家から多数の博士の貴重な遺品の寄贈を受け，それらを北大植物園内の「宮部記念館」に保管・展示している。それらの受贈や展示のために尽力されたのは宮部博士の直系の弟子にあたる四方英四郎名誉教授(現在日本学士院会員)であった。私は遺品を整理しておられた旧知の四方教授からそのなかに内村鑑三，新渡戸稲造その他の旧友たちの書簡がたくさん含まれていることをお聞きしたので，それらの書簡を私の古い職場の北大図書館北方資料室に移して整理させてもらうことを申し出て了解を得た。以前私が『北大百年史』の編集員をしていたころ，農学部から宮部博士旧蔵の多数の和文書簡が移管されていたので，それらと合体して目録を作成することを考えたからであった。その後四方教授から植物学教室には宮部博士宛の外国人書簡も多数残されていることを知らせていただいたので，それらも一緒に整理することにし，このようにして以前宮部博士の手元で大切に保管されながら博士の没後に保管場所が別れていた書簡集は，再び合体されることになったのであった。宮部博士がこれらの書簡をいかに大切にされていたかは，すでに生前にそれらを発信人別に仕分けしておられたことによっても知ることができる。それゆえ私に残された仕事は，それらを日付順に配列して各書簡の内容を簡単に記したリストを作ることであった。

上記のように書簡集が最近まで執筆者のグループによって別々に保管されていたことを考慮して，私はそれらを次のように4部と付録に分けることにした。

第1部　東京英語学校・札幌農学校初期の旧友たちの書簡(14人，530通)
第2部　その他の日本人の書簡(311人，1,393通)　＊明治〜昭和初期の日本の代表的な植物学者の多くを含む

第3部　絵葉書(約100人，206通)　＊第2部のうち，別置されていたもの
第4部　外国人書簡(326人，1,006通)　＊諸外国の著名な植物学者や在日外国人などを含む
付　録　「マキシモウィッチ氏生誕百年記念会」一件資料(約60人，98通)

　以上の書簡の総数は約800人，3,233通であるが，それらは全て北大保管の書簡のみで，宮部家に残されていた家族関係の書簡は含まない。

　第1部の書簡の多くは旧友たちからの私信であるが，その最初のものは竹馬の友で東京英語学校時代の親友でもあった高田早苗(のち大隈重信に協力して早稲田専門学校・早稲田大学の創設に参加)の書簡である。そこには東京大学におけるモース教授の進化論講義の評判や札幌農学校の基督教の噂，維新政府の朝鮮・琉球政策に対する批判などが述べられていて興味深い。もっとも数が多い内村鑑三書簡(241通)のほぼ全ては『全集』中に活字化されており，新渡戸稲造書簡の一部も同様である。そのほかここには大島正健，廣井勇，渡瀬庄三郎，岩崎行親ら札幌農学校初期の卒業生たちの珍しい書簡のほか，佐藤昌介校長が東京から宮部教授に送った親展書簡類なども含まれているが，後者は札幌農学校の縮小・廃校論に対抗して維持・再編の運動を進めていたころの札幌農学校当局や同窓生たちの努力を示す北海道大学史の一級史料である。

　第2部の書簡の多くは植物学関係の内容であるが，そのなかには明治以来の著名な植物学者たちの書簡をたくさん含んでおり，それだけでも日本植物学史における貴重な資料ということができる。しかしそれ以外にもそこには全国の植物愛好者たちからの植物の同定依頼や学名の照会，各県の農事試験場や園芸農家などからの作物病害菌の特定依頼やその対策についての照会などが非常にたくさん残されており，それらを読むと宮部博士が多忙な研究や教育の生活にもかかわらず，市井の人々の植物学の知識の向上や日本の農業発展のために，時間や労力を惜しまず誠実に協力しておられたことが察せられる。札幌農学校の腊葉庫の充実ぶりは当時から広く知られていたが，そのためには以上のような全国からの照会に付せられていた標本類も貢献していたのかもしれない。札幌農学校の標本類は数量的に豊富であったばかりでなく，宮部博士の努力によって正確に分類，整理されていたので，東大植物学教室の学生たちが卒論作成のために教授たちの依頼書を付して貸出しを頼んだ書簡がいくつも残っている。ある東大の教師は「この3年間菌類の採集に従事しながら名称の不明なものが多く，一々欧州の専門家に照会してきましたが，貴校の菌類標本の豊富なことを知って羨ましく思いました」と書いている。

　第3部には，宮部博士がまとめて保管しておられた絵葉書のみを別置し，備考欄にその内容を付した。

　第4部の書簡は国内外の外国人から宮部博士に宛てられた書簡であるが，そこには世界的な植物学者として知られていた博士の特徴がもっともよくあらわれている。博士が留学したハーバード大学の教職員や一緒に学んだ多くの友人たちが，数十年を経たのちも博士のことを大変懐かしがっていたことから，留学中およびその後も彼が周辺の人々からいかに信頼され尊敬されていたかを知ることができる。札幌農学校および北大に勤務していたほとんど全ての外国人教師たちの書簡も見られるが，われわれによく知られている在日外国人たちの書簡がたくさん見られるのも興味深い。しかしここで触れておきたいのは，宮部博士が深く尊敬していたクラーク博士の子息ヒューバートおよび孫のW. S. クラークIIから日中戦争について受け取った

書簡である。前者は昭和12年(1937)暮に書いた書簡のなかで「わが国の多くの日本の友人たちは，日本の中国における行為に失望しているといわねばなりません」と書き，後者は「尊敬する文化をもつ日本が，外国において恐ろしい殺戮を始めたことを悲しみます」と記している。同様の書簡はほかにもみられるので，恐らく宮部博士は親友の新渡戸稲造亡きあとに彼の志を継いで，日本の中国への進出に対する不評を親しいアメリカの友人たちに弁解したのだと思われるが，それは個人の善意を超えた悲劇の時代の始まりであった。外国人書簡のなかで特異なのは，大正初年から昭和初年まで函館副領事や長崎領事を務めていたある英国人の書簡である。彼は植物の同定や照会など長々とした依頼の手紙を時には日をおかず，返事を催促しつつ約180通にものぼる慇懃無礼な手紙を宮部博士に送っている。多忙な博士がそれらを拒絶せず面倒な調査にも応じておられたらしいのは，凡人には測り知れない寛容さを示すものであろう。

　宮部博士が相手を問わず誠実に質問に応じておられたことは，書簡集のなかに植物学に熱心な中学生や高校生なども含まれていたことからも知ることができる。そしてそのような人たちのなかから後年のすぐれた植物学者も幾人か生まれている。たとえば明治36年に工藤祐舜という秋田県横手中学校の生徒が，夏休み中に採集した植物標本類を宮部博士に送って不明なものの名称を尋ねているが，この人は中学生でありながらアメリカ，カナダ，アフリカ，シンガポールなどの植物園と標本の交換をしていたようである。ある時シンガポールからの標本の荷物が横浜税関で10円の関税を課されて支払いができず，宮部博士にアメリカとナタール(南アフリカのイギリス領)の標本を10円で引き取ってもらえないか頼んでいるが，その後「お手紙を拝見し，一中学生に示されたご高恩に感泣しています」と記した手紙が残っている。彼はのちに東大植物学科を卒業してから宮部博士を慕って北大の農学実科に講師として赴任し，『北海道薬用植物図彙』その他を著わしたほか，北海道庁の委託を受けて宮部博士と共著で『北海道主要樹木図譜』(原色画は須崎忠助)という3輯86図版の非常に正確で美麗な樹木図鑑を刊行している。それが世界の植物学界から非常に高い評価を受けたことは，第4部中のいくつもの書簡からも知ることができる(ただ北大では彼に然るべき地位と給与を保証できなかったので，工藤氏は昭和3年には新設の台北帝大教授として台湾に赴任したが，不幸にも数年後風土病で死亡しており，宮部博士は彼のために心のこもった評伝を『札幌博物学会会報』第12巻に記している)。

　以上のべてきたように，宮部博士は戦前の日本を代表する植物学者だったにもかかわらず，全国からの照会に対しては素人・専門家などの区別なく親切に回答や調査に応じておられたことが書簡集からも察せられる。そのことは学問に対する博士の態度であったとともに，生来のお人柄でもあったようである。実際に宮部博士について語られたいろいろな文章を読むと，博士が周辺の全ての人々から学問的にばかりでなく，人間的にも深く尊敬されていた心の広い人だったことが分かる。宮部博士は札幌農学校時代には4年間を内村鑑三と寄宿舎の同室で過ごしながら，一度も喧嘩をしたことがなかったといわれているが，内村がとくに気性の烈しい人だったらしいことを考えると信じがたいことである(内村は晩年に書いた年賀状のなかで「五十年喧嘩せずして過しけり，善き乎悪き乎何はともあれ」と短歌で感慨を記している)。また牧野富太郎博士もかなりあくの強い性格で，幾度か教授たちと喧嘩して東大の植物学教室を追い出されかかっているが，宮部博士は親しい先輩として日頃からそのことを危惧しておられたようである。明治42年にも牧野博士は松村任三教授の感情を害して休職になったようである

が，たまたま東大の植物学教室を訪れてそのことを知った宮部博士の愛弟子の川上瀧彌（阿寒湖のマリモの発見者）は，牧野氏は日本の植物学界にとって大切な人なので是非宮部先生から松村教授に休職の撤回を働きかけて欲しいと書き送っている。松村教授は宮部博士の東大留学以来の親しい友人だったので効果は大きかったのではないだろうか。

　この書簡集に含まれている書簡は明治10年(1877)から昭和25年(1950)まで，すなわち明治の初めから第2次大戦後までの70年以上にわたっており，また書簡の発信地も世界各地にわたっている。それゆえそれらはこの長い期間における日本のみならず世界の大きな変化を反映している。そこからは宮部博士や周辺の人々に起った出来事ばかりでなく，明治以来の日本や世界の平和と戦争の時代の状況などについても窺い知ることのできる情報も少なくない。そのほか明治期の日本人の書簡の多くは和紙の巻紙に毛筆で書かれていたことや，外国人の書簡ではタイプライターの使用が19世紀末になってから始まったことなど習慣の変化なども分かる。そこには日本の旧外地の研究機関からの郵便や軍事郵便なども含まれ，第2次大戦中の書簡には研究室の人や物の不足ばかりでなく，空襲を恐れて地方への疎開が記されたものもある。戦後になると食糧難の記述が多くなり，占領軍の検閲によって開封された郵便も見られる。それゆえこれらの書簡集は宮部博士に関する直接的な資料であるばかりでなく，博士の生きた時代の背景的な資料ということもできるであろう。

　宮部博士は東京で生まれ，18歳のときに来札してから90歳で他界するまで多くの時期を札幌に居住して学問一筋の生涯を送られたので，札幌に残された足跡も少なくなかった。その最初のものは現在も札幌の中心部にあって市民に憩いを与えている北大植物園であり，また大都市近傍としては世界的にも稀といわれる円山や藻岩山の原生林の保存であった。第2次大戦後にアメリカ占領軍が藻岩山にスキーの滑降コースを造り始めたときも，宮部博士は単身司令部に出向いてこの山の植物学的な意義を説いてその中止を求めたそうであるが，米軍はそれにはかまわず北斜面の原生林に大回転コースを切り開いたという。その後米軍のスキー場が閉鎖すると札幌市はその使用を禁止して自然林の回復を図ったが，それには30年を要したそうである（昭和33年には南斜面に市民スキー場が開かれた）。宮部博士の研究室外の活動としては，そのほかにもユニークな「札幌独立基督教会」の維持や新渡戸夫妻が設立した貧しい子供たちの「遠友夜学校」の存続のために尽くされた努力などが広く知られており，札幌市は昭和24年博士に札幌市名誉市民の称号を贈っている。

　最後に，北海道在住の植物学者としての宮部博士のアイヌの薬用植物の研究にも触れておきたい。博士は明治17年シコタン島を訪れたとき，北千島のシュムシュ島からこの島に移されたばかりの千島アイヌたちに植物名を尋ねてアイヌ語名を記録したが，明治25年にはアイヌの有用植物調査のために千歳や沙流川流域のアイヌコタンを訪れて調査し，札幌博物学会・東京地学協会などの会報や『日本アジア協会紀要』においてアイヌの有用植物について報告をしている。その後も博士のアイヌ語植物名の研究が続いていたことは，寛政11年(1799)に江戸幕府が蝦夷地に派遣した採薬使渋江長伯一行が北海道の東岸地方で採集した約440種の植物標本に，宮部博士がこの調査に同行した土岐新甫の『東夷物産誌』や谷元旦の『蝦夷日記』などにもとづいて採集地，採集月日，アイヌ語名，和名，学名などの付箋をつけられた『蝦夷草木腊葉帖』（仮題）の原本22冊が北大総合博物館に保管されていることからも知ることができる。昭和13年にも博士は北海道薬学講演会において「アイヌの薬用植物について」と題して約60

種類の薬用植物を発表しているが，宮部博士の「アイヌ語植物名辞典」の編纂にとくに期待していたのは，早くから日本各地の植物方言を調査していた牧野富太郎博士であった．牧野博士が昭和15年ころから繰り返し宮部博士にそのことを催促していたことは書簡集によっても知られるが，それは未完に終わったようである．そのことを実現したのは，北海道大学のアイヌ系言語学者知里真志保博士の『分類アイヌ語辞典』第1巻「植物篇」（日本常民文化研究所，昭和28年）であった．それは言語学と民族学の豊富な知識に裏づけられた独創的な著作で，昭和29年度「朝日賞」を受けている．その「序言」では，宮部博士その他の人々のアイヌ語植物名の記載に見られる共通した誤りが実例を挙げて指摘されている．

付録　「マキシモウィッチ氏生誕百年記念会」一件資料

　昭和2年（1927）11月23日，北海道帝国大学中央講堂においてロシアの植物学者マクシモーヴィチの生誕百年を記念する会が開催され，関係資料も展示された．それは宮部博士を会長とする「札幌博物学会」が主催したものであったが，実際には学会員のほかに北大の教官・学生，一般市民も参加する大学を挙げての盛大な式典となり，詳細な報告書（『札幌博物学会会報』第10巻第1号別刷，昭和3年）も残されている．この記念会については多数の関係資料が残されているので，それらも一括してこの書簡集の末尾に収めることにした．

　それらのなかのある書簡によれば，宮部博士は日本の植物学に対するマクシモーヴィチ博士の恩恵に感謝するために生誕百年祭の開催を「東京植物学会」（のちの「日本植物学会」）に提案したが，同学会では資金難のほか，外国の学者に対して公平でなければならないという理由でそのことを断わったようである＊．そこにはシベリア出兵や尼港事件以来のソ連に対する政治的配慮もあったと思われる．それにもかかわらず温厚で知られた宮部博士が札幌での開催を決意されたのは，自ら親しくマクシモーヴィチの教えを受け，草創期の日本の植物学に対する彼の貢献を熟知しておられたことによるものであろう．そのため宮部博士は国内の植物学者たちに広く参加を呼びかけたが，初冬の時期に寒冷な遠隔地の札幌への旅行は当時の交通・宿泊事情から非常に困難であったので，道外からの参加者はマクシモーヴィチと特に因縁の深かった牧野富太郎博士だけで，伊藤篤太郎・白井光太郎両氏の賛同の辞は記念会において代読された．しかしこの会には国内からの祝電ばかりでなく，同じ日にマクシモーヴィチの生誕百年祭を挙行したソ連科学アカデミーや駐日ソ連代理大使のほか，マクシモーヴィチの愛娘ルーニン夫人からも感謝の電報が寄せられている．

　記念会の会場では，幕末の開国期に日本国内での自由な植物採集を認められていなかったマクシモーヴィチに代わってそのことに従事した従僕の須川長之助の功績も同時に顕彰され，長之助の写真や資料も収集して展示された．また，それより以前に彼の郷里の岩手県紫波村に建立されていた「須川長之助翁寿碑」の碑名を揮毫したのも，宮部博士と親しかった北大総長の佐藤昌介であった．

　　＊日本植物学会が外国の学者の生誕記念祭を行なった例としては，昭和27年（1952）10月に日本学術会議と共催で挙行した「ツュンベリー生誕200年祭」がある．ツュンベリーは植物分類学の創始者リンネの高弟で，1775〜76年長崎のオランダ商館医師として来日中にわが国の蘭学者たちに大きな影響を与え，帰国後『日本植物誌』（1784年）を著したスウェーデンの著名な植物学者であった．彼の生誕200年は第2次大

戦中の昭和18年に当たっていたため，戦後になってスウェーデンのリンネ学会の協賛を得て東京と長崎で記念祭が開かれたもので，その準備委員会委員長は北大理学部長の松浦一教授であった．

2010年5月

秋月俊幸

謝　　辞

　本書を編集するきっかけとなったのは，「まえがき」にも記したように，宮部家から寄贈された多数の資料を「宮部会館」に展示すべく整理しておられた北海道大学農学部の四方英四郎名誉教授から，その中に内村鑑三・新渡戸稲造その他の旧友たちの書簡が多数含まれていることを知らせていただいたからであった。そのほか同大農学部植物学教室に保管されていた多数の宮部博士宛の外国人書簡の自由な閲覧を許可して下さった四方名誉教授のご好意に深く感謝している。

　本書の刊行に際しては，社団法人「札幌農学振興会」（もと北大農学部「札幌同窓会」）から刊行助成を受け，編集については準備の段階から北海道大学出版会の前田次郎氏の助言と協力をいただいた。書簡の発信者の経歴や植物の学名等については多くの文献およびインターネットによる情報を参照した。北大関係者の略歴については北大文書館の井上高聡・山本美穂子両氏に負うところが多い。そのほか植物や海藻などの学名については北大総合博物館の専門家に，また独・仏・伊語等の筆記体の難読書簡や特殊言語の書簡については北大メディア・コミュニケーション研究院の専門家にご教示をお願いしたものがある。原稿のパソコン入力は妻の孝子に依頼し，技術的な面では折々に北大図書館北方資料室の竹鼻敏治氏（現在は地球環境科学研究院図書室）のお世話になった。上記の皆さんにも厚くお礼を申し述べたい。

凡　　例

1. 本書は現在北海道大学附属図書館に保管されている宮部金吾博士旧蔵の書簡約3,000通の目録である。それらは近く北海道大学文書館に移管される予定である。
2. 書簡全体は4部と付録に分け，そのなかは執筆者の50音順(外国人はアルファベット順)にまとめて日付順に配列し，各書簡の内容の簡単な説明を付した。
3. 記載事項は，書簡番号・年月日・発信者(発信地)・宛先・内容・備考の順とした。なお，発信地のうち米国の州名は略号で示した。
4. 人名項目には，可能な限りその人物の生没年と略歴を付した。
5. 年月日は，日本人書簡の場合は元号年(参考に適宜西暦年を元号年の後に斜体で表示)，外国人書簡の場合は西暦年で記した。
6. 日本語以外の言語で書かれた書簡の場合は，内容欄の最初に(英文)，(仏文)，(独文)のように記して区別した。
7. 内容欄は書簡の内容のごく一部を摘要したもので，全体を正確に要約したものではない。人名・植物名・地名等の表記は原則として原書簡に従ったが，学名の場合は(　)内に和名を記した場合もある。
8. 備考欄(内村・新渡戸両書簡のみ内容欄)には，封書・葉書，毛筆・ペン書・タイプ等の区別のほか，3枚以上にわたる書簡は頁数(p)を付し，巻紙書簡の長いものはcmで記した。また，「第3部 絵葉書」の備考欄には絵葉書の説明文を付した。

目　　次

まえがき　i

謝　辞　ix

凡　例　x

宮部金吾略年譜　xix

第1部　東京英語学校・札幌農学校初期の旧友たち

高田早苗 …………………3
伊藤一隆 …………………4
岩崎行親 …………………4
内村鑑三 …………………5
　（藤田九三郎宛）………18
大島正健 …………………18
佐藤昌介 …………………21
志賀重昂 …………………23

新渡戸（太田）稲造 ……23
　（安東幾三郎宛）………28
　（出田新宛）……………28
　（藤田九三郎宛）………28
早川鐵治 …………………28
廣井 勇 …………………29
松永（黒宮）武雄 ………30

宮部金吾
　（宍戸昌夫宛）…………30
　（高岡直吉ほか宛）……30
　（新渡戸〈太田〉稲造宛）……31
　（藤田九三郎宛）………33
渡瀬庄三郎 ………………33
渡瀬寅次郎
　（佐藤昌介ほか宛）……36

第2部　その他の日本人

あ　39-40

相川銀次郎 ………………39
相田幾次郎 ………………39
赤石行雄 …………………39
明峰正夫 …………………39

浅倉金彦 …………………39
芦田譲治 …………………39
阿部貞一 …………………39
天野国一 …………………40

新井 ………………………40
有元新太郎 ………………40
安藤文子 …………………40

い　41-48

池野成一郎 ………………41
石井盛次 …………………41
石尾和作 …………………41
石川千代松 ………………42
石川日出鶴丸 ……………42
石山哲爾 …………………42

市村 塘 …………………43
出田 新 …………………43
伊藤誠哉 …………………45
伊藤篤太郎 ………………45
乾 環 ……………………47
犬丸鉄太郎 ………………47

猪熊泰三 …………………47
今村駿一郎 ………………47
岩崎高男 …………………48
岩垂 悟 …………………48
岩間庄八 …………………48

う・え　48-53

植木秀幹 …………………48
上田栄次郎 ………………48
上田半二郎 ………………48
上田守蔵 …………………49
上野庄五郎 ………………49

植松（？） ………………49
牛込寛治 …………………49
内村千治 …………………49
内村祐之 …………………50
内山富次郎 ………………50

内山正雄 …………………50
梅村甚太郎 ………………50
遠藤吉三郎 ………………50
遠藤 茂 …………………53

お　53-63

逢坂信悳 …………………53	大野笑三 …………………56	小川二郎 …………………59
大井次三郎 ………………53	大野　壯 …………………56	小川善八 …………………60
大木謙吉 …………………54	大山利秀 …………………56	奥平幹一 …………………60
大久保三郎 ………………54	岡田喜一 …………………56	奥村俊夫 …………………60
大幸勇吉 …………………54	岡田忠男 …………………56	小倉　謙 …………………60
大島正満 …………………54	岡田信利 …………………57	尾崎勇次郎 ………………62
大島正義 …………………55	岡田要之助 ………………57	小田厚太郎 ………………62
大関雄志 …………………55	岡村金太郎 ………………57	小田柿捨次郎 ……………62
大竹義道 …………………55	岡村周諦 …………………58	小田切辰太郎 ……………63
大塚健次 …………………55	岡村信雄 …………………59	乙宗源二郎 ………………63
大西長太郎 ………………55	小川運平 …………………59	
大野磯吉 …………………55	小川三策 …………………59	

か　63-76

嘉敷宜有 …………………63	可児友二郎 ………………66	河越重紀 …………………75
学術体制刷新委員会 ……63	金子昌太郎 ………………67	川崎　甫 …………………75
角田啓司 …………………63	金平亮三 …………………67	川村清一 …………………75
笠井幹夫 …………………64	川上謙三郎 ………………67	川村多実二 ………………75
笠原十司 …………………66	川上瀧彌 …………………68	神田千代一 ………………76
勝村福太郎 ………………66	川口順次郎 ………………75	

き・く　76-89

菊池　捍 …………………76	木下順次 …………………78	木村祐治 …………………81
菊池幸次郎 ………………76	木場一夫 …………………78	木村陽二郎 ………………81
北川角弥 …………………76	木原　均 …………………78	草野俊助 …………………82
北川政夫 …………………77	木村有香 …………………80	工藤祐舜 …………………83
北川鯉一 …………………77	木村岩夫 …………………81	黒澤良平 …………………88
北島君三 …………………77	木村繁四郎 ………………81	桑田義備 …………………89
北村四郎 …………………77	木村　望 …………………81	

こ　89-96

小畦(四郎) ………………90	郡場　寛 …………………93	小松(タカシ) ……………95
小泉源一 …………………90	越崎宗一 …………………93	小室英夫 …………………95
小泉秀雄 …………………91	小嶋文右衛門 ……………93	小山健三 …………………95
黄　錫銓 …………………92	小菅勝郎 …………………94	今　武平 …………………95
纐纈理一郎 ………………92	小西　和 …………………94	近藤金吾 …………………96
河内完治 …………………92	小林義雄 …………………94	
河野常吉 …………………93	小松春三 …………………94	

さ　96-100

齋藤　和 …………………96	櫻井久一 …………………98	佐藤長三郎 ………………100
齋藤謙吉 …………………96	櫻井錠二 …………………98	佐藤初太郎 ………………100
齋藤賢道 …………………96	櫻井　懋 …………………98	佐藤昌彦 …………………100
榊原　仲 …………………97	櫻井　基 …………………98	佐藤正己 …………………100
榊原政和 …………………97	佐々木太一 ………………99	佐藤　陽 …………………100
坂村　徹 …………………97	佐々木林太郎 ……………99	佐藤利一 …………………101
崎山比佐衛 ………………97	佐竹義輔 …………………99	更科源蔵 …………………101
櫻井一雄 …………………97	佐藤勝三郎 ………………99	澤田兼吉 …………………101

し　101-105

篠遠喜人 …………………101	下山順一郎 ………………103	白井光太郎 ………………104
柴田桂太 …………………102	謝花寛三 …………………103	白澤保美 …………………104
渋谷紀三郎 ………………102	庄司勇吉 …………………103	白山友正 …………………104
島　連太郎 ………………102	荘嶋熊六 …………………103	神保小虎 …………………104
島村継夫 …………………103	植物分類学会 ……………103	神保忠男 …………………105
下斗米秀三 ………………103	植物分類同志会 …………103	

す・せ　105-111

末松真次 …………………105	菅原道太郎 ………………109	鈴木力治 …………………110
菅野省三 …………………105	杉山乙二郎 ………………109	鈴木良吉 …………………110
菅谷徳満 …………………105	椙山清利 …………………109	須藤義衛門 ………………110
菅原繁蔵 …………………105	須崎忠助 …………………110	千石興太郎 ………………111

た・ち　111-116

高木　Y.（八尺）…………111	竹尾弟彦 …………………112	田中茂穂 …………………114
高津駒十郎（?）…………111	武田久吉 …………………113	田中壮一郎 ………………115
高野定治 …………………111	田代安定 …………………113	田中長三郎 ………………115
高橋良直 …………………112	田代善太郎 ………………113	田中館（下斗米）秀三 …115
高橋良一 …………………112	田杉平司 …………………113	田辺操 ……………………116
高村倹治 …………………112	舘脇　操 …………………113	丹治七郎 …………………116
田川基二 …………………112	田中秋四郎 ………………114	張　際中 …………………116
竹内叔雄 …………………112	田中耕太郎 ………………114	陳　嶸 ……………………116

つ・て・と　117-120

辻　良介 …………………117	凍原社 ……………………117	栃内吉彦 …………………120
辻川巳之助 ………………117	十日会 ……………………118	豊川良之助 ………………120
照井陸奥生 ………………117	富樫浩吾 …………………118	
東京帝国大学農科大学	時田郇 ……………………119	
植物学教室 ……………117	徳淵永治郎 ………………119	

な・に・の　120-126

中井猛之進 ………………120	並河　功 …………………123	日本学術会議事務局 ……126
永井政次 …………………122	新島善直 …………………124	日本植物学会 ……………126
長尾又六 …………………123	西門義一 …………………124	日本植物病理学会 ………126
長岡半太郎 ………………123	西田彰三 …………………124	野澤俊次郎 ………………126
中村　畔 …………………123	西田藤次 …………………125	
中村守一 …………………123	西村真琴 …………………125	

は・ひ　127-134

芳賀鍬五郎 ………………127	原　寛 ……………………128	檜山水産会 ………………129
八田三郎 …………………127	半澤洵 ……………………128	平塚直治 …………………130
服部廣太郎 ………………127	樋浦　誠 …………………128	平塚直秀 …………………133
服部正平 …………………127	疋田豊治 …………………129	
早田文蔵 …………………127	日野謙夫 …………………129	

ふ・へ・ほ　134-141

福士貞吉 …………………134	卜蔵梅之丞 ………………139	堀川芳雄 …………………141
福田八十楠 ………………135	星　大吉 …………………139	本田正次 …………………141
藤井健次郎 ………………135	星野勇三 …………………139	本多利平次 ………………141
藤田経信 …………………137	堀田禎吉 …………………140	
逸見武雄 …………………138	堀　正太郎 ………………140	

ま・み・も　142-159

前川文夫 …………………142	松村任三 …………………148	三宅　勉 …………………155
牧野富太郎 ………………142	松本　巍 …………………151	宮部文臣 …………………157
正宗巌敬 …………………147	三浦道哉 …………………153	三好　学 …………………157
松浦　一 …………………147	水嶋正美 …………………154	本　仙太郎 ………………159
松島真次 …………………147	三村鐘三郎 ………………155	
松村松年 …………………147	三宅驥一 …………………155	

や・ゆ　160-168

矢澤米三郎 ………………160	矢部長克 …………………162	山田幸男 …………………166
安田　篤 …………………160	矢部吉禎 …………………162	山野義雄 …………………166
矢田部良吉 ………………160	山内繁雄 …………………163	山羽儀兵 …………………166
谷津直秀 …………………161	山形県立農事試験場 ……163	山本岩亀 …………………167
梁川剛一 …………………161	山口　収 …………………163	山本和太郎 ………………168
柳川　振 …………………161	山口彌輔 …………………163	山本由松 …………………168
柳川秀興 …………………162	山下互平 …………………163	幸原省吾 …………………168
梁田政蔵 …………………162	山田玄太郎 ………………163	

よ・ら・わ　168-172

横山荘次郎 ………………168	吉永虎馬 …………………170	吉村文五郎 ………………172
横山(橋本)直也 …………169	吉野毅一 …………………171	吉村文四郎 ………………172
横山春男 …………………169	吉野得一郎 ………………171	羅　宗洛 …………………172
吉岡美標 …………………170	吉村新蔵 …………………172	渡邊　惇 …………………172

第3部　絵葉書

あ 行　175-177

相原金治	市原伝太	稲田	内田登一	大島幸吉	小熊　捍
秋山茂雄	出田　新	今井三子	榎本鈴雄	大島　広	小此木龍彦
荒砥琢也	伊藤誠哉	岩崎二三	大久保　敬	岡本	小野定雄
石田文三郎	稲垣	岩垂　悟	大島金太郎	奥田　或	小野勇五郎
石田昌人					

か 行　177-179

加賀	神田千代一	木原　均	栗野亀蔵	小室国次	近藤金吾
金子昌太郎	菊池盛夫	木村陽二郎	小泉源一	今　裕	近藤金助
加留部(善次？)	北村四郎	工藤祐舜	郡場　寛	今田清二	

さ 行　179-180

齋藤賢道	櫻井一雄	佐藤一雄	澤田(兼吉？)	庄司彌造	鈴木良吉
坂村　徹	佐々木太一	佐藤正己	柴田桂太	素木得一	須田金之助

た 行　180-182

高岡熊雄	武田久吉	田中長三郎	富樫浩吾	栃内吉彦
高橋悌蔵	田澤　博	田村興吉	時任一彦	栃内？次郎
高松正信	舘脇　操	段　永嘉	徳田義信	栃内(？)

な 行　182-183

永井政次	中田覚五郎	成田秀三	西門義一	二宮(？)
長洲(？)	並河　功	新島善直	西村真琴	野村　満

は行　183-185

波木居修一	八田三郎	半澤伊太郎	平野正朝	逸見武雄	堀田禎吉
長谷川愛造	早坂一郎	半澤　洵	福士貞吉	卜蔵梅之丞（？）	本間中久

ま・や行　185-187

松島	松本　G.	三宅驥一	村山大紀	山内繁雄（？）	山枡義寛
松野孝雄	三浦道哉	三宅康次	森岡　勇	山田玄太郎（？）	山本吉之助
松村松年	三木	三宅　勉	柳川秀興	山中敏文	横瀬（？）

外国人　188

グブラー	ダヴィッドソン	デイヴィス	ボウヴァー
サットン	タッカー	フンベルト	E. T.
種子商会			

第4部　外　国　人

A・B　191-202

Alcock, L. …………191	Beattie, R. …………194	Boulanger, Em. …………198
Allen, T. & Paul …………191	Beckelt, T. …………195	Bower, T. …………198
Alston, A. …………191	Beer, R. …………196	Brenckle, J. …………199
Appel, C. …………191	Belhatte, C. …………196	Brigham, A. …………199
Atkinson, G. …………191	Bell, E. …………196	Brioti, G. …………199
Baagoe, I. …………191	Berger, A. …………196	Britton, N. …………199
Babcock, E. …………191	Bierbach, O. …………196	Brooks, F. …………199
Baker, C. …………192	Bigelow, R. …………197	Brooks, W. …………199
Baker, F. …………192	Bisby, G …………197	Brotherus, V. …………201
Balderston, L. …………192	Bishop, Wm. …………197	Buchanan, D. …………201
Balfour, I. …………193	Bixby, W. …………197	Buller, A. …………202
Banyay, A. …………193	Bninski, A. …………197	Bunting, I. …………202
Barr and Sons …………193	Boehmer, L. …………197	Burkill, I. …………202
Bartlett, H. …………194	Bois, D. …………198	Buter, R. …………202
Batalin, A. …………194	Bolley, H. …………198	Butter, E. …………202
Batchelor, J. …………194	Bonnier, G. …………198	Butterfield, K. …………202

C　203-205

Chaplin, W. …………203	Clark, W. S. II …………204	Correvon, H. …………205
Christ, E. …………203	Clinton, G. …………204	Cotton, A. …………205
Chung, H.（鐘心煊）…………203	Comez, O. …………205	Curtis, C. …………205
Clark, H. …………204	Conwentz, H. …………205	

D・E　206-210

Davis, J. …………206	Dode, L-A. …………207	Eaton, D. …………209
Dean, B. …………206	Dodge, B. …………207	Eliot, C. …………209
Deane, W. …………206	Dorsett, C. …………208	Elwes, H. …………209
Delpino, F. …………206	Duggar, B. …………208	Engler, A. …………209
De Toni, J. …………206	Dyer, W. …………208	Engles, A. …………209
Dieck, G. …………206	Dykes, W. …………208	Eriksson, J. …………210
Diehl, W. …………207	Easterfield, T. …………208	Erwin, A. …………210

F 210-217

Failert, W. ……………210	Fawcett, H. ……………215	Fitzpatrick, H. …………216
Fairchild, D. …………210	Fernald, M.……………215	Foslie, M. ………………216
Farlow, W. ……………211	Field, S. ………………215	Franchet, A. …………217
Farlow, L. ……………214	Fischer de Waldheim, A.…215	Freeman, E. …………217
Faurie, U. ……………214	Fisher, G. ………………216	

G 217-233

Gager, C.………………217	Gibbs, V. ………………219	Gray, Asa ………………220
Galloway, B. …………217	Giddings, N. ……………219	Gray, Jane ……………220
Ganong, W.……………217	Gilbert, W. ……………219	Greatrex, F. …………221
Gardner, N. …………218	Gloyer, W. ……………220	Greene, J. ……………232
Gates, T.………………219	Goodale, G.……………220	Griggs, R. ……………233
Geiman, J. ……………219	Graebener ……………220	Gubler, A. ……………233

H 233-238

Hall, G. ………………233	Haughs, D. ……………235	Hollos, L. ……………236
Hamet, R. ……………233	Hayes, A. ………………235	Holway, E. ……………236
Hanbury, T. …………233	Hedger, F. ……………235	Honey, E. ……………236
Handy, R. ……………233	Hemsley, W. …………235	Hotson, J. ……………237
Harlan, H. ……………233	Henry, A. ………………235	Howe, M. ………………237
Harris, M. ……………234	Hesler, L. ……………236	Hultén, O. ……………237
Harskberger, J.………234	Hieronymus, G. ………236	Humphrey, C.…………237
Hartshorne, A. ………234	Hill, A.…………………236	Humphrey, J.…………238

J 239-242

Jaap, O. ………………239	Jardin impérial botanique de St. Pétersbourg ……241	Johnson, D.……………242
Jack, J. ………………239		Jones, E. ………………242
Jackson, H.……………240	Jardine, N. ……………241	Jones, L. ………………242
Jaczewski, A.…………240	Jeffrey, E. ……………241	Jumelle, H. …………242
Janczewski, E. ………240	Johnson, A.……………241	

K 243-245

Kain, S. ………………243	Kinney, H. ……………243	Kryloff, P. ……………244
Kamienski, F. …………243	Koch, F. ………………243	Kryshtofovich, A. ……244
Kellerman, W. ………243	Kolkwitz, R. …………244	Kuckenthal, G. ………245
Kelly, H. ………………243	Kornhauser, S. ………244	

L 245-249

Leichtlin, M. …………245	Linton, E. ……………246	Lundström, E. …………249
Leonhardt, O.…………245	Lloyd, C. ………………246	Lunin, G.………………249
Lindley, F. ……………246	Loder, E. ………………248	Lyman, G. ……………249
Lindley, V. ……………246	Lotsy, J. ………………248	
Ling, A. ………………246	Lovett, R. ……………249	

M 250-255

Magnus, P. ……………250	Mattirolo, O. …………251	Mereshkowsky, S. ……254
Mains, E.………………250	Maximowicz, C. ………251	Merrill, E. ……………254
Mannheim International Exposition, 1907 ……250	Maxon, W. ……………253	Milne, J. ………………254
	McFarland, F. …………253	Molisch, H.……………254
Marcus, A. ……………250	Medvedev, P. …………253	Moore, F. ……………254
Massey, L. ……………251	Melchers, L. …………253	Morgan, J. ……………255

Morris, D. ·················255	Muséum d'histoire	
Morse, W. ·················255	naturelle ·····················255	

N・O   255-257

Nadson, G. ·················255	Newcombe ·················257	Oliver, I. ·······················257
Nambyar, P. ··············256	Noble, R.·····················257	Olmsted, F.··················257
Nessel, H. ·················256	Novograblenof, P. ········257	Osterhout, W.···············257

P・Q   258-262

Pabisch, H.·················258	Petrak, F. ·····················259	Porter, R. ·····················262
Palibin, J. ··················258	Pettee, J.·····················259	Powell, G. ···················261
Parker, G. ··················258	Pierson, G. ··················260	Praeger, R. ··················261
Patouillard, N. ············258	Piguet, A. ···················260	Price, W.·····················262
Patterson, F. ···············258	Piper, C. ·····················260	Pringle, C. ···················262
Penhallow, D.···············259	Plownight, C.················260	Purpus, C. ···················262
Penzig, O. ··················259	Popenoe, W. ···············260	Quanjer, H.···················262
Petch, T.····················259	Porsild, A. ···················261	

R   262-267

Rafn, J. ·····················262	Reineck, E. ··················264	Rothert, W.···················266
Rand, F. ····················262	Richards, H. ·················264	Rowell, L. ····················266
Reddick, D.·················263	Robbins, R.···················265	Rowland, G. ·················266
Reed, G. ····················263	Robertson, A.················265	Rowland, H. ·················267
Rehder, A. ··················263	Robinson, B. ················265	RoWwand, P.·················267
Rein, J.······················264	Rose, L. ······················266	Ruschpler, P. ················267
Reinbold ····················264	Rosenstock, E. ··············266	

S   267-284

Salmon, E. ··················267	Seymour, A. ·················276	Stevens, F. ···················282
Sargent, C. ·················269	Sharp, L.······················280	St. John, H. ·················282
Satzinger, W.················271	Shear, C. ·····················280	Stockbridge, H.··············283
Schenck, C.·················272	Sinskaia, E. ··················281	Stone, M.·····················283
Schick, T. ···················272	Sites, C. ······················281	Stopes, M. ···················283
Schlechter, R.···············272	Smith, C. ·····················281	Stout, A. ·····················283
Schmidt, O.··················272	Smith, E. ·····················281	St. Paul, B. ··················283
Schwerin, F. ················273	Smith, W. ····················281	Sturgis, W. ···················284
Scribner, F.··················273	Späth, F. ·····················282	Suksdorf, W. ·················284
Seaver, F. ···················273	Stakman, E. ··················282	Swingle, W. ··················284
Setchell, W. ·················273	Starr, F. ······················282	Sydow, P. ····················284

T   285-289

Tai, E. ·······················285	Thomson, R. ·················288	Townsend, C.·················289
Temple, E. ··················285	Tiesenhausen, Fr.············288	Tracy, S.······················289
Thaxter, R.··················285	Tilden, J.·····················288	Trelease, W. ·················289
Thesleff, A. ·················287	Todd, D. ·····················289	
Thompson, J. ···············288	Townsend, A.················289	

U・V   290-292

Underwood, L. ··············290	Van Eseltine, G. ············291	Vavilov, N.···················292
Urban, I. ····················291	Vasseur, L.···················291	Vilbouchevitch, J.············292
Utermart, W. ···············291	Vaughan, R. ·················291	Vilmorin, M. ·················292

W・Y・Z　292-299

Wakefield, E. ……292	Weston, W. ……294	Wolf, F. ……297
Wall, A. ……292	Wheeler, L. ……294	Wood, B. ……298
Ware, W. ……292	Wheeler, W. ……295	Wood, J. ……298
Watson, S. ……293	Whetzel, H. ……295	Wormald, H. ……298
Watts, R. ……293	Wille, J. ……296	Wynne, A. ……298
Wehmer, C. ……293	Wilpert, H. ……296	Yuncker, T. ……298
Wehmeyer, L. ……293	Wilson, E. ……296	Zahlbruckner, A. ……299
Weir, J. ……293	Wilson, G. ……297	Zundel, G. ……299
Went, F. ……294	Winkler, C. ……297	

付録 「マキシモヴィッチ氏生誕百年記念会」一件資料

Ⅰ．記念会開催に関する書簡　303-304

田中長三郎　　中井猛之進　　宮部金吾　　三好　学

Ⅱ．記念会への出欠通知　304-306

朝比奈泰彦　　神田正悌　　近野栄太郎　　中井猛之進　　早田文蔵　　松村任三
伊藤篤太郎　　木梨延太郎　　白井光太郎　　中田覚五郎　　久内清孝　　宮地数千木
江本(義数？)　木村有香　　白澤保美　　並河　功　　逸見武雄　　三好　学
大木麒一　　草野俊助　　真保一輔　　西田彰三　　本田正次　　山口彌輔
岡田要之助　　小泉秀雄　　神保忠男　　根本莞爾　　牧野富太郎　山田玄太郎
小倉　謙　　纐纈理一郎　　高橋章臣　　野原茂六　　松浦　一　　山田幸男

Ⅲ．記念会に寄せられた祝電(国内)　306-307

河越重紀　　中田寛五郎　　櫻井錠二　　東京植物学会　　満州植物学会
纐纈理一郎　　郡場　寛　　台湾植物学会　　早田文蔵

Ⅳ．記念会に寄せられた祝電・書簡(外国)　307-308

Lunin, G　　Maisky, I.　　Oldenburg　　Spal'vin, E.

Ⅴ．記念会式典関係資料　308

北海道　　宮部金吾　　伊藤篤太郎　　舘脇　操　　三好　学
　帝国大学　　伊藤誠哉　　白井光太郎　　佐藤昌介

Ⅵ．マクシモーヴィチの協力者須川長之助に関する書簡・資料　309-310

岩泉周輔　　須川栄助
〔須川長之助関係資料〕
長崎港会所　　阿部越前守　　大久保豊後守　　鳥山　啓　　松田定久　　水野

〈口絵出典一覧〉

ハーバード大学留学時代の宮部金吾：北海道大学附属図書館北方資料室蔵
卒業を前にした札幌農学校第2期生たち：北海道大学附属図書館北方資料室蔵
東京で再会した生涯の友：北海道大学附属図書館北方資料室蔵
東北帝国大学農科大学腊葉庫。左は宮部金吾：北海道大学附属図書館北方資料室蔵
宮部金吾へ謹呈されたマクシモーヴィチの肖像写真：北海道大学大学文書館蔵
27歳頃の牧野富太郎：高知県立牧野植物園蔵
宮部金吾帰朝歓迎のため集った当時の生物学者たち：北海道大学附属図書館北方資料室蔵
北海道帝国大学附属植物園にて：工藤祐信提供
書簡(内村鑑三・佐藤昌介・新渡戸稲造・牧野富太郎・W. Farlow・C. Maximowicz)：北海道大学大学文書館蔵

宮部金吾略年譜

万延 1(1860)　江戸下谷御徒町(東京都台東区)に宮部孫三郎の三男として出生
明治 7(1874)　東京外国語学校英語科(同年東京英語学校として分離独立)入学
〃 10(1877)　札幌農学校入学(第2期生)
〃 11(1878)　同級生7名とともに宣教師 M. C. ハリスより受洗
〃 14(1881)　札幌農学校卒業。開拓使御用係に任官
　　　　　　東京大学生物学科植物学教室に派遣され，2年間で卒業証書を受ける
〃 16(1883)　札幌農学校助教(現在の准教授)として植物園設立を委任され，設計図を作成
〃 17(1884)　北海道東部・南千島へ植物園のために植物採集旅行
〃 19(1886)　ハーバード大学大学院に入学し，植物病理学・菌類学・海藻学を研究
〃 22(1889)　ハーバード大学卒業，「千島植物誌」で博士号を受ける
　　　　　　帰国に際し，ロシアの植物学者マクシモーヴィチ博士の招待を受けペテルブルグ植物園に滞在。英・独・仏の植物園を視察
　　　　　　帰国して札幌農学校植物学教授となる
〃 24(1891)　札幌農学校関係者を中心に「札幌博物学会」が組織され，会長となる
〃 27(1894)　北海道庁から海藻類の鑑定を委嘱され，北海道各地の昆布採集旅行
〃 32(1899)　(北大)植物園長(以後大正15年まで)
〃 39(1906)　樺太民政署の委嘱で樺太植物調査旅行(三宅勉とともに)
〃 40(1907)　札幌農学校の東北帝国大学農科大学昇格にともないその教授となる
大正 7(1918)　北海道帝国大学設置により同大学農学部教授となる
〃 8(1919)　5月より翌年1月まで欧米諸国へ出張(フランス滞在中保子夫人死去の報)
〃 9(1920)　北海道庁より委嘱の『北海道主要樹木図譜』第1巻第1輯を刊行(工藤祐舜と共編・須崎忠助画，昭和6年に全3巻28輯で完結)
昭和 2(1927)　4月，定年制施行により名誉教授となる
　　　　　　11月，北大中央講堂でマクシモーヴィチの生誕百年記念会を盛大に挙行(主催は宮部博士が会長の「札幌博物学会」)
〃 5(1930)　帝国学士院会員となる
〃 11(1936)　日本植物学会会長となる
〃 21(1946)　文化勲章受章
〃 24(1949)　札幌市名誉市民の称号を受ける
〃 26(1951)　3月16日永眠(満90歳10カ月)

第1部

東京英語学校・札幌農学校初期の
旧友たち

＊冒頭の高田早苗以外は発信者の50音順に配列

高田早苗(1860-1938)

東京英語学校時代(明治7～10年)の宮部博士の親友。東京大学を卒業後大隈重信に協力して東京専門学校(のちの早稲田大学)の設立に参加。大正4年大隈内閣の文部大臣。大正12～昭和6年早稲田大学総長

書簡番号	年月日	発信者	宛先	内容	備考
001	明治1877 10.11.5	高田 (東京大学)	宮部 (札幌農学校)	(英文)友情を維持するために互いにできるだけ屡々手紙を書こう。東京大学の課業や教授たち。モース(E. Morse)教授はアメリカばかりでなく世界でもっとも有名な動物学者の一人で，彼の進化論講義は多くの聴衆を集めている	封筒欠 ペン書3p
002	明治1878 11.1.16	高田 (東京)	宮部 (札幌)	新年を賀し，われわれの友情が年々深まることを希望。小生が知りたいのは貴校における耶蘇教伝播の一件である。小生の学友某が得た書簡によれば貴校の生徒はすでに洗礼を受け，耶蘇教を信じれば大試験の点数が50点以下でも落第はないとのこと。この話が真ならば貴校は世間の物笑いになるだろう	封筒欠 毛筆罫紙
003	明治 11.1.29	高田 (東京)	宮部 (札幌)	(英文)前回の性急な手紙を謝罪。僕の言いたかったのはキリスト教がナンセンスということではなく，僕の聞いていた貴校におけるその布教の方法のことである。しかし貴君の手紙から貴君のように賢明な新入生のほぼ全員が「イエスを信ずる者の誓約」に署名したことを知り，噂が間違いであったと考えたい	封筒欠 ペン書
004	明治1879 12.4.1	高田 (東京)	宮部 (札幌)	(英文)僕らはいまシェークスピアその他の英文学書をたくさん読んでいる。ところで貴君は最近のわが国政府の朝鮮や琉球などアジア諸国に対する侵略的な政策をどう思う？琉球のわが国に対する関係は孤児と保護者のようなものだが，もし保護者が孤児の貴重な財産を奪って僅かな扶助しか与えないとしたら，隣人たちは何と言うだろうか。それは欧州諸国がこれまで行なってきた不公正と同様のものではないか	封筒欠 ペン書5p
005	明治 12.11.16	高田 (東京大学)	宮部 (札幌農学校)	(英文)貴君が有名なフランス王(フランソワ一世？)と同じフランシスという立派な洗礼名を得たことを喜んでいる。第2学年の授業のうち哲学は抽象的で僕の頭には難解すぎる。貴君から〔農場〕労働によって得た金が届いたので，友人たちに選んでもらった植物学の本を送る	封書 ペン書
006	大正1926 15.9.26	高田 (東京駒込)	宮部 (北海道帝大)	このたびの旅行中ご歓待を蒙り深謝します。小樽，札幌，函館，弘前，仙台とも満足をもって今朝帰京しました。貴大学にてお会いした教授諸兄によろしくお伝えください	封書 毛筆巻紙
007	大正 15.10.5	高田早苗・不二子 (夫人の筆跡？)	宮部金吾・令夫人 (北海道帝大)	先頃錦地を訪れた際には種々ご配慮，ご歓待をいただき感謝します。無事旅程を了え帰京しました	封書 毛筆巻紙
008	大正 15.12.27	高田 (東京駒込)	宮部 (札幌北6条)	本年の東京は近年珍しい寒気で御地はさぞやと拝察します。このたびは珍しい品をお送り下さり早速賞味させていただきました。別便にて海苔を少々送りましたので，ご笑納下さい	封書 毛筆巻紙

伊藤一隆(1859-1929)

明治 13 年札幌農学校卒業(第 1 期生)。同 19 年北海道庁の初代水産課長として訪米し，帰国後，千歳川にサケ・マス孵化場を造る。「札幌バンド」の中心人物の一人として「北海禁酒会」を結成。同 27 年北海道庁を退職後「帝国水産会」，次いで直江津の「インターナショナル石油㈱」で石油事業に関係

書簡番号	年月日	発信者	宛先	内容	備考
001	明治末年(?)	伊藤一隆(新潟直江津)	宮部(札幌)	札幌にキリスト教が伝えられた頃(伊藤一隆の手記) ＊直江津で病気療養中に，宮部金吾および『キリスト教報』の記者のすすめで書かれたもの	封書 ペン書6p (インターナショナル石油㈱英文用箋)
002	大正 1920 9.7.15	伊藤一隆(東京)	宮部(札幌)	○○不行跡につき，御地へ現れても家に入れぬよう依頼	封書 毛筆巻紙
003	大正 1925 14.12.29	伊藤一隆(東京)	宮部(札幌)	東京美術学校正木校長の要請で田嶼氏作製中のクラーク先生胸像を大島(正健)と二人で臨検したところ，予期以上の出来栄えに満足しました	封書 ペン書便箋
004	昭和 1928 3.9.6	伊藤信一(一隆の長男)(横浜)	宮部(札幌)	台風お見舞に感謝。父は昨年末の重患を脱し，只今はほとんど回復しました	封書 ペン書
005	昭和 3.12.26	伊藤とみ(一隆の妻)(横浜)	宮部(札幌)	夫(伊藤一隆)急性肺炎で重態のこと。(昭和4.1.5没)	封書 ペン書
006	昭和 1934 9.3.9	伊藤信一(横浜)	宮部(札幌)	米国より同封のような植物についての照会がありましたので，ご教示いただければ幸いです	封書 ペン書
007	昭和 1940 15.1.18	伊藤とみ(横浜)	宮部(札幌)	紀元 2600 年元旦のお年始をいただき嬉しく拝見しました	葉書 ペン書
008	昭和 1941 16.6.11	伊藤とみ(横浜)	宮部(札幌)	このたびは教友のために珍しい(写真？)をご恵送下さり有難うございました	葉書 ペン書
009	昭和 16.9.4	伊藤とみ(横浜)	宮部(札幌)	先頃ご恵送いただいた明治16年の独立教会の珍しい写真を杉並の娘が写真屋で引伸ばしてもらったところ，思い出深い人々がはっきり分って懐かしく思いました	封書 毛筆巻紙

岩崎行親(1855-1928)

明治 14 年札幌農学校卒業(第 2 期生)。同 27 年鹿児島尋常中学校校長となり，同 34 年以降は旧制第七高等学校(造士館)校長として同県の中等・高等教育に尽力

書簡番号	年月日	発信者	宛先	内容	備考
001	明治 1895 28.4.1	岩崎行親(鹿児島)	宮部(札幌農学校)	故藤田九三郎君の(小伝出版費？)拠金立替依頼。小生の年俸 1000 円となる	封書 毛筆巻紙
002	明治 1898 31.2.15	岩崎(東京小石川)	宮部(札幌農学校)	上京時に再会できず残念。札幌農学校卒業生の学位維持，予科存続，大学昇格運動に賛成	封書(親展) 毛筆巻紙
003	明治 1899 32.5.11	岩崎(鹿児島)	宮部(札幌農学校)	勤務校の造士館は来年高等学校に昇格見込みにつき，動物もしくは植物専門の札幌農学校卒業生を推薦依頼(月俸 60～70 円)。小生，只今造士館のほか県立3中学を担当。県の農会評議員として活躍中。5年間に6中学を創設した	封書(親展) 毛筆巻紙
004	明治 1901 34.5.1	岩崎(東京神田錦町)	宮部(東京上野桜木町)	宮部氏が上京して不在中に訪ねてくれたことに対する謝意，および滞京期間の照会	封書 毛筆巻紙

書簡番号	年月日	発信者	宛先	内容	備考
005	大正 1916 5.1.8	岩崎 (千葉)	宮部 (札幌北2条)	千葉へ転地療養中。7人の子供たちの消息。長男は駒場(東大農学部)を卒業ののち朝鮮水原試験場で蚕種を研究中。母は本年94歳	封書(親展) 毛筆巻紙
006	大正 5.3.18	岩崎 (千葉)	宮部 (札幌)	朝鮮飼育の蚕種入用ならば愚息より謹呈のこと	封書(親展) 毛筆巻紙
007	大正 5.3.23	岩崎 (千葉)	宮部 (札幌)	病気は追々快方へ向う。転地して百姓や漁を楽しみ，近頃は独文の歴史書を読む。長男より申し出の蚕種のこと	封書 毛筆巻紙
008	大正 1917 6.12.2	岩崎 (東京淀橋)	宮部 (札幌)	先頃の次男の他界に対し同情あるお言葉に感謝	封書, ペン書便箋4p
009	大正 1925 14.6.6	岩崎 (鹿児島)	宮部 (札幌)	宮部氏の鹿児島訪問に感謝	封書(親展) 毛筆巻紙
010	大正 14.6.8	岩崎 (鹿児島)	宮部 (札幌北2条)	来鹿時の写真3枚送付に感謝。当地に来て33年，禁酒禁煙を宣伝し，県下の禁酒運動をすすめる	封書(親展) 毛筆巻紙
011	大正 1926 15.9.21	岩崎 (鹿児島)	宮部 (札幌北6条)	母校の創立50年の記念式に参加のつもりのところ病気で入院。クラーク先生は写真で見ただけであるから，功労者としてはむしろ佐藤(昌介)君の銅像が欲しい	封書(親展) 毛筆罫紙
012	昭和 1928 3.4.27	岩崎行親の門弟たち (鹿児島)	宮部 (札幌北6条)	岩崎先生二六日午後二時　死去セラル(裏面に子息宛の弔電案を記す)	電報
013	昭和 1929 4.5.3	岩崎行高(岩崎行親の子息) (鹿児島)	宮部 (札幌北6条)	亡父岩崎行親墓碑への揮毫に感謝	封書 毛筆巻紙

内村鑑三 (1861-1930)

明治14年札幌農学校卒業(第2期生)。日本独自のキリスト教思想家。明治30年以降新聞『萬朝報』の英文欄主筆として活躍したが，同36年キリスト者の立場から日露開戦に非戦論を訴えて辞職。以後『東京独立雑誌』『聖書之研究』『無教会』等の雑誌を創刊しつつ活発な伝道・著作活動で，多くの青年たちに深い影響を与えた

＊備考欄の(36)-8は，『内村鑑三全集』(岩波書店，1983年刊)の第36巻8頁に収録を示す

書簡番号	年月日	発信者	宛先	内容	備考
001	明治 1881 14.9.30	内村 (東京小石川)	宮部 (東京下谷)	(英文)宮部の東京大学入学を喜ぶ。叔父一家の居候のこと　封筒欠，ペン書	(36)-8
002	明治 14.10.14	内村 (札幌)	宮部 (東京下谷)	(英文)横浜より小樽への航海。函館のクリスチャンとの交流　封筒欠，毛筆	(36)-9
003	明治 14.11.?	内村 (札幌)	宮部 (東京下谷)	(英文)開拓使漁猟科に配置。動物学関係書の送付依頼　封筒欠，ペン書4p　＊全集では上記書簡に続く	(36)-11
004	明治 14.11.10	内村 (札幌)	宮部 (東京下谷)	(英文)石狩川下流および厚田方面の水産調査。キリスト教青年会設立のこと　封筒欠，ペン書4p	(36)-12
005	明治 14.12.15	内村 (札幌)	宮部 (東京下谷)	(英文)苫小牧まで太田(新渡戸)稲造を見送る。幌別川の鮭漁視察　封筒欠，ペン書6p	(36)-15
006	明治 1882 15.1.1	内村 (札幌)	宮部 (東京下谷)	(英文)年賀状　葉書，ペン書	(36)-24

書簡番号	年月日	発信者	宛先	内容	備考
007	明治 1882 15. 1.30	内村 (札幌)	宮部 (東京下谷)	(英文)明日より祝津で鱈漁視察。藤田, 廣井と自炊生活 封筒欠, ペン書4p	(36)-30
008	明治 15. 3.21	内村 (札幌)	宮部 (東京下谷)	(英文)筆不精を責める。教会負債金支払いのため14円拠出要請 封書, ペン書4p	(36)-36
009	明治 15. 4.12	内村 (札幌)	宮部 (東京下谷)	(英文)明日北海道東岸(室蘭～十勝)へ出張のこと 葉書, ペン書	(36)-39 (和訳)
010	明治 15. 4.12	内村 (札幌)	宮部 (東京下谷)	(英文)出張延期,『医事新報』予約金のこと 封書, ペン書	(36)-40 (和訳)
011-1	明治 15. 6.15	内村 (札幌)	宮部 (東京下谷)	(英文)水産博覧会出品物蒐集のため出張。局部肺炎, 役人生活に不満。秋に上京予定 封書, ペン書4p	(36)-41
011-2	明治 15. 6.30	内村 (札幌)	宮部 (東京下谷)	(英文)独立教会の財政難。反キリスト教的北海講学会と佐藤氏の加入。科学によるキリスト教への反論について 封筒欠, ペン書4p	全集欠
012	明治 15.11.23	内村 (札幌)	宮部 (東京下谷)	(英文)調査旅行で味わった自然の美。鮑の実験のこと 封書, ペン書4p	(36)-44
013	明治 1883 16. 5. 5	内村 (東京小石川)	宮部 (東京下谷)	(英文)宮部と植村に話したきことあり 葉書(破損)	(36)-56 (和訳)
014	明治 16. 5.24	内村 (東京小石川)	宮部 (東京下谷)	(英文)新栄会堂での青年たちの祈祷会に出席要請 葉書, ペン書	(36)-56
015	明治 16. 5.31	内村 (東京小石川)	宮部 (東京下谷)	(英文)日々の祈祷のこと。無邪気なジョークに謝罪 封書(親展), ペン書	(36)-58
016	明治 16. 6. 8	内村 (熱海)	宮部 (東京下谷)	(英文)宮部への友情。太田(新渡戸)のキリスト教復帰を祈る。津田仙との旅行中の珍事 封書(親展), ペン書	(36)-59
017	明治 16. 6.28	内村 (東京麻布)	宮部 (東京下谷)	(英文)熱海より帰り, 心喜びに満つ 葉書(破損)	(36)-63 (和訳)
018	明治 16. 8.21	内村 (群馬伊香保)	宮部 (東京下谷)	(英文)安中および伊香保の気持のよいクリスチャンたち 封筒欠, 毛筆巻紙	(36)-66
019	明治 16.10. 5	内村 (東京小石川)	宮部 (札幌)	(英文)宮部離京して太田(新渡戸)のみが相談相手。札幌農学校入学の弟の世話を依頼 封書, 毛筆巻紙	(36)-76 (和訳)
020	明治 16.10.31	内村 (東京小石川)	宮部 (札幌)	(英文)神が太田(新渡戸)を残し給うたことに感謝。11月から水産局へ勤める予定 封書, ペン書4p	(36)-80
021	明治 16.11.27	内村 (東京小石川)	宮部 (札幌)	(英文)就職未定(農商務省, 水産会, 同志社)。水産論文執筆中。藤田帰札の予定 封書, ペン書	(36)-83
022	明治 16.12.25	内村 (東京農商務省)	宮部 (札幌)	(英文)母の看病, 浅田嬢のこと。『日本魚類目録』を準備中 封筒欠, 毛筆巻紙	(36)-86
023	明治 1884 17. 2.18	内村 (東京小石川)	宮部 (札幌)	(英文)学農社の弟子片山の紹介。浅田嬢のことで悩む。水産研究のこと 封書, ペン書8p	(36)-99
024	明治 17. 3.28	内村 (東京小石川)	宮部 (札幌)	(英文)結婚式の報知, この結婚についての考え 封書, ペン書4p	(36)-106

書簡番号	年月日	発信者	宛先	内容	備考
025	明治 1884 17. 3.31	内村（東京小石川）	宮部（札幌）	（英文）弟達三郎への学資援助依頼。希望ある新婚生活　封筒欠，毛筆巻紙	(36)-107
026	明治 17. 9.15	内村（東京小石川）	宮部（札幌）	（英文）太田（新渡戸）渡米して孤独。『日本産脊椎動物目録』を準備中。渡米の志　封書，ペン書	(36)-111
027	明治 17.10.27	内村（東京小石川）	宮部（札幌）	（英文）妻の裏切りにより離婚を決意　封筒欠，ペン書4p	(36)-114
028	明治 17.11. 4	内村（東京小石川）	宮部（札幌）	（英文）離婚のショックから立直るため渡米を決意　封書，ペン書3p	(36)-119
029	明治 1885 18. 1. 7	内村（エルウィン，Pa.）	宮部（札幌）	（英文）カーリン博士の病院に住む。ペンシルヴァニア大学入学を期待　封筒欠，ペン書6p	(36)-126
030	明治 18.12.17	内村（アマースト，Mass.）	宮部・藤田・内村弟（札幌）	（英文）アマースト大学での履修科目，生活費など　封筒欠，ペン書4p	(36)-221
031	明治 1886 19. 9.29	内村（アマースト，Mass.）	宮部（ケンブリッジ，Mass.）	（英文）宮部のハーバード大学入学と近くに住むことを喜ぶ　封筒欠，ペン書4p	(36)-244
032	明治 19.10. 6	内村（アマースト，Mass.）	宮部（ケンブリッジ，Mass.）	（英文）学業のこと。太田（新渡戸），廣井の近状　封筒欠，ペン書4p	(36)-246
033	明治 19.11. 3	内村（アマースト，Mass.）	宮部（ケンブリッジ，Mass.）	（英文）キリスト教国の幻影に失望。キリスト教を進化論で証明せんとする考えを放棄　封筒欠，ペン書4p	(36)-249
034	明治 19.12.14	内村（アマースト，Mass.）	宮部（ケンブリッジ，Mass.）	（英文）休暇中にボストンで再会期待。哲学試験に落第　封筒欠，ペン書	(36)-253
035	明治 19.12.28	内村（アマースト，Mass.）	宮部（ケンブリッジ，Mass.）	（英文）木曜日ボストンの三原宅で待つ　封筒欠，ペン書	(36)-254
036	明治 1887 20. 2. 8	内村（アマースト，Mass.）	宮部（ケンブリッジ，Mass.）	（英文）今学期からヘブライ語を学ぶ。地質学，ドイツ語のこと　封筒欠，ペン書4p	(36)-255
037	明治 20. 7.27	内村（アマースト，Mass.）	宮部（ケンブリッジ，Mass.）	（英文）神の存在の確信深まる。アマースト大学から理学士授与の決定　封筒欠，ペン書4p	(36)-261
038	明治 1888 21. 1. 4	内村（ハートフォード，Conn.）	宮部（ケンブリッジ，Mass.）	（英文）牧師になるため神学を研究中。札幌の藤田危篤の報　封筒欠，ペン書	(36)-272
039	明治 21. 2.17	内村（エルウィン，Penn.）	宮部（ケンブリッジ，Mass.）	（英文）ハートフォード神学校を去りフィラデルフィアを彷徨中，3月初めに帰国予定　封筒欠，ペン書4p	(36)-278
040	明治 1891 24. 1. 8	内村（東京）	宮部（札幌）	（英文）札幌独立教会離脱につき弁明。当地の友は忠実な妻あるのみ　封筒欠，ペン書4p	(36)-329
041	明治 1892 25. 1.14	内村（東京）	宮部（札幌）	（英文）昨年中の配慮に感謝。不眠症と神経衰弱　封筒欠，ペン書4p	(36)-350
042	明治 1900 33. 8.26	内村（東京）	宮部（札幌）	（英文）宣教師と無関係のキリスト教会普及の夢。『聖書之研究』発行の準備　封筒欠，毛筆巻紙	(36)-476
043	明治 33.10. 6	内村（東京角筈）	宮部（札幌）	（英文）『聖書之研究』初号3000部売切れ。投稿を依頼。札幌独立教会伝道者として田島進を推薦　封書（親展），毛筆	(36)-482

書簡番号	年月日	発信者	宛先	内容	備考
044	明治 1900 33.10.21	内村(田島進持参)(東京角筈)	宮部(札幌)	(英文)田島氏を札幌へ派遣のこと。札幌独立教会のメンバーに復帰を表明 封書(親展)，毛筆巻紙	(36)-483
045	明治 1901 34. 1.10	内村(東京角筈)	宮部(札幌)	14日に上野発の汽車で札幌へ向う 封書(親展)，毛筆	(36)-489
046	明治 34. 1.14	内村(東京角筈)	宮部(札幌)	病気につき札幌行き中止。有島武郎氏上京来訪 封書(親展)，毛筆巻紙	(36)-489
047	明治 34. 4.27	内村(東京角筈)	宮部(東京下谷)	(英文)宮部上京中に再会期待。足尾鉱毒地視察のすすめ 封書(親展)，毛筆巻紙	(36)-493
048	明治 34. 7.14	内村(東京角筈)	宮部(札幌)	独立教会牧師田島氏後任者の件。卒業20年祝賀会のこと 封書(親展)，毛筆巻紙	(36)-497
049	明治 34. 9.11	内村(東京角筈)	札幌独立教会	札幌独立教会牧師は自ら養成するほかなし 封書，毛筆巻紙	(36)-499
050	明治 34. 9.30	内村(東京角筈)	宮部(札幌)	(英文)札幌訪問の際の活動は独立教会内に限ることを希望 封書(親展)，毛筆巻紙	(36)-500
051	明治 34.10.11	内村(東京角筈)	宮部(札幌)	(英文)来週水曜に札幌着。教会外の会合は無用 封書(親展)，毛筆	(36)-502
052	明治 34.10.28	内村(東京角筈)	宮部(札幌)	(英文)札幌でのもてなしに感謝。古き札幌と青年時代を回想 封書，毛筆	(36)-502
053 -1,2	明治 34.11. 3	内村(東京角筈)	宮部(札幌)	(英文)足尾鉱毒事件の演説で50円の義捐金。独立教会後任牧師の件(名古屋稲村氏書簡を同封) 封書(親展)，ペン書	(36)-504
054 -1,2	明治 34.11.13	内村(東京角筈)	宮部(札幌)	来年も札幌での布教に意欲。黒岩の来訪(宮川氏書簡を同封) 封書(親展)，毛筆巻紙	(36)-507
055	明治 34.12. 2	内村(東京角筈)	宮部(札幌)	桐生に出張し独立教会後任者として宮川氏を説得 封書，毛筆巻紙	(36)-508
056	明治 1902 35. 1.18	内村(東京角筈)	宮部(札幌)	独立教会牧師として宮川氏赴任できず。独立教会は無牧師でやるべし(宮川氏の書簡同封) 封書，毛筆巻紙	(36)-513
057	明治 35. 2. 5	内村(東京角筈)	宮部(札幌)	(英文)宮川氏札幌行きを受諾 葉書，ペン書	(36)-514
058	明治 35. 2.17	内村(東京角筈)	宮部(札幌独立教会)	宮川氏来月赴任につき旅費60円を送金要請 封書，毛筆	全集欠
059	明治 35. 6. 4	内村(東京角筈)	宮部(札幌)	(英文)信州布教で喉を病め今秋の札幌布教を中止，夏期学校は大島協力の予定 封書(親展)，毛筆	(36)-519
060	明治 35. 8.12	内村(東京中渋谷)	宮部(東京下谷)	(英文)安房の羽田氏より帰宅，来訪要請 葉書，ペン書	全集欠
061	明治 35. 8.20	内村(東京角筈)	宮部(札幌)	(英文)両親の扶養をめぐり弟妹たちと争い。30日札幌へ向う 封書，毛筆巻紙	(36)-524
062	明治 35. 9.18	内村(北海道室蘭)	宮部(札幌)	(英文)札幌滞在中の友情に感謝 封書(親展)，毛筆	(36)-526

内村鑑三

書簡番号	年月日	発信者	宛先	内容	備考
063	明治 1902 35. 9.23	内村 (東京角筈)	宮部 (札幌)	(英文)札幌よりの帰路青森，仙台，平で演説し大盛況 葉書，ペン書	(36)-527
064	明治 1903 36. 7.22	内村 (東京角筈)	宮部 (札幌)	(英文)静岡県の説教は大成功 封書(親展)，毛筆巻紙	(36)-551
065	明治 36.11.23	内村 (東京角筈)	宮部 (札幌)	(英文)在京札幌独立教会員親睦会に出席して失望 葉書，ペン書	(36)-561
066	明治 36.12.20	内村 (岩手花巻)	宮部 (札幌)	(英文)花巻の独立教会員を訪問し楽しい集会 葉書，ペン書	(36)-564
067	明治 1904 37. 4.29	内村 (東京角筈)	宮部 (札幌)	田島氏米国より帰国後独立教会牧師就任を望む。宮川氏の処遇の件 封書，毛筆	全集欠
068	明治 37.11.17	内村 (東京角筈)	宮部 (札幌)	母の病気と葬儀に際しての弟妹たちの非協力 封書，毛筆巻紙	(37)-36
069	明治 1906 39. 2.22	内村 (東京角筈)	宮部 (札幌)	(英文)熱病より回復。母校に水産学科設立につき感慨。独立教会牧師宮川氏を賞讃。『余はいかにして』の諸外国訳 封書，毛筆4p	(37)-103
070	明治 39. 2.25	内村 (東京角筈)	宮部 (札幌)	(英文)バター受領礼状，独立教会宮川氏の件 封書，毛筆	全集欠
071	明治 39. 5.18	内村 (東京角筈)	宮部 (札幌)	(英文)札幌農学校学生より逢坂氏宛電報為替受領 葉書，ペン書	(37)-115 (和訳)
072	明治 39. 9.11	内村 (東京角筈)	宮部 (札幌)	(英文)宮部の樺太への植物学旅行を喜ぶ。越後柏崎での夏季学校 葉書，ペン書	(37)-129
073	明治 1907 40. 1. 6	内村 (東京角筈)	宮部 (札幌)	『余はいかにして』のデンマーク語訳のこと。宮川君留任を喜ぶ 封書，毛筆巻紙	(37)-152
074	明治 40. 3.12	内村 (東京角筈)	宮部 (札幌)	父重患なるも弟らの見舞なし。宮川巳作君離任に驚く。独立教会は原始的教会たるべし 封書，毛筆巻紙	(37)-163
075	明治 40. 4.21	内村 (東京角筈)	宮部 (札幌)	(英文)父のキリスト信仰と平安な死，弟らは葬儀にも来ず 封書，毛筆巻紙	(37)-172
076	明治 40. 5.11	内村 (東京角筈)	宮部 (札幌)	札幌大火の見舞状 封書，毛筆巻紙	(37)-176
077	明治 40. 5.14	内村 (東京)	宮部 (札幌)	札幌大火につき教友へ見舞金送付 封書，毛筆巻紙	(37)-177
078	明治 40. 9. 2	内村(山田持参) (東京角筈)	宮部 (札幌)	札幌農学校新入生山田桂輔君の紹介 封書，毛筆巻紙	(37)-186
079	明治 41. 1. 7	内村(山田持参) (東京柏木)	宮部 (札幌)	写真の礼状。『代表的日本人』の独訳寄贈 封書，毛筆巻紙	(37)-214
080	明治 41. 6.13	内村 (東京柏木)	宮部 (札幌)	(英文)『聖書之研究』第100号祝詞に対する礼状 葉書，ペン書	(37)-231
081	明治 41.11.16	内村 (東京柏木)	宮部 (札幌)	贈物の礼状。昔に変らず毎日の勉学 封書，毛筆巻紙	(37)-260

書簡番号	年月日	発信者	宛先	内容	備考
082	明治 1909 42.9.12	内村（東京柏木）	宮部（札幌）	ハリス夫人の会葬（『萬朝報』英文欄記事同封）　封書，毛筆巻紙	(37)-308
083	明治 42.12.3	内村（東京柏木）	宮部（札幌）	（英文）新著小冊子，数部発送　葉書，ペン書	(37)-325
084	明治 1911 44.3.14	内村（東京柏木）	宮部（札幌）	満50歳を迎え身体健全。雑誌新号1冊進呈　封書，毛筆巻紙	(37)-409
085	明治 44.11.1	内村（東京柏木）	宮部（札幌）	娘ルツ子の病状。独立伝道の人士続出　封書，毛筆巻紙	(37)-455
086	明治 1912 45.1.23	内村（東京柏木）	宮部（札幌）	娘ルツ子の死により初めて人生を知る思い　封書，毛筆巻紙	(37)-470
087	明治 45.5.20	内村（東京柏木）	宮部（札幌）	数寄屋橋教会牧師田村直臣氏の紹介　封筒欠，毛筆巻紙	(37)-489
088	大正 1912 1.7.31	内村（栃木日光）	宮部（札幌）	（英文）独立教会牧師の招きで10月上旬訪札のこと。明治天皇崩御のこと　葉書，ペン書	(37)-498
089	大正 1.9.5	内村（群馬伊香保）	宮部（札幌）	（英文）来月上旬道外より30名程の教友を連れて札幌で集会　葉書，ペン書	(37)-502
090	大正 1.9.27	内村（東京柏木）	宮部（札幌）	来月の独立教会における大集会に期待　封書，毛筆巻紙	(37)-503
091	大正 1.10.24	内村（秋田土崎）	宮部（札幌）	（英文）札幌からの帰途秋田に立寄る。津軽海峡のこと　葉書，ペン書	(37)-507
092	大正 1.10.25	内村（東京柏木）	宮部（札幌）	（英文）札幌滞在中の配慮に感謝　葉書，ペン書	(37)-508
093	大正 1.10.28	内村（東京柏木）	宮部（札幌）	札幌の和田香枝子より改信の書面，新渡戸家で会食のこと　封書，毛筆巻紙	(37)-509
094	大正 1.11.2	新渡戸・廣井・内村（東京小日向台）	宮部（札幌）	三人相会し遥に君の健康を祈る　電報	(37)-509
095	大正 1.11.4	内村（東京柏木）	宮部（札幌）	新渡戸，廣井と会合。独立教会会堂再建のこと　封書，毛筆巻紙	(37)-511
096	大正 1.11.10	内村（東京柏木）	宮部（札幌）	宮部の病気快方を喜ぶ。『聖書之研究』（札幌講演号）を送付　封書，毛筆巻紙	(37)-513
097	大正 1.11.17	内村（岡山津山）	宮部（札幌）	（英文）岡山伝道の大成功　葉書，ペン書	(37)-516（和訳）
098	大正 1.11.19	内村（播州明石）	宮部（札幌）	（英文）明石での伝道　葉書，ペン書	(37)-516
099	大正 1.11.24	内村（東京柏木）	宮部（札幌）	中国地方伝道のこと。教会堂の寄附金のこと　封書，毛筆巻紙	(37)-517
100	大正 1.12.10	内村（東京柏木）	宮部（札幌）	（英文）「独立教会会堂再建趣意書」の件　葉書，ペン書	(37)-523

書簡番号	年月日	発信者	宛先	内容	備考
101	大正 1912 1.12.−	内村（東京柏木）	宮部（札幌）	（英文）クリスマス・カード　封筒欠	(37)-530
102	大正 1913 2.1.11	内村（東京柏木）	宮部（札幌）	（英文）札幌会堂再建支援で教友間に誤解生ず。廣井，新渡戸の評価　封書，ペン書4p	(38)-6
103	大正 2.2.19	内村（東京柏木）	宮部（札幌）	（英文）『デンマークの話』3部送付　葉書，ペン書	(38)-16 (和訳)
104	大正 2.3.23	内村（東京柏木）	宮部（札幌）	（英文）「W.S.クラーク記念会堂建築趣意書」を書き上げる　葉書，ペン書	(38)-23
105	大正 2.3.24	内村（東京柏木）	宮部（札幌）	（英文）教会堂建築資金としてリチャード氏，水野夫人より寄附の通知　葉書，ペン書	(38)-24
106	大正 2.5.30	内村（東京柏木）	宮部（札幌）	柏崎で伊藤一隆に寄金の増額を要請，佐藤昌介君にも協力を望む　封書，毛筆巻紙	(38)-33
107	大正 2.6.7	内村（東京柏木）	宮部（札幌）	「W.S.クラーク記念会堂」建築の英文趣意書送付　封書，毛筆	(38)-35
108	大正 1912 1.10.20	？		（英文）W.S.クラーク記念会堂建築趣意書　ペン書6p（上記同封）	(38)-35
109	大正 1913 2.9.4	内村（東京柏木）	宮部（札幌）	福田藤楠の紹介状，柏木聖書講堂を建築中　封書（親展），毛筆巻紙	(38)-53
110	大正 2.9.19	内村（箱根湖畔）	宮部（札幌）	（英文）山岸とともに箱根にあり。福田の受入れに感謝　葉書，ペン書	(38)-57
111	大正 2.11.2	内村（東京柏木）	宮部（札幌）	（英文）上京中の柏木聖書講堂献堂式参列に感謝　封書，ペン書	(38)-64
112	大正 1914 3.2.5	内村（東京柏木）	宮部（札幌）	（英文）「幸福なるクリスチャン家族」の絵葉書を同封　封書，毛筆	(38)-77
113	大正 3.3.28	内村（東京柏木）	宮部（札幌）	（英文）クラーク記念会堂建築発起人中より名前を除去して欲しいことの理由　葉書，ペン書	(38)-83
114	大正 3.4.15	内村（東京柏木）	宮部（札幌）	（英文）宮部夫人の病気見舞，スコッチ，オートミールを送る　簡易書簡，ペン書	(38)-84
115	大正 3.8.7	内村（東京柏木）	宮部（札幌）	（英文）宮部夫人の病気見舞。友人たちより独立教会改築費寄付　封書，毛筆4p	(38)-93
116	大正 3.9.1	内村（東京柏木）	宮部（札幌）	（英文）教会堂趣意書執筆につき苦情。宮部夫人快復を喜ぶ　封書，ペン書	(38)-96
117	大正 3.12.29	内村（東京）	宮部（札幌）	（英文）年末所感　葉書，ペン書	(38)-117
118	大正 1915 4.7.13	内村（東京柏木）	宮部（札幌）	（英文）藤田嬢危篤につき見舞のこと　葉書，ペン書	(38)-143
119	大正 1916 5.6.8	内村（東京柏木）	宮部（札幌）	（英文）高木（玉太郎）死去並びに仏式で埋葬のこと　葉書，ペン書	(38)-192

書簡番号	年月日	発信者	宛先	内容	備考
120	大正 1918 7.5.23	内村 (東京柏木)	宮部 (札幌)	札幌訪問延期。関西伝道,「主の再臨」について 封書,ペン書	(38)-309
121	大正 7.5.25	内村 (東京柏木)	宮部 (札幌)	札幌伝道につき新聞に広告依頼 封書,ペン書	(38)-310
122	大正 7.6.3	内村 (東京柏木)	宮部 (札幌)	(英文)『北海タイムス』広告に感謝,京阪神講演記念会絵葉書送付 絵葉書,ペン書	(38)-311
123	大正 7.6.25	内村 (東京柏木)	宮部 (札幌)	来る28日札幌着の報知 葉書,ペン書	(38)-313
124	大正 7.7.23	内村 (東京柏木)	宮部 (札幌)	(英文)帰京通知。松下道会議長クラーク会堂への寄付を約束 葉書,ペン書	(38)-319
125	大正 7.8.8	内村 (東京柏木)	宮部 (札幌)	(英文)軽井沢の宣教師集会での講演に招待を受ける 絵葉書(内村・宮部の写真),ペン書	(38)-321
126	大正 7.9.24	内村 (東京柏木)	宮部 (札幌)	(英文)駒ヶ岳の植物標本送付。YMCAでの講演に佐藤氏出席 葉書,ペン書	(38)-330
127	大正 7.10.25	内村 (東京柏木)	宮部 (札幌)	足の負傷の見舞。岡山伝道の盛況 絵葉書,ペン書	(38)-332
128	大正 1919 8.11.17	内村 (東京柏木)	宮部重代 (札幌)	ご母堂(宮部金吾夫人)死去のお見舞,宮部博士の滞在地照会(重代は嫁) 封書,ペン書	全集欠
129	大正 1920 9.1.14	内村 (東京柏木)	宮部 (東京本郷)	伊藤一隆より帰国を聞く。宮部夫人死去へのお見舞 封書,ペン書	(38)-405
130	大正 9.3.9	内村 (東京柏木)	宮部 (札幌)	夫人なき後の生活を慰む 封書,ペン書	(38)-411
131	大正 9.6.8	内村 (東京柏木)	宮部 (札幌)	(竹崎)牧師辞任を独立教会のために喜び,後任選択に取りかかる 封書,ペン書	(38)-426
132	大正 9.6.28	内村 (東京柏木)	宮部 (札幌)	独立教会後任牧師選任につき努力 封書,ペン書	(38)-429
133	大正 9.7.6	内村 (東京柏木)	宮部 (札幌)	独立教会牧師後任者の見込み。北大学生への奨学金寄付のこと 封書,ペン書	(38)-432
134	大正 9.7.10	内村 (東京柏木)	宮部 (札幌)	牧師後任者として森安延衛君を推薦 封書,ペン書	(38)-435
135	大正 9.8.5	内村 (東京柏木)	宮部 (札幌)	森安君による独立教会の新紀元を祈る。有島と森本のこと 封書,ペン書	(38)-440
136	大正 9.9.14	内村 (東京柏木)	宮部 (札幌)	米国聖書会社副支配人Aurell氏の紹介状 封書,ペン書	(38)-446
137	大正 9.10.27	内村 (東京柏木)	宮部 (札幌)	10日に講壇で倒れる。奨学金につき学校,学生ともに便りなし 封書,ペン書	(38)-454
138	大正 9.11.17	内村・藤本重太郎 (神奈川湯河原?)	宮部 (札幌)	此地に在りて遥に君の平康を祈る 絵葉書,ペン書	(38)-461

書簡番号	年月日	発信者	宛先	内容	備考
139	大正 1921 10.1.1	内村（東京柏木）	宮部（札幌）	宮部紹介の藤本重太郎君の尽力で病気ほとんど快復 葉書, ペン書	(38)-469
140	大正 1922 11.1.1	内村（東京柏木）	宮部（札幌）	年賀状 葉書, ペン書	(39)-3
141	大正 11.2.14	内村（東京柏木）	宮部（札幌）	講演会は益々盛況，進化論よりは聖書が真理 封書, ペン書	(39)-13
142	大正 11.4.11	内村（東京柏木）	宮部（東京本郷）	（英文）集会における宮部への講演依頼を取り消す 葉書, ペン書	(39)-19
143	大正 11.8.12	内村（長野沓掛）	宮部（札幌）	独立教会牧師発見は困難につき外国人青年を雇うは如何。献堂式への参加も困難 封書, ペン書	(39)-41
144	大正 11.8.25	内村（長野沓掛）	宮部（札幌）	牧師選任は困難。新渡戸配下の法学士たちはキリスト者としては失敗。献堂式不参加は神経にさわるため 封書, ペン書	(39)-43
145	大正 11.9.19	内村（東京柏木）	宮部（札幌）	牧師選任不成功。献堂式には田島が行く 葉書, ペン書	(39)-47
146	大正 11.9.30	内村（東京柏木）	宮部（札幌）	独立教会牧師として金沢常雄君の応募を喜ぶ 封書, ペン書	(39)-49
147	大正 11.10.23	内村（東京柏木）	宮部（札幌）	会堂落成日の祝電案文。松村松年君の宗教攻撃文を悲しむ 封書, ペン書	(39)-53
148	大正 11.11.7	内村（東京柏木）	宮部（札幌）	田島君より新築独立教会の様子を聞き喜ぶ 封書, ペン書	(39)-56
149	大正 11.12.8	内村（東京柏木）	宮部（札幌）	りんごの礼状。平出・中田氏の問題解決 封書, ペン書	(39)-66
150	大正 1923 12.5.12	内村（東京柏木）	宮部（札幌）	佐久間信恭君死去のこと，高木と同様仏式の葬儀 封書, ペン書	(39)-86
151	大正 12.9.10	内村（東京柏木）	宮部（札幌）	息災の報知 葉書, ペン書	(39)-106
152	大正 12.10.21	内村（東京柏木）	宮部（札幌）	鮭・バターの礼状。関東大震災の感想 封書, ペン書	(39)-112
153	大正 12.12.12	内村（東京柏木）	宮部（札幌）	（英文）千島の地図，地誌の入手を希望。再建中の今井館の規模 葉書, ペン書	(39)-119
154	大正 1924 13.1.15	内村（東京柏木）	宮部（札幌）	今井館献堂式案内状。寄付金25円の礼状 封書, 印刷物	(39)-127
155	大正 13.2.16	内村（東京柏木）	宮部（札幌）	柏木聖書講堂落成式の祝電に感謝 葉書, ペン書	(39)-135
156	大正 13.5.18	内村（東京柏木）	宮部（札幌）	故藤田九三郎子息結婚式のこと 葉書, ペン書	(39)-146
157	大正 13.6.5	内村（東京柏木）	宮部（札幌）	子息内村祐之北大教授として赴任のこと 葉書, ペン書	(39)-149

書簡番号	年月日	発信者	宛先	内容	備考
158	大正13. 6.10 1924	内村(子息の祐之持参)	宮部(札幌)	祐之参上のこと。米国の排日は日本の教会の独立に役立つ 封書，ペン書	(39)-150
159	大正13. 6.30	内村(東京柏木)	宮部(札幌)	祐之への歓待を謝す。日米問題の批評で宣教師たちから非難を受ける 封書，ペン書	(39)-151
160	大正13. 7.16	内村(栃木日光)	宮部(札幌)	(英文)日光で静養中。アメリカの排日は生涯最大の事件 葉書，ペン書	(39)-159
161	大正13. 8. 2	内村(東京柏木)	宮部(札幌)	鮭燻製礼状。『羅馬書の研究』献辞の通知 葉書，ペン書	(39)-163
162-1	大正13. 8.30	内村(東京柏木)	宮部(札幌)	札幌講演の謝絶。日米問題の批評で教会の内外に敵を作る 封書，ペン書	(39)-169
162-2	大正13. 9.20	内村(代筆)(東京柏木)	宮部(東京駒込)	面会希望。『羅馬書の研究』2冊謹呈のこと 封筒欠，ペン書	(39)-174
163	大正13.10.23	内村(東京柏木)	宮部(札幌)	祐之により札幌との関係深まる。祐之の結婚式のこと 封書，ペン書	(39)-179
164	大正14. 1. 1 1924	内村(東京柏木)	宮部(札幌)	今年は老若二夫婦で新年を迎える 葉書，ペン書	(39)-185
165	大正14. 3.10	内村(子息の祐之持参)	宮部(札幌)	伝道援助として畔上(牧師)札幌派遣につき金沢君の意向打診依頼 封書，ペン書	(39)-191
166	大正14. 7.13	内村(東京柏木)	宮部(札幌)	(英・和文)『聖書之研究』第300号記念感謝会への祝電を謝す 葉書，ペン書	(39)-202
167	大正14.11.10	内村(東京柏木)	宮部(札幌)	寿都町の信者のこと 封書，ペン書	(39)-231
168	大正15. 1. 1 1925	内村(代筆)(東京柏木)	宮部(札幌)	年賀状 葉書，ペン書	(39)-240
169	大正15. 1.14	内村(東京柏木)	宮部(東京駒込)	同窓生会食の件 封書，ペン書	(39)-242
170	大正15. 4. 4	内村(東京柏木)	宮部(札幌)	北大50年式典に出席して，再び不敬事件を起すを望まず 封書，ペン書	(39)-249
171	大正15. 4. 9	内村(東京柏木)	宮部(札幌)	北大50年式典欠席について 封書，ペン書	(39)-251
172	大正15. 5. 6	内村(東京柏木)	宮部(札幌)	北大50年祭につき『小樽新聞』に談話。札幌との絶縁も覚悟 封書(親展)，ペン書	(39)-254
173	大正15. 6. 4	内村(東京柏木)	宮部(札幌)	大阪に行き，札幌で述べんとしたことを述べる積り 封書，ペン書 4 p	(39)-255
174	大正15. 7.13	内村(東京柏木)	宮部(札幌)	独立教会金沢君(牧師)の辞任に同意 封書，ペン書	(39)-259
175	大正15. 8.30	内村(長野軽井沢)	宮部(札幌)	金沢(牧師)の件につき照会 封書，ペン書	(39)-271

書簡番号	年月日	発信者	宛先	内容	備考
176	大正 1925 15.9.14	内村	宮部（札幌）	（金沢牧師の件）平和的解決を祝す　電報	(39)-274
177	大正 15.9.16	内村（東京柏木）	宮部（札幌）	金沢牧師の件，小樽希望館で『聖書之研究』読書会のこと　封書，ペン書3p	(39)-275
178	昭和 1927 2.1.2	内村（東京柏木）	宮部（札幌）	年賀（今年は札幌農学校入学から満50年）　葉書，ペン書	(39)-288
179	昭和 2.5.3	内村（東京柏木）	宮部（札幌）	宮部・南君の退官に感慨。渡瀬寅次郎氏の葬式での演説　封書，ペン書	(39)-296
180	昭和 2.7.11	内村（東京柏木）	宮部（札幌）	祐之欧州留学より帰国　封書，ペン書	(39)-304
181	昭和 2.8.7	内村（神奈川葉山）	宮部（東京駒込）	面会のため帰札日延べ依頼　電報	全集欠
182	昭和 2.9.12	内村（東京柏木）	宮部（札幌）	10月より神宮外苑日本青年館大講堂で聖書講演。小生は無教会主義者で，教会はすでに時代遅れの制度だと想う　封書，ペン書4p	(39)-309
183	昭和 2.9.16	内村（東京柏木）	宮部（札幌）	21日札幌着の報知　絵葉書	(39)-312
184	昭和 2.10.7	内村（東京柏木）	宮部（札幌）	金沢，藤本とともに札幌のために祈る　絵葉書，ペン書	(39)-313
185	昭和 2.10.14	内村・大島正健・北沢政高（東京）	宮部（札幌）	我等三人，茲に札幌独立基督教会の為に祈る　葉書，ペン書	(39)-315
186	昭和 2.10.21	内村・伊藤・藤本・北沢（東京）	宮部（札幌）	左記の者相会して北海道と札幌と独立教会と其指導者たる宮部金吾君のために祈りました　葉書，ペン書	(39)-315
187	昭和 2.10.28	内村（東京柏木）	宮部（札幌）	金曜日に内輪の祈祷会。新渡戸を訪問。日本青年館は盛況　封書，ペン書3p	(39)-316
188	昭和 2.10.28	内村・伊藤・藤本・大島・北沢（東京）	宮部（札幌）	今夕東中野伊藤氏宅にて札幌独立教会の為に祈りました　葉書，ペン書	(39)-317
189	昭和 2.10.29	内村（代筆）（東京柏木）	宮部（札幌）	独立教会前の信者写真受領の礼状　葉書，ペン書	(39)-318
190	昭和 2.11.4	内村・伊藤・北沢・藤本（東京）	宮部（札幌）	祈祷会一同より　葉書，ペン書	(39)-319
191	昭和 2.11.18	内村・伊藤・北沢・藤本（東京）	宮部（札幌）	祈祷会一同より　葉書，ペン書	(39)-322
192	昭和 2.11.25	大島・内村・伊藤・北沢（東京）	宮部（札幌）	祈祷会一同より　葉書，ペン書	(39)-324
193	昭和 2.12.2	内村（東京柏木）	宮部（札幌）	金曜の祈祷会は先月限り中止，神宮外苑の講演も今月で廃す　封書，ペン書	(39)-332
194	昭和 1928 3.1.1	内村（東京柏木）	宮部（札幌）	（英・和文）百年（ももとせ）の半ばを共に辿り来て　尚ほも尽きざる誼（よしみ）なる哉　葉書，ペン書	(39)-343

書簡番号	年月日	発信者	宛先	内容	備考
195	昭和 1928 3.1.13	内村（東京柏木）	宮部（東京駒込）	伊藤一隆宅での祈祷会に出席要請　葉書(速達)，ペン書	(39)-345
196	昭和 3.2.9	内村（東京柏木）	宮部（札幌）	肺炎の報を聞いて見舞　葉書，ペン書	(39)-349
197	昭和 3.2.16	内村（東京柏木）	宮部（札幌）	内村宅で大島，伊藤夫婦，藤本と共に祈祷会　葉書，ペン書	(39)-350
198	昭和 3.3.8	内村(代筆)（東京柏木）	宮部（札幌）	宮部氏が病気の危機を免れたことを喜ぶ　葉書，ペン書	(39)-351
199	昭和 3.3.23	内村（東京柏木）	宮部（札幌）	野沢君死去の電報を受取り悲しむ　葉書，ペン書	(39)-353
200	昭和 3.4.2	内村（東京柏木）	宮部（札幌）	木村徳蔵君死去，葬儀執行の予定　葉書，ペン書	(39)-354
201	昭和 3.5.8	内村（東京柏木）	宮部（札幌）	岩崎行親君死去の電報を受取り悲しむ　封書，ペン書	(39)-356
202	昭和 3.5.25	内村（東京柏木）	宮部（札幌）	独立教会後任牧師生越君のこと，金沢君の誤解　封書，ペン書	(39)-359
203	昭和 3.6.2	内村（東京柏木）	宮部（札幌）	受洗50年，君と共に信仰の道を歩みしことを神に感謝す　電報	(39)-364
204	昭和 3.6.2	内村（東京柏木）	宮部（札幌）	新渡戸，廣井，伊藤，大島と共に青山のハリス師の墓に詣ず。君のいないのは "greatest lack"　封書，ペン書	(39)-364
205	昭和 3.6.4	新渡戸・伊藤・大島 内村（東京小日向台）	宮部（札幌）	旧友4人より宮部金吾宛のメッセージ（於新渡戸邸）　電報	(39)-365
206	昭和 3.6.24	内村（東京柏木）	宮部（札幌）	来月より2カ月間独立教会の説教一任の可否照会　封書，ペン書	(39)-368
207	昭和 3.6.28	内村（東京柏木）	宮部（札幌）	上記の件取消し依頼　電報	(39)-369
208	昭和 3.6.28	内村（東京柏木）	宮部（札幌）	生越君帰国までの独立教会説教引受の件，同行者なく中止のこと　封書，ペン書	(39)-369
209-1	昭和 3.7.6	内村(代筆)（東京柏木）	宮部（札幌）	独立教会牧師につき益富政助君より宮崎小太郎君を推薦　封書，ペン書	(39)-371
209-2	昭和 3.7.6	益富政助	（内村）	独立教会牧師として宮崎君を推薦　上記同封，ペン書 4p	全集欠
210	昭和 3.7.10	長尾半平	（内村）	益富君来訪，宮崎君を推薦　下記同封，毛筆巻紙	全集欠
211	昭和 3.7.11	内村（東京柏木）	宮部（札幌）	後任牧師生越君がだめなら宮崎君が最適　封書，ペン書	(39)-372
212	昭和 3.7.12	内村（東京柏木）	宮部（札幌）	伊藤の病気見舞と独立教会牧師のこと　葉書，ペン書	(39)-373

書簡番号	年月日	発信者	宛先	内容	備考
213	昭和1928 3.9.19	内村 (東京柏木)	宮部 (札幌)	札幌より無事帰宅。函館の集会も盛況　葉書，ペン書	(39)-381
214	昭和 3.9.20	内村 (東京柏木)	宮部 (札幌)	封筒のみ，書簡欠	全集欠
215	昭和 3.10.2	内村 (東京柏木)	宮部 (札幌)	ヒロイ　サクヤシンダ(廣井勇昨夜死す)　電報	(39)-383
216	昭和 3.10.2	内村 (東京柏木)	宮部 (札幌)	廣井の死に感慨無量，次々に旧友の葬儀を司る 封筒欠，ペン書	(39)-383
217	昭和 3.10.4	内村 (東京柏木)	宮部 (札幌)	廣井の葬儀を司会，伊藤・大島も参加　葉書，ペン書	(39)-384
218	昭和 3.10.30	内村(代筆) (東京柏木)	宮部 (札幌)	牧野君(牧師)の風評よし。廣井・岩崎の思い出の記のこと 封書，ペン書	(39)-388
219	昭和 3.11.21	内村 (東京柏木)	宮部 (札幌)	廣井未亡人来訪，佐藤総長授爵のこと。牧野君より音信なし　封書，ペン書	(39)-391
220	昭和 3.12.6	内村 (東京柏木)	宮部 (札幌)	北大の騒動(ストライキ)，クラーク先生に申し訳なし　封書，ペン書	(39)-395
221	昭和 3.12.28	内村(代筆) (東京柏木)	宮部 (札幌)	『独立教報』の改善を要望，廣井・岩崎小伝の執筆に感謝。伊藤一隆重態のこと　封書，ペン書4p	(39)-399
222	昭和1929 4.1.1	内村 (東京柏木)	宮部 (札幌)	五十年喧嘩せずして過しけり，善き乎悪き乎何はともあれ　年賀状　葉書，ペン書	(39)-402
223	昭和 4.1.1	内村 (東京柏木)	宮部 (札幌独立教会)	年賀状　葉書，ペン書	全集欠
224	昭和 4.3.1	内村(代筆) (東京柏木)	宮部 (札幌)	「教会ならざる教会」を希望，近頃は大島君が唯一の話相手　封書，ペン書4p	(39)-409
225	昭和 4.3.6	内村 (東京柏木)	宮部 (札幌)	「小生の忠僕，終生の侶」山岸壬五の永眠　封書，ペン書3p	(39)-412
226	昭和 4.3.15	内村 (東京柏木)	宮部 (札幌)	次から次への葬式，明日は我身かと心配　葉書，ペン書	(39)-414
227	昭和 4.3.20	内村 (東京柏木)	宮部 (札幌)	山岸氏の東京葬を司会　葉書，ペン書	(39)-416
228	昭和 4.4.19	内村(代筆) (東京柏木)	宮部 (札幌)	心臓肥大症の発見，クラーク子息来札のこと，佐藤男爵横暴のこと　封書，ペン書	(39)-421
229	昭和 4.5.24	内村(代筆) (東京柏木)	宮部 (札幌)	クラーク子息歓迎会準備につき牧野君のいることを喜ぶ　封書，ペン書	(39)-429
230	昭和 4.5.31	内村(代筆) (東京柏木)	宮部 (札幌)	独立教会会員北沢政高君の永眠　封書，ペン書	(39)-430
231	昭和 4.6.26	内村 (東京柏木)	宮部 (札幌)	黒岩君危篤の電報受領。山下敬太郎君の零落。札幌行の希望　封書，ペン書5p	(39)-433

書簡番号	年月日	発信者	宛先	内容	備考
232	昭和 1929 4.7.1	内村 (東京柏木)	宮部 (札幌)	黒岩氏葬儀香料立替金送付，月末訪札の予定　封書(書留)，ペン書	(39)-435
233	昭和 4.7.29	内村 (信州軽井沢)	宮部 (札幌)	軽井沢沓掛星の湯で静養中　絵葉書，ペン書	(39)-440
234	昭和 4.8.14	内村 (信州軽井沢)	宮部 (札幌)	過る一年は「札幌年」。祐之夫妻の信仰状態を心配　封書，ペン書5p	(39)-444
235	昭和 4.8.23	内村 (信州軽井沢)	宮部 (札幌)	昨年札幌での演説草稿中「独立教会，北大」の分を送付　葉書，ペン書	全集欠
236	昭和 4.8.23	内村 (信州軽井沢)	宮部 (札幌)	同上演説草稿，ただし封筒のみ，原稿欠	(39)-450
237	昭和 4.10.14	内村(代筆) (東京柏木)	宮部 (札幌)	無教会主義者の立場から独立教会顧問辞退の申出　封書(書留)，ペン書4p	(39)-459
238	昭和 1930 5.1.1	内村 (東京柏木)	宮部 (札幌)	(英文)69歳になるが神と祖国のために新たな努力をなさん　年賀状　葉書，ペン書	(39)-480
239	昭和 5.3.28	内村祐之(子息) (東京淀橋)	宮部 (札幌)	チチメサル　ウチムラユウシ	電報

内村鑑三書簡(藤田九三郎宛)〈参考〉

藤田九三郎は明治14年札幌農学校卒業(第2期生)。卒業後，開拓使・工部省・農務省・北海道庁の土木技師，明治27年結核で死去

＊備考欄の(36)-50は，『内村鑑三全集』(岩波書店，1983年刊)の第36巻50頁に収録を示す

書簡番号	年月日	発信者	宛先	内容	備考
001	明治 1882 15.12.20	内村 (函館)	足立・藤田・大島・内田(札幌)	(英文)小樽より32時間の船旅，函館のクリスチャンの状況　封筒欠，鉛筆書	(36)-47
002	明治 1883 16.2.19	内村 (東京小石川)	藤田 (札幌)	(英文)弟達三郎への配慮に感謝。東京のキリスト教会の状況　封書，ペン書	(36)-50
003	明治 1884 17.1.27,29	内村 (東京小石川)	藤田 (札幌)	(英文)世界聖書教会加入のすすめ。彦根から本間牧師を札幌へ招聘することに反対　封書，ペン書8p	(36)-93
004	明治 17.3.28	内村 (東京小石川)	藤田 (札幌)	(英文)太田(新渡戸)と共に藤田の母の葬儀に参列　封書，ペン書4p	(36)-103
005	明治 17.11.3	内村 (東京小石川)	藤田 (北海道幌泉庶野)	(英文)家庭崩壊の故に渡米を決意。妻の不誠実　封書(親展)，ペン書	(36)-117
006	明治 1885 18.10.21	内村(アマースト，Mass.)	藤田 (札幌)	(英文)渡米の効用少なし，余生を福音伝導に捧げる決意　封筒欠，ペン書6p	(36)-208

大島正健(1859-1938)

明治13年札幌農学校卒業(第1期生)。音韻学者。同16〜26年札幌農学校予科主任のほか札幌独立基督教会の初代牧師。その後京都同志社教授，市立奈良中学，県立甲府中学校，県立宮崎中学校の校長を経て東京文理科大学講師として「支那古韻学」を講ず

書簡番号	年月日	発信者	宛先	内容	備考
001	明治 1881 14(13?). 1.23	大島正健 (札幌)	宮部金吾 (東京?)	ハリス氏帰国の節ボストンの雑誌2種発注依頼。教会は首尾よく両派一致せるも早晩牧師は必要	封筒欠 毛筆巻紙

書簡番号	年月日	発信者	宛先	内容	備考
002	明治 1887 20. 6.25	大島正健 (札幌)	宮部(ケンブリッジ, Mass)	(英文)宮部のハーバード大学大学院入学を喜ぶ。帰国後の札幌農学校改善に期待	封筒欠 ペン書半紙
003	明治 1893 26.10.22, 25	大島 (京都寺町通)	宮部 (札幌)	4日離札。9日東京で長官に会い免官のことを承知。19日内村氏を京都駅に出迎え，長官よりの諭書ならびに辞表写を落手，同志社教授の見込み	封書 2通同封 毛筆巻紙 (70 cm, 44 cm)
004	明治 26.10.24	大島 (京都寺町通)	宮部 (札幌)	一身上の醜事につき配慮に感謝	封書 毛筆巻紙 (57 cm)
005	明治 26.11. 7	大島 (京都寺町通)	宮部 (札幌)	札幌農学校免官受書の提出への礼状，京都の風物，宮部家へ盗賊について『盛岡新聞』の報知	封書 毛筆巻紙 (71 cm)
006	明治 1894 27. 2.28	大島 (京都寺町通)	宮部 (札幌)	藤田君の死去を悲しむ。新渡戸の『ウィリアム・ペン伝』翻訳の校正。札幌教会の信仰箇条改正のこと，内村の『予はいかにして』が米国で刊行の予定	封書 毛筆巻紙 (100 cm)
007	明治 1895 28.12.11	大島 (京都寺町通)	宮部 (札幌)	同志社植物学教授服部他助氏著書刊行につき校閲依頼。高林氏縁戚の百山某札幌農学校伝習科入学希望のため世話を依頼	封書 毛筆巻紙 (165 cm)
008	明治 1896 29. 3. 1	大島 (京都寺町通)	宮部 (札幌)	札幌農学校伝習科志願の百山生につき万端世話を依頼	封書 毛筆巻紙
009	明治 29. 3.20	大島 (京都寺町通)	宮部 (札幌)	農芸伝習科志望の百山孟一につき世話依頼(本人持参か？)	封書 毛筆巻紙
010	明治 1901 34. 4.20	大島 (京都寺町通)	宮部 (札幌)	奈良中学校廃校につき甲府中学へ赴任。札幌農学校は精神上すでに死せるもの。同窓会幹事より会費の催促は不当。札幌独立教会は忘れ難い	封書 毛筆罫紙 6 p
011	明治 1904 37. 9.25	大島 (山梨甲府)	宮部 (札幌)	日露戦争の損害につき所感(国家有為の人の消耗を惜む)	封書 毛筆罫紙 6 p
012	明治 1908 41. 9. 8	大島 (山梨甲府)	宮部 (札幌)	子息正満札幌訪問の際の世話に感謝。札幌農学校危機に際し森校長を補佐した回想	封書 毛筆罫紙
013	大正 1915 4. 1. 1	大島 (宮崎)	宮部 (札幌)	年賀状。学問研究の精神衰えず，昨年は『国語の研究』を刊行	葉書 ペン書
014	大正 1918 7. 3.22	大島 (朝鮮京城)	宮部 (札幌)	令息不幸の見舞。Covenant 署名者たちの写真借用依頼。支那音韻学につき発表するも批評者なきを遺憾とす	封書 毛筆巻紙
015	大正 7. 4. 9	大島 (朝鮮京城)	宮部 (札幌)	「札幌独立教会史」の英文執筆を希望。札幌農学校の大学昇格決定を喜ぶ	封書 毛筆巻紙 (114 cm)
016	大正 1919 8. 4.16	大島 (東京荏原郡)	宮部 (札幌)	クラーク博士令息来札歓迎準備における佐藤総長の専断に憤慨。内村鑑三の病気のこと	ペン書便箋
017	大正 1923 12. 4. 3	大島 (朝鮮京城)	宮部 (札幌)	朝鮮農業界における同窓生橋本氏の不評につき佐藤総長へ申し入れ依頼	ペン書便箋 6 p

書簡番号	年月日	発信者	宛先	内容	備考
018	大正 1924 13.10.10	大島（東京荏原郡）	宮部（札幌）	内村のすすめもあり，札幌独立教会での講演を受諾（31年ぶり）	封書 毛筆巻紙 (77 cm)
019	大正 13.10.30	大島（東京荏原郡）	宮部（札幌）	札幌滞在中の世話に感謝（故郷に帰りたる心地）	封書 毛筆巻紙 (86 cm)
020	大正 1925 14.1.12	大島（東京荏原郡）	宮部（札幌）	本年4月で北大退職の決心の由なれど，ご功績は永久不滅。内村氏子息の結婚と北大就職のこと。内村氏結婚司会の謝金50円をクラーク記念教会堂建築費に寄附	封書 ペン書便箋
021	大正 14.2.10	大島（東京荏原郡）	宮部（札幌）	（クラーク記念堂に関する？）郵便為替到着照会。伊藤の内田氏訪問。帰途静岡で4回講演	葉書
022	大正 1926 15.5.1	大島正健（東京荏原郡）	宮部（札幌）	北大創基50年式典のクラーク胸像除幕式には異論あれど，伊藤氏に代り式辞朗読の予定	封書 ペン書便箋
023	大正 15.5.9	大島正満（子息）（東京荏原）	宮部（札幌）	父正健北大50年式典参加につき佐藤総長との衝突を懸念	封書（親展）ペン書便箋 3p
024	大正 15.5.24	大島正健（東京荏原郡）	宮部（札幌）	（北大創基50年式典に招かれ）在札中の厚遇に感謝	封書 毛筆巻紙 (82 cm)
025	昭和 1927 2.12.22	大島正健（東京荏原郡）	宮部（札幌）	南・宮部両名誉教授の胸像作成予定者田嶼氏より懇願の件	封書 ペン書便箋
026	昭和 1928 3.2.13	大島正健（東京荏原郡）	宮部一郎（宮部博士の養子）（札幌）	御尊父（金吾）の病気（肺炎）の報に接し，全快を祈る	葉書 ペン書
027	昭和 3.3.9	大島正健（東京荏原郡）	宮部（札幌）	文学博士学位取得の通知，「春寒し時に遅るる新博士」の句を付す　＊葉書表には宮部博士の筆跡で「七十でまだ黒髪もまれなれど博士勝得し人は尚ほまれ」の句あり	葉書 ペン書
028	昭和 3.7.12	大島正健（東京荏原郡）	宮部（札幌）	孫正幸（正満次男）札幌旅行につき世話依頼	封書 ペン書便箋
029	昭和 1929 4.4.24	大島正健（東京荏原郡）	宮部（札幌）	孫正幸北大予科入学につき世話依頼	封書 ペン書便箋
030	昭和 4.5.3	大島正健（東京荏原郡）	宮部（札幌）	孫正幸の北大予科入学に際しての配慮に感謝	封書 ペン書便箋
031	昭和 4.11.21	大島正健（東京荏原郡）	宮部（札幌）	「札幌同窓会報告」に故黒岩四方之進の小伝執筆の予定につき協力依頼	封書 ペン書便箋
032	昭和 1931 6.3.23	大島正健（東京荏原郡）	宮部（札幌）	「札幌同窓会第52回報告」における「故内村鑑三君小伝」の執筆に感謝	葉書 ペン書
033	昭和 1932 7.11.3	大島正健（東京荏原郡）	宮部（札幌）	東京文理大に出講中につき札幌訪問の日程繰り合わせのこと（札幌独立教会創立50年記念会のため？）	封書 ペン書便箋
034	昭和 7.12.7	大島正健（東京荏原郡）	宮部（札幌）	札幌独立教会50年記念会に招待され，世話を受けたことへの礼状	封書 ペン書便箋

書簡番号	年月日	発信者	宛　先	内　　　容	備　考
035	昭和 1937 12. 6. 3	大島正満(子息) (東京目黒)	宮部 (札幌)	父正健，昨夜より左半身不随，言語不明瞭となる	封書 ペン書便箋
036	昭和 12. 6.23	大島正満 (東京目黒)	宮部 (札幌)	挨拶状。老父正健の近来の病状は思わしくありませんが，小康をえています(脳軟化症)	葉書 ペン書

佐藤昌介(1856-1939)

明治13年札幌農学校卒業(第1期生)。農政・農業経済学者。明治15年米国ジョンズ・ホプキンズ大学に留学。同19年学位を取得して札幌農学校教授，同27年校長となり，当時の札幌農学校縮小廃止論に抗して再編拡大に奔走。同40年東北帝国大学農科大学長，大正7～昭和5年北海道帝国大学総長

書簡番号	年月日	発信者	宛　先	内　　　容	備　考
001	明治 1888 21. 7.14	佐藤 (札幌)	宮部(ケンブリッジ, Mass.)	本年の卒業生16名中6名は北海道庁へ採用。明年夏の宮部の帰国を切望	封筒欠 毛筆(農学校罫紙)
002	明治 1889 22. 2.19	佐藤 (札幌)	宮部(ケンブリッジ, Mass.)	欧州経由帰国のための追加旅費獲得に努力中	封筒欠 毛筆(農学校罫紙)
003	明治 22. 9.11	佐藤 (札幌)	宮部 (東京)	帰朝を祝す。数日の滞京ののちなるべく早く帰札を乞う	封筒欠 毛筆巻紙
004	明治 1898 (31). 2.18	佐藤 (北海道室蘭)	宮部 (札幌)	停車場まで見送りの学生たちによろしく。『北海日々新聞』雑報に載った学生某につき調査依頼	封書(親展) 毛筆巻紙
005	明治 (31). 2.21	佐藤 (東京)	宮部 (札幌)	昨夜着京の通知	封書 毛筆巻紙
006	明治 31. 2.25	佐藤 (東京)	宮部 (札幌)	札幌農学校の教科課程，学位授与維持のため在京同窓の協力を得て文部省へ運動の状況	封書(親展) 毛筆巻紙
007	明治 31. 3. 6	佐藤 (東京)	宮部 (札幌)	予習科新設調査のため文部省小山局長来札視察につき尽力依頼	封書(親展) 毛筆巻紙
008	明治 (31). 3.17	佐藤 (東京)	宮部 (札幌)	文部省小山局長の札幌農学校視察につき，佐藤氏および同窓会委員の意見書等送付	封書(親展) 毛筆巻紙
009	明治 1899 (32). 4.23	佐藤 (東京)	宮部 (札幌)	樺山文相へ札幌農学校卒業式への臨席を依頼。上田局長は札幌農学校の大学昇格案に賛成	封筒欠 毛筆巻紙
010	明治 32. 5. 1	佐藤 (東京)	宮部 (札幌)	東京における札幌農学校の農科大学への昇格運動	封書(親展) 毛筆巻紙
011	明治 32. 5. 7	佐藤 (東京)	宮部 (札幌)	高等視学官推薦の件。大学昇格運動につき各方面協力の必要。新校舎施工式は6月初旬	封書(親展) 毛筆巻紙
012	明治 (32). 5.11	佐藤 (東京)	宮部 (札幌)	予算書を本省へ提出，説明済。大臣の帰京を待つ。学士号存置および大学昇格運動	封書(親展) 毛筆巻紙
013	明治 1901 (34). 4.15	佐藤 (札幌)	宮部 (東京)	ご懇書拝見。小生も明後日出京の予定	封書(親展) 毛筆
014	明治 1903 (36). 9.11	佐藤 (満州営口)	宮部・南鷹次郎 (札幌)	浦塩より哈爾賓，奉天を経て営口へ到着。大連より京城，上海，長崎，マニラを経由して10月着札予定	封書 ペン書

佐藤昌介

書簡番号	年月日	発信者	宛先	内容	備考
015	明治 1903 36.11.25	佐藤 (東京)	宮部 (札幌)	校紀刷新のため出欠を厳重にするよう協議依頼	封書(親展) 毛筆巻紙
016	明治 1906 39. 4. 9	佐藤 (東京)	宮部 (札幌)	水産学科教室設計，教官採用(藤田経信氏)のこと，水産学科規則その他	封書(親展) 毛筆巻紙
017	明治 39. 4.12	佐藤 (東京)	宮部 (札幌)	新築校舎設計は文部省建築課で着手。札幌区へ演武場(時計台)貸与継続の件	封書(親展) 毛筆巻紙
018	明治 1908 41. 5.21	佐藤 (東京)	宮部 (札幌)	文部省にて来年度予算の打合せ。教官採用，大学予科暖房据付，外国留学候補者のことなど	封書(親展) 毛筆巻紙
019	明治 41.10.16	佐藤 (東京)	宮部 (札幌)	文部省で諸要件について局課長と面談。神戸より渡台の予定。(25の要件を箇条書きで記す)	封書(必親展) 毛筆巻紙
020	明治 1910 43. 6.16	佐藤 (東京)	宮部 (札幌)	卒業式における恩賜優等生を文部大臣に内申	封書(必親展) 毛筆巻紙
021	明治 43. 6.18	佐藤 (東京)	宮部 (札幌)	卒業式には文部次官，侍従職来学の可能性	封書(必親展) 上記同封 毛筆巻紙
022	明治 43. 6.25	佐藤 (東京)	宮部 (札幌)	農経試験施行の依頼。留学候補者(半沢・遠藤)内定の件	封書(必親展) 上記同封 毛筆巻紙
023	大正 1913 2. 2.19	佐藤 (東京)	宮部 (札幌)	連日文部省との折衝に奔走。新大臣に大学の状況を説明ののち帰任の予定	封書(必親展) 毛筆巻紙
024	大正 2. 8.18	佐藤 (満州奉天)	宮部 (札幌)	南満州旅行のため帰任遅れる。担当講義を然るべき人に依頼	封書 ペン書(満鉄大和ホテル用箋)
025	大正 2.12.14	佐藤 (東京?)	宮部・南 (札幌)	今朝渡米の途につく(日米交換教授)，留守中はよろしく	封書 毛筆巻紙
026	大正 1914 3. 4.28	佐藤 (アイオワ大学,Io.)	宮部 (札幌)	目下講演で滞在中のアイオワ大学の総長が宮部氏と文通，種子の交換を希望	封書 ペン書
027	大正 1915 4. 5.29	佐藤 (東京)	宮部 (札幌)	農科大学教官の昇格・昇給辞令の件	封書(親展) 毛筆巻紙
028	大正 4(?).10.25	佐藤 (東京)	宮部 (札幌)	明年度予算中派遣費が決定，菌学教室も第2案成立	封書(親展) 毛筆巻紙
029	大正 1917 6. 5.29	佐藤 (東京)	宮部・南 (札幌)	自然科学の特定研究に対し文部省より特別予算支出の件	封書(急親展) 毛筆巻紙
030	大正 1919 8. 3. 6	佐藤 (札幌)	宮部 (東京)	新渡戸も一昨日出発の由(後藤新平とともに欧米視察)。土地売払いの件	封書(親展) 毛筆巻紙

書簡番号	年月日	発信者	宛先	内容	備考
031	大正 1919 8.7.2	佐藤 (札幌)	宮部 (ニューヨーク)	ニューヨーク総領事館気付で，送金通知	電報
032	大正 8.7.2	佐藤 (札幌)	矢田長之助 (ニューヨーク総領事)	宮部教授欧米派遣旅費5割増につき貴領事館宛に3,500円を送金のこと	封書(書留) 毛筆
033	大正 8.7.30	佐藤 (札幌)	宮部 (ニューヨーク総領事館気付)	渡航費用5割増決定につきニューヨーク領事館へ送金。卒業生およびブルックス氏へ学位授与。2人の子息の消息	封書 ペン書
034	昭和 1938 13.10.30	佐藤 (札幌)	宮部 (札幌)	大島正健氏の遺詠を拝見，推敲のこと	封書 ペン書
035	? -.5.14	佐藤 (札幌)	宮部 (札幌)	突然の渡米決定で数日中に出発	封書 切手欠 ペン書
036	-.7.12	佐藤(持参) (札幌)	宮部 (札幌)	新井氏会計出納の身元保証金130円を銀行より借入のため抵当物として苗穂所有地の貸与(？)依頼	封書 毛筆巻紙

志賀重昂 (1863-1927)

明治17年札幌農学校卒業(第4期生)。『南洋事情』や『日本風景論』などで著名な明治大正期の地理学者，雑誌『日本人』を創刊して国粋主義の論陣を張る

001	大正 1926 15.5.15	志賀 (沖縄那覇)	宮部 (札幌)	『ベルナルド・ベッテルハイムの略歴』(弘化3年琉球に上陸し，那覇護国寺に9年間禁固され，米国ペリー艦隊来時に琉米条約を斡旋したハンガリー生まれの医師にして宣教師の特異な経歴を記す)	封書 毛筆・印刷物

新渡戸(太田)稲造 (1862-1933)

明治14年札幌農学校卒業(第2期生)。同17年米国ジョンズ・ホプキンス大学へ私費留学。同20年官費留学生としてドイツのボン，ベルリン，ハレの諸大学で農政学，農業経済学を学び，同24～29年札幌農学校教授。その後，台湾総督府技師，京大教授，一高校長，東大教授，東京女子大学長を経て，大正9～15年国際連盟事務局次長。札幌農学校予科生や第一高等学校生徒たちに与えた教育的感化はよく知られている。明治4～22年叔父太田時敏の養子となり，太田姓を名乗る

*備考欄の(23)-405は，『新渡戸稲造全集』(教文館，1969-2001年刊)の第23巻405頁に収録を示す

001	明治 1884 17.1.22	太田 (東大図書館)	宮部 (札幌)	(英文)東大での学生生活の日課。試験成績。盛岡の兄宛に野菜・草花の種子送付依頼 封筒欠，ペン書4p	(23)-405
002	明治 17.3.29	太田 (東大図書館)	宮部 (札幌)	(英文)盛岡の兄宛の草花種子への礼状。内村の結婚 封筒欠，ペン書4p	(23)-408
003	明治 17.4.20	太田 (東京四谷)	宮部 (札幌)	(英文)盛岡の兄の死去。東大の授業に不満。札幌での再就職を希望 封筒欠，ペン書4p	(23)-411
004	明治 17.4.22	太田 (東京)	宮部 (札幌)	札幌での再就職希望の理由 封筒欠，ペン書	(22)-240
005	明治 17.4.22	太田(牟田持参) (東京四谷)	宮部 (札幌)	(英文)札幌農学校新入生牟田氏の紹介状	(23)-413

書簡番号	年月日	発信者	宛先	内容	備考
006	明治1884 17.4.25	太田（東京）	宮部（札幌）	（英文）牟田氏への配慮を依頼。札幌での就職可否につき返事を待つ　封筒欠，ペン書	(23)-414
007	明治 17.8.4	太田（茨城袋田）	宮部（札幌）	（英文）袋田の滝のこと。旧友たちの回想。アメリカ留学の決意　封筒欠，ペン書4p	(23)-415
008	明治 17.10.5	太田（ミードヴィル, Penn.）	宮部（札幌）	（英文）アメリカ到着。アレゲニー大学に入学。札幌への思い　封筒欠，ペン書4p	(23)-418
009	明治1885 18.11.13	太田（ボルチモア, Md.）	宮部（札幌）	（英文）札幌に慈善学校を創る夢。ジョンズ・ホプキンス大学のこと　封筒欠，ペン書8p	(23)-422
010	明治1886 19.7.12	太田（ボルチモア, Md.）	宮部（札幌）	（英文）新聞切抜に感謝。宮部氏の渡米の時期を照会。グリフィスとの文通　封筒欠，ペン書4p	(23)-426
011	明治1887 20.2.9	太田（ボルチモア, Md.）	宮部（ケンブリッジ, Mass.）	（英文）ワシントンで伊藤・荒川に再会。グリフィス，モースのこと　封筒欠，ペン書4p	(23)-427
012	明治 20.4.5	太田（ボルチモア, Md.）	宮部（ケンブリッジ, Mass.）	（英文）廣井と共にドイツ留学決定の通知を受領　封筒欠，ペン書3p	(23)-429
013	明治 20.5.20	太田（フィラデルフィア, Penn.）	宮部（ケンブリッジ, Mass.）	（英文）28日にニューヨーク出帆の予定。グリフィス，モース両博士によろしく　封筒欠，ペン書4p	(23)-430
014	明治 20.6.24	太田（ボン, ドイツ）	宮部（ケンブリッジ, Mass.）	（英文）ニューヨーク出帆の感概。エジンバラを訪問　封筒欠，ペン書4p	(23)-431
015	明治 20.9.18	太田（ボン, ドイツ）	宮部（ケンブリッジ, Mass.）	（英文）ライン河を遡って各地を歴訪。廣井と数日を過す　封筒欠，ペン書4p	(23)-436
016	明治 20.12.4	太田（ボン, ドイツ）	宮部（ケンブリッジ, Mass.）	（英文）図書受領礼状。旧友たちの消息　封筒欠，ペン書8p	(23)-438
017	明治1888 21.2.2	太田（ボン, ドイツ）	宮部（ケンブリッジ, Mass.）	（英文）ブリュッセル植物園の印象。夏休みはミンデン地方で亜麻産業見学の予定　封筒欠，ペン書6p	(23)-441
018	明治 21.3.10	太田（ボン, ドイツ）	宮部（ケンブリッジ, Mass.）	（英文）北海道へとうもろこし移植の希望。内村の帰国やむなし。ヘイト教授の札幌赴任のこと　封筒欠，ペン書4p	(23)-444
019	明治 21.6.26	太田（ボン, ドイツ）	宮部（ケンブリッジ, Mass.）	（英文）学位取得のこと。廣井は勉強のしすぎ。「日本の外国貿易」についての論文を執筆中　封筒欠，ペン書4p	(23)-446
020	明治 21.7.15	太田（ボン, ドイツ）	宮部（ケンブリッジ, Mass.）	（英文）渡瀬（庄）の受賞を喜ぶ。10月にはベルリン大学へ移る　封筒欠，ペン書6p	(23)-448
021	明治1889 22.1.1	太田（ベルリン）	宮部（ケンブリッジ, Mass.）	（英文）廣井来訪して共に札幌のことを語る。ベルリン大学での受講と統計局での調査　封筒欠，ペン書4p	(23)-450
022	明治 22.2.17	太田（ベルリン）	宮部（ケンブリッジ, Mass.）	（英文）ベルリンの印象と研究条件　封筒欠，ペン書6p	(23)-452
023	明治 22.4.23	太田（ハレ, ドイツ）	宮部（ケンブリッジ, Mass.）	（英文）ハレ大学のこと。エルキントン嬢へ『札幌農学校年報』送付依頼　封筒欠，ペン書4p	(23)-454
024	明治 22.10.27	太田（ボン, ドイツ）	宮部（ケンブリッジ, Mass.）	（英文）宮部氏の帰国途上よりの手紙を落手。山口権三郎に同伴して欧州旅行。植民・地方行政研究のため留学延長の請願　封筒欠，ペン書4p	(23)-456

書簡番号	年月日	発信者	宛先	内容	備考
025	明治 1893 26.7.22	新渡戸（札幌農学校）	宮部（東京下谷）	田口卯吉演説会。『北門新報』と井の角の喧嘩。志賀（重昂）『亜細亜』紙上に札幌史学会の記事を執筆　封書，毛筆巻紙（141cm）	全集欠
026	明治 26.7.29	新渡戸（札幌）	宮部（東京下谷）	北鳴学校の数学教師を推挙依頼。ギュリック嬢拙宅に宿泊。佐藤校長一人で重荷を背負う。「新北門」近来毒気を減ず　封書，毛筆巻紙（92cm）	全集欠
027	明治 26.8.1	新渡戸（札幌）	宮部（東京下谷）	ブリガム教授突然の解雇。井上内相札幌農学校視察のこと　封書，毛筆罫紙	全集欠
028	明治 26.8.4	新渡戸（札幌）	宮部（東京下谷）	井上内相毎日朝から晩まで道庁を検査。ブリガム教授解雇され，12月1日離札の予定。佐藤校長元気回復。川柳3首　封書（親展），毛筆巻紙（129cm）	全集欠
029	明治 1894 27.2.26	新渡戸（小樽中川旅館）	宮部（札幌）	小樽の旅宿に曽ての書庫掛来訪し，『ウィリアム・ペン伝』の翻訳を共にす。独身中食客として世話になったことへの感謝　封書，毛筆巻紙（113cm）	全集欠
030	明治 1898 31.8.20	新渡戸（グレイシャー，カナダ）	宮部（札幌）	（英文）グレイシャーに到着。風景の壮大さ，野生の草を送る（以下新渡戸氏疲労につきリード氏代筆）封書，ペン書8p	全集欠
031	明治 31.11.24	新渡戸夫人（カレッジパーク，Calif.）	宮部（札幌）	（英文）稲造の退職金受領遅延のこと。遠友夜学校教師木村の病状照会ならびに給料のこと。夜学校宛小切手同封　封書，ペン書4p	全集欠
032	明治 1899 32.1.30	新渡戸（ホテル・デルモンテ，モントレー?，Calif.）	宮部（札幌）	札幌農学校の校舎新築決定を喜ぶ。留守中の会計，遠友夜学校の世話につき感謝。新渡戸夫人新キャンパスに楡並木寄付を希望　封筒欠，毛筆巻紙（203cm）	全集欠
033	明治 32.2.1	ブレスウェート（横浜60番）	宮部（札幌）	米国新渡戸氏より三井銀行為替にて150円送付　封書，ペン書	全集欠
034	明治 32.2.21	新渡戸夫人（ホテル・デルモンテ）	宮部（札幌）	（英文）糸杉の松かさを送付。新渡戸は健康回復し今日はハーツホーン嬢と共にサンタ・クルスの図書館へ行く　封筒欠，ペン書4p	全集欠
035	明治 32.5.30	新渡戸夫人（サン・ラファエル）	宮部（札幌）	（英文）エルサレム産のアネモネ種子を同封。ハーツホーン嬢も多数の植物標本の送付を準備中。宮部氏への博士号授与の祝詞　封筒欠，ペン書4p	全集欠
036	明治 32.12.23	新渡戸（ペンシルヴァニア鉄道車中）	宮部（札幌）	（英文）札幌帰任は気候のため約束出来ず，サンフランシスコ2月出帆の船を待つ。『武士道』を佐藤に送る　封筒欠，ペン書8p	全集欠
037	明治 32.12.30	W.エルキントン（フィラデルフィア，Penn.）	宮部（札幌）	（英文）義兄新渡戸の依頼で遠友夜学校へ61円送金　封書，タイプ	全集欠
038	明治 1900 33.2.7	新渡戸（フィラデルフィア，Penn.）	宮部（札幌）	台湾総督府の嘱託として欧州巡回に出発す。アメリカ諸新聞の『武士道』賞賛　封書（『武士道』の書名を印刷したリード社の封筒），ペン書	全集欠

書簡番号	年月日	発信者	宛先	内容	備考
039	明治 1900 33.5.12	新渡戸夫人 (フィラデルフィア, Penn.)	宮部 (札幌)	(英文)遠友夜学校のために50ドル為替送金(為替控在中) 封筒欠, ペン書 3p	全集欠
040	1900. 7.20	W. エルキントン (フィラデルフィア, Penn.)	宮部 (札幌)	(英文)姉(新渡戸夫人)の指示で遠友夜学校のために50ドル為替送金(為替控在中)(第4部 Balderston書簡 B-16参照) 封筒欠, タイプ	全集欠
041	1901. 1.25	トレードメンズ・ナショナル・バンク(フィラデルフィア, Penn.)	宮部 (札幌)	(英文)50円外国為替控 封筒欠, ペン書	全集欠
042	明治 34.11.12	新渡戸夫人 (長野軽井沢)	宮部 (札幌)	(英文)稲造は12月中旬台湾へ出発の予定。軽井沢の別荘へ植林につき園芸師の紹介を依頼。ハリス夫人(?)の葬儀のこと 封筒欠, ペン書 4p	全集欠
043	明治 1902 35.3.21	新渡戸夫人 (アトランティックシティ, NJ.)	宮部 (札幌)	(英文)ペンシルヴァニア大学コナード氏より腊葉交換希望の通知 封書, ペン書	全集欠
044	明治 1903 36.2.24	新渡戸(代筆今井兼次)(台北)	宮部 (札幌)	遠友夜学校のため為替(100円)同封 封書, 毛筆巻紙	全集欠
045	明治 36.6.16	新渡戸(代筆長瀬)(東京富士見町)	宮部 (札幌)	身上については佐藤氏へ連絡済。夜学校経費は銀行通帳より引出依頼。明日出帆 封書(親展), 毛筆巻紙	全集欠
046	明治 36.10.31	新渡戸夫人 (東京小日向台)	宮部 (札幌)	(英文)近く稲造と共に台湾行きを期待。養子?タカヒロの人格形成不充分を恥ず 封書, ペン書 4p	全集欠
047	明治 1904 37.9.9	新渡戸夫妻 (群馬伊香保?)	宮部 (札幌)	(英文)宮部氏母堂死去につき見舞状 封筒欠, 毛筆巻紙	全集欠
048	明治 1907 40.1.21,22	新渡戸夫人 (東京)	宮部 (札幌)	(英文)写真礼状。一高の仕事山積。ローマ字広め会。小此木嬢の魅力 封書, ペン書 5p	全集欠
049	大正 1913 2.10.25	新渡戸(代筆) (東京小日向台)	宮部 (東京上野)	葉書落掌, 是非面会希望につき電話を乞う 封書, 毛筆巻紙	全集欠
050	大正 1914 3.6.29	新渡戸 (東京小日向台)	宮部 (札幌)	宮部夫人の病気見舞。米国人夫妻の北海道見物に世話依頼。東北飢饉視察の予定 封書, 毛筆巻紙(115cm)	全集欠
051	大正 1916 5.5.27	新渡戸夫人	宮部 (札幌)	(英文)100円為替同封, 夜学校の経理状況通知依頼。稲造一行はボルネオ, ジャワその他の諸島を視察中 封筒欠, ペン書 4p	全集欠
052	大正 1917 6.4.25	新渡戸夫人	宮部夫妻 (東京小石川)	(英文)明日ベイリー夫妻を迎えての晩餐会に招待 封書, ペン書	全集欠
053	大正 6.12.21	新渡戸 (東京小日向台)	宮部夫人 (札幌)	嗣子憲次氏の満州における死去を悼む(宮部博士は外遊中) 封書(親展), 毛筆巻紙(99cm)	全集欠
054	大正 1919 8.8.18	新渡戸 (東京小日向台)	宮部金吾(ケンブリッジ, Mass.?)	英国渡航の節は来訪要請。国際連盟事務局次長就任の通知 封筒欠, ペン書	全集欠
055	大正 8.8.26	新渡戸夫人 (モイラウ, Penn.)	宮部金吾(ケンブリッジ, Mass.?)	(英文)稲造国際連盟事務局次長就任につき, 一先ず日本へ帰国の後, ジュネーヴへ向うつもり 封筒欠, ペン書 4p	全集欠

書簡番号	年月日	発信者	宛先	内容	備考
056	大正 1919 8.9.1	新渡戸夫人 (モイラウ, Penn.)	宮部金吾(ケンブリッジ, Mass.?)	(英文)今日は夫の57歳の誕生日。電報受領，稲造への書信類届方依頼　封筒欠，ペン書	全集欠
057	大正 8.9.1	新渡戸夫人 (モイラウ, Penn.)	宮部金吾(ケンブリッジ, Mass.?)	(英文)ロンドンの稲造に届ける冬着類小包のこと　封筒欠，ペン書3p	全集欠
058	大正 8.9.6,8	新渡戸夫人 (モイラウ, Penn.)	宮部金吾(ケンブリッジ, Mass.?)	(英文)今週末後藤男爵一行をニューヨークに出迎えの予定　封筒欠，ペン書4p	全集欠
059	大正 1921 10.2.14	新渡戸夫妻 (ジュネーヴ, スイス)	宮部 (札幌)	(英・和文)松村氏来訪して札幌を懐しむ。ジュネーヴの生活　封筒欠，英文タイプ	全集欠
060	大正 1926 15.6.30	新渡戸 (ジュネーヴ, スイス)	宮部 (札幌)	北大50年祭に思う。佐藤氏を男爵位にする話はなきや，国際連盟奉職7年，日本の足らぬ点が見える　封書，ペン書(国際連盟用箋)	全集欠
061	昭和 1928 3.2.12	新渡戸 (東京小日向台)	宮部 (札幌)	重病だった由，鎌倉での転地療養は如何。選挙応援のこと。早稲田での講義　封書，ペン書3p	全集欠
062	昭和 3.2.20	新渡戸夫人 (東京小日向台)	宮部 (札幌)	(英文)病気療養のため冬期間鎌倉への転地をすすめる　封書，ペン書3p	全集欠
063	昭和 1929 4.8.6	新渡戸 (軽井沢)	宮部 (札幌)	内村の病気回復を聞き軽井沢へ。10月には京都で太平洋問題調査会　封書，ペン書	全集欠
064	昭和 －.3.11	新渡戸 (東京)	宮部 (札幌)	同窓会委員会を神田開花樓で開く。藤田九三郎肖像のこと　封筒欠，毛筆巻紙(128cm)	全集欠
065	昭和 1933 8.10.5	新渡戸(代筆) (ヴィクトリア, カナダ)	宮部 (札幌)	病気見舞電報を謝す(死去10日前)　絵葉書，ペン書	全集欠
066	昭和 1934 9.4.23	新渡戸夫人 (東京小日向台)	宮部 (札幌)	(英文)函館大火義捐金を遠友夜学校の名前で寄付依頼　封書(書留)，ペン書	全集欠
067	昭和 1935 10.1.17	新渡戸夫人 (東京小日向台)	宮部 (札幌)	(英文)宮部氏の「クラーク博士小伝」と「新渡戸書簡」を利用することの可否につき照会　封書，ペン書	全集欠
068	昭和 1936 11.4.11	新渡戸夫人 (東京小日向台)	宮部 (札幌)	(英文)稲造の親友ストラザーズ夫妻の北海道旅行に助力要請　封書，ペン書	全集欠
069	昭和 1938 13.10.31	新渡戸こと(養女) (東京小日向台)	宮部 (札幌)	札幌訪問中のお世話に感謝　封書，ペン書　＊9月稲造未亡人メリー死去	全集欠
070	昭和 1939 14.10.4	新渡戸こと (東京牛込)	宮部 (札幌)	小日向台の邸を賃貸してアパートに移る。新渡戸稲造旧蔵書800冊北大へ寄贈につき運賃のこと　封書，ペン書	全集欠
071	昭和 14.12.26	新渡戸こと (東京世田谷)	宮部 (札幌)	世田谷の住居に移転通知　葉書，ペン書	全集欠
072	昭和 1940 15.9.19	新渡戸こと (東京牛込)	宮部 (札幌)	身分調査書発送のこと　封書，ペン書	全集欠
073	昭和 1941 16.10.15	新渡戸こと (東京牛込)	宮部 (札幌)	娘武子の結婚式招待状につき付言　封書，ペン書	全集欠

新渡戸稲造書簡（安東幾三郎宛）〈参考〉

安東幾三郎（義喬）は明治32年札幌農学校卒業。朝鮮の東洋拓殖㈱から，のち日伯（ブラジル）拓殖取締役。明治27年大島正健の講演にもとづいて『恵林』13号にクラークの別れの言葉を初めて紹介

書簡番号	年月日	発信者	宛先	内容	備考
001	明治 *1897* 30.11.4	新渡戸（東京築地，ホテル・メトロポール）	安東（札幌農学校）	Marshall の"Economics of Industry"はなかなかの良書で代価は1円75銭。丸善に在庫があるので，ゼミの諸君にお伝え下さい	葉書 毛筆

新渡戸稲造書簡（出田新宛）〈参考〉

出田新は明治26年札幌農学校卒業。のちに福井県立農学校長

書簡番号	年月日	発信者	宛先	内容	備考
001	大正 *1912* 1.12.31	新渡戸（東京小石川）	出田（福井県立農学校）	先頃大島氏から貴校の空席に小谷氏を推薦したいとの話を聞きました。小生も同感なのでまず同氏の履歴書を送ります。よろしくお取り計らい下さい	封書（親展）毛筆巻紙

新渡戸（太田）稲造書簡（藤田九三郎宛）〈参考〉

藤田九三郎は明治14年札幌農学校卒業（第2期生）。卒業後，開拓使・工部省・農務省・北海道庁の土木技師，同27年結核で死去

書簡番号	年月日	発信者	宛先	内容	備考
001	明治 *1883* 16.1.15,18	太田（東大図書館）	藤田（札幌）	（英文）朝から夕暮まで図書館にこもる。新年の感想，役所仕事のなかにもなすべき偉大な事業あり　封筒欠，ペン書 4p	全集欠
002	明治 *1884* 17.3.23	太田（東京四谷）	藤田（札幌）	（英文）藤田母堂の死去についてお悔みと励まし（最近はキリスト教に懐疑的なので，自らの体験で慰める）　封書，ペン書 4p	全集欠
003	明治 17.6.28	太田（東京四谷）	藤田（札幌）	（英文）頭本元貞卒業後の上京旅費立替依頼　封筒欠，ペン書	全集欠
004	明治 *1885* 18.6.15	太田（ホームズ，Md.?）	藤田（東京?）	（英文）兄道郎への配慮に感謝。宮部にドイツ留学をすすめる。アメリカの大学は程度低く，生活費も高い　封筒欠，ペン書	全集欠

早川鐵冶（1865-1941）（宮部金吾・南鷹次郎宛）

明治17年札幌農学校卒業（第4期生）。アメリカ留学から帰国して農商務省参事官，外務省政務局長などを歴任ののち民間諸会社の重役を務めた

書簡番号	年月日	発信者	宛先	内容	備考
001	明治 *1898* 31.5.5	早川（東京）	宮部金吾・南鷹次郎（札幌農学校）	昨夕お二人連名の電報落手。小生も松永，渡瀬らと共に文部省の参事官たちに札幌農学校の維持運動をしているのでご安心願いたい。学位令改正などは，これまで大臣の更迭に伴って局長以下の運動があり，いま一歩のところでできなかったものと思われる	封書 毛筆巻紙

廣井　勇 (1862-1928)

明治14年札幌農学校卒業(第2期生)。同16年ミシシッピー河改良工事の技術者に応募して渡米。明治20年北海道庁の官費留学生としてドイツに留学し，橋梁工学・土木工学を学び，同22年札幌農学校工学科教授。同26年より北海道庁技師として港湾改良や小樽築港工事を指導。同32年より東京帝国大学工学部教授

書簡番号	年月日	発信者	宛　先	内　容	備　考
001	明治 1881 14.11.4	廣井 (札幌北4条)	宮部 (東京御徒町)	(英文)東京滞在中のご親切に感謝。横浜から函館までの航海は悪天候で最悪。函館の農業博覧会には見るべきものはなかった。小樽経由で先月24日札幌帰着。独立教会の全員も元気	封書 ペン書
002	明治 1882 15.1.30	廣井 (札幌北2条)	宮部 (東京御徒町)	(英文)今朝お便り拝受。札幌の教会はうまくいっており，兄弟たちも皆元気。開拓使は廃止されることになっているので，5年間勤務の束縛に変化の起きることを期待している	封書 ペン書巻紙
003	明治 15.6.25	廣井 (石狩国幌向太)	宮部 (東京御徒町)	(英文)久しく手紙を受け取らないので心配している。当方は俗世間の雑音を離れて石狩河畔で仕事をしており，読書や黙想を楽しんでいる	封書 ペン書
004	明治 1883 16.6.7	廣井 (東京上野鉄道局)	宮部 (東京御徒町)	(英文)先頃は貴君の病気のことを大変心配した。貴君は自然研究のなかで真のキリスト教精神を育てているが，それが終世続かんことを。最近僕も精神の高揚を感じて，それを次のような英詩で表現してみた	封書 ペン書
005	明治 1887 20.1.2	廣井 (エッジャー・ムーア鉄工場，米国)	宮部	(英文)僕はいまエッジャー・ムーア鉄工場で鉄橋の設計の仕事をしており，貴重な経験を重ねている	封筒欠 ペン書
006	明治 20.2.-			橋梁を設計中(リストによる)	書簡欠
007	明治 20.4.14	廣井 (フィラデルフィア，Penn.)	宮部 (ハーバード大学)	(英文)僕は数日前にエッジャー・ムーア鉄工場を辞めた。北海道庁から手当を受け取り次第アメリカを去ってドイツ留学へ出発するが，急ぐので太田(新渡戸)とは同行できない。出発前に貴君と会えないのも残念	封筒欠 ペン書
008	明治 20.6.4	廣井 (カールスルーエ，ドイツ)	宮部 (ハーバード大学)	(英文)5月14日ニューヨークを出帆してリヴァプール着。エジンバラを経由してロンドンに1週間滞在の後，英国からカールスルーエに到着	封筒欠 ペン書 (リヴァプールホテル用箋)
009	明治 1888 21.3.13	廣井 (カールスルーエ，ドイツ)	宮部 (ハーバード大学)	(英文)ドイツ皇帝死去の報知。佐藤(昌介)の便りでは札幌大学(農学校)は改善されつつあるが，僕の考えではその名称は Sapporo Polytechnical Institute とすべきだと思う。近日中にマンハイムに港湾建設の調査に出掛ける予定	封筒欠 ペン書3p
010	明治 21.4.15	廣井 (カールスルーエ，ドイツ)	宮部 (ハーバード大学)	(英文)僕は学位を得ようと思っていたが，多くの大学でそれは難しいことではないが多額の費用を要するので，そのことは考えないことにした。内村からの便りでは彼はアメリカから帰国したらしい。彼の仕事の成功を期待している。8月にはスイスに旅行の予定	封筒欠 ペン書3p
011	大正 1915 4.11.18	廣井 (東京牛込)	宮部 (札幌北2条)	(英文)手紙と草花の種子有難う。種子は貴君の指示書をつけてアメリカへ送る	封書 ペン書

書簡番号	年月日	発信者	宛先	内容	備考
012	大正 1918 7.9.29	廣井 （東京牛込）	宮部 （札幌北2条）	次男厳病死への弔問に感謝	封書 ペン書
013	大正 1922 11.7.24	廣井 （東京牛込）	宮部 （札幌北2条）	札幌独立教会会堂建築の献金残額を同封	封書（書留） ペン書
014	大正 1924 13.9	廣井 （東京牛込）	宮部 （札幌）	祝儀（リストによる）	書簡欠
015	昭和 1928 3.2.11	廣井 （東京牛込）	宮部 （札幌）	ご令息の書面によれば貴兄は過日の帰札以来ご病気だった由，静養が肝要です。湯池定基氏を今朝見舞ったところ昨夜逝去の由，甚だ残念です	封書 ペン書
016	昭和 3.3.19	廣井 （東京牛込）	宮部 （札幌）	ご病気全快の由，大慶です。小生遠縁の嶋村和夫が学習院より貴大学に入学しますのでご指導よろしく	封書（親展） ペン書

松永（黒宮）武雄 (1865-1916)（宮部金吾ほか宛）

明治17年札幌農学校卒業（第4期生）。文部省官吏。同28年札幌農学校が文部省の直轄学校となったのち，予科を廃止され高等専門学校に格下げされる懸念が生じたとき，文部省内にあって学校当局や在京同窓有志とともに農学校の学課程度や学位授与の維持に努力

001	明治 1898 31.4.9	松永 （文部省）	宮部 （札幌農学校）	文部省主務局によく意見を述べておいたが，至極よい感触であった（電報）	大日本帝国電信
002	明治 31.4.10	松永 （東京牛込区）	佐藤昌介・宮部金吾・南鷹次郎 （札幌農学校）	小山局長出張の際は種々の準備でご苦労様でした。局長は札幌農学校を視察の結果，学課の程度を始め学士号その他についても（東京帝国大学）農科大学に準じて処理する考えで，帰京早々に大臣に復命した模様	封書（親展） 毛筆巻紙 (227 cm)
003	明治 31.4.18	松永 （文部省）	佐藤・宮部・南 （札幌農学校）	予修科設置の案はすでに局長において決裁済。学位令案は参事官会議にかかっているので，多分異議なく通過の見込	封書（親展） 毛筆巻紙
004	明治 31.4.28	松永 （東京牛込区）	佐藤・宮部・南 （札幌農学校）	札幌農学校に予修科設置の件につき，参事官9名の賛否意見と討議の模様。最終的には原案賛成多数で決着すると思う。そのため早川鉄治，頭本元貞および小生が委員たちに遊説した	封書（親展） 毛筆6p (文部省罫紙)

宮部金吾書簡（宍戸昌夫宛）

宍戸昌夫は北海道帝国大学新聞部の学生

001	昭和 1941 16.8.2	宮部 （札幌北6条）	宍戸（北海道帝大新聞部）	『北大新聞』第236号の記事（クラーク像台座の睡蓮）について訂正を要望（和文）。＊2002年4月宍戸昌夫氏寄贈	封書 ペン書

宮部金吾書簡（高岡直吉ほか宛）

高岡直吉は明治15年札幌農学校卒業（第3期生）。第13期生高岡熊雄の実兄。宮崎，島根，鹿児島の県知事を歴任し，大正12年初代札幌市長

001	明治 -.5.1	宮部金吾・南鷹次郎 （札幌農学校）	高岡直吉・伊吹・和田・石川・星野	至急協議せねばならないことがあるので万障おくり合わせのうえ，本日午後4時に　倶楽部（同窓会？）までお越しを乞う	封書（回覧至急） 毛筆巻紙

宮部金吾書簡（新渡戸〈太田〉稲造宛）

書簡番号	年月日	発信者	宛先	内容	備考
001	明治13.8.3 *1880*	宮部（札幌）	太田稲造（盛岡？）	（英文）太田（新渡戸）母堂の死去に際してのお悔み状	封筒欠 ペン書3p
002	明治14.9.24 *1881*	宮部（東京御徒町）	太田稲造（札幌）	（英文）怠慢により放置された東大の植物標本庫の整理。卒業後の共同自炊生活は如何？。キリスト教青年会演説会流会のこと。開拓使および札幌農学校廃止の噂	封筒欠 ペン書4p
003-1	明治15.1.10 *1882*	黒岩・渡瀬・佐藤（札幌）	宮部・太田（東京）	故出田晴太郎君墓碑建設決定につき，鈴木開拓大書記官へ碑文作成を依頼のこと	毛筆巻紙 下記同封
003-2	明治15.2.6	宮部（東京下谷）	太田稲造（東京四谷）	（英文）佐藤昌介氏より故出田晴太郎君の墓碑建築につき書状到来の通知	封書 ペン書
004	明治15.10.22	宮部（東京下谷）	太田稲造（札幌）	（英文）東大留学延長の知らせ。太田の眼病を気遣う。足立（元太郎）の結婚。田内（捨六）の結婚延期のこと	封書 ペン書3p
005	明治16.4.26 *1883*	宮部（東京下谷）	太田稲造（札幌）	（英文）太田のキリスト教への懐疑に対し，自らの力を信ぜず神の前に心を開くことを助言	封書 ペン書6p
006	明治16.5.30	宮部（東京）	太田稲造（東京四谷）	（英文）「北海道植物誌」編纂のためアイヌ利用の植物につき情報提供依頼。頭蓋を東大で購入のこと	葉書 ペン書
007-1	明治16.7.11	宮部（東京）	太田稲造（東京四谷）	頭蓋代価の件東大博物場の佐々木氏と相談のこと	封筒欠 毛筆半紙
007-2	明治16.7.11	佐々木忠次郎（東京帝大博物場）	宮部（東京）	頭蓋来歴につき所持人と面談したいので姓名・住所などお知らせ下さい	毛筆 上記同封
008	明治16.12.8	宮部（札幌）	太田稲造（東京）	（英文）太田の東大留学を喜ぶ。頭本（元貞）来訪してキリスト教につき語り合う。40円に昇給。渡瀬（寅次郎）の結婚近し	封筒欠 鉛筆書4p
009	明治17.2.20 *1884*	宮部（札幌）	太田稲造（東京四谷）	（英文）依頼によりキャベツ，トマト種子送付。太田の兄へ送る草花種子30種近日中に発送。毎日の生活および農学校での日課。内村結婚間近の報を喜ぶ	封書（親展） ペン書7p
010	明治18.1.25 *1885*	宮部（東京根岸）	太田稲造（ボルチモア？, Md.）	（英文）昨年北海道東北部，千島で採集の植物標本同定のため東大で調査中。婚約者は在学中。アメリカ留学の成果を期待	封筒欠 ペン書
011	明治19.6.10 *1886*	宮部（札幌）	太田稲造（ボルチモア？, Md.）	（英文）渡瀬庄三郎と共に3年間アメリカ留学を命じられる。8月上旬横浜出帆のこと。太田や内村・廣井らと再会を期待	封筒欠 ペン書
012	明治19.9.28	宮部（ケンブリッジ, Mass.）	太田稲造（ボルチモア？, Md.）	（英文）ボルチモアで再会後，ニューヨークの領事館を訪ね，今朝当地着。ケンブリッジは素晴らしい所，チャプリン教授に歓待される。	封筒欠 ペン書4p
013	明治19.10.?	宮部（ケンブリッジ, Mass.）	太田稲造（ボルチモア？, Md.）	（英文）学界の長老エーサ・グレイ教授に歓迎され，種々の研究の便宜を与えられる	封筒欠 ペン書 *『宮部金吾』p.163参照

書簡番号	年月日	発信者	宛先	内容	備考
014	明治1886 19.12.5	宮部 (ケンブリッジ, Mass.)	太田稲造 (ボルチモア?, Md.)	(英文)日本人留学生川崎のこと。話題の女性は三原の友人につき彼への照会をすすめる。クリスマスはアマーストへ行く	封筒欠 ペン書
015	明治1887 20.5.22	宮部 (ケンブリッジ, Mass.)	太田稲造 (ボルチモア?, Md.)	(英文)太田の渡独前に会えなくて残念。われわれの努力で札幌農学校を帝国大学に匹敵する教育機関にすることを期待。ドイツでは欧州の学問の粋を学ぶべし。ペテルブルクのマクシモーヴィチ教授から招待状。藤田(九三郎)より送られる金の利用法につき照会	封筒欠 ペン書4p
016 -1	明治 20.7.23	宮部 (シェルバン, NH)	太田稲造	(英文)3週間前から山中の小村で寄生菌類の採集。将来の札幌についての夢に同感。内村の夢も似ているが少々極端。札幌農学校の現況ニュース。大島(正健)が7人の信者に洗礼を施したとのこと	封筒欠 ペン書4p
016 -2	明治 20.12.31	宮部 (ケンブリッジ, Mass.)	太田稲造 (ドイツ)	(英文)植物関係文献落手礼状。内村からは神学校入学以来便りなし。札幌の伊藤一隆には漁業の分野で活躍を期待。グレイ博士の重体を悲しむ。ペテルブルク訪問の途中に再会を期待	封筒欠 ペン書4p
017	明治1888 21.1.29	宮部 (ケンブリッジ, Mass.)	太田稲造 (ドイツ)	(英文)廣井と再会の由,同封の手紙を託す。留学期間は後4ケ月,許可あれば夏には訪欧の予定。橋口氏校長任命の報。植物文献注文依頼	封筒欠 ペン書4p
018	明治 21.2.19	宮部 (ケンブリッジ, Mass.)	太田稲造 (ボン,ドイツ)	(英文)札幌に模範的な植物園を創るのが夢。グレイ博士脳卒中で死去,彼の小伝を書くつもり。「ひきわりとうもろこし」について。内村は健康を害して帰国の予定。藤田危篤のこと。故国における保安条令公布を悲しむ。ペテルブルク大学訪問に期待	封書 ペン書8p
019	明治 21.5.2	宮部 (ケンブリッジ, Mass.)	太田稲造 (ボン,ドイツ)	(英文)内村の帰国。藤田は回復の由。松葉人参につき回答。学位取得の困難と試み(友人たちへは秘密)	封書 ペン書6p
020	明治 21.9.9	宮部 (ケンブリッジ, Mass.)	太田稲造 (ボン,ドイツ)	(英文)白洲文平氏を紹介(ハーバードで経済学専攻後,ドイツへ留学)。学位論文の完成。グランド・マナウ島で菌類を採集。ブルックス,ストックブリッジ両教授は今秋帰国の由。北講堂火災の由(佐藤氏より来信)	封書 ペン書4p
021	明治1889 22.1.1	宮部 (ケンブリッジ, Mass.)	太田稲造 (ボン,ドイツ)	(英文)白洲氏に対し助言を依頼。一昨日札幌より帰国のブルックス夫妻を訪問。後任はブリガム氏,藤田は健康回復の見込。旧友たちの消息。工学科のこと	封筒欠 ペン書4p
022	明治 22.5.24	宮部 (ケンブリッジ, Mass.)	太田稲造 (ボン,ドイツ)	(英文)『札幌農学校年報』のこと。学位試験にパス(千島の植物)。欧州経由で帰国命令。ベルリンでの再会を期待	封筒欠 ペン書
023	明治 22.6.22	宮部 (ロンドン)	太田稲造 (ボン,ドイツ)	(英文)明後日ベルリン着,ペテルブルク訪問後再度ベルリン訪問の予定	封筒欠 ペン書
024	明治 22.7.2	宮部 (ペテルブルク)	太田稲造 (ボン,ドイツ)	(英文)ロシア入国審査の厳しさ。客車の構造。沿線の村落の貧しさ。聖イサク寺院。マクシモーヴィチ教授に会う	封書 ペン書4p
025	明治 22.8.1	宮部 (地中海上)	太田稲造 (ボン,ドイツ)	(英文)航海5日目,同船の2人の日本人,ハレに立寄れず残念。パリの万国博のこと	封筒欠 ペン書4p

宮部金吾書簡（藤田九三郎宛）

藤田九三郎は明治14年札幌農学校卒業（第2期生）。卒業後，開拓使・工部省・農務省・北海道庁の土木技師。明治27年結核で死去

書簡番号	年月日	発信者	宛先	内容	備考
001	明治14.1.3 *1881*	宮部（東京）	藤田（札幌）	（英文）太田（新渡戸）の視力回復のこと。内田，田内の帰札。足立の結婚につき希望	封筒欠 ペン書
002	明治 -.7.21	宮部（札幌）	藤田（十勝大津村）	区役所で地券受領。雨中の測量の困難を察す	封書 毛筆半紙
003	明治17.5.13 *1884*	宮部（札幌）	藤田（後志祝津村）	（英文）内村より公用で近日来道の電報あり，その他	葉書 ペン書
004	明治18.1.18 *1885*	宮部（東京上野）	藤田（札幌白官舎）	（英文）横浜までの船旅。東京着後藤田父，内村母，渡瀬兄弟，田内，長谷部娘を訪問。給料残金，慰労金送付依頼。大学での標本調査。留守中酒井の監督を依頼	封書（親展）ペン書6p
005	明治19.2.8 *1886*	宮部（札幌）	藤田（東京小石川）	在京中の仕事の進捗を期待。在米の内村より連名宛の書状到来	封書（親展）毛筆巻紙
006	明治19.12.3	宮部（ケンブリッジ, Mass.）	藤田	（英文）大学近くに室を借り，大学ホールで食事。課業は寄生菌の研究と独・仏語。グレイ博士のもとでは北海道から持参の植物の研究に従事。ケンブリッジと札幌の比較	封筒欠 ペン書4p
007	明治20.2.27 *1887*	宮部（ケンブリッジ, Mass.）	藤田	（英文）藤田の結婚を祝す。大島の活動に感謝。寄生菌類の研究を終了し，北海道海藻の研究にとりかかる。内村来り1週間を共に過す。信仰に確信を持ち改革者の気概あり	封筒欠 ペン書4p
008	明治20.8.7	宮部（ケンブリッジ, Mass.）	藤田	（英文）札幌農学校の発展と藤田の工学科での授業を喜ぶ。11人の信者洗礼につき大島氏の勇気に感謝。下等植物研究の重要性，近く渡瀬（庄）と当地で研究の予定	封筒欠 ペン書4p
009	明治21.1.22 *1888*	宮部（ケンブリッジ, Mass.）	藤田（札幌）	（英文）病気の報に安静と休養を要請。当地の学生白洲は藤田の妻の知人。宮部・太田・廣井への贈り物（お金）のこと。鮭への寄生菌，たまねぎ病，豆科植物の根ぶくれの研究に従事	封書 ペン書4p

渡瀬庄三郎 (1862-1929)

明治17年札幌農学校卒業（第4期生）。第1期生渡瀬寅次郎の実弟。米国ジョンズ・ホプキンズ大学で動物学の学位を取得。シカゴ大学教授を経て，明治34年より東京帝国大学動物学教授

書簡番号	年月日	発信者	宛先	内容	備考
001	明治19.11.15 *1886*	渡瀬庄三郎（ボルチモア, Md.）	宮部（ケンブリッジ, Mass.）	（英文）月手当80円は大学入学後に支給の通知に苦情。大学では実験のほか生物学古典読書が必須。課外にバイロンを研究	封筒欠 ペン書4p
002	明治20.1.30 *1887*	渡瀬庄三郎（ボルチモア, Md.）	宮部（ケンブリッジ, Mass.）	（英文）貧窮の中に手当発送の通知を受取る。月賦でブリタニカを購入。秋にはハーバードで植物形態学の受講を希望。イギリスの博物学者ウォーレス（A. P. Wallace?）と対談	封筒欠 ペン書9p
003	明治20.2.15	渡瀬庄三郎（ボルチモア, Md.）	宮部（ケンブリッジ, Mass.）	（英文）太田（新渡戸）および廣井（勇）に道庁からのドイツ留学命令の受諾をすすめる。共に教授となって母校のために働くことを期待。ハーバードでの受講につき協力依頼	封筒欠 ペン書6p

渡瀬庄三郎

書簡番号	年月日	発信者	宛先	内容	備考
004	明治1887 20.3.3	渡瀬庄三郎(ボルチモア, Md.)	宮部(ケンブリッジ, Mass.)	(英文)道庁からの通知はあれど金は届かず。ハーバードの植物形態学受講につきグッデイル教授の意向は如何。5月にはバハマの生物学実験所で研究の予定。ボルチモアの日本人留学生たち	封筒欠 ペン書4p
005	明治 20.3.14	渡瀬庄三郎(ボルチモア, Md.)	宮部(ケンブリッジ, Mass.)	(英文)大学報に掲載の論文予稿を送付，他人からの厳しい批評を期待。『国民の友』に見る日本の変化。日本の『動物学雑誌』の内容は貧しいが，数年後には札幌からずっとましな雑誌が出るだろう	封筒欠 ペン書4p
006	明治 20.5.2	渡瀬庄三郎(ボルチモア, Md.)	宮部(ケンブリッジ, Mass.)	(英文)太田はドイツに出発，成功を祈る。夏休みの計画は学費到着の如何によるが，宮部との合流を望む。岡田，大久保，坪井らは陸軍省の雇船で小笠原に行った由	封筒欠 ペン書8p
007	明治 20.6.8	渡瀬庄三郎(ボルチモア, Md.)	宮部(ケンブリッジ, Mass.)	(英文)8月は宮部と共にウッズホール研究所で過すことを期待。伊藤一隆昨日当地に来り，合衆国漁業局の船を訪ねる。8月にはウッズホールを訪ねる由	封筒欠 ペン書
008	明治 20.7.6	渡瀬庄三郎(ボルチモア, Md.)	宮部(ケンブリッジ, Mass.)	(英文)授業料負担できず，ハーバードのサマースクールを断念。8〜9月にはウッズホールで研究の予定。学資不足のため領事館から借金の予定。太田からの手紙を同封	封筒欠 毛筆
009	明治 20.7.30	渡瀬庄三郎(ボルチモア, Md.)	宮部(ケンブリッジ, Mass.)	(英文)来月上旬ウッズホールで再会を期待。6〜7月分学費受領額甚だ少し。同級生山口・安岡死亡の知らせ。金魚に関する論文がブルックス教授に賞讃される	封筒欠 ペン書4p
010	明治 20.8.5	渡瀬庄三郎(ボルチモア, Md.)	宮部(ケンブリッジ, Mass.)	(英文)宮部のウッズホール出張決定を喜ぶ。自分も費用負担に懸念があるが是非参加したい	封筒欠 ペン書4p
011	明治 20.9.24	渡瀬庄三郎(フィラデルフィア, Penn.)	宮部(ケンブリッジ, Mass.)	(英文)ハートフォードで内村と愉快な時を過ごす。札幌赴任予定のヘイト氏より来信。ニューヨーク領事館からの学資至急送付を依頼。ペンシルヴァニアの生物学部のこと	封筒欠 ペン書4p
012	明治 20.9.29	渡瀬庄三郎(ボルチモア, Md.)	宮部(ケンブリッジ, Mass.)	(英文)学費送金の遅延に憤慨。夏期休暇中に訪れた各地の話(ハートフォード，ニューヘヴン，フィラデルフィア)。内村，マークトウェーンの娘，各地の日本留学生のこと	封筒欠 ペン書20p
013	明治 20.10.1	渡瀬庄三郎(ボルチモア, Md.)	宮部(ケンブリッジ, Mass.)	(英文)学費75ドル受領を喜ぶ。金はなくとも本を買う誘惑に耐えられず	封筒欠 ペン書4p
014	明治 20.10.22	渡瀬庄三郎(ボルチモア, Md.)	宮部(ケンブリッジ, Mass.)	(英文)忙しくても手紙の中で研究状況の報知を依頼。自分も朝から晩まで実験室で過ごし，形態学研究の一部として各種の蟻を調査	封筒欠 ペン書5p
015	明治 20.11.18	渡瀬庄三郎(ボルチモア, Md.)	宮部(ケンブリッジ, Mass.)	(英文)128ドル小切手受領。天長節にワシントンに行き，公使館で接待された日本食で下痢。現在はイカの墨袋の研究に従事	封筒欠 ペン書4p
016	明治 20.11.21	渡瀬庄三郎(ボルチモア, Md.)	宮部(ケンブリッジ, Mass.)	(英文)『ハーバード博物館報告』のクモの進化に関する論文入手につき照会。ヘイト氏を札幌農学校の数学・物理教授として招聘のこと	封筒欠 ペン書3p
017	明治 20.11.28	渡瀬庄三郎(ボルチモア, Md.)	宮部(ケンブリッジ, Mass.)	(英文)『ハーバード博物館報告』論文の件，寄生菌で盲目となった金魚の調査，ヘイト氏札幌赴任を承諾し来週ジルマン学長主催の送別会	封筒欠 ペン書6p

書簡番号	年月日	発信者	宛先	内容	備考
018	明治 1887 20.12.6	渡瀬庄三郎 (ボルチモア, Md.)	宮部 (ケンブリッジ, Mass.)	(英文)『ハーバード博物館報告』論文受領，札幌の佐藤より「逆為替」につき苦情到来。別便ではニューヨーク銀行の「逆為替」で学費受領を指示。ヘイト氏の送別会の状況	封筒欠 ペン書5p
019	明治 20.12.8	渡瀬庄三郎 (ボルチモア, Md.)	宮部 (ケンブリッジ, Mass.)	(英文)『ハーバード博物館報告』バックナンバー再受領礼状。寄生菌類に関する論文を含む号を宮部のために返却	封筒欠 ペン書
020	明治 20.12.12	渡瀬庄三郎 (ボルチモア, Md.)	宮部 (ケンブリッジ, Mass.)	(英文)佐藤昌介からの伝言を同封(砂漠の旅人がオアシスを見た感じ)。同窓生の病気のこと	封筒欠 ペン書
021	明治 20.12.31	渡瀬庄三郎 (ボルチモア, Md.)	宮部 (ケンブリッジ, Mass.)	(英文)デーヴィス『生活と書簡』を読む。領事館からの文書を同封(4月までの生活見通し暗し)。ノーリス嬢の夕食会に招待される。箕作(佳吉)教授の書信(三崎の臨海実験所完成，坪井(正五郎)は発掘で多忙)	封筒欠 ペン書6p
022	明治 1888 21.1.21	渡瀬庄三郎 (ボルチモア, Md.)	宮部 (ケンブリッジ, Mass.)	(英文)藤田の重病を憂う。下宿の主人の結核のこと。スカル氏菌類付着の多数の魚発見につき報知。『ハーバード博物館報告』中のクモの論文必要につき立替え購入依頼。生活費の不足状況。奨学金試験に合格	封筒欠 ペン書10p
023	明治 21.3.19	渡瀬庄三郎 (ボルチモア, Md.)	宮部 (ケンブリッジ, Mass.)	(英文)同僚の植物学者ブルックスのこと(帰国前に知己となることをすすめる)。アガシの魚類発生学論文入手の依頼。ワシントン赴任の陸奥新公使に期待	封筒欠 ペン書7p
024	明治 21.6.24	渡瀬庄三郎 (ウッズホール, Mass.)	宮部 (ケンブリッジ, Mass.)	(英文)ウッズホールの研究仲間パーテルのこと。宿所，町の人々	封筒欠 ペン書6p
025	明治 21.7.15	渡瀬庄三郎 (ウッズホール, Mass.)	宮部 (ケンブリッジ, Mass.)	(英文)この5週間毎日9時間の研究で「悪名」をとる。頭足類の研究を再開	封筒欠 ペン書4p
026	明治 21.8.30	渡瀬庄三郎 (ウッズホール, Mass.)	宮部 (ケンブリッジ, Mass.)	(英文)イカの卵の細胞分裂の観察から従来の学説の誤りを発見。貴君の船酔いは調査船員たちの評判	封筒欠 ペン書3p
027	明治 21.9.9	渡瀬庄三郎 (ウッズホール, Mass.)	宮部 (ケンブリッジ, Mass.)	(英文)細胞分裂におけるイカの左右の眼窩の形成，ホイットマン教授は『形態学雑誌』に発表を望む。左右器官の働きの不同時性。『ネイチャー』掲載の短評のこと。論文は米国漁業委員会モノグラフ・シリーズ第1巻に掲載予定。南アメリカ西岸および太平洋岸頭足類コレクションの研究を依頼さる。北海道庁に留学期間の延長を申請の意向	封筒欠 ペン書11p
028	明治 21.10.10	渡瀬庄三郎 (ボルチモア, Md.)	宮部 (ケンブリッジ, Mass.)	(英文)ジョンズ・ホプキンズ大学の日本留学生(西郷菊次郎のことなど)	封筒欠 ペン書3p
029	明治 21.12.16	渡瀬庄三郎 (ボルチモア, Md.)	宮部 (ケンブリッジ, Mass.)	(英文)頭足類の研究はますます大きなテーマとなる。すでに大学および漁業委員会と研究契約を結んだが，道庁に留学延期願は未提出。早川・頭本の消息，湯池と小野の滞在	封筒欠 ペン書3p
030	明治 1889 22.2.3	渡瀬庄三郎 (ボルチモア, Md.)	宮部 (ケンブリッジ, Mass.)	(英文)湯池の話では永山長官は札幌農学校を屯田士官養成学校にする意向とか。その方が北海道にふさわしい。われわれの知識は札幌には無用	封筒欠 ペン書

書簡番号	年月日	発信者	宛先	内容	備考
031	明治 1889 22.2.11	渡瀬庄三郎 (ボルチモア, Md.)	宮部 (ケンブリッジ, Mass.)	(英文)佐藤氏の手紙では留学1年延長の可能性。節足類の複眼の起源と性質についての発見，それは従来の形態学の概念を改めるもの	封筒欠 ペン書4p
032	明治 22.2.24	渡瀬庄三郎 (ボルチモア, Md.)	宮部 (ケンブリッジ, Mass.)	(英文)大日本帝国憲法制定につき照会，久しく日本の新聞を見ていないので帰国後の無知を心配。森有礼の暗殺は信じられぬ。第13回開校記念日にジルマン総長より業績を賞賛される	封筒欠 ペン書4p
033	明治 22.5.3	渡瀬庄三郎 (ボルチモア, Md.)	宮部 (ケンブリッジ, Mass.)	(英文)宮部の学位論文完成を喜ぶ。節足類の眼についての論文を完成。脊椎動物の形態学にも大きな影響の可能性。もう1年ウッズホールで研究を希望し，来年の奨学金を申し込む。ジルマン総長らも帰国による研究の中断を惜しむ。ホプキンズホールで日本憲法制定祝賀会	封筒欠 ペン書8p
034	明治 1890 23.4.25	渡瀬庄三郎 (ボルチモア, Md.)	宮部 (札幌?)	(英文)留学延期の助力に感謝。自費で2年間の留学を長官に申請。クラーク大学か漁業委員会に籍をおき，夏期はウッズホールで研究を希望。太田(新渡戸)は今夏結婚のためフィラデルフィアに戻ってくる噂	封筒欠 ペン書6p
035	明治 23.6.16	渡瀬庄三郎 (ボルチモア, Md.)	宮部 (札幌?)	(英文)来週よりボストン海洋研究所に移る。来年はクラーク大学の動物形態学助手になる見込み。留学延期許可未着。もらい過ぎの学費返却の件。学位受領の日の写真を同封	封筒欠 ペン書6p

渡瀬寅次郎(1859-1926)書簡(佐藤昌介ほか宛)〈参考〉

明治13年札幌農学校卒業(第1期生)。同25年東京興農園(農具および種苗の販売)を起す。渡瀬庄三郎の実兄

書簡番号	年月日	発信者	宛先	内容	備考
001	明治 1898 31.4.10	渡瀬寅次郎 (東京)	佐藤昌介 (札幌農学校長)	文部省実業教育局長小山健三の札幌農学校視察の好印象の報知を喜ぶ(札幌農学校が明治28年文部省直轄学校となって予科が廃止され，高等専門学校に格下げされる懸念が生じたとき，在京同窓委員の一人として，教科課程の維持を文部省に働きかけた渡瀬の書簡)	封書(親展) 毛筆5p (第132国立銀行罫紙)
002	明治 31(?).4.18	渡瀬寅次郎 (東京)	南 鷹次郎 (札幌農学校)	札幌農学校の件は小山局長帰京以来好転。ただ文部大臣大患とのことで辞職を心配したが，目下快方に向い，予修科設置の件も内定し，学位令の件は当分延引のこと	封筒欠 毛筆(東京興農園罫紙)
003	明治 31.4.24	渡瀬寅次郎 (伊豆熱海温泉)	佐藤昌介・宮部金吾・南鷹次郎 (札幌農学校)	頭本(元貞)，早川(鉄治)両氏と打ち合わせ，19日文部省で小山氏に面会。同氏はごく内々の話として，札幌農学校の教科内容の程度を維持するために2年課程の(予修科)設置を述べる	封書(親展) 毛筆巻紙

第 2 部

その他の日本人

＊明治〜昭和初期の日本の代表的植物学者の多くを含む。発信者の 50 音順に配列

書簡番号	年月日	発信者	宛先	内容	備考

相川銀次郎
薬剤師

| 001 | 明治 1900
33. 4.13 | 相川
(東京小石川) | 宮部
(札幌農学校) | Prunus Padus(エゾノウワミズザクラ)について照会します(7件) | 封書
毛筆巻紙 |

相田幾次郎
大正6年東北帝国大学農科大学卒業

| 001 | 大正 1917
6.10.24 | 相田
(山口) | 宮部
(東北帝大農科大学) | 今般山口県立農業学校に採用され奉職中です | 絵葉書(香山園噴水) |

赤石行雄
満州国・新京興農部農産司農事科

| 001 | 昭和 1933
8. 9.17 | 赤石
(満州新京) | 宮部名誉教授
(北海道帝大農学部) | 満州の病虫害防除に従事中です。『満州国病虫害時報』に原稿の執筆をお願いします | 封書
ペン書
(満州帝国政府用箋) |

明峰正夫 (1876-1948)
明治32年札幌農学校卒業。のち北海道帝国大学農学部教授(作物育種学)

| 001 | 明治 1909
42. 8.27 | 明峰
(群馬前橋) | 宮部
(札幌) | 当地葡萄園を訪問して菌害を発見しました。見本を送付しますので病菌の名称および予防法をご教示下さい | 封書
毛筆巻紙 |

浅倉金彦
明治42年東北帝国大学農科大学卒業。和歌山県立農事試験場園芸部

| 001 | 大正 1915
4. 6. 3 | 浅倉
(和歌山有田郡) | 宮部
(札幌農科大学植物学教室) | 枇杷果実標本を送付しますので，褐色の斑点は病菌かどうかご教示下さい | 封書
ペン書罫紙 |

芦田譲治

| 001 | 昭和 1944
19. 4.13 | 芦田
(京都) | 宮部
(札幌) | ご指示に従い，略歴と業績を東京の藤井(健次郎?)博士宛に送付します | 封書
ペン書 |

阿部貞一

| 001 | 明治 1910
43. 3.21 | 阿部
(青森藤崎村) | 半沢洵
(札幌農科大学植物学教室) | りんごのフラン病予防につき宮部先生への照会をお願いします | 封書
毛筆巻紙 |

書簡番号	年月日	発信者	宛先	内容	備考

天野国一

001	明治 1901 34.11.20	天野 (三河国八名郡大野町)	宮部 (札幌)	パナマ帽子原料につきご回答に感謝します。台湾では栽植が難しく思われるので，台湾産の三角藺を検討中です	封書 毛筆巻紙
002	明治 1901 34.12.13	天野 (三河国八名郡大野町)	宮部 (札幌)	清国料理で珍重されているという白木茸を試培したいのですが，それは本邦の茸を漂白したものか，あるいは別種のものかご教示下さい	封書 毛筆巻紙
003	明治 1904 37. 8.13	天野 (三河国八名郡大野町)	宮部 (札幌)	米国産野性稲の本邦への移植可能性について知人より照会(新聞切抜同封)がありましたのでご回答下さい	封書 毛筆巻紙
004	明治 1907 40. 3. 2	天野 (三河国八名郡大野町)	宮部 (札幌)	種ヶ島で発見の大振りの半夏(カラスビシャク)につき照会します。また樺太産カラフトツノマタ(海藻)の糊料としての有用性につきご教示下さい(半夏の実物同封)	封筒欠 毛筆巻紙

新井
フィラデルフィア在住

| 001 | 大正 1919
8. 7.18 | 新井
(フィラデルフィア, Penn.) | 宮部
(ニューヨーク) | ニューヨークのご滞在は『ニューヨーク新報』にて承知しました。22日西フィラデルフィア駅で下車して下さい(地図を記す) | 封筒欠
ペン書 |

有元新太郎
明治37年マサチューセッツ州立農科大学入学

001	明治 1904 37.11.24	有元 (アマースト, Mass.)	宮部 (札幌)	米国の大学生活は自由に見えて，油断のできないことがあります。ブルックス先生一家は札幌を懐かしんでいました。マサチューセッツ州立農科大学の状況	封筒欠 毛筆4p
002	明治 1905 38.11.10	有元 (プロクター樹木園，トプスフィールド, Mass.)	宮部 (札幌)	今春は病気で休学しケンブリッジで保養しました。プロクトル氏設計中の樹木園に滞在中です	封書 ペン書5p
003	明治 1906 39. 1. 7	有元 (イサカ, NY)	宮部 (札幌)	正月よりコーネル大学の冬期講義(園芸学)を聴講中です	封書 ペン書

安藤文子
札幌佐山病院薬剤師(共立女子薬学専門学校卒業生)

| 001 | 昭和 1939
14. 5.31 | 安藤
(札幌佐山病院) | 宮部
(札幌) | 「アイヌの薬用植物」を共立女子薬専の『校友会誌』に転載することを許可していただき，お礼を申し上げます(名刺2枚同封) | 封書
毛筆 |

池野成一郎 (1866-1943)

帝国大学理科大学植物学科卒業。東京帝国大学農科大学教授。ソテツの精子を発見し、明治45年帝国学士院恩賜賞受賞。昭和2年帝国学士院会員

書簡番号	年月日	発信者	宛先	内容	備考
001	明治 1903 36(?).11.21	池野（東京新宿）	宮部（札幌農学校）	オーストリアのクラカウ大学のヤンツェフスキ氏より札幌農学校植物園のRibes（スグリ属）標本の入手希望がありましたのでよろしくお願いします（E. Janczewski, J-18～23参照）	葉書 ペン書
002	明治 1907 40.3.11	池野（ベルリン）	宮部（札幌農学校）	ヤンツェフスキ氏より4種のRibesの果実もしくは根付きの小木の送付を宮部氏もしくは牧野（富太郎）氏へ頼んでくれるよう依頼がありました	葉書（国際郵便）
003	明治 1910 43.4.8	池野（東京帝大農科大学）	宮部（東北帝大農科大学）	東大植物園には、きぬやなぎ雌本ならびにやまねこやなぎ雄本が欠如につき両種の送付をお願いします	封書 毛筆（東大農科大罫紙）
004	明治 43.4.21	池野（東京帝大農科大学）	宮部（東北帝大農科大学）	川柳、立柳の雌雄を別便にて送付します。岩柳と山柳は当園はもとより近郊にもないので送れません	封書 毛筆罫紙
005	明治 43.4.29	池野（東京帝大農科大学）	宮部（東北帝大農科大学）	ねこやなぎ雄、いぬこりやなぎ雌雄送付のこと、えぞ川柳、えぞ柳など小枝2,3本をご送付下さい	封書 毛筆罫紙
006	昭和 1936 11.10.19	池野（東京原宿）	宮部（札幌北6条）	九州帝大林学教授金平亮三氏を南洋委任統治領の樹木フロラ研究により学士院賞に推薦したいのでご協力下さい	封書 毛筆罫紙
007	昭和 1939 14.8.21	池野（東京帝大農学部植物教室）	宮部（札幌北6条）	在札中のお世話にお礼申し上げます	葉書 ペン書
008	昭和 -.11.10	池野（東京帝大農学部植物教室）	宮部（札幌北6条）	（?）の学士院賞推薦につき賛成者にはなりますが、提出者や詮考委員は御免こうむりたく存じます	封筒欠 ペン書便箋

石井盛次

京都帝国大学農学部造林学教室。のち高知大学農学部長

書簡番号	年月日	発信者	宛先	内容	備考
001	昭和 1940 15.10.9	石井（京都）	宮部（札幌）	札幌訪問の際の御教導に感謝します。北大出身者の学究的なるは先生の御薫陶の賜物と感銘しました	封書 ペン書

石尾和作

大正5年東北帝国大学農科大学林学科卒業。北海道帝国大学農学部朝鮮演習林派出所（朝鮮全羅北道茂朱面）

書簡番号	年月日	発信者	宛先	内容	備考
001	昭和 1940 15.1.4	石尾（全羅北道茂朱面）	宮部（札幌）	当地演習林の植林中に幹に瘤を生じたものが多いので、その予防法を承知したく標本を送付します	封書 ペン書
002	昭和 1942 17.3.19	石尾（北大朝鮮演習林）	宮部（札幌北6条）	一昨年1月には松の瘤病につきご指導をいただきました。今度は当地の朝鮮五葉松に発生の真白な斑点病の標本を同封しましたのでご教示下さい	封書（親展） ペン書

石川千代松 (1860-1935)
東京大学理学部動物学科卒業。(東京)帝国大学農科大学教授(動物学)。E.モース(大森貝塚の発見で著名)の弟子で日本における進化論の紹介・普及に努めた。明治44年帝国学士院会員

書簡番号	年月日	発信者	宛先	内容	備考
001	明治 1900 33.3.20	石川 (東京原宿)	宮部 (札幌農学校)	カラマツ花粉の研究中につき，雄花の蕾をもった小枝をお送りいただけませんか	封書 毛筆巻紙
002	明治 1912 45.3.21	石川 (東京原宿)	宮部 (札幌農科大)	A. R. Wallace 氏よりの依頼でプリムラの根と種子の入手を希望しています	葉書 ペン書
003	明治 45.6.13	石川 (東京農科大学)	宮部 (札幌農科大学)	上記プリムラの根と種子は今秋中に先方に発送したいのでよろしく	葉書 ペン書
004	昭和 1930 5.8.11	石川 (東京四谷)	宮部 (北海道帝大農学部)	札幌でのお世話に感謝します。札幌は53年振りでした。佐藤総長にもよろしく	封書 ペン書

石川日出鶴丸 (1878-1947)
東京帝国大学医科大学卒業。のち京都帝国大学農学部創立委員(医学部教授)。生理学者，ペテルブルク大学でパブロフの指導を受ける

書簡番号	年月日	発信者	宛先	内容	備考
001	大正 1923 12.2.6	石川 (京都)	宮部 (札幌)	京大に農学部新設につき教官の人選にご協力下さい(裏面に推薦者名あり)	封書(親展)

石山哲爾
昭和4年北海道帝国大学農学部卒業。樺太庁中央試験所員，庁立函館高等女学校教諭

書簡番号	年月日	発信者	宛先	内容	備考
001	昭和 1932 7.5.5(?)	石山 (満州ハルピン市馬家溝)	宮部 (北大農学部)	色紙への礼状。先月より入院して療養中です	封書 ペン書
002	昭和 7.6.13	石山 (樺太豊原,樺太庁中央試験所)	宮部 (北大農学部)	「南樺太産有用野生植物」についての論文を送付につき御叱正下さい	封書 ペン書
003	昭和 7.8.28	石山 (樺太小沼,中央試験所)	宮部 (北大農学部)	「故工藤祐舜氏の伝」(『札幌博物学会会報』第12巻)の別刷受領礼状	封書 ペン書
004	昭和 1935 10.3.12	石山 (函館梁川町)	宮部 (札幌北6条)	ご要望の千軒岳植物は休日をフルに利用して採集に努めたいと思います	封書 ペン書
005	昭和 10.7.27	石山 (北海道松前郡福島村)	宮部 (北大農学部)	来月から千軒岳山中に入る予定です	封書 ペン書
006	昭和 10.8.19	石山 (庁立函館高女)	宮部 (札幌北6条)	先月26日千軒岳に行くも連日の雨で収穫は僅かです。愚妻流産の報で11日帰函しましたので,春の採集品を加えても500種にすぎません	封書 ペン書
007	昭和 10.10.13	石山 (庁立函館高女)	宮部 (札幌北6条)	今夏の採集は雨天のため不成績なので整理済の分より発送します。学校の方も行事輻輳して多忙です	封書 ペン書
008	昭和 10.10.24	石山 (庁立函館高女)	宮部 (北大農学部)	標本整理遅延し,本日羊歯類より荳科植物まで送付します。種名の同定は甚だ自信がありません	封書 ペン書

書簡番号	年月日	発信者	宛先	内容	備考
009	昭和 1936 11. 2. 3	石山（庁立函館高女）	宮部（北大農学部）	原稿を伊藤（誠哉）先生へ送付しました	封書 ペン書
010	昭和 11. 7.16	石山（庁立函館高女）	宮部（札幌北6条）	今年の採集計画は舘脇先生と会ったうえで決めるつもりです。今年は天皇行幸のため夏季休暇短縮の予定です	封書 ペン書
011	昭和 11. 7.24	石山（庁立函館高女）	宮部（札幌北6条）	書簡欠	封書 ペン書
012	昭和 11. 8.27	石山（庁立函館高女）	宮部（北大農学部）	今夏採集の標本送付のこと	封書 ペン書
013	昭和 1937 12. 7. 7	石山（庁立函館高女）	宮部（北大農学部）	ご依頼のハコベ科植物の諸型の標本につき報告します	封書 ペン書
014	昭和 －. 5.30	石山	宮部	『函館植物誌』記載の標本のうち先生ご希望のものは函館図書館には見当たりません。山本（岩亀）氏へ照会されたら如何ですか（山本岩亀011参照）	封筒欠 ペン書

市村　塘 (1871-1945)

帝国大学理科大学植物学科卒業。第四高等学校教授（植物学）

書簡番号	年月日	発信者	宛先	内容	備考
001	昭和 1941 16. 7. 1	市村（金沢第四高等学校）	宮部（北海道帝大）	先年頂戴したエブリコは拙著『続日本薬用植物（図譜）』に編入しました。なお「チョウセンゴミシ（北五味子）」の花付および果付枝の入手を希望しています	封書 ペン書
002	昭和 1943 18.11.26	市村（金沢第四高等学校）	宮部（北海道帝大）	フッキソウの雌花結実せず研究に困っているので果実2,3個をご恵送下さい。小生350種を含む『日本薬用植物図譜』増補版の原稿完成するも時局柄出版は困難なようです	封書 ペン書
003	昭和 1944 19. 4. 1	市村（金沢第四高等学校）	宮部（北海道帝大）	貴著ご恵贈に感謝します	葉書 毛筆

出田　新 (1870-1943)

明治26年札幌農学校卒業。福井県立農林学校長，山口県立農業学校長。『日本植物病理学』の著者。札幌農学校第1期生出田晴太郎の実弟

書簡番号	年月日	発信者	宛先	内容	備考
001	明治 1901 34(?). 5.11	出田（大阪）	宮部（札幌農学校）	七島（蘭？）の赤やみ病の標本送付につきご鑑定下さい	葉書 毛筆
002	明治 1902 35. 5.18	出田（大阪天王寺）	宮部（札幌農学校）	原稿第2回分昨日送付につき校閲願います	封書（親展） ペン書
003	明治 35. 6.26	出田（大阪天王寺）	宮部（北三条）	札幌へ夏季出張の件，「日本植物病理学」編集のこと，川上瀧彌・川（河）村九淵君来阪し一泊。その他	封書 毛筆罫紙 3p
004	明治 35. 7.13	出田（大阪天王寺）	宮部（北三条）	夏季休暇中に札幌行のこと。『植物病理学』は再販出来，「日本植物病理学」の原稿もほぼ完成	封書 毛筆巻紙
005	明治 35.10. 4	出田（大阪天王寺）	宮部（札幌農学校）	札幌滞在中に将来研究の基礎を作るつもりです。帰途室蘭・青森を経由して上京，駒場農学校，理科大学を訪問しました	封書 ペン書3p

出田 新

書簡番号	年月日	発信者	宛先	内容	備考
006	明治 1903 36.12.31	出田（大阪天王寺）	宮部（札幌農学校）	9月下旬より兵庫・岡山・山口・福岡・熊本の諸農学校を視察。チブスのためご依頼のペロノスポリ科の標本送付延引	封書 毛筆罫紙 3p
007	明治 1904 37.4.21	出田（大阪天王寺）	宮部（札幌農学校）	当府下の梨の産地で赤星病毎年発生。むろの多少との関連につきご教示下さい。その他	封書 毛筆罫紙 4p
008	明治 1905 38.1.11	出田（大阪天王寺）	宮部（札幌農学校）	おすすめにより『日本植物病理学』を外国の諸学者に送付しました。採集標本十数種の学名をご教示下さい	封書（親展）ペン書 6p
009	明治 1907 40.1.26	出田（福井県立福井農学校）	宮部（札幌農学校）	当地方の蕓薹（アブラナ）に発生した病害標本を封入につきご教示下さい。『日本植物病理学』の増補は旧版より余程大きくなる見込みです	封書 ペン書（出田新用箋）
010	明治 1908 41.2.14	出田（福井県立福井農学校）	宮部（東北帝大農科大学）	『日本植物病理学』増訂版校閲の依頼	封書（急親展）ペン書（福井農学校用箋）
011	明治 41.5.6	出田（福井県立福井農林学校）	宮部（東北帝大農科大学）	駒場で白井（光太郎）先生に面会しました。各県の農学校を視察しましたが、師範・中学と対等視されず気の毒です。裳華房主人衰弱のため一時出版中止の懸念があります	封書（至急）ペン書
012	明治 41(?).5.21	出田（大阪天王寺）	宮部（札幌農学校）	再度校正送付のお礼。苹果（リンゴ），桑に発生の病原菌につき照会します	封書 ペン書
013	大正（?）4.8.8	出田（山口小郡町）	宮部（札幌北6条）	別便にて「日本学術協会大会」（九州で開催）の講演別刷を送付します。"Brief history" は米国人の校正を受け『植物病理学会報』に送りました。子供らの消息	封書 ペン書 4p
014	大正（?）5(?).3.4	出田（福井市）	宮部（札幌北6条）	農学校長辞職の理由。再就職までに『日本植物病理学』の続編を完成の積りで，裳華房へ前借の交渉をしました	封書 ペン書 6p
015	大正 1917 6.8.10	出田（山口小郡町）	宮部（札幌北2条）	山口県小郡農学校長に赴任より1年経過。大原農業研究所欠員につき同窓を推薦したい。（『日本植物病理学』）続編の校閲を希望	封書 ペン書 4p
016	大正 1918 7.2.21	出田（山口小郡町）	宮部（札幌北2条）	原稿送付につき校閲をお願いします。大原農業研究所は駒場出身の者と交渉中につき同窓推薦の見込みはありません	封書 ペン書 4p
017	大正 1922 11.12.27	出田（山口小郡町）	宮部（札幌北2条）	当地農学校長赴任より6カ年。『日本植物病理学』続編は上・下2巻に分けて自費出版の積り。子供らの消息	封書 ペン書 3p
018	大正 -.6.22	出田	宮部（札幌北2条）	『関門日々新聞』に掲載の切抜きを送付。続編上・下巻の初校裳華房より届く	封筒欠 ペン書
019	昭和 1927 2.11.20	出田（山口小郡町）	宮部（札幌北2条）	先般ご依頼しました『日本に於ける植物学の略史』の英訳は定めし杜撰なものと思いますが，外国人にも見てもらうつもりです	封書 ペン書

書簡番号	年月日	発信者	宛先	内容	備考

伊藤誠哉(1883-1962)
明治41年東北帝国大学農科大学卒業（植物病理学・菌学専攻）。大正7年北海道帝国大学教授、
昭和20～25年同大学総長、昭和25年日本学士院会員。文化功労者

書簡番号	年月日	発信者	宛先	内容	備考
001	大正 1922 11.8.15	伊藤（ウィスコンシン大学，デトロイト，Mich.）	北大植物学教室教官一同	ロスアンジェルスよりセントルイス，シカゴ，マジソン，イリノイ，インディアナへ。パージェス大学のアーサー教授より竹の銹菌標本の送付依頼を受けました。只今アナーバー，ミシガン大学の見物を終え，これよりコーネル大学を見てボストンに帰ります	封書 ペン書3p
002	大正 1923 12.8.3	伊藤（ベルリン）	宮部ほか（札幌，大学）	1カ月のうちに1ポンド65万マルクが500万マルクとなりました。先日は共産党のデモ行進がありました。南(鷹次郎)・時任(一彦)両教授はチェコ，オーストリア等を旅行中です。9月末にはパリに帰ります（写真10枚同封）	封書 ペン書
003	大正 12.8.13	伊藤（ベルリン）	宮部先生（札幌，大学）	当地は種々のストライキが頻発して交通機関・新聞印刷・紙幣印刷・両替も不能です。英国キュー植物園長コットン氏より日本植物病理学会の会員となりたき希望がありました(A. Cotton, C-26参照)。有島(武郎)氏縊死を聞き痛嘆の極みです	封書 ペン書4p
004	昭和 1929 4.8.19	伊藤（北海道厚岸郡厚床村）	宮部（北大農学部）	18日落石着，霖雨のため採集はうまくゆかず。菌類は全く失敗でした	葉書 ペン書
005	昭和 4.8.21	伊藤（北海道標茶駅）	宮部（北大農学部）	厚床の泥炭地で少々採集，浜標津の原野を視察しています	葉書 ペン書

伊藤篤太郎(1865-1941)
幕末・明治の本草学者伊藤圭介の孫で植物学者。明治20年ケンブリッジ大学卒業。大正11～昭和3年東北帝国大学理学部講師

書簡番号	年月日	発信者	宛先	内容	備考
001	明治 1892 25.8.20	伊藤（名古屋七間町）	宮部（札幌農学校）	本邦産毛茛(もうろう)(キンポウゲ)科植物調査中につき，北海道産同科植物標本の拝観をお願いします	封書(親展) 毛筆
002	明治 1896 29.5.4	伊藤（鹿児島造士館）	宮部（札幌農学校）	「千島フロラ」受贈の礼状。小生来鹿以来未だ2年半，琉球・鹿児島湾・大嶋の藻類に漸く着手。植物標本交換のこと，鹿児島中学校長岩崎(行親)氏への伝言承知しました	封書(親展) 毛筆
003	明治 1901 34.5.4	伊藤（東京小石川）	宮部（東京上野桜木町）	早速ご来訪に感謝。翌日岩崎氏も拙宅へ来訪。種々懇談しました	封書(親展) 毛筆
004	明治 1909 42.10.3	伊藤（東京小石川）	宮部（東北帝大農科大学）	エジンバラ大学バルフォア(I. Balfour)教授北海道旅行につきよろしくお願いします。「宮部博士在職25年記念論文集」へ寄稿了承	封書(親展) 毛筆
005	明治 42.10.10	伊藤（東京小石川）	宮部（東北帝大農科大学）	バルフォア氏北海道旅行中止につき，貴地産「シンコマツ」枝の標本入手を希望	封書 上記同封 毛筆
006	明治 42.10.20	伊藤（東京小石川）	宮部（札幌区）	バルフォア氏の突然の北海道訪問を知り驚く。同氏は17日帰京，18日京都へ向い，神戸より長崎を経て清国へ出発	封書(親展) 毛筆巻紙 (137 cm)
007	明治 1911 44.5.24	伊藤（東京小石川）	宮部（農科大学）	「宮部博士在職25年記念論文集」に(寄稿の)，川上瀧彌氏発見の「プリムラ・ミヤベアナ」の調査結果を脱稿しました	封書(親展) 毛筆

伊藤篤太郎

書簡番号	年月日	発信者	宛先	内容	備考
008	明治 1912 45. 3.11	伊藤	宮部 (農科大学)	『蝦夷草木図』の著者小林源之助の経歴を調査中です	封筒欠 書簡一部欠 毛筆
009	明治 45. 4.16	伊藤 (東京小石川)	宮部 (農科大学)	Quercus myrsinaefolia Bl.（シラカシ）が琉球に産することは未だ記載がありません	葉書 毛筆
010	大正 1913 2. 1.18	伊藤 (東京小石川)	宮部 (農科大学)	宮部博士の『就職25年祝賀記念植物襍説』の見事な出来栄えを喜んでいます	封書(親展) 毛筆
011	大正 2. 7.26	伊藤 (東京小石川)	宮部 (農科大学)	『東北帝国大学農科大学欧文紀要』別刷の受贈礼状	封書 毛筆(伊藤用箋)
012	大正 2.10.21	伊藤 (東京小石川)	宮部 (植物園内官舎)	三省堂が破産して『日本植物図彙』の出版を中断しました。東北帝大農科大学植物学講座の故大野直枝氏の後任に推薦をお願いします	封書(親展) 毛筆巻紙 (177 cm)
013	大正 2.10.28	伊藤 (東京小石川)	宮部 (植物園内官舎)	大野氏後任を(東大)植物学教室より推薦の由を伝聞, もしそうなれば小生失望のため植物学を止める外なしと悲観しています	封書(至急,親展) 毛筆
014	大正 1920 9.11.18	伊藤 (東京滝野川)	宮部	工藤(祐舜)氏とのご共著『北海道主要樹木図譜』の受贈礼状。美麗・精密なる理想的な樹木図譜に感謝します。小生の『日本植物図彙』の継続困難を嘆いています	封緘葉書 ペン書
015	大正 1925 14. 3. 5	伊藤 (仙台東北帝大理学部)	宮部 (北海道帝大農学部)	わが国の新進の植物学者は生理学, 細胞学, 遺伝学, 生態学に関心が多く, 分類学への関心は少なくなっています。今のうちにフロラ(植物誌)の完成が必要なので, 共同研究を希望します	封書 ペン書 3 p (東北帝大罫紙)
016	大正 1926 15. 5. 4	伊藤 (仙台東北帝大理学部)	宮部 (北海道帝大農学部)	本月13日頃札幌着, 5日程滞在の予定です。その間に北大植物学教室, 植物園を見学し, 北大50年記念式典を陪観したいと思います	封書 ペン書(東北帝大罫紙)
017	昭和 1930 5. 2.10	伊藤 (東京滝野川)	宮部 (札幌北6条)	Hymenochaete(タバコウロコタケ属)の菌類(標本)の送付依頼。次男梅松が今春北大予科より本科に進学しますので, 学科選択の助言をお願いします	封書 ペン書(東北帝大罫紙)
018	昭和 5. 2.27	伊藤 (東京滝野川)	宮部 (札幌北6条)	菌類標本5個落手, ならびに次男の科目選択につきご教導お礼申し上げます	封書 ペン書(東北帝大罫紙)
019	昭和 5. 3. 6	伊藤 (東京滝野川)	宮部 (札幌北6条)	借用の菌類返却, 同菌を「ミヤベオオウロコタケ(宮部大鱗茸)」と命名しました	封書 ペン書(東北帝大罫紙)
020	昭和 5. 3.22	伊藤 (東京滝野川)	宮部 (札幌北6条)	北海道産 Thelephoraceae(イボタケ科)標本類のご恵送に感謝します	封書 ペン書
021	昭和 1931 6. 7.26	伊藤 (東京滝野川)	宮部 (札幌北6条)	北海道庁を経由して『北海道主要樹木図譜』続輯(宮部・工藤共編)を受贈しました。図版の艶麗精細と解説の詳細厳正により植物学上の大著述と思います	封書 ペン書(東北帝大罫紙)

書簡番号	年月日	発信者	宛先	内容	備考
022	昭和1931 6.8.28	伊藤 (東京滝野川)	宮部 (札幌北6条)	"Flora of Hokkaido and Saghalien" 2冊の受贈礼状。先の『北海道主要樹木図譜』とともに，古稀に至りて完璧をみる思いです	封書 ペン書
023	昭和1932 7.5.24	伊藤 (東京滝野川)	宮部 (北海道帝大農学部)	千島植物に関する英文論文3点の受贈礼状	葉書 毛筆
024	昭和1936 11.1.14	伊藤 (東京滝野川)	宮部 (札幌北6条)	英文論文4種8冊の受贈礼状。わが家の祖父以来三代の動植物学関係の文献と標本の散逸を恐れ，永久保存をしたいのでご意見をお聞かせ下さい	封書 ペン書
025	昭和1937 12.5.22	伊藤 (東京滝野川)	宮部 (札幌北6条)	英文論文6冊受贈礼状	封書 ペン書
026	昭和1939 14.2.10	伊藤 (東京中野区)	宮部 (北海道帝大)	舘脇氏とご共著の英文論文を有難く受領しました	封書 ペン書
027	昭和1940 15.7.22	伊藤	宮部	『東夷物産誌』の著者について。「もと帝国博物館収蔵の渋江長伯の北海道植物標本は，お手元のほか故三宅秀も所蔵被致候様存居候」	絵葉書(浅間山の大噴火) ペン書
028	明治1893 26.1.8	伊藤圭介 (篤太郎の祖父)	宮部 (札幌農学校)	年賀の礼状。「我齢九十一」の捺印。 ＊篤太郎は伊藤圭介5女小春の子	葉書 毛筆
029	明治 26(?).5.26	伊藤延吉・小春 (篤太郎の父母)	宮部	○○○○○(延吉の縁者？)の不始末についての謝罪とお礼	毛筆巻紙

乾　環
広島文理科大学教授(植物学教室)

| 001 | 昭和1932
7.7.29 | 乾
(広島文理科大学) | 宮部
(札幌) | 玉稿「故工藤祐舜氏の伝」，『札幌博物学会会報』12巻を受贈し，涙をもって拝読しました | 封書
毛筆巻紙 |

犬丸鉄太郎
岡山県青年会副会長

| 001 | 昭和1940
15.7.- | 犬丸 | 宮部 | 岡山県青年会へのご加入と協力をお願いします(『岡山県青年会提要』などを同封) | 封筒欠
ペン書 |

猪熊泰三(1904-72)
東京帝国大学農学部林学科卒業。同大学農学部森林植物学教授

| 001 | 昭和1932
7.9.25 | 猪熊
(東京) | 宮部
(札幌) | 樺太からの帰途に受けたご教示に感謝します。カラフトグルミ標品を送付しました。「工藤博士伝」別刷の礼状 | 封書
ペン書 |

今村駿一郎(1903-？)
京都帝国大学農学部農林生物学科応用植物学講座教授(植物生理学)

| 001 | 昭和1944
19.4.8 | 今村
(京都) | 宮部
(札幌) | 別刷受贈礼状。昨年理学部植物学教室より農学部応用植物学教室へ転じました。木原(均)教授は南方視察のためジャワ到着の由です | 封書
ペン書 |

書簡番号	年月日	発信者	宛先	内容	備考
002	昭和 1944 19(?).4.10	今村 (京都)	宮部 (札幌)	日本産キンバイソウ属に関する別刷有難うございました	葉書 ペン書
003	昭和 1949 24.4.27	今村 (京都)	宮部 (北海道帝大)	90歳の御誕生日をお祝い申し上げます。別便にて別刷をお送りします	封書 ペン書

岩崎高男
東北帝国大学工学部化学工学科

| 001 | 大正 1925
14.2.1 | 岩崎
(仙台) | 宮部
(札幌) | 回答のご書面と小包に感謝します。モーリッシュ(H. Molisch)先生も喜んでおられました | 封書
ペン書 |

岩垂 悟
昭和4年北海道帝国大学農学部農業生物学科卒業。満州国公主嶺農事試験場

| 001 | 昭和
-.3.16 | 岩垂
(満州公主嶺) | 宮部 | ご講演別刷の受贈にお礼を申し上げます。只今は最近までの農作物病害の標本を整理中です | 封書
ペン書(満州帝国政府罫紙) |

岩間庄八

| 001 | ?
-.6.1 | 岩間
(北海道虻田郡狩太町) | 宮部
(北大農学部) | 同封の植物はニセコ山の湿原地の小範囲に繁茂しているものですが、図鑑などでは名称が分かりませんのでご教示下さい | 封書
ペン書 |

植木秀幹 (1882-1976)
東京帝国大学農科大学林学実科卒業。朝鮮水原高等農林学校教授、のち愛媛大学農学部教授

| 001 | ?
-.11.6 | 植木
(ジャマイカ・プレイン, Mass.) | 宮部博士 | 当地ご滞在中のご厚情に感謝しています | 封筒欠
ペン書 |

上田栄次郎
韓国政府度支部出張所

| 001 | 明治 1908
41.10.17 | 上田
(朝鮮京城) | 宮部
(札幌農科大) | 宮部先生ご開講25年祝賀論文集に喜んで寄稿させていただきます。現在は韓国人参病害調査のため出張中です | 封書
毛筆 |

上田半二郎 (1869-?)
明治22年札幌農学校農芸伝習科卒業。樺太コルサコフ民政署事業部、清国・広西省桂林府農事試験場

| 001 | 明治 1905
38.10.17 | 上田
(樺太コルサコフ民政署) | 宮部
(札幌農学校) | このたびウラジミロフカ、ナイブチ地方まで畜産状況取調べのため出張、今回は騎馬にて急いだため植物採取は不十分でした。来年には各方面より採集のつもりです。当地紅葉のうちナナカマドは実にきれいです | 封書(軍事郵便)
毛筆巻紙 |
| 002 | 明治
38.10.24 | 上田
(樺太コルサコフ民政署) | 宮部
(札幌農学校) | 本日、田子ノ浦丸にて南(鷹次郎)先生が当地に入港し、民政長官も出迎えました。志賀(重昂)様も北部の方より当地へ帰着。落葉松苗は後に送付します | 封書(軍事郵便)
毛筆巻紙 |

書簡番号	年月日	発信者	宛先	内容	備考
003	明治 1908 41. 3.27	上田 (広西省桂林府農事試験場, 清国)	宮部 (札幌農学校)	赴任の途次採集の植物数種を送付します。当試験場は創立直後で万事不備です	封書 毛筆

上田守蔵
倶知安中学校教師

| 001 | 大正 1917 6. 8.30 | 上田 (北海道倶知安中学校) | 宮部 (農科大学) | 高山植物腊葉6種送付につきご教示下さい | 封書 標本在中 ペン書 |

上野庄五郎
陸軍一等軍医(獣医)

001	明治 1907 40. 3. 2	上野 (満州鉄山令第14師団獣医部)	宮部 (札幌農学校)	満州の野草20余種を送付します。昨年は出張のため時期を失したので今年はたくさん採集送付のつもりです	封書(親展, 軍事郵便) 毛筆
002	明治 40. 5. 2	上野 (満州遼陽第14師団獣医部)	宮部 (札幌農学校)	先に送付の植物標本の同定に感謝します。別便にて33種の標本を送付します	封書(親展, 軍事郵便) 毛筆
003	明治 40. 6. 6	上野 (満州大連関東陸軍倉庫附)	宮部 (札幌農学校)	関東陸軍倉庫附(清国大連)に転任の挨拶	封書(軍事郵便) 謄写版
004	明治 40. 7. 4	上野 (満州大連関東陸軍倉庫附)	宮部 (札幌農学校)	首山堡大連付近で植物採集中です。標本の同定をお願いします	封書(親展, 軍事郵便) 毛筆

植松(?)
郵船会社社員(?)

| 001 | 大正 1919 8. 9.24 | 植松(?) (ロンドン) | 宮部 (ロンドン) | リバプール出帆の加茂丸予約の件 | 封筒欠 ペン書 |

牛込寛治
日本園芸研究会主幹

| 001 | 明治 1905 38.11.11 | 牛込 (東京本郷) | 宮部 (札幌農学校) | 本年5月より園芸研究会を設置し, 雑誌『園芸之友』を発行しましたので宮部先生を名誉会員に推薦したく思います | 封書 毛筆 |

内村千治

| 001 | ? -. 5.17 | 内村 (北海道室蘭) | 宮部 (北海道帝大) | ご注文の昆布は漁業者に委託して探しましたが未だ見つかりません | 封書 毛筆 |

内村祐之 (1897-1980)

精神医学研究者で内村鑑三の子息。昭和2年北海道帝国大学医学部教授，昭和11年東京帝国大学医学部教授

書簡番号	年月日	発信者	宛先	内容	備考
001	昭和 1947 22. 5.18	内村 (東京世田谷)	宮部 (札幌)	米寿のお祝いを申しあげます。小生らの生活も戦災後不自由で，研究室までの交通が大変です	封書 ペン書
002	昭和 −. 5. 9	内村みよ子 (東京世田谷)	宮部 (札幌)	このたびは『聖書研究』誌をわざわざお送りくださりお礼を申し上げます。子供ら5人の成長ぶり	封書 ペン書3p

内山富次郎 (1851-1915)

東京帝国大学小石川植物園園丁長。朝鮮の植物を採集

書簡番号	年月日	発信者	宛先	内容	備考
001	明治 1906 39. 6.17	内山 (東京小石川)	宮部 (札幌農学校)	新宿御苑からの依頼で，ヤチダモ，シオジの種子，小苗等の送付の可能性を照会します	葉書 毛筆

内山正雄

長野県北安曇野郡会染村住人

書簡番号	年月日	発信者	宛先	内容	備考
001	昭和 1946 21. 2.12	内山 (長野会染村)	宮部 (北海道帝大)	内村鑑三先生を通じて久しく先生を景仰している者の一人として，先生の文化勲章受賞を祝し和歌数種を捧げます	封書 毛筆巻紙

梅村甚太郎

書簡番号	年月日	発信者	宛先	内容	備考
001	昭和 1928 3. 7. 6	梅村 (名古屋)	宮部 (札幌北6条)	「マキシモウィッチ氏生誕百年祭」に関する貴重な冊子一部をご恵贈下さり厚くお礼申し上げます	封書 毛筆巻紙

遠藤吉三郎 (1874-1921)

東京帝国大学理科大学植物学科卒業。アメリカ北西岸・北千島の海藻調査で著名。北海道帝国大学水産専門部教授，大正9年3月遠藤(筆禍)事件で休職

書簡番号	年月日	発信者	宛先	内容	備考
001	明治 1899 32.10. 3	遠藤 (東京帝大理科大学)	宮部 (札幌農学校)	本夏北海道旅行中のご教示に感謝。海藻標本の同定につき照会します	封書 毛筆巻紙
002	明治 1900 33. 7.−	遠藤	宮部	先にご送致の標本類につき Foslie 氏の意見。川上瀧彌氏が利尻で採集した標品につき照会します	封筒欠 ペン書
003	明治 33(?).10.12	遠藤 (東京小石川植物園)	宮部 (札幌農学校)	Corallina lenormandiana (サンゴモ類の一種)の専門家および文献について照会します	葉書 ペン書
004	明治 33.10.−	遠藤 (東京小石川植物園)	宮部 (札幌農学校)	お手元にCorallinaeの重複あれば御恵与下さい	葉書 ペン書
005	明治 33(?).10.19	遠藤 (東京小石川植物園)	宮部 (札幌農学校)	矢部長克君を通じての(昆布科？)植物標品貸与の礼状	封書 ペン書

書簡番号	年月日	発信者	宛先	内容	備考
006	明治 1901 34.10.19	遠藤（東京本郷弥生町）	宮部（札幌農学校）	米国より帰国以来の無音をお詫びいたします。今回の旅行の目的を知る者は宮部先生のみです。目的地はビクトリアより8時間の太平洋沿岸で，採取の海藻は130種，明春『植物学雑誌』に発表の予定です。卒業論文を大学紀要編集委員より却下され，さらに改定論文の英文につき松村（任三）教授と論争しました	封書（親展）毛筆罫紙 6p
007	明治 1902 35(?).8.26	遠藤（東京麹町区上六番町）	宮部（札幌農学校）	『北海道水産調査報告』（巻之三，昆布採取業）の玉稿を拝見して，北海道・千島の昆布の全容を知りえて讃嘆しています	封書 毛筆巻紙
008	明治 1903 36.10.4	遠藤（東京）	宮部（札幌農学校）	千島列島への長々の遠島を申しつけられ，占守島の顕花植物を百数十種ばかり採集しました。海藻の分量は多くても種類は僅かです。岡村（金太郎？）氏は千島の海藻は大概手元にあるといっていますが，現場に行ったことのない人の言としては如何なるものでしょうか	封書 毛筆巻紙
009	明治 1904 37.3.3	遠藤（東京麹町区）	宮部（札幌北3条）	占守島昆布科植物は大抵調査して標本を持帰り，顕花植物も約200種を採取しました。矢部君も小生も先生からの千島植物標本の到着を待ち望んでいます	封書 毛筆巻紙
010	明治 37.10.30	遠藤（東京牛込）	宮部（札幌北3条）	ボッセ夫人の新論文に大打撃を受けました。お申越の千島植物標本は全品東京大学へ納めたので小生の自由にならず遺憾です。海藻類標本は全て私有の腊葉としました。占守島より郡司（成忠）大尉夫人以下（千島報效義会会員は）無事に引揚げたようです。昨年の占守島での採集は幸運でした	封書（親展）ペン書
011	明治 1905 38(?).9.19	遠藤（東京牛込）	宮部（札幌北3条）	占守島昆布科植物はすでに調査済みで図版も出来ているので，御著中に採用されれば送付します	封書 ペン書罫紙 6p
012	明治 38.10.13	遠藤（東京牛込）	宮部（札幌北3条）	ご論文中に小生の採集品を加えていただくのは光栄です。広島高等師範の植物教師の口は気乗りせず。貴校に採用されれば北海海藻研究のために多大の希望があります	封書 ペン書罫紙 3p
013	明治 38.11.3, 20	遠藤（東京牛込）	宮部（札幌北3条）	広島高師の校長が上京したので面会しましたが破談となりました。御校の件（水産学科の創設）が国会解散により画餅に帰しても後悔せずに待っています	封書（親展）2通同封
014	明治 1906 39.1.13	遠藤（東京牛込）	宮部（札幌北3条）	千島産昆布および内地産昆布科植物標本を送付のこと。「農商務省水産調査報告」に浮遊硅藻報告を掲載しましたが，入札のため彫刻者は不適でした。本年議会通過しても北大水産学科の採用が来年4月なら，いま1年大学院に残ります	封書（親展）毛筆巻紙（290cm）
015	明治 39.1.21	遠藤（東京牛込）	宮部（札幌北3条）	昆布科植物標本は昨日鉄道便にて送付し，本日瓶入標本を送付しました。右のうち黄色の貼付紙の標本は全てアメリカ北西岸採取のものです	封書 毛筆巻紙（135cm）
016	明治 39.3.10	遠藤（東京牛込）	宮部（札幌農学校）	本年度予算案の貴族院通過により，明春よりは念願の御机下で仕事ができることを喜んでいます。北海の浮遊植物，隠花植物に無知の東都の植物学者たちを刺激してやります	封書（親展）ペン書
017	明治 39.4.14	遠藤（東京牛込）	宮部（札幌農学校）	拝借の藻類植物標本を鉄道便にて返却します。神戸関西学院在学中の末弟が貴校の農芸科を志望しております	封書（親展）毛筆巻紙

書簡番号	年月日	発信者	宛先	内容	備考
018	明治 1906 39. 4.25	遠藤 (東京)	宮部金吾 (札幌農学校)	先日川上瀧彌君より利尻のalgae(藻類)について手紙を受取りました。同君は採取に熟練し，同島に長く滞在したので定めて珍奇の品種があるかと思います。小生の学位論文のテーマはCorallinae verae(サンゴモ亜科)と定めました。貴校の水産学科は本秋には開講になるかを照会します	封筒欠 ペン書
019	明治 39. 6.15	遠藤 (東京牛込)	宮部 (札幌農学校)	今夏樺太ご巡廻の際には是非とも海藻の採取をお願いします	封書(親展) 毛筆巻紙
020	明治 39. 6.24	遠藤 (東京牛込)	宮部 (札幌農学校)	昨夜八田(三郎)君来訪，来春より札幌農学校採用決定のご内意を伝達され，ご尽力に感謝します。ただ4月開講は困難なので9月からにして下さい	封書(至急，親展) 毛筆巻紙
021	明治 39. 9.18	遠藤 (東京牛込)	宮部 (札幌農学校)	目下植物学会に人事の移動があります。函館より水産調査船乗組の照会を受けましたので，浪人生活の最後の思い出に参加するつもりです。札幌に水産学科設立の風評を聞きました	封書(直披) 毛筆巻紙
022	明治 39.11.11	遠藤 (東京牛込)	宮部 (札幌農学校)	調査船で北上のことは当方の誤解でした	封書(親展) ペン書
023	明治 39.12. 1	遠藤 (東京牛込)	宮部 (札幌農学校)	標本類の買取りお申し出に感謝。値段は1種25銭で譲り渡しているので50円ならば200種となりますが，稀少のものをカナダ産で置換えれば送付可能です	封書(親展) 毛筆巻紙
024	明治 1907 40. 1.10	遠藤 (東京牛込)	宮部 (札幌農学校)	先頃佐藤校長に面会し小生を採用の口振りに安心しました。学位の件は在英の松村(任三)先生より帰朝を待てとの返信がありました。標本お買い上げのご意向に感謝(140種 60円)いたします	封書(親展) 毛筆巻紙 (265 cm)
025	明治 40. 1.20	遠藤 (東京牛込)	宮部 (札幌農学校)	セッチェル(W. Setchell)氏より書面あり，コリンスより八田(三郎)君によろしくとのこと。標本240種は2月末までに送付します	封書(親展) 毛筆巻紙
026	明治 40. 2.17	遠藤 (東京牛込)	宮部 (札幌農学校)	標本240種本日小包便2個で発送。学位の件は内容よりも小生と松村(任三)先生の関係如何です。決定には提出後2～3カ月を要するので，小生任命に学位必要ならばそれまでは講師なり嘱託でも可です。小生末弟の農芸科入学志望について	封書(親展) 毛筆巻紙
027	明治 1911 44.11.18	遠藤 (東京？)	宮部 (札幌北1西10)	(留学のための)離札に際し，餞別・記念品，送別会やお見送りに感謝します。留学の際の留守家族手当に不満です	封書 毛筆巻紙
028	大正 1913 2. 5.14	遠藤 (オスロ？，ノルウェー)	宮部金吾 (札幌農科大学)	渡欧以来1年3カ月。留守家族は手当が少なく借金で生活しているようです。ノルウェーでの仕事は一段落，後はルンド，ハンブルグ，アムステルダム，ロンドンなどの腊葉庫を調査のつもりです。ベルリン大学の海藻標本の鑑定は無茶苦茶です	葉書 ペン書
029	大正 2.11.28	遠藤吉平 (函館汐見町)	宮部 (札幌大学官舎)	愚息直次郎(遠藤吉三郎の弟？)は療養中も異常ないので，ご休心下さい	封書 毛筆巻紙
030	大正 1914 3. 3.24	遠藤 (東京麹町区)	宮部 (北3西12)	帰朝に際しての祝電，書簡に感謝します。来月早々に出札の積りです。2年間聾唖で暮らしてきたので口も耳も役に立たなくなったように感じます	封書 毛筆巻紙

書簡番号	年月日	発信者	宛先	内容	備考
031	大正 1917 6(?)	遠藤（札幌）	宮部（札幌北3条）	米国人留学生ローゼンバウムへの海藻学指導について（カリフォルニア大学教授セッチェルの依頼書を同封），自分は水産学科（専門部）教授にすぎず大学教授ではないので外国の大学院生を指導する権限はないと断りました	封書 ペン書
032	大正 6.8.18	遠藤（函館末広町 遠藤吉平商店）	宮部（札幌北3西12）	米国人留学生の指導についての小樽新聞のポンチ画に立腹してます。ローゼンはこの仕事は自分には荷が勝ち過ぎると弱音を吐いていますが，最後まで付き合うつもりです	封書（親展）毛筆巻紙 (222 cm)
033	大正 1918 7.6.14	遠藤		遠藤教授覚書（小生は学会，実業界，教育界に貢献してきたが，大学当局者はそれを認めず，待遇も悪い。それ故，他に適当な地位があれば現職を去るを諒とせよ）	封書 カーボン複写
034	大正 1919 8.1.14～16			遠藤吉三郎「僕の家 上・中・下」（『北海タイムス』紙からの切抜き。筆禍事件を起こした随筆）	新聞切抜き

遠藤　茂
宮崎高等農林学校教授(?)。植物病理学

001	大正 1920 9.9.11	遠藤（宮崎高等農林学校）	宮部（北海道帝大）	先般は貴教室に参上，有益なるご教授に感謝します。その後岩見沢で北海道菌核病の採集調査をしました	封書（親展）ペン書
002	大正 1921 10.12.9	遠藤（宮崎高等農林学校）	宮部（北海道帝大）	第6回万国植物学会議では討議にも参加し，無事帰朝しました	封書（親展）毛筆

逢坂信忢 (1882-1981)
明治41年札幌農学校卒業。新潟県長岡教会牧師，昭和14年宮部博士の懇請で札幌独立基督教会の牧師となる。『クラーク先生詳伝』の著者。昭和35年北海道文化賞受賞

001	昭和 1938 13.6.6	逢坂（新潟長岡市）	宮部（札幌北6条）	クラーク先生が札幌農学校第1期生たちと手稲山に登山して発見した地衣類の学名及び和名につき照会します	葉書 ペン書
002	昭和 13.7.6	逢坂（新潟長岡市）	宮部（札幌北6条）	クラーク先生採集の地衣につき丁寧なご返事に感謝します。ご教示の3属の突然変異は大部分もしくは小部分でしょうか	封書 ペン書

大井次三郎 (1905-77)
京都帝国大学農学部農林生物学科卒業，のち同理学部講師。ジャワのボゴール（ボイテンゾルグ）腊葉館を経て，戦後，国立科学博物館に勤務。日本産植物の集大成である『日本植物誌』を著す

001	昭和 1933 8.2.8	大井（京都帝大）	宮部（北海道帝大）	『色丹の植物』は早々のうちにまとめたので誤り多く，参照されないよう願います	封書 ペン書
002	昭和 8.4.1	大井（京都帝大）	宮部（北海道帝大）	ご多忙中にも拘わらず懇切なるご教示にお礼申し上げます	封書 ペン書
003	昭和 1934 9.9.13	大井（京都帝大）	宮部（北海道帝大）	貴地旅行中のご厚情に感謝します	封書 ペン書
004	昭和 1943 18.7.21(?)	大井（京都左京区）	宮部（北海道帝大）	この度ボゴール植物園の腊葉館に勤務することになりました	葉書 ペン書

書簡番号	年月日	発信者	宛先	内容	備考
005	?	大井 (ジャワ軍政監部産業部ボゴール腊葉館)	宮部 (北海道帝大)	先日はキンバイソウの論文ご恵与に感謝します。在ボゴールの植物関係の皆様も元気です	葉書(軍事郵便) (検閲済)

大木謙吉
静岡県農事試験場園芸部

001	明治 1899 32.11.1	大木 (静岡興津)	(宮部) 札幌農学校植物実験室	シクラメン其他種子の送付に感謝。今般英国より取寄せた各種花卉の種子を呈上します(リスト同封)	封書 毛筆巻紙

大久保三郎 (1857-1924)
明治4年以来米国ミシガン大学で植物学を修める。東京府知事大久保一翁の子息。明治16年東京大学植物学教場(教室)助教授，東京大学小石川植物園兼務。同27年非職

001	明治 1885 18.8.27	大久保 (東京)	宮部 (札幌農学校)	(英文)(小石川)植物園のための種子や植物を受領。東京大学植物学教室の状況。頻繁に手紙で貴君の仕事について知らせてくれることを望む	封書(親展) ペン書3p
002	明治 1886 19.2.19	大久保 (東京麹町区平川町)	宮部 (札幌？)	(英文)唯一人残された大学植物実験室の状況。貴君は(札幌農学校に)新温室を作る予定とのことであるが，貧弱な東京大学のそれを模倣してはならぬ	封筒欠 ペン書5p
003	明治 19.3.6	大久保 (東京大学理学部植物学教場)	宮部 (札幌農学校)	教室の諸君のニュース。今夏は矢田部(良吉)教授と羽前の月山，羽黒山，羽後の鳥海山，八郎湖で植物調査。矢田部夫人は男子出産後他界	封書(親展) ペン書4p
004	明治 1897 30.2.17	大久保(東京麹町区平川町)	宮部 札幌区3条	小生非職後は是とて致候事もなく，専門の勉学致度も参考書少なく顕微鏡もなし。木から落ちた猿同様	封書(親展) 毛筆巻紙

大幸勇吉 (1867-1950)
おおさか
帝国大学理科大学化学科卒業。京都帝国大学教授。明治・大正期の化学者，日本の物理化学の基礎を築いた。昭和8年帝国学士院会員

001	大正 1917 6.10.18	大幸 (京都)	宮部 (札幌農科大学)	貴地出張中のご厚情に深謝します。郡場(寛)君の件についてどうかよろしく	封書(親展) 毛筆巻紙

大島正満 (1884-1965)
明治41年東京帝国大学理科大学動物学科卒業。動物学者，とくにサケ科淡水魚の研究で知られる。札幌農学校第1期生大島正健の長男

001	昭和 1928 3.10.25	大島 (千歳)	宮部 (札幌)	千歳村で観察したところ，イチャニマスという石狩川の鱒は関東・東北地方のヤマメの親魚に相違ありません。サクラマスは平素銀色の鱒が生殖期に美麗なる桜色を帯びたものです	封筒欠 ペン書4p (千歳村かめや旅館用箋)
002	昭和 1940 15.1.14	大島正満 (東京目黒)	宮部 (札幌)	皇紀2600年の記念出版として魚類学の大著を刊行しましたが，恩師や伯父や父はすでになく，価値を認めて下さるのは宮部先生だけです	封書 ペン書便箋

書簡番号	年月日	発信者	宛先	内容	備考

大島正義
札幌農学校第1期生大島正健の兄

書簡番号	年月日	発信者	宛先	内容	備考
001	明治 1895 28.11.22	大島正義 (相模国海老名村)	宮部 (札幌農学校)	桑樹の萎縮病につき照会	封書 毛筆巻紙
002	明治 1896 29. 4.11	大島正義 (相模国海老名村)	宮部 (札幌農学校)	昨年ご照会の桑樹萎縮病の件，近藤市太郎氏より桑樹を送付した由連絡がありましたのでよろしくお願いします	封書 毛筆巻紙

大関雄志
ボルネオ島サラワクゴム園

書簡番号	年月日	発信者	宛先	内容	備考
001	大正 1919 8. 5.10	大関 (ボルネオ島サラワク)	宮部 (北海道帝大)	ボルネオ島サラワクゴム園で植物病理専攻実科生を採用したいので，俸給・待遇等を提示します	封書 ペン書5p (サラワクゴム園用箋)

大竹義道
元・学農社(津田仙設立)社員

書簡番号	年月日	発信者	宛先	内容	備考
001	大正 1925 14.10.15	大竹 (千葉佐原町)	宮部 (北海道帝大)	『クラーク先生小伝』の寄贈礼状	封書(親展) ペン書
002	大正 14.11.28	大竹 (千葉佐原町)	宮部 (北海道帝大)	欧米の自然科学者人名事典につき照会	封書 ペン書

大塚健次
農商務省山林局林務課長

書簡番号	年月日	発信者	宛先	内容	備考
001	昭和 -. 6. 3	大塚 (東京)	宮部 (北海道帝大農学部長)	当局発行の『山林彙報』に貴学の専門家各位の寄稿をお願いします	封書(親展) 毛筆巻紙

大西長太郎
千葉県印旛郡御料牧場

書簡番号	年月日	発信者	宛先	内容	備考
001	明治 1887 20. 4. 7(?)	大西 (千葉遠山村)	宮部 (札幌農学校)	『農業世界』で牧草の新種として紹介された「パスパラム・グラス」は「プライリー・グラス」の誤りではないかという照会	封書(親展) ペン書

大野磯吉
大正9年北海道帝国大学水産専門部卒業。北海道水産試験場

書簡番号	年月日	発信者	宛先	内容	備考
001	昭和 1932 7. 6.30	大野 (北海道余市)	宮部 (北海道帝大)	磯谷，歌棄へお越しの節には，黒昆布の一部を採集せず残しおくよう両地の漁業組合へ連絡のこと，承知しました	封書 ペン書

大野笑三 (1873-？)
千島色丹島色丹小学校長。『南千島色丹島誌』(アチック・ミューゼアム彙報，昭和15年)の編者

書簡番号	年月日	発信者	宛先	内容	備考
001	昭和 1930 5.9.9	大野（千島色丹小学校）	宮部（北大植物学教室）	出札の折は拝眉のうえご懇切なご教示に感謝します。今年中にも標本を作成し，来夏再度のご指導をお願いします	封書 ペン書
002	昭和 1933 8.9.28	大野（千島色丹小学校）	宮部（北大植物学教室）	退札の際はご不在でお礼を申し上げることができず失礼しました	封書 ペン書
003	昭和 1937 12.10.9	大野（千島色丹小学校）	宮部（北大植物学教室）	アッケシソウ送付のこと。此夏はご執務中に長座して教示をえたことに感謝	封書 ペン書
004	昭和 1939 14.4.25	大野（千島色丹小学校）	宮部（北大植物学教室）	このたびは見事な『千島色丹島記念帳』のご恵贈に感謝します。本年は20年来の流氷で郵便船も不定期がちです	封書 ペン書

大野　壮
円山養樹園

書簡番号	年月日	発信者	宛先	内容	備考
001	明治 －.9.24	大野（持参）（札幌円山養育樹園）	宮部（札幌農学校）	赤松苗に発生の病害2種を送付しますので，消滅法をご教授下さい	封書 毛筆巻紙

大山利秀 (1869-？)
明治31年札幌農学校卒業。長野県農事試験場

書簡番号	年月日	発信者	宛先	内容	備考
001	明治 1903 36.5.26	大山（長野下伊奈郡）	宮部（札幌農学校）	本年当地方多雨のため麦類に諸種の病害が発生しました。顕微鏡で薙刀形の胞子を発見するも予防法が不明です。別便で標本を送付しますのでご教示下さい	封書（親展）毛筆巻紙

岡田喜一 (1902-84)
長崎大学水産学部教授

書簡番号	年月日	発信者	宛先	内容	備考
001	昭和 1944 19.4.9	岡田（東京渋谷）	宮部（北大農学部）	『日本産キンバイソウ属の種類』の別刷受領礼状	封書 ペン書

岡田忠男
静岡県農事試験場

書簡番号	年月日	発信者	宛先	内容	備考
001	明治 1902 35.9.16	岡田（静岡県農事試験場）	宮部（札幌農学校）	当県浜名郡は生姜栽培の地ですが，今年はソブ病（方言）の被害甚大です。標本送付につき学名，対策などをご教示下さい	封書 毛筆巻紙
002	明治 35.10.6	岡田（静岡県農事試験場）	宮部（札幌農学校）	生姜病害につきご教授奉謝候。なお別標本および落花生ソブ病標本を送付します	毛筆罫紙
003	明治 35.11.6	岡田（静岡）	宮部（札幌農学校）	愚生執筆の「生姜病害ニ関スル研究並ニ疑問」を送付しますので御叱正下さい	封書（親展）毛筆
004	明治 1906 39.6.2	岡田（静岡）	宮部（札幌農学校）	此頃本県下庵原・富士両郡にて同封の如き毒麦を発見しましたのでご調査をお願いします	封書（親展）毛筆

書簡番号	年月日	発信者	宛先	内容	備考

岡田信利
水産伝習所(東京水産大学の前身)教師(水産動物学)

| 001 | 明治 1905
38(?).2.27 | 岡田(夫人代筆)
(茨城水戸市) | 宮部
(札幌区) | 標本の代価24円落手の礼状 | 封書
毛筆巻紙 |

岡田要之助 (1895-1946)
東京帝国大学理科大学植物学科卒業。東北帝国大学農学研究所教授。絶滅危惧水生植物オニバスの研究などで知られる

001	大正 1922 12.9.29	岡田 (東京小石川植物園)	宮部 (北大農学部植物学教室)	北海道滞在中に大震災の報に接し至急帰京しました。自宅は損壊しましたが家族一同は無事でした	封書 ペン書
002	大正 1924 14.1.21	岡田 (東京小石川植物園)	宮部 (北大農学部植物学教室)	『樺太植物研究略史』に御高著『樺太植物調査概報』中の沿革の項の一部を引用したくお願いします	封書 ペン書
003	昭和 1946 21.2.11	岡田 (仙台東北帝大)	宮部 (札幌北6条)	宮部金吾博士の文化勲章受章の祝辞	封書 ペン書

岡村金太郎 (1867-1935)
帝国大学理科大学植物学科卒業。第四高等学校教授,東京水産講習所教授。日本藻類学の創始者の一人

001	明治 1890 23.1.1	岡村 (東京糀町区)	宮部 (札幌農学校)	(ローマ字)野沢(俊次郎)君の上京に際しアメリカおよび北海道の海藻類標本を届けていただき感謝します	封書(親展) ペン書
002	明治 23.1.26	岡村 (東京糀町区)	宮部 (札幌農学校)	海藻類の交換のこと。堀誠太郎氏(小石川植物園書記,もと札幌農学校予科教師,クラーク博士帰国の際の通訳)は冬期休業中箱根で入湯,風邪気味のところ腸チフスと判明,東大病院に入院中で危篤の由です	封書(親展) 毛筆巻紙
003	明治 1891 24.9.19	岡村 (東京糀町区)	宮部 (札幌農学校)	小生も東京帝大大学院にて海藻類の研究中です。今回の調査の成績をお知らせします	封書(親展) 毛筆巻紙
004	明治 1893 26.2.15	岡村 (東京糀町区)	宮部 (札幌農学校)	(神戸水産)博覧会における海藻審査のこと	封書 毛筆巻紙
005	明治 1897 30.10.13	岡村 (東京麻布)	宮部 (札幌農学校)	此夏は久々の拝眉をうれしく思いました。神戸にて御出品の標本を拝見して異見あり。例の房州の怪物タバコの葉の如きものは和名をタバコ草といい褐藻類。お約束のポステルスとループレヒト(の論文)は早速発送のつもりです	封書 毛筆巻紙 (166 cm)
006	明治 1899 32.12.16	岡村 (東京赤坂)	宮部 (札幌農学校)	拙著の書評を雑誌にご投稿とのこと感謝します。千島産のアサクサノリにつきご御高見は如何。遠藤(吉三郎)氏は記憶力よく頭脳鋭敏にて小生が10年で覚えたものを1年で知得したる様子に一驚しています	封書 毛筆巻紙 (137 cm)
007	明治 1900 33.7.1	岡村 (東京赤坂)	宮部 (札幌農学校)	6月中旬大森沖にてワカメの遊走子の脱出および崩発を研究して好成績を得ました。貴下のウンダリオイデアを否認する意見をもつに至ったので出版前に貴見を伺いたい	封書 毛筆巻紙 (187 cm)
008	明治 33.12.4	岡村 (東京水産講習所)	宮部 (札幌農学校)	著書刊行につき1部進呈。ウンダリオイデアのことは,その後熟考してやはり貴説の如く新属とするが妥当と思います	封書 毛筆罫紙

書簡番号	年月日	発信者	宛先	内容	備考
009	明治 1902 35.3.30	岡村	宮部（札幌農学校）	(英文)2月14日の書翰にご同封のGelidium(テングサ属)の標本につき所見	葉書 ペン書
010	明治 35.4.4	岡村	宮部（札幌農学校）	(英文)Fucus Wrightii(ヒバマタ属エゾイシゲ)からPelvetia(エゾイシゲ属)への交替については，なお研究の要あり	葉書 ペン書
011	明治 35.7.20	岡村（東京麻布）	宮部（札幌農学校）	先頃Fucus(ヒバマタ属)とPelvetia(エゾイシゲ属)につき標本をお送り下され奉謝。未だ不充分な研究ながら貴説の正しさを認めます	封書 毛筆巻紙 (93 cm)
012	?	岡村（藤田君に託す？）	宮部（札幌農学校）	藤田(経信)君貴地へ出張につき御無沙汰見舞い。来年は錦地に水産学科が出来る由，海藻の方は遠藤(吉三郎)君を推薦したい。同氏の学力は小生など遠く及ばないところです	封書 毛筆罫紙
013	明治 1906 39.2.27	岡村（東京水産講習所）	宮部（札幌農学校）	貴校に水産科設立決定を喜んでいます。千歳孵化場の越田なる者は当講習所出身の優等者ゆえ水産科へ採用を推薦します	封書 毛筆罫紙
014	明治 1908 41.11.5	岡村（東京水産講習所）	宮部（札幌農学校）	拙著も冊を重ね第8集まで出版。貴下が神戸水産博覧会にご出品の標本を図版として収録したのでご承諾下さい	封書 毛筆罫紙
015	明治 1909 42.6.16	岡村（東京水産講習所）	宮部（札幌農学校）	先頃は朝鮮昆布をご調査下され多謝。お見込の新種は未だ標本も不充分につきこの度は仮として出版します	封書 毛筆罫紙
016	明治 －.1.2	岡村（東京麻布）	宮部（札幌農学校）	年賀状	葉書 毛筆
017	明治 －.－.16	岡村	宮部（札幌農科大学）	20数年前に貴下より送られたる標本につき再調査の件	葉書 ペン書
018	大正 1913 2.2.14	岡村（東京越中島）	宮部（札幌農科大学）	朝鮮の昆布に不明のものあり。送付するので夫々命名の上ご返送下さい	葉書 ペン書
019	大正 1924 13.1.20	岡村（東京小石川雑司谷）	宮部（農科大学）	過日ご上京のおりは朝鮮出張中。水産講習所が焼失して多くの標本を失い残念です	葉書 ペン書
020	昭和 1927 2.9.12	岡村（東京水産講習所）	宮部	内容が専門的で判読困難	封筒欠 ペン書

岡村周諦

高知県立第一中学校教師。鮮苔類研究者

001	明治 1904 37.11.1	岡村（高知）	宮部（札幌農学校）	過日小生友人(伊達小学校在勤)が尊宅訪問の折の小生への御伝言に奉謝します。当地産標本38種を送付しますので，別紙記載の標本で余分の物があれば御分与下さい	封書 毛筆巻紙
002	明治 1905 38.4.18	岡村（高知）	宮部（札幌農学校）	昨年当地にて吉永(虎馬)氏発見の新属菌類Yoshinagiaを送付します。申し兼ねますがご発見のAnthoceros Miyabenus St.(ミヤベツノゴケ)を少々にてもご分与下さい	封筒欠 毛筆罫紙
003	明治 1907 40.1.14	岡村（高知）	宮部（札幌農学校）	ご来示の薛苔類標本交換のこと喜んでお受けいたします	葉書 毛筆

書簡番号	年月日	発信者	宛先	内容	備考
004	明治 1909 42.1.1	岡村 (高知)	宮部 (札幌北2条)	年賀状。裏面は「本邦特産の珍奇なる苔類」の図	葉書 印刷物

岡村信雄
北海道帝国大学書記（会計課長）

書簡番号	年月日	発信者	宛先	内容	備考
001	大正 1921 10.4.21	岡村書記 (北海道帝大)	宮部教授	大正10年度動植物学科新営工事並設備費決定額通知(29,734円)	封書 ペン書罫紙

小川運平 (1876-1935)
明治31年札幌農学校卒業。『満洲及樺太』(1909)、『支那及支那人』(1911)、『日本と大陸』(1923) などの著書がある

書簡番号	年月日	発信者	宛先	内容	備考
001	明治 1905 38.9.10	小川 (大分県第3部)	宮部 (札幌農学校)	当県の水稲中ある区域に限り葉枯れを呈するも、黴菌の寄生に非ず。当方の調査を記しますので、その原因、処置についてご教示下さい	封書 毛筆巻紙 (196 cm)
002	明治 1906 39.6.12	小川 (大分)	宮部 (札幌農学校)	先日久住原（久住山の東南）へ出張の節、岳桜数種株を入手しましたので小包便で送付します	葉書 毛筆

小川三策 (1869-?)
明治27年札幌農学校卒業。秩父郡立農業学校長、高知県立農事試験場長、静岡県志太郡立農学校長(?)

書簡番号	年月日	発信者	宛先	内容	備考
001	明治 1895 28.1.19	小川 (埼玉秩父郡)	宮部 (札幌農学校)	伊吹山顕花植物および苔類病害標本送付につき同定をお願いします。加里肥料の澱粉生成に及ぼす2説につきご教示下さい	封書 毛筆巻紙
002	明治 1905 38.11.2	小川 (埼玉秩父郡)	宮部 (札幌農学校)	本年当地の稲作は穂首イモチ病にて不作につき、病原菌等につきご教示下さい	封書 毛筆巻紙 標本在中
003	明治 1906 39.1.10	小川 (埼玉秩父郡)	宮部 (札幌農学校)	書簡欠	書簡欠 標本在中
004	明治 1908 41.11.10	小川 (高知)	宮部 (札幌農科大)	三椏(ミツマタ)病害標本送付、枇杷(ビワ)病害標本発生地の郡農会より送付につき調査願います	封書 毛筆巻紙
005	大正 1914 3.5.12	小川 (静岡)	宮部 (札幌農科大)	静岡県下に発生の茶の葉焼病標本を送付します	封書 ペン書 標本在中

小川二郎 (1870-1956)
明治26年札幌農学校卒業。種苗商会の札幌興農園を経営して、人造肥料や農機具の通信販売も行なう

書簡番号	年月日	発信者	宛先	内容	備考
001	明治 1902 35.3.14	小川 (札幌南2西1)	宮部 (札幌北1西2)	出雲産の海藻（メノハ）標本は本日島根県知人に送付を依頼しました	封書 ペン書（興農園罫紙）
002	明治 35.3.30	矢野伝之助 (島根松江)	小川 (札幌)	ご依頼の海藻（出雲国八束郡大芦産）を小包にて発送	封書 毛筆

書簡番号	年月日	発信者	宛先	内容	備考
003	明治 1902 35. 4. 7	小川 (札幌南2西1)	宮部	先にご依頼の海藻腐敗の由, 再送は取扱法を指示のうえ直接御下命下さい	封筒欠 ペン書(興農園罫紙)

小川善八 (1880-?)
明治41年東北帝国大学農科大学卒業

書簡番号	年月日	発信者	宛先	内容	備考
001	大正 1913 2. 2.16	小川 (香川善通寺)	宮部 (農科大学)	寒気お見舞	封書 毛筆巻紙

奥平幹一 (1870-1910)
松山市松山高等小学校教諭。菌類研究者

書簡番号	年月日	発信者	宛先	内容	備考
001	明治 1900 33. 1.17	奥平 (愛媛松山)	宮部 (札幌農学校)	先般送付の銹菌類のうちには新種があった由, 伊予並に土佐の地の銹類を3,40種も収集したので分布上の参考のため送ります。蘚類は以前2,30種を採集して牧野富太郎氏に送ったところ, 同氏は鑑定のためフランスへ送ったが4年経っても返事がないとのことです	封書 毛筆巻紙
002	明治 33. 5.16	奥平 (愛媛松山)	宮部 (札幌農学校)	本年採集の菌類2種送付。土佐の知友が採集した菌類をドイツ滞在の白井光太郎氏へ送ったところ, その中には新種があった由。昨年来進呈の標本についてすでに調査済のものについて名称をお知らせ下さい	封書 毛筆巻紙
003	明治 1902 35. 1.26	奥平 (愛媛松山)	宮部 (札幌農学校)	お便りによれば貴下には数年来脳神経衰弱の由。このたびは研究目録の御恵与に感謝。殊に小生送付のジュズダマ寄生菌の新種にUstilago Okudairae(黒穂病菌)の学名を与えられたことを喜んでいます	封書 毛筆巻紙

奥村俊夫
北海道空知郡奔別炭鉱測量部

書簡番号	年月日	発信者	宛先	内容	備考
001	大正 1914 3. 8.10	奥村 (北海道空知郡幾春別)	宮部 (札幌農科大学植物科)	当地でレッドクローバーのうち1枚に葉3,4枚, 白色のもの発見しましたので, 研究の資料となればと思い送付します	封書 標本在中 ペン書

小倉 謙 (1895-1981)
東京帝国大学理学部植物学科卒業。同大学理学部教授(植物学)。日本植物学会会長。植物切手の収集家としても知られる

書簡番号	年月日	発信者	宛先	内容	備考
001	昭和 1936 11. 2. 7	小倉 (東大植物学教室内日本植物学会)	宮部 (札幌北6条)	日本植物学会大会は昨年京都で開催したとき隔年に地方で開催との意見が出たので, 明年は御地札幌で開催のことを会長も希望。学会よりは200円を提供します	封書 ペン書
002	昭和 11. 3.18	小倉 (東大植物学教室内日本植物学会)	宮部 (札幌北6条)	日本植物学会の明年度御地開催をお引受けのことを喜んでいます。詳細はこの4月の大会に坂村(徹)教授ご上京の折に相談します	封書 ペン書
003	昭和 11. 9.26	小倉 (東大植物学教室内日本植物学会)	宮部 (札幌北6条)	過般藤井(健次郎)先生よりお申越しの日本植物学会長就任の件ご承認いただき感謝。本日総集会を開き満場一致で正式に決定しました	封書 ペン書

書簡番号	年月日	発信者	宛先	内容	備考
004	昭和 1936 11.9.28	小倉（東大植物学教室内日本植物学会）	宮部（札幌北6条）	26日総会にて会長ご就任を報告。三好(学)前会長を名誉会員に推挙し，晩餐会挙行の予定。三好先生の話では宮部先生は春秋に1回ずつ上京されるとのことなので，期日をお知らせ下さい	封書ペン書
005	昭和 11.10.5	小倉（東大植物学教室内日本植物学会）	宮部（札幌北6条）	日本植物学会財産中1万円と7000円の2口は三井信託会社に信託預りとしており，会長，幹事長の印を必要としますので，捺印をお願いします	封書ペン書
006	昭和 11.10.16	小倉（東大植物学教室内日本植物学会）	宮部（札幌北6条）	先に申上げた三好前会長の招宴の儀は多分11月14日になる予定です	封書ペン書
007	昭和 11.11.17	小倉（東大植物学教室内日本植物学会）	宮部（札幌北6条）	三好先生への謝恩の会合は来会者60余名の盛会でした	封書ペン書
008	昭和 1937 12.1.13	小倉（東大植物学教室内日本植物学会）	宮部（札幌北6条）	学会を16日に変更のことを取消し，予定通り23日に開催しますので何卒ご出席下さい	封書ペン書
009	昭和 12.1.19	小倉（東大植物学教室内日本植物学会）	宮部（札幌北6条）	23日の例会にご出席の由幸甚です。お申越しの有志とのご懇談は例会後学士会館で開催するよう取決めます	封書ペン書
010	昭和 12.2.8	小倉（東大植物学教室内日本植物学会）	宮部（札幌北6条）	過般上京の節は種々のご配慮有難うございました。ご帰札後原案通りご協議とのことよろしくお願いします	封書ペン書
011	昭和 12.4.3	小倉（東大植物学教室内日本植物学会）	宮部（札幌北6条）	柴田(桂太)教授在職25年につき『植物学雑誌』記念号を準備のところ，応募論文多数につき予算追加をはかるため評議会召集の許可をお願いします	封書ペン書
012	昭和 12.4.19	小倉（東大植物学教室内日本植物学会）	宮部（札幌北6条）	柴田教授祝賀論文が50数編に達したため評議会で検討の結果，記念号を5月号と6月号に分載することに決定しました。なお札幌大会の件は，上京の館脇(操)氏より準備のことを聞きました	封書ペン書
013	昭和 12.6.25	小倉（東大植物学教室内日本植物学会）	宮部（札幌北6条）	札幌大会において植物学術語統一の建議をされる場合には，反対者を含む評議員会を事前に開く必要があります	封書ペン書
014	昭和 12.7.15	小倉（東大植物学教室内日本植物学会）	宮部（札幌北6条）	術語統一問題の評議会は，三好(学)・柴田先生在札中の28日が適当と思います	封書ペン書
015	昭和 12.8.4	小倉（東大植物学教室内日本植物学会）	宮部（札幌北6条）	御地における植物学会大会の無事終了のお礼	封書ペン書
016	昭和 12.8.31	小倉（東大植物学教室内日本植物学会）	宮部（札幌北6条）	本会定期評議員会を9月17日に内定したことの承認願。当日は学術語統一問題や会長問題もでる予定	封書ペン書
017	昭和 12.9.1	日本植物学会会長宮部金吾	宮部（札幌北6条）	来る9月17日東京帝大理学部植物学教室で本会評議員会開催の通知	封書謄写版

書簡番号	年月日	発信者	宛先	内容	備考
018	昭和 1937 12. 9.17	小倉 (東大植物学教室内日本植物学会)	宮部 (札幌北6条)	本日評議員会を開催したところ，会長は藤井(健次郎)教授を推薦，術語統一問題は文部省の意向，経費等を調査のうえ，明年の大会(4月)にはかることとなりました	封書 ペン書
019	昭和 12. 9.27	小倉 (東大植物学教室内日本植物学会)	宮部 (札幌北6条)	植物学会総集会は去る25日終了。会長は藤井博士が就任，過去1年の会計状況も順調で小生は重任となりました	封書 ペン書
020	昭和 12.11.10	小倉 (東大植物学教室内日本植物学会)	宮部 (札幌北6条)	会長交代に伴い，定期預金の名義変更のため捺印をお願いします	封書 ペン書
021	昭和 1946 21. 2.11	小倉 (東京)	宮部 (札幌北6条)	宮部先生の文化勲章ご受章をお祝い申し上げます。当教室は戦災を免れましたが資材の不足，水道・ガスのストップで研究は休止の状況です	封書 ペン書

尾崎勇次郎
樺太民政署事務官，樺太庁第2部長

書簡番号	年月日	発信者	宛先	内容	備考
001	明治 1906 39.12.17	尾崎 (楠渓樺太民政署)	宮部 (札幌農学校)	植物調査の参考として写真9枚別包にて送付します	封書(軍事郵便,公用) 毛筆(陸軍罫紙)
002	明治 1910 43. 2.18	尾崎 (豊原樺太庁第二部)	宮部 (東北帝大農科大学)	豊原付近森林において小甲虫によるエゾ松の立枯れを発見。甲虫および被害標本を送付しますので，甲虫の名称および駆除法をご教示下さい	封書 毛筆(樺太庁罫紙)
003	大正 1913 2. 5.30	尾崎 (豊原樺太庁第一部)	宮部 (東北帝大農科大学)	5月24日第32号を以て送付の文書に調印のうえご回送願います	封書(親展) 毛筆(樺太庁罫紙)
004	?	宮部金吾(?)	尾崎(?)	エゾマツ立枯れの原因としてご送付の甲虫および被害樹皮標本を本学林学科新島善直氏に依頼して得た調査報告を回送します	上記同封 毛筆
005	?	新島善直(?)	宮部(?)	甲虫3種の和名・学名および樹木への影響とその予防法	上記同封 ペン書

小田厚太郎
小田鳥類実験所

書簡番号	年月日	発信者	宛先	内容	備考
001	昭和 1929 4. 7. 1	小田 (東京雑司ヶ谷)	宮部 (札幌，大学)	東京朝日および大阪朝日紙上の日銀総裁脅嚇事件につき弁明	封書 印刷物

小田柿捨次郎 (1865-1928)
三井物産常務，同小樽支店長

書簡番号	年月日	発信者	宛先	内容	備考
001	大正 1912 1.11.19	小田柿捨次郎 (三井物産小樽支店)	宮部 (農科大学)	本道輸出楢材と外国産楢材の比較実験のため貴大学加留部氏を砂川工場へご派遣の由，感謝します	封書 毛筆巻紙

書簡番号	年月日	発信者	宛先	内容	備考

小田切辰太郎
樺太栄浜東京帝国大学演習林

001	昭和 *1930* 5.11.7	小田切（樺太栄浜東大演習林）	宮部（北大植物学教室）	樺太産植物に未知のもの多く，先生の『樺太植物誌』ご刊行を喜んでいます。いろいろと腊葉を呈上したく思います	封書 ペン書
002	昭和 5.11.19	小田切（樺太栄浜東大演習林）	宮部（北大植物学教室）	本日小包便をもって左記の腊葉を送付します	封書 ペン書
003	昭和 5.12.9	小田切（樺太栄浜東大演習林）	宮部（北大植物学教室）	Carex Sparsiflora staud（ケヤリスゲ）その他の標本を送付につきご教示下さい	封書 ペン書
004	昭和 5.12.12	小田切（樺太栄浜東大演習林）	宮部（北大植物学教室）	植物の学名・和名その他について照会	封書 ペン書
005	昭和 *1932* 7.5.24	小田切（樺太豊原）	宮部（北大植物学教室）	資料受領礼状。近日中に昨年採集の標本送付	封書 ペン書

乙宗源二郎
大阪，乙宗商店

| 001 | 明治 *1903* 36.8.21 | 乙宗（大阪順慶町） | 宮部（札幌農学校） | 第5回内国勧業博覧会参考館に陳列の南洋物産のうち植物関係標本でご所望の分は，一昨日小包郵便をもって貴校へ発送しました（寄贈品目録在中） | 封書 毛筆・ペン書 |

嘉数宜有
沖縄県名護町囲頭郡農会

| 001 | 昭和 *1938* 13.5.27 | 嘉数（沖縄名護囲頭郡農会） | 宮部（札幌北6条） | 沖縄県人宮城鉄夫氏（明治39年札幌学校卒，台南製糖株式会社取締役）の伝記への序文執筆をご依頼申しあげます（嘉数の案文と宮部博士の草稿あり） | 封書 ペン書 |

学術体制刷新委員会（日本学士院内）

| 001 | 昭和 *1948* 23(?).9.29 | 学術体制刷新委員会選挙管理会（東京上野公園内） | 宮部（札幌北6条） | 第1回日本学術会議会員選挙説明書（冊子，19p）・登録用カード記載注意書 | 封書 ペン書 |

角田啓司 (1868-1929)
明治24年札幌農学校卒業。福岡県農事試験場，満州・奉天農事試験場

| 001 | 明治 *1899* 32.11.7 | 角田（福岡県農事試験場） | 宮部（札幌農学校） | 当地の害虫と病菌の多いことに驚いています。この度，筑後地方に桐の萎縮病が発生しましたが，当地には予防駆除法を知るものがないので，先生の御教示をお願いします | 封書（親展） 毛筆罫紙 |
| 002 | 明治 *1905* 38.10.19 | 角田（福岡県農事試験場） | 宮部（札幌農学校） | 当地では樟樹栽培を奨励のところ，虫害，もしくは病害が発生し，これまでの調査では不適地に人工的に栽培したものに被害が多いようです | 黒沢良平の006と同封 毛筆巻紙（138 cm） |

書簡番号	年月日	発信者	宛先	内容	備考
003	明治 1907 40.3.6	角田 (東京大井村)	宮部 (札幌農学校)	このたび休暇で満州より一時帰国したので、帰途に北海道のイタヤ、ヤチダモ、シラカバ等の種子を持ち帰り試植したいとおもいます。農学校に種子があればご分与下さい	封書(親展) 毛筆巻紙
004	明治 40.4.1	角田 (奉天農業試験場, 清国)	宮部 (札幌農学校)	3月14日東京出発、22日に当地に帰着しました。北海道の樹木のうち満州の風土に適するものは、ハンノキ、イタヤ、シラカバと思われるので、右3種の種子の採集をお願いします。本年は当地の植物を採集して標本100種位をお送りします	封書(親展) 毛筆巻紙
005	明治 1908 41(?).3.16	角田 (奉天農業試験場, 清国)	宮部 (札幌農科大学)	横山(壮次郎)氏始め当場の同窓一同元気です。かねてご依頼の森林樹木(イタヤ、トネリコバノカヘデ、ハンノキ、樺太産落葉松)の種子到着しました。播種のうえ生育状況を報告します	封書(親展) 毛筆巻紙

笠井幹夫

明治42年東北帝国大学農科大学卒業(植物病理学専攻)。内閣鉄道院官房研究所,倉敷・大原農業研究所植物病理部長

書簡番号	年月日	発信者	宛先	内容	備考
001	明治 1911 44.6.13	笠井 (鉄道院官房)	宮部 (札幌農科大学)	義兄から先生のご令兄(文臣)は山林局のご勤務40年で、稀に見る温厚の君子だとお聞きしました。鉄道院研究所の研究室の設計や器具等の購入も進み、図書館の設備も充分です	封書 ペン書
002	大正 1915 4.11.1	笠井 (鉄道院官房)	宮部 (札幌農科大学)	拙著の受領状に感謝。南洋木材に関する書籍名のご教示と合衆国林学者の紹介をお願いします	封書 ペン書
003	大正 1919 8.4.11	笠井 (鉄道院官房研究所)	宮部 (札幌農科大学)	小生退官の後任者として鈴木君は不適につき、駒場出身者に決定しました	封書 ペン書
004	大正 8.4.16	笠井 (鉄道院官房研究所)	宮部 (札幌農科大学)	岡山県大原研究所へ移ったら、稲、馬鈴薯、蘭などの植物病理問題を手がけるつもりです。大原研の当主(孫三郎)夫妻は小生の縁者が仲人をした人なので、札幌出身者の紹介に便利です	封書 ペン書
005	大正 1920 9.10.9	笠井 (岡山倉敷町大原奨農会)	宮部 (札幌農科大学)	関西病虫害研究会が結成され、明日京都農事試験場で第1回の研究会があります。大原氏が研究所の図書充実のために10万円を提供したのでフェッファー文庫の購入を申し入れました	封書 ペン書
006	大正 9.11.25	笠井 (岡山倉敷町大原奨農会)	宮部 (札幌農科大学)	フェッファー文庫は手に入るようです。大原氏の事業に関係のある大学出が独立し、小生がその部長となりました	封書 ペン書
007	大正 1921 10.3.8	笠井 (岡山倉敷町大原奨農会)	宮部 (札幌農科大学)	ご還暦の祝賀会に加入したところ御近影を頂戴し感謝しております。小生明け暮れ馬鈴薯の病害の研究中です	封書 ペン書
008	大正 10.3.24	笠井	宮部	只今フランス植物病理学会誌に掲載の馬鈴薯の論文を字引片手に読んでいるところです。H. Quanjer氏の論文から当地の病徴とオランダのそれが全く同じことを会得しました	封筒欠 ペン書

書簡番号	年月日	発信者	宛　先	内　　容	備　考
009	大正 1921 10. 5. 7	笠井	宮部	フェッファー文庫が当研究所に到着しました。価格は60万マルク(23,000円位)とのこと。将来はレンガ造り3階の図書館の一層におく予定です。当所で関西病虫害研究会の例会を開きました	封筒欠 ペン書
010	大正 10.12.10	笠井	宮部	馬鈴薯のみならず米・麦のフザリウム(赤かび病)の問題を研究中です。10月の関西病虫害研究会では山田玄太郎氏の面識を得ました	封筒欠 ペン書
011	大正 1922 11. 5.22	笠井 (岡山倉敷大原農業研究所)	宮部 (北海道帝大)	大正8年秋から続けている馬鈴薯のリーフロールの実験結果の予報として英文報告を印刷中です。山田玄太郎，三宅勉氏らが来所しました。留学中の伊藤誠哉氏から来信がありました。自分にも外国行きの話がありますが，行ったほうがよいでしょうか	封書 ペン書
012	大正 1923 12. 2. 1	笠井 (岡山倉敷大原農業研究所)	宮部 (北海道帝大)	御下命によりとりあえず，広島県の蛇紋病と福岡県の胴枯病のものを別便にて送付します。一昨日水原(朝鮮)の岡本半次郎君が来訪し，橋本左五郎先生も昨夏2度ほど来所されました	封書 ペン書
013	大正 12. 3.20	笠井 (岡山倉敷大原農業研究所)	宮部 (北海道帝大)	当研究所近藤所長より申出の小生への学位授与要請につき説明します。これは倉敷紡績社長大原氏の考えから出たもので，学位者の多い附属病院と当研究所の釣合いを考えたものと思われます。大原氏の話では半年内に外遊決定とのことです	封書 ペン書
014	大正 12. 6. 5	笠井 (岡山倉敷大原農業研究所)	宮部 (北海道帝大)	岡山県の重要産物たる蒟蒻薯の乾朽病を研究中。先日倉敷中央病院の開式式に際し後藤新平子爵が当研究所へも来所されました。病害標本を見て「台湾でも川上(瀧彌)という者が研究していたが，不幸にも夭逝した。数多の著作のある惜しい人だった」と述べられました。倉敷中央病院は，大原氏が一般公開の理想病院を目指して設立したものです	封書 ペン書
015	大正 12. 6.24	笠井	宮部	7月中旬か下旬に貴地へ参上して外遊につきご教示をえたいので，ご都合をお知らせ下さい	封筒欠 毛筆
016	大正 12. 7.14	笠井 (岡山倉敷大原農業研究所)	宮部 (北海道帝大)	来る25,6日に当地を出立，東京は素通りして御地に赴きます。近藤所長は汎太平洋会議列席のため小生のみ参上します。別便にて蘭草蛇紋病の標本を送ります	封書 ペン書
017	大正 12. 8. 8	笠井 (岡山倉敷大原農業研究所)	宮部 (北海道帝大)	札幌滞在中の4日間に多くの人々にお引き合わせ下さり有難うございました。そのため私の研究の興味が勃然と高められましたので，外国行きは後回しにしたいと思います	封書 ペン書
018	大正 12. 8.15	笠井 (岡山倉敷)	宮部 (北海道帝大)	折柄の炎天も打ち忘れて烏瓜，干瓢，桑，稲，トマト，リーフロール，ポテトなどの材料の固定・脱水に従事し，舎宅も実験室の有様です。タバコも岡山専売局の知人が充分に供給してくれますので，外遊は止めてこの方面の仕事に没頭したいと思います	封書 ペン書
019	大正 12. 9.21	笠井 (岡山倉敷大原農業研究所)	宮部 (北海道帝大)	再婚の妻が産後腎盂炎にて3週間病臥ののち落命しました。天運致方無之，沈黙して実験室に籠っております	封書 毛筆罫紙
020	大正 1925 14. 3. 5	笠井 (岡山倉敷大原農業研究所)	宮部 (北海道帝大)	小生論文は農商務省へ提出すべきものでしたが，近藤氏の意見にまかせて先生にご厄介をかけた次第です。実は家庭と当所の都合もあり近く郷里に引退のつもりです	封書 ペン書

書簡番号	年月日	発信者	宛先	内容	備考
021	大正 1925 14. 8.24	笠井 (岡山倉敷大原農業研究所)	宮部 (札幌北6条)	新築ご転居の報落掌しました。一昨日大原家の楽山園より白桃を少々お送りしました	封書 ペン書
022	大正 14.10. 5	笠井 (岡山倉敷大原農業研究所)	宮部 (北海道帝大)	今春のご指図にもとづき多数のセクションを作って観察の結果, 先年来の報告を改訂しましたのでご覧下さい	封書 ペン書
023	大正 1926 15. 5.15	笠井 (岡山富山村)	宮部 (北海道帝大)	このたびはご旅行中態々(わざわざ)拙宅までご来臨のうえ, 種々ご教授いただき有難うございました	封書 毛筆
024	大正 15.10.22	笠井 (岡山富山村)	宮部 (北海道帝大)	大原農研所長近藤氏より岡山県農会技師へ推薦され, 知事内諾の通知を受けました(近藤氏書簡同封)	封書 ペン書
025	大正 15.11.14	笠井 (岡山富山村)	宮部 (札幌北6条)	本月初めより県農会に転勤しました。植物病害のことばかりでなく, 農業一般を取扱うので専門から離れる懸念を感じます	封書 ペン書
026	昭和 1928 3. 3. 8	笠井 (岡山富山村)	宮部 (札幌北6条)	鉄道省再勤のことが決定し, 今月末で県農会を辞任し上京の予定です。仕事は木材腐朽の研究のほか, 木材と塗料との関係, パレオフィトロギー(paleophytology：古植物学)のことなどです	封書 ペン書
027	昭和 1936 11. 3. 2	笠井 (鉄道省ニテ)	宮部 (札幌北6条)	当年は喜寿のお年賀お目出度い限りです。玉稿「北海道のフローラに就いて」の別刷ご恵贈に感謝いたします	封書 ペン書
028	昭和 1938 13. 6. 6	笠井 (東京麻生区)	宮部 (札幌北6条)	この度鉄道防雪林およびその苗圃の病虫害調査のため北海道各地を巡廻することになり, 札幌での拝顔が楽しみです	封書 ペン書

笠原十司 (1874-？)
明治32年札幌農学校卒業。大日本麦酒㈱札幌支店

| 001 | 大正 1920
9. 8.30 | 笠原
(札幌山鼻ホップ園) | 宮部
(北海道帝大) | 本年はホップの病害は比較的に少ないですが赤蜘蛛病(？)の発生が著しいので, ご視察いただければ幸いです | 封書
ペン書 |

勝村福太郎
陸軍科学研究所所員

| 001 | 大正 1924
14. 7.22 | 勝村
(東京大久保陸軍研究所) | 宮部
(北海道帝大) | 当所で爆薬原料として「マンニット」(mannit：コンブの旨味成分)の研究を命じられましたが, 当地の震災で参考書類が殆ど焼失してしまいました。先生は多年昆布の研究にお詳しいことを農林省から聞きましたので, 該文献の貸与を願えれば幸いです | 封書
ペン書 |

可児友二郎
岐阜県可児郡豊岡町の桃樹園主

| 001 | 大正 1915
4. 5.17 | 可児
(岐阜豊岡) | 宮部
(東北帝大農科大学) | 桃樹が立枯れしましたので岐阜県農事試験場の助言で貴学にご教示をお願いします(宮部教授の指示による調査結果と予防上の注意の控えが残されている) | 封書
毛筆罫紙 |

金子昌太郎 (1876- ?)
明治37年札幌農学校卒業。台湾総督府技師

書簡番号	年月日	発信者	宛先	内容	備考
001	大正 1916 5.2.28	金子 (ボストン, Mass.)	宮部	昨年11月より甘蔗改良，糖業調査のため北米，南米，西印度諸島を旅行，本月25日当地着。ご紹介のイースト教授の指導でハーバード大学の応用生物学を受講することに決定しました	封筒欠 ペン書

金平亮三 (1882-1948)
東京帝国大学理科大学植物学科卒業。台湾総督府技師を経て，九州帝国大学林学教授。著書に『南洋群島植物誌』などがある

書簡番号	年月日	発信者	宛先	内容	備考
001	昭和 1947 22.7.8	金平 (東京天沼)	宮部 (北大名誉教授)	小生は5年前上野精養軒での植物学会総会昼餐会の席上で先生から南洋行きの送別をしていただきました。目下はGHQ資源局山林課テクニカル・コンサルタントとして勤務中です。米国の植物病理学者 R. Beattie は書信中で「宮部博士は多分御他界と想像する」と書いていました	封書 ペン書

川上謙三郎 (1870-1937)
明治27年札幌農学校卒業。福井県庁・熊本県庁技師。大阪硫曹株式会社

書簡番号	年月日	発信者	宛先	内容	備考
001	明治 1900 33(?).3.7	川上 (福井市)	宮部 (札幌農学校)	福井県各地方で大豆にネナシカヅラが寄生し被害甚大です。この草の性質，分布，駆除法その他についてご教示下さい	封書(親展) 毛筆巻紙
002	明治 1904 37.8.8	川上 (熊本？)	宮部 (札幌農学校)	本県下の小麦園に蔓延の雑草，その他クローバー病害，大豆病害等につきサンプルを同封しますので駆除法等ご教示下さい	封筒欠 毛筆巻紙 (230 cm)
003	明治 37.8.23	川上 (熊本)	宮部 (札幌農学校)	懇切なご教示に感謝します。毒麦の件は早速郡長に通知して処置させました。大豆，クローバー枯死については標本を採集してお送りします	封筒欠 毛筆巻紙
004	明治 37.8.28	川上 (熊本県庁)	宮部 (札幌農学校)	種々ご教示に感謝します。大豆病害についてはもはや完全な標本の採取は困難ですが一応送付します	封書 毛筆巻紙
005	明治 37.9.13	川上 (大阪硫曹(株))	宮部 (札幌農学校)	毒麦につきご教示に従い勉強中ですが，なお2,3の点につき照会します	封書 毛筆巻紙 (180 cm)
006	明治 1908 41.4.13	川上 (大阪硫曹(株))	宮部 (札幌農科大学)	弊社社長阿部氏庭園の大ハクレン(ハクモクレンの品種)に枯葉続出につき，その原因，予防法につき教示ください(木葉2枚在中)	封書 毛筆巻紙
007	明治 41.7.15	川上 (大阪硫曹(株))	宮部 (札幌農科大学)	当会社の硫曹肥料を使用している広島県の蘭生産農家より葉先に枯れを生じるとの苦情があり，対策に苦慮しています。標本を同封しますのでその原因と対策をご教示下さい	封書 毛筆巻紙 (217 cm)

川上瀧彌 (1871-1915)

明治33年札幌農学校卒業(植物病理学専攻)。明治34年6月熊本県立熊本農業学校教師，明治36年10月より台湾総督府殖産局技師。宮部博士の愛弟子で阿寒湖のマリモの発見者。明治35年1月には学友の森広と共著で裳華房より名著『はな』を刊行。大正4年8月，台北でアメーバ性腹膜炎のため死去

書簡番号	年月日	発信者	宛先	内容	備考
001	明治 1893 26．7.23	川上 (札幌北3条)	宮部 (東京下谷区)	函館よりのご書面拝見。お申越しの「アイヌ植物名詳表」郵送のこと。山岸氏よりの書状，『動物学雑誌』，多羅尾氏より贈呈の『千嶋探検実記』を廻送のこと	封書 毛筆巻紙
002	？	山岸 (札幌)	宮部 (東京下谷区)	先日多羅尾忠郎氏より新著『千嶋探検実記』および菓子を受取る。菓子は植物写生をしてくれた人へというので川上氏と賞味	上記同封 毛筆罫紙 4p
003	明治 1893 26．7.29	川上 (札幌北3条)	宮部 (東京下谷区)	お留守中の困難を感じる。賄いは馴れてきたが，畑の雑草取りに追われる。「有用植物」掲載の毎日新聞は未着。本日初めて豊平河畔沿いに苗穂元村辺で採集。近日中にモイワ登山の積り。ご出発後の会計を奥様へ送付	封書 006と同封 毛筆巻紙
004	明治 26．8.4	川上 (札幌北3条)	宮部 (東京下谷)	去月26日の御状31日に拝見。「有用植物」掲載の新聞はまとめて送るつもり。フリ仮名は社員が勝手につけたもの。一昨夜永山邸の向いより出火。師範学校庄司氏の標本を一覧したところ面白いものあり(別紙に第2回の支出報告)	006と同封 毛筆巻紙
005	明治 26．8.8	川上 (札幌北3条)	宮部 (東京下谷)	房総地方で採集との御状本日拝見。田中芳男氏より琉球産団扇2個到着。新渡戸先生は昨日終列車で上川へ出発。郵便送達の依頼あり	006と同封 毛筆巻紙
006	明治 26．8.12	川上 (札幌北3条)	宮部保子(夫人) (東京下谷)	賄いには段々に馴れる。金銭のことをご心配いただき恐縮。本日友人3人と円山に遊び，池で丸木船を漕ぐ。『学芸会雑誌』編集のため2階のお机を拝借のこと	封書(貴酬) 毛筆巻紙
007	明治 26．8.19	川上 (札幌北3条)	宮部 (東京下谷)	植物標本同封につき鑑定依頼。毎日新聞の「有用植物」はすべて掲載済み。新渡戸先生明日帰札の予定	封書 毛筆巻紙
008	明治 1896 29．9.4	川上 (函館春日町)	宮部 (札幌北3条)	先月25日小樽出船，神恵内，岩内に寄港。26日夕，寿都上陸。27日馬車と徒歩で長万部着。内地より移住の私の家族たちの茅屋に到着。只今のところ自家用の穀類を植付けるのみで販売の余剰なく，小生修学の学費補助も一両年は思いもよらず。函館大火の跡は実に惨の惨なるもの。市中廻覧。函館新聞社を訪い同郷人なる社長伊藤錆之助と談話	封書 毛筆巻紙 (118 cm)
009	明治 1897 30．7.24	川上 (釧路真砂町)	宮部 (東京上野)	15日小樽泊，17日函館着，19日出帆，20日厚岸湾に上陸して採集，21日出帆浜中湾霧多布，この地で幅2尺の大昆布を見る。22日釧路着，23日は登山準備。伊藤肇君の病状心配につき電報で照会のところ今夜死亡との返電あり。有望な親友の死を嘆く。牧野(富太郎)氏にお会いの節はよろしく	封書(親展) 毛筆巻紙
010	明治 30．7.28	川上 (北海道雌阿寒岳山頂)	宮部 (東京上野)	25日釧路出発。一昨年まで硫黄採掘の道路あり。(雌阿寒)岳登山は容易。植物の種類は思ったより少ないが，30日間の滞山中にはできるだけ多く採集したい。炊事場前には温泉が湧出し，朝夕入浴できる	葉書 ペン書

書簡番号	年月日	発信者	宛　先	内　　容	備　考
011	明治 1897 30. 8. 5	川上 (北海道阿寒郡雌阿寒岳山上臨時観測所)	宮部 (東京下谷区上野桜木町)	観測も本月1日より山頂で開始。トドマツ，ハイマツはいずれも純林で山中植物の種類少なきに失望。麓より頂上までに130種，ハイマツ帯以上は30種をこえる(この際に川上は阿寒湖畔で球形の藻を採集，それを「マリモ」と命名した)	封書 毛筆巻紙 (95 cm)
012	明治 30(?). 8. 8	川上 (北海道下富良野)	宮部	午後下富良野へ到着。一行を追って山に入るべきところ大雨のため小生だけ中富良野停車場付近を調査。クマザサに麦角菌夥しく着生，たくさん採集	封筒欠 毛筆巻紙
013	明治 1898 31. 7.25	川上 (函館)	宮部夫妻	23日函館着，エトロフ行の船を待つ。市内および湯川見物。函館山登山は砲台建設のため禁止。近藤重蔵の「大日本地名アトイア」標のこと	封筒欠 毛筆3 p (道庁罫紙)
014	明治 31. 7.31	川上 (根室)	宮部 (札幌北3条)	28日夜函館出帆。昨夜根室入港。エトロフからはクナシリに引返し，色丹は便船次第。休暇も本日で半分経過。3島の跋渉は今後40日でできるかどうか覚束なし	葉書 ペン書
015	明治 31. 8. 2	川上 (千嶋国択捉紗那郡)	宮部 (札幌北3条)	昨日根室出帆，色丹島斜古丹着。1時間ばかりで植物100余種を採集。本日午後エトロフ島シャナ村着船，当地の探検は3週間位の予定。今後半月余は便船もなし	葉書 ペン書
016	明治 31. 8.31	川上 (千嶋国択捉島内保)	宮部 (札幌北3条)	25日シャナを出発，東岸トシモイに出てヒトカップ山の南麓を過ぎ，29日西岸ナイボに到着。これよりタンネモイ探検のつもり。エトロフに来てこれまでに未採集の品種82を採集	葉書 毛筆
017	明治 1899 32. 7.20	川上 (北海道利尻島鴛泊)	宮部 (札幌北3条)	正午小樽出帆，午後1時鴛泊着。船中にてフォーリー(U. Faurie)師と面会，礼文・利尻で地衣類を採取したとのこと，今夏は九州諸山を探検し，珍品が多かった由(利尻山スケッチ)	葉書 ペン書
018	明治 32. 7.25	川上	宮部夫妻	23日一行4人で4300尺まで登山するも荒天にて炊飯さえできず，25日登頂するも登路は険峻限りなし。しかし植物は頂上まで密生して花も咲きそろい珍奇のもの多し(下山途中これより登山のフランス人宣教師フォーリー神父と出会い，川上と交わした植物談話を記す)	020と同封 毛筆巻紙 (216 cm)
019	明治 32. 8. 3	川上	宮部	26日は雨天のため翌日再登山。フォーリー師は27日下山。頂上に観測所を設け，数回登山して採取を行う。いずも植物珍奇なるもの多い。霧多き山なので晴れ間を見計らって少しづつ採集せざるをえない。下山の上全島を一周して島の植生全体を見たい	020と同封 毛筆巻紙 (115 cm)
020	明治 32. 8.14	川上 (北海道利尻島鴛泊)	宮部夫妻	土用中にも拘わらず当地は13日には1℃に下った。台風後は快晴となり，天塩北見の沿岸，サハリンまで一望できた。暇さえあれば山中を駆け回り採集に従事。山中で3週間を送り，明日は人夫が郵便受取りに下山するので楽しみだ	封書 毛筆巻紙 (98 cm)
021	明治 32. 8.26	川上 (北海道利尻山)	宮部夫妻	山中の仮住いも1カ月余となり，濃霧烈風の日多く，冷気も増してきたので，小生は31日には下山，全島を一周して9月上旬の便船で帰札の予定	封書 毛筆巻紙 (55 cm)
022	明治 1900 33. 9.26	川上 (北海道日高浦河)	宮部 (札幌農学校植物学教室)	24日浦河に到着。昨日は向別川を遡って深林中に野宿，本日五葉松林に達し夕方浦河に帰着。ミツバカエデ，クロビイタヤ，ハクウンボクの喬木を初めて実見	葉書 毛筆

川上瀧彌

書簡番号	年月日	発信者	宛先	内容	備考
023	明治 1900 33.9.30	川上 (北海道日高幌泉)	宮部 (札幌北3条)	昨日冬嶋岳(アポイ岳)の絶険を登頂したところ，山上の植物は諸山と趣を異にして奇異に感じた。採品中の主要なものは次の通り(植物名リストあり)	葉書 毛筆
024	明治 33.10.15	川上 (北海道渡島鹿部)	宮部夫人	札幌出立以来1カ月になるが旅ほど面白いものはない。日高は騎馬，渡島は全く徒歩で風呂敷包と採集カバンを背負って一人旅で，本日は鹿部の温泉宿に一泊。明日は森に出る積り。秋の野山の紅葉でもっとも美しいのは小生の大敵であるツタウルシ	封書 毛筆罫紙 3 p
025	明治 1901 34.6.25	川上 (熊本千反町)	宮部夫妻 (札幌北3条)	札幌出発後20日にて当地到着。熊本農業学校は建築も設備もよく，職員10余名中札幌出身者4名。近く奏任待遇になれば年俸840円とのこと。受持は4科目で教務部長を押付けられた	封書 毛筆巻紙 (158 cm)
026	明治 34.7.17	川上 (熊本)	宮部 (札幌北3条)	出勤途中に採集したオノコヅチの葉に寄生の銹菌を同封。北海道ではあまり見かけないもの	封筒欠 毛筆罫紙 (熊本農業学校用箋)
027	明治 34.8.6	川上 (肥後国出水村砂取)	宮部 (札幌北3条)	先日は島原の温泉(雲仙)岳に登り，4日間の旅中に珍奇の植物150種を採取(リストを付す)	封書 毛筆巻紙 (165 cm)
028	明治 34.8.22	川上 (肥後国出水村砂取)	宮部 (札幌北3条)	水前寺名物の海苔は一昨日初めて採取して検鏡。イモチ病の研究は培養液を作って検出	封書 毛筆巻紙 (110 cm)
029	明治 34.9.3	川上 (肥後国砂取)	宮部 (札幌北3条)	封入の稲菌種について電報でご教示依頼	封書(急ギ) 毛筆罫紙
030	明治 34.9.22	川上 (熊本農業学校)	宮部 (札幌北3条)	電報にてご教示に感謝。イモチ菌の純粋培養に成功。その方法の説明	封書 毛筆罫紙 (177 cm)
031	明治 34.9.25	川上 (熊本農業学校)	宮部 (札幌農学校)	稲病菌中イモチ菌に似て胞子3隔膜の褐色のものを純粋培養して胞子を得た。珍種と思われるのでご教示を乞う(図解あり)	葉書 毛筆
032	明治 34.12.2	川上 (熊本農業学校)	宮部 (札幌農学校)	詳細なるご教示に感謝。イモチ病に関する堀氏の論証を打破るべく試験を重ねるつもり。稲の寄生菌標本を同封	封書 毛筆罫紙
033	明治 1902 35.1.12	川上 (肥後国天草郡本渡)	宮部 (札幌北3条)	昨日北海道庁林務課の嶋村(継夫)君に同行して天草に渡航。途中図の如き寄生植物を採集。拙著『はな』(東京裳華房刊)を昨日入手するも誤字多し	葉書 毛筆
034	明治 35.1.28	川上 (肥後国比奈久)	宮部 (札幌北3条)	寄生植物採収の目的で水俣より2里ばかり奥に入って陸稲の根に寄生して大害を与えるナンバンギセル等を得た。来月は九州博物学会で「画津湖の水藻」なる報告をするつもり	葉書 毛筆
035	明治 35.2.1	川上 (肥後国砂取)	宮部 (札幌北3条)	過日水俣では容易に入手し難い材料を多数採取し，クロキの根の寄生菌は研究材料として沢山掘り取ってフォルマリン漬けにした。『北海道樹木図説』のご高配に感謝。4月末には熊本女学校出身の手嶋友紀が帰札して小生のことを詳しく報じる筈です	封書 毛筆巻紙 (178 cm)

書簡番号	年月日	発信者	宛先	内容	備考
036	明治 1902 35．2.15	川上 （熊本農業学校）	宮部 （札幌北3条）	過日千石（興太郎）君来熊し，河村（九淵）氏始め同窓集合して小宴。同君の気焔に驚く。拙著『はな』の予想外の好評を喜ぶ。『万朝報』や『明星』でも書評	封書 毛筆巻紙 (132 cm)
037	明治 35．3.12	川上 （肥後国砂取）	宮部夫妻 （札幌北3条）	病身の婚約者との結婚に家兄は反対するも，互いに約したからには彼女を小生の保護の下におき，せめては神の御恵みを賛美しつつ感謝のうちに起居せしめたい	封書 毛筆巻紙 (197 cm)
038	明治 35．3.31	川上 （肥後国砂取）	宮部夫妻 （札幌北3条）	結婚について将来受くべき運命は天父の恩恵に頼るほかなし。『森林植物図説』が刊行されたが裳華房主人の商売気により図版粗末なるは赤面。ただ引続き2書の出版は先生のお引立てによるものと感謝しています	封書 毛筆巻紙
039	明治 35．6．6	川上 （肥後国砂取）	宮部 （札幌北3条）	去月13日京都，大阪に出張，その序でに東京に出て兼ねてご配慮の愚妻の診断を受け，転地は却ってよろしいとのことで同伴して熊本へ帰る。イタリアの稲病標本を検鏡比較したところ日本のイモチと全く同一。東大植物学教室には3日間の滞在。熊本採集品の不明のもの200種ばかりを検定。教室諸君よりは例の如く歓迎を受け，牧野（富太郎）氏よりも一夕の招待を受く	封書 毛筆巻紙 (171 cm)
040	？	川上	宮部 （札幌北3条）	「日本の稲病」（イタリア語より野村氏翻訳）日本とイタリアの稲病に関する宮部金吾氏の所見に対する批評	上記同封 毛筆罫紙
041	明治 35．6.19	川上 （熊本農業学校）	宮部 （札幌農学校）	昨日電報にて照会の件ご返電に感謝。純粋培養と接種試験を試みた上で病原菌を確かめ，標本を送付のつもり	封書（至急） 毛筆巻紙
042	明治 35．6.21	川上 （熊本菊池郡）	宮部 （札幌農学校）	昨日は玉名郡，本日は菊池郡にて桐萎縮病を発見したところ同一の病原菌なるを確認。帝国大学より植物採取嘱託の依頼があり，知事の許可を申請中。愚妻には家事の暇に被害植物の写生などをさせている	封書（親展） 毛筆巻紙
043	明治 35．6.22	川上 （熊本農業学校）	宮部 （札幌農学校）	本日「グレヲスポリュム（炭疽病菌）の新種」との電報をいただき感謝。種名の決定をお願いしたい。イモチ病発生につき『九州日々新聞』記者の依頼で新聞に連載中（腊葉在中）	封書 毛筆巻紙
044	明治 35．7．8	川上 （熊本農業学校）	宮部 （札幌農学校）	小包にて桐萎縮病原菌の純粋培養一皿を送付。病原についてはもはや疑いないので，校長なども一刻も早く公表するよう望んでいる	封書 毛筆罫紙
045	明治 35．7.24	川上 （熊本飽託郡健軍村）	宮部 （札幌農学校）	公用出張で来熊の御令兄に面会。過日来お願いの桐病原菌は御命名を受取り次第発表したい。昨日帝国大学書記官より電報にて「植物採集嘱託」の辞令届く	封書（至急） 毛筆罫紙 3 p
046	明治 35．8.23	川上 （熊本農業学校）	宮部 （札幌農学校）	桐天狗巣病の件お蔭様で発表に至る。結婚のご祝詞に感謝するも贈物は未だ届かず。東京の新聞に小生による桐病原発見の記事が出て各所より照会あり。『九州日々新聞』に連載の記事を送付したい	封書 毛筆巻紙 (124 cm)
047	明治 35.10.23	川上 （北海道渡島福山）	宮部 （札幌北3条）	20日福山（松前）着。昨22日亡妻の遺骨埋葬式を終わる。昨夜半夢さめて別紙の如き句（思えば夢か，嗚呼夢か）を作る。26，7日出札のつもり	封書 毛筆巻紙
048	明治 35.11.15	川上 （東京小石川区）	宮部 （札幌北3条）	在札中のお礼。仙台にて下車。森本，木村，早川氏を訪い8日上野到着。東大植物学教室など日々東奔西走して研究材料を集め，山林局で文臣様（宮部長兄）に会う。その他在京の同窓の消息	封書 毛筆巻紙 (162 cm)

書簡番号	年月日	発信者	宛先	内容	備考
049	明治 1902 35.11.28	川上 (熊本農業学校)	宮部 (札幌農学校)	印刷の方は進行中。試験費のことは県会の第一読会を通過。台湾赴任のことはどうかよろしく(菜豆葉病の葉在中)	封書 毛筆罫紙
050	明治 35.12.9	川上 (熊本農業学校)	宮部 (札幌農学校)	七嶋藺(七島藺)の病原コニジャ発見の第1報	封書 毛筆罫紙
051	明治 35.12.17	川上 (熊本農業学校)	宮部 (札幌農学校)	七嶋藺の病原菌は過日差上げたものに相違なしと鑑定。同封の柑橘の病瘤につきご教示を乞う	封書 毛筆巻紙
052	明治 35.12.19	川上 (熊本農業学校)	宮部 (札幌農学校)	電報「水中発芽ヲ見ヨ」を拝承し，病原菌発見を確信。七嶋藺の病原菌に相違なければご命名を乞う	封書 毛筆罫紙
053	明治 1903 36.1.2	川上 (熊本新屋敷町)	宮部 (札幌農学校)	七嶋藺の検定結果を鶴首。標本お買上げのこと毎度のご厚情に感謝。昨年は一身上のことで負債多く年の暮に当惑。かねての台湾行のことご帰朝の新渡戸稲造先生にお話し下さい	封書(親展) 毛筆巻紙 (180 cm)
054	明治 36.2.—	川上 (熊本新屋敷町)	宮部 (札幌農学校)	新渡戸先生より26日門司寄港の電報を受け，馬関停車場で面会。台湾での就職を依頼。南征は自分の運命を試みる好機会で，面白い研究材料の発見を期待。本日小包便にて植物標本282種を送付	封書(親展) 毛筆巻紙 (153 cm)
055	明治 36.3.1	川上 (熊本新屋敷町)	宮部 (札幌農学校)	大阪博覧会審査官としてご来阪の際には是非熊本見物を乞う。今日は当方農業学校の第1回卒業式。農業学校第2年級の「植物生理学教科書」を脱稿。『はな』改版のため近日中に東京掌華房へ送稿のこと。本年の卒業生50名中3分の1は兵役に入り，10名は米国，3名は台湾の高等農林学校を志願，本校専修科数名，他に高等小学校教員，九州牧場など	封書 毛筆巻紙 (172 cm)
056	明治 36.3.5	川上 (熊本新屋敷町)	宮部 (札幌農学校)	過分なる腊葉代金のお支払いに感謝。御来阪の際には作物病害指導のため是非九州ご来訪を乞う。大隅国大嶋より七嶋藺の病菌取寄せ培養に成功	封書 毛筆巻紙 (110 cm)
057	明治 36.5.29	川上 (熊本農業学校)	宮部 (東京上野桜木町，宮部美勲方)	大阪滞在中の御懇情に感謝。新渡戸先生の書面で御尊母様病気で滞京中のことを知る。台湾行は赴任を急がれているが，校長上京不在のため日程不定。小生転任のことが生徒たちに知られたら何か運動でも始まりそうで心配。後妻問題は新渡戸先生よりも候補者あり，急ぐなかれとのご注意をいただく	封書(親展) 毛筆巻紙 (190 cm)
058	明治 36.6.5	川上 (熊本農業学校)	宮部 (札幌農学校)	台湾行のことは新渡戸先生を通じて知事の承諾をえたが，県庁の仕事などを打捨てて行くのは同窓の信用にも拘わるので苦心。七嶋藺病原菌は昨年ご指導の発芽法により毎日実験中	封書 毛筆罫紙
059	明治 36.8.30	川上 (大分別府)	宮部 (札幌農学校)	桐および七嶋藺の病害調査のため大分県へ出張。七嶋の方は年々100万円の産物であるのに，これまで原因不明の病害として放置されていたので，県庁でも色々の便宜を与えてくれた。今夜出帆の保川丸で神戸経由で東京へ向う	封書 毛筆巻紙 (130 cm)
060	明治 36.9.2	川上 (遠江三方原古戦場ニテ)	宮部 (札幌農学校)	9月1日神戸より急行で東上，岐阜で下車。昆虫研究所を訪い，七嶋藺の大害虫アブラ虫を研究。夕方出発，夜半浜松に下車。浜名湖北の引佐郡役所で七嶋藺病害を調査。これにて日本中の七嶋藺栽培地を全て見たことになる	絵葉書 毛筆

書簡番号	年月日	発信者	宛先	内容	備考
061	明治 1903 36.10.23	川上 (台湾台中農事試験場)	宮部 (札幌農学校)	昨日台中に到着。台中農事試験場長を命ぜらる。一昨日本島唯一の七嶋蘭の栽培地なる北段を視察，3種の病害あり。全国の栽培地を視察したわけで，近く一冊の本として発表したい	葉書 毛筆
062	明治 36.10.25	川上 (台湾台中農事試験場)	宮部 (札幌農学校)	このたび妻を伴い，当地農事試験場に赴任したところ，殖産局の意見で当場は台中糖務局の甘藷苗圃園に分与されることが内定，小生は三日場長の境遇となる	封書 毛筆巻紙 (107 cm)
063	明治 36.11.7	川上 (台湾台中農事試験場)	宮部 (札幌農学校)	当地は気候もよく台湾中の健康地といわれている。水もよく伝染病もなく，只今第2期目の稲刈中。本場は廃止問題のため事務整理をしている。愚妻からもよろしく	封書 毛筆罫紙 3 p
064	明治 36.11.12	川上 (台湾台中農事試験場)	宮部 (札幌農学校)	当試験場も 3, 4 日中には廃止が公布される筈。このたび甲種農業学校用として『植物生理学教科書』を裳華房より刊行することになったので，校閲のお願い	封筒葉書 ペン書
065	明治 36.12.4	川上 (台湾台北府)	宮部 (札幌農学校)	いよいよ台中より台北に引越し，官舎の空きがないので役所より局長(新渡戸)宅前に家を借り，新渡戸夫人に万事世話になる。先生は2, 3日前よりマラリアで臥床中。今度殖産局詰となり，台湾植物調査のほか，植物病害研究の主任者として農事講習及植物学教授をすることになる(末尾に宿舎の巧みな絵あり)	封書(親展) 毛筆巻紙 (187 cm)
066	明治 36.12.19	川上 (台湾台北府)	宮部 (札幌農学校)	小包便にて当地産の柑橘一函を呈上。昨今調査物多く，農事試験場の講習も多忙。昨夜新渡戸先生の「植民地に於ける土地制度」に関する演説を聞く。先生は来月末まで京都に行かれる由	封書(親展) 毛筆巻紙 (90 cm)
067	明治 1904 37.1.15	川上 (台湾総督府殖産局)	宮部 (札幌農学校)	マコモ黒穂は11月後には黒穂菌胞子となり価格は下落。『植物生理学』は是非ご叱正をお願いしたい。この度技師拝命，高等官七等年俸1300円となる。新渡戸局長のご存意と感謝。また台湾国語学校講師嘱託として週6時間博物学・植物学を教授	封書(親展) 毛筆巻紙 (143 cm)
068	明治 37.7(?).16	川上 (台湾総督府殖産局)	宮部 (札幌農学校)	『植物生理学』の訂正依頼。この度糖務局で甘蔗病研究をすることになったので参考書をご貸与願いたい。新渡戸博士はマラリア病なのに，去る3日京都へ出発。小生は専売局官舎に移る。只今のところ農商課，試験場，国語学校，学務課，糖務局の五カ所の仕事に従事	封書 毛筆罫紙
069	明治 37.12.3	川上 (台北専売局官舎)	宮部 (札幌農学校)	10月上旬より50日間南部旅行，台南でマラリヤにかかる。甘蔗病害見本沢山採取，甘蔗病害の研究は初めてなので御地でご教示を受ける口実ができるような研究をしたい。第7師団もいよいよ出征の由，愚妻の兄も大尉で出征，昨日大連着の報あり	封書 毛筆巻紙 (172 cm)
070	明治 1905 38.1.19	川上 (台北)	宮部 (札幌北3条)	甘蔗病害菌のご検定次第ご教示を乞う。甘蔗病害に関する論文の探索と翻訳依頼のこと。新渡戸博士は近く高岡(熊雄？)を同行して帰任とのこと。愚妻は戦死の実兄の葬儀のため東京へ帰省。用紙は Aralia papyrifera (通脱木：ウコギ科の植物の木髄を小刀で薄く剥いだもの)	封書 毛筆巻紙 (9×35 cm)
071	明治 38.8.18	川上 (台北龍口街)	宮部 (札幌北3条)	今春上京の折は公務多忙で帰札できず残念。台湾各地の植物調査の状況	封書 毛筆罫紙

書簡番号	年月日	発信者	宛先	内容	備考
072	明治 1906 39. 1.15	川上 (台北龍口街)	宮部 (札幌農学校)	腊葉在中とあり	封書 書簡欠
073	明治 39. 3.15	川上 (台北龍口街)	宮部 (札幌農学校)	甘蔗病害標本送付につき検定依頼	封書 毛筆巻紙
074	明治 1908 41.12. 7	川上	宮部	(冒頭部分欠)総督府官制改正のため三宅(勉)君の技師採用困難につき，当分嘱託として来任可能なりや	封筒欠 毛筆巻紙
075	明治 1909 42. 2.25	川上 (台北城南官舎)	宮部 (札幌北3条)	三宅君採用の件新渡戸先生より宮尾局長と協議中。嘱託ならば直ちに採用可能。『台湾植物目録』を脱稿	封書 毛筆巻紙 (146 cm)
076	明治 42. 4.14	川上 (東京)	宮部 (札幌北3条)	三宅氏の代りに三浦氏をご推挙とのご返事，出張中に到着。『台湾植物目録』印刷の監督を兼ねて上京。(東大の)牧野(富太郎)氏は主任教授の感情を害して休職となり，教室の連中は色々と運動の模様。大切な人ゆえ学会のために先生よりも松村(任三)教授に牧野氏の休職撤回の働きかけを期待	封筒欠 ペン書
077	明治 42. 7.22	川上 (台北城南官舎)	宮部 (札幌農学校)	鈴木力治君病気のため休職につき三宅君を後任に希望。小生博物館のことまで引受け一層多忙	封書 毛筆巻紙 (120 cm)
078	明治 1910 43. 4.30	川上 (台北城南官舎)	宮部 (札幌農学校)	三宅氏採用のもつれ。この度糖務局でも植物病理の人を採用することにつき長官，局長の同意をえた。今年は台湾の甘蔗病の恐るべきことが一般の注意をひき研究の必要も認識されたので，何とか適任者の選定をお願いしたい	封書(親展) ペン書
079	明治 1911 44.10.23	川上 (ジャワ島スラバヤ)	宮部 (札幌農科大学)	ボルネオ，ジャワ，セレベスなどを旅行中	絵葉書 ペン書
080	明治 1912 45. 3.23	川上 (マニラ，フィリピン)	宮部 (札幌農科大学)	3月17日マニラ上陸，科学局のメイル氏を訪れ，台湾南部の植物と本島北部の植物を比較調査。4月3日台北帰着の予定	絵葉書 ペン書
081	明治 45. 6.17	川上 (台湾)	宮部 (札幌農科大学)	台湾南部に稲病視察に出張中	絵葉書 ペン書
082	大正 1912 1. 8. 9	川上 (台湾紅頭岐)	宮部 (札幌農科大学)	(記事空白)吉田碩造と連名	絵葉書 ペン書
083	大正 1.10.26	川上 (台湾阿里山)	宮部 (札幌農科大学)	後藤(新平)男爵の島内巡視に随行中	絵葉書 ペン書
084	大正 1913 2. 7.12	川上 (台北南北街官舎)	宮部 (札幌北2条)	先月糖務会議あり，同窓関係者30余名来会。小生も南洋視察後新植物の輸入栽培で多忙	封書 毛筆巻紙
085	大正 1914 3. 2. 8	川上 (台湾埔里社？)	宮部 (札幌北2条)	台湾の高山植物の景お目にかけ候	絵葉書 ペン書
086	大正 1915 4. 3.23	川上 (台湾南投霧社)	宮部 (札幌北2条)	Cinchona(キナノキ：皮はキニーネの原料)試植のため南投蕃地霧社3700尺の処に滞在。此地には「ムシャザクラ」白花の野生種あり	絵葉書 ペン書
087	大正 4. 6.27	川上 (台北)	宮部 (札幌農科大学)	此地只今90度F(32℃)以上。色々の展覧会の催しなどで多忙。佐藤(昌介)学長来台につき同窓一同大いに歓迎	絵葉書 毛筆

書簡番号	年月日	発信者	宛　先	内　　容	備　考
088	大正 1915 4. 7. 7	川上 (台北南北街)	宮部 (札幌農科大学)	南(鷹次郎)先生に続き，佐藤(昌介)先生来台に同窓一同感謝。小生はお帰りのとき基隆までお見送り。その夜より激烈な腹痛でいまだに入院。出血性大腸カタルと診断。殆ど同時に発病のフォーリー師は数日にして永眠(69歳)。神父は渡台後1年半実に盛んに採集したが，標本は欧州動乱のため発送できず，昨日葬式，当地の内地人墓地に埋葬(宮部博士の筆跡で「最後の書状」とあり)	封書 毛筆巻紙 (120 cm)

川口順次郎(1877-？)
明治37年札幌農学校卒業。農商務省技師

| 001 | 明治 1904
37.11.19 | 川口
(三重県三重郡) | 宮部
(札幌農学校) | 韓国旅行のこと(京城，開城のことなど) | 封書
毛筆巻紙 |

河越重紀
鹿児島高等農林専門学校林学科初代教授

| 001 | 大正 1916
5. 5.17 | 河越
(鹿児島高等農林学校) | 宮部
(東北帝大農科大学) | 先に発送の銹菌標本すでに発芽して不適の由，再送のつもり。Urocystis(黒穂病菌)は種名のご教示により疑問解消 | 封書
ペン書 |

川崎　甫
島根県鹿足郡津和野町

| 001 | ？
－.12.19 | 川崎
(島根津和野村) | 宮部
(東北帝大農科大学) | 先生のご尊名は書籍や雑誌のほか福井県の出田(新)君よりもお聞きしています。小生このたび植物の病虫害に関する一書を刊行することにしましたが，その巻頭に掲げるべき写真5，6葉をお貸しいただければ幸いです | 封書
毛筆巻紙 |

川村清一(1881-1946)
東京帝国大学理科大学植物学科卒業。千葉高等園芸学校教授(菌類分類学)

| 001 | 昭和
－.－.17 | 川村
(東京滝野川) | 宮部
(北海道帝大) | 別刷受領礼状。教鞭生活から専ら菌類研究生活に入り，これまで写生した菌のうち500を選び図説を出版のつもりですが，時局のため外国送付ができないことと，紙不足その他が残念です | 葉書
ペン書 |
| 002 | 昭和
－. 2.12 | 川村
(東京滝野川) | 宮部
(札幌北6条) | 書簡欠 | 封書
書簡欠
毛筆(？) |

川村多実二(1883-1964)
東京帝国大学理科大学動物学科卒業。のち京都帝国大学理学部教授。日本の陸水生物学の基礎を築いた。『日本淡水生物学』を著す。川村清一の実弟

| 001 | 昭和 1944
19. 5.27 | 川村(川村徹持参)
(滋賀大津市) | 宮部
(札幌北6条) | 荊妻千代子はかねてより亡父が愉快なる日々を過ごした貴校を訪ねたい思いながら時勢で断念していましたが，愚息が近日陸軍の用務で錦地出張につき代りにご引見下さい | 毛筆巻紙 |

神田千代一 (1908-49)

昭和8年北海道帝国大学理学部卒業。函館高等水産専門学校教授

書簡番号	年月日	発信者	宛先	内容	備考
001	昭和 1937 12(?).9.21	神田（北海道室蘭北大海藻研）	宮部（札幌北6条）	ご依頼のエンドウコンブの全形写真を別便にて送付します。遊走嚢があまりはっきりせず不出来を懸念しています	封書 毛筆巻紙
002	昭和 －.5.29	神田（函館杉並町）	宮部（札幌北6条）	函館に赴任して5カ月，表記の場所に転居しました。時局下実験室整備のための物一つ買うにも苦労しています	封書 毛筆巻紙
003	昭和 －.4.15	神田（函館杉並町）	宮部（札幌北6条）	ご芳著論文ご恵贈に感謝します	封書 毛筆
004	昭和 1946 21.2.26	神田（函館杉並町）	宮部（札幌北6条）	新聞で先生の文化勲章ご受章のことを知り，北大の栄誉として祝詞を捧げます	封書 毛筆巻紙
005	昭和 －.－.24	神田（函館杉並町）	宮部（札幌北6条）	先日札幌出張の際は拝顔の栄をえて有難く思いました。小生も海藻の生態学研究を進めるつもりです	封書 毛筆

菊池 捍 (1870-1944)

明治26年札幌農学校卒業。長野県下伊那郡農事試験場長

書簡番号	年月日	発信者	宛先	内容	備考
001	明治 1898 31.5.14	菊池（下伊那郡長野県農事試験場）	宮部（札幌農学校）	当郡の桑の根に寄生する黴菌の標本を送付しますので，その名称と予防法をご教示下さい	封書 毛筆罫紙
002	明治 31.5.21	宮部(?)（札幌農学校）	菊池(?)	ご送付の標本はモンパ病に似ていますが，別包の見本のようなものが根際にないか再調査をして下さい	封筒欠 毛筆（札幌農学校罫紙）
003	明治 31.6.12	菊池（下伊那郡長野県農事試験場）	宮部	再調査したところ，ご送付のモンパ病見本のようなものは付着しておりません。材用不足ならばさらに送付します	封書 毛筆罫紙
004	明治 31.7.13	菊池（下伊那郡長野県農事試験場）	宮部	その後当郡でもモンパ病の桑園を発見しましたので，その駆除，予防法について御教示ください	封書 毛筆巻紙

菊池幸次郎

明治30年札幌農学校卒業。青森県北津軽郡立農学校長，青森県庁技師

書簡番号	年月日	発信者	宛先	内容	備考
001	大正 1924 13.9.4	菊池（青森県庁内）	宮部（札幌農科大学）	本県で少なからぬ被害を与えている別封標本はCladosporium（黒星病菌）と思われますが，その詳細につき御教示下さい（植物標本在中）	封書 ペン書

北川角弥

明治44年東北帝国大学農科大学実科卒業（元昆虫学教室副手）。青森県産米検査員，八戸郡役所

書簡番号	年月日	発信者	宛先	内容	備考
001	大正 1916 5.12.22	北川（青森八戸郡役所）	宮部（札幌農科大学）	（農科大学で）研学中のご厚情に感謝	封書 毛筆巻紙

北川政夫 (1910-95)

東京帝国大学理学部植物学科卒業。満州帝国政府大陸科学院，のち横浜国立大学教育学部教授(植物分類学)。中国東北部の植物相を研究

書簡番号	年月日	発信者	宛先	内容	備考
001	昭和 1936 11.8.22	北川 (満州新京市)	宮部 (北大農学部)	「クサノワウ」の種子採集のご依頼は，小生病気静養のため東京より帰任したばかりでご希望にそえません	封書 ペン書(満州帝国政府罫紙)

北川鯉一

| 001 | 明治 1906
39.3.7 | 北川
(函館元町) | 宮部
(札幌農学校) | 過日はご多忙中にご指導をいただき感謝しています。博物学会の方は武田校長より直々に申込む予定です | 封書
毛筆巻紙 |

北島君三 (1890-1950)

東京帝国大学農科大学卒業。農林省林業試験場技師。シイタケ栽培の研究者

001	大正 1924 13.3.3	北島 (東京下目黒)	宮部教授 (北海道帝大)	杉の「ヴァルサ(Valsa：胴枯病菌?)」の標本ご恵与に感謝。ウドン粉菌標本の到着照会	封書 ペン書
002	大正 13.11.20	北島 (東京下目黒)	宮部教授 (北海道帝大)	杉の新病につき判定依頼	封書 ペン書
003	大正 1925 14.-.-	北島 (東京下目黒)	宮部教授 (北海道帝大)	杉の Phomopsis cryptomeriae (枝枯病菌)	封書 ペン書 写真在中
004	大正 15.5.13	北島 (東京下目黒)	宮部教授 (北海道帝大)	別途送付の菌蕈5種の鑑定を依頼	封書 ペン書

北村四郎 (1906-2002)

京都帝国大学理学部植物学科卒業。のち京都大学教授。著書に『原色日本植物図鑑』など

001	昭和 1935 10.11.25	北村 (京都)	宮部 (北大農学部)	書簡欠	封書 書簡欠 ペン書
002	昭和 1938 13.11.1	北村 (京都)	宮部 (北大農学部)	長期にわたり北大の植物標本を研究させていただき，感謝致します	封書 ペン書
003	昭和 1939 14.1.27	北村 (京都)	宮部 (北大農学部)	舘脇(操)大兄のとりなしで先生の御著を頂戴し感激です	封書 毛筆巻紙
004	昭和 1940 15.2.19	北村 (京都)	宮部 (北大農学部)	小生論文の英文訂正に感謝致します	封書 ペン書
005	昭和 1942 17(?).11.19	北村 (京都)	宮部 (北大農学部)	この度「植物分類地理学会」で小泉先生の「還暦記念号」を計画し，そのことを舘脇様に話したところ，小泉先生の恩師である宮部先生に論文を頼んで下さる由。よろしくお願いします	封書 ペン書
006	昭和 1943 18.5.14	北村 (京都)	宮部 (北大農学部)	「小泉博士還暦記念号」にはすでに24論文を落掌，先生の玉稿をいただければ巻頭を飾ることになります	封書 毛筆巻紙

書簡番号	年月日	発信者	宛先	内容	備考
007	昭和1943 18.5.29	北村 (京都)	宮部 (北大農学部)	キンバイサウ属の玉稿は9月上旬までに頂戴できれば巻頭に登載することができます。ご健康の回復を祈ります	封書 ペン書
008	昭和 18.8.23	北村 (京都)	宮部 (北大農学部)	「小泉博士還暦記念号」への玉稿(キンバイサウ)を落手し,植物分類学会は光栄の至りです。印刷用紙は幸いに充分の配給を受けました	封書 ペン書
009	昭和 18.8.27	北村 (京都)	宮部 (札幌北6条)	お手紙拝読,検索表中の種名の順序は承知しました。ご病床からの回復をお祈りします	封書 ペン書
010	昭和 18.8.27	北村 (京都)	宮部 (札幌北6条)	校正は昨日拝受。初校の写真版は不出来につきやり直してアート紙刷りとします(見本4枚同封)。抜刷は150部	封書 ペン書
011	昭和1944 19.3.15	北村 (京都)	宮部 (北大農学部)	「小泉先生還暦記念号」が完成し発送しました。抜刷は印刷屋が一律に100部しか作ってくれません	封書 ペン書
012	昭和 19.4.15	北村 (京都)	宮部 (北大農学部)	「キンバイサウ属」の論文別刷のご恵与に感謝します。私は先月から学生報国隊付として滋賀県に勤労奉仕に行き,帰京したばかりです	封書 ペン書
013	昭和1946 21.2.14	北村 (京都)	宮部 (北大農学部)	文化勲章のご受章をお祝い申し上げます。(戦争が終わって)友人たちも少しずつ教室へ戻り,図書,標品も無事だった京都では研究を続けることができます	封書 ペン書

木下順次
北海道雨竜郡深川町住人

001	大正1923 12.10.15	木下 (北海道深川町)	北海道帝国大学植物学の先生へ	知人が深川町の灌漑溝開削の時掘出した直径1尺2〜3寸,重量20余貫の丸い果実のような形をした化石について照会します(図を付す)	封書 ペン書

木場一夫
東京文理科大学動物学教室。満州国立中央博物館学芸官,のち熊本大学教育学部教授

001	昭和1935 10.7.31	木場 (東京文理大動物学教室)	宮部 (北海道帝大農学部植物学教室)	先日『日本生物地理学に関する文献』を刊行し,別便で恵贈しましたので御叱正下さい	封書 ペン書

木原 均 (1893-1986)
大正7年北海道帝国大学農科大学卒業。京都帝国大学農学部遺伝学教授,木原生物学研究所長,国立遺伝学研究所長。昭和18年帝国学士院恩賜賞受賞,同23年文化勲章受章。小麦の遺伝学的研究で世界的に著名

001	昭和1937 12.4.16	木原 (京都左京区)	日本植物学会会長,宮部(北海道帝大農学部)	一昨年の京都の大会で植物学用語の統一につき出席者の満場一致で可決しましたが,前会長の反対で実現しませんでした。札幌の大会では是非実現してください	封書 ペン書
002	昭和 12.6(?)	宮部 (札幌)	木原(京都)	植物学用語の統一に賛成します。先月中旬上京の折,東大植物教室へ立ち寄ったところ,小倉(謙)幹事長,柴田(桂太)教授も賛成でしたが,それには10年の歳月と多額の費用を要するとのことです。9月の総会前に開く評議会に,京大より建議と理由書を出してください	封筒欠 返信控 ペン書

書簡番号	年月日	発信者	宛先	内容	備考
003	昭和 1937 12.6.20	木原（京都帝大農学部）		用語統一の件ご賛成いただき欣快に存じます。早速郡場（寛）教授にも相談し、別紙のような建議書を作りました	封書 ペン書
004	昭和 12.7.8	木原（京都帝大農学部）	宮部（北海道帝大農学部）	桑田（義備）教授に加えて建議者を5名としました。当研究室より学会には6名出席。一夜先生のお話を伺いたいと思います	封書 ペン書
005	昭和 1938 13.11.19	木原（京大農学部遺伝学研究所）	宮部（北大農学部植物学教室）	当研究室員一同によって『小麦の研究』を上梓。札幌の学生時代以来の先生の御指導と御後援に感謝します	封書（速達） 毛筆巻紙
006	昭和 1943 18.1.5	木原（京都下鴨）	宮部（札幌北6条）	東洋酵母会社自慢のパンを送付します。目下同社員たちが乾燥酵母製造の研究中です。『小麦の研究』の学士院賞審査要旨は藤井（健次郎）先生自らご執筆の由でした	封書 ペン書罫紙
007	昭和 18.3.15	木原（京都下鴨）	宮部（札幌北6条）	本日、本年度の学士院賞・恩賜賞の通知を受取り感激しました。ひとえに先生の力強き御推薦によるものと感謝しています	封書 和文タイプ・ペン書罫紙
008	昭和 18.3.28	木原（京都下鴨）	宮部（札幌北6条）	御芳墨拝受しました。英文摘要の件なるべく早く作製してお手許に送ります	封書 ペン書罫紙
009	昭和 18.4.10	木原（京都府物集女木原生物学研究所）	宮部（札幌北6条）	お約束の原稿を別封しましたので、御叱正お願いします。紀州三宝柑を送付しました	封書 ペン書
010	昭和 18.4.27	木原（京都府物集女木原生物学研究所）	宮部（札幌北6条）	学士院賞授賞式の招待者名簿を同封します。それに小生が中学時代に植物学を習った麻生中学校校長清水先生の追加をお願いします	封書 ペン書7p
011	昭和 18.5.19	木原（京都府物集女木原生物学研究所）	宮部（札幌北6条）	学士院授賞式には遠路はるばる御出席とのこと有難うございます。宮部一郎（養子）氏御同道のことを聞いて安心いたしました。今夏は軍部よりスマトラ方面の視察を依嘱されています	封書 ペン書
012	昭和 18.6.5	木原（京都府物集女木原生物学研究所）	宮部（札幌北6条）	来る6月23日札幌グランドホテルにて学士院賞報告の小晩餐会を開催しますので、御来臨をお願いします	封書 和文タイプ・ペン書
013	昭和 18.6.29	木原（京都府物集女木原生物学研究所）	宮部（札幌北6条）	同上列席のお礼	封書 ペン書
014	昭和 1946 21.2.14	木原（京都府物集女木原生物学研究所）	宮部（札幌北6条）	新聞紙上で先生の文化勲章ご受章を知り、われわれ門下生の名誉と感じました。小生も本年度御講書始めの儀に進講控として列席し、植物学者として先生の後を享けることができました	封書 毛筆罫紙
015	昭和 21.7.24	木原（京都府物集女木原生物学研究所）	宮部（札幌北6条）	4倍性ミノワセ大根の栽培についての文献の回答	封書 毛筆・ペン書
016	昭和 1947 22.2.13	木原（京都府物集女木原生物学研究所）	宮部（札幌北6条）	今春御講書始めで進講の題目は「パン小麦の起源」で、これは北大の大学院生として先生の御指導を受けたときの題目でした。御祝辞に感謝します	封書 毛筆罫紙 3p

書簡番号	年月日	発信者	宛先	内容	備考
017	昭和 1948 23. 1.15	木原 (京都府物集女木原生物学研究所)	宮部 (札幌北6条)	ソ連の生物学者ヴァヴィロフ氏についての照会に回答(同氏は1937年の汎露農学大会でルイセンコの遺伝学説に反対し，批判されて1944年に餓死したと伝えられる。後年には「学説のため生命を絶たれし人」と伝えられると思う) ＊第4部 V-5, N. Vavilov 書簡参照	封書 毛筆罫紙 5p
018	昭和 23.10. 7	木原 (京都府物集女木原生物学研究所)	宮部 (札幌北6条)	去る2日羽田空港へ帰着。ボストンより藤井先生へ送った小包が未着とのことなので，宮部先生宛て小包の着否をお尋ねします	封書 毛筆
019	昭和 1950 25. 7.16	木原 (京都帝大農学部遺伝学研究室)	宮部 (札幌)	逸見(武雄)博士に伝言と色紙をことづけ下さり有難うございました。カリフォルニア大学のチェネー博士はメタセコイヤの調査のために東京から直ちに北海道へ行くそうです	封書 毛筆便箋 3p

木村有香(1900-96)
東京帝国大学理学部植物学科卒業。東北帝国大学理学部教授。ヤナギ科植物の分類で著名

書簡番号	年月日	発信者	宛先	内容	備考
001	昭和 －. 9. 5	木村 (東北大理学部生物学教室)	宮部・舘脇 (北海道帝大農学部)	小林氏がアリューシャンからの帰途，カムチャツカで採集したバッコヤナギは北海道東北部，カラフトに生ずるバッコに一致することを発見。お手元の標本を至急貸与依頼	封書 ペン書
002	昭和 1927 2. 6. 2	木村 (樺太栄浜)	宮部 (北大植物学教室)	船の都合で樺太を先にして昨日栄浜到着。北の方は初めてで何を見ても面白い。この地からは利尻島に渡ります	封書 ペン書
003	昭和 1928 3(?). 7.30	木村 (根室渡辺旅館)	宮部 (札幌北6条)	根室では色丹行の船便を待って採集と標本乾燥や論文校正の日を送ります。根室付近のヤナギ採集は有意義でした	封書 ペン書
004	昭和 1933 8. 9.29	木村 (東北大理学部)	宮部 (北大植物学教室)	旅行中のお世話に感謝。舘脇(操)氏の多数の標本を携帯して比較の結果，Salix kurilensis(ヒダカミネヤナギ)はS. longipetiolataであることがわかりました	封書 ペン書
005	昭和 8.10. 4	木村 (東北大理学部)	宮部	カラフトの菅原(繁蔵)氏より又々新しい柳を受取り，キヌヤナギとタライカヤナギについて疑問が生じました。コマロフ氏著書 pp.422-23 の脚注翻訳を依頼	封書 ペン書
006	昭和 1936 11. 8.22	木村 (東北大理学部)	宮部 (札幌北6条)	8月17日貴地へ向け当地出発のところ，身体の異常により延期しました。カラフトヤナギの学名表記について	封書 ペン書
007	昭和 －. 9.19	木村 (東北大理学部)	宮部 (北大農学部)	別刷りの礼状。此夏は青森，花輪方面に出張，一応は Salix dolichostyla の正体を把握しました	葉書 ペン書
008	昭和 1939 14. 1.26	木村 (東北大理学部)	宮部 (札幌北6条)	かねて舘脇氏を通じてお願いしてあった先生の書を頂戴して感激しました。「柳」という書を見ていると先生が私に示して下さったご親切に包まれます	封書 ペン書
009	昭和 －.12.16	木村 (仙台米ケ袋)	宮部 (札幌北6条)	長々拝借中の Journal of Arnold Arboretum(アーノルド樹木園報)を本日書留にて返却しました。くり返し拝見しました。厚く感謝いたします	封書 ペン書
010	昭和 1943 18. 1.20	木村 (仙台米ケ袋)	宮部 (札幌北6条)	拝借中の『ペリー遠征記』は舘脇氏に託して返却いたします。問題の Salix subfragilis Anderson を私は「タチヤナギ」と考えています。『コタン生物記』(更科源蔵著)のご恵与に感謝します	封書 ペン書
011	昭和 1944 19(?). 4. 4	木村 (仙台米ケ袋)	宮部 (札幌北6条)	御高著『日本産キンバイサウ属の種類』のご恵与に感謝します	葉書 ペン書

書簡番号	年月日	発信者	宛先	内容	備考
012	昭和 1946 21. 2.14	木村 (東北大理学部)	宮部 (札幌北6条)	文化勲章のご受章を新聞で承知し，謹んでお慶び申し上げます。「西洋文化輸入ノ始メヨリ今日ニ至ル迄ノ日本ノ変遷ヲスベテ親シク御実見ニナリマシタ先生ノ御胸中全ク感慨無量ノ御事ト御推察」しました	封書 毛筆

木村岩夫
北海道天塩国名寄町住人

| 001 | 大正
ー.8.20
(ママ) | 木村
(北海道名寄町) | 宮部
(札幌農科大学) | 私共は鉄道用の茶瓶並茶碗を従来の土瓶に代えて経木で作り，すでに実用新案を出願中ですが，木の臭気を取除くことができないので，何とぞ脱臭法をご教授下さい(松，カンビ，白樺3種の経木を同封) | 封書
毛筆巻紙 |

木村繁四郎
全国中学校長協会長，神奈川県立第一横浜中学校長

| 001 | 大正 1914
3. 5.19 | 木村
(神奈川県立第一横浜中学校) | 宮部
(札幌農科大学) | 当校博物学教師杉野重太郎氏が樺太落葉松につき御教示を願っています | 封書(親展)
毛筆巻紙 |
| 002 | 大正 1926
15. 3. 1 | 木村
(中学校長協会，東京府立第一中学校内) | 宮部
(北大農学部植物学教室) | 本年卒業の農学士のうちで中等学校の博物教師志望者があれば履歴書の送付をお願いします。甲府中学，多度津中学などは月給110～120円位，樺太豊原中学校は経験ある教師で本俸135円，加俸とも200余円です | 封書
ペン書 |

木村　望
宮城県遠田郡南郷村住人

| 001 | 昭和 1929
4. 3.19 | 木村
(宮城南郷村) | 宮部
(北大農学部) | 父の木村任蔵は札幌独立教会で先生の知り合いです。私は現在父と共に7町歩の農場のほか知人の果樹園10町歩を経営していますが，御校の選科生になれませんか | 封書
ペン書 |

木村祐治
北海道渡島支庁上磯町住人

| 001 | 大正(?)
5. 7.28 | 木村
(北海道上磯) | 船山忠成
(札幌北1条) | エトロフ島でシャクナゲの多い土地は南端の丹根萌の内山にあり，花は紅色，又北端のモヨロ村の硫黄山の花は硫黄色です | 封書
ペン書 |

木村陽二郎 (1912-2006)
東京帝国大学理学部植物学科卒業。のち東京大学教養学部教授。日本植物分類学会の創設に関わる

| 001 | 昭和 1936
11. 4.19 | 木村
(東京帝大植物学教室) | 宮部
(北大農学部植物学教室) | 貴重なるトレーシングおよび標本拝借の礼状 | 封書
ペン書 |
| 002 | 昭和
(?).10.23 | 木村
(台湾日月潭) | 宮部
(北大農学部植物学教室) | 樺太調査の途次，先生を訪ねるもご不在で残念でした。今度は沖縄より台湾へ植物採集の旅行中です | 絵葉書(新高山)
ペン書 |

書簡番号	年月日	発信者	宛先	内容	備考
003	昭和1938 13.9.6	木村 (東京帝大植物学教室)	宮部 (北大農学部植物学教室)	小生論文中の屈斜路ポンポン山の弟切草は御忠告に従い再点検のつもりです。貴教室の標品いま暫く拝借お願いします	封書 ペン書
004	昭和1940 15.5.15	木村 (東京帝大植物学教室)	宮部 (北大農学部植物学教室)	中井(猛之進?)先生よりご依頼の文献発見できません。小生目下『大日本植物誌』のためにオトギリソウ科を執筆中です	封書 ペン書
005	?	木村 (東京帝大植物学教室)	宮部 (北大農学部植物学教室)	別刷「日本産キンバイサウ属の種類」受領礼状。小生の「オトギリソウ」の論文は校了となるも未刊です	葉書 ペン書
006	昭和1942 17.3.15	木村 (東京帝大植物学教室)	宮部 (北大農学部植物学教室)	原寛氏のアカバナ科標品をお返しするついでにオトギリソウ科標品の一部をお貸しします	封書 ペン書
007	昭和1943 18.8.15	木村 (東京帝大植物学教室)	宮部 (北大農学部植物学教室)	『科学史辞典』執筆のために拝借の『グレー伝』返却と礼状。『東洋学芸雑誌』にご掲載の先生の「グレー伝」も拝読しました。『大日本植物誌』の刊行は遅れています	封書 ペン書
008	昭和1945 20.6.17	木村 (東京帝大植物学教室)	宮部 (北大農学部植物学教室)	拝借中の「オトギリソウ科」標品,残り全部を4個の小包で発送しました。空襲のため無事到着を案じています	封書 ペン書
009	昭和 20.7.5	木村 (東京阿佐ヶ谷)	宮部 (札幌市北6条)	小包4個とも無事到着を喜んでいます。標本を長期にお貸し下さった先生のご寛大さに感謝します。藤井(健次郎)先生のお宅は強制疎開で荷物は山梨県の塩崎に運びました。篠遠(喜人)先生の遺伝学講座も同様です。小生の両親は小樽の兄のところへ疎開しています	封書 ペン書

草野俊助 (1874-1962)

東京帝国大学理科大学植物学科卒業。東京帝国大学農学部教授(植物病理学)。日本植物病理学会会長。日本菌学会を創設,初代会長となる。昭和20年帝国学士院会員

書簡番号	年月日	発信者	宛先	内容	備考
001	明治 -.5.10	草野 (東京小石川植物園)	宮部 (札幌農学校)	小生はこの3年菌類の採集に従事していますが,本邦では名称さえ不明のため一々欧州の専門家に照会してきた次第です。貴校の菌類標品の完全なるは,つとに承り羨望していたところ,先生より交換のお申出をいただき幸甚です。早速小生所有の重複標品をお送りします	封筒欠 ペン書
002	明治1903 36.7.13	草野 (東京小石川植物園)	宮部 (札幌農学校)	昨春ご上京の際は学術上有益なお話を種々承り感謝いたします。その折に伺ったチマキザサ葉上の寄生菌少々ご恵与いただければ幸いです。小生よりも『植物学雑誌』6月号に発表の天狗巣病菌標品を送付につきご批評ください	封書 毛筆巻紙 (140 cm)
003	明治1904 37.1.23	草野 (東京小石川植物園)	宮部 (札幌農学校)	先日は菌類学につき種々ご教示,さらには竹の菌類をご恵与下さり非常に感謝しています	封書 ペン書
004	昭和1936 11.11.15	草野 (東大農学部植物病理学研究室)	宮部 (北大農学部)	このたび日本植物学会の満場一致で先生を会長に推薦したところ,ご快諾いただき一同喜んでいます。事務局長には小生が推されましたのでよろしく。来春御進講でご上京の折にご面晤の機会を待っています	封書 ペン書

書簡番号	年月日	発信者	宛先	内容	備考
005	昭和 1937 12．1．18	草野 (日本植物学会評議員代表)	日本植物学会評議員諸君	本月23日の例会には宮部会長列席予定につき，懇談会を催したくご参加下さい	封書 謄写版
006	昭和 1945 20．3．30	草野 (東京目黒区)	宮部 (札幌北6条)	このたびはお手紙で小生の学士院会員推挙のご内報をいただき，この上ない名誉と感激しています。先生には日本の植物学者の長寿のレコードを作ってください	封書 ペン書

工藤祐舜 (1887-1932)

植物分類学者。秋田県横手中学，鹿児島第七高等学校時代から宮部博士の指導を受け，東京帝国大学を卒業後東北帝国大学農科大学講師・助教授として，宮部博士と共著で不朽の名著『北海道主要樹木図譜』他を著す。昭和3年新設の台北帝国大学教授として赴任したが同7年急逝
＊書簡番号 046-2～046-5，052-2 は現物が欠如しているので，宮部金吾「故工藤祐舜氏の伝」(『札幌博物学会会報』第12巻2・3号，昭和7年)より補足した

書簡番号	年月日	発信者	宛先	内容	備考
001	明治 1903 36．9．16	工藤 (秋田県立横手中学校寄宿舎)	宮部 (札幌農学校)	一昨年(本校)植物園設置の際は種子など拝領し，昨年第4年級修学旅行の時は有益なお話を伺い感謝しています。小生が夏期休暇中に採集した植物中不明の標本を小包にて送りますので，名称をご教示下さい	封書 毛筆巻紙
002	1906． 1．10	M. Wood (ナタール植物園長)	工藤祐舜	(英文)数日前に腊葉標本の小包を受領して喜んでいます。数週間のうちに当方よりも発送します。今後も交換ができれば有難いです	下記同封 (署名付) タイプ
003	明治 1906 39．5．16	工藤 (秋田増田町)	宮部 (札幌農学校)	本年横手中学校を卒業。小生は一昨年中学生でありながらシンガポール，アフリカ・ナタール，米国ニューヨークの各植物園長に植物交換を申し出て標本を送ったところ，ナタールより100種，ニューヨークより300種，シンガポールよりは2尺5寸四方の大荷物到着。シンガポールの分は横浜税関で10円の関税を取られて困却していますので，ナタールおよび米国の標本を代価はいくらでもよいので御校でお備え下さいませんか	封書 毛筆巻紙
004	明治 39．6．19	工藤 (秋田増田町)	宮部 (札幌農学校)	お手紙拝見し，一中学生に示された御高恩に感泣しています。小生は卒業後先生のご指導を受けたいと思っていましたが，家政の都合で大学予科選抜試験願書を第二高等学校へ呈出しました。将来は単なる植物学者ではなくダーウィン先生の如き学者を目指します	封書 毛筆巻紙
005	明治 39．10．17	工藤 (鹿児島第七高等学校寄宿舎)	宮部 (札幌農学校)	先日のご書面に従い，本校在校中はできる限り亜熱帯植物を研究します。シンガポール植物標本は郷里においてあり，夏に帰省のときお送りしますので，御校標本室で購入下されば幸いです。来月5日より本校全員で種子島，屋久島へ修学旅行をしますが，先生ご入用の植物がありましたらお知らせ下さい	封書 毛筆巻紙
006	明治 39．12．28	工藤 (鹿児島第七高等学校寄宿舎)	宮部 (札幌農学校)	屋久島滞在期間が少なく，山麓で珍しいと思われたもののみを採集しました。実は屋久島は植物の宝庫で，中でも羊歯類に珍しいものがあります。夏期休業中に十分に採集します。「ソテツ」の花を池田先生の依頼で送りましたが，こわれなかったか甚だ心配です	封書 毛筆巻紙
007	明治 1907 40．11．4	工藤 (鹿児島第七高等学校寄宿舎)	宮部 (札幌農学校)	佐多地方は植物がよく茂り，屋久島の如き感があります。野尻氏による培養植物の来歴。「東京植物学会」に入会したいので先生のご紹介をお願いします	封書 毛筆巻紙

工藤祐舜

書簡番号	年月日	発信者	宛先	内容	備考
008	明治 1908 41.2.2	工藤 (鹿児島第七高等学校寄宿舎)	宮部 (札幌農学校)	小生昨夏大英百科中の博物学者たちの伝記を読んで発憤。『植物学の歴史』を編訳することにし，英文，独文の本から訳出して200枚の原稿を作ったので本日先生へ送付。もし出版に価するものならば御校閲をいただければ幸甚です	封書 毛筆巻紙
009	明治 41.3.9	工藤 (鹿児島第七高等学校寄宿舎)	宮部 (札幌農学校)	本校助手の生熊氏より植物病理の標本を入手しましたので送付します	封書 毛筆巻紙
010	明治 41.3.9	工藤 (鹿児島第七高等学校寄宿舎)	宮部 (札幌農学校)	植物病理標本2種在中	書簡欠 標本在中
011	1908. 7.23	王立植物園(カルカッタ近傍シブプール，インド)	工藤 (秋田県平鹿郡)	(英文)種子送付書	下記同封
012	明治 41.9.17	工藤 (鹿児島第七高等学校寄宿舎)	宮部 (札幌農学校)	同封通知のようにインド・カルカッタの植物園より種子の分配を受けることになったので，一半は七高に他半は先生に贈呈します。この夏は屋久島に50日間滞在，400余種の植物を調査しました。その内容をドイツ語で書いたところ，神谷先生は『植物学雑誌』に投稿せよとのことです	封書 毛筆巻紙
013	明治 41.10.31	工藤 (鹿児島第七高等学校)	宮部 (東北帝大農科大学)	4年前ブラジル・サンパウロ州博物館に376種の標本を送った交換に届いた標本の関税を横浜税関に支払わねばならず困っています。シドニー植物園から受取った112種の標本を購入していただけませんか	封書 ペン書
014	明治 41.11.27	工藤 (鹿児島第七高等学校)	宮部 (東北帝大農科大学)	お手紙を拝読しご厚恩に感謝します。本日オーストラリアの標本109種，ナタールの標本78種を送付しましたのでご購入ください。本月18日より琉球に修学旅行し，初めて熱帯の壮大なる植物景観とご教示のマングローブを見ました。夏休中に漸くザフリス氏の本を読みましたが，小生の「植物学史」は慙愧にたえません	封書 毛筆巻紙
015	明治 1909 42.6.30	工藤 (鹿児島第七高等学校)	宮部 (東北帝大農科大学)	明日第七高等学校を卒業するに当たり，中学時代よりの先生の御厚恩に奉謝します。卒業後は大学の植物学科に入るつもりです。シンガポールの植物は郷里に帰省したら直ちに送ります	封書 毛筆巻紙
016	明治 42.7.13	工藤 (秋田増田町)	宮部 (東北帝大農科大学)	優等生として卒業し郷里に帰省しました。先生にお送りすべきシンガポールの植物腊葉を調べたところ虫に食われたもの多く，完全なもの288種とナタールの腊葉97種を鉄道便で発送しました。代価は前例では1個14銭ですが，いくらでも結構です。9月6日に東京に出て理科大学(東京帝大)の植物学科に入学します	封書 毛筆巻紙
017	大正 1913 2.5.17	工藤 (青森)	宮部 (札幌北2条)	ご養生中にも拘わらず小生のために長文のご信書でご教示下さり感謝します。フォーリー(U. Faurie)師へのご伝言は伝えておきました。フォーリー師が「札幌の腊葉(顕花)は自分のより少ないだろう」と言われたので，「札幌の方が数倍は多い」と答えました	封書 毛筆巻紙 (270 cm)
018	大正 2.5.18	工藤 (青森)	宮部 (札幌北2条)	禾本科(単子葉)植物調査日記抜粋。本日フォーリー師より「青森博物学会創立5年絵葉書」をもらいました。フォーリー師は先生の北海道植物標本を絶賛しておられました	封書 毛筆巻紙 (230 cm)

工藤祐舜

書簡番号	年月日	発信者	宛先	内容	備考
019	大正 1913 2. 5.20	工藤 (青森)	宮部 (札幌北2条)	フォーリー師の採集地，年月日を詳細に調査された信書を落手しました。小生採集の羊歯120〜130種(鹿児島以南産)をフォーリー師に見せたところ，同氏の所有しないものがあり非常に喜ばれました。同氏は来月15日頃帰国の予定なのでそれまでの賜暇をご許可ねがいます	封書 毛筆巻紙 (300 cm)
020	大正 2. 5.25	工藤 (青森)	宮部 (札幌北2条)	小生の賜暇延長のこと伏してお願いします(予定の調査日程を記す)。5月分給料を小生および郷里の拙父へ送金してください	封書 毛筆巻紙 (210 cm)
021	大正 2. 5.27	工藤 (青森)	宮部 (札幌北2条)	万事ご配慮に感謝します。フォーリー師は小生の採集物中に同氏の所有しないものを見出して交換を申し出ました。小松氏は樺太庁の費用で樺太へ出張するそうです	封緘葉書 ペン書
022	大正 1916 5(?). 4. 6	工藤 (秋田増田町)	宮部 (東北帝大農科大学)	先生のご親書をいただき，ご令室様の全快を喜んでいます。小生の病気も快方に向っています。妻の可否につきご助言に感謝します。先月は半月も欠勤したのに(北海道庁より)前年通り賞与金をご送付下さり感謝に耐えません。なお1週間休みたいので診断書を同封します。教室の皆さんによろしく	封書 毛筆巻紙 (270 cm)
023	大正 5.12.21	工藤 (秋田増田町)	宮部 (東北帝大農科大学)	19日に青森・弘前経由で当地に着きました。結婚のことは，すでに結納その他の準備も済んでいたのに老父の病を理由に挙式延期の申出があったので，不信のかどを以って破約としました。新たに候補を探しています	封書 毛筆巻紙
024	大正 5.12.25	工藤 (秋田増田町)	宮部 (東北帝大農科大学)	本日○○○○と婚約して今月30日に挙式と確定しました。同嬢は秋田師範を卒業の教師です。虚礼のため7日帰札の予定は数日遅れます。道庁より例年の通り150円贈与の辞令受取りました	封書 毛筆巻紙
025	大正 6(?).5.30	工藤祐哲(祐舜の父) (秋田増田町)	宮部 (札幌北2条)	今度息子よりの知らせでは，昨年呈上の真綿の中に虫眼鏡が入っていた由恐縮しました。ご容赦下さい	封書(親展) 毛筆巻紙
026	大正 1919 8. 6.25	工藤 (札幌北5条)	宮部 (日本大使館気付，ワシントン，DC)	東京およびハワイよりご送付の『北海道主要樹木図譜』に関する書類を整理のうえ，三秀舎に送付しました。担当学科の特別研究費として小生は「北海道森林の植物学的研究」と題し，3年間に約3000円を申請しました。吉井教授突然の逝去のこと	封書 ペン書
027	大正 8. 7.21	工藤 (札幌)	宮部 (アメリカ)	先日ワシントン日本大使館気付で拙著を送りました。本月7日より天塩演習林に出張。帰途は和寒，神威古潭で採集しました。『北海道主要樹木図譜』は序文，緒言，表紙，奥付等の初校ができたのみです	封筒欠 ペン書
028	大正 8.12.23	工藤 (札幌北5条)	宮部 (神戸)	欧米の大旅行を終了されご無事のご帰国を悦んでいますが，ただその間のご令室様のご逝去を深く悼んでいます。先生ご不在中の小生の仕事の大略は以下の通りです(『北海道主要樹木図譜』の出版，北海道植物調査，講義のこと)	封書 毛筆巻紙

書簡番号	年月日	発信者	宛先	内容	備考
029	大正1921 10.5.29	工藤 (東京)	宮部 (札幌北1条)	昨夜着京。三好(学)先生より小生に「天然記念物臨時委員」を依嘱したいとのお申し出がありました。近日中に内務省より総長に打診がありましたら先生のご承諾をおねがいします。松村(任三)先生は学術研究会議から日本植物誌研究費として年5万円の10年計画を提出されたそうです。図譜の件は小生責任を持って校正しますので、安心してご渡米下さい	封書 ペン書
030	大正 10.8.28	工藤きさ(祐舜の母) (秋田増田)	宮部 (札幌北2条)	祐舜の家内は7月13日土崎の後藤家より縁組しましたが、先妻のことが新聞にとりあげられ、あまりの中傷に卒倒せんばかりに驚いています。先生のご援助をおねがいします	封書 毛筆巻紙 (250 cm)
031	大正 10.9.29	工藤祐舜	宮部	無事のご帰国をお祝い申し上げます。お留守中に『樹木図譜』第5輯および『北海道植物志料』第10輯の印刷は完了しました。8月23日の『東京時事』『読売』『報知』『秋田魁』などの諸新聞に小生が財産目当てに先妻と結婚し、其の後故なく離別し新妻を迎えたという捏造の記事が掲載され困惑しています	封筒欠 ペン書便箋 4p
032	大正1922 11.1.21	纐纈理一郎 (福岡九大農学部)	工藤 (北大農学部)	貴殿の九大招聘(兼任助教授・講師)について宮部先生より返書がないので、今後の方法につきご意見をお知らせください(纐纈理一郎002にて重出)。標本貼付の付箋見本が紛失したので再度のご送付をお願いします	封書 ペン書便箋
033	大正 11.12.7	工藤 (福岡九大植物教室)	宮部 (札幌北2条)	先月30日当地に着きました。毎日教室に出て植物の検定や分類に関する質問に応じています。舘脇君より小西君の転任について書面を受取りましたが、小生の帰札まで決定は保留としてください	封書 ペン書
034	大正1923 12.12.17	工藤祐舜 (樺太アニワ湾サガレン派遣軍軍政部山林課)	宮部 (札幌北2条)	高須少将、佐藤参謀長同船の花咲丸で小樽より当地に上陸。小生らはシュミット半島の植物調査に向かいます	封書 ペン書
035	大正1925 14.8.21	工藤 (秋田増田町)	宮部 (札幌北6条)	小生の出張(洋行?)に関し一方ならぬご配慮に感謝します。一昨日乗った汽車の車中で三好先生に出会ったところ、小生の洋行を非常に喜ばれました	封書 ペン書便箋 3p
036	大正 14.9.17	工藤 (秋田増田町)	宮部 (札幌北6条)	小生「北海道樺太植物誌」の原稿整理を終了しましたので、本日九州大学へ出発します。その後帰札ののち洋行準備のため上京のつもりです	封書 ペン書便箋
037	大正 14.11.7	工藤 (東京神田橋)	宮部 (札幌北6条)	国元に2,3日滞在後上京しました。三秀舎に行ったところ図譜の仕事に熱心に従事しているのに感心しました。図版の番号につき夫々指示しました	封書 ペン書3p (旅館昌平館用箋)
038	大正 14.11.21	工藤 (秋田増田町)	宮部 (札幌北6条)	学校よりの手当てや職員一同からの餞別有難く拝受しました。亡父の遺産を売らずとも間に合いそうです。明年度予算が通らないと小生の前途不安です。先生のご配慮によるロックフェラー財団のフェローシップを唯一の希望として元気よく出発します	封書 ペン書便箋 3p

書簡番号	年月日	発信者	宛先	内容	備考
039	大正 1925 14.11.26	工藤 (秋田増田町)	宮部 (札幌北6条)	ロックフェラー財団フェローシップの書類に記入して返送しますのでよろしく。長年の先生のご指導に感謝していますが、来年はすでに40歳。助教授では研究に不便なので、どうか教授の地位を推薦して下さい。『北海道及樺太植物誌』を是非完成したいのでロックフェラー奨学金の結果を出来るだけ早く教えてください	封書(書留) ペン書10p
040	大正 14.11.27	工藤 (秋田増田町)	宮部 (札幌北6条)	(留学出発に際し)英国へ届けるべき品々や紹介状等を受領しました。中井(猛之進)兄も面会すべき学者たちへの親切な書面を届けてくれました。小生は官費留学生ではなく自費なので一層深刻に研究に励むつもりです	封書 ペン書
041	大正 14.12.12	工藤 (福岡門司)	宮部 (札幌北6条)	只今門司出帆。日本を離れるに当たり御健康を祈り申上候	封書 ペン書
042	大正 1926 15.1.21	工藤 (ロンドン)	宮部 (札幌北6条)	昨日ロンドン着。途中で見たシンガポール、ペナン、ペラデニア等の植物園は確かに分類学者と園芸家の共作です。自分は札幌に14年もいながら北大植物園に関係しえなかったことを恥しく思います。台北帝大の大島博士から植物分類学講座の正教授に招聘されました。小生は14年も勤めながらまだ助教授で、給与も同級生たちの半分で生活も苦しいので、先生のご了解をえたいと思います。台湾の場合は文部省留学生以上の旅費と家族手当が出て、2カ年の留学ができる由です	封書(親展) ペン書4p
043	昭和 1927 2.7.26	工藤 (ライデン、オランダ)	宮部 (札幌北6条)	3度の旅行で欧州だけは全部見たと思います。『樹木図譜』第10輯1部を大至急ロンドン総領事館気付でお送り下さい	封筒欠 ペン書
044	昭和 1928 3.2.23	工藤 (秋田増田町)	宮部・伊藤誠哉・坂村徹 (北大農学部)	2カ年の留学を終え2月2日帰国しました。夏休みに参上するまで小生の私有物をご保存願います	封書 毛筆巻紙
045	昭和 3.5.30	工藤 (台北帝大農学部植物学教室)	宮部 (札幌北7条)	只今三秀舎より『樹木図譜』第19輯を受領したところです。7月には御地へ参り、図譜その他の仕事を完了したいと思います	封書 ペン書
046-1	昭和 3.8.27	工藤 (台北市福住町)	宮部・伊藤誠哉 (北大農学部)	御地出張の節は小生の為め御会食を御催し下され御礼申上候	封書 毛筆巻紙
046-2	昭和 3.11.8	工藤 (台北帝大)	宮部 (札幌)	小生当地の植物にも次第に親しみを感じ、暖地植物の知識も豊かになりつつあります	
046-3	昭和 1929 4.4.12	工藤 (台北帝大)	宮部 (札幌)	先生がご病気だったことを知り大変驚きました。『北海道主要樹木図譜』の完成のために亡くなられた先生の奥様が先生を保護してくださることを信じています	
046-4	昭和 4.8.12	工藤 (台北帝大)	宮部 (札幌)	「北海道樺太植物誌」は先生終生の大事業ですから、どうか健康にはご自愛ください。万一先生がご病気の場合は小生が代わって完成させるつもりです	
046-5	昭和 4.9.3	工藤 (台北帝大)	宮部 (札幌)	書籍も大体集まり、腊葉室も11月までには完成しますので、今後20年の計画を立てました。台湾の植物は実に面白く、いまは蘭科と樟科の研究に全力を尽しております	

書簡番号	年月日	発信者	宛先	内容	備考
047	昭和 1930 5.5.23	工藤 (台北帝大)	宮部 (北大)	『北海道樺太植物誌』第1冊，三秀舎より2部，北大より25部受領しました。『樹木図譜』の図版出来次第御送付願います	封書 ペン書
048	昭和 1931 6.2.9	工藤 (台北帝大理農学部)	宮部 (札幌北7条)	『樹木図譜』もこれにて完成，大慶の至りです。第3巻の目次，インデクスを作りたいので，第27輯の校正刷を大至急ご送付下さい	封書 ペン書
049	昭和 6.2.21	工藤 (台北帝大理農学部)	宮部 (札幌北7条)	本日，『樹木図譜』の原稿(表紙，目次，学名索引，和文及アイヌ名索引，ローマ字日本文，跋)を送付しました。長官の巻末の辞とその英訳，正誤表等は先生にお願いします	封書 ペン書
050	昭和 6.8.15	工藤 (東京学士会館)	宮部 (札幌北7条)	2年振りに上京し諸学者と快談しました。昨日三秀舎の支配人が来て，『北海道主要樹木図譜』の製本様式につき総目録製作の申し出があり，承諾しました	封書 ペン書
051	昭和 6.9.4	工藤 (台北帝大)	宮部 (札幌北7条)	愚妻を伴って帰学しました。留守中に三秀舎より『北海道及樺太植物誌』(第二)100部，北大農学部より25部の送付を受けました。『樹木図譜』の総目録原稿を送付します	封書 ペン書
052-1	昭和 6.10.31	工藤 (台北昭和町)	宮部 (札幌北7条)	『北海道及樺太植物誌』(第一)追加分100部を受領しました。代金は郵便振替で送付します	封書 ペン書
052-2	昭和 6.12.22	工藤 (台北帝大)	宮部 (札幌)	「北海道樺太植物誌」の原稿(双子葉植物の部)は明年1月にお送りします。原稿の脱稿後はや6年となりますので，北海道樺太植物学名の訂正をしたいと思いましたが，小生が留学中であったこともあり，むしろ先生にご一任した方がよいように思われます(宮部博士により「最後の手紙」とあり)	
053	昭和 1932 7.1.12			工藤祐舜博士突如逝く	『台湾日々新聞』(夕刊)切抜き
054	昭和 (7.1.13)			故工藤祐舜葬儀次第書	印刷物
055	昭和 7.1.26	生物学研究会 (台北)		故会員工藤祐舜氏記念会案内(1月28日午後4時，於帝大生物学講堂第1講義室)	印刷物
056	昭和 7.5.26	工藤ふじお(祐舜の妻) (東京？)	宮部 (札幌北6条)	舘脇(操)様がこの度上京され，先生のご近況を知りました。亡夫のこと，私のことについてご配慮に感謝します。私は明日帰郷します	封書 毛筆巻紙 (320cm)
057	昭和 7.8.3	工藤ふじお (秋田増田町)	宮部 (札幌北6条)	贈物に感謝いたします。近しい人たちに頒ちたいと思います。私は先月中旬当地に移り，女中と二人きりで仏前に供養しています	封書 ペン書3p

黒澤艮平(1870-1945)

明治28年札幌農学校卒業(植物病理学専攻)。静岡県農学校・福岡県立農学校教頭，宮城高等女学校教諭。有島武郎の友人，エスペランチスト

書簡番号	年月日	発信者	宛先	内容	備考
001	明治 1895 28.7.31	黒澤 (神奈川船越)	宮部 (札幌農学校)	(英文)東京では就職先として長崎と東京の2つの申し出を受けましたが，先生のご助言が得られなくて残念です。東京の件でお世話いただいた佐藤校長によろしく	封書(親展) ペン書

書簡番号	年月日	発信者	宛先	内容	備考
002	明治 1898 31.11.2	黒澤 (福岡)	宮部 (札幌北3条)	今日小包郵便で植物標本300種を送付しましたので命名をお願いします。これは大村中学校教諭岡吉寿氏が大村、長崎および雲仙嶽で採集したものです。荊妻は8月に女子を出産しました	封書 毛筆巻紙
003	明治 1900 33.10.22	黒澤 (静岡県農学校)	宮部 (札幌農学校)	御教示の稲のグルーム(glume blight：もみ枯病)は当地にも沢山見られるので，今回のご命名は当県の農会報で報知したいと思います。来春は煙草苗の立枯病の予防試験を行なうつもりです	封書(親展) 毛筆巻紙
004	明治 1901 34.2.28	黒澤 (遠江国見河町)	宮部 (札幌北3条)	仙台の中目敬治君は同県農学校へ就職の話があるのでご尽力下さい。当県の茶の病害菌はグレオスポリウム属(炭疽病菌：メランコニー科)と思われますが，標本に命名をお願いします	封書(親展) 毛筆罫紙
005	明治 34.3.7	黒澤 (遠江国見河町)	宮部 (札幌農学校)	私の身上についてのご配慮に感謝し，よろしくお願いします(英文追伸：私が検査した稲菌の状態)	封書(親展) 毛筆巻紙
006	明治 1905 38.10.17	黒澤 (福岡県農学校)	宮部 (札幌農学校)	当校の樟苗に病害が発生しましたので虫害と病菌の2つの観点から試験中です(被害写真同封)	封書 毛筆巻紙
007	？	角田啓司 (福岡県農事試験場？)		当地では樟樹栽培を奨励のところ，虫害もしくは病害が発生し，その調査が急務です。これまでの調査では不適地に人工的に栽植したものに被害が多くみられます	上記同封 毛筆巻紙 (138 cm)
008	明治 1906 39.1.9	黒澤 (福岡住吉)	宮部 (札幌農学校)	樟の病菌につき，小生を「グレオスポリウム(炭疽病菌)」の新種発見の共同調査者としてご発表とのことに感謝します。昨秋の培養試験の結果，この菌はムクゲムシと共棲して害を生じるもののようです	毛筆巻紙 (135 cm)
009	大正 1915 4.12.17	黒澤 (仙台)	宮部 (札幌農科大学)	『台湾昆虫寄生菌研究』，『北海道植物志料』，「川上瀧彌君伝」のご恵与に感謝します。短き生涯を有益に用いられた川上君についての先生の要を得た記述に感銘しました	封書(親展) ペン書
010	大正 1920 9.3.5	黒澤 (仙台)	宮部 (札幌農科大学)	先生還暦のお写真ご恵与に感謝	封書 ペン書
011	昭和 1929 4.6.10	黒澤 (仙台)	宮部 (北海道帝大)	桃生郡北村農会より送った稲苗および種子に菌類付着の注意	封書 カーボン複写
012	昭和 -.8.24	黒澤 (仙台)	宮部 (北海道帝大)	仙台の斉藤報恩会で建てる会館に研究室設置につき，先生より稲病研究部への助言をお願いいたします	封書 ペン書
013	昭和 4.8.4	黒澤 (仙台)	宮部 (札幌北6条)	研究論文のご送付に感謝。明治23年夏に福山(松前)で植物採集中にお目にかかりしより39年目の夏になります	封書 ペン書
014	昭和 1939 14.7.5	黒澤 (仙台)	宮部 (札幌北6条)	妻の死去30日に当たり挨拶状	封書 印刷物

桑田義備 (1882-1981)

東京帝国大学理科大学植物学科卒業。京都帝国大学理学部教授。大正・昭和期の植物細胞学者。
昭和28年日本学士院会員，昭和37年文化勲章受章

書簡番号	年月日	発信者	宛先	内容	備考
001	大正 1925 14.5.19	桑田 (京都)	宮部 (北大植物学教室)	過般ご旅行の節のご来室とご芳翰に感謝します	封筒欠 ペン書

書簡番号	年月日	発信者	宛先	内容	備考

小畔（四郎？）(1875-1951)

もと近海郵船神戸支店長。南方熊楠の高弟として彼の粘菌研究を助けた

書簡番号	年月日	発信者	宛先	内容	備考
001	昭和1935 10.7.11	小畔	宮部 (北海道帝大)	別紙に採集地・年月日を記入して返送します。学校保存用として大型標本30種を別送するつもりです	封書 ペン書

小泉源一(1883-1953)

明治38年札幌農学校卒業。東京帝国大学理科大学植物学科撰科修了。京都帝国大学理学部教授(植物分類学)

書簡番号	年月日	発信者	宛先	内容	備考
001	明治1907 40.10.16	小泉 (小石川植物園植物学教室)	宮部 (札幌農科大学)	このたび本邦薔薇科植物の考定を命じられましたが，当園の標本は僅少で北海道・利尻，サガレン(サハリン)，千島産等は皆無なので，御校所蔵の豊富な植物を順次ご貸与下さるようお願いします	封書 毛筆巻紙 (150 cm)
002	明治 40.11.1	小泉 (小石川植物園植物学教室)	宮部 (札幌農科大学)	先にお願いしたことは松村(任三)先生とも相談の上ですので，どうかご返事よろしくお願いします。とくに不足している標本は次の通りです	葉書 ペン書
003	明治 40.11.5	小泉 (小石川植物園植物学教室)	宮部 (札幌農科大学)	先にもお願いしましたように，以下のものは全部のご貸与をお願いします	葉書 ペン書
004	明治 40.12.11	小泉 (東京帝大理科大学植物園)	宮部 (東北帝大農科大学植物病理教室)	ご送付の標本有難く拝見しました。標本についての小生の考えを申し述べます	葉書 ペン書
005	明治1908 41.1.25	小泉 (東京帝大理科大学植物園)	宮部 (札幌農科大学)	ご送付の標本有難く拝受しました。Malus sargentii(ズミ)はアメリカの雑誌にご発表の由ですが，何年でしたか	葉書 ペン書
006	明治1911 44.5.20	小泉 (小石川植物園)	宮部 (札幌北1条)	4月には長崎県庁より雲仙岳中腹に公園設計見立を依頼された松村(任三)先生に同行しました。東大植物学教室各人の状況	封書 毛筆巻紙 (227 cm)
007	大正1914 3.2.12	小泉 (東京小石川区)	宮部 (札幌北2条)	小生は松村先生より樺太の植物調査を命じられましたが，すでに宮部先生が樺太庁から調査嘱託を受けておられたので断念しておりました。噂によれば先生は嘱託をおやめになるとのことなので，今後は是非小生にお譲りください	封書(親展) 毛筆巻紙 (190 cm)
008	大正 3.3.10(?)	小泉 (東京小石川区)	宮部 (札幌北2条)	先頃お話の Stellaria(ハコベ属)のこと，当教室には Wild の本もオリジナルな標本もないので，仰せの如き根本的な比較は困難です	葉書 ペン書
009	大正 3.4.23	小泉 (東京小石川区)	宮部 (札幌北2条)	某氏は樺太で唯一回採集しただけなのに縁故を頼ってしきりに平岡長官に樺太庁嘱託のことを運動しているとか。彼は新種の発表を近々するというので，先生の「樺太植物編」のご発表はなるべく早い方が得策だと思います	封書(親展) 毛筆巻紙 (143 cm)
010	昭和1936 11.7.7	小泉 (京都帝大植物学教室)	宮部 (札幌農科大学)	樺太産の Thlaspi(グンバイナズナ属)は余分の品と思いそのままになっていたので，他のものと一緒に全てお返しします	封書 ペン書
011	?	宮部 (札幌)	小泉 (京都)	フォーリー(U. Faurie)師標本の Cotype(新種発表に使われた標本の重複品)が貴学にあればお知らせください	下記同封 ペン書

書簡番号	年月日	発信者	宛先	内容	備考
012	昭和 1936 11. 7.23	小泉 (京都帝大)	宮部 (札幌北6条)	お尋ねの4品のうち3品は以前所有していたものの，実物は見当たりません	封書 ペン書
013	昭和 1943 18. 3.27(?)	小泉 (京都帝大)	宮部 (札幌北6条)	小生の『還暦記念論文集』に先生がご執筆下さるとのこと，光栄に勿体なく思います	封書 ペン書
014	昭和 18.10.14	小泉 (京都帝大)	宮部 (北大農学部)	還暦記念論文への感謝。先生がわれら一同の最年長者として「第2代伊藤圭介翁」となられんことを	封書 ペン書
015	昭和 18.11. 1	小泉 (京都帝大)	宮部 (札幌北6条)	小生本日還暦，大学定年制により不日退官しますが『還暦記念論文集』を発行していただき感激しました	封書 印刷物
016	昭和 1946 21. 2.15	小泉 (京都左京区)	宮部 (札幌北6条)	今回は最大名誉たる文化勲章を拝受被遊候趣拝承仕り，衷心より祝賀を申上候	封書 ペン書
017	昭和 21(?) 9.10	小泉 (京都左京区)	宮部 (札幌北6条)	このたびは『千島海藻誌』第2巻をご恵与下さり感謝いたします。広江氏の話では北海道の生活状況は6大都市よりは楽とのこと，当地の一般人は6月27日以来一粒の米も見ておりません	封書 ペン書

小泉秀雄 (1885-1945)

北海道旭川町上川中学校教師，のち共立女子薬学専門学校教授。「大雪山の父」として小泉岳に名を残している

書簡番号	年月日	発信者	宛先	内容	備考
001	明治 1911 44. 7.24	小泉 (北海道上川中学校)	宮部 (札幌農科大学)	上川平原2里ばかりの処を6～7回にわたり徘徊し，約100種の植物を採集しましたので小包にてお送りします。種名不明のものをご教示下さい。先頃は生徒15名を引率して大雪山に登り，約150種を採集。登攀は困難でしたが珍しい高山植物が多いので標本調整が終わったら送付します	封書(親展) ペン書 4p
002	明治 44. 7.29	小泉 (北海道上川中学校)	宮部 (札幌農科大学)	ご返事に感謝。当地の植物はなお秋にかけて採集し，ヌタプカムウシュッペ山(旭岳)の植物は乾燥したらまとめて送ります	葉書 ペン書
003	明治 44. 9.11	小泉 (旭川，上川中学校)	宮部 (札幌農科大学)	小生旭川に帰着後も精を出して採集に努めているので，そのうち秋の植物をお送りします。大雪山の植物は全部乾燥しないうちに送ったので，不完全なものが多く失礼しました	葉書 ペン書
004	大正 1914 3. 6. 2	小泉 (旭川区4条)	宮部 (札幌農科大学)	昨夏上京，講習会(植物?)を受けたとき旭川地方の植物を持参，大学で調査したところ6種の新種があったのでお知らせします。小生このたび女学校教員の布目信子と結婚しました(布目は宮越屋という旅館です)	封書(親展) 毛筆巻紙 (152 cm)
005	大正 1915 4. 5. 8	小泉 (旭川中学校)	宮部 (札幌農科大学)	拙文「進化論と人生問題」を送付しますのでご批評ください。昨年『北海旭新聞』に大雪山の植物一般につき掲載，今年は科学的な論文を書くつもりです。御校植物園には珍奇なものが多いので，当校の植物園に種子もしくは根分けして移植したいと望んでいます	封書(親展) 毛筆罫紙 4p
006	大正 4.12.24	小泉 (旭川区4条)	宮部 (札幌農科大学)	ご書翰拝誦，『札幌博物学会会報』や『植物学雑誌』などに植物採集記を掲載することは遠慮しておりましたが，先生のご指導をいただいて百万の味方をえたようです。投稿の事項をご教示下さい	封書(親展) 毛筆巻紙 (125 cm)

書簡番号	年月日	発信者	宛先	内容	備考
007	大正 1925 14. 7.25	小泉 (長野松本)	宮部 (北大農学部)	小生大雪山の岩崩れで負った怪我も恢復して再び登山採集を再開しました。日本の寒地帯植物の研究を目指しているので，工藤(祐舜)氏の北樺太植物の新種が載った『北大農学部紀要』を1部お分け下さい	葉書 ペン書
008	昭和 1938 13. 4.19	小泉 (東京小金井)	宮部 (札幌北6条)	拙著に対し早速ご厚意あるお便りをいただき感謝。小生の「おとぎりさう科」の研究は十数年にわたり北は千島の果てより南は台湾までほぼ4000種を調査し，文献も世界的に調査しましたがこの方は不完全です。小生のような出身の者はややもすれば悪口雑言を受けますので，誤りがあれば先生からご指摘いただきたい	葉書 ペン書
009	昭和 1944 19(?). 4.3	小泉 (東京小金井)	宮部 (北海道帝国大学)	ご論文「日本産きんばいさう属の種類」のご恵贈に感謝。2新種を発表し，多くの異名を整理された誠に完備せるご研究と感服しました	葉書 ペン書

黄　錫銓
清国広西省農工商務総局

001	光緒 1907 33.12.20 (明治40)	黄 (桂林，清国)	宮部博士 (札幌農科大学)	(中国文)陰暦11月2日黒沢君とともに神戸を出帆し，12月12日桂林に安着。やがて桂林城東方の同和村地方に農事試験場を作る予定です。札幌調査の折に同行された技師たちのご高誼に感謝しています	封書(切手欠) 毛筆罫紙

纐纈理一郎 (1886-1981)
こうけつ
東京帝国大学理科大学植物学科卒業。九州帝国大学農学部植物学教授(植物生理学)

001	大正 1921 10.12. 8	纐纈 (九大農学部)	宮部 (北大農学部)	小生本夏帰朝以来新設の九大植物学教室を中田兄と二人で受持っていますが，ともに分類学は門外漢なので知名の分類学者を物色中です。今夏東大同窓の工藤祐舜氏が台湾からの帰途立寄られ，兼任助教授，講師として招聘したところ宮部先生の了解がえられれば，異存ないとのこと。無理とは知りながら何卒よろしくお願いします	封書 ペン書4p (九大罫紙)
002	大正 1922 11. 1.21	纐纈 (九大農学部)	工藤祐舜 (北大農学部)	貴殿の九大招聘(兼任助教授・講師)について宮部先生より返書がないので，今後の方法につきご意見をお知らせください(工藤祐舜 032 に重出)	封書 ペン書
003	昭和 1936 11. 3.16	纐纈 (九大農学部)	宮部 (北大農学部)	お尋ねの横山壮介君は貴大学の古い卒業生横山壮次郎氏の長男で，昭和3年九大農学部を卒業後筑紫中学に就職，次男は広島高校(高師?)教授。亡父壮次郎氏は台湾および満州で名を成され，壮介君11歳のとき病死とか	封書 ペン書

河内完治 (1880-1946)
明治38年札幌農学校卒業(植物病理学専攻)。農学校時代有島武郎のカーライル研究会に参加

001	明治 1904 37. 8.19	河内 (北海道苫小牧津田第一工場)	宮部 (札幌農学校)	去る4日当地着以来，苫小牧出張所長の案内で苫小牧より樽前山麓に至るまでのエゾマツ立枯病(トラメテス・ピニーの害)を調査中です	封書 毛筆罫紙 3p

書簡番号	年月日	発信者	宛先	内容	備考

河野常吉 (1862-1930)

明治27年より北海道庁嘱託として拓殖調査に従事。明治38年『札幌博物学会会報』創刊以来の編輯員（会長は宮部金吾）。大正7〜13年には北海道庁の『北海道史』編纂主任として，北海道史を体系づけた

001	明治(?) -.3.24	河野 (北海道庁)	宮部 (農科大学)	小池氏へ依頼の樺太地質図調製につきお届け。『札幌博物学会会報』に掲載の和文の部および小生の原稿は2,3日中に提出のこと	封書(切手欠) 毛筆巻紙
002	明治(?) -.5.26	河野 (北海道庁第5部)	宮部 (農科大学)	『札幌博物学会会報』は校正済。地図調製費5円支出願います。次号原稿の江差地方石器類の写しも頼んだので，合わせて5円50銭を製図者の井上清造(道庁拓殖係)へお支払い下さい	封書(切手欠) 毛筆巻紙
003	明治(?) -.8.7	河野 (北海道庁第5部)	宮部 (農科大学)	別刷200部代金6円96銭は会の会計へ支払いのこと。会より注文の分が75部残ったが，会でお困りの節は小生が配布します	封書(切手欠) 毛筆巻紙

郡場 寛（こおりば）(1882-1957)

東京帝国大学理科大学植物学科卒業(植物生理学専攻)。東北帝国大学農科大学教授，京都帝国大学理学部教授。弘前大学学長

| 001 | 大正 1918
7.2.13 | 郡場
(青森栄町) | 宮部
(札幌北2条) | 去9日に東京から帰省中。小生の京都大学嘱託における俸給につきご配慮いただき感謝します | 封書(親展)
毛筆巻紙
(130cm) |
| 002 | 昭和 1946
21.2.15 | 郡場
(京都上京区) | 宮部
(北海道帝大) | 文化勲章ご受章のお祝い。小生は去る11日昭南(シンガポール)より無事大竹港へ帰着しました | 葉書
ペン書 |

越崎宗一 (1901-77)

小樽在住の北海道郷土史家。著書多数あり

| 001 | 昭和 1937
12(?).11.1 | 越崎
(函館谷地頭) | 宮部
(札幌北6条) | 昭和12年の御講書始で業績を進講されたハーバード大教授 Asa Gray の発音は「アーサ」か「エーサ」かにつき照会 | 封書
ペン書 |

小嶋文右衛門

松前屋(京都市釜座通)当主，昆布菓子製造家

| 001 | 明治 1903
36.6.2 | 小嶋
(京都) | 宮部博士
(札幌農科大学) | 過日は小店へご来駕の上ご注文に感謝(昆布製品の製法明細書在中) | 封書
毛筆罫紙
6p |
| 002 | 明治
36.6.5 | 竹田郷一郎
(京都府第4課) | 宮部博士
(札幌農科大学) | 先般は遠路当府下の昆布製品をご視察下さり光栄に思います。その折にご下命の標本18点の代価請求書をつけて貴校宛にお送りします | 上記同封
毛筆巻紙 |

小菅勝郎
千嶋国択捉郡内保尋常小学校教員

書簡番号	年月日	発信者	宛先	内容	備考
001	大正 1917 6. 4.29	小菅 (千嶋択捉郡内保村)	宮部 (農科大学)	昨夏上京の際，同郷の級友三好学氏より本島には鑑賞用及び薬用の花弁花卉類が多いので栽培を奨められました。貴下は本島植物にご精通とのことですが，本校の校園で児童たちに栽培させたいのでご指導いただけませんか	封書(親展) ペン書

小西　和
東京青山原宿

書簡番号	年月日	発信者	宛先	内容	備考
001	明治 1911 44.11.13	小西 (東京青山)	宮部 (札幌農科大学)	先頃ご下命のあった鳴門若布(わかめ)の件につき，同地の中学校長及び若布問屋に照会しましたが，お言葉の通り鳴門のそれは特別の種類ではないようです	封書(親展) 毛筆巻紙

小林義雄 (1907-93)
東京帝国大学理学部植物学科卒業。満州国立中央博物館，東京文理科大学，国立科学博物館植物学部長(菌類学)。日本菌学会創立者の一人

書簡番号	年月日	発信者	宛先	内容	備考
001	昭和 －. 4.10	小林 (満州新京特別区)	宮部 (北海道帝大)	「キンバイサウ」論文の受領礼状。東満州の湿地帯にはキンバイソウの種類多し。昨夏は2度目の長白山(白頭山)採集登山で50日ほど山中に篭る。雨が多く森が深いので食用菌のみで70種以上を収穫	封書 ペン書
002	昭和 －. 6.25	小林 (東京文理科大)	宮部 (北海道帝大)	菌類標本のご貸与に感謝します。昨日満鮮の旅より帰京しましたが，Exidia(ヒメキクラゲ)属標本10包はもう暫くお貸し下さい。北鮮茂山の九大演習林付近は国境警備の第一線で，私の着く2日前に川向こうで満軍25名が匪賊に襲われて全滅したそうです	封書 ペン書(文理科大罫紙)

小松春三 (1879-1932)
東京帝国大学理科大学植物学科卒業(植物分類学専攻)。ツツジの研究者として知られる

書簡番号	年月日	発信者	宛先	内容	備考
001	明治 1905 38. 1.23	小松 (仙台)	宮部 (札幌農学校)	お約束の白馬山ほかの標本102種を小包便で発送しました。私には学名の分らないものがあるのでご教示下さい	封書(親展) 毛筆巻紙
002	明治 1908 41. 9.16	小松 (東京帝大理科大学植物学科3年生)	宮部 (札幌東北帝大植物学教室)	小生卒業論文として日本石南花科植物を研究することとなり，御校から標本を拝借することを松村(任三)先生にお願いしたところ，お許しをえましたので別紙の順にお送り下さるようお願いします。当校には樺太の標本は2, 3しかありません	封書(親展) 毛筆巻紙
003	明治 41.11.18	小松 (理科大学)	宮部 (札幌東北帝大)	本日午後にご発送の木箱1個無事到着しました。標本は目録通りにありました(借用証在中)	封書(親展) 毛筆巻紙
004	明治 41.12.21	小松 (理科大学)	宮部 (札幌東北帝大)	借用標本の返却遅れのお詫び。当校にはクマコケモモ(ウラシマツツジ)，エゾツガザクラの標本は1本もなく手に入る見込みもないので，松村先生は貴校に交換を申しこむようにとのことです	封書(親展) 毛筆巻紙
005	明治 42. 1.17	小松 (理科大学)	宮部 (札幌東北帝大)	標本返却遅延のお詫び。本日「取扱注意・速達便」にて発送しました。Menziesia(ヨウラクツツジ属)全部は今暫く拝借したく借用証を同封します	封書(親展) 毛筆巻紙

書簡番号	年月日	発信者	宛先	内容	備考
006	明治 1908 42.2.6	小松 (理科大学)	宮部 (札幌東北帝大)	先日客車便で「取扱注意」として返却した標本は定めてご落手のことと思います。ついては研究を6月までに終了せねばならないので，Rhododendron(ツツジ属)も拝借方よろしく願います	封書(親展) 毛筆巻紙

小松（タカシ）
日本ハーバード・クラブ副会長

書簡番号	年月日	発信者	宛先	内容	備考
001	昭和 1936 11.3.27	小松 (東京丸の内)	宮部 (北海道帝大)	(英文)3月の月例昼食会の主な話題は，大学の300年祭にわれわれがどのように参加するかということでした	封筒欠 印刷物(小松のサインあり)
002	昭和 11.6.25	R.F. Boyce & 小松 (東京丸の内)	宮部 (北海道帝大)	(英文)ハーバード大学創立300年祭のためのわがクラブの財政委員会は，これまでに寄せられた寄付を大変喜び，なお一層のご協力を期待しています	封筒欠 タイプ

小室英夫（1889-1980）
東京帝国大学農学部植物学教室，京都帝国大学理学部嘱託（生物物理学）

書簡番号	年月日	発信者	宛先	内容	備考
001	昭和 1932 7.2.5	小室 (京都)	宮部 (札幌北6条)	小生はコールタールを処理した材料に腫瘍を見出して「植物タール腫瘍」と命名しました。その発生問題を考究するには（『帝国学士院紀要』?）2編分では纏め兼ねるので，4編とすることをご承知下さい	封書 毛筆巻紙 (120 cm)
002	昭和 7.3.20	小室 (京都)	宮部 (札幌北6条)	眼病でご静養中に拙稿をご高覧下さったとのこと光栄です。明日お手元に原稿を送付しますので学士院例会へのご紹介よろしくお願いします。第1〜4報の字数は次の通りです	封書 毛筆巻紙
003	昭和 7.4.16	小室 (京都)	宮部 (札幌北6条)	帝国学士院より手紙を付して原稿が返送されてきましたが，複雑な現象のこと故，先生には説明にお困りになったことと思います。小生は4月には日本病理学会でも報告しましたが，"La Cellule(細胞)"誌にも送るつもりです	封書 毛筆巻紙 (110 cm)

小山健三
文部省実業教育局長

書簡番号	年月日	発信者	宛先	内容	備考
001	明治 1898 31.5.6	小山 (文部省)	宮部・南鷹次郎 (札幌農学校)	(文部次官昇任に際し)早速ご祝電を頂戴し感謝します。御校予科の存置も決定し安心しました。北海道拓殖は国家の最大急務ですので，何卒人材養成のためにご尽力下さい	封書(親展) 毛筆巻紙
002	明治 31.5.9	小山(文部次官) (東京)	宮部・南 (札幌農学校)	御祝電ヲ拝謝ス	名刺に毛筆

今　武平
日本郵船会社烏帽子丸船員

書簡番号	年月日	発信者	宛先	内容	備考
001	明治 1910 43.1.1	今 (横浜港停泊中)	宮部 (札幌北2条)	小生明治40年より印度洋航海に従事し，昨年9月より菜食主義を実行のところ健康に効果がありました。農芸化学教科書中に穀類，果物，木の実，海藻等の分析表あれば，本月8日小樽入港の烏帽子丸宛てにご報知下さい	封書 ペン書

近藤金吾
満州，大連伏見台在住

書簡番号	年月日	発信者	宛先	内容	備考
001	大正 1917 6. 4.28	近藤 (満州大連)	宮部 (札幌北2条)	芝罘税関長より贈られた玉蜀黍およびハイビスカスの種子を送付しますので試植をお願いします	封書 ペン書

齋藤 和(1872-?)
明治28年札幌農学校卒業。ペルー在リマ日本領事

書簡番号	年月日	発信者	宛先	内容	備考
001	大正 1920 9. 2.23	齋藤 (リマ，ペルー)	宮部 (札幌)	原田氏よりの書信で，昨年11月先生の外遊中にご令閨様がご他界のことを知りました。先にご養嗣子に先立たれ，重ね重ねのご不幸にご心中を拝察いたします	封筒欠 (ペルー，リマ日本領事館罫紙)

齋藤謙吉(1873-?)
明治30年札幌農学校卒業。長野県下伊那郡農事試験場長

書簡番号	年月日	発信者	宛先	内容	備考
001	明治 1900 33. 5.24	齋藤 (長野飯田)	宮部 (札幌農学校)	桑樹の根枯病につき被害部を送付しますので，菌類の名称，性状，予防法等をご教示下さい	封書 毛筆罫紙

齋藤賢道(1878-?)
東京帝国大学理科大学植物学科卒業。南満州大連中央試験場，大阪帝国大学工学部醸造学科教授(醗酵微生物学)

書簡番号	年月日	発信者	宛先	内容	備考
001	明治 1899 32. 7.24	三好 学 (東京大学理科大学)	宮部 (札幌農学校)	毎々ご面倒ながら，当教室学生斉藤賢道氏より願出の件よろしくお願いします	下記同封 ペン書
002	明治 32. 7.26	齋藤 (小石川植物園内理科大学植物学教室)	宮部 (札幌農学校)	小生東京帝大の卒業論文として日本産繊維植物の解剖に着手するため，貴地方特有の繊維植物のアルコール漬標本および乾燥繊維をお送りいただきたく，三好教授よりの紹介状をつけてお願いします	封書 毛筆巻紙
003	明治 1900 33. 3.15	齋藤 (小石川植物園)	宮部 (札幌農学校)	御地産繊維植物製品を早速お送り下さり，且照会の件にもご回答下さり感謝いたします	封書(親展) 毛筆巻紙
004	明治 1909 42. 3.30	齋藤 (東京小石川)	宮部 (東北帝大農科大学)	小生の学位受領にご祝辞をいただき感激しました。遠藤(吉三郎)君が望みを叶えてもらえず，代りに小生が洋行するという話が札幌より伝えられて大いに閉口しています	封書(親展) 毛筆巻紙
005	明治 1912 45. 3. 3	齋藤 (満州大連中央試験場)	宮部 (農科大学)	小生渡満以来(満鉄の)中央試験場で醸造物の菌学的研究に従事しています。図書は割合よく揃っているので，小生は菌学の新書や雑誌類の補充に努力するつもりです	封書(親展) 毛筆巻紙
006	昭和 1946 21. 2.12	齋藤 (京都上京区)	宮部 (札幌北6条)	文化勲章のご受章お祝い申しあげます	封書 ペン書

榊原　仲 (1866-1913)
明治22年札幌農学校卒業。農事試験場山陰支場技師，のち島根県農林学校長，石川県農事試験場長

書簡番号	年月日	発信者	宛先	内容	備考
001	明治1899 32.6.20	榊原（出雲国簸川郡）	宮部（札幌農学校）	昨年8，9月の頃病害のため枯れた稲葉の見本を送り，その病名，原因等のご教示をお願いしましたが，まだ回答をえておりませんのでどうかよろしく	封書（親展）毛筆巻紙(96cm)

榊原政和

書簡番号	年月日	発信者	宛先	内容	備考
001	昭和 -.8.17	榊原（北海道白糠郡直別）	宮部（札幌北6条）	先生のその後のご病状はいかがですか。当方は一年中の大仕事の牧草干(8町歩)に着手し大忙しです	封書ペン書

坂村　徹 (1888-1980)
大正2年東北帝国大学農科大学卒業。北海道帝国大学農学部教授・理学部長（細胞遺伝学・植物生理学）『植物生理学』を著す。昭和39年日本学士院会員。文化功労者

書簡番号	年月日	発信者	宛先	内容	備考
001	大正1920 9.1.7	坂村（ベルン日本大使館，スイス）	宮部（北海道帝大）	帰国早々の令夫人のご葬儀にお悔み申し上げます。チューリヒ停車場で先生とお別れしたのが昨日のように思われます。小生は毎日ベルン大学で実験の生活です。クリスマス休暇にはアッシャー教授に招かれ，席上日本とドイツの学術関係が話題になりました。日本ではドイツとの学術関係を絶つことを主張する学者がいるとの由	封書ペン書
002	大正1925 14(?).7.8	坂村（仙台）	宮部（札幌・大学）	モーリッシュ(H. Molisch)教授の東北大学での講演内容。同教授の北海道大学への招聘は，先般東大，京大でも断られたとのことなので見込みは少ないと思います	

崎山比佐衛 (1875-1941)
高知に生れ，北海道に移住。海外植民学校の創立者でアマゾン開拓の先覚者

書簡番号	年月日	発信者	宛先	内容	備考
001	昭和1928 3.5.20	崎山（イキトス，ペルー）	(宮部)	4月27日リマを立ち本日当地に着きました。当地は南米大陸の真中，世界森林の真中，迷宮神秘の真中にあります	封筒欠ペン書
002	昭和 3.8.23	崎山（リオ・デ・ジャネイロ，ブラジル）	(宮部)	8月21日リオ・デ・ジャネイロ着。広瀬円一郎氏宅で世話になっています。同氏夫人は時任(一彦？)博士の娘。皆元気で宮部先生のことを懐かしく思い出しています。私はこれよりブエノス・アイレス，マゼラン海峡を経てコロンビア，さらにニューヨークを訪れて来年2月頃帰国予定です	封筒欠ペン書

櫻井一雄 (1898-?)
南洋庁パラオ産業試験場

書簡番号	年月日	発信者	宛先	内容	備考
001	昭和(?) 13.5.14	櫻井（南洋パラオ）	宮部（北大植物学教室）	今便で送付の植物病害標本につき御教示ください	封書ペン書

櫻井久一 (1889- ?)
第一高等学校生徒。のち共立薬科大学学長。『日本の蘇類』の著書あり

書簡番号	年月日	発信者	宛先	内容	備考
001	明治 1909 42.10.17	櫻井（東京本郷）	宮部（札幌農科大学）	（独文）私は一高の生徒で植物愛好者です。昨日私の標本をお送りしましたので，それらの名称をご教示いただけたら幸いです	封書（親展）ペン書
002	明治 1910 43. 1.22	櫻井（東京本郷）	宮部（札幌農科大学）	昨秋お願いしました菌類の名称何とぞご報知下さい	葉書 ペン書

櫻井錠二 (1858-1939)
東京帝国大学理科大学学長。理化学研究所，日本学術研究会議，学術振興会の設立に努めた。帝国学士院院長。日本の化学の基礎を築いた

書簡番号	年月日	発信者	宛先	内容	備考
001	1912. 11. 7	リファール（ドルパト, リヴォニア〔現在のエストニアの一部〕）	帝国大学学長（東京）	（英文）日本の植物，とくにエゾ北部の植物についての照会	封書 003と同封
002	大正 1913 2. 1.13	櫻井（東大総長事務取扱）	ルノー・ド・リファール（ドルパト, リヴォニア）	（英文写）貴書翰は札幌農科大学の宮部博士に回送して協力を依頼しました。彼は日本の北方植物の権威です	封筒欠 003と同封
003	大正 2. 1.13	櫻井（東大総長事務取扱）	宮部（東北帝大農科大学）	露国人「レノード・デ・リハルト」なる者より北海道の植物につき，別紙のような照会がありましたのでご回答よろしくお願いします	封書 毛筆罫紙
004	大正 1926 15.－.－	櫻井（学術研究会議会長）	宮部（北海道帝大）	来る10月下旬より11月上旬に東京で開催される第3回汎太平洋学術会議のために，学術論文（英文）の提出をお願いします	封筒欠 謄写版

櫻井 懋
北海道根室郡北斗尋常小学校教諭，函館区住吉小学校教諭

書簡番号	年月日	発信者	宛先	内容	備考
001	明治 1911 44. 5.25	櫻井（根室）	宮部（札幌農科大）	千島国幌筵島で採集の植物標本鑑定に感謝します。ご入用の標本のうち重複のないものは，中千島興業社の傭船に托して採集を依頼するつもりです	封書 毛筆巻紙
002	明治 1912 45. 4.18	櫻井（根室）	宮部（札幌農科大）	千島国幌筵島採集の植物標本の一部を遅ればせながら小包で発送しました	封書 毛筆巻紙
003	大正 1913 2. 1.20	櫻井（函館）	宮部（札幌農科大）	先般ご不在中に参上してお届けした化石は，千島国幌筵島東岸トリキ付近で発見したものです。貴大学でご鑑定願います	封書 毛筆巻紙
004	大正 2. 5.24	櫻井（函館）	宮部（札幌農科大）	幌筵島の植物標本中新種としてご指摘のオホアカバナの学名，及び化石についてご教示ください	封書 毛筆巻紙

櫻井 基
京都高等養蚕業学校（京都繊維専門学校）校長

書簡番号	年月日	発信者	宛先	内容	備考
001	昭和 1930 5. 3.15	櫻井（京都）	宮部（北大農学部）	当校卒業生堀田禎吉の貴学への入学許可に感謝します	封書 毛筆巻紙

書簡番号	年月日	発信者	宛先	内容	備考
002	昭和 －.11.8	櫻井 (京都)	宮部 (北大農学部)	当校山枴義寛教授の半年間の貴学留学中の深切なご指導に感謝します	封書 毛筆巻紙
003	昭和 1944 19.6.10	櫻井 (京都)	宮部 (北大農学部)	ご病気のご快癒を喜んでいます	封書 ペン書

佐々木太一
北海道中川郡美深町恩根内小学校教諭

| 001 | 昭和 1947
22.4.21 | 佐々木
(北海道美深町) | 宮部
(北大農学部) | 「フユノハナワラビ」と「エゾノハナワラビ」,「ハナヤスリ」と「エゾノハナヤスリ」の異同について照会 | 封書
ペン書 |

佐々木林太郎
帝室林野管理局青森支庁,愛媛県立農事試験場長,和歌山県立農事試験場園芸部

001	明治 1912 45.6.7	佐々木 (青森)	(宮部)	赤松被害木を送付につき調査結果をご教示下さい	封筒欠 ペン書罫紙
002	大正 1916 5.3.25	佐々木 (伊予道後村)	宮部 (東北帝大農科大学)	玉蜀黍の病害菌(Physoderma maydis Miyabe：斑点病菌)のご研究はいかなる報告又は雑誌に載せられているでしょうか	封書 毛筆罫紙
003	大正 1917 6.9.2	佐々木 (和歌山有田郡)	宮部 (札幌農科大)	別便にてザクロ病害,里芋葉病害の標本2種を送付しますので病名をご教示ください	封書 毛筆罫紙

佐竹義輔 (1902-2000)
東京帝国大学理学部植物学科卒業(植物分類学専攻)。東京科学博物館植物研究部長

001	昭和 －.5.25	佐竹 (小石川植物園)	宮部 (北大植物学教室)	『北海道植物誌』第3冊の受贈礼状	封書 ペン書
002	昭和 1939 14.2.10	佐竹 (小石川植物園)	宮部 (北大植物学教室)	"Contrributions to the Flora of Northern Japan. XI" 別刷の礼状	葉書 ペン書
003	昭和 －.4.2	佐竹 (東京上野公園)	宮部 (北大植物学教室)	「日本産キンバイサウ属の種類」別刷の礼状	葉書 ペン書
004	昭和 －.4.18	佐竹 (埼玉浦和)	宮部 (北大植物学教室)	長らく拝借のホシクサの標品を別便にて返送します。4月より東京高等師範学校の講師を委嘱されました	封書 ペン書

佐藤勝三郎 (1853-1933)
青森県のリンゴ農家で,明治期リンゴ栽培・販売の先覚者。藤崎メソジスト教会を設立

| 001 | 明治 1902
33(?).5.12 | 佐藤
(青森藤崎村) | 宮部
(札幌農学校) | リンゴの腐敗木,桜の虫害部を切取り送付しますので,研究の結果をご教示下さい | 封書
毛筆巻紙 |
| 002 | 明治
33.5.19 | 佐藤
(青森藤崎村) | 宮部
(札幌農学校) | 本年幣園のリンゴの腐敗著しく,虫やらカビやら肉眼にては不明です。駆除の良法があればご教示ください | 封書
毛筆巻紙 |

佐藤長三郎
岩手県胆沢郡佐倉河小学校教諭

書簡番号	年月日	発信者	宛先	内容	備考
001	大正 1923 12.11.10	佐藤 (岩手佐倉河)	佐藤昌介 (北海道帝大)	当村八幡宮社前の銀杏樹の葉縁が赤変し，雌株はそのため枯死状態です。貴校の専門家に鑑定と防止法をご教示願います	封書 毛筆巻紙

佐藤初太郎
秋田県立秋田中学校植物科担任教員

書簡番号	年月日	発信者	宛先	内容	備考
001	明治 1903 36.11.3	佐藤 (秋田)	宮部 (札幌農学校)	当校1年生徒には毎年暑中休暇に30種以上の植物採集をさせておりますが，先生のお手元には本県の標本がないように聞いておりますので，粗末ながらお役にたてば幸いです。なお近日中に海藻と高山植物8種を送りますので名称をご教示下さい	封書 毛筆罫紙

佐藤昌彦 (1900-90)
北海道帝国大学農学部講師。のち札幌高等裁判所・東京家庭裁判所判事。北海道帝国大学総長佐藤昌介の子息

書簡番号	年月日	発信者	宛先	内容	備考
001	昭和 1939 14.8.25	佐藤 (札幌北1条)	宮部 (札幌北6条)	来る9月5日亡父(昌介)の埋骨式を，午前11時より豊平墓地で真野牧師の司式により挙行しますのでご案内します	封書 毛筆巻紙

佐藤正己 (1910-84)
東京帝国大学理学部植物学科卒業。ジャワのボゴール(ボイテンゾルグ)植物園，のち山形大学農学部教授，茨城大学理学部教授。蘚苔地衣類の研究で知られる

書簡番号	年月日	発信者	宛先	内容	備考
001	昭和 1943 18(?).4.18	佐藤 (東京代々木)	宮部 (札幌北6条)	大井(次郎)氏宛の別刷り受領しました。(南方出張?)の日程不明で待機中です	葉書 ペン書
002	昭和 18(?)	佐藤 (東京代々木)	宮部 (札幌北6条)	小生こと陸軍技師に任じられジャワの軍政監査部(ボゴール)へ出張となりました。記念帳のために半紙に一筆お書きいただければ幸いです	封書 ペン書
003	昭和	佐藤 (東京代々木)	宮部 (札幌北6条)	お手紙は検閲のため昨夜漸く拝見しました。学会は中止，学生は教練や奉仕で，若い補充力が枯渇しています	封書 ペン書
004	昭和 1946 21.8.1	佐藤 (山形松嶺町)	宮部 (札幌北6条)	金平(亮三)，中井(猛之進)両先生は「病気」という名目で「ガラン島」の陸軍病院で待機中。大井(次郎)，初島(住彦)両氏は昨年12月よりタンジョンプリオク港の波止場で労役中。研究結果の持出しは一切禁じられました	封書 ペン書
005	昭和 1947 22(?)	佐藤 (山形鶴岡市)	宮部 (札幌北6条)	当地では20余年ぶりに陛下をお迎えし，私も酒井伯邸で東北地方の地衣標本を天覧に供しました	葉書 ペン書

佐藤 陽 (1859-1946)
北海道帝国大学総長佐藤昌介夫人

書簡番号	年月日	発信者	宛先	内容	備考
001	昭和 1939 14.10.30	佐藤 (札幌北1条)	宮部 (札幌北6条)	昨年はわが家にて栗御飯を召上がっていただき，お誉めにあずかりましたので，今年も楽しみにしておりました。それができなくなったので栗を少々小包にてお送りします	封書 毛筆巻紙

書簡番号	年月日	発信者	宛先	内容	備考
002	昭和1939 14.12.22	佐藤 (札幌北1条)	宮部 (札幌北6条)	このたびは主人の小伝(『札幌同窓会報告』第61号)のご送付に厚く有難くお礼をもうしあげます。知合いの方々へも差上げたいと思います	封書 毛筆巻紙

佐藤利一
大正2年東北帝国大学農科大学卒業

| 001 | 大正1926
15.5.15 | 佐藤
(門司,榛名丸にて) | 宮部
(札幌農学校) | 一昨年9月親しく先生のご指導をえて,これまで10年間の業績をまとめて学位請求論文を完成しました。蚕の細菌病の予防法に一大指針を示したものと自負しております | 封書(親展)
ペン書 |

更科源蔵 (1904-85)
北海道の詩人・アイヌ文化研究家。昭和26年北海道文化賞, 昭和42年NHK放送文化賞受賞

| 001 | 昭和1938
13.8.2 | 更科
(釧路国弟子屈村) | 宮部
(札幌北6条) | 昨晩は腊葉をどっさり持込み色々ご教示をえて有難うございました。その際のアイヌの薬用植物についての話を補足します。「キナ」の意味,その他 | 封書
ペン書便箋
4p |

澤田兼吉 (1883-1950)
台湾総督府農事試験場, 台北高等農林学校教授(植物病理学)

001	大正1913 2.2.5	澤田 (台北)	宮部 (札幌北2条)	只今執筆中の貝殻虫寄生菌に関する復命書について	封書 毛筆巻紙
002	大正1914 3.6.1	澤田 (台北)	宮部 (札幌農科大学)	昨日"Materials for a Flora of Hokkaido, III"を拝受しました。只今柑橘栽培上の問題である立枯病について試験中です	封書 毛筆巻紙
003	大正1915 4.1.7	澤田 (台北)	宮部 (札幌農科大学)	先にお願いの通り, Erysiphaceae(うどん粉病菌)の新属問題についての愚説を書きましたので, ご訂正の上ご返送下されば幸いです	封書(親展) 毛筆巻紙
004	大正1923 12.10.22	澤田 (台北)	宮部 (札幌北2条)	長い無沙汰のお詫び。現在遂行中の研究事項の大要。小生帰国せざること12年,先生の御声援により只今高等農林学校で植物の講義を担当しています	封書(親展) ペン書7p
005	大正1924 13(?).2.18	澤田 (台北)	宮部 (北大農学部)	ご下命の粉病菌標本8種を送付します。当地はいまが最も寒い時期ですが気温は15℃内外で, 第1期作の苗代の背丈は5分乃至1寸位です。梅は1月に開花しました	葉書 ペン書
006	昭和1947 22.10.12	澤田 (盛岡)	宮部 (北大農学部)	小生5月8日佐世保に引揚げ, 15日に帰郷しました。盛岡農林専門学校に仮席を置き, 40年前の山田玄太郎博士および小生の採集品を整理して東北地方の菌類フローラを計画しています。台湾にて長男と五男を, 帰郷後三男と次男を失い, 四男は戦地にて生死不明です	葉書 ペン書

篠遠喜人 (1895-1989)
東京帝国大学理科大学植物学科卒業。同大学理学部教授, のち染色体研究所理事長, 国際基督教大学学長。植物の細胞学的, 遺伝学的研究で著名

| 001 | 昭和1946
21.3.6 | 篠遠
(東京品川) | 宮部
(北海道帝大) | 文化勲章ご受章おめでとうございます。小生は昨年来より新設の教育研修所で科学教育部を担当しています | 封書
ペン書 |

書簡番号	年月日	発信者	宛先	内容	備考
002	昭和 1948 23. 9.15	篠遠 (東京練馬)	宮部 (北海道帝大)	私こと，このごろ長寿の家系の調査をしておりますので，先生のご家系についてご記入ください(調査用紙・封筒とも残存)	封書 ペン書

柴田桂太(1877-1949)
東京帝国大学理科大学植物学科卒業。同大学理学部教授(植物生理化学)。日本植物学会会長等を歴任，昭和 14 年帝国学士院会員。わが国植物生理学の育ての親

書簡番号	年月日	発信者	宛先	内容	備考
001	大正 1920 9. 7. 4	柴田 (東京小石川)	宮部 (札幌農科大)	小生このたびハワイで開催の汎太平洋学術会議に参列の命を受け，日本における研究調査の概括的報告をすることになりました。北海道及び千島フロラに関する顕著なる事項を簡潔にご教示下さるようお願いします。樺太のフロラについては先に頂戴した『樺太植物誌』を持参します	封書 毛筆巻紙 (152 cm)

渋谷紀三郎(1883-？)
明治 41 年東北帝国大学農科大学卒業。台北帝国大学理農学部教授

書簡番号	年月日	発信者	宛先	内容	備考
001	昭和 1935 10. 7.22	渋谷 (台北昭和町)	宮部 (札幌北 8 条)	先般来ご配慮の徳永氏滞りなく着任しました。今後農業部の植物病害の分野で活躍を期待しています	封書 毛筆巻紙 (115 cm)

島　善鄰(1889-1964)
大正 3 年東北帝国大学農科大学卒業。青森県立農事試験場主任技師として病害虫の防除，土壌・肥料の改善に努め，「りんご博士」の異名をもつ。のち北海道帝国大学農学部教授・農学部長。昭和 25〜29 年北海道大学学長

書簡番号	年月日	発信者	宛先	内容	備考
001	大正(？) 11. 3.15	島 (青森)	宮部 (北海道帝大)	先般拝借のご秘蔵の書籍を小包郵便で返送します	封書 毛筆巻紙

島　連太郎
三秀舎舎主(活版・石版印刷業)。三秀舎は明治 33 年創業

書簡番号	年月日	発信者	宛先	内容	備考
001	大正 1920 9. 8.15	代理 山本与三郎 (東京神田)	宮部 (北海道帝大)	『北海道主要樹木図譜』の外国向け包装，用紙の価格，見積りなど	封書 ペン書
002	大正 1925 14. 3.12	島 (東京神田)	宮部 (北海道帝大)	『北海道主要樹木図譜』図版の校正刷，製版等の件	封書 ペン書
003	大正 14. 3.31	島 (東京神田)	宮部 (北海道帝大)	『北海道主要樹木図譜』の原稿，図版について	封書 ペン書
004	大正 1926 15. 5.31	島 (東京神田)	宮部 (北海道帝大)	『北海道主要樹木図譜』の図版原稿 5 枚ほど下附願(北海道庁林務課長の依頼書を同封)	封書 ペン書
005	大正 15. 6.14	島 (東京神田)	宮部 (北海道帝大)	『北海道主要樹木図譜』図版原稿 5 枚林務部より下附につき製版に着手	封書 ペン書

書簡番号	年月日	発信者	宛先	内容	備考

島村継夫
北海道庁林務課，福岡県林業技師

| 001 | 明治36(?).9.4 1903 | 島村（大分日田町） | 宮部（札幌農学校） | 当地の七不思議に数えられる長者梅はご教示の通り「ぼけ」なることが判明。川上瀧彌君は七島蘭(シチトウイ)病害取調後当地より上京しました | 封書毛筆巻紙 |

下斗米秀三
田中館秀三を見よ

下山順一郎 (1853-1912)
東京帝国大学医科大学生薬講座を開設。私立薬学校（東京薬科大学）初代校長

| 001 | 明治44.4.10 1911 | 下山（東京帝大） | 宮部（東北帝大農科大） | 先日は綿馬根(めんまこん)（オシダの根茎を乾燥したもの。駆虫作用がある）のご恵与に感謝します。当教室で試験の結果良好につき今一度お送り下さるようお頼みします | 封書毛筆巻紙 |

謝花寛三(じゃはな)
昭和2年北海道帝国大学水産専門部卒業

| 001 | 昭和12.4.19 1937 | 謝花（台湾澎湖） | 宮部（北大農学部） | 小生4月に当地着任しました。故宮城鉄夫氏（明治39年札幌農学校卒）の遺族についての照会に回答いたします | 封書ペン書 |

庄司勇吉
帯広在住の柾割工

| 001 | 明治41.12.27 1908 | 庄司（北海道帯広東1条） | 宮部札幌農学校校長 | 先般椴の胴木を割っていたときに，立枯れ木の間に宿り木(トド)か木の根か不明ながら，不思議なものを見付けましたので，貴学で植物学の材料ともなるかと思いお送りします | 封書現物同封毛筆罫紙 |

荘嶋熊六 (1864-？)
明治21年札幌農学校卒業

| 001 | 明治32.3.12 1899 | 荘嶋（佐賀） | 宮部（札幌農学校） | 小生の知人が手広く栽培している葡萄畑でベーコンという種類の根部に癌様のものが発生しました。標本を送りますので病名，予防法をご教授下さい | 封書毛筆巻紙 |

植物分類学会（東京文理科大学植物教室内）

| 001 | 昭和25.10.- 1950 | 伊藤洋（植物分類学会幹事）（東京文京区） | 宮部（札幌北6条） | 国内有効出版物に関する委員会報告（新学名の発表は「国際植物命名規約」第36条の有効出版物に限ること） | 封書謄写版5p |

植物分類同志会（東京科学博物館内）

| 001 | 昭和17.11.2 1942 | 植物分類同志会有志（東京下谷） | 宮部（北海道帝大） | 第10回日本植物学会大会の際に「植物分類同志会」の設立を計画していますのでご賛同をお願いします | 封書謄写版 |

白井光太郎 (1863-1932)

帝国大学理科大学植物学科卒業。東京帝国大学農科大学教授(植物病理学・本草学史)。わが国植物病理学の先覚者，本草学関係の著書も多い

書簡番号	年月日	発信者	宛先	内容	備考
001	大正 1913 2.2.9	白井 (東京青山)	宮部 (札幌農科大)	「宮部理学博士就職25年祝賀記念論文集」の出版を喜び，ご寄贈に感謝します	封書 毛筆巻紙
002	大正 1915 4.10.25	白井 (東京農科大学)	宮部 (札幌農科大)	先般ご上京の節，同文館より出版の農業字典執筆分担の範囲をご相談すべきところ，紀州神林伐採の抗議で奔走のため延引。改めて残り題目の折半につきご返事をお願いします	封書 毛筆巻紙
003	大正 1917 6.6.25	白井 (東京帝大農科大学植物学教室)	宮部 (札幌農科大)	御地に稲病害並びに果樹類の炭疽病の発生あれば，別紙調査書にご記入のうえ標本を相添えご送付ください	封書 カーボン複写
004	大正 1918 7.6.6	白井 (東京農科大学)	宮部 (札幌農科大)	ご照会の植物病害の保存標本について回答。小生この度植物病理学会会長に挙げられたのでご援助よろしく	封書 毛筆巻紙
005	大正 7.12.15	白井 (東京原宿)	宮部 (札幌北2条)	先日アメリカのコーネル大学フィッツパトリク(H. Fitzpatrick)氏より日本産の Coryneliaceae (ビンタマカビ科)の菌類標本所望につき，貴大学にご所蔵あれば同氏へご分与ください	封書 毛筆巻紙

白澤保美 (1868-1947)

帝国大学農科大学林学科卒業。農商務省山林局林業試験場長。東京の緑化事業を指導

書簡番号	年月日	発信者	宛先	内容	備考
001	明治 1907 40.1.13	白澤 (東京目黒)	宮部 (札幌北3条)	Podocarpus(マキ属)の根についてのお申越しの件了承。オホバヤナギ及びエゾヤナギの材片はなるべく早くご送付下さるようよう願います	封書 毛筆罫紙
002	明治 1909 42.3.20	白澤 (東京目黒)	宮部 (札幌農科大)	御地方産の左記樹種の冬芽の形体を調査したいので，各種について長さ1尺位の幼枝2本宛お送り下さい	封書 毛筆巻紙

白山友正 (1901-77)

函館師範学校・北海道学芸大学教授。北海道経済史研究者(『松前蝦夷地場所請負制度の研究』昭和36年の著者)，歌人としても知られる

書簡番号	年月日	発信者	宛先	内容	備考
001	昭和 1934 9.11.19	白山 (函館)	宮部 (北海道帝大)	当校では目下水産読本を編纂中ですが，次のこんぶ類の植物学上の差異についてご教示下さい	封書 毛筆巻紙

神保小虎 (1867-1924)

帝国大学理科大学地質学科卒業。北海道庁地質技師，東京帝国大学理科大学教授(地質学)

書簡番号	年月日	発信者	宛先	内容	備考
001	明治 1891 24(?).5.14	神保 (ペテルブルグ，ロシア)	宮部金魚様(ママ) (札幌)	学士院会員シュミット氏の世話でロシア学士院内に起居。シュミット氏とともにルーニン氏(マキシモヴィチ令嬢の嫁ぎ先)宅に招かれ，貴君の話も色々出た。9月までにはシベリア経由で東京に帰る	封筒欠 ペン書(画用紙代用)
002	明治 1907 40.1.29	神保 (東京本郷)	宮部 (札幌農学校)	今夏理科大学地質学科を卒業予定の加藤武夫を札幌農科大学講師(水産学科?)として採用のお取り計らいに感謝。同氏は第2,3学年を通じ特待生だった人なので，年俸は900円に増額し，一日も早く本官の教授に任命してほしい	封書(親展) 毛筆巻紙

書簡番号	年月日	発信者	宛先	内容	備考
003	明治1909 42.3.1	神保 (東京本郷)	宮部 (札幌農科大)	本日ペテルブルグ在住の友人よりフレデリック・ボグダノヴィチ・シュミット氏死去の報知あり	葉書 鉛筆書
004	明治 42.3.2	神保 (東京本郷)	宮部 (札幌農科大)	シュミット氏の死去の日付はロシア暦の11月8日(即ち11月21日)	葉書 毛筆
005	大正1915 4.6.30	神保 (東京本郷)	宮部 (札幌農科大)	「幾千代」君(宮部博士のこと)の『樺太植物誌』を拝見。斯学のために賀し奉り候	葉書 ペン書

神保忠男
東北帝国大学理学部生物学科卒業。のち東北大学理学部教授

書簡番号	年月日	発信者	宛先	内容	備考
001	大正1922 11.4.7	神保 (仙台)	宮部 (北海道帝大)	ご高著別刷のご恵与に感謝	封書 ペン書

末松真次

書簡番号	年月日	発信者	宛先	内容	備考
001	大正1926 15.3.18	末松 (東京世田谷)	宮部 (北大植物学教室)	福士(貞吉)君論文のご送付に感謝	封書 毛筆巻紙

菅野省三 (1872-?)
明治38年札幌農学校卒業。樺太庁勤務

書簡番号	年月日	発信者	宛先	内容	備考
001	明治1908 41.10.26	菅野 (樺太庁)	宮部	先生の就職25年に当たり祝電を差上げたところ、丁寧なご挨拶状をいただき恐縮いたしました。一首を捧げます	封書 毛筆巻紙

菅谷德満
釧路営林署

書簡番号	年月日	発信者	宛先	内容	備考
001	大正1923 12(?).8.8	菅谷 (釧路営林署)	宮部 (北海道帝大)	このたびは植物学会一行の当地方ご視察に際し、結構なる品を頂戴したことに感謝いたします	封書 毛筆巻紙

菅原繁蔵 (1876-1967)
樺太栄浜郡落合町深草小学校教諭、昭和3〜19年樺太庁博物館勤務、昭27〜32年北海道教育大学函館分校講師。『樺太植物図誌』4巻(昭和12〜15年)、『函館山植物誌』(昭和34年)などの著書あり

書簡番号	年月日	発信者	宛先	内容	備考
001-1	大正1925 14.11.30	菅原 (樺太栄浜,深草小学校)	宮部 (札幌北6条)	先生にご教示いただく度に樺太植物の知識が深まります。いずれ採集した樺太の標本を整理次第お送りしたく思っています	封書 ペン書
001-2	昭和1927 2.5.17	菅原 (樺太栄浜,深草小学校)	宮部 (北海道帝大農学部)	小生数年前北海道より樺太に渡島して植物採集に従事しています。先生の『樺太植物誌』は暗夜の一大光明です。2点の標品送付につきご教示をおねがいします	封書 ペン書罫紙 3p
002	昭和 2.5.23	菅原 (樺太栄浜,深草小学校)	宮部 (北海道帝大農学部)	別封の植物は豊原市街内外に自生繁茂していますが、その和名・学名を知る人がないので児童教育にも支障があります。ご教示ください	封書 ペン書
003	昭和 2.7.16	菅原 (樺太栄浜,深草小学校)	宮部 (北海道帝大農学部)	渡島以来全島の植物採集に努力。今夏は東海岸東白浦を起点としてシスカのツンドラ地帯まで採集の計画。今年冬休みには拝顔の栄に接したい	封書 ペン書 3p

書簡番号	年月日	発信者	宛先	内容	備考
004	昭和 1927 2. 7.29	菅原 (樺太栄浜，深草小学校)	宮部 (北海道帝大農学部)	スゲ科，禾本科植物の検索には苦心しています。冬休みには必ず出札しますのでよろしく	封書 ペン書
005	昭和 2. 8.29	菅原 (樺太栄浜，深草小学校)	宮部 (北海道帝大農学部)	7月下旬より北方の登帆，知床，内路，敷香，多来加などで随分面白き物を採集しました。次便にてお送りします	封書 ペン書 3 p
006	昭和 2. 9.20	菅原 (樺太栄浜，深草小学校)	宮部 (北海道帝大農学部)	別紙目録の通り52点の標本を送付します。和名不明のものはご教示下さい	封書 ペン書 4 p
007	昭和 1928 3. 1.25	菅原 (樺太栄浜，深草小学校)	宮部 (札幌北6条)	別紙目録の通り200点余の標本(主として大正10年頃の採集)を小包便で送付しますので，疑問の分のご教示お願いします	封書 ペン書罫紙 5 p
008	昭和 1929 4. 9.17	菅原 (豊原，樺太庁博物館)	宮部 (北海道帝大)	樺太地名につき回答。禾本科およびスゲ科の珍奇なものを採集につき次便で送付	封書 ペン書
009	昭和 4. 9.22	菅原 (豊原，樺太庁博物館)	宮部 (北海道帝大)	禾本科4種の標本を送付。「領土内」では最初の採集と存じます	封書 ペン書
010	昭和 1930 5. 6.18	菅原 (豊原，樺太庁博物館)	宮部 (北海道帝大)	『北海道樺太植物誌・単子葉の部』ご完成の由，先生より頂戴できれば光栄です。「エゾキンポウゲ」の一群落を相浜で発見。腊葉出来次第お送りします	封書(50銭切手在中) ペン書
011	昭和 5.10. 8	菅原 (豊原，樺太庁博物館)	宮部 (北海道帝大)	この度当館機関誌(『博物館教育』?)を刊行，ご尊名を拝借して恐縮です	封書 ペン書
012	昭和 5.11. 4	菅原 (神奈川茅ヶ崎)	宮部 (北海道帝大)	小生長女昨年より当地で転地療養のところ重体の報に接し，恢復は難しいがせめて臨終まで看護のつもりです	封書 ペン書
013	昭和 1931 6. 1.14	菅原 (樺太庁博物館)	宮部 (北海道帝大)	帰島の節は幼児2人を同行のためお会いできず残念でした。当館は先生の採集品を基礎に開館したもの故，『博物館教育』には是非玉稿を期待しています	封書 ペン書
014	昭和 6. 2.27	菅原 (樺太庁博物館)	宮部 (北海道帝大)	別便にて島産の新種と思われる標本を送付しましたのでご教示下さい	封書 ペン書
015	昭和 6. 9.11	菅原 (樺太庁博物館)	宮部 (北海道帝大)	別便にて3種を送付。コマクサは樺保岳で大群落を発見	封書 ペン書
016	?	菅原 (樺太庁博物館)	宮部 (北海道帝大)	ご病気だった由驚きました。標本種についてのご教示に感謝。是非一度拝眉の栄に接したいと思います	封書 ペン書
017	昭和 1932 7. 1.25	菅原 (樺太庁博物館)	宮部 (北大農学部植物学教室)	この冬はお伺いしてご指導を得るつもりのところ，残念ながらできなくなりました。別便にて標本1包を送りましたが，いずれも樺太では珍しい新種のみです	封書 ペン書
018	昭和 7. 2. 4	菅原 (樺太庁博物館)	宮部 (北大農学部植物学教室)	工藤祐舜先生のご逝去を悼んでいます。ヒメトクサの変形をお送りします	封書 ペン書

書簡番号	年月日	発信者	宛先	内容	備考
019	昭和1933 8. 2.10	菅原（樺太庁博物館）	宮部（北大農学部植物学教室）	長期の無音を謝します。昨夏京大大井(次三郎)氏来島のとき同行しました。その折採集の新種いずれお送りします。近く出札のつもりです	封書 ペン書
020	昭和1934 9. 7. 5	菅原（樺太庁博物館）	宮部（北大農学部植物学教室）	現在借家同様の小博物館も来年度には新築の予定で、植物室腊葉室も設置し、これまでの採集標本を永久に保存するつもりです	封書 ペン書
021	昭和 9.12. 4	菅原（樺太庁博物館）	宮部（北大農学部植物学教室）	お約束の標本は珍品53種の第1回分を本日小包便で発送。未整理のものも多数あるので逐次送ります	封書 ペン書
022	昭和1935 10. 3.11	菅原（樺太庁博物館）	宮部（北大農学部植物学教室）	この度は採集の件につき予算の援助をお申し出いただき感謝します	封書 ペン書
023	昭和 10. 3.18	菅原（樺太庁博物館）	宮部（北大農学部植物学教室）	オキナグサ属の産地等に関する照会への回答	封書 ペン書
024	昭和 10. 7.31	菅原（樺太庁博物館）	宮部（北大農学部植物学教室）	ご依頼の採集旅行には20日間の休暇をもらい2人を伴うことにしていますが、日程が不足のときは10日程の病欠を届出るつもりです	封書 ペン書
025	昭和 10. 8. 5	菅原（樺太庁博物館）	宮部（北大農学部植物学教室）	ご送付の金品は父が不在のため小生が保管します。3日後帰庁の予定です	葉書 ペン書
026	昭和 10. 9. 3	菅原（樺太庁博物館）	宮部（北大農学部植物学教室）	北部古生層の山岳地帯採集旅行より帰庁しました。新種も数十種に達しましたので、いずれ整理の上持参します	封書 ペン書
027	昭和 10. 9.12	菅原（樺太庁博物館）	宮部（北大農学部植物学教室）	年に一度位はお会いしたい思いますが、明年冬季に期待しています。舘脇(操)先生からの問合わせのこと	封書 ペン書
028	昭和 10.10.14	菅原（樺太庁博物館）	宮部（北大農学部植物学教室）	実は9月に出札して標本を持参するつもりのところ、延引のため別便で一部発送します	封書 ペン書
029	昭和 10.10.16	菅原（樺太庁博物館）	宮部（北大農学部植物学教室）	別便で採集目録を送ります。本年で15年間の樺太採集を終えましたが、如何なる困苦にも耐ええた体験は実に尊い採集物だと思います	封書 ペン書
030	昭和 10.11. 2	菅原（樺太庁博物館）	宮部（北大農学部植物学教室）	先に送付の標本は種名に誤りが多いので、別紙のように訂正します	封書 ペン書
031	昭和 10.11.20	菅原（樺太庁博物館）	宮部（北大農学部植物学教室）	ご尊書にて懇切なご教示に感謝します。来年は国境の高山未踏破の地域全部の採集を完了したい	封書 ペン書
032	昭和1936 11. 1.22	菅原（樺太庁博物館）	宮部（北大農学部植物学教室）	多年ご懇切なご指導をいただいた『樺太植物図誌』も完了しました。別便にて内容の一部をご高覧に供します。そのためには筆紙に尽くし難い辛苦惨胆と悲惨な生活がありました。上司は理解がなく圧迫を加えましたが、今村長官の認めるところとなり出版費の一部の援助を受けることになりました	封書 ペン書3p

書簡番号	年月日	発信者	宛　先	内　　容	備　考
033	昭和 1936 11. 3. 8	菅原（樺太庁博物館）	宮部（北大農学部植物学教室）	校正は近日中に終わる見込みです。15日には上京し20日より印刷の予定。樺太探検地図に先生と三宅(勉)氏の行程を記入したいのでご教示下さい	封書ペン書
034	昭和 11. 4.20	菅原（樺太庁博物館）	宮部（北大農学部植物学教室）	ご依頼していた三宅氏の「樺太採集旅行図」は台湾在住の同氏より受取りました。出版は，東京の戒厳令(2・26事件による)が解除されないため少々延引の見込みです。出版費の償還には島内の同情を得るため腐心しています	封書ペン書
035	昭和 11. 5. 9	菅原（樺太庁博物館）	宮部（北大農学部植物学教室）	ご尊書にて種々のご注意に感謝します。序文をいただいたご厚意に対しても杜撰は許されず，一字一句自ら校正するつもりです	封書ペン書
036	昭和 11. 7.28	菅原（樺太庁博物館）	宮部（北大農学部植物学教室）	別便送付のスゲは4度目の海馬島採集で発見したもので「エゾマツバスゲ」とは一致せず，ご教示願います(同封中にそれが日本では信州八ヶ岳でのみ知られている「ヒゲハリスゲ」であるとの秋山茂雄の鑑定あり)	封書ペン書
037	昭和 11. 8. 2	菅原（樺太庁博物館）	宮部（北大農学部植物学教室）	「キレバシラカンバ」は気屯付近の山林，「ハヒロヤナギ」は国境半田の50度線で発見	封書ペン書
038	昭和 11. 8.10	菅原（樺太庁博物館）	宮部（北大農学部植物学教室）	(海馬島のスゲにつき)ご教示に感謝します。海馬島の標本ではほかにも新種2，3があります	封書ペン書
039	昭和 11(?)	菅原（樺太庁博物館）	宮部（北大農学部植物学教室）	『樺太植物図誌』は自費出版を覚悟して長男が交渉したところ，自己負担なく出版の契約ができました。最良の紙質，印刷による5巻本で，明年1カ年で完了の見込みです	封書ペン書
040	昭和 1937 12年(還暦記念日)	菅原（樺太庁博物館）	宮部（北大農学部植物学教室）	還暦の記念として趣味の蒐集品を整理し，別冊の如き小著(『樺太の植物』?)を上梓できたましたのでご高評ください	封筒付印刷物
041	昭和 1938 13. 1.14	菅原（樺太庁博物館）	宮部（北大農学部植物学教室）	『樺太植物図誌』にはいくつかの不都合もありますが，正確さ，標本の多数なこと，採集地の細かなことで島民の資料として有用と思います。『文芸春秋』正月号の鶴田知也(昭和11年の芥川賞作家)氏の創作中に誤報があり，近く長男(昭和15年の芥川賞作家寒川光太郎)が鶴田氏と交渉のため上京の予定です	封書ペン書5p
042	昭和 13.11.10	菅原（樺太庁博物館）	宮部（北大農学部植物学教室）	来年7月21日前後に「全国博物館大会」(日本博物館協会主催)が当館で開催されますので，当館と縁故の深い先生に是非講演をお願いします	封書毛筆巻紙(125cm)
043	昭和 1939 14. 7.28	菅原（樺太庁博物館）	宮部（北大農学部植物学教室）	このたび『樺太植物図誌』第2巻刊行につき謹呈します	封書ペン書
044	?	菅原（樺太豊原?）	宮部（樺太豊原?）	約束の標本を館員に依頼してお届けします。帰館の折にご指導下さい	封書ペン書

菅原道太郎 (1899-1984)
大正11年北海道帝国大学農学部農芸化学科卒業。樺太小沼農事試験場技師，ソ連の樺太侵攻によりシベリア・ハバロフスクに抑留され，帰国後米ソ情報戦(ラストヴォロフ事件)に巻き込まれた

書簡番号	年月日	発信者	宛先	内容	備考
001	大正 1925 14.11.29	菅原 (樺太小沼)	宮部 (北海道帝大)	小生卒業以来当農事試験場並に樺太庁殖産課に勤務しています。来年度より小生提案の本島産業研究所開設が決定し，来月より来春3月まで北大三宅康次教授のもとへ派遣されますので，是非先生のご高説をお聞かせ下さい	封書 毛筆巻紙

杉山乙二郎
明治31年札幌農学校卒業。大阪府立農学校教師

書簡番号	年月日	発信者	宛先	内容	備考
001	明治 1899 32.10.23	杉山 (大阪)	宮部 (札幌農学校)	当府下三島郡に発生したウドに寄生し腐敗枯死させる病菌についてご教示依頼(1枚目欠除)	封書(親展) 毛筆罫紙

椙山清利
明治15年札幌農学校卒業(第3期生)。北海道庁，台湾総督府勤務。宮部博士の依頼で韓国・台湾の植物採集に従事

書簡番号	年月日	発信者	宛先	内容	備考
001	明治 1904 37.6.13	椙山 (京城, 韓国)	宮部 (札幌農学校)	4月2日東京発，同13日当地着。北方はまだ敗残兵潜伏のため秋頃までは南方巡視のつもり。これまでに京畿・江原の2道を巡視して別紙(甲)の種子をえましたが，別紙(乙)の分は不明につきご教示下さい	封書(親展) 毛筆罫紙
002	明治 37.8.—	椙山 (京城, 韓国)	宮部 (札幌農学校)	先日送付の不明植物標本につき学名，和名ともご教示下さい。先日南方の朝鮮三道を視察しました	封書(親展) 毛筆巻紙
003	明治 37.9.26	椙山 (京城, 韓国)	宮部 (札幌農学校)	今月1日より出発して平安道を調査しましたが今年は暖気のため未だ結実がありません。咸鏡道へ抜けたいと思いましたが未だ危険のため叶いません。先に発送の標本のうち天印の一冊は学名，和名ともご教示下さい	封書(親展) 毛筆巻紙
004	明治 37.10.24	椙山 (京城, 韓国)	宮部 (札幌農学校)	先の照会への回答を未だ受取っておりません。種子は当地より4～5里以内で61種を得て本日発送します。遠方の知人へも珍物の採集を依頼しました	封書(親展) 毛筆巻紙
005	明治 37.12.2	椙山 (東京本郷区)	宮部 (札幌北3条)	先に不熟のため除いた槐(えんじゅ)の種子を本日発送します。前々よりお送りした腊葉および種子について御教示下さい。小生は先月上旬一先ず帰朝しました	葉書 毛筆
006	明治 1905 38.2.25	椙山 (東京本郷区)	宮部 (札幌北3条)	サーゼント(C. Sargent)氏の書状を同封の貴簡落手しました。次の渡韓計画は5～7年間滞在のつもりなので健康診断の結果，再診断となりました。渡韓の場合にはサーゼント氏の希望を受けますが，当分は未定です	封書(親展) 毛筆巻紙
007	明治 38.4.12	椙山 (東京本郷区)	宮部 (札幌北3条)	韓国の事業を縮小のため渡韓の予定です。先に送付の腊葉及び種子の採集は一種何程の給与をいただけますか。区域広く運搬人夫賃の外，旅費も要するので支給の振合を承知しておきたいと思います	封書(親展) 毛筆巻紙

須崎忠助 (1866-1933)

北海道庁技手。宮部金吾・工藤祐舜著『北海道主要樹木図譜』(大正9～昭和6年，北海道庁刊)の写生図を担当

書簡番号	年月日	発信者	宛先	内容	備考
001	大正 1915 4.6.2	須崎 (北海道網走営林区署出張)	宮部 (札幌農科大)	根室トドマツは知床半島より根室国境に沿い，置戸・網走・常呂・湧別に至る辺まで実見されています。エゾ松は花期には早いが明日より写生にとりかかります。赤・青とど松の雄花を描写するには日数不足なので道庁に出張延期を伺い，電信で許可をえました	封書 毛筆便箋 5p

鈴木力治 (1879-1915)

明治39年札幌農学校卒業(植物病理学専攻)。台湾総督府農事試験場技師で『植物育成之新研究』(大正2年)の著書あり

書簡番号	年月日	発信者	宛先	内容	備考
001	明治 1908 41.4.17	鈴木 (台北?)	宮部 (東北帝大農科大学)	ご就職25年をお祝いいたします。当地の粉病菌には休眠胞子時代を見ること少なく，検定上困難を感じています。今日「本島作物病菌目録原稿」を送りましたので，ご訂正添削をお願いいたします	封書 毛筆巻紙 (160cm)
002	明治 1909 42.5.20	鈴木 (東京牛込)	宮部 (東北帝大農科大学)	小生病のため3ヵ月の転地療養の休暇をえて先月29日着京しました。これまで台湾の北・中・南部の標本は一通り集め，今年は東部に行く予定でした。恢復を待って採集物を取寄せ母校に贈ります。佐藤学長の「渡台の後も勉強せ」のおさとしを忘れたことはありません	封書 毛筆巻紙 (198cm)
003	明治 1911 44.9.2	鈴木 (東京西大久保)	宮部 (東北帝大農科大学)	(冒頭欠)拙著『植物育成之新研究』(?)を出版の予定ですが，なるべく売れるよう先生の序文をお授け下されば幸いです(目次を付す)	封書(親展) 毛筆巻紙

鈴木良吉

北海道家庭学校農場(北見国遠軽)

書簡番号	年月日	発信者	宛先	内容	備考
001	大正 1923 12.6.16	鈴木 (北海道遠軽)	宮部 (北海道帝大)	家庭学校白瀧第2農場の小作者たちが栽培している除虫菊に萎縮枯死がみられるので，病菌の鑑定と予防法の教示をお願いします	封書 ペン書罫紙

須藤義衛門 (1861-1933)

明治16年駒場農学校卒業。明治21～24年札幌農学校教授(獣医学)

書簡番号	年月日	発信者	宛先	内容	備考
001	明治 1891 24.2.19	須藤 (札幌農学校)	宮部教授 (札幌農学校)	近頃札幌農学校農場の乳牛に一種の皮膚病(専ら眼囲を侵す)が伝染し，植物性病原菌によると思われるのでご検査下さい	封書(至急) 毛筆罫紙
002	明治 24.2.21	須藤 (札幌農学校)	宮部教授 (札幌農学校)	昨日は種々ご教示を蒙り感謝。授業の都合で遅延した病的産物を早々に送付しますので，ご検査よろしく	上記同封 毛筆罫紙 標本在中

書簡番号	年月日	発信者	宛先	内容	備考

千石興太郎(1874-1950)
明治28年札幌農学校卒業(植物病理学専攻)。大正～昭和期の産業組合指導者として農協の基礎を造った。貴族院議員，昭和20年農林大臣

001	明治 1902 35.10. 6	千石 (松山)	宮部 (札幌農学校)	先に送付した蘆(あし)の標本は腐敗せずに到着したでしょうか。腐敗病の原因につき教示下さい	葉書 毛筆
002	明治 1902 35.10.18	千石 (愛媛県農会)	宮部 (札幌農学校)	生姜の腐敗病について小生の調査の大要と，農家に実施させる予防法を「農会報」にのせました	封書(親展) 毛筆罫紙 4p
003	明治 1904 37.10. 3	千石 (松山)	宮部 (札幌農学校)	本年は戦時中のため農産物増収の督励に多忙です。山田(玄太郎)君が札幌に送ったというポテトの病害には閉口しています	封書(親展) ペン書

高木　Y.(八尺)(1889-1984)
一高・東大時代に宮部博士の親友新渡戸稲造および内村鑑三に師事。アメリカより帰国後東京帝国大学法学部教授。昭和23年日本学士院会員。米国政治史研究で著名

| 001 | 大正 1921
10. 3.10 | 高木
(ワシントン,DC) | 宮部教授 | (英文)予定より長くハーバードに滞在し先月当地に到来しました。主として政治を研究しております。内村(鑑三)先生より手紙をいただいて力が湧きました | 封筒欠
ペン書 |
| 002 | 昭和 1950
25. 3. 5 | 高木
(東京本郷) | 宮部
(札幌北6条) | 九十歳のお祝いを申しあげます。今夏スタンフォード大学より5名の学者が来日します。東京で3週間のセミナーを終えてから御地に向かいますのでよろしくお願いします | 封書
ペン書 |

高津駒十郎(？)
千葉県安房郡長尾養寿館主人

| 001 | 明治 1891
24. 6.26 | 高津
(千葉長尾村) | 宮部
(札幌農学校) | 先達てご依頼の海藻を今朝石油箱に入れて発送しました。ワカメは当節はすでになく，ラブラメ，アラメ2品のみです。本月は麦刈り，田植え，甘藷付けなどに多忙で海に出る者がなく海藻採りが遅延しました | 封書(親展)
毛筆巻紙
(142 cm) |

高野定治(1875-1917)
明治33年札幌農学校卒業

| 001 | 明治
－. 8. 9 | 高野
(石狩国永山村) | 宮部
(札幌北2条) | 当村では数年来桑樹の枯病が甚だしく，昨年春内地より取寄せた桑苗で葉茎に黒斑点が発生しました。80倍の顕微鏡では左図の如き胞子様のものが無数に顕出できたので標本を送付します。ご検査下さい | 封書
毛筆巻紙
(136 cm) |
| 002 | 明治
－. 8.10 | 高野
(石狩国永山村) | 宮部
(札幌北2条) | 桑樹病害を検鏡ののち胞子の形を書籍で研究したところ「セプトグロウム・モリー」(褐斑病)に似ているように見えます | 葉書
毛筆 |

書簡番号	年月日	発信者	宛先	内容	備考

高橋良直 (1872-1914)
明治28年札幌農学校卒業(植物病理学専攻)。北海道農事試験場でアズキの品種改良に取組む

001	明治 -.5.14	高橋 (札幌,北海道農事試験場)	宮部先生	山田氏より送付の蔓薹(アブラナ)病を顕微鏡で検査のところ図の如きもので Ramularia(白斑病菌)に編入すべきものと思われますが、余は面晤の際に譲ります	封筒欠 ペン書罫紙
002	明治 -.8.31	高橋 (札幌,北海道農事試験場)	宮部先生	中村鉄太郎氏より送付の桐病害につき、標品を送りますのでご教示ください(標品添付とあり)	封書(切手欠) 毛筆罫紙
003	大正 1913 2.6.7	高橋 (札幌,北海道農事試験場)	宮部先生 (植物学教室)	最近ご発表の北海道植物に関する論文および台湾の寄生菌についてのご論文は学術上においては慶賀しますが、文章上の誤謬が多く遺憾です。小さな論文はなるべく伊藤(誠哉)氏や工藤(祐舜)氏にまかせ先生には大きなモノグラフのみを期待しています	封書(親展)(切手欠) 毛筆罫紙

高橋良一
札幌の製本業者(?)

| 001 | 大正 1916 5.8.22 | 高橋 (札幌北6条) | 宮部 (植物学教室) | 『植物学雑誌』は明治27年より大正3年まで製本が済みましたので持参させます | 封書(切手欠) 毛筆半紙 |

高村倹治 (1878-?)
明治37年札幌農学校卒業。琉球中頭農学校教諭

| 001 | 大正 1915 4.4.5 | 高村 (沖縄普天間) | 宮部 (札幌農科大) | 琉球中頭農学校の統合存続問題と、佐瀬辰三郎氏(札幌農学校明治17年卒)の辞任など | 封書(親展) ペン書便箋 12p |

田川基二 (1908-77)
京都帝国大学理学部植物学教室。京都大学理学部教授

| 001 | 昭和 1932 7.7.30 | 田川 (京都) | 宮部 (北大農学部) | 「故工藤祐舜氏の伝」(『札幌博物学会会報』第12巻)の受贈礼状 | 封書 ペン書 |

竹内叔雄
大正4年東北帝国大学農科大学卒業。台北高等農林学校教授

| 001 | 昭和 1932 7.10.5 | 竹内 (東京目黒) | 宮部 (北大農学部) | このたび養賢堂より発行の雑誌『植物及動物』の編輯に当ることになりました。ご指導、ご後援よろしく | 封書 ペン書 |

竹尾弟彦
樺太コルサコフ民政署

| 001 | 明治 1905 38.9.20 | 竹尾 (樺太コルサコフ) | 宮部 (札幌農学校) | 曾てアレキサンドロフ付近で採取した植物を送付のところご落手の由安心しました。コルサコフ付近でも十数種採取したので不日お送りします。当地の建物は日本軍上陸の際兵火で全焼し、民政署も旧屠殺場を事務所に代用中です。かのノーヴィク号は桟橋から7,8町の処に沈没しています | 封緘葉書 ペン書 |

武田久吉 (1883-1972)

植物学者。幕末期の著名な英国外交官アーネスト・サトウの子息。東京府立一中時代より植物と山に親しみ、牧野富太郎に高山植物を学ぶ。英国で学位取得、明治40〜42年東北帝国大学農科大学予科講師。昭和5年より京大・九大・北大で植物学を講じる。日本山岳会の設立に参加、初代日本山岳協会会長

書簡番号	年月日	発信者	宛先	内容	備考
001	明治 1907 40．1．4	武田 (東京麹町区)	宮部 (札幌北3条)	今般牧野富太郎氏より『新植物図説』の一部を担当するよう勧誘されたので、かねてお願いしていた小生採用の件につき照会します。ご採用いただければ忠実に職務に服するつもりです	封書(親展) ペン書
002	明治 1909 42.12.27	武田 (東京麹町区)	宮部 (札幌北3条)	先般在札中に御依頼により調査した樺太産羊歯類は、充分精査できなかったので、他の標本とともにご送付いただけませんか。先に分与しました千島シコタン島で採集の標本も全部拝借したい	封書 ペン書巻紙
003	昭和 1936 11．3.26	武田 (東京麹町区)	宮部 (北大農学部)	北海道植物分布に関する貴著のご恵送に感謝します。本文中にクロビイタヤの分布が北上山脈まで達していると記されていますが、該種はさらに南方の尾瀬にも少数ながら生育がみられます	葉書 ペン書

田代安定 (1856-1928)

農商務省博物局勤務。明治17年ロシアに派遣されマクシモーヴィチの知遇を得る。のち台湾総督府技師として熱帯植物を調査

書簡番号	年月日	発信者	宛先	内容	備考
001	明治 1901 34．8.29	田代 (北海道後志国余市)	宮部 (札幌農学校教室、演武場内)	長々の滞在中のお世話とお見送りに感謝します。小樽より余市に至る海岸で採集した標品を送りますので、函館東浜町回漕店納代氏方宛てにご教示を願います	封書 毛筆巻紙

田代善太郎 (1872-1947)

京都帝国大学理学部植物学教室。屋久島の植物垂直分布を調査・報告

書簡番号	年月日	発信者	宛先	内容	備考
001	昭和 1936 11．3．4	田代 (京都)	宮部 (北大農学部)	論文別刷の礼状。本年夏には北海道で採集の予定ですが、本州フロラと関係ある要素が多いところを調査したい	封書 ペン書

田杉平司

日本軍占領中のジャワ軍政監部ボゴール農事試験場

書簡番号	年月日	発信者	宛先	内容	備考
001	？	田杉 (ジャワ島ボゴール)	宮部 (北大農学部)	当地は常夏の国の事とて、遥かに雪景色を偲びつつ、田植え最中に年を越しました	葉書(軍事郵便) 毛筆

舘脇　操 (1899-1976)

大正13年北海道帝国大学農学部農業生物学科卒業。北海道大学農学部教授。北方地域の植物分類地理学者および生態学者として著名

書簡番号	年月日	発信者	宛先	内容	備考
001	昭和 1930 5．6.13	舘脇 (根室渡辺旅館)	宮部 (北大農学部)	昨夜千島より根室へ帰港。チシマザクラもシコタンのササも時期が早すぎて閉口しています。チシマザサの範囲については牧野先生の説に賛成ですが、ただ生態型を種類とするかどうかが問題です	封書 ペン書

書簡番号	年月日	発信者	宛先	内容	備考
002	昭和 *1935* 10.8.5	舘脇 (満州新京)	宮部 (札幌北6条)	各地で報告会や講演会にひっぱり出されて多忙です。明日からは東満州に入り森林を視察の予定です	葉書(満州帝国郵政明信片) ペン書
003	昭和 10.8.9	舘脇 (満州牡丹江営林局)	宮部 (札幌北6条)	東満州の山岳地帯に入ると，まるで北見の山にいるような景観があります	葉書(満州帝国郵政明信片) ペン書
004	？ 12.-.-	舘脇 (千嶋国後島ルヨベツ村)	宮部 (札幌北6条)	クナシリ島中部のフルカマップを中心に採集しました。それからチノミチに航行したが定期船が入らず，1週間も待たされました	封書 ペン書

田中秋四郎

明治44年東北帝国大学農科大学水産専門部卒業。北海道庁留萌支庁

書簡番号	年月日	発信者	宛先	内容	備考
001	昭和 *1932* 7.9.22	田中 (北海道留萌)	宮部 (北海道帝大)	近日中に昆布標本を持参してご教示をえたいと思います。また「ちかいそ」，「えぞわかめ」を北海道製品取締規則の検査品目に加える可否についてご照会します	封書(親展) ペン書

田中耕太郎 (1890-1974)

一高・東大時代に宮部博士の親友新渡戸稲造および内村鑑三に師事。昭和期の著名な法学者，最高裁判所長官(昭和25～35年)。昭和16年帝国学士院会員，昭和35年文化勲章受章

書簡番号	年月日	発信者	宛先	内容	備考
001	大正 *1919* 8.11.19	田中 (ロンドン)	宮部 (パリ日本大使館気付)	(英文)ブリュッセルからのお手紙を落手しました。新渡戸教授と私は当地で劇場通いなどをしています。未着のお荷物については三井郵船の友人に照会しました	封筒欠 ペン書
002	大正 *1920* 9.3.6	田中 (ロンドン)	宮部 (札幌)	大分以前に新渡戸先生から宮部先生の奥様が他界されたことをお聞きしながら御見舞の手紙がのびのびになっていました。私はまもなく仏国へ渡り，来秋帰国します	封筒欠 ペン書

田中茂穂 (1878-1974)

東京帝国大学理科大学動物学科卒業。のち同大学理学部教授(魚類学)。日本の魚類分類学の基礎を築いた

書簡番号	年月日	発信者	宛先	内容	備考
001	昭和 *1929* 4.9.18	田中 (東京本郷)	宮部 (北大農学部)	Haliotis(ミミガイ類)という語につきご教示に感謝します。小生はアガシーの説に捉われすぎて気付きませんでした	葉書 ペン書
002	昭和 *1947* 22.10.10	田中 (北海道網走東藻琴村)	宮部 (北大農学部)	10月9日付け「北日随想」の貴稿面白く拝見しました。お蔭で貴兄のご年齢も分りました。牧野富太郎氏は文久生まれ，小生は漸く70歳で，昨年7月より当地の倅の処に寄食しています	葉書 ペン書
003	昭和 22.10.31	田中 (北海道網走東藻琴村)	宮部 (札幌北6条)	貴稿は新聞が無断で転載したものとは。日本人の良心の麻痺を嘆じます。吾々の同僚も案外同様のことをなすもの稀ならず。先生は88歳，牧野博士は86歳，植物学者の高齢が羨ましい	封書 ペン書

書簡番号	年月日	発信者	宛先	内容	備考
004	昭和 1948 23(?).6.12	田中 (北海道網走東藻琴村)	宮部 (札幌北6条)	当地は網走市成立のとき分村して東藻琴村となり，小生は図書館創立委員，村史編纂委員，社会教育委員などを頼まれ難渋しています．道北地方には水産試験場はないので，いずれオホーツク海の魚の研究を「実用魚学」という観点からやってみたいと思っています	封書 ペン書

田中壮一郎
電気化学工業会社

書簡番号	年月日	発信者	宛先	内容	備考
001	大正 1923 12.12.21	田中 (東京芝区)	宮部 (北大農学部)	かねて震災のため延期になっていた，空中窒素固定工業および窒素肥料の応用方面の研究のために欧米旅行(1ヵ年)が決定し，23日神戸出帆の鹿島丸で愚妻とともに出発します	封書(親展) ペン書

田中長三郎 (1885-1976)
東京帝国大学農科大学卒業．台北帝国大学教授，第2次大戦後はGHQ技術嘱託を経て東京農業大学，大阪府立大学教授．柑橘類研究で著名な園芸学者(果樹学)

書簡番号	年月日	発信者	宛先	内容	備考
001	大正 1917 6.5.1	田中 (台北)	宮部 (札幌)	一昨年お訪ねの折約束の北米採集品約300点，今回教室員小田島喜次郎の帰郷に託しお届けします．当方(台北帝大)でも約7万点収容の有用植物標本室が完成したので，貴校の重複腊葉をお恵み下さい	封書 ペン書
002	大正 1921 10.3.9	田中 (神戸)	宮部 (北大農学部)	小生今回柑橘類病害研究のため海外渡航を命じられたので，この機会に本邦産腊葉を持参し，欧米における日本植物のタイプスペシメンと比較したい．貴学における北海道特有種の余剰標本をご分与いただければ幸いです	封書 毛筆罫紙
003	大正 10.3.17	田中 (神戸)	宮部 (北海道帝大農学部)	今回日本産植物腊葉を持参して海外の腊葉館，博物館の同種タイプと比較するに際し，同封目録の腊葉欠如につき，貴学の重複品ご分与をお願いします	封書 ペン書
004	大正 1922 11.3.23	田中 (ワシントン，DC)	宮部 (北海道帝大農学部)	ワシントンの滞在は居心地がよいので長引きましたが，6月にはイギリスへ引上げる予定です．ジムノスポランジウの原稿はウェート，ドッジ両氏の校閲を経ましたが，先生の御叱正をえたくカーボン・コピーを送ります	封筒欠 ペン書 (合衆国農務省用紙)

田中館(下斗米)秀三 (1884-1951)
東京帝国大学理科大学卒業．東北帝国大学農科大学水産学科教授(海洋学)．火山学者．明治43年から6年間イタリアに留学してヴェスヴィアス火山の研究に従事．北大・東北大・ナポリ大等の講師・教授を歴任．大正5年に物理学者でローマ字論者として著名な田中館愛橘の養子となる．第2次大戦後は一時期GHQの嘱託を務めた

書簡番号	年月日	発信者	宛先	内容	備考
001	明治 1908 41.10.18	下斗米 (広州日本領事館，清国)	宮部 (札幌農科大)	本日当地に参り，調査のため数日間滞在の予定．昨日香港で(農科大の)須田(金之助)助教授に会いました	封書 ペン書
002	明治 1910 43.5.14	下斗米 (大西洋上，生駒艦にて)	宮部 (札幌農科大)	インド洋を過ぎてケープタウンに入り，大西洋上をすでに20日間航行して今南米大陸を見ています．途中見物した土地の博物館と植物園について見物したままを記します	封書(軍事郵便) ペン書6p
003	大正 1918 7.7.12	田中館 (東京本郷)	宮部 (北海道帝大)	(開道50年記念)博覧会へ出品の「北海道火山脈調査図」9葉を送付します．調査についてはいろいろご助力いただき感謝します	封書 毛筆巻紙 (130cm)

書簡番号	年月日	発信者	宛先	内容	備考
004	昭和1947 22.2.9	田中館 (東京世田谷)	宮部 (札幌北7条)	コットナー博士(進駐軍顧問?)に御地旅行の際は是非先生をお訪ねするようすすめておいたところ，先生のご人格に触れて大いに感動したと申しておりました．高岡(熊雄)先生関係(大政翼賛会のこと?)のことは進駐軍の私の課で扱っていますが，直接先生に手紙を書くこともできないので，北海道へ行く学者たちに言付けたいと思います	封書 ペン書5p

田辺　操
広島県雙三郡八次村の農家

書簡番号	年月日	発信者	宛先	内容	備考
001	大正1925 14.4.10	田辺 (備後国雙三郡)	宮部	柿の木が見本のように枯死しましたが，普通の霜枯れのようには見えず，病原にかかったように見えるので，その原因と対策についてご教示下さい	封筒欠 毛筆半紙綴

丹治七郎
明治45年東北帝国大学農科大学卒業

書簡番号	年月日	発信者	宛先	内容	備考
001	大正1921 10.7.16	丹治 (ストックトン，Calif.)	宮部	先生が渡米されシアトルにご滞在のことを聞きました．小生も来月からはバークレーで研究のつもりです．当地では目下病虫害，とくに玉ねぎのピンク・ロートによる被害が大きく大問題になっています	封筒欠 ペン書
002	大正 10(?).9.10	丹治 (バークレー?，Calif.)		当地に来て3週間ほど講義を聴きました．只今は日本メソジスト教会に宿泊し自炊生活をしています．当地在留の同窓および先生を知る人々の名前を記します	封筒欠 ペン書

張　際中
昭和11年北海道帝国大学農業生物学科卒業(もと中華民国留学生)

書簡番号	年月日	発信者	宛先	内容	備考
001	1936. 5.9	張 (満州奉天)	宮部 (北大農学部)	(日本文)北大留学中のお世話とご教導に感謝しています．いまは大同学院入学の日を待ちながら勉強していますが，時折エルムの学園のことが懐かしく思い出されます	封書 毛筆便箋

陳　嵘(Y. Chen)
大正2年東北帝国大学農科大学林学科卒業(もと清国留学生)

書簡番号	年月日	発信者	宛先	内容	備考
001	1923. 5.25	陳 (南京第一農校，中国)	宮部 (北海道帝国大学)	(日本文)ハーバード大学アーノルド樹木園へ2,3年留学するため6月19日上海出帆のアラバマ丸で出発します．先生からハーバード大学諸教授宛の紹介状10通確かに拝受しました	封書 ペン書
002	1923. 11.19	陳 (アーノルド樹木園，Mass.)	宮部 (北海道帝国大学)	(日本文)先生からご紹介いただいたハーバードの教授たちの多くに面会しました．250ドルの奨学金を受取りました．米国の移民排斥は黄色人種から欧州南部諸国の移民に及ぼうとしています	封書 ペン書

辻　良介
大正7年東北帝国大学農科大学卒業。横浜市植物検査所

書簡番号	年月日	発信者	宛先	内容	備考
001	大正1922 11.2.25	辻（横浜）	宮部（北大植物学教室）	此度平和博覧会に当検査所よりも参考品を出品します。そのほか外国で伝播していて今後わが国に輸入される恐れのある植物病害7件について分布地図を作ることになりましたのでご教示お願いします	封書 ペン書（植物検査所罫紙）
002	大正11.3.14	辻（横浜）	宮部（北大植物学教室）	ご懇書落掌，詳細なご説明に感謝。博覧会出品の植物病害標本の分布について照会。私は今月8日に結婚しましたが，暫く東京に滞在したのち横浜に家を持つつもりです	封書 ペン書
003	大正1923 12.6.8	辻（横浜）	宮部（北大農学部）	先日教室の懇親会に出席の皆さんより連名のハガキを頂戴しました，よろしくお伝えください。本日小包で紫雲英（レンゲソウ）菌検病の標本数点をお送りします	封書 ペン書
004	大正12.9.23	辻（東京牛込区）	宮部（北大農学部）	大地震の惨状は横浜でも死者2万4000，焼失家屋7万余。検査所も焼失して休業状態なのでこの際転職したく思います。300余の植物病理標本は烏有に帰しましたが，高等農林程度の学校ならば大過なく勤めることができると思うので，是非就職の斡旋を懇願いたしします	封書 毛筆巻紙（220 cm）

辻川巳之助
兵庫県立農学校教諭，のち校長

書簡番号	年月日	発信者	宛先	内容	備考
001	大正1913 2.9.12	辻川（兵庫明石）	宮部（札幌農科大学）	稲麦について別紙に記すような疑問がありますので，同僚中谷一馬氏（札幌農学校明治32年卒）の紹介によりご指導をお願いします（8つの質問）	封書 ペン書
002	大正2.10.12	中谷一馬（兵庫県立農学校）	宮部（北海道農科大学）	本校教諭辻川氏は数年前より稲麦などの生育状態の生理学的研究をしており，疑問の点につき先生のご教示を仰ぎたいとのことなので紹介します	上記同封 ペン書罫紙

照井陸奥生
昭和5年北海道帝国大学農学部農業生物学科卒業。弘前大学農学部植物病理学教室初代教授

書簡番号	年月日	発信者	宛先	内容	備考
001	?	照井（北方派遣先第12664部隊）	宮部（札幌北6条）	当地方にも春が訪れ，昨今はエンレイソウ，スミレ等の花盛りです。ギョウジャニンニク，ハンゴウソウ，コジャク等を採集して食膳を賑わしています	葉書（軍事郵便）ペン書

東京帝国大学農科大学植物学教室

書簡番号	年月日	発信者	宛先	内容	備考
001	大正1917 6.－.－	東京帝大農科大学植物学教室	宮部（札幌農科大）	このたび農商務省より麦萎縮病調査を委託されましたので，御地で病害発生の際には標本とともに被害状況をご一報下さい	封書 コンニャク版

凍原社（帯広藤丸百貨店4階）
『北海道文芸年鑑』編集部

書簡番号	年月日	発信者	宛先	内容	備考
001	昭和1946 21.11.10	凍原社（帯広）	宮部（北海道帝大）	『北海道文芸年鑑』編集企画につき協力依頼（アンケート・印刷物）	封書 ペン書

十日会
東北帝国大学農科大学野球部 OB

書簡番号	年月日	発信者	宛先	内容	備考
001	昭和1950 25. 4.27	十日会15人連名 (東京)	宮部 (札幌)	私共は大正初期に東北帝大農科大学に学んで野球部に籍を置いていた者で，現在も毎月東京都内で会合し，母校を偲んでおります。先生の満90歳の御誕生日に心よりの祝意を表します	封書 毛筆巻紙

富樫浩吾 (1895-1952)
大正11年北海道帝国大学農学部農業生物学科卒業。京都帝国大学農学部農林生物学教室。盛岡高等農林学校教授(植物病理学)，在任中須川長之助の遺品の収集にあたる。のち横浜国立大学教授

書簡番号	年月日	発信者	宛先	内容	備考
001	大正1924 13. 5.23	富樫 (京都帝大農学部)	宮部 (北海道帝大農学部)	京都にも段々馴れてきて，1軒隣には木原(均)さんの家があります。論文(英文)が漸く完成しましたが，駒場出(東大農学部出身)の多い所なので肩身が狭くないよう早々に北大紀要に掲載してくださるようお願いします。新官制未定のため小生の身分は教務嘱託名義で月給は75円です	封書 ペン書
002	大正 13.11.15	富樫 (京都帝大農学部)	宮部 (北海道帝大農学部)	講師になったお礼が遅くなってすみません。『札幌博物学会会報』に先生と共著の論文(英文)を出せたことを喜んでいます。目下のところ伯耆大山・隠岐および京都近在の菌類の同定に熱中しています	封書 ペン書
003	大正1925 14. 6.20	富樫 (京都帝大農学部)	宮部 (北大農学部)	紀要論文別刷100部落掌しました。諸先輩中もっとも尊敬していた逸見(武雄)教授のもとに来ながら，当地を去らねばならないのは残念です。地位，給与に関係なく十分に研究できる職場をご紹介下さい	封書 ペン書
004	大正 14. 9.20	富樫 (京都帝大農学部)	宮部 (北大農学部)	北大事務局へ紀要別刷代35円送付のこと。論文別刷の国外への送付リスト。女児誕生し京子と命名	封書 ペン書
005	大正1926 15. 2.26	富樫 (山形長沼村)	宮部 (北大農学部)	去る19日京都を離れ，郷里に滞在中です。盛岡高等農林の辞令は3月10日以後とのことです	封書 ペン書
006	大正 15. 4. 9	富樫 (盛岡高等農林)	宮部 (北大農学部)	昨日午前10時から新入生の宣誓式でした。栃内(吉彦?)氏来訪につき実験設備等につき批評してもらいました	葉書 ペン書
007	大正 15. 5.22	富樫 (盛岡高等農林)	宮部・伊藤誠哉 (北大農学部)	2年振りに母校を訪れ両先生とお会いでき嬉しく思いました。本日ナシのDiaporthe(胴枯病菌)の標本および小生の研究ノートを送付します	封書 ペン書罫紙
008	大正 15. 5.24	富樫 (盛岡高等農林)	宮部 (北大農学部)	早速北大訪問時の写真をお送り下さり感謝します	葉書 ペン書
009	? —. 7. 3	富樫 (盛岡高等農林)	宮部 (北大農学部)	お別れの翌日小樽より以智丸で樺太に渡り，小沼の農事試験場では同期の菅原道太郎君に案内してもらいました。樺太庁を訪問し，同期の田畑君より珍奇な臘葉標本50種ほどを貰い，栄浜では1時間ほど採集したのち，30日予定通り帰校しました	封書 ペン書罫紙
010	? —. 9.21	富樫 (盛岡高等農林)	宮部 (北海道帝大)	拝借しておりましたE. Elliottの論文返却いたします	封書 ペン書

書簡番号	年月日	発信者	宛先	内容	備考
011	昭和1928 3.9.6	富樫 (盛岡)	宮部 (札幌)	来る10月初旬本市を中心に特別大演習挙行に際し，岩手県の重要高山植物20点を献上することになり，目下腊葉標本の調製中です。幸い明日市教育会主催の講習会にご出席の牧野富太郎先生に種類の検定の援助を受けたいと思います。小生も「ヴァルサ菌に依る病害の研究」の業績を出品するよう校長より命じられました	封筒欠 ペン書
012	昭和1944 19(?).3.31	富樫 (盛岡)	宮部 (札幌北6条)	日本産キンバイソウ属の御論文落掌。昨春以来当校に附設の農業教員養成所の主事を拝命，時局下につき勤労作業も学生と共にし，研究時間をさかれるのが心淋しいです。愚息浩(昭和25年北大農学部農芸化学科卒)が北大予科に入学のため数日前に札幌へ向いました	封書 ペン書
013	昭和1946 21.2.11	富樫 (盛岡)	宮部 (札幌北6条)	今朝のニュースで吾等の先生が文化勲章を拝受されたことを知り，衷心より祝辞を述べさせていただきます	封書 ペン書

時田　郁(1903-90)

昭和2年北海道帝国大学農学部農業生物学科卒業。函館高等水産学校・北海道大学水産学部教授(海藻学)

書簡番号	年月日	発信者	宛先	内容	備考
001	昭和1931 6.7.20	時田 (樺太白浦)	宮部 (札幌北6条)	昨日当地着，元泊には2泊して主に樫保付近で採集しています。昆布はすべてカラフトトロロで，当地は好適採集地のようです。数日をこの付近で過ごし，24日には敷香に戻り，25日には海豹島へ向います	葉書 ペン書
002	昭和1943 18.7.19	時田 (北海道古宇郡神恵内村かめや旅館)	宮部 (札幌北6条)	山田(幸男)教授とともに水産試験場の木下技師の案内で積丹半島を一周し，加里原藻調査の下調べのために歩き廻っています	葉書 ペン書
003	昭和1944 19.7.27	時田 (北海道目梨郡羅臼)	宮部 (札幌北6条)	山田(幸男)教授および4人の学生とともに根室から9時間ゆられて当地に着き，今日は同じ舟で知床北端に近い赤岩まで行きました。目梨昆布の盛期で番屋の前の浜にきれいに並べられています	葉書 ペン書

德淵永治郎(1864-?)

札幌農学校雇(農事部植物園掛)を経て，秋田県立農学校，島根県立農林学校教師

書簡番号	年月日	発信者	宛先	内容	備考
001	明治1904 37.1.13	德淵 (秋田市)	宮部 (札幌農学校)	ペロノスポラ(べと病菌)標本を送付しますが，少量で慙愧の至りです。そのうち本県産作物の病菌図をそえてドイツ語で論文を書いてみます。最近の植物病理書で10円内外の本をご教示下さい	封書(親展) 毛筆巻紙 (109 cm)
002	明治1907 40.6.30	德淵 (島根県立農林学校)	宮部 (札幌農学校)	今夏の休業中には隠岐島へ採集に出掛けるので又採集品を送ります。小生当地着任以来東奔西走して島根博物会を組織，毎月の会合には17～18名の参加者があります	封書(親展) 毛筆巻紙 (179 cm)
003	明治 40.9.24	德淵 (島根県立農林学校)	宮部 (東北帝大農科大学)	小生は同窓ではありませんが，御校の恩沢に浴してきた者として札幌学校の東北帝国大学昇格を喜んでいます	封書(親展) 毛筆巻紙
004	明治1908 41.1.26	德淵 (島根県立農林学校)	宮部 (東北帝大農科大学)	先生の就職25年の祝賀論文集に「隠岐国植物分布の状態」と「エゾシロネ」の2文を草しましたのでご鑑定願います	封書(親展) 毛筆巻紙 (125 cm)

書簡番号	年月日	発信者	宛先	内容	備考
005	明治 1908 41. 3. 8	徳淵 (島根県立農林学校)	宮部 (東北帝大農科大学)	エゾシロネの標本2,3点特別のご配慮をもってお貸し下さるようお願いします。また先にお送りした隠岐国採集の菌にそえた目録についてご訂正下さい	封書(親展) 毛筆巻紙

栃内吉彦(1893-1976)
大正7年北海道帝国大学農科大学農業生物学科卒業。北海道大学農学部教授(植物病理学)。昭和25〜30年日本植物病理学会会長

001	昭和 1927 2.12.14	栃内 (東京)	宮部	出発の際は寒夜わざわざのお見送りに感謝しています。青森・盛岡では同窓と歓談し、昨朝ようやく入京しました。本日郵船会社で2月7日出帆の天洋丸を予約しました(留学のため?)	封筒欠 ペン書

豊川良之助
のちに『大阪毎日・英文毎日』記者

001	大正 1921 10. 9.28	豊川 (ハーバード大学経営学大学院,Mass.)	宮部 (アメリカ)	(英文)太平洋航海はいかがでしたか? 私は表記の大学に在籍中ですが1年になるか2年になるかは6月の試験次第です。先日東洋から戻ったばかりのスウェーデンの植物学者サイモア教授に会いました	封筒欠 ペン書

中井猛之進(1882-1952)
東京帝国大学理科大学植物学科卒業。同大学理学部教授(植物分類学),ジャワのボゴール(ボイテンゾルグ)植物園長,東京科学博物館長。『大日本植物誌』を監修。堀誠太郎(札幌農学校開校当時の予科教師でクラーク博士帰国時の通訳)の子息

001	明治 1912 45. 1.20	中井 (東京小石川植物園)	宮部 (札幌農科大)	日本産とりかぶと属の研究のため貴教室ご所蔵の北海道,樺太の標本を暫くお貸し下さい	葉書 毛筆書
002	? ―. 2.12	中井 (東京本郷)	宮部 (札幌農科大)	Rubus Idaeus(エゾイチゴ)のグループの多数の種につき迷っているのでご教示下さい	葉書 ペン書
003	大正 1916 5. 7.17	中井 (理科大学附属植物園)	宮部 (札幌農科大)	宮部博士のクロイチゴに関する記述に異論があります。小生はこの20日より朝鮮江原道金剛山へ植物採取に出かけます	葉書 ペン書
004	昭和 1930 5.12.11	中井 (東京小石川植物園)	宮部 (北海道帝大農学部)	シャコタン竹は牧野(富太郎)氏によればゴマ竹様の固有の斑で菌害ではないとのこと。先日牧野氏より笹類は勝手に命名すべしとの許しをうけたので,論文でもかなり意のままに扱いました	封書(親展) ペン書
005	昭和 1931 6. 5.11	中井 (東京田端)	宮部 (北海道帝大農学部)	『北海道植物誌』に加えて下さった拙文の別刷50部受領しました。日光分園に出張して足を挫いて1週間休んだので日光の桜の調査は大いにはかどりました	葉書 ペン書
006	昭和 1935 10. 5.31	中井 (小石川植物園)	宮部 (北海道帝大農学部)	『北大農学部欧文紀要』は当教室にも植物園にも初号より寄贈を受けていません。当方よりは紀要全部を寄贈していて一方的なので,先生よりお口添えをいただいて寄贈方をお願います	葉書 ペン書
007	昭和 1938 13. 7.―	中井・本田正次 (東大理学部植物学教室)	宮部 (札幌北6条)	『大日本植物誌』(三省堂)第1巻出版につき1部謹呈します(宮部博士の祝辞草稿を同封)	封書 タイプ

書簡番号	年月日	発信者	宛先	内容	備考
008	昭和1938 13. 9.15	中井 (東大理学部植物学教室)	宮部 (北海道帝大農学部)	小生らが企てた『大日本植物誌』に過分のご賞辞を賜り恐縮です。"Contributions to the Flora of Northern Japan" IX & X の別刷のご恵贈に深謝します。実は小生も『朝鮮山林会報』の本年5月号にSabina sargentii（ミヤマビャクシン）について発表しましたが，もし先生の方が早ければその方をとる必要があります。松村松年氏と行動を共にした支那旅行中に北京と天津で舘脇(操)氏と出会い喜びました	封書(親展) ペン書
009	昭和1942 17. 3. 7	中井・本田正次 (東大理学部植物学教室)	宮部 (北大農学部植物学教室)	皮膚病にお悩みの由，登別のような温泉でご療養下さい。本日マンシュウイタヤの標本を検して先生が47年前に発表されたものがそのよき変種なるを再確認しました。和名がないので先生のお見立てによりスズカケイタヤと名付けたいと思います	葉書 ペン書
010	昭和1943 18(?).10. 7	中井 (東京滝野川)	宮部 (札幌北6条)	朝鮮総督府の「古蹟宝物名勝・天然記念物調査委員会」の総会に出席し今朝帰京しました。最近の東京の物資不足は甚だしく，京城の方が遥かに豊富です。大学の門も柵も取払われ，東京駅も同様で，日の丸は旭日から入日となりつつある感があります	封書 ペン書
011	昭和 18(?)	中井 (治第1602部隊)	宮部 (札幌北6条)	目的地に着きましたが，防諜のため詳しい報告は一切禁じられています	葉書(軍事郵便) ペン書
012	?	中井 (ジャワ軍政部ボゴール植物園)	宮部 (札幌北6条)	ジャワは25年前と比べて全てが発展していますが，植物園は進歩の跡がありません。将来日本及び世界の熱帯植物研究の大殿堂を作るべく仕事を進めており，軍当局も理解を示しています	葉書(軍事郵便) ペン書
013	?	中井 (ジャワ軍政部ボゴール植物園)	宮部 (札幌北6条)	ご懇書並に貴著別刷拝受。先生のご厚意は逝きし父母，渡良瀬の兄など草葉の陰で感謝していることと思います。植物園は日々向上の一途をたどっています	葉書(軍事郵便) ペン書
014	昭和1946 21.-.-	中井 (東京科学博物館)	宮部 (札幌北6条)	東京科学博物館・優待観覧券(昭和21.4.1～22.3.31)	封書 書簡欠
015	昭和 21.10.23	中井 (東京国立王子病院内科病棟)	宮部 (札幌北6条)	先頃は文化勲章を受領されたとのこと心よりお慶び申上げます。小生は昨年10月に抑留，本年4月リオ群島のガラン島に移され，それより病院生活に入り，7月末大竹着，別府国立病院を経て9月より王子病院に寄留しています。家は焼かれ妻も長男もなくしました。新円がなくては移動もできない世の中で，心ならずも書中をもってご無沙汰をお詫びします	封書(親展) ペン書
016	昭和 21.11. 6	中井 (東京国立王子病院内科病棟)	宮部 (札幌北6条)	亡父の事蹟や当時の貴重な資料は全て空襲で灰燼に帰したので，お尋ねのクラーク先生に関するものは何も残っていないし，父からも聞いておりません。ただ亡父が船中でクラークと黒田清隆の通訳をしたとき，黒田が父の通訳振りが悪いと罵倒したので，父は憤って辞表を3回も出したことを聞いています	封書 ペン書
017	昭和1948 23. 3. 5	中井・舘脇・中川・小林・平野 (東京上野科学博物館)	宮部 (札幌北6条)	舘脇さんに誘われてここに来て，宮部先生を讃えつつ非常に愉快な一夕を送り，心から酔いました	葉書 ペン書

永井政次 (1905-66)

昭和4年北海道帝国大学農学部農業生物学科卒業。蒙古中央農林試験場技師，盛岡農林専門学校，岩手大学教授

書簡番号	年月日	発信者	宛先	内容	備考
001	昭和 *1933* 8.8.11	永井（青森八戸市）	宮部（北大植物教室）	津軽・下北半島を経て昨夜当地着。昨日と今日は舟を借りて採集。昨日は宮古へ行き，帰途は鹿部及び室蘭に立ち寄りました（海藻調査？）	葉書 ペン書
002	昭和 8(?).8.27	永井（根室）	宮部（北大植物教室）	クナシリ島ではルルイ岬付近とそれより以南の2ヶ所の調査を終え，本日根室に戻りました。東西岸は趣きを異にしてコンブの種類も異なっています	葉書 ペン書
003	昭和 *1934* 9.7.26	永井（千嶋エトロフ島留別）	宮部（北大植物教室）	汽船の都合で漸く16日エトロフ島ナイホ上陸。数日後東岸へ横断して留別に到着。海藻の採集，整理に寧日もなく，その他の植物採集には手も廻らず。奥地では熊の出没多し。明日の船便で色丹へ渡る予定です	葉書 ペン書
004	昭和 9.8.28	永井（大阪豊能郡）	宮部（北大植物教室）	上京後本郷を訪問したところ分類学教室はまだ植物園に残留していました。中井(猛之進)先生は朝鮮へ出張中。昆布類の標本は大部分が矮小な若生で優良なる標本に乏しい。数年振りの帰省で当地の暑気は耐え難いです	封書 ペン書
005	昭和 *1944* 19.5.1	永井（厚和市，中国蒙彊）	宮部（北大植物教室）	樺太・千島にて採集者に小生の名前がみられる「キンバイサウ属」のご論文落掌しました。小生在蒙3年にして乾燥地域の農業を僅かに了解し，本年初めて禾穀類穀穂病防除のため種子消毒を実施しました	封書 ペン書
006	昭和 *1946* 21(?).-.-	永井（石川輪島）	宮部（北大植物教室）	このたび北支より無事帰国しました。留守中のご配慮に感謝します	葉書 ペン書
007	昭和 21.2.23	永井（石川輪島）	宮部（札幌北6条）	先頃の文化勲章ご拝受を慶賀いたします。小生は在蒙中ソ連の参戦で在留邦人として直接戦闘に参加し，最後の覚悟をしましたが，その後張家口，天津を経て正月4日米軍上陸用戦車母艦で佐世保に上陸，14日無事帰郷しました	封書 ペン書
008	昭和 21(?).8.12	永井（石川本郷村）	宮部（札幌北6条）	3月以来当村に入って俄か百姓の毎日ですが北支の避難生活を想起して耐えています。ご依頼の『千島海藻誌』前編は金沢の親戚宅に保管，後編は教室に保管の筈です	封書 ペン書
009	昭和 21(?).8.21	永井（石川本郷村）	宮部（札幌北6条）	3月より祖先伝来の些少の耕地のある当村で主食作物を耕作して生活を維持していたところ，近く不在地主として国家に買収されるとか。このままでは中学在学中の2人の子供も退学止むなきに至るため，北海道の農業機関に就職幹旋をお願いします	封書 ペン書
010	昭和 *1947* 22(?).2.2	永井（石川本郷村）	宮部（札幌北6条）	就職についてのご幹旋を賜り感謝します。盛岡農専校長よりの来信よれば書類も文部省をパスし不日発令の見込みとの由。ただ蔵書一切を蒙彊に残して帰国したので，資料についても倍旧のご援助をお願いします	封書 ペン書
011	昭和 *1948* 23(?).4.29	永井（盛岡農林専門学校）	宮部（盛岡）	先生の八十八歳のご寿齢をお祝い申し上げます。このたびは先生のお導き，伊藤・栃内両先生の御援助御推薦で当校に就職できたことを厚くお礼申し上げます	封書 ペン書

長尾又六 (1872-1955)
明治〜昭和期の根室の教育者。多数の考古学資料や博物資料を収集し，自宅で公開した

書簡番号	年月日	発信者	宛先	内容	備考
001	昭和 1948 23.4.29	長尾 (北海道三笠町)	宮部 (札幌北6条)	私は小学校長として50年間の根室在住中に千島列島および樺太の先住民遺跡を調査し，3000点余の遺物を所蔵していましたが，20年7月15日の戦災で被害をうけ遺憾です。根室半島の植物数十種について指導をおねがいします	封書 ペン書

長岡半太郎 (1865-1950)
世界的に著名な物理学者。大阪帝国大学初代総長，帝国学士院院長。昭和12年文化勲章受章

書簡番号	年月日	発信者	宛先	内容	備考
001	昭和 1947 22(?).6.4	長岡 (東京本郷区西片町)	宮部 (札幌北6条)	高岡君の件(元北海道帝大総長高岡熊雄が戦前の大政翼賛会活動のために公職追放で日本学士院会員の資格を問われていたことか？)は文部省でもかなり攻究した模様ですが，政治に付帯したことなので事の成行きに任すほかはありません	封書(親展) ペン書

中村　胖
明治40年札幌農学校卒業。青森県立農事試験場種芸部

書簡番号	年月日	発信者	宛先	内容	備考
001	大正 1916 5.3.1	中村 (青森黒石町)	南鷹次郎 (札幌農科大)	先頃は大豆の件でご配慮下さり深謝します。去る25日付のお手紙により調査した大正2，3年大豆種実の被害粒について報告します	封筒欠 毛筆罫紙

中村守一
明治10〜13年札幌農学校在学

書簡番号	年月日	発信者	宛先	内容	備考
001	明治 1889 22.12.2	中村 (釧路国尺別)	宮部 (札幌)	(ローマ字)貴兄のご帰朝は『植物学雑誌』で知っていましたが，本日のお便りで札幌農学校教授就任を知り喜んでいます	封筒欠 ペン書5p
002	明治 1890 23.2.19	中村 (釧路国尺別)	宮部 (札幌)	(ローマ字)かねて申し上げていた植物誌の編纂は小生の如き浅学の者には難しい。小生は根室，釧路，十勝地方の植物を記録するだけのことです	封筒欠 ペン書6p
003	明治 23.5.5	中村 (釧路国尺別)	宮部 (札幌)	(ローマ字)先年お知らせいただいた標本と今回の標本の和名の違いについてお伺いします	封筒欠 ペン書

並河　功 (1892-1972)
大正5年東北帝国大学農科大学卒業。京都帝国大学農学部教授(蔬菜園芸学)・農学部長，大阪府立大学学長を歴任

書簡番号	年月日	発信者	宛先	内容	備考
001	昭和 1935 10.4.2	並河 (京都左京区)	宮部 (北海道帝大農学部)	先頃はご高著『日本キンバイサウ属の種類』1部をご恵贈いただき感謝します	封書 毛筆巻紙
002	昭和 -.2.23	並河 (ドイツ)	宮部 (北海道帝大農学部)	先生からいただいた紹介状をもってセッチェル(W. Setchell)教授の所へ行き，大変親切な応対を受けました。同室の助教授はしきりに実験をすすめますが試作園が遠く不便です。伊藤(誠哉？)先生は先頃からインフルエンザで衰弱しています	封筒欠 ペン書

書簡番号	年月日	発信者	宛先	内容	備考

新島善直 (1871-1943)

帝国大学農科大学林学科卒業。札幌農学校・東北帝国大学農科大学・北海道帝国大学農学部教授（造林学・森林保護学）。著書に『森林美学』などがある

書簡番号	年月日	発信者	宛先	内容	備考
001	明治 1908 41. 4. 8	新島 （ギーセン，ドイツ）	宮部 （札幌）	（独文）林学博士・教授新島善直と新島エルネスティーネは，1908年4月8日ギーセンで結婚しました	印刷カード

西門義一 (1892-1973)

盛岡高等農林学校卒業。大原農業研究所所長，岡山大学教授（植物病理学・菌類学）。植物病害防除，シイタケなど食用菌の研究で知られる

書簡番号	年月日	発信者	宛先	内容	備考
001	大正 －. 6. 9	西門 （岡山倉敷）	宮部 （北海道帝大）	「はますげ」にできた病斑を送ります。胞子ができたのを見たらまた送るつもりです。「うどんこ病菌」の標本は整理次第送ります	封書 ペン書
002	大正 1921 10. 6.13	西門 （岡山倉敷）	宮部 （北海道帝大）	Helminthosporium（葉枯病菌）は小生所持の培養のうち半数ばかりをお送りします。培養の寄生植物や分離の時期は別紙の通りです。Stevens氏と標本の交換を希望しているので先生のお口添えをお願いします	封筒欠 ペン書
003	大正 1923 12.10.29	西門 （岡山倉敷）	宮部 （北海道帝大）	目下小生が調べている禾本科のヘルミントスポリウム（葉枯病菌）について北米のドレクスラー氏が大部な研究を発表しましたが，今回小生が『札幌博物学会会報』に載せたものと重複も多いです。ただ小生のものは生理学的側面をもっているので気休めを感じています	封書 ペン書
004	大正 1926 15. 3.18	西門 （岡山倉敷）	宮部 （札幌北6条）	『北大農学部欧文紀要』Vol. XV, pt.5 の福士（貞吉）氏論文別刷の受領書。先般お送りした玉蜀黍の Heln. Maydis（ごま葉枯病菌）はドレクスラー氏が最近発表したものの一つであることを知りました	封書 ペン書

西田彰三

小樽高等商業学校（現・小樽商科大学）教授（商品学）。「蒟蒻粉に関する研究」（大正15年）などの論文がある

書簡番号	年月日	発信者	宛先	内容	備考
001	昭和 1944 19. 3.31	西田 （小樽緑町）	宮部 （札幌北6条）	論文別刷のご恵贈に感謝します。とくにこの度の報告は小生が日高山脈探検の際採集したヒパクロキンバイに関するもので，ご命名のうえご賞辞まで賜り，身に余る光栄です	封書 ペン書
002	昭和 19(?).8. 4	西田 （小樽緑町）	宮部 （札幌北6条）	停年退職後も嘱託として勤務し，最近は蒟蒻属の胚嚢発育に関する研究に従事しています	封書 ペン書
003	昭和 1946 21. 2.19	西田 （小樽緑町）	宮部 （札幌北6条）	文化勲章ご受章の祝辞を申し上げます	葉書 ペン書

西田藤次 (1874-1927)

明治32年札幌農学校卒業(植物病理学専攻)。農商務省農事試験場九州支場(日露戦争中は臨時鉄道大隊の陸軍三等主計)

書簡番号	年月日	発信者	宛先	内容	備考
001	明治 1899 32(?).12.11	西田(熊本?)	宮部(札幌農学校)	先頃は農商務省の辞令を受けて判任官となり、(農事試験場)病理部に勤務し、部員同志で担当を定めています。本年当地で採集の菌類の標本をお送りしますが、種名を定め難いものが多いのでご教示下さい	封筒欠 ペン書
002	明治 1905 38.2.4	西田(清国安島県)	宮部(札幌農学校)	今日は清国暦の正月元旦です。年末年始の風俗。元農学校教授岡三郎氏(中佐)が当地の第一築城団長の由。当地の寒気は厳しいが本年は40年来の暖気だそうです	封緘葉書(軍事郵便) ペン書
003	明治 38.7.3	西田(清国安島県)	宮部(札幌農学校)	6月10日安島県元宝山上で採集の3種の植物標本(アキカラマツソウほか)を同封します	封書(親展) ペン書
004	明治 1906 39.5.17	西田(熊本)	宮部(札幌農学校)	本月8日熊本九州支場へ無事帰任しました	絵葉書 ペン書
005	大正 1919 8.7.15	西田(東京?)	宮部先生御奥様	先生外遊中でお淋しきことと存じます。ご出発をお見送りできず残念でした。小生も半沢(洵)君らの尽力で農学博士に推薦され、文部省より通知を受けました。先生の門下生では平塚直次、山田玄太郎の3人です	封筒欠 ペン書

西村真琴 (1883-1956)

米国コロンビア大学で植物学を専攻。北海道帝国大学附属水産専門部教授(大正9~昭和3年)。マリモの研究や人間型ロボットの制作で知られる。昭和3年大阪毎日新聞社学芸部長に転出

書簡番号	年月日	発信者	宛先	内容	備考
001	大正 -.4.16	西村	宮部	ご指示の通り(留学希望先へ?)Yesと返電。先生ご指定のセッチェル(W. Setchell)氏は目下旅行中につき、当面はハウ博士の下で海藻を勉強する積りです(14カ月間の欧米の滞在地及び期間を記す)	封筒欠 ペン書
002	大正 1920 9(?).5.22	西村(ニューヨーク?)	宮部	5月20日に施行のドクトル試験に合格。論文(英文)は「比較形態学」ですが、先生のご周旋で日本において発表したい。小生就職の件は進行中とのことで期待しています	封筒欠 ペン書
003	大正(?) -.8.15	西村(ニューヨーク?)	宮部	小生の学位論文(コロンビア大学)は100部を大学に提供することになっていますが、経済上日本の誌上で発表したいので先生のお墨付きを当大学宛にお送り下さるようお願いします	封筒欠 ペン書
004	大正 1921 10.7.2	西村(ストックホルム?、スウェーデン)	宮部	小生留学期間満期につき9月末横浜に帰着します。此度小生が北海道に移ることは一家6名の移住となるので帰朝後3週間の休暇をください。キール(ドイツ)より書籍1箱を先生気付の着払いで送付しましたのでお立替をお願いします	封筒欠 ペン書
005	大正(?) -.8.10	西村(東京本郷)	宮部(北大)	かねてご高配いただいていた小生の学位論文は文部省学術会議に提出していたところ、此度出版が決定しましたのでコロンビア大学に対する義務も果たせます。近日中に帰札します	封書 ペン書

書簡番号	年月日	発信者	宛先	内容	備考

日本学術会議事務局 (東京都台東区上野公園)

001	昭和 1950 25. 5.25	亀山直人（日本学術会議会長）	宮部（日本学士院会員）	日本学士院会員候補者の選定に関する書類(8種)	封書 ペン書

日本植物学会 (東京都小石川区白山御殿町植物園内)

001	昭和 1936 11. 1.―	小倉 謙（日本植物学会幹事長）	宮部（札幌北6条）	昭和10年11,12月における日本植物学会記録抜粋，科学博物館設置運動	封書 ペン書 謄写版
002	昭和 11.10.15	小倉 謙（日本植物学会幹事長）	宮部（札幌北6条）	本日小倉幹事長より左記の品の送付を命じられました	封書 ペン書
003	昭和 1937 12. 7.―	小倉 謙（日本植物学会幹事長）	宮部（札幌北6条）	昭和12年度日本植物学会大会(札幌)の予定，講演日程	封筒欠 印刷物
004	昭和 12. 9.17	小倉 謙（日本植物学会幹事長）	宮部（札幌北6条）	昭和12.9.17 評議員会記事，植物用語統一の件	封筒欠 謄写版
005	昭和 1938 13. 2.25	小倉 謙（日本植物学会幹事長）	宮部（札幌北6条）	昭和13.1.29 評議員会記事（「国立自然博物館建設請願案」を評議）	封筒欠 謄写版
006	昭和 13. 3.―	藤井健次郎（日本植物学会会長）	宮部（札幌北6条）	昭和13年度本会第6回大会(東京)案内	封筒欠 ペン書

日本植物病理学会 (東京都瀧野川区西ケ原町農林省農事試験場内)

001	昭和 1946 21. 2.22	日本植物病理学会（東京瀧野川区）	宮部（北海道帝大）	昭和20年度及21年度本会総会及講演会開催の案内	封書 謄写版

野澤俊次郎 (1865-1928)

明治18年札幌農学校卒業(第5期生)。札幌農学校教授兼北海道庁技師，明治39年水産漁撈研究のため3年間欧米留学後，東北帝国大学農科大学水産学科教授

001	明治 1906 39.10.27	野澤（東京）	佐藤校長（札幌農学校）	東大における(海外留学の)身体検査に合格。本年度設備費中機械購入のために藤田(経信)とともに当地の主要な商店で現物を実見して見積書或いは請求書を会計課に回附しました。小生の出発期日は来月28日因幡丸と決定しました	封書 ペン書
002	明治 39.11.29	野澤（神戸港碇泊因幡丸）	宮部（札幌北3条）	23日の貴翰拝見しました。(新設水産学科の)購入品について藤田君と打合せ。設備については充分の研究を要するので来年フランスで藤田君と会合して決めることにしました。只今神戸に入港したところです。明年の予算中英国で求められる漁撈器具類はロンドンで購入の上三井物産に相談します	封書 上記同封 ペン書

書簡番号	年月日	発信者	宛先	内容	備考

芳賀鍬五郎 (1873-1931)
明治36年札幌農学校卒業後，直ちに農商務省海外実習生として米国セントルイス植物園，英国王立キュー植物園で園芸学を学ぶ。同40年より大正9年まで台湾総督府技師

| 001 | 明治 1904 37. 9. 7 | 芳賀 (セントルイス, Mo.) | 宮部 (札幌北3条) | 当地の植物園職員はほとんどがスカラーシップの学生たちで月に20円位貰うとのことです。2年生より午前のみ実習で，3，4年生の植物講義は当市の大学の講義を聴くことになります。来年は他の植物園，農学校，農事試験場を見学し，英国のキュー植物園に入るつもりです | 封筒欠 (星野勇三003と同封か?) ペン書14p |

八田三郎 (1865-1935)
帝国大学理科大学動物学科撰科修了。明治37年より札幌農学校助教授，東北帝国大学農科大学・北海道帝国大学教授(動物発生学)。宗谷海峡を動物分布の境界線とする「八田線」の提唱で知られる

| 001 | 大正 1922 11. 9. 5 | 八田 (東京麻布) | 宮部 (札幌北2条) | 小生漸く一昨日入京。当地には1週間ほど滞在し，犬飼(哲夫)君の論文を校正してから帰りたい | 封書 毛筆巻紙 |
| 002 | 大正 -. 5.26 | 八田 (ベルリン) | 宮部 (北海道帝大) | ホーヘンハイム農学校の絵ハガキおよびそのキャンパスの解説。教授の多くは屈指の大家。ブレーメンのドイツ動物学会や万国動物学会にも参加 | 封書 毛筆巻紙 |

服部廣太郎 (1875-1965)
東京帝国大学理科大学植物学科卒業。学習院教授を経て宮内省御用掛生物学御研究所主任(菌類の研究)

| 001 | 昭和 1946 21. 2.11 | 服部 (東京神田) | 宮部 (札幌北2条) | 先生多年の学術貢献のため，文化勲章のご受章を慶賀します | 封書 毛筆巻紙 |

服部正平
北海道茅部郡森尋常小学校長

| 001 | 大正 1916 5. 9.30 | 服部 (北海道茅部郡森村) | 宮部 (農科大学植物学教室) | 当地方の椎茸について佐々木教授よりの照会に回答します (実物4個を別便で送ります) | 封書 カーボン複写罫紙 |

早田文蔵 (1874-1934)
東京帝国大学理科大学植物学科卒業。同大学理学部教授(植物分類学)，附属植物園長。『台湾植物図説』を著す

| 001 | 明治 1905 38. 1.10 | 早田 (東京小石川植物園) | 宮部 (札幌農学校) | 小生は台湾のフロラ目録の完成を期していますが，吾校では材料不足で仏人フォーリー(U. Faurie)氏の標本に頼っている次第です。以前材料の供給を約束した川上瀧彌氏は渡台以来ほとんど実行していません。とくに高山植物につき先生のご助力をお願いします | 封書 ペン書 |

原　寛 (1911-86)
東京帝国大学理学部植物学科卒業。東京大学理学部植物学科教授，日本植物分類学会初代会長

書簡番号	年月日	発信者	宛先	内容	備考
001	昭和 1938 13.11.14	原 (ケンブリッジ, Mass.)	宮部 (北海道帝大)	このたびの渡米に際しては沢山の紹介状をいただき感謝します。それらの人々から非常に親切な便宜を受けています。当地は静かな親しみのある土地で，何か札幌に似ています	封書 ペン書
002	昭和 －．3.14	原 (東京麹町区)	宮部 (北大農学部植物学教室)	昨夏拝借したアカバナ類の標本を返送します。お蔭で充分な研究ができ感謝します。標本中には小林義雄氏がアリューシャン列島で採集したものがあり，これは以前当教室がお貸ししたものと思い，残しておきます	封書 ペン書
003	昭和 －．6.9	原 (東大理学部)	宮部 (北大農学部植物学教室)	お申し出の Nat. Syst. Ex. Herb. Bot. Petropol. IV は，本日書留便で教室宛に送付しましたのでご査収下さい	封書 ペン書
004	昭和 1944 19(?).4.16	原 (東大理学部)	宮部 (北大農学部)	貴著別刷「日本産キンバイサウ属の種類」の受贈礼状	葉書 ペン書
005	昭和 19.8.－	原 (東京麹町区)	宮部 (札幌北6条)	父原嘉道死去の際のご弔慰に感謝	封書 印刷物
006	昭和 1946 21.2.11	原 (東京目黒)	宮部 (札幌北6条)	本日は学者として最高の栄誉である文化勲章のご受章おめでとうございます。私も戦災で家を焼かれましたが，先生のご受章は私共植物学者にとって発奮のよき緒口です	封書 ペン書

半澤　洵 (1879-1972)
明治34年札幌農学校卒業。北海道帝国大学農学部教授(農芸化学)。納豆菌の純粋培養を開発し「納豆博士」と呼ばれた。昭和45年日本学士院会員

書簡番号	年月日	発信者	宛先	内容	備考
001	明治 1903 36.9.5	神原法太郎 (兵庫県宍粟郡農会長)	佐藤昌介 (札幌農学校長)	本年の麦作銹菌病は各地に惨害をもたらし，当郡でも農家経済に至大の影響を与えています。御校ではその駆除予防法を考究実験しておられるとのことなので，ご教示下さい	封筒欠 毛筆(宍粟郡農会罫紙)
002	明治 1904 37.1.1	半澤 (札幌農学校助教授)	神原 (兵庫県宍粟郡)	麦銹病予防・駆除法については本校でも数年来研究を継続し，既に2, 3の効果的な方法もあるが，それらは学術上に止まり，広く農家の実施に適する良法は未だ発見されていない。この菌は世代によって寄生植物を異にし，又種類により抵抗力に強弱があるなど対策は困難であるが，農家でも出来ると思われる方策を次に記しておきたい	封筒欠 毛筆控8p (札幌農学校罫紙)

樋浦　誠 (1898-1991)
大正11年北海道帝国大学農学部農業生物学科卒業。岐阜高等農林学校教授(植物病理学)，酪農学園大学学長

書簡番号	年月日	発信者	宛先	内容	備考
001	大正 1924 13.6.21	樋浦 (岐阜高等農林学校)	宮部 (北海道帝大農学部)	新設校とはいえ顕微鏡は1台もなく実験は休講，講義は週に5時間。助手もいないが教授会が多い。夏休み中には名和昆虫所の聴講生として虫害のことを覚えておきます	封書 ペン書(島津製作所便箋)
002	昭和 1928 3.10.10	樋浦 (岐阜高等農林学校)	宮部 (北海道帝大農学部)	借用中の論文4点返却。本年度の洋行候補者にほぼ内定しました。先生のご援護の賜と感謝しています	封書 ペン書

書簡番号	年月日	発信者	宛先	内容	備考
003	昭和1947 22(?).2.10	樋浦 (岐阜高等農林学校)	宮部 (札幌北6条)	文化勲章を受章された先生がかくしゃくとして研究に挺身しておられる旨をラジオ・ニュースで聞き，私たち弟子の誇りと喜んでいます	封書 ペン書
004	昭和 22(?).8.26	樋浦 (岐阜那加町)	宮部 (札幌北6条)	実験室の状態もようやく戦前に近づいたので，再び植物病理学樹立のために邁進し，病理現象の有機化学的裏付けをしたいと思います	封書 ペン書
005	昭和1948 23.2.1	樋浦 (岐阜那加町)	宮部 (札幌北6条)	来年から新学制実施ですが，昔の札幌農学校はアメリカの大学と同じく4年制だったので先生には感慨深いことと思います。私の学校も昨年より運動の結果昭和24年度から名古屋大学の農学部に昇格の見込です	封書 ペン書
006	昭和 23.8.20	樋浦 (岐阜那加町)	宮部 (札幌北6条)	酪農学園大学の初代学長として，文部省への認可申請書に先生のお名前を無断で拝借したことをお詫びします。結局は小生が学長を引受けることになり，クラーク精神を引継ぐつもりです	封書 ペン書

疋田豊治 (1882-1974)
函館高等水産学校教授(魚類学)。カレイの研究やシシャモの名付け親として知られる。写真家としても有名で北大水産学部に疋田写真コレクションあり

| 001 | 昭和1940
15.9.7 | 疋田
(函館) | 宮部
(北海道帝大) | 来る10月当校の開校記念祝典に創立以来の関係教官の引伸写真を備えるため，時田(郇)氏に依頼して先生の写真を拝借できたことに感謝します | 封書
毛筆半紙 |

日野謙夫
北海道帝国大学農学部植物学教室(画工?)，台北帝国大学生物学教室(画工)

| 001 | 昭和1933
8.7.18 | 日野
(北海道礼文島香深) | 宮部
(北海道帝大) | 香深では漁業組合のお世話で採集(こんぶ標本)もはかどっています。西海岸ウエンナイ，北西の船泊方面は舘脇先生と行を共にして採集しています | 封書
ペン書 |
| 002 | 昭和
-.10.11 | 日野
(台北) | 宮部 | 半月前に台北の官舎に落着きました。小生はもっぱら畜産教室で写真等に従事することになり，牛の骨格解剖から逃出して，「花を解剖する様にはゆかない」と叱られました。当地では巡査すら鉄砲をもって本島人街の要所に立っています | 封書
ペン書(台北帝大罫紙) |

檜山水産会 (副会長西谷嘉右衛門)

| 001 | 大正1926
15.9.15 | 檜山水産会・西谷
(北海道檜山支庁内) | 宮部
(北海道帝大) | 先日国産振興博覧会々場でご依頼のあった昆布標本を別便によって送ります | 封書
ペン書 |
| 002 | 大正
15.9.21 | 檜山水産会・西谷
(北海道檜山支庁内) | 宮部
(北海道帝大) | 送付昆布の産地その他につき回答，および当地方昆布における本昆布，細布の異同につき照会 | 封書
ペン書 |

平塚直治(1873-1946)

明治29年札幌農学校卒業(植物病理学専攻)。青森県立第一尋常中学校,沖縄県立首里中学教諭,のち帝国製麻㈱重役

書簡番号	年月日	発信者	宛先	内容	備考
001	明治 *1896* 29(?).10.9	平塚(青森弘前)	宮部	青森県庁で仮辞令を受け,本日弘前の学校に着任。受け持時間は20時間以上と告げられました。植物標本は長崎氏採集の津軽平原の腊葉帖3冊のほか130種の購入標本があります。理化学及博物実験室に助手が1名おり便利です	封書(切手欠)毛筆巻紙
002	明治 29.10.12	平塚(青森弘前)	宮部(札幌農学校)	昨日下宿に転居しました。雑貨店で三厩昆布(みんまや)を入手したので明日小包で発送します。主人の話では三厩昆布は根室より移植したもので豊年の年には1万石を産するそうです	葉書毛筆
003	明治 29.11.6	平塚(青森弘前)	宮部(札幌北3条)	本月4日より始業の小生の授業受持ち時間は21時間です。在札中は先生のライブラリーを自由に利用できて便利だったので,不便を痛感しています	封書毛筆巻紙(135 cm)
004	明治 29.11.27	平塚(青森弘前)	宮部(札幌北3条)	眼病のため遅延していた研究報告を本日郵送します。フザリアム(腐敗病菌)は純粋の寄生菌ではなく,死物兼活物寄生菌ではないかと思います。大鰐温泉の50℃内外の溝で深緑のオシラリア類の藻類を採集しました	封書毛筆巻紙(135 cm)
005	明治 29.12.27	平塚(青森弘前)	宮部(札幌北3条)	当地採集の標本を少々送ります。小生の論文「メランプソラ」(さび病菌)を『植物学雑誌』にのせていただきたく,近日中に原稿をお手元に送ります。ご添削いただけたら幸いです	封書毛筆巻紙(145 cm)
006	明治 *1897* 30.1.14	平塚(青森弘前)	宮部(札幌北3条)	別便でお送りする論文は植物学上有用のものと信じますので,『植物学雑誌』に掲載方をご紹介下さるようお願いします。ご熟覧のうえご訂正いただければ幸いです	封書毛筆巻紙
007	明治 30.2.27	平塚(青森弘前)	宮部(札幌北2条)	先日「メランプソラ」の論文をお送りしましたが,もし訂正済でしたらご返送下さるようお願いします。当校の新任校長秋山氏は慶応出身者で交際の広い人です。3年以上の生徒17名で理学研究会を起しました	封書毛筆巻紙(262 cm)
008	明治 30.5.18	平塚(青森弘前)	宮部(札幌北2条)	校長が上京し,物理学校出身の野崎という人を平野氏の後任として伴い帰りました。小生の論文をお暇の折にご訂正下さい	封書毛筆巻紙(305 cm)
009	明治 30.9.29	平塚(青森県立第一尋常中学校)	宮部(札幌農学校)	先生のお骨折りで論文を上梓することができて感謝します。最近の岩木山や八甲田の採集品は200種類位です。岩木山,十和田山の分とともに名称をご教示下さい	封書毛筆巻紙(130 cm)
010	明治 30.10.7	平塚(青森弘前)	宮部(札幌北3条)	ご照会のありました当地方の桃の病気については未だ調査しておりません	葉書毛筆
011	明治 30.10.29	平塚(青森弘前)	宮部(札幌北3条)	先生お立替えの論文別刷35部の代金を送付します。小生赴任後1年に相成り,受持は植物,化学,地文です。第2の論文を脱稿し発送しましたので,どうかご訂正下さい	封筒欠毛筆半紙4p
012	1897.11.23	R. Ferry(『菌学雑誌』の編集長)(Saint Dié, フランス)	平塚(札幌植物実験室)	(仏文)論文 "Notes on some Melampsorae(さび病菌) of Japan"をお送りいただき感謝します。私はこれをわれわれの『菌学雑誌』の中で紹介しますので,わかり易く書き直していただけませんか	封筒欠下記同封ペン書

書簡番号	年月日	発信者	宛　先	内　　容	備　考
013	明治 1898 31. 2.21	平塚 (青森弘前)	宮部 (札幌北3条)	仏国の植物学者フェリー氏より論文及菌類標本の交換を申し込んできました。標本交換については思うところもありますので，先生のご判断をいただきたく先方の書面を同封します	封書(親展) 毛筆罫紙 5p
014	明治 31. 3.20	平塚 (青森弘前)	宮部 (札幌北3条)	拙論のご校正に深謝します。なおいくつかの疑問および補正があります	封書 ペン書
015	明治 31. 6. 5	平塚 (青森弘前)	宮部 (札幌北2条)	先月16日5年生一同を引連れ，青森より八甲田山へ登り，さらに十和田山に赴き十和田湖，銚子瀧を見て小坂銀山に至り22日帰校しました。青森の天主教会のフォーリー(U. Faurie)氏は非常に熱心な採集家で，標本の交換を約束しました	封書 毛筆巻紙 (137 cm)
016	明治 31.10. 8	平塚 (沖縄首里)	宮部 (札幌北3条)	小生が沖縄でなすべきことは採集が主だと考えていますので，勇気と希望をもって沖縄の菌学のために赴任するつもりです	封筒欠 毛筆巻紙 (冒頭欠)
017	明治 31.11.11	平塚 (沖縄首里)	宮部 (札幌北3条)	中学校は那覇を距てる1里，旧城の近傍にあります。創立は古く明治16, 17年頃の由です。師範学校の植物教師黒岩恒氏は牧野(富太郎)氏と同郷で竹馬の友だそうです。何れの地も同様で師範学校と中学の仲が悪いのは，余輩の大いに憾とする所です	封筒欠 毛筆巻紙 (138 cm)
018	明治 31.12.21	平塚 (沖縄首里)	宮部 (札幌北2条)	当地に産する植物の種類は少なく，菌類の如きは格別僅かです。最近英国およびドイツより菌類標本交換の申し出がありましたが，本邦産のものを外国人によって先に研究されるのは残念なのでいずれも断りました。もし御校において助手，助教授として植物病理或は隠花植物の研究ができれば幸いです	封書(親展) 毛筆巻紙 (160 cm)
019	明治 1899 32. 1. 9	平塚 (沖縄)	宮部 (札幌農学校植物病理教室)	(英文)新種と思われる2種の菌類を発見しました。私はそれを phakopsora (さび病菌)に分類したいのですが，決定にはまだ入念な研究が必要です	葉書 ペン書
020	明治 32. 2. 8	平塚 (沖縄那覇)	宮部 (札幌北3条)	流感で那覇病院に入院し，その間は先日お知らせした新種の菌類を乾燥できなかったのが残念です。当地の中学は設備が悪く，早婚の弊で妻帯の生徒も多く，校紀の振興が必要です	封書(親展) 毛筆巻紙 (180 cm)
021	明治 32. 4.22	平塚 (沖縄首里)	宮部 (札幌北3条)	病気の回復が遅く授業も困難なので辞職を申し出ましたが，校長は聞き入れてくれません。鹿児島へ転地療養を願い出たところ許可されましたので，場合によっては上京あるいは帰札します。先日標本をお送りした菌の寄主はまだ判然としません	封書 毛筆巻紙 (165 cm)
022	明治 1901 34. 8. 9	平塚 (北海道角田村製綿所)	宮部 (札幌北3条)	小生が当地の会社で薄給に甘んじている理由は将来の研究に望みをもっているからですが，同窓の諸君と比較すれば馬鹿らしくなります。宇野重役は近く決算の要務を帯び上京とのことなので，同窓と釣合がとれるよう先生よりそれとなく伝えてください	封書(親展) 毛筆巻紙 (160 cm)

書簡番号	年月日	発信者	宛先	内容	備考
023	大正 1919 8. 4.14	平塚 (ボストン, Mass.)	札幌 (札幌北6条)	去る10日当地に到着しました。ファーロー(W. Farlow)博士の案内で「アーノルド樹木園」を見学。先生が近くご渡米のことをファーロー,サクスター(R. Thaxter)博士らにのべたところ,彼らはしきりに何時頃かと尋ねていました。明日は坂村(徹)君と同道でアマーストのブルックス(W. Brooks)先生を訪問するつもりです	封筒欠 ペン書
024	大正 8. 6. 5	平塚 (日本郵船香取丸)	宮部 (札幌北5条)	小生セントルイス大学の実験室を参観,ボタニカル・セミナーを聴講。本船中で官報を閲覧して,先生の欧米ご出張を知りました。先生の名声は世界の植物学者間に広く知られ,人格を敬慕されていることを知り,先生の弟子たることを光栄に思いました	封書 ペン書4p (日本郵船便箋)
025	大正 8. 6.29	平塚 (東京)	宮部 (イサカ,NY)	ご渡米のことを知らず小生6月2日シアトル港を出帆,去る16日帰京して先生と行き違いになったことを知りました。ハーバード大学ではご紹介いただいた諸教授たちから歓待されました。今回農学博士会で博士に推薦された35名の中には,堀誠太郎,山田玄太郎,小生のほかウィリアム・P.ブルックス氏も含まれています。帝国製麻の社長,重役,社員らも大喜び。先生のお勧めにより入社以来18年,今回農学博士となり,帝国ホテルにおいて帰朝歓迎と博士推薦祝賀会を受けました	封書 ペン書3p (帝国製麻欧文便箋)
026	大正 1922 11. 1.30	平塚 (札幌北6条)	宮部 (札幌北2条)	ノース・ダコタのボレー(H. Bolley)氏よりの書簡中に,先生がアメリカの植物病理学者たちから,いかに尊敬されているかがのべられていたのでお送りします	封書 ペン書 (帝国製麻欧文便箋)
027	?	H. Bolley (N. Dak., 米国)	平塚 (札幌)	(英文切抜)アメリカ植物病理学会の会議において宮部博士ほど歓迎された人はいなかった。われわれは彼のことを「菌類学の父(papa of mycology)」とよんでいる	上記同封 ペン書
028	大正 1924 13. 8. 8	平塚 (札幌北6条)	宮部 (札幌北2条)	昨日お電話いただいた札幌時計台修繕のことは中山氏から詳細を承りました。小生の考えでは外観を損ずることなく保存利用し,札幌市の公会堂は別に新築の必要があると思います	封書 ペン書
029	大正 1925 14. 3. 9	平塚 (札幌北6条)	宮部 (札幌北2条)	昨日お邪魔の折,舘脇(操)氏のことをお尋ねしたところ独身にて研究に専念の由。恒子を同君に配したらと思います。同君の性行その他を知りませんので先生のご尊慮を煩す次第です	封書(御内披) ペン書
030	昭和 1928 3. 3.16	平塚 (札幌北6条)	宮部 (札幌北6条)	以前お話のあった白石村の高橋氏の土地を購入したい人がありますが,価格はどれ程ですか? 1万円位なら買いたいとのこと	封書 ペン書
031	昭和 1929 4(?).12. 3	平塚 (札幌北6条)	宮部 (札幌北6条)	今回北大に理学部が新設され菌学の講座が設けられる場合には,大学院を終了し現在伊藤(誠哉)博士のもとで菌類の研究に従事している長男直秀を推挙していただければ幸いです	封書(親展) ペン書3p
032	昭和 1936 11. 9.18	平塚 (札幌北7条)	宮部 (札幌北6条)	長男直秀の学位論文通過と出版についてお電話をいただき,親子2代にわたる先生のご指導に感激しています	封書 毛筆便箋 5p

書簡番号	年月日	発信者	宛先	内容	備考
033	昭和13.12.6 *1938*	平塚（札幌北7条）	宮部（札幌北6条）	露西亜国のアビス（モミ）属針葉油原料につき早速のご教示に感謝。目下珪藻土を研究のところ良質のものに乏しく困っています。以前神保（小虎）博士から平取付近にあると聞いたように思うのでご教示下さい	封書 毛筆便箋3p
034	昭和14.12.9 *1939*	平塚（札幌北7条）	宮部（札幌北6条）	このたびはご尊影を賜り、80歳とはみえないご健勝を喜んでいます	封書 毛筆便箋3p
035	昭和16.1.27 *1941*	平塚（札幌北7条）	宮部（札幌北6条）	小生の骨折事故につき早速のお見舞い恐縮です	葉書 ペン書
036	昭和16.3.5	平塚（札幌北7条）	宮部（札幌北6条）	植物病理学会における先生のご講演別刷りのご恵送に感謝します	葉書 ペン書
037	昭和19.11.19 *1944*	平塚（札幌北7条）	宮部（札幌北6条）	このたび謹呈しました子息直秀の『日本列島層生銹菌科誌』は2代にわたり先生のご指導を受けたわれわれ父子の研究成果をまとめたものです	封書 ペン書5p
038	昭和 －．1.22	平塚	宮部	直秀がお送りした『日本に於ける銹菌学略史』という小冊子は、私共父子も参加させていただいたこの方面における先生のご研究の歴史です	封筒欠 ペン書
039	？ －．6.17	平塚	宮部	昨夕お尋ねのあった雅子は私共の一男八女の六女で庁立高女を卒業し、温厚、素直、几帳面で無邪気な娘です	封書（切手欠）ペン書

平塚直秀 (1903-2000)

大正15年北海道帝国大学農学部農業生物学科卒業（植物病理学専攻）。鳥取高等農業学校教授、東京教育大学教授。昭和37年日本学士院賞受賞、昭和48年日本学士院会員。平塚直治の子息

書簡番号	年月日	発信者	宛先	内容	備考
001	昭和6.9.28 *1931*	平塚（鳥取）	宮部（札幌北6条）	論文別刷のご恵贈に感謝します。小生本校に赴任してより2ヵ年余です	封書 ペン書
002	昭和 －．1.24	平塚（鳥取）	宮部（札幌北6条）	先頃は秀之の出産に際してご祝詞、お祝品をいただき有難うございました。地方的課題として蚕豆銹病を研究中です	封書 ペン書
003	昭和13.9.13 *1938*	平塚（鳥取）	宮部（札幌北6条）	『北日本植物誌料』9・10のご恵贈に感謝。非常時下の経費大節減で研究費は殆ど皆無。数年中には朝鮮・満州・支那大陸の「寄生菌類フロラ」の調査に従事できることを熱望しています。先生のご推薦で帝国学士院より研究費補助をえることはできませんか	封書 ペン書
004	昭和13.10.7	平塚（鳥取）	宮部（札幌北6条）	先便のように目下朝鮮半島の銹菌調査を企図していますが調査費の途なく切歯扼腕の態です。先生のご推薦で研究費補助をもらえるよう重ねて懇願いたします	封書 ペン書
005	昭和14.3.21 *1939*	平塚（鳥取）	宮部（札幌北6条）	今度は先生の特別なご配慮で帝国学士院の研究費補助を受けることになり厚くお礼を申し上げます。小生も東大中井（猛之進）先生の推挙で『日本植物誌』の執筆に参加することになりました	封書 ペン書
006	昭和14.10.5	平塚（鳥取）	宮部（札幌北6条）	帝国学士院に提出すべき報告書は近く先生宛にお送りします。このたび文部省より銹菌類の研究調査費として多額の交付を受けることになりました。亜麻病害の研究にも着手しました	封書 ペン書

書簡番号	年月日	発信者	宛先	内容	備考
007	昭和 1939 14.11.6	平塚（鳥取）	宮部（札幌北6条）	九州の山岳地帯の調査に従事のため帝国学士院への提出書類が遅延して申し訳ありません（同封資料：英文「朝鮮産銹菌III」）	封書（速達）ペン書
008	昭和 1941 16(?).3.9	平塚（鳥取）	宮部（札幌北6条）	このたびは特別のご配慮により帝国学士院より研究費補助金を受けることになり感謝いたします。先生の「懐旧談」（『日本植物病理学会報』第23号，昭和15年）中に小生父子のことも触れられていることに感銘をうけました。今冬は台湾で採集の旅をします	封書ペン書
009	昭和 1944 19(?).9.13	平塚（鳥取）	宮部（札幌北6条）	若輩の不肖が農学科長，工場長，生徒主事，標本室主事などを命じられ，朝6時半登校で全くの暇なしです。本月下旬には満州へ3週間ほど出張の予定です	封書ペン書
010	昭和 19.11.28	宮部（札幌北6条）	平塚（鳥取）	このたび受贈の本邦産層生銹菌科のモノグラフは，平塚父子二代の研究成果として完全無欠のもので感嘆。ただ時局下用紙印刷等の都合で必要な図を割愛し，欧文で発表できなかったことは遺憾。＊1991年5月平塚直秀氏寄贈。なお，平塚直治書簡037参照	封書毛筆巻紙
011	昭和 1946 21.2.11	平塚（鳥取）	宮部（札幌北6条）	今朝のラジオ放送で先生の文化勲章ご受章を知り，門下の一人として感激措く能はず，在札の父直治もさぞかし喜んでいる事と存じます	封書ペン書

福士貞吉（1894-1991）

大正8年北海道帝国大学農学部卒業（植物病理学専攻）。鳥取高等農業学校教授，北海道帝国大学農学部教授。昭和33年日本学士院賞受賞，昭和39年日本学士院会員

書簡番号	年月日	発信者	宛先	内容	備考
001	大正 1922 11.3.11	福士（鳥取高等農業学校）	宮部（北大植物学教室）	送付した論文別刷のこと。昨年採集した当地の菌類標本は至って少ないので，追々に種々の山陰地方産菌類標本をご高覧に供したいと思います	封書ペン書
002	大正 1923 12.3.21	福士（東京神田峡陽館）	宮部（札幌）	このたび入学試験委員として上京中です。小麦の銹病に関するご講演の印刷物落掌，小生が先生の助手として働いていた仕事の一部も含まれていて嬉しく思いました。小麦の免疫品種に接種したときに起きる寄生細胞の崩壊に関する英文報告を作製のこと，承知しました	封書ペン書
003	大正 12.4.3	福士（鳥取高等農業学校）	宮部（北大農学部植物学教室）	報文に添えるスケッチ作製は当時のプレパラートが利用に耐えないので，新たにプレパラートを作製するためBishop's wheatその他の種子のご送付をお願いします	封書ペン書
004	大正 12.6.11	福士（鳥取高等農業学校）	宮部（北大農学部植物学教室）	ご送付の小麦種子はすでにポットへ播種，夏胞子のご送付を待って研究に着手のつもりです	封書ペン書
005	大正 12(?).8.8	福士（鳥取高等農業学校）	宮部（北大農学部植物学教室）	山田校長宛のお手紙のなかで小生の稲萎縮病に関する研究につきご懇切な教導を賜わり感謝します。小麦の赤銹病の研究についてご報告すべきところ結果不充分につき延引しています	封書ペン書
006	大正 1924 13(?).7.8	福士（仙台瀬戸勝旅館）	宮部（北大農学部植物学教室）	モーリッシュ（H. Molisch）教授の講演を聞くため数日前より仙台に来ました。高等学校，専門学校の先生約30名が受講していました。昨日と今日はドイツ語で講義，明日からは英語とのこと。Photobakteria（発光細菌）に関する実験は驚くほど鮮やかでした	封書ペン書

書簡番号	年月日	発信者	宛先	内容	備考
007	大正 -.8.6	福士 (仙台)	宮部 (北大農学部植物学教室)	本日宮城農学校講堂で地方巡廻講演の第一声を挙げました。聴衆は技術員，青年学校，農学校の教師など約400名で皆熱心。午前は稲萎縮(?)病，午後は馬鈴薯の萎縮病について話しました	封書 ペン書
008	大正 1925 14(?).5.19	福士 (グランドキャニヨン, Ariz.)	宮部 (北大農学部植物学教室)	今朝グランドキャニオンに来て天下の奇勝を多分に眺めました	絵葉書 ペン書
009	大正 1925 14(?).5.22	福士 (セントルイス, Mo.)	宮部 (北大農学部植物学教室)	今朝セントルイスに到着。ダガー(B. Duggar)教授を訪ねて研究目的を話しました。但し当地の夏は暑気が強いとのことなので，小生もMadisonへ移るつもりです	絵葉書 ペン書
010	大正 1926 15.4.5	福士 (セントルイス, ミズーリ植物園, Mo.)	宮部 (北大農学部植物学教室)	小生の苹果(リンゴ)赤星病に関する報告は，実験の最初より出版の最後まで先生のご尽力をいただき，校正までお手数を煩わして誠に恐縮です。別刷60部を受け取り，校正の正確なことに驚喜し感謝しています。5月中旬には北海道帝国大学創立50年式典を開催の由，小生は遥かなる当植物園において母校を祝いたいと思います	封書 ペン書
011	昭和 1948 23.7.-	福士 (北海道大学附属植物園長)	宮部名誉教授	北海道大学附属植物園内「花の教室即草木展示所」会場の案内	封書 謄写版

福田八十楠 (1895-1970)

大正8年北海道帝国大学農学部卒業(植物生理学)。満州医科大学・北京大学教授，のち広島文理科大学教授

書簡番号	年月日	発信者	宛先	内容	備考
001	昭和 -.10.29	福田(平野氏持参) (満州医科大学予科，奉天)	宮部 (札幌北2条)	満州医科大学幹事平野正朝氏内地各学校視察につき何分のご歓待をお願いします。なお動物学教授1名採用予定につき八田(三郎)先生の弟子で適当な人があれば同氏へご紹介下さい	封書 毛筆巻紙

藤井健次郎 (1866-1952)

帝国大学理科大学植物学科卒業。東京帝国大学理学部教授(細胞遺伝学)。わが国の細胞遺伝学の発展に寄与。染色体の螺旋構造を発見，「遺伝子」の命名者。昭和14年帝国学士院会員。昭和25年文化勲章受章

書簡番号	年月日	発信者	宛先	内容	備考
001	昭和 1936 11.9.18	藤井 (東大理学部植物学教室)	宮部 (札幌北6条)	小生前々より三好(学)博士の後任として日本植物学会長に推されていましたが，健康を害したため評議会で貴下を推薦したところ全会一致で決定となりました。札幌は遠隔地のこと故，名誉職のようなものとして是非就任をお願いします	封書(書留) ペン書
002	昭和 11.9.28	藤井 (東大理学部植物学教室)	宮部 (札幌北6条)	このたびはご迷惑なことをお願いしましたのに早速ご承諾くださり，日本植物学会のために慶賀の至りです。一昨日の総会で三好会長辞任ののち，貴下を全会一致で会長に決定しましたのでよろしくお願いします	封書 ペン書
003	昭和 1943 18.10.25	藤井 (東京小石川区)	宮部 (札幌北6条)	池野(成一郎)会員逝去につき学士院会員補充をめぐる諸意見について	封書(親展) ペン書
004	昭和 1944 19.2.3	藤井 (東京小石川区)	宮部 (札幌北6条)	学士院における池野氏後任の投票その他の件	封書(親展速達) ペン書

書簡番号	年月日	発信者	宛先	内容	備考
005	昭和 1944 19．2．28	藤井（東京小石川区）	宮部（札幌北6条）	先日の学士院例会では池野氏の補欠は進行せず，鈴木梅太郎氏の補欠は次回で決選投票となります．分科範囲の拡張については協議会の開設が決定しました	封書（親展）ペン書
006	昭和 19．4．3	藤井（東京小石川区）	宮部（札幌北6条）	去る3月13日の学士院例会における柴田（桂太）会員の転科，池野・鈴木両会員後任の件など	封書（速達）ペン書
007	昭和 19．4．6	藤井（東京小石川）	宮部（札幌北6条）	学士院会員補欠の問題は柴田君の転分科問題と池野君の補欠選挙問題が同時に起ったことから生じたもので，池野氏の逝去で植物学の会員が減ずる遺憾な結果となる点は同感です	封書（親展速達）ペン書
008	昭和 19．9．11	藤井（東京小石川）	宮部（札幌北6条）	7月の例会で朝比奈（泰彦）会員より転科の不可なることが強調され，柴田会員自身も院議に従うことを申し出たので，この問題は特別委に委任されることになりました．その顔触れでは貴下のご意見に一致しないと思います	封書（親展速達）ペン書
009	昭和 19．10．21	藤井（東京小石川）	宮部（札幌北6条）	転科の件は特別委では差支えなしと決定しましたが，今村（明恒？）委員の提案で総会の承認を必要とすることになりました	封書（親展）ペン書
010	昭和 19．12．23	藤井（東京小石川）	宮部（札幌北6条）	先日の委員会は2回とも空襲で中止．3回目では5名の参考候補者を決定，坂村（徹）君もその一人です	封緘葉書ペン書
011	昭和 1945 20．6．26	藤井（山梨穂坂村）	宮部（札幌北6条）	小生の住宅は強制疎開で破壊され山梨県に移転しました．22日詮衡委員会には出席のつもりでしたが，汽車の混雑は老人には危険のことで見合わせました	葉書ペン書
012	昭和 1946 21．2．21	藤井（東京帝大理学部植物教室）	宮部（札幌北6条）	奉祝文化勲章之授与（病中より）	封書（親展）ペン書名刺記入
013	昭和 1947 22．7．28	藤井（東京世田谷）	宮部（札幌北6条）	松浦（一）君の（学士院賞）受賞については同感ですが，主唱者が貴下でなくては通過覚束なし．松浦君とご協議の上審査要旨案を小生までお送り下さい．5名の主唱，賛成者が必要につき，他の3氏の同意を求めてください	封書ペン書
014	昭和 22．8．8	藤井（東京世田谷）	宮部（札幌北6条）	学士院賞授賞の件近年はとくに慎重に審議されることになったので，先日来諸方面の細胞学者たちの意見を聞いたところ，松浦君の研究については世界の反響がみたいとのことで一致．今一年延期すれば間違いなく通ると考えますが如何ですか．この手紙は松浦君にもお見せ下さい	封書ペン書
015	昭和 22．9．29	藤井（東京世田谷）	宮部（札幌北6条）	柴田君はまだ貴下より依頼を受けていないとのこと．これは成否の別れるところと考えられるので大至急お願いします	葉書ペン書
016	昭和 22．11．19	藤井（東京世田谷）	宮部（札幌北6条）	小生持病の影響もあり松浦兄の受賞のための要旨提出は不可能となり残念．今後も小生の及ぶ限り尽力の積り．今回提出を断念した経過は次の通りです	封書ペン書
017	昭和 22．11．20	藤井（東京世田谷）	宮部（札幌北6条）	昨日お送りした手紙の内容はお手数ながら松浦君へもお話し下さい．目下取り込み中で同君へは呈書しませんのでよろしく	葉書ペン書

書簡番号	年月日	発信者	宛先	内容	備考
018	昭和 1948 23. 1.28	藤井（東京世田谷）	宮部（札幌北6条）	小生も一両日漸く離床し教室に出た次第。万一本年は学士院改革の余波で授賞数を増加する場合に備えて，同封の審査要旨に加筆・訂正して至急返送するよう松浦君にお話し下さい	封書（速達）ペン書
019	昭和 23. 2.19	藤井（東京世田谷）	宮部（札幌北6条）	会員増員の件についての貴案は十分考慮いたします	葉書 ペン書
020	昭和 23. 5.15	藤井（東京世田谷）	宮部（札幌北6条）	故谷津（直秀）君の補欠選挙で参考候補の中に木原（均）君を見ることができました。先年貴下より木原君を会員にとの意見があったので実現すれば幸いです	封書（速達）ペン書

藤田経信（1869-1945）

明治22年札幌農学校卒業。東北帝国大学農科大学水産学科教授（水産動物学・魚病学）

書簡番号	年月日	発信者	宛先	内容	備考
001	明治 1897 30. 2.18	藤田（東京麹町区）	宮部（札幌農学校）	10年前に調製の実験器具（角形銅製オータバース）の代価について。一家の都合上札幌農学校よりの招聘には応じられません。すでに照会中という山口高等学校の丘浅次郎君に決すれば学校のために多幸と思います	封書 毛筆巻紙
002	明治 1898 31.12.28	藤田（北海道胆振千歳養殖分場）	宮部（札幌農学校）	先頃裳華房主人に会った折り貴兄が研究の参考として草花の水揚法をお知りになりたい由を聞きました。当地の知己に写本を持っている人があるので，借用してお送りします	葉書 毛筆
003	明治 1906 39. 1.31	藤田（東京神田区）	宮部（札幌農学校）	「諸草木水揚方」（半紙2枚）	封書 毛筆
004	明治 39. 2.17	藤田（東京深川水産講習所）	宮部（札幌農学校）	札幌農学校にいよいよ水産学科設置のことが議会通過の見込みとなり，教員人撰のことが話題になっていると思われますので，参考までに候補となりそうな人々について批評をのべます	封書 毛筆罫紙
005	明治 39.11.27	藤田（東京深川水産講習所）	宮部（札幌農学校）	札幌農学校新設の水産学科の諸設備および購入すべき器械類についての意見。小生留学のための身体検査を（東京）大学において三浦博士から受けたところ2,3カ月の入院をすすめられました。それ故留学希望を棄てて他日を期したいと思います	封書 毛筆罫紙
006	明治 39.11.27	藤田（東京深川水産講習所）	宮部（札幌農学校）	札幌農学校水産学科設備及器械購入見積	封書 毛筆罫紙
007	明治 1908 41. 4. 1	藤田（ミュンヘン，ドイツ）	宮部（東北帝大農科大学）	先頃文部省へ留学延期願を提出したところ，留守宅からの私信では延期は認められないとのことです。小生の留学期間の短いのは身体上のことにより，文部省の局長より故障なきときは勿論延引するとの口約束をえています。小生の養殖研究の中断は日本水産のためにも不幸なことなので，何卒学長とご協議の上善処をお願いします。4, 5日中にロンドンへ出立の予定です	封書（至急親展）ペン書
008	大正 —.11.25	藤田（神戸）	宮部（東北帝大農科大学）	拙宅は六甲山に近い新開地。市場は物資豊富で，デパの食料品部は札幌の三店を合計した以上に大繁盛です	封書（親展）ペン書

逸見武雄(1889-1959)

大正4年東北帝国大学農科大学卒業(植物病理学)。京都帝国大学農学部教授，のち大阪府立大学教授

書簡番号	年月日	発信者	宛先	内容	備考
001	大正 1922 11.12.31	逸見(ジョンズ・ホプキンズ大学，ボルチモア，Md.)	宮部(北大植物教室)	伊藤(誠哉)，並河(功)教授はすでに渡英，私も2週間後に渡英し，さらにドイツで研究したい思いです	封書(クリスマスカード) ペン書
002	大正 1925 14(?).10.14	逸見(京都帝大農学部)	宮部・伊藤(北海道帝大農学部)	同封の原稿は当教室の〇〇君が書き上げたもので，大学紀要に出すほどの価値があるとは思われませんが，ご一覧の上『札幌博物学会会報』にお載せいただければ幸いです	封書 ペン書
003	昭和 1937 12.8.11	逸見(京都帝大農学部)	宮部(北海道帝大農学部)	過日13年振りで帰札し，緩々滞在して先生のご指導に浴したいと思っていたところ，京大でも今般の事変(盧溝橋事件)で出征するものがあり急ぎ帰学しました。頂戴したハゼノキのステレウム菌は貴重な研究材料です	封書 ペン書
004	昭和 1940 15.7.20	逸見(京都上京区)	宮部(北海道帝大農学部)	このたびは大著論文2部ご恵与に感謝。小生は7月末より満州及び北支へ旅行し，9月上旬帰学の予定です	封書 毛筆巻紙
005	昭和 1943 18.1.2	逸見(京都上京区)	宮部(札幌北6条)	本年は3回生7名，2回生3名の専攻学生を指導していますが，助手1名が応召し職員不足で困っています	封書 ペン書
006	昭和 1944 19.4.1	逸見(京大農学部)	宮部(北大農学部)	大著ご論文のご恵与に感謝します。小生も近く朝鮮森林植物の病原菌に関する拙文を発表の予定です。当方では昨秋は8名の卒業生と在校生の出征を送りました	封書 ペン書
007	昭和 1945 20.1.18	逸見(京大農学部)	宮部(北大農学部)	昨今はほとんど毎日警報の発令が出て一昨夜は空襲がありましたが，大学，拙宅とも被害なしです。時局は緊迫し，研究室も人的，物的両方とも不足しています	封書 ペン書
008	昭和 1946 21.2.14	逸見(京大農学部)	宮部(北大農学部)	本日の新聞報道により先生の文化勲章ご受章を知り，門下生として小生なども名誉に思います	封書 ペン書
009	昭和 21.5.14	逸見(京都上京区)	宮部(札幌北6条)	時下食料難で助手も学生も気力なく研究室も全く沈滞しています。家庭でも皆栄養失調で敗戦のみじめさを痛感。錦地でも主食の配給が40日も停止とか，お送りできる何物もなく遺憾です	封書 ペン書
010	昭和 －.12.8	逸見(京大農学部)	宮部(北大農学部)	お葉書によれば北海道の食料難もひどいようでお見舞い申し上げます。当地では餓死者を出す見込みとか。物資は漸く出回り始めましたが，驚くべく高価で中産階級者は手が出ません	葉書(5銭切手) ペン書
011	昭和 1947 22.1.4	逸見(京都上京区)	宮部(札幌北6条)	戦争で遅れ勝ちだった研究は，終戦後もガス，電気，資材不足で全く停滞しています。小生も明後年は停年退職ですが，予定していた仕事の結末をつけえないのは，本学の教授にご推薦下さった先生に申し訳なく思います。ただ在職20年間に多数の有為な植物病理学者を養成できたことには満足しています	封書 毛筆巻紙・ペン書 (占領軍による開封検閲)

書簡番号	年月日	発信者	宛先	内容	備考

卜蔵梅之丞 (1887-1969)
農商務省農事試験場。植物病理学者で植物防疫体制の基礎をつくった

| 001 | ?
—.4.27 | 卜蔵
(東京) | 宮部
(北大農学部) | 稲萎縮病原に関する研究は未だ詳細に発表したものがありません。果樹類根頭癌腫病の被害は米国では軽微で問題になっていないようです | 封書
ペン書 |

星　大吉
福島師範学校で牧野富太郎の協力者根本莞爾の感化を受け，福島県の植物を採集

| 001 | 昭和
18.8.12 | 星 | 宮部
(札幌北6条) | このたび長男が八雲付近の鉛川という鉱山に転任になったので，私も9月末に渡道します | 葉書
ペン書 |
| 002 | 昭和
19.6.1 | 星
(山越郡八雲町) | 宮部
(札幌北6条) | 昨秋より開墾を始め約3畝ほどに播種。山菜は豊富で毎日ヤマベを釣って食用にしています。配給は不足で大食漢の小生は閉口です | 封書
ペン書 |

星野勇三 (1875-1964)
明治34年札幌農学校卒業(有島武郎の同級生)。北海道帝国大学農学部教授(園芸学・育種学・遺伝学)

001	明治 37.4.16	星野 (イサカ，NY)	宮部 (札幌北3条)	小生イースター休暇をニューヨークで過ごし，ご紹介いただいたリチャーズ(H. Richards)博士の案内でコロンビア大学の実験室，植物学教室，植物園などを見学。6月にはセントルイスへ引越す予定です。日露戦争における日本の勝利で，米国の同情は次第に減じてゆくように思われます	封書 ペン書
002	明治 37.6.14	星野 (セントルイス，Mo.)	宮部 (札幌北3条)	セントルイスでは9月中旬より種々の学会が開かれるので，9月下旬に同地を去り，できるだけ多くの北部の農科大学を訪問し，ボストンにも立寄りたいので，是非「ハーバード」への紹介状をお願いします	封筒欠 ペン書
003	明治 37.9.6	星野 (ボストン，Mass.)	宮部 (札幌北3条)	ご芳書に沢山の紹介状を同封していただき感謝します。昨今は午前中は植物園，午後は博覧会見物，夜はフランス語の勉強で過ごしています。万国学会をのぞいたのち，10月中旬にフランスに渡り園芸学を学びます	封筒欠 ペン書8p
004	明治 37.10.7	星野 (ボストン，Mass.)	宮部 (札幌農学校)	昨日ケンブリッジに到着し，有島(武郎)君と楽しい時を過ごしました。先月26日セントルイス出発，イリノイ州立大，ミシガン農学校，オンタリオ農学校などを見学しました。10月5日にはマサチューセッツ農科大学でブルックス(W. Brooks)先生に会いました	封書 ペン書
005	明治 37.11.26	星野 (ヴェルサイユ，フランス)	宮部 (札幌農学校)	先月20日ニューヨーク出帆，同27日ル・アーブルよりパリに入り，予定通りヴェルサイユの園芸学校に入学を決定しました。朝の7時より夜の6時まで学校に閉じ込められて読書の時間もなく閉口なので，講義にのみ出席して後は自由に実習園で観察するようにしました。先日トレリース(W. Trelease)博士の紹介状を得てパリの植物園の温室及分科園に自由に出入する許可をえました	封筒欠 ペン書8p

書簡番号	年月日	発信者	宛先	内容	備考

堀田禎吉(1899-1981)
昭和10年北海道帝国大学農学部農業生物学科卒業(植物分類学)。京都高等蚕糸学校(京都工芸繊維大学)教授

書簡番号	年月日	発信者	宛先	内容	備考
001	昭和15.2.29 *1940*	堀田(岐阜県萩原町)	宮部(北海道大学)	このたび色紙に華墨をいただき感謝します	封書 ペン書
002	―.10.11	堀田(京都高等蚕糸学校)	宮部(北海道大学)	在札中のご厚情に感謝。ご下命の論文発見できず,近く京大で調査します	封書 ペン書
003	昭和18.10.29 *1943*	堀田(京都高等蚕糸学校)	宮部(北海道大学)	小生の論文につき懇ろにご指導下さり感謝します。岐阜本巣産の柿を鉄道便で送ります	封書 ペン書
004	昭和19(?).6.1 *1944*	堀田(京都繊維専門学校)	宮部(北海道大学)	小生の論文にご配慮いただいていますが,どうかして応召の前に完結したいと思います	封書 ペン書
005	昭和19.6.22	堀田(京都繊維専門学校)	宮部(北海道大学)	このたびは舘脇(操)先生を通じ小生の論文を戻していただきました。細部にまでご斧正いただき感謝します	封書 ペン書
006	昭和21.12.26 *1946*	堀田(京都上京区)	宮部(北海道大学)	本年もいろいろとご懇情をいただきお礼申し上げます	封書 ペン書
007	昭和22.2.26 *1947*	堀田(京都上京区)	宮部(北海道大学)	先生の米寿のお祝いを嬉しく思います。先生から頂戴したお写真を専門家に頼んで肖像画にしてもらい書斎にかけています	封書 ペン書
008	昭和23.11.6 *1948*	堀田(京都上京区)	宮部(札幌北6条)	小生8月以来各地を旅行し先日帰洛しました。早速先生に弊地産の松茸を送ろうとしたところ郵便局では取扱いを中止,鉄道便では到着日に責任がもてぬとのことで断念しました	葉書 ペン書
009	昭和23(?).11.8	堀田(京都上京区)	宮部(札幌北6条)	小生夏以来野桑の研究のため各地を調査し,天草島では新種と思われるものを発見しました。新種と確定したら学名中に先生のお名前を使わせて下さい	封書 ペン書

堀 正太郎(1865-1945)
帝国大学理科大学卒業。農商務省農事試験場初代病理部長(植物病理学)

書簡番号	年月日	発信者	宛先	内容	備考
001	大正3.6.10 *1914*	堀(東京農商務省農事試験場)	宮部(札幌農科大学)	関東地方における「麦赤黴病」発生の状況に関するコンニャク版の印刷物(同封されていたと思われる麦の病害対策について助言を求めた書簡は欠)	封書(親展) コンニャク版
002	大正10.11.8 *1921*	堀(東京農商務省農事試験場)	宮部(北海道帝大)	"Straighthead of Rice"(水稲の青立ち)の印刷物ご寄贈に感謝。日本の早青病と同一の病害と思われます	封筒欠 ペン書
003	大正12.8.3 *1923*	堀(東京農商務省農事試験場)	宮部(北海道帝大)	先般お分けした Tilletia pancicii(なまぐさ黒穂病)の標本は群馬県下に発生したものを県立試験場から入手したものです。本年も東北地方各地に発生の様子です	封筒欠 ペン書
004	昭和19(?).1.11 *1944*	堀(東京豊島区)	宮部(札幌北6条)	本年は85歳におなりとのことお芽出とうございます。小生は今年は稲作の潅水温度について執筆のつもりです	葉書 ペン書

堀川芳雄 (1902-76)
東北帝国大学理学部卒業。広島文理科大学講師，広島大学理学部教授(植物分類学・植物地理学)，蘚苔類を研究

書簡番号	年月日	発信者	宛先	内容	備考
001	昭和1939 14. 5.26	堀川 (広島文理大)	宮部 (北大農学部)	私は『大日本植物誌』のために蘚苔類についての論文を準備しています。舘脇博士のご助言により先生の標本を拝見したく，よろしくお願いいたします	封書 ペン書
002	昭和 14. 6. 7	堀川 (広島文理大)	宮部 (北大農学部)	このたびはご懇篤なお手紙とともに数々の蘚類標本をお貸しいただき感謝にたえません。標本は美事なものばかりで喜んでいます	封書 ペン書

本田正次 (1897-1984)
東京帝国大学理学部植物学科卒業。のち同大学理学部教授(植物分類学)。イネ科の分類を中心とする研究で著名。昭和51年日本自然保護協会の設立に尽力

書簡番号	年月日	発信者	宛先	内容	備考
001	昭和1935 10. 3. 7	本田 (東大小石川植物園)	宮部 (札幌北6条)	『樺太植物誌』の索引および『植物分類地理』にあげられた学名について照会	封書 ペン書
002	昭和1938 13. 8.19	本田 (東京小金井)	宮部 (札幌北6条)	先般お手許に差し上げた『大日本植物誌』について，出版元の三省堂が先生のお言葉を頂戴したいと希望しておりますので，一筆提灯をもっていただきたくお願いします	封書 ペン書
003	昭和1944 19(?).3.29	本田 (東京帝大理学部)	宮部 (北海道帝大農学部)	「日本産キンバイサウ属の種類」別刷礼状	葉書 ペン書
004	昭和1946 21. 3.13	本田 (東京帝大理学部)	宮部 (札幌北6条)	ご紹介の水島(正美)君のこと承知しました。入学されたら尽力いたします	葉書 ペン書
005	昭和 21. 5. 2	本田 (東京帝大理学部)	宮部 (札幌北6条)	水島君は優秀な成績で本学植物学科に入学許可となりました	葉書 ペン書

本田利次平
千嶋エトロフ島紗那村紗那営林区署

書簡番号	年月日	発信者	宛先	内容	備考
001	昭和1929 4. 7. 8	本田 (千嶋エトロフ島紗那村)	宮部 (北海道帝大農学部)	昨年6月エトロフ島内保沼のまりも数十個の採取依頼をうけましたが，同沼は紗那より27里離れており，用務多忙のため本年6月漸く採取し小包にて発送しました。同沼の植生および図面は同封の資料の通りです	封書 ペン書
002	昭和 4. 7. 8	本田 (千嶋エトロフ島紗那村)	宮部 (北海道帝大農学部)	内保沼植生状態調査	上記同封 ペン書
003	昭和 4. 7. 8	本田 (千嶋エトロフ島紗那村)	宮部 (北海道帝大農学部)	内保沼付近見取図(青焼)	上記同封 ペン書

前川文夫(1908-84)

東京帝国大学理学部植物学科卒業。のち東京大学理学部教授(植物分類学)。独自の系統分類学説を展開

書簡番号	年月日	発信者	宛先	内容	備考
001	昭和1937 12．5.10	前川 (東大理学部)	宮部 (北大農学部)	「植物分布上におけるシュミット線の意義」Ⅶ～Ⅷ(英文)の受贈礼状。今夏札幌での大会の折には御教室の腊葉庫を拝見させて下さい	封書 ペン書
002	昭和 12(?).8.25	前川 (東京杉並区)	宮部 (北大農学部)	先般北海道旅行の際は何かとお世話になり厚くお礼申し上げます。長女誕生にお祝いの言葉をいただき，まるで祖父のような感を抱きました	封書 ペン書
003	昭和1944 19．3.30	前川 (東大理学部)	宮部 (北大農学部)	ご高著拝読し，Trollius(キンバイソウ属)のような属になおこのような再検討の余地があったことに驚いています	封書 ペン書

牧野富太郎(1862-1957)

近代日本の植物分類学の権威。明治21年から『日本植物志図篇』自費出版。明治25～昭和14年東京帝国大学植物学教室の助手・講師。昭和25年日本学士院会員，昭和32年文化勲章受章

書簡番号	年月日	発信者	宛先	内容	備考
001	明治1892 25．1.5	牧野 (高知佐川村)	宮部 (札幌農学校)	小生このたび東京へ引移るつもりで家事片付けのため一時帰郷中。今度上京したら著書(『図篇』のこと?)に専念したい。多くの人々が小生を援助してくれるが，ただ矢田部博士のために充分な学問の便宜を失った(東大植物学教室への立入り禁止のことか?)。しかし学問への嗜好はどんなに陰険な手段も妨げることはできない。矢田部博士のイガホホヅキは，画工の誤りを信用して作りあげた人工的な幽霊植物にすぎない	封書 毛筆巻紙 (131 cm)
002	明治1894 27.11.14	牧野 (東京帝大理大学植物教室)	宮部 (札幌農学校)	ご厚情に背き無音を謝す。ご面倒ながらニガウリの茎，葉，果実，根等のアルコール漬が必要につき少々お送り願いたい。当方よりも腊葉2包を送ります	封書 毛筆巻紙
003	明治1895 28.10.17	牧野 (東京小石川)	宮部 (札幌農学校)	ミクリの材料蒐集中につき北海道産と交換を依頼。大学には必要な書籍が乏しく，とくにフロラを調べる書物が欠けていて遺憾。近年教室(東大植物教室)の評判悪く，学生たちも不満あり。小生も未だに月俸15円で生活難。知人のうちで小生の境遇を憫まないものは肝心の○○(松村教授?)のみ。実に小人に使われるほど世の中にいやなものはない	封書 毛筆巻紙 (187 cm)
004	明治 28.12.14	牧野 (神戸客舎にて)	宮部 (札幌農学校)	先頃高知に来て只今帰京の途中です。本日通運会社に托して土佐産の朱欒(ザボン)若干を歳末のお見舞として送りました	封書 毛筆
005	明治1896 29．2.12	牧野 (東京理科大学)	宮部 (札幌農学校)	先日は懇々のご訓論有難く胆に銘じました。同封中のオヒルギとカリマタガヤの葉上(田代安定氏が琉球で採集)には菌類が附着しているので進呈します。川上(瀧彌)氏より送られたトケンランについては不日詳しく申し述べると同氏へお伝え下さい	封書 毛筆
006	明治 29．3.14	牧野 (東京小石川区)	宮部 (札幌農学校)	先日は近火お見舞感謝します。同封のものは菌の附着した標本です。植物教室は藤井(健次郎)氏が帰朝して助手になってから活気づいています	封書 毛筆

書簡番号	年月日	発信者	宛先	内容	備考
007	明治 1897 30. 9.26	牧野 (東京小石川区)	宮部 (札幌農学校)	先日ご上京の際はいつも深夜まで長座して失礼しました。彼の俗物先生は虎の威を藉り得々然として出勤し，松村教授の前では平頭低身なので教室の調和は乱れています	葉書 毛筆
008	明治 30.10.15	牧野 (東京小石川区)	宮部 (札幌北3条)	例の俗物入閣は教室の神聖を汚している。先日も『時事新報』に台湾植物のことを書かせ，自分一人が植物探検を引受けたように記させた。先達てお話のあった米国からの標本注文のこと，よろしくお願いします。薄給なので面倒ながらご配慮下さい	封書 毛筆罫紙 6p
009	明治 1898 31. 8. 4	牧野 (東京小石川区)	宮部 (札幌北3条)	徳渕氏が大学を受験せず岐阜県へ赴任されたことは残念。先にお話のあった米国からの標本注文のことはその後どうなっているか，先方へ照会をお願いします。大学における小生の待遇は極めて薄く困却していますので	封書 毛筆巻紙 (177 cm)
010	明治 1901 34. 1. 5	牧野 (東京小石川区)	宮部 (札幌農学校)	小生本邦の竹類の研究を始めたので北海道の笹類について先生の助力をお願いします。御校では煉瓦造の標本室を新築中とのこと，東京大学でも根本的改良が必要ですが小生の意見は全く採用されず，真に我を知る人のないことを残念に思う	封書 毛筆巻紙 (269 cm)
011	明治 1908 41.10. 1	牧野 (東京小石川区)	宮部 (札幌農科大学)	『樺太植物調査書』のご恵贈に感謝。今夏は富士山，白馬山から帰るや否や九州へ向い，島原，雲仙，長崎，福江島，霧島山，広島，岡山などを廻り収穫多し。標本は追々進呈の積り	封書 毛筆巻紙 (164 cm)
012	大正 1914 3. 1.16	牧野 (東京本郷区)	宮部 (札幌農科大学)	先日は本の拝借をお願いしたところ，早速お送り下さり有難く閲読しております。1週間ほどでお返しします	封書 毛筆巻紙
013	大正 1918 7.10.20	牧野 (神戸)	宮部 (札幌農科大学)	兼て準備中の池長植物研究所も遠からず開館の運びとなりましたので，貴台にも賛助員になっていただければ光栄です	封書 毛筆巻紙
014	大正 1919 8. 2.19	牧野 (東京渋谷)	宮部 (札幌農科大学)	別封小包便でお送りした本は転居の際に出て来たもので非常な虫食いですが，ご参考までに進呈します。北海道産のヤマザクラの苗木100本を上野公園に植え付けたいので，購入価格をお調べいただけたら幸いです	封書 毛筆罫紙
015	大正 1926 15. 1.14	牧野 (東京渋谷)	宮部 (札幌農科大学)	小生遂に65の馬齢を加えたが至極健康です。この1月より刊行を始めた『植物研究雑誌』(月刊)の4月号にわが国植物学者肖像の続きとして先生のお写真を掲載したいので，キャビネ版半身象をお送り下さい	封書(親展) 毛筆巻紙 (124 cm)
016	大正 15. 2. 3	牧野 (東京渋谷)	宮部 (北海道帝大農学部)	先日久しぶりにお目にかかりご健康の様子を嬉しく思いました。かねてお願いのお写真1葉をお送り下さい	封書(親展) 毛筆巻紙
017	大正 15. 2.18	牧野 (東京渋谷)	宮部 (北海道帝大農学部)	催促がましくて失礼ですが，学会のため至急お写真をお送り下さい	封書 毛筆巻紙
018	大正 15. 3. 5	牧野 (東京渋谷)	宮部 (札幌北6条)	最新のお写真を受領，4月号の巻頭を飾らせていただきます。写真代お返し下さり恐縮です。お暇の折りに何か啓蒙的な短文をご投稿下さるようお願いします	封書 毛筆巻紙

書簡番号	年月日	発信者	宛先	内容	備考
019	昭和 1927 2.6.7	牧野 (東京北豊島郡大泉村)	宮部 (札幌北6条)	先日は学位受領のご祝詞を賜り感謝。年寄りの冷水ですが、世の中の義理に殉じてこの始末です	封書 毛筆巻紙
020	昭和 1928 3.7.31	牧野 (東京北豊島郡大泉村)	宮部 (札幌北6条)	「マキシモヴィッチ氏生誕百年記念会誌」の受贈礼状。本年は日光を振り出しに中国地方、越後、新潟、次いで青森県十和田、八甲田、盛岡を廻り、さらに九州南部を旅行しました。どうかお暇の折に『植物研究雑誌』へご投稿下さい	封書 ペン書便箋
021	昭和 3.12.1	牧野 (東京北豊島郡大泉村)	宮部 (札幌北6条)	昨年の今頃大変なご懇情を受けたことが懐かしく思い出されます(札幌における「マキシモヴィッチ氏生誕百年記念会」への招待時のことか?)。本年は7月上旬より11月上旬まで各地を(採集)旅行しました。東大理学部標本中に混じっているベーマー(L. Boehmer)採集品の由来について『植物研究雑誌』にご投稿いただけませんか	封書 ペン書便箋
022	昭和 1930 5.6.5	牧野 (東京北豊島郡大泉村)	宮部 (札幌北6条)	「北海道フロラ初篇」への礼状。『植物研究雑誌』にベーマー標品のいきさつについてご寄稿を切望。舘脇君へでもお話いただきそれを筆記させていただいたらお手数を省くことと存じます	封書 ペン書便箋
023	昭和 5.8.20	牧野 (東京北豊島郡大泉村)	宮部 (札幌北6条)	先日は尾瀬と鳥海山へ行く。ベーマー標品の件是非ご執筆願います	封書 ペン書便箋
024	昭和 5.10.22	牧野 (東京北豊島郡大泉村)	宮部 (札幌北6条)	先生の記念論文集を頂戴し感謝。先日銀座の松屋より毛布を送らせましたのでご笑納下さい。来年はカラフト辺りへ行ってみたい	封書 ペン書便箋
025	昭和 1932 7.9.18	牧野 (東京北豊島郡大泉村)	宮部 (札幌北6条)	ご高著別刷りに感謝。広島県北境、豊前の英彦山、肥前武雄の黒髪山へ旅行。ヒデリコに付いた菌につき照会	封書 ペン書便箋
026	昭和 1933 8.8.31	牧野 (東京板橋区)	宮部 (札幌北6条)	別便で送った菌類の名称照会。本年佐渡で見た芙蓉に似た紅紫色の丈の高い植物について心当たりがあればご教示下さい。佐渡から帰ると瀬戸内海での広島文理大学生の野外指導です	封書 ペン書便箋
027	昭和 8.10.13	牧野 (東京板橋区)	宮部 (札幌北6条)	先日送った菌につき早速のご教示に感謝。京都の巨椋池で睡蓮の開花を1日中観察	封書 ペン書便箋
028	昭和 8.12.7	牧野 (東京板橋区)	宮部 (札幌北6条)	『北海道植物誌』第2巻の礼状	封書 ペン書便箋
029	昭和 1936 11.2.4	牧野 (東京板橋区)	宮部 (札幌北6条)	明治初年に函館で植物を採集した Krammer につき照会	封書 ペン書便箋
030	昭和 11.2.14	牧野 (東京板橋区)	宮部 (札幌北6条)	Krammer につきご返事いただき判然としました	葉書 ペン
031	昭和 1937 12.5.12	牧野 (東京板橋区)	宮部 (札幌北6条)	先日ご上京の折は極めてご壮健の様子を拝見し嬉しく思いました。ご出発の日上野駅と東京駅を間違えてしまいお別れをいうことができず失礼しました	封書 ペン書便箋
032	昭和 12.5.12	牧野 (東京板橋区)	宮部 (北大農学部植物学教室)	ご高著論文の別刷受贈に感謝。先日六甲山でウシコロシ葉上の寄生菌を見つけたので送ります	封書 ペン書便箋

書簡番号	年月日	発信者	宛　先	内　　容	備　考
033	昭和 1938 13. 6. 2	牧野 (東京板橋区)	宮部 (札幌北6条)	来年4月には大学(東大理学部)をやめるつもり。明治26年以来47年の在職となります。野に下れば一層の活躍をしてみたい。この頃の偶感の一つ,「三年飛ばない鳴かない鳥も飛んで鳴き出しゃ呼ぶ嵐」	封書 ペン書便箋
034	昭和 13. 9.15	牧野 (東京板橋区)	宮部 (札幌北6条)	"Contributions to the Flora of Northern Japan, IX, X" のご恵贈に感謝。今夏は九州から種ヶ島へ渡り1ヵ月を費やしました	葉書 ペン書
035	昭和 1939 14. 2.10	牧野 (東京板橋区)	宮部 (北大農学部植物学教室)	"Contributions to the Flora of Northern Japan, XI" の受贈礼状	葉書 ペン書
036	昭和 14. 2.15	東京帝大農学部植物教室「牧野博士喜寿祝賀会」	宮部 (札幌北6条)	「牧野博士喜寿祝賀会賛同者芳名並決算報告」(3,926円)	封書 印刷物
037	昭和 14. 4. 5	牧野 (東京板橋区)	宮部 (札幌北6条)	バチェラー『アイヌ語辞典』における "shiukina — poro-kina"(いずれもエゾニュウ)について照会	葉書 ペン書
038	昭和 1940 15.11.27	牧野 (大分丹下旅館)	宮部 (札幌北6条)	拙著『図鑑』をいろいろお賞めいただき恐縮。本書を間違いのないものにしたいのでなにとぞご叱正をお願いします。先生には「アイノ植物名辞典」の編纂を是非お願いします。私は10月下旬広島文理大への出講を終えて大分県に渡り,豊前の犬ヶ岳へ登ったところ岩上で足を滑らして背中を岩面で強打し,今尚床に就いています	封書 ペン書
039	昭和 15.12.24	牧野 (大分別府寿楽園)	宮部 (札幌北6条)	私の怪我につき丁寧なお見舞いを有難く拝見しました。大分の旅館より本月2日別府の温泉に移り毎日温めています。歩行ができるようになりました	封書 ペン書
040	昭和 1941 16. 4.27	牧野 (東京板橋区東大泉)	宮部 (札幌北6条)	怪我は漸く全快。今回満州より招聘があり1ヵ月間同国へ参ります。ヒトツバオキナグサとシヅノヲダマキ2品につきご教示を賜り有難うございました。白井光太郎氏蔵書は全部帝国図書館に入り喜んでいます。過日逝去した伊藤篤太郎氏の蔵書の行き先はまだ分りません	封書 ペン書
041	昭和 16. 6.27	牧野 (東京板橋区東大泉)	宮部 (札幌北6条)	先日満鉄の招聘で50日ほど満州桜を調査してきました。それは朝鮮の桜と同系で花は美麗なもの多く花体はしっかりしています。北海道に生えている Isatis tinctoria L.(ホソバタイセイ)の種子をお送りいただけませんか。私はもと欧州産のものが帰化したのではないかと考えていますが,御高見をお聴かせ下さい	封書 ペン書
042	昭和 16. 7. 4	牧野 (東京板橋区東大泉)	宮部 (札幌北6条)	北海道,樺太の海浜に生じる Isatis(タイセイ属)について丁寧なご教示有難うございました。花穂の一部や分布図までお送りくださり,私の誤認も解けました。私は人から翁とか老とかいわれるのが大嫌いです。どうぞ先生もご自分を老と思わないで下さい	封書 ペン書便箋 4 p
043	昭和 16. 7.13	牧野 (東京板橋区東大泉)	宮部 (札幌北6条)	このたびは北海道産の結構な食品を沢山頂戴し,早速日々の食膳に供しています	封書 ペン書
044	昭和 16. 8.15	牧野 (東京板橋区東大泉)	宮部 (札幌北6条)	先達ては私のためにわざわざエゾタイセイの種子を調えて下さり感謝にたえません。今秋には我園に播種して I. tinctoria(ホソバタイセイ)との相違を確認するつもり	封書 ペン書

書簡番号	年月日	発信者	宛先	内容	備考
045	昭和1943 18.12.14	牧野（東京板橋区東大泉）	宮部（札幌北6条）	昨年夏と本年春の3度肺炎にかかったが幸いに全快。先頃本郷の井上書店で近藤金吾という人が書いた植物と昆虫の研究記事の原稿を発見。その中に「宮部博士に感謝する」とあったので，その辺のことをお尋ねします	封書 ペン書
046	昭和1944 19.3.28	牧野（東京板橋区東大泉）	宮部（札幌北6条）	「日本産キンバイサウ属の種類」の別刷拝受しました。その中に私が命名した学名を生かして下さり忝けなく存じます	葉書 毛筆書
047	昭和 19.5.25	牧野（東京板橋区東大泉）	宮部（札幌北6条）	先日ははからずも拝眉の栄を得，私の講演をお聴き下さり有り難く思いました	葉書 ペン書
048	昭和 19.7.30	牧野（東京板橋区東大泉）	宮部（札幌北6条）	お葉書にあった本田氏の駁論はまだ雑誌が発行になりません。先におすすめしたようにアルファベット順に学名を書き，それにアイヌの植物名を配した字書体の本を是非先生にご編纂願います。困難な時局下ですが出版は何とかなると思います	葉書 ペン書
049	昭和 19.8.7	牧野（東京板橋区東大泉）	宮部（札幌北6条）	樺太の北の海をこの頃は皆「オホーツク海」と書いているが，外国の地図から見ると「オコック海」であるように思われる。ご教示ください	葉書 ペン書
050	昭和 19.8.17	牧野（東京板橋区東大泉）	宮部（札幌北6条）	「オホーツク」の件明瞭にご教示下さり私の疑問も氷解しました。アイヌ植物名の学名をアルファベット順にした字書の編纂は先生を措いて他になく，出版を切望します	葉書 ペン書
051	昭和1945 20.5.29	牧野（山梨穂坂村）	宮部（札幌北6条）	先達て大泉の拙宅門前近くに爆弾が落下して標品館にも被害があったので，表記の農家の土蔵に疎開しました。隣村には東大理学部分室が疎開しており，篠遠喜人君らが学生達と生活しています	葉書 ペン書
052	昭和 20.7.22	牧野（山梨穂坂村）	宮部（札幌北6条）	当地の食料は決して豊富でなく，私共も時々野草を採って食っています。私は日課として多年各地から通報のあった植物方言の整理をしています。すでに1万件が集まりましたが日本全国のものが集まったら数万に達すると思います。「アイヌ植物名字典」の編纂は先生以外にはできないので，お達者なうちに是非お願いします	封書 ペン書
053	昭和 20.10.6	牧野（山梨穂坂村）	宮部（札幌北6条）	戦局も収まり疎開の必要がなくなったので今月中に東京の自宅へ戻ります。自宅は焼かれずにすみ書物も無事で喜んでいます。小生の「植物方言」につきご激励いただき感謝します。北海道一円の植物土言については来年先生の御歳87歳の記念出版物として「アイヌ植物名辞典」に期待しています	封書 ペン書
054	昭和 20.10.7	牧野（山梨穂坂村）	宮部（札幌北6条）	"Daphne yezoensis"（ナニワズ）の「ナニハヅ」はnaniwadzuかnanihadzuか，どのように発音しますか。方言を書き表わすには発音通りがよいと思う	葉書 ペン書
055	昭和 20.11.4	牧野（東京東大泉）	宮部（札幌北6条）	去る10月24日山梨県の疎開先から無事に帰宅しました。東京でも食料は不足でその足し前に苦労。「ナニハヅ」の件ご教示願います	往復葉書 ペン書
056	昭和 20.11.22	牧野（東京東大泉）	宮部（札幌北6条）	「ナニハヅ」の発音並びに新和名についてのご高見に感謝。私見では「ナニハヅ」が信州一部地方の方言とすれば，私はその名を訂正して「エゾナニハヅ」としたい	葉書 ペン書

書簡番号	年月日	発信者	宛先	内容	備考
057	昭和1946 21.1.10	牧野（東京東大泉）	宮部（札幌北6条）	再起日本の新春をお祝い申し上げます。先生が以前「エゾタイセイ」とご命名になった"Isatis"（タイセイ属）は何という種名のものですか	封書 ペン書
058	昭和1947 22.5.23	牧野（東京東大泉）	宮部（札幌北6条）	先日肺炎になり危く助かる。米頭形ハゼキビの種を落手し，圃中に播種。日本在来のハゼキビの種を別便で発送します	封書 ペン書
059	昭和1948 23.9.28	牧野（東京練馬区東大泉）	宮部（札幌北6条）	「エゾギク」の件につき有益な記事をいただきその由来が分かりました。「エゾギク」の命名者が分かればよいのですが，文政8年以後のことだと思います	封書 ペン書
060	昭和 23.12.17	牧野（東京練馬区東大泉）	宮部（札幌北6条）	先月初め以来神経炎で病臥中。私は千島笹が段々内地へ来ると桿の太い根曲り竹になるのではないかと疑っていたのですが，先生の御高見はいかがですか	封書 ペン書

正宗厳敬（1899-1993）

東京帝国大学理学部植物学科卒業。のち台北帝国大学農林専門部・金沢大学理学部教授（植物分類学・植物地理学）。台湾や屋久島の植物相を研究。作家の正宗白鳥は実兄

書簡番号	年月日	発信者	宛先	内容	備考
001	昭和1946 21.2.14	正宗（台湾省台北市）	宮部（札幌北6条）	戦争中ご無事でしたか。（敗戦後も）小生らは変わりなく研究を続けていましたが，近く帰国することになる予定です	葉書 ペン書
002	昭和1948 23.6.5	正宗（東京杉並区）	宮部（札幌北6条）	去る5月31日に東京に帰ってきました。松本（巍）先生からの品物を預かっていますが，舘脇（操）兄でも上京された時にお渡します。暫く休養したのち職を探したいのでよろしく	封書 ペン書
003	昭和 23.10.6	正宗（東京杉並区）	宮部（札幌北6条）	松本先生から預かった品物の件。東京で就職したいのでよろしくお願いします	封書 ペン書

松浦　一（1900-90）〈参考〉

昭和6～38年北海道（帝国）大学理学部教授（植物遺伝学専攻）。理学部長
＊藤井健次郎書簡013～018参照

松島真次

昭和11年北海道帝国大学理学部卒業（植物専攻）。朝鮮京城林業試験場

書簡番号	年月日	発信者	宛先	内容	備考
001	昭和1936 11.2.15	松島（朝鮮京城清涼里）	宮部（北海道帝大農学部）	離札の折にはいろいろとご配慮いただき感謝します。本日ご紹介いただいた医学部の石戸谷先生のお仕事を拝見（蒙古方面より漢薬2～3000種を採集）。鏑木場長から泥炭中の花粉分析（鑑定）の仕事を与えられました。京城は雪がなく過ごし易いです	封書 ペン書

松村松年（1872-1960）

明治28年札幌農学校卒業。明治35～昭和9年札幌農学校・東北帝国大学農科大学・北海道帝国大学農学部教授。世界的な昆虫学者として著名で日本昆虫学会会長に3度就任。昭和25年日本学士院会員。文化功労者

書簡番号	年月日	発信者	宛先	内容	備考
001	昭和1950 25.10.22	松村（東京渋谷）	宮部（札幌北6条）	今回日本学士院会員に選定されたことに対しご祝詞を賜わり深謝します。先日学士院第2部長の林博士に会ったとき，貴君はすでに10年も20年も前に会員になっているべきだったと，先生と同様のことを申されました。札幌の様な遠地に住む者は学閥のために色々損をするようです	封書（親展）毛筆巻紙（141cm）

松村任三 (1856-1928)

明治10年，東京大学小石川植物園に奉職，同16年助教授，同19～21年ドイツに私費留学して植物分類学を学び，明治23～大正11年まで教授として草創期の東京帝国大学理科大学植物学教室の基礎を作る。明治41年帝国学士院会員

書簡番号	年月日	発信者	宛先	内容	備考
001	明治 1882 15. 3.30	松村 (神奈川江ノ島立花屋)	宮部 (渋谷御徒士町)	本日新橋停車場を出立，金川(神奈川)の馬宿(？)より尻打はしょり高下駄の旅衣で江ノ島の旅籠につく。当地暖気と見え山桜も梅も満開。大久保(三郎)君も来る予定	封書 毛筆巻紙
002	明治 1883 16.11.15	松村 (東京牛込)	宮部 (札幌農学校)	(ひらがな文)貴君が札幌へ去ってから半年余りになるが音も沙汰もないので皆々打寄って噂のみしている。御地の植物をたくさん採集されたことと思う。当地ではこの頃「かな文字」が大学でも流行している	封書 毛筆巻紙
003	明治 1884 17. 8. 8	松村 (東京牛込)	宮部 (札幌農学校)	お別れしてより満1年になる。貴兄は根室辺へ採集のご出張とのこと。小生は先頃矢田部(良吉)教授に従って信州戸隠山，越中立山へ植物採集に出張しました	封書 毛筆巻紙
004	明治 1885 18. 6.21	松村 (東京牛込)	宮部 (札幌農学校)	(ローマ字)(千島の)採集旅行よりご安着を喜んでいる。当方は本年理学部の引越しでお金がないので，遠方へ採集に出ることができない。土佐の牧野富太郎という植物家は今日まで出てこないがどうしたのだろう	封書 ペン書便箋
005	明治 18.10.25	松村	宮部 (札幌農学校)	(ローマ字，候文)本月13日付のお手紙落掌，御地近傍の植物をお知らせいただき感謝。ミズナラの果実の区別もよく分かりました。この2種はこれまで葉のみにては判断できなかったもの。先に矢田部よりマキシモヴィチへ送った植物のうち学名を付けてきたものを少し挙げると次の通りです	封筒欠 ペン書
006	明治 1887 20. 2. 7	松村 (ヴュルツブルク，ドイツ)	宮部 (ケンブリッジ，Mass.?)	(ローマ字)貴君がアメリカへ行くことを聞いていたので，ワシントンの公使館宛に手紙を出すつもりのところ君の手紙を受取った。僕が日本を出てから早や15ヵ月，ヴュルツブルクでは植物解剖，生理，実験科学，物理などを聴講している。今年7月にはドクトルの試験を受けるつもり。この国で学生が学ぶのは皆学位を得るため。『植物学雑誌』第10号はまだ届かない。牧野(富太郎)はフロラにかけては仲々のやり手だ	封筒欠 ペン書10p
007	明治 20.10. 9	松村 (ハイデルベルク，ドイツ)	宮部	(ローマ字)サックス教授が病気がちのため，僕はこの6月ハイデルベルク大学へ転学した。ここは名高い大学で日本人も常に8～9人はいる。その後もマキシモヴィチと文通しているかい？　来年夏には僕はペテルブルグへ行って日本のフロラを見て来るつもりだ。伊藤篤太郎は先月日本へ出立した	封筒欠 ペン書8p
008	明治 20.12.27	松村 (ハイデルベルク，ドイツ)	宮部 (ケンブリッジ，Mass.)	(ローマ字)君は菌類と海藻を専ら研究するとのことだがよい考えだ。わが国には文献がないので，顕微鏡的に植物を研究して世界に打克つことが必要だ。さすればマクシモヴィチなど恐るるに足らず。僕は自費で洋行したので金はなく，日本では最愛の妻，子供が文なしで飢えている	封筒欠 ペン書12p
009	明治 1888 21. 1.30	松村 (ハイデルベルク，ドイツ)	宮部 (ケンブリッジ，Mass.)	(ローマ字)僕は日本へ帰る日が間近かになったが，君が偉い植物学者として大成することを期待している。ドイツの大学の盛んなこと世界第一級で，英・米などとても及ばない	封筒欠 ペン書12p

書簡番号	年月日	発信者	宛先	内容	備考
010	明治 1888 21. 3.16	松村 （ハイデルベルク，ドイツ）	宮部 （ケンブリッジ，Mass.）	（ローマ字）先頃帝国大学から僕にペテルブルグの植物園を訪れるよう命じてきたので，手当金が出れば行ってみたいと思う。5～6月頃になるだろう。それはヨーロッパで2番目の植物園の由。日本へ帰ったら顕微鏡の仕事を始めたいと思う	封筒欠 ペン書8p
011	明治 21.12. 5	松村 （東京大学理科大学実験室）	宮部 （ケンブリッジ，Mass.）	（ローマ字）貴君はまだアメリカにおられるか。僕は8月11日に横浜へ帰国した。今は実験室を受け持っているが生理学の講義は来年まで待ってもらった。矢田部教授は盲唖学校長，高等師範学校長を兼ねているので大学へはほとんど来ない。以前札幌農学校にいた堀誠太郎という人がわが植物園に来ているぜ。先頃マクシモヴィチから届いた本を見ていたら君が送った北海道の植物には大分新種があるではないか	封筒欠 ペン書4p
012	明治 1890 23. 3.31	松村 （東京大学理科大学植物学教室）	宮部 （札幌農学校）	（ローマ字）3月22日付貴翰を野澤君より落掌。淡水藻数種を送ってくれて有難う。植物会会費2円も受領。僕は2週間前大久保君と松島へ海藻採集に出掛けた。黒イチゴのことを細かに知らせてくれて有難う。マクシモヴィチに送ったとき var. strigosa とかをつけて来たのであのように記したわけだ。矢田部教授は昨日大磯の別荘へ，大久保君は伊豆へ官費で採集に出掛けた	封筒 ペン書3p
013	明治 1893 26.11. 4	松村 （東京本郷曙町）	宮部 （札幌北3条）	夏期休暇中の久し振りのご上京を嬉しく思った。盛岡地方で採集の植物についての書簡も面白く拝見した。見事なリンゴをたくさん有難う。ご来命の通り牧野氏（只今，京都，愛知，滋賀，岐阜4県へ採集旅行中）へ分配のこと承知しました	封書 毛筆巻紙
014	明治 26.11.29	松村 （東京本郷曙町）	宮部 （札幌北3条）	先日は小生の知らない植物の名称をたくさんご送付下さり感謝。お蔭で拙著『植物名彙』も立派なものになりそうです。北海道植物についての別紙(2枚)の質問にもご教示下さい	封書 毛筆罫紙
015	明治 26.12.18	松村 （東京本郷曙町）	宮部 （札幌北3条）	北海道植物の新種や方言などにつき毎度のご教示に感謝。『植物名彙』は只今〈H〉の部脱稿で前途はまだ程遠い	封書 ペン書罫紙
016	明治 1894 27. 1.24	松村 （東京本郷曙町）	宮部 （札幌北3条）	インフルエンザご快方を喜ぶ。『植物雑誌』中の貴稿の〈千島植物論〉を2月分にお回しの件，大久保君へ伝言済です。毎度北海道植物の新種発見のことをご通報いただき感謝	封書 毛筆罫紙
017	明治 27.11.25	松村 （東京本郷曙町）	宮部 （札幌北3条）	小生春より不快で夏中は相模へ転地していました。先にご寄付の植物に対する交換品の遅延をお詫びします。神保(小虎？)氏帰朝の節採集のシベリア植物は副品があるのでお送りします。当校の学生18名のうち来年卒業予定の6名の卒業論文の研究題目をお知らせします	封筒欠 毛筆巻紙 (139 cm)
018	明治 1895 28. 2.14	松村 （東京本郷曙町）	宮部 （札幌北3条）	過日些少の腊葉をおくったところ早速貴地の腊葉を多数ご寄贈下さり感謝。"Bunge's description"は幸い牧野氏より借用したものがあるので，早速写してお送りします。本日は丁汝昌の全艦隊降伏の公報が官報に出ていました	封書 毛筆巻紙
019	明治 28.12. 4	松村 （東京本郷曙町）	宮部 （札幌農学校）	先頃は樹木について質問したところ早速のご返事に感謝。このたび漸く『植物名彙』が出版されたので1部進呈します。この夏のお便りでは養子をもらわれたとのこと，これからご出産もあると思っていたので驚いています	封書 毛筆巻紙

書簡番号	年月日	発信者	宛先	内容	備考
020	明治 1897 30. 2. 2	松村 (東京本郷曙町)	宮部 (札幌北3条)	「地銭」(ゼニゴケ)および「土馬騣」(スギゴケ)の学名お尋ねの件は不確かなので，後日小生所持の見本を進呈します．斎田功太郎氏との共著は未だ脱稿していません	封書 毛筆巻紙
021	明治 1898 31. 3.17	松村 (東京本郷曙町)	宮部 (札幌農学校)	今般『東洋学芸雑誌』の200号祝賀号に西洋の諸大家の肖像を出すことになり，植物学では英人 J. D. Hooker が選ばれたので，貴兄が写真をご所持であれば至急お送り下さい	封書 毛筆巻紙
022	明治 31. 5.10	松村 (東京本郷曙町)	宮部 (札幌農学校)	徳淵氏が上京して検定試験に及第のこと．植物学の欧文雑誌発行は立消えとなりました．植物学会の基本金創設のため有志者より寄付金募集のこと	封書 毛筆巻紙
023	明治 31. 6.11	松村 (東京本郷曙町)	宮部 (札幌農学校)	"Dietel's Uredineae(イネ科牧草病菌?)"は昨年出版され，小生はヴュルツブルグの書店に注文したが未だ到着しません．来着の際は必ずお貸しします	封書 毛筆巻紙
024	明治 31. 8.28	松村 (東京本郷曙町)	宮部 (札幌北3条)	先頃ご恵贈の出版物は札幌農学校を目前に見るが如き心地がしました(学芸会編『札幌農学校』のことか)．以前よりお申越の〈土馬騣〉類標品を原十太君(札幌農学校動物学教授)来訪のとき受領．多くは小生の見知らぬ珍品．さらに貴地産の苔科植物標品を多種類交換で入手したい	封書 毛筆巻紙
025	明治 31.12.26	松村 (東京本郷曙町)	宮部 (札幌農学校)	学兄は予修科の課業を週に14時間も受持とのこと，ご苦労を推察します．昨今は陸軍拡張のため他の予算はいつも削減されて困却しています．苔科植物につきご厚意に感謝．小生は只今琉球及台湾の苔科について論文を書いているところです．平塚直治氏が琉球へ赴任の途次当教室に立寄られたが，彼地植物採集のことは羨望に堪えません	封書 毛筆巻紙
026	明治 1899 32. 4.14	松村 (東京本郷曙町)	宮部 (札幌農学校)	先般理学博士の学位を受納されたことをお祝いします．実は小生が発案者だったのですが，博士会議は秘密会だったのでこれまでお知らせするのを控えていたわけです．本年7月末より35日ほど札幌近傍へ採集旅行に行くので厄介になると思います．植物学大会へのご祝電有難う	封書 毛筆巻紙
027	明治 32. 9.28	松村 (東京本郷曙町)	宮部 (札幌農学校)	今般のご昇級を官報で拝見．夏期に採集した植物は皆乾し上がったが，取調べの暇なく放置されています．台湾，琉球，支那，西比利亞その他東京近傍の植物も同様です．当校の標品は何分数多く，外国との交換や何かで忠実な数人がいなくては整理ができないが，今時の若い人は助力などしない．帰京後渡瀬(庄三郎)に会ったが彼は東大の動物学講師になったらしい．このたび故矢田部博士の遺児教育資金を募集することなったので，貴兄も是非発起人の一人となってほしい	封書 毛筆巻紙 (130 cm)
028	明治 32.12.26	松村 (東京本郷曙町)	宮部 (札幌農学校)	貴兄には神経症で渡嶋国辺へ転地しておられたとか．勉強のし過ぎとおもわれるので毎夜少量の酒を用い読書を控えた方がよいと思う．わが家では先々月より妻がチフスに罹り，漸く全快したところです．サージェント(C. Sargent)の著書にシナノキとボダイジュを混同した誤りを発見しました．矢田部奨学金発起人としての出資額をお知らせします	封書 毛筆巻紙 (165 cm)

書簡番号	年月日	発信者	宛先	内容	備考
029	明治 1900 33.12.1	松村（東京本郷曙町）	宮部（札幌農学校）	貴兄未だ全快せずとのこと，齢40に垂んとする人は夜分の勉強を止めて東京付近の暖地への転地をおすすめしたい。『日本植物誌』の英文欄は「子供ラシキ」英文にて笑いの種になるので和文のみに決定。他の人ならば英文を人に直してもらうこともできるが，彼の人（牧野氏）に限りそれはできず厄介千万なので和文のみとした次第。愚妻本年7月より肋膜炎にかかり昨今稍く快方	封書 毛筆巻紙
030	明治 1901 34.1.11	松村（東京本郷曙町）	宮部（札幌北3条）	賀状によれば登別でご湯治とのこと，不眠症も幾分軽快の由なによりです。本年は是非東京付近へ転地を期待。小生は先月妻とともに3週間ほど上総一ノ宮へ転地，帰京の日より妻がインフルエンザで発熱，年賀状が遅延しました	封書 毛筆巻紙
031	明治 34.10.23	松村（東京本郷曙町）	宮部（札幌農学校）	貴翰並に川上廣衛（瀧彌の兄）君採集の台湾植物215種を落掌。植物の多くは見たことのない珍しいもので感心。牧野富太郎，大渡忠太郎，内山富次郎の3人が一昨日台湾へ向け出帆，1カ月程彼地滞在の予定です。小生は目下尋常中学校生徒用の植物教科書を斎田功太郎と共著で編集中。平瀬作五郎助手が銀杏の精虫を発見，日本植物学の名誉だと思う	封書 毛筆巻紙 (94 cm)
032	明治 1907 40.5.15	松村（東京小石川植物園）	宮部（札幌農学校）	遠藤（吉三郎）君の学位の件は請求あれば通過は間違いないが，任官前ということは不可能だと思う。小生は帰朝後直ちに植物園の改良に着手。植物園はなるべく通俗的な花を絶やさぬようにし，分類花壇などはこの次にして収入を図りたい。来年の植物園収入は4000円の見込み。英国キュー植物園では貴校の星野（勇三）教授と毎日交際した	封書 毛筆巻紙 (132 cm)
033	明治 40.10.18	松村（東京小石川植物園）	宮部（札幌農科大学）	今日までの研究では先の植物（ヤナギ科）の科名はどのようになっているかご教示下さい	葉書 ペン書
034	明治 1908 41.7.16	松村（東京本郷曙町）	宮部（札幌農科大学）	当教室3年生小松春三君が卒業論文として日本産石南花科植物のモノグラフを準備中ですが，教室では標品不充分のため，小泉（源一）君の例のように貴教室愛蔵の石南花科標品全部を拝借したい。小泉君のバラ科論文は立派なもので4冊の大冊になった	封書 毛筆巻紙 (116 cm)
035	明治 1909 42.3.31	松村（東京本郷曙町）	宮部（札幌北2条）	柴田君上京の節のお土産に感謝。先頃遠藤君往来の節は折悪しく面会できず残念。当方は息子の結婚や来月18日の小野蘭山百年祭の準備などで多忙でした	封書 毛筆巻紙
036	大正 1915 4.7.1	松村（東京本郷曙町）	宮部（札幌農科大学）	『樺太植物誌』の受贈礼状	葉書 ペン書

松本　巖 (1891-1968)

大正5年東北帝国大学農科大学卒業（植物病理学専攻）。盛岡高等農林学校，台北帝国大学理農学部教授（植物分類学），戦後は国立台湾大学教授として台湾にとどまった。前田多門は実兄

書簡番号	年月日	発信者	宛先	内容	備考
001	大正 1919 8(?).3.11	松本（セントルイス，Mo.）	宮部	先日はダクカー（B. Duggar ?）先生宛にイモチ病培養数種をお送りいただき感謝。先週のセミナーで「日本の植物研究施設」について話をしました。今後は日本の研究文献のアブストラクトを"Botanical Abstracts"に掲載することになりました	封筒欠 ペン書 （ミズーリ植物園用箋）

書簡番号	年月日	発信者	宛先	内容	備考
002	大正 1919 8. 6.10	松本 (セントルイス, Mo.)	宮部 (在米中)	小生の今後の方針につきダクカー先生に相談したところ、いま1年当地に留まってPh.D.を取ったのちヨーロッパへ行くことをすすめられました。帰国後教職をいただけるとすれば、いかなる課目を担当すべきでしょうか	封筒欠 ペン書
003	大正 8(?). 8. 4	松本 (セントルイス, Mo.)	宮部 (在米中)	小生は一先ずライゾクトニア(株腐病菌)の種決定に関する生理学的研究をとりまとめてダクカー博士に送るつもり。文部省からはその後何の通知もない。万一任命がない場合は一日も早く田舎に帰って働かねばなりません	封筒欠 ペン書
004	大正 8. 8.14	松本 (セントルイス, Mo.)	宮部 (在米中)	各地でご視察の途次マジソンからのお手紙を落掌しました。ライゾクトニアの論文はまとめたので、ご指示に従いメランプソラ(さび病菌)の方も近日中に完了のつもり。マジソンの中田氏気付で差上げた文部省関屋課長の同封手紙によれば佐藤校長よりはまだ正式の上申は出されていないとのことです	封筒欠 ペン書
005	大正 8. -. -	関屋(文部省文書課長)	松本	貴下の本省留学生任命については宮部教授より話があったようであるが、佐藤校長より正式の申請がないため手続きは進んでいない。貴下の任命については鳥取高等農林へ赴任の山田(玄太郎)教授の後任ということで努力してみたい	上記同封 封筒欠 毛筆罫紙
006	大正 1920 9. 3. 2	松本 (セントルイス, Mo.)	宮部	只今奥様のご葬儀のことを知り哀悼を禁じえません。小生は今学期は週に4時間2回のラボラトリー・ワークでその都度レクチャーがあります。単子葉植物より始め、目下百合科植物を研究中です。ダクカー先生の生理学的病理学は非常に有益で、日本にも欲しいコースです	封筒欠 ペン書 (ミズーリ植物園用箋)
007	大正 9. 6. 5	松本 (セントルイス, Mo.)	宮部	去る31日Ph.D.試験を受け合格。今月10日卒業式の予定。ダクカー先生の紹介でシグマ・サイの会員に推薦されました	封筒欠 ペン書
008	昭和 1927 2(?). -	松本 (ベルリン)	宮部	現在はダーレムのアッペル博士のところで日本から持ってきた麦の菌核を調査中です。当地でも混同が多い。福士(貞吉)さんも当地でモザイク病に関する文献調査をしています。札幌の同窓が多いが、木原(均)氏は近く各国を巡歴の予定	封筒欠 ペン書3p
009	昭和 1935 10. 5.31	松本 (盛岡?)	宮部 (北海道大学)	(学校に)まだ慣れていないので講義に追われています。学校にはまだ水とガスと電気もなくて不便です	封書 ペン書
010	昭和 1937 12. 1.29	松本 (盛岡高等農林学校)	宮部 (札幌農科大学)	札幌の独立教会も盛んなようで喜んでいます。学校では今年より植物病理を2~3年にわたり講じることになりました	封書 ペン書(盛岡高等農学校罫紙)
011	昭和 12. 6. 4	松本 (盛岡高等農林学校)	宮部 (北大)	教室親睦会の寄せ書きを頂戴し札幌を懐かしく思いました。病理学会より今夏の講習会の講師を頼まれたので、生理学的病理学かモザイク病一般について話すつもりです	封書 ペン書
012	昭和 12. 6.28	半沢洵 (札幌)	松本巍 (盛岡)	今回ご提出の学位請求論文を宮部委員長の下で審査中のところ、教授たちの中から以下のような質問(7項目)が提出されたので、至急回答願います	015と同封 ペン書3p
013	?	松本 (盛岡高農)	宮部	(英文)上記質問に対する回答および訂正・補足	015と同封 タイプ8p

書簡番号	年月日	発信者	宛先	内容	備考
014	昭和 1937 12.7.3	松本 (盛岡高農)	宮部 (札幌北2条)	只今半沢洵先生より小生提出の学位論文について別紙のような指摘と質問を受けましたが，休暇中に宮部先生に相談せよとのことなので，10日頃に参上したくよろしくお願いします	封書 ペン書
015	昭和 12.7.4	松本 (盛岡高農)	宮部 (札幌北2条)	東京よりの通知によれば国際労働事務局へ赴任する兄家族の横浜出帆日程決定につき，御地参上は延期します。昨日お願いしましたように論文への追補が許されるならば，Supplementary Reportとしてまとめて提出したいのですが如何ですか	封書 ペン書
016	昭和 12.7.-.	松本 (盛岡？)	宮部 (札幌)	小生の学位論文につき種々ご配慮に感謝します。お申しつけにより「摘要」を準備中ですが，20日までに到着するかどうか心配です	封筒欠 ペン書
017	昭和 1943 18.-.-	松本 (台湾台南ホテル)	宮部 (札幌北6条)	本校の南方資源科学研究所で綿の問題が取上げられたので台南にやってきました	葉書 ペン書
018	昭和 18.-.-	松本夫妻 (台湾台北帝大)	宮部 (札幌北6条)	「キンバイサウ属の種類」に関する精細なご論文別刷を拝読し感銘を受けました。みとし(妻)に「貴方は先生から見れば未だ鼻垂れ小僧ね」といわれて恥入っています	葉書(航空便) ペン書
019	昭和 18(?).4.9	松本 (台湾台北帝大)	宮部 (札幌北6条)	先般先生方のご推薦で農学賞をいただき汗顔です。お誕生祝いに甘いもの少々送りました	葉書(航空便) ペン書
020	昭和 1946 21.6.5	松本 (台北台湾大学)	宮部 (札幌北6条)	幾度か同様な便りを出していますが果たして届いているかどうか心配です。大学の庶務課によれば明朝中に葉書を出せば日本行きの船便に托すことができるとのこと。日本は試練の裡におかれているようですが，小生らはもとの大学で研究を続けさせてもらっています	葉書 ペン書
021	昭和 1948 23.4.5	松本みと志(夫人) (台湾台北)	宮部 (札幌)	今度の日本送還で帰国される植物分類の正宗(厳敬)様に托して適当な品をお送りします。夫は言葉の不自由な(中国人の)学生たちを教えるのに多忙です。台湾甘蔗の病気の研究をまとめたので，単行本としてアメリカあたりで出版したいと申しております	正宗厳敬 002と同封 ペン書5p
022	昭和 23.4.19	松本巍 (台湾台北)	宮部 (札幌)	正宗学兄が留用解除の認許を得て祖国へ帰るに際し，この便りを托します。今度は日本籍の教授連の約半数が帰還することになり，植物の残留者は小生一人です。かねてお願いしていた台北帝大卒業生橋岡君の学位論文を内審査のため送りましたのでよろしくお願いします。母校のない連中ですから今後は札幌の先生方のお世話になる事でしょう	正宗厳敬 002と同封 ペン書

三浦道哉

明治41年東北帝国大学農科大学卒業(植物病理学専攻)。青森県立農事試験場，南満州鉄道農事試験場(?)

001	大正 1915 4.11.18	三浦 (青森)	宮部 (札幌)	このたび青森天主公教会のエルヴェ氏より故フォーリー(U. Faurie)氏の標本の件で別紙のような通知が来たのでお知らせします。ご下命の桐のうどんこ菌は近日中に採集して送ります	封書 ペン書

書簡番号	年月日	発信者	宛先	内容	備考
002	大正 1915 4.11.15	エルヴェ（代筆？）（青森天主公教会）	三浦（青森）	故フォーリー氏の遺族が，仏国外務省を通してフォーリー氏の植物標本を本国へ送ってくれるよう依頼した旨横浜領事より連絡がありました．もし宮部先生がお望みなら手続きをします	葉書 上記同封 毛筆
003	大正 1921 10(?).10.9	三浦（満州？）	宮部（札幌）	拙著『満蒙禾本科』謹呈につきご垂教ください．目下『満蒙植物目録』を印刷中です．過日几几山（？）にて非常に稀だという Puccinia（さび病菌）のⅢを採集しましたので，整理次第送ります	封筒欠 ペン書

水島正美 (1925-72)

台北帝国大学から北海道帝国大学農学部水産学科（水産生物学専攻）へ転学，昭和21年東京帝国大学理学部植物学科へ転学．のち東京都立大学助教授，同理学部附属「牧野標本館」主任

書簡番号	年月日	発信者	宛先	内容	備考
001	昭和 1946 21.2.12	水島（東京府中町）	宮部（札幌北5条）	文化勲章の栄誉おめでとうございます．先年はコマロフ氏がソビエト学士院賞の首位だったと聞き，我々の先生にも何らかの御沙汰があってしかるべきと考えておりました	封書 ペン書
002	昭和 21.5.1	水島（東京府中町）	宮部（札幌北5条）	東大理学部植物学科入学試験と口頭試問のこと，入試のこと，植物学科新入生は7名（うち女子1名）．中井（猛之進）先生がジャワから出された葉書が今日届いたとのこと，死亡説もあり．小生宅では近頃の野菜不足に鑑み多く野草を利用しており，小生の知識が役立って幸いです	封書 ペン書便箋 5p
003	昭和 21.6.15	水島（東京府中町）	宮部（札幌北5条）	食糧危機のため大学の講義は今週限りで，来週より2週間の特別講義，7月1日より8月末まで夏期休暇となります．本田（正次）教授のすすめで卒業論文には水草をやることを決定しました．山田幸男先生が来京されて海藻学の講義を聴きました．海藻採集は忍路あたりとは別世界です	封書 ペン書
004	昭和 21.8.8	水島（東京府中町）	宮部（札幌北5条）	本田教授の推薦でコーネル大学の浅井博士（二世）の材料採集（アルバイト？）をしています	葉書 ペン書
005	昭和 1947 22.1.3	水島（東京府中町）	宮部（札幌北5条）	東大へ来てから早くも1年，良い師よき先輩に恵まれています．従来の分類学の方向を一変してフローラの地史学的解明に向いたいと思います	封書 ペン書
006	昭和 1948 23.1.7	水島（東京府中町）	宮部（札幌北5条）	睡眠不足と過労（片道2時間の電車通学）で倒れました．東大植物学講義の状況．先生のご指示通り前川（文夫）先生（分類学特論）に師事して分類研究室に椅子を貰って落着きました．牧野富太郎先生は昨年大病をされたがペニシリン注射で回復とのことです	封書 ペン書6p
007	昭和 23.10.22	水島（東京府中町）	宮部（札幌北6条）	小生の北大時代に雪道をステッキをつきながら教室へ通っておられた先生のお姿が印象に強く残っています．牧野先生は壮者を凌ぐお元気で『大日本植物誌』の完成に没頭中で，87歳ながら「わしは27歳の老年だ」と気焔を吐いています．この2年のうちに同学の学生2人が健康の理由で大学を去り，小生も最近は体力の自信を失っています	封書 ペン書
008	昭和 23.11.29	水島（東京府中町）	宮部（札幌北6条）	余計なことを書いて先生にご心配をかけたことを後悔しています．東大の腊葉標本によりヒロハヘビノボラズ2年生枝の変色について回答します．渡島産 Epimedium grandiflorum（イカリソウ）につき照会します	封書 ペン書 （占領軍による開封検閲）

三村鐘三郎 (1869-1935)
東京帝国大学農科大学助教授。林業試験場技師(林学)。林業副産物を研究

書簡番号	年月日	発信者	宛先	内容	備考
001	明治38.10.3 *1905*	三村(東京帝大農科大学)	新島善直(札幌農学校)	過日ご上京ご来訪の際にお願いしました椎蕈の「クラミトスホア」についての宮部博士のご教示の件，改めてよろしくお願いします	封書 毛筆罫紙(東京帝大農科大学用紙)
002	大正 −.6.12	三村(鹿児島湯元温泉)	宮部(北海道帝大植物学教室)	白木耳栽培実地指導のため長崎・鹿児島2県へ出張中です。ご上京になる叔父上にお会いできないので拙著『銀耳(白木耳)栽培法』を差上げておきます	絵葉書 ペン書

三宅驥一 (1876-1964)
東京帝国大学農科大学植物学科撰科修了，米国コーネル大学に学ぶ。のち東京帝国大学農学部教授(植物学・遺伝学)。日本水産学会，日本遺伝学会会長を歴任。コンブの有性生殖，アサガオの遺伝研究で知られる

書簡番号	年月日	発信者	宛先	内容	備考
001	明治33.10.9 *1900*	三宅(イサカ, NY)	宮部(札幌)	出発の際は祝電を賜り感謝いたします。9月12日横浜発，26日シアトル着，27日夜汽車で東行，10月3日当地着。直ちに大学院生として入学を許され，5日より毎日実験室で仕事をしています。川上(瀧彌)，山田(玄太郎)氏らへよろしく	封筒欠 ペン書
002	明治34.1.12 *1901*	三宅(イサカ, NY)	宮部(札幌)	目下 Pythium(苗立枯病等の病菌)の受精について研究中。余暇に菌類の分類形態を少々勉強しています	封筒欠 ペン書
003	明治34.5.12	三宅(イサカ, NY)	宮部(札幌)	このたびフェローシップ(500ドル)をもらうことになり留学を1年間延長しました。ピシウムの受精研究もほぼできあがったので，近く書き始めます。この春訪れたニューヨーク市立植物園には宏大な温室，立派な博物館，実験室，図書，標本などが完備されていました	封筒欠 ペン書

三宅　勉 (1880-1972)
明治37年札幌農学校卒業(植物病理学専攻)。樺太民政署の依嘱で明治39〜41年まで樺太南部地域の植物調査に従事し，宮部博士と共著で『樺太植物誌』を著す(明治43年脱稿，大正4年樺太庁より公刊)。明治43年より台湾の大目降糖業試験場技師

書簡番号	年月日	発信者	宛先	内容	備考
001	明治40.6.7 *1907*	三宅(樺太万有花白萩町)	宮部(札幌農学校)	1日当地着，付近で採集に従事中。「マウカヌプリ」に登り，採集した蘭科，桜草科，十字花科などを小包で発送します	葉書 毛筆
002	明治43.11.15 *1910*	三宅(台湾，大目降糖業試験場)	宮部(札幌北3条)	東京滞在中は雨天勝ちで諸所を訪問できず，辛うじて新渡戸先生を第一高等学校にて1回，小石川植物園も1回だけ訪問し，松村，早田，牧野，松田，小泉の諸氏に面会したのみです。3日神戸港を出帆して7日基隆へ上陸し，台北では川上(瀧彌)夫妻に迎えられ，同窓先輩の案内で農事試験場，研究所などを見物しました。13日大目降の宿舎に入ったところです	封書 毛筆罫紙 4p

書簡番号	年月日	発信者	宛先	内容	備考
003	明治 1910 43.12.16	三宅 (台湾,大目降糖業試験場)	宮部 (札幌北3条)	甘蔗は成熟に近づき高さ1丈余, 来月より収穫の由です。当試験場は各種の甘蔗を耕作しているので, 病害もまた集っています。小生の助手採用の件は, 只今のように諸病害続々発生の状態では実科の新卒者では不可なので近藤君を希望します	封書 ペン書便箋 4p
004	明治 1911 44.3.30	三宅 (台湾,大目降糖業試験場)	宮部 (札幌農科大学)	先般来の甘蔗の新病害について研究報告を提出しましたので写しをお送りします。自然状態での蔓延力が甚しく, 当試験場の各所に現われています	封書 ペン書便箋
005	明治 44.8.10	三宅 (台湾,大目降糖業試験場)	宮部 (札幌農科大学)	ラーボルスキー氏論文収録の "Berichte"(報告), Vol. XV の貸与をおねがいします。糖務局は廃局の予定で, 今後雇用の見込はありません	封書 ペン書便箋
006	明治 44.10.12	三宅 (台湾,大目降糖業試験場)	宮部 (札幌農科大学)	先般橋本直也氏帰台の際には雑誌をお貸し下さり感謝します。例の露菌病はラーボルスキー氏のペルノスポラ・メイデス(べと病菌)とも異なり, 新種として報告しました。しかし病虫害に対する関心は少なく, 糖務局は存続になりそうです	封書 ペン書便箋 3p
007	明治 44.10.18	三宅 (台湾,大目降糖業試験場)	宮部 (札幌農科大学)	拝借中の "Berichte" を別封書留小包便で返却します。お蔭様で当地の病菌がジャワ産のものと別種と認めることができました。糖務局の廃止が官報で公表されました。病理掛助手として実科卒業生を採用しましたが, 総督府の無理解のため盛岡高等農林学校より一段低度と認められ, 35円の雇員として採用されたのは気の毒です	封筒欠 ペン書
008	明治 44.12.2	三宅 (台湾,大目降糖業試験場)	宮部 (札幌農科大学)	研究中の甘蔗露菌病につきご助言ください。それは台湾製糖会社の採集区域内で発生したので, 近く会社が招いた堀正太郎氏が視察の予定です。欠員の当試験場長を駒場派に取られないよう同窓の栃内氏を推薦しており, 先生のご尽力をお願いします	封書(親展) ペン書
009	明治 1912 45.4.26	三宅 (台湾,大目降糖業試験場)	宮部 (札幌農科大学)	「甘蔗露菌病調査報告」を「試験場特別報告」第1号として刊行しましたのでお送りします。甘蔗交配試験について将来基礎研究に従事すべきものを採用することになりましたので,本年実科出身者1名を南,大島先生と相談の上ご推薦下さい	封書(親展) ペン書
010	大正 1913 2.8.30	三宅 (台湾大目降)	宮部 (札幌農科大学)	田中稔氏の死去に続いて三浦慶太郎氏の永眠の報に一驚しています。只今は砂糖中の細菌について研究中です。本年より実行の輸入蔗苗検査のため人を募集しています	封書 ペン書
011	大正 1915 4.8.31	三宅 (台湾大目降)	宮部 (札幌農科大学)	先月27日台北で会ったばかりの川上瀧彌氏が突然亡くなられたと聞いて声も出ません。渡台中の大島金太郎先生も当場で発熱され, 帰国延期となりました。只今赤腐病につき報告作製中ですが, 胞子中に隔膜を発見。雑誌, 書籍の欠乏に閉口しています	封書 ペン書
012	大正 1916 5.1.31	三宅 (台北出張先)	宮部 (札幌農科大学)	今回小生の下に採用された竹内叔雄君の在校中の成績, 得意の方面, 人柄などお知らせ下さい。当地では萎縮病(セレー病)が発生したので小生が糖業界の注意を喚起したところ, 当局者は専ら事実の隠蔽をはかっています。もしご都合がつけばご渡台の上実況をご視察下さい	封書 ペン書

書簡番号	年月日	発信者	宛先	内容	備考
013	大正 1916 5(?).4.14	三宅 (台湾大目降)	宮部 (札幌農科大学)	昨年大島金太郎先生が当場にご出張の節，学位論文提出のことをおすすめ下さり感謝しています。しかし参考書，器具，薬品が欠乏している当地では旧報告を改訂しても，学位論文としては自信がありません。先生にご訂正を願ったうえで提出してよいか，厚顔ながら伺います	封筒欠 ペン書
014	大正 1917 6.5.3	三宅 (台湾大目降)	宮部 (札幌農科大学)	今年は気候変調で農作物とくに甘蔗の生育が心配です。できれば今秋あたり先生のご渡台を熱望しています。小生只今はパインアプル病について報告を作製中，また主要な甘蔗寄生菌の大部分の入手を計画しています。台北に誘われていますが，同窓の中心から離れていた方が気楽です	封書 ペン書
015	昭和 1943 18.1.2	三宅	宮部	昨秋の日本植物学会大会のときは先生と舘脇(操)氏にご挨拶しただけで退席して残念です。時勢の切迫の際には私的調査は放棄すべきもののように感じられ，また実行も不可能なので，全てを放棄して余世を送るつもりです	封筒欠 ペン書
016	昭和 1944 19.3.28	三宅 (東京世田谷区)	宮部 (札幌北6条)	「日本産キンバイサウ属の種類」の別刷ご恵贈に感謝します。樺太採集のもの3種を拝見して懐旧の念にたえません。伊藤(誠哉)君の『稲熱病』，舘脇(操)君の『北方の植物』など書店で見て喜んでいますが，小生は台湾より4年前に持帰った資料の整理さえできていません	封書 ペン書
017	昭和 1946 21.2.12	三宅 (東京世田谷区)	宮部 (札幌北6条)	このたびは光栄ある文化勲章のご受章を新聞で拝見し心より祝賀いたします。小生は拙妻の疾病と社会環境よりの圧迫のため帰京以来6年を徒らに空費して残念です	封書 ペン書
018	昭和 1947 22.1.4	三宅 (東京世田谷区)	宮部 (札幌北6条)	先生米寿の新年をお祝い申し上げます。当地も食料難はやや和らぎましたが，諸物価高騰で新春の感も起りません	封書 ペン書
019	昭和 1948 23.1.1	三宅 (東京世田谷区)	宮部 (札幌北6条)	食料の値上がり，薪炭燃料の不足は冬季寒空のもと身にこたえます。東京でもこの有様，札幌にてご高齢の先生が思いやれます。1カ月の恩給は2日間の食費費にすぎず，所蔵の雑誌，書籍を売却して過ごしています	封書 ペン書

宮部文臣

宮部金吾博士の10歳年長の長兄。明治12年植村正久により受洗。農商務省山林局勤務

| 001 | 昭和 1929
4(?).11.16 | 宮部文臣 | 宮部金吾 | 今年は老生も77回の誕生日と金婚式並に受洗後50年を迎えました。よってその折に作った腰折れをお目にかけます | 毛筆便箋
3p |

三好　学 (1861-1939)

帝国大学理科大学植物学科卒業。のち同理科大学植物学科教授(植物生理学)。桜の品種・変種の研究で著名。「生態学」の造語者。天然記念物保護に尽力した。昭和9年帝国学士院会員

| 001 | 明治 1888
21.11.21 | 三好
(帝国大学理科大学植物学教室) | 宮部
(札幌農学校) | 小生日本産リケン(Lichen：地衣類)を各地にて200種ほど採集しましたが，文献や標本が少ないため種属の決定に当惑しています。とりあえず名称不明のもの21種を別封で送りますので同定をお願いします | 封筒欠
毛筆巻紙
(79cm) |
| 002 | 明治 1890
23.5.23 | 三好
(帝国大学理科大学植物学教室) | 宮部
(札幌農学校) | (英文)先に同定をお願いした21種の地衣類の採集地はそれぞれ以下の通りです。昨夏は御嶽山でたくさんの標本を集めました。当地では文献不足のため同定ができず，矢田部(良吉)教授は160種以上をジュネーヴのミュラー教授に送りました | 封筒欠
ペン書 |

書簡番号	年月日	発信者	宛先	内容	備考
003	明治 1897 30. 3.17	三好 (帝国大学理科大学植物学教室)	宮部 (札幌農学校)	先頃ドイツ樹木学会会長パウル男爵より小生方へ植物学上の通信員を依嘱してきたのでひきうけたところ，今度は北海道フロラのコレスポンデンツを求めてきました。これは大兄を紹介しておきましたので，よろしくお願いします	封筒欠 毛筆巻紙
004	明治 1898 31. 1.19	三好 (帝国大学理科大学植物学教室)	宮部 (札幌農学校)	当校植物学撰科3年生三宅驥一氏の卒業論文において土の同化作用の比較研究のため貴地方における常緑植物の葉の標本が必要につき，採集して運賃着払いでお送りいただきたくお願いします	封筒欠 ペン書
005	明治 1899 32(?). 8.31	三好(鈴木氏持参) (帝国大学理科大学植物学教室)	宮部 (札幌農学校)	このたび林学士鈴木茂次氏が貴校予科の林学科教員として赴任することになりましたのでよろしくお願いします。同氏は小生と同県人で在京中は小生が保証人をしておりました	封書 毛筆巻紙 (128 cm)
006	明治 1902 35.10.10	三好 (東京小石川植物園)	宮部 (札幌農学校)	レフェラート(報告講演会)の件ご分担よろしく。決定分は以下の通りです。さて牧野(富太郎)氏は，先頃吐血し肺患の恐れがありますが，同氏は家政困難のようなので知人たちで見舞金を送りたいのでご賛同ください	封書 毛筆巻紙
007	明治 1906 39. 3. 5	三好 (東京小石川植物園)	宮部 (札幌農学校)	「カラハナサウ」の種子が入用なのですが，もし貴校植物園で収穫しておられれば少々お送り下さい	葉書 毛筆
008	明治 1907 40. 1.31	三好 (東京本郷西片町)	宮部 (札幌農学校)	昨夏は樺太をご探検の由，同地のフロラに関する詳細なご著述を期待しています。先頃はご令息が当教室をお尋ね下さり，牧野・細部・松田の諸氏へも紹介しました。貴校もいよいよ大学昇格とのこと喜んでいます。遠藤(吉三郎)氏をお招き下さる由，学位の件は松村(任三)教授帰朝後手続きの予定です	封書 毛筆巻紙 (162 cm)
009	明治 1908 41. 4.16	三好 (東京本郷西片町)	宮部 (東京下谷区桜木町)	先日はご来駕下さり奉謝。柴田氏は植物生理学専門なので貴校に適任，身体も強壮です。当人も承諾しておりますので大兄ご在京中に委曲打合わせをしたいので，明日はご在宅ですか	封書(親展) 毛筆巻紙 (96 cm)
010	明治 41(?). 4.19	三好 (東京本郷西片町)	宮部 (東京下谷区桜木町)	昨日電報をしたところご不在でした。いろいろお話を承りたく，粗飯を差し上げたいので22日午後4時にご来駕ください。松村(任三)博士，川上(瀧彌?)も同席の予定です	封書(住所欠) 毛筆罫紙
011	明治 1909 42. 4.23	三好 (東京本郷西片町)	宮部 (札幌農科大学)	先頃柴田君上京の節はアイヌの珍器を頂戴し感謝しています。先日の蘭山会挙行の際は札幌博物学会を代表して祝電をよせられたので，小生が披露しました	封書 毛筆巻紙 (96 cm)
012 -1	大正 1912 1. 9.28	三好 (東京本郷西片町)	宮部 (札幌農科大学植物学教室)	昨日華族会館で徳川侯伯その他と上京中の石原北海道長官に面会，かねてご配慮を煩わしていた北海道の天然記念物の保存のために在京の博物学者たちの意見書を長官に提出したので，いずれ貴君に相談がある筈です。保安林又はナショナル・パーク等の方法によって一区域内の動植鉱物，風景全般を保護することが肝要と思います	封書 毛筆巻紙 (98 cm)
012 -2	大正 1923 12.10.23	三好 (東京本郷)	宮部 (札幌)	震災のお見舞い有難うございました。H. M. リチャーズ(Richards)氏からの厚意にも感謝しております(小生方への来状はありません)。損害は軽微です(第4部 R-20 参照)	葉書 ペン書

書簡番号	年月日	発信者	宛先	内容	備考
013	大正 1926 15.7.7	三好 (三重宇治山田)	宮部 (北海道帝大植物園)	このたび拙著『天然記念物解説』の出版に際し，出版社に1部贈呈するよう命じておきましたのでご高評下さい	葉書 ペン書
014	昭和 1931 6.8.14	三好 (東京本郷西片町)	宮部 (札幌北6条)	植物学会誌の記念号中に，「会の誕生当時の模様」，「第1回学会の会場」，「当時の会費及規則」等について宮部博士にご執筆いただくよう要望がありましたので，よろしくお願いします	封書 ペン書
015	昭和 1932 7.10.5	三好 (東京本郷西片町)	宮部 (札幌北6条)	来る12日の学士院の部会において来年度の学士院賞受賞者に草野(俊助)氏の寄生菌の生活史に関する研究を推薦したく，ご専門の病理学の立場からご同意下されば幸いです	封書(親展) ペン書
016	昭和 7.10.13	三好 (東京本郷西片町)	宮部 (札幌北6条)	先日は早速電報にてご返事下さり感謝。昨日の部会に提出したところ無事通過，題目は「壷状菌類ノ生活史」としましたが何れ審査委員会に付せられると思います	封書(親展) ペン書
017	昭和 7.10.15	三好 (東京本郷西片町)	宮部 (札幌北6条)	去る12日の部会において分科の補欠会員は投票数に達せず，新たに5名の候補者を選ぶことになりました。これは細菌学の北里(柴三郎)委員の逝去によるものなので，細菌学専攻者を推挙したいのでご了承下さい	封書(親展) ペン書
018	昭和 -.2.20	三好 (東京本郷西片町)	宮部 (札幌北6条)	今回の学士院研究費に関する審査委員会は去る7日開会し，貴下ご紹介の3氏へは全員に与えることになりましたが，金額は経費の都合で著しく減額されました	封書 ペン書
019	昭和 1936 11.11.16	三好 (東京本郷西片町)	宮部 (札幌北6条)	先日は植物学会会長退任に対し学会より記念品を頂戴し御礼を申しあげます。次期の会長をお引受けくださり，よろこんでいます	封書 ペン書
020	昭和 1937 12.6.20	三好 (東京本郷西片町)	宮部 (札幌北6条)	ご高配の北海道天然記念物調査について，道庁より文部省に照会があり，小生が調査に行くことになりました。阿寒湖のマリモ産地，根室方面は植物学会総会の見学とは別途に回りたいと思います	葉書 ペン書
021	昭和 12.8.3	三好 (東京本郷西片町)	宮部 (札幌北6条)	このたびは北海道の天然記念物調査視察にあたり多大のご高配を賜り深謝します。さかいつつじ，いそつつじ，はいまつなどを夫々指定するよう文部当局へ委曲陳述しておきました	封書 ペン書
022	昭和 12.10.9	三好 (東京本郷西片町)	宮部 (北大農学部植物学教室)	オニシモッケに関してお知らせ下さり，かつまた貴重なるサカイツツジの標本をお分け下さり感謝します	葉書 ペン書

本　仙太郎
小樽在住の産婦人科専門医師

書簡番号	年月日	発信者	宛先	内容	備考
001	昭和 1937 12.3.8	本 (小樽花園町)	宮部 (北海道帝大水産学教室)	北千島行の漁夫後藤氏が持参した海藻を，北大婦人科教室および小生のところで試験したところ外国産のラミナリヤ(コンブの葉柄を原料とした医療器具)に遜色ありません。そのため4種のコンブの異同，鑑別をお願いできたら幸いです(封筒に宮部氏筆による「チシマゴヘイコンブの葉柄の利用」とあり)	封書(至急親展) 毛筆巻紙 (118 cm)

矢澤米三郎 (1868-1942)
長野県松本女子師範学校校長。博物学者，雷鳥の研究で知られる

書簡番号	年月日	発信者	宛先	内容	備考
001	明治39.3.1 (1906)	矢澤 (長野県松本)	宮部 (札幌農学校)	ご高名を慕っていた先生を信濃博物学会の名誉会員に推薦したところご快諾いただき感謝します。別封の植物標本は白馬岳連山の産ですが，それらの名称をご教示下さい	封書 毛筆巻紙

安田　篤 (1868-1924)
帝国大学理科大学植物学科卒業。仙台第二高等学校教授（地衣学）。変形菌に関する日本人初の生理学的論文を発表

書簡番号	年月日	発信者	宛先	内容	備考
001	大正3.7.5 (1914)	安田 (仙台)	宮部 (東北農科大学)	菌類の交換をご承諾下され感謝します。貴地産の菌類のうち Polyporaceae（サルノコシカケ科）に属するものをご恵贈下さい。お申越の菌類は6種だけ持ち合わせています	葉書 ペン書
002	大正4.5.3 (1915)	安田 (仙台)	宮部 (東北農科大学)	このたび中島教授に托して貴地産の菌類をご恵贈下さり感謝します。本日別便にて8種の菌類を送付しました	封書 ペン書
003	大正6.3.6 (1917)	安田 (仙台第二高等学校)	宮部 (東北農科大学)	小生は寄生菌類を少々集めております。別便にて42種の標本を送りますので，学名をご教授いただければ幸いです	葉書 ペン書
004	大正 -.2.8	安田 (仙台第二高等学校)	宮部 (北大農学部植物園)	このたび米国農務省森林病理局より Peridermium kurilense（茎さび病菌）の標本入手の希望がありましたので，よろしくお願いします	葉書 ペン書
005	大正 -.4.23	安田 (仙台第二高等学校)	宮部 (東京小石川区宮部文臣方)	お問合せの菌類2種の学名は左の通りです	葉書 ペン書

矢田部良吉 (1851-99)
米国コーネル大学に留学。帰国後，東京（帝国）大学理科大学植物学教室初代教授（明治10～24年），小石川植物園長・教育博物館（現在の国立科学博物館）長を併任したが，明治24年非職。新体詩運動の先駆者としても知られる

書簡番号	年月日	発信者	宛先	内容	備考
001	明治23.9.14 (1890)	矢田部 (東京麹町区)	宮部 (札幌北2条)	近着の「ネイチャー誌」に貴下の千島フロラの記事が出ていたが，小生は未だ拝見していないので1部お贈り下さい。小生はこれまで引受けていた種々の仕事を整理して植物学に専念することにした。『植物学雑誌』には英文の論説等を加え広く世界に配布したいので貴下にもご助力願いたい。これまで欧州の植物家に日本の植物の新種を贈れば日本人の功を悉く奪われることがあったので，今後は『植物学雑誌』によって自ら新称を世界に披露したい	封書 毛筆巻紙 (185cm) （宮部博士の手で「重要」と記す）
002	明治23.10.29	矢田部 (東京麹町区)	宮部 (札幌北2条)	先日の手紙で小生の事業にご賛同いただき感謝。昨日クレマチス（Clematis：キンポウゲ科センニンソウ属），リケン（Lichen：地衣類），モス（moss：苔類）などの標本が安全に到着。当方には北海道の植物標本は甚だ少ないので，何なりともお送り下されば幸い。運賃は着払いにして下さい。マキシモヴィチの著書にタリクトルム・アルピナム（チシマヒメカラマツ）を貴兄より得たとあるが，当方には北海道産のものはないので，これもお送り下さい	封書 毛筆巻紙 (106cm)

書簡番号	年月日	発信者	宛先	内容	備考
003	明治1890 23.11.8	矢田部 (東京麹町区)	宮部 (札幌北2条)	最近アビース(abies：トドマツ属)の新種をご発見と承りましたが，その詳細を是非『植物学雑誌』に掲載して下さい。日本人も少しは学問社会で幅をきかせることも肝要です。新種には必ず図をのせることにしたい。御地の植物標本をお送り下さるとのこと有難く思います	封書 毛筆巻紙 (120 cm)
004	明治1891 24.3.5	矢田部 (東京帝国大学)	宮部 (札幌農学校)	先日のご書面中に記載されていた樅の新種のことをマイル氏に話したところ新種に違いないと言っておりました。同氏は帰国に際し『日本樅科植物考』に記載した毬果を一通り当教室に残してくれるので比較に便利です	封書 毛筆巻紙 (112 cm)
005	明治 24.11.5	矢田部 (東京麹町区)	宮部 (札幌農学校)	最近日本産石竹科の記述を終えたところ北海道産の一種が不明なのでお答えください。Arenaria merckioides Maxim.(メアカンフスマ)なる種は貴兄がマキシモヴィチ氏に送られたもののよし，小生は少々疑念がありますので，華および実をつけた標本を少々お送りいただければ幸いです	封書 毛筆巻紙 (83 cm)
006	明治1897 30.7.29	矢田部 (東京麹町区)	宮部 (東京上野桜木町)	この度はご上京に際しお訪ね下さり感謝します。小生はこのところ高等師範学校の講習会で多忙につき未だ訪問もせず失礼しておりますが，お序があればお立寄り下さい	葉書 毛筆

谷津直秀 (1877-1947)
東京帝国大学理科大学動物学科卒業，米国コロンビア大学留学。のち同大学理学部教授。動物学者で長年日本動物学会会頭を務める。実験動物学で知られる。昭和11年帝国学士院会員

書簡番号	年月日	発信者	宛先	内容	備考
001	昭和1943 18.12.14	谷津 (東京四谷)	宮部 (札幌北6条)	学士院第2部昭和19年度学術研究費補助申請(生物学に関するもの12件)のうち植物学に関するもの5件の審査をお願いしたいのですが，厳冬で燃料不足の折から藤井健次郎氏に調査委員をお願いしてはいかがでしょうか	封書 ペン書

梁川剛一 (1902-86)
画家・彫刻家。当時，歩兵第一連隊(東京)幹部候補生

書簡番号	年月日	発信者	宛先	内容	備考
001	昭和1929 4.8.9	梁川 (東京赤坂)	宮部 (札幌北5条)	小生病気全快して現隊へ帰営。昨年函館図書館岡田館長よりマキシモヴィッチ銅像建設についての先生のご計画を拝聞，ご依頼を受けて製作にとりかかっていたところ入隊となったので，満期除隊後完成するつもりです。その後どうなっているかご一報下さい	封書 ペン書

柳川 振
樺太庁水産課

書簡番号	年月日	発信者	宛先	内容	備考
001	明治1910 43.6.27	柳川 (樺太豊原)	宮部 (札幌農科大学)	樺太アニワ湾内トーブツ湖畔で「エゴ草」の採取を願い出る者がありますが，その草は本で見るものと形が異なるように思うのでご教示下さい。なお昨年お送りいただいた海藻標本類は水産試験場から返却してこないので，改めてご送付願えませんか	封書 毛筆巻紙 (132 cm)

書簡番号	年月日	発信者	宛先	内容	備考

柳川秀興
明治42年東北帝国大学農科大学畜産学科卒業。台湾総督府に勤務

001	大正 1913 2. 2.20	柳川 （フィリピン海運会社「ザフィロ号」船上にて）	宮部 （札幌農科大学）	小生昨年マニラ上陸以来フィリピン諸島各地を旅行し，飼料用植物を採集しつつ畜産の調査をしました。マニラの植物学者メリル氏は立派な実験室と多数の書籍を備え，フィリピン顕花植物の第一人者です	封書 ペン書（ザフィロ号用箋）
002	大正 1917 6.11.12	柳川 （台湾恒春）	宮部 （札幌農科大学）	このたびは学名に関するご教示に感謝します。先生のお手紙にあった Coix lacryma-jobi（ジュズダマ）は目下結実期なので採集した種子をお送りします。ご入用の容量をお知らせ下さい	封書 毛筆巻紙 (69 cm)
003	大正 1923 12. 2.18	柳川 （台湾恒春）	宮部 （札幌北2条）	このたびは印度黄牛（インドこぶ牛）変種の名称につきご懇切なご教示に感謝します。ロシアの亡命者たちは当地より直ちにマニラに航して救助を受けた由です。Acacia confusa Merrill（相思樹，別名タイワンアカシア）の葉は激烈な苦味を有しいかなる家畜も食わなかったところ，小生は数年来の工夫で良好な飼料とすることに成功しました	封書 ペン書

梁田政蔵
北海タイムス社

001	大正 1916 5. 4. 5	梁田 （札幌北7条）	宮部 （札幌北2条）	道民生産上の質疑（松茸を本道の特産とすることは可能か，鈴蘭は野生以外では培養できないか）についてお答えいただければ幸いです	封書（親展） ペン書（道民社原稿用紙）

矢部長克 (1878-1969)
東北帝国大学理科大学教授（地質学・古生物学）。大正14年帝国学士院会員，昭和28年文化勲章受章

001	大正 1913 2.11.18	矢部 （東北帝大理科大学）	宮部 （札幌農科大学）	昨日は珍しいポロモシリ島産の化石をご恵贈下さり感謝します。当方からもお約束の石灰藻化石をお送りします	封書 ペン書

矢部吉禎 (1876-1931)
東京帝国大学理科大学植物学科卒業（植物分類学）。同大学助教授，東京女子高等師範学校・東京文理科大学教授を歴任。中国大陸の植物を研究。矢部長克の実兄

001	明治 1900 33.10. 6	矢部 （東京小石川植物園）	宮部 （札幌農学校）	小生今夏白馬山にのぼりましたので，その採集品2, 3をお送りします。この山にはウルップ草のほか Alpine plants もたくさんあります	封書 毛筆半紙
002	明治 1904 37. 6.25	矢部 （東京小石川植物園）	宮部 （札幌農学校）	昨年遠藤吉三郎君が千島占守島で採集した植物は別紙の通りですが，われわれに分からないものや欠けているものがありますので，お分かりでしたらご教示ください	封書 毛筆巻紙
003	大正 1913 2.11.18	矢部 （東京女子高等師範学校）	宮部 （札幌農科大学）	拙著をお送りしたところご丁寧なお手紙に恐縮しました。御校でご所蔵の満州・蒙古等の標本をお貸し下さるとのこと，お言葉に甘えたく思います	封書 毛筆巻紙

書簡番号	年月日	発信者	宛先	内容	備考

山内繁雄 (1876-1973)
東京高等師範学校教授。米国コロンビア大学・シカゴ大学研究員(藻類学)

| 001 | 昭和1929
4.11.22 | 山内
(青函連絡船上にて) | 宮部
(北海道帝大農学部) | 昨日は早朝より貴教室の標本庫，植物園などを丁寧にご案内くださり，実に羨望の極みでした | 封書
ペン書(シカゴ大学用箋) |

山形県立農事試験場

| 001 | 明治1910
43.10.22 | 山形県立農事試験場 | 宮部・松村(松年)教授
(札幌農科大学) | 別便にてお送りした2種の被害苹果(へいか)(リンゴ)について，病虫害の名称,他府県の状況その他をご教示下さい(回答：穴のあいているものはリンゴヨコバイ，奇形を呈せるものはリンゴクロメクラガメ) | 封書
毛筆罫紙 |

山口　収
釧路市西幣舞町住人

| 001 | 大正1924
13.11.4 | 山口
(釧路) | 札幌農科大学植物学教授 | 本道阿寒湖産出の一名ミヤベ藻(俗に丸藻・玉藻とも言う)の原名および世界における産地はどこか，宮部博士の発見年月日などをご教示下さい(マリモの問合せ) | 封書
ペン書 |

山口彌輔 (1888-1966)
東京帝国大学理科大学植物学科卒業(植物生理学)。東北帝国大学理学部・茨城大学理学部教授。
日本遺伝学会会長。イネの遺伝子を分析

| 001 | 昭和1944
19.5.25 | 山口
(仙台) | 宮部
(北海道帝大) | 先頃は久々にて拝眉の機会に恵まれ，お蔭様で所期の目的を達して帰任しました | 葉書
ペン書 |

山下互平
旭川師範学校校長

| 001 | 昭和1943
18.12.18 | 山下
(旭川) | 宮部
(北海道帝大) | 先日は突然参上したのに種々のご指導を賜わり，有難うございました(大雪山の植物のこと) | 封書
毛筆巻紙 |

山田玄太郎 (1873-1943)
明治31年札幌農学校卒業。明治31～35年宮部教授の助手。その後，盛岡高等農林学校・鳥取
高等農業学校校長を歴任

| 001 | 明治1903
36.6.9 | 山田
(盛岡高等農林学校) | 宮部
(札幌農学校) | 三宅氏論文ご送付に感謝。青森県でご覧のバクテリアは盛岡では極めて普通のものなので，近々標本を送ります。松の菌類は甚だ多く，ナラやコナラのクロナルシュウム(さび病菌)の夏胞子も沢山見ました | 封書
毛筆巻紙 |
| 002 | 明治
36(?).10.8 | 山田
(盛岡上田小路) | 宮部
(札幌農学校) | 標本箱も漸く1個だけ製作。器機類も此頃ボツボツ到着しツァイス顕微鏡は1台，ライツ顕微鏡は5台です。動物及獣医教室も同様。書籍代も植物教室に200円配布されたが到着は一部のみ。洋行教員は未だ未着で職員も少数です | 封書
毛筆巻紙
(163 cm) |

書簡番号	年月日	発信者	宛先	内容	備考
003	明治 1903 36.11.28	山田 (盛岡高等農林学校)	宮部 (札幌農学校)	当校には参考用の標本や参考書もないので一通りだけの標本を備えるべく，これまでに1,200〜1,300種の標本を集めました。禾本科(イネ科)標本や菌類などにつき検定をお願いします。岩手山で採取した種子を少々お分けします	封書 毛筆巻紙 (148 cm)
004	明治 36(?).12.14	山田 (盛岡上田小路)	宮部 (札幌農学校)	昨日はお手紙にていろいろご教示いただき感謝。此頃は農事試験場の費目も県会の予算委で存廃同数だったとのこと。小生の海藻標本が見つかりましたらご一報下さい	封書 ペン書
005	明治 1904 37. 1.16	山田 (盛岡高等農林学校)	宮部 (札幌農学校)	小生は昨年来大森氏の『植物病理学』(博文館の帝国百科)の菌類の部を引受けて執筆中ですが，参考書が少ないので時々ご教示をお願いすることと思います。近頃は須川長之助採集の標本整理をしていますが，採集日付や場所を記さぬ不完全なものが多いです	封書 ペン書
006	明治 37. 5. 8	山田 (盛岡高等農林学校)	宮部 (札幌農学校)	この度は植物種子を沢山お送り下さり有難く早速播種しました。実は植物園設置の計画を立て植物採集に努めているところです。教員中軍事に関係するもの数名あり，教授上不便が少なくありません。本年度は外国品購入を差し止められて困却。昨日は近郊に出てケサマ・ラジアータ(?)を発見，天狗巣をなし2，3の芽にスペルモゴニヤ(雄性器)が発生していました	封書 毛筆巻紙 (198 cm)
007	明治 37. 5.19	山田 (盛岡)	宮部 (札幌農学校)	Chamaecyparis obtusa(ヒノキ)の枝にGymnosporangium(さび病菌)を発見しました。これまでひのきには見たこともないものなので一枝お送りします	葉書 ペン書
008	明治 37.10.12	山田 (盛岡)	宮部 (札幌農学校)	著書を昨夜入手しましたので1部贈呈します。1冊は図書館にお遣わし下さい	絵葉書 ペン書
009	明治 1905 38. 6. 5	山田 (盛岡高等農林学校)	宮部 (札幌農学校)	過日拝借のジーテル氏論文は今日明日中に返却します。「さわら」のさび菌を接種したところ「あずきなし」にスペルモゴニヤを生じました	封書 毛筆罫紙
010	明治 38(?). 6.13	山田	宮部	先便に記しましたように「さわら」のさび菌は「あずきなし」にスペルモゴニアを生じ，発育は甚だよくありません	封書(親展) 毛筆巻紙 (125 cm)
011	明治 38. 7.16	山田 (盛岡高等農林学校)	宮部 (札幌農学校)	昨日は毒麦の標本をご贈与下さり感謝します。当地では未だ発生はありません。本年夏は出札の上ご高教を仰ぎたいと思っていたところ事情許さず，来年になりそうです	封書 毛筆巻紙 (199 cm)
012	明治 38. 8.10	山田 (盛岡上田小路)	宮部・半沢 (札幌農学校学)	気候不順で米作のことが心配です。今月1日には加藤子爵が牧野(富太郎)・田中貢一氏とともに来盛し，小生と助手が案内して早池峰に登りましたが，殆ど雨で難儀しました	封書 毛筆罫紙
013	明治 38.12.20	山田 (盛岡高等農林学校)	宮部 (札幌農学校)	須川長之助に今春手紙を出したところ疝痛で盛岡に出られないと言ってきました。今度は呼びよせて聞き糺します。川上(瀧彌)兄が新高山に登られたとは愉快なことですが，火災で採集品を失ったのは気の毒です	封書 ペン書
014	明治 1906 39. 1. 6	山田 (盛岡上田小路)	宮部 (札幌北3条)	先日はお手紙有難うございました。ご依頼により昨日須川長之助宅を訪問し，同人の生年月日やゴシケヴィチのための植物採集の履歴を糺したところ，ご来状とほぼ符号する結果になりました	封書 毛筆巻紙 (236 cm)

書簡番号	年月日	発信者	宛先	内容	備考
015	明治1906 39.1.27	山田（盛岡高等農林学校）	宮部（札幌農学校）	お手紙拝誦，昨日菌類標本をお送りしましたので，目録のご訂正・ご検定よろしくお願いします。須川長之助のことは学校へ来た商人の紹介で日法町の同人の生家に呼びよせて話を聞くつもりのところ，老人のことゆえ小生が出向くつもりです	封書（切手欠）毛筆巻紙(93 cm)
016	明治 39.2.7	山田（盛岡高等農林学校）	宮部（札幌農学校）	長らく拝借した『草木図説』を小包便でお返しします。その後須川長之助から便りがあり，明治22年の旅行日記や函館で渡された旅行免状も発見したとのことです。凶作の結果は追々現われている様子です	封書 ペン書
017	明治1907 40.5.29	山田（盛岡高等農林学校）	宮部（札幌農学校）	長々とお借りしていたプロテルス論文をお返しします。一昨日岩手山麓の滝沢村へ採集に行き，梅の銹菌の天狗巣をえました。探せば珍しいものが少なくないので来月中旬には早池峰で採集します	封書（親展）毛筆巻紙(149 cm)
018	明治 40.6.20	山田（盛岡高等農林学校）	宮部（札幌農学校）	昨年師範学校生徒が姫神山で採集した繖形科(さんけい)植物を，人づてに牧野(富太郎)氏へ照会したところ Sanicula (ウマノミツバ属) の種類のものと返事がありました。本邦では初めてのものと思い，クロバナウマノミツバとでもよぶつもりです。なおマキシモヴィチ氏の"Flora Amurensis (アムール地方植物誌)" p.123 の写しを三浦君に依頼したいので，同君に拝借をお願いします	封書 毛筆（盛岡高等農林罫紙）
019	明治1909 42.1.6	山田（盛岡上田小路）	宮部（札幌3条）	旧蠟ご相談した（採用の）件は玉利校長に推挙しておきました。開校は多分9月，動物昆虫は理学士をとりたいとのこと。当方は冬期休暇中に標本整理をしており，いずれは県内の目録を作ります	封書 毛筆巻紙(142 cm)
020	明治1910 43.2.9	山田（盛岡高等農林学校）	宮部（札幌農科大学）	先月は青森へご出張のところ生憎フォーリー(U. Faurie)氏不在とのことで残念でした。今月末県農会の園芸講習会で小生も果樹病害を依頼されましたので，笠井氏の卒業論文を暫時拝借できませんか	封書 ペン書
021	明治 43.8.2	山田（盛岡上田小路）	宮部（札幌農科大学）	本県では6月上旬洪水で苗代の浸水したものが多く，7月になって一種の萎縮病が発生し多大の被害あり。小生も花巻に出張して検鏡の結果 Sclerospora（黄化萎縮病菌）の侵害（卵胞子のみ）を発見，一関でも同様なので県庁へ通報。県庁より西ヶ原へ標本を送ったところ Pythium debaryanum（苗立枯病菌）との回答があった由。小生の同意し難き点は3つあり，標本は圧搾が出来次第お送りしますので，鑑定をお願いします	封書（親展）毛筆巻紙(190 cm)
022	明治1911 44.6.2	山田（盛岡上田小路）	宮部（札幌農科大学）	このたびは種子を沢山お送りいただき感謝します。植物園造成も経費を切詰められて両3年を要すると思います。先月藤根台湾総督府技師が来て台湾行きを勧められましたが断りました。川上(瀧彌)君だけでは試験場の仕事も手不足らしいので，先生から適任者をご推挙下さい	封書（親展）毛筆巻紙(168 cm)
023	明治 44.6.22	山田（盛岡）	宮部（札幌農科大学）	トラベルソ，バットラー両氏論文を長々と拝借して有難うございました。出田(新?)氏の拝借の下巻をともに小包で返却します	葉書 毛筆
024	大正1916 5.4.8	山田（盛岡高等農林学校）	宮部（札幌北2条）	ドイツの病理学雑誌はその後届きませんが御地ではいかがでしょうか？ 当地の本屋を通じてオランダより取寄せようとしましたが，戦乱のため続刊できないのかと思っています	封書 毛筆罫紙

書簡番号	年月日	発信者	宛先	内容	備考
025	大正 1916 5.5.10	山田（盛岡）	宮部（札幌農科大学）	標本は本日小包便でお返しします。栗の胴枯病菌も封入します。亜麻属の銹菌は採集が僅かなので，新しいものを採集したらさらにお送りします	封書 毛筆巻紙 (112 cm)
026	大正 1923 12.9.22	山田（鳥取高等農業学校）	宮部（北海道帝国大学農学部）	先日の関東地方の大震災でご親戚に被害はありませんか。当地方の水害は大阪毎日が大袈裟に報道したのでお見舞いをいただき恐縮しました。学校の被害は軽微です	封書 ペン書
027	大正 －.3.18	山田（鳥取高等農業学校）	宮部（札幌北6条）	このたびは福士（貞吉）君の論文をお送りくださり有難うございました。同論文は学校の分および福士君の門弟（植物病理専攻）の諸君にもご恵与くだされば大慶です	封書 ペン書

山田幸男 (1900-75)
東京帝国大学理学部植物学科卒業。北海道帝国大学理学部教授（海藻分類学）

書簡番号	年月日	発信者	宛先	内容	備考
001	昭和 1937 12.1.13	山田（ロスアンジェルス，Calif.）	宮部（北大農学部）	去月29日横浜を出帆し，昨日12日に当地へつきました。本日汽車でバークレーに向います	絵葉書 ペン書
002	昭和 12.1.26	山田（バークレー，Calif.）	宮部（北大農学部）	先般は御講書始めの儀とどこおりなくおすませのことと拝察します。小生は毎日当地の植物標本室で仕事を楽しんでおります。セッチェル（W. Setchell）教授にお写真と伝言を伝えたところ大変な喜びようでした	封書 ペン書

山野義雄
大正14年北海道帝国大学農学部農業生物学科撰科修了。東北帝国大学理学部植物学教室

書簡番号	年月日	発信者	宛先	内容	備考
001	大正 1925 14.7.10	山野（青森浅虫臨海実験所）	宮部（北大農学部）	春以来仙台で重ねて学生生活を繰返しています。6月末より浅虫で動物の実験をしていますが，小生には不必要なようです。一昨日八田（三郎）先生が来所され懐かしく思いました	封書 毛筆巻紙
002	大正 1926 15.6.15	山野（仙台狐小路）	宮部（北大農学部）	小生こと無事通学しております。北大50年式典ではお疲れになったことと思います。当教室からも伊藤篤太郎氏が列席され，その模様を具に拝聴しました。本年より動物・植物に分かれ，私は植物生理・微生物の講義を聴いています	封書 毛筆巻紙

山羽儀兵 (1895-1948)
東京帝国大学理学部植物学科卒業。同大学講師，東京文理科大学植物学教授（細胞学）

書簡番号	年月日	発信者	宛先	内容	備考
001	大正 1925 15.5.17	山羽（東京小石川植物園）	宮部（北海道帝大農学部）	藤井（健次郎）教授の在職25年を記念して論文集を発刊する予定なので，先生にも何かご執筆をお願いします	葉書 ペン書
002	大正 15.5.24	山羽（東京小石川植物園）	宮部（北海道帝大農学部）	早速のご返事有難うございました。原稿枚数はもう少し多くても結構です。図版はなるべく著者にて負担のこと	葉書 ペン書

山本岩亀(1890-1960)

北海道余市実業女学校教頭。宮部博士の指導の下で道南後志地方の植物相の研究に従事

書簡番号	年月日	発信者	宛先	内容	備考
001	大正12.5.- *1923*	山本	宮部（札幌北6条）	三森山産のCerastium（ミミナグサ属）は小生の登山が早すぎて全部蕾でした。これを工藤(祐舜)博士に検定してもらったところ，C. schmidtianum（オオバナノミミナグサ）とされ，その一半を本田博士はC. ciliatum（ホソバミミナグサ）とされたのです	葉書 ペン書
002	大正12.7.20	山本（北海道余市）	宮部（札幌北6条）	植物採集認可のことで種々お手数を煩わし恐縮です。(この地域の)採集は中等学校職員には全く不許可で，大学関係者のみに限定されるとのこと。私は今後も植物研究を続けるつもりなので大学の嘱託という辞令でも頂戴できませんか	封書 ペン書
003	大正12.7.25	山本（北海道余市）	宮部（札幌北6条）	小生の不注意からご迷惑をかけてすみません。小生としては研究心のある者を導いてやろうと思い，何の気なく友人の新聞記者に話をしたのでした。大平山，狩場山方面が不許可となれば，磯谷から瀬棚，久遠方面の海岸を採集します。舘脇先生が道庁へ掛合って下さるとのこと，よろしくお伝えください	封書(至急) ペン書
004	大正13.1.26 *1924*	山本（北海道余市）	宮部（札幌北6条）	小生採集の数種を『札幌博物学会会報』にご記載下さり有難うございました。ホソバモチノキ，ギボウシラン，ヤナギ，オトギリソウについて	封書 ペン書
005	大正13.4.15	山本（北海道余市）	宮部（札幌北6条）	ご懇篤なお手紙をいただき感激。狩場地方の大平山には多大の望みをかけており，精密な採集をするつもりです。内地産のタチシノブに比し頗る大型のものを発見しました	封書 ペン書
006	大正13.7.4	山本（北海道余市）	宮部（札幌北6条）	先日お会いしたとき約束しました植物採集許可願の書類一式を同封しますのでどうかよろしく	封書 ペン書
007	大正13.8.17	山本（北海道余市）	宮部（札幌北6条）	大平山では多数の植物が採集できて大変愉快でした。標本が出来次第お送りします	葉書 ペン書
008	大正13.8.26	山本（北海道余市）	宮部（札幌北6条）	大平山は石灰岩の山で新種の見つかる山です。明年もう一度採集したいので，認可の件よろしくお願いします	封書 ペン書
009	大正13.9.5	山本（北海道余市）	宮部（北大農学部）	本日別便にて毛茛（キンポウゲ）科，石竹科，十字花科標本をお送りました。ご検定の結果何か面白い点があったらお知らせ下さい。他の標本は目下貼付中です	封書 ペン書
010	大正13.11.4	山本（北海道余市）	宮部（札幌北6条）	大平山は珍種に富み面白いところでした。明年も是非出かけたいと思います。標本の台紙貼付けを完了しました。別紙に狩場，大平山の地形，地質概要を記しておきました	封書 ペン書
011	昭和(?)-.6.3	山本（北海道余市）	宮部（札幌北6条）	昨日白花タンポポを小包便で送りましたので鑑定願います。本日も石竹科植物数種を送ります。石山(哲爾)氏の先生宛書簡を同封します	封書 ペン書
012	昭和(?)-.7.5	山本（北海道余市）	宮部（札幌北6条）	本日別便をもって標本数種を送りました。種名をお知らせ下さい	封書 ペン書
013	昭和(?)-.7.12	山本（北海道余市）	宮部（札幌北6条）	先日は標本の検定有難うございました。植物採集認可の手続(積丹・余別岳)よろしくお願いします。7月29～30日の植物学会には出席します	封書 ペン書

山本和太郎
昭和3年北海道帝国大学農学部農業生物学科撰科修了。台北帝国大学理農学部植物病理学教室，
県立兵庫農科大学(神戸大学農学部の前身)植物病理学講座

書簡番号	年月日	発信者	宛先	内容	備考
001	昭和 1936 11.3.10	山本（台湾台北）	宮部（北大農学部）	北海道フロラに関する報告の別刷恵贈に感謝。小生は木材の腐朽の研究を日本植物病理学会で報告の予定です	封書 ペン書
002	昭和 1936 11.6.2	山本（台湾台北）	宮部（北大農学部）	当地では稲はそろそろ出穂を始めました。先日は尊影を頂戴し大きな喜びです	封書 ペン書
003	昭和 1939 14.7.24	山本（東京本郷）	宮部（北大農学部）	盛岡の松本(巍)先生の許で6日間植物を採集。乗車券の期限のため東京へ向い，植物文献を蒐集。中野郊外にて伊藤(誠哉？)先生ご発表の菜豆の角斑病に似た病葉を採集して検鏡。今日は小石川植物園でツツジの病葉を採集しました	封書 ペン書
004	昭和 1943 18.6.22	山本（台北）	宮部（札幌北6条）	この度は札幌同窓の諸先生のご配慮で台北帝大の助教授に任官の上，南方資源科学研究所員となりました。昨日は全島的に召集令状が下り，植物病理学専攻の1年生にも応召がきました	封書 ペン書

山本由松 (1893-1947)
東京帝国大学理科大学植物学科卒業。台北帝国大学理学部植物分類学教室，戦後は中華民国国立
台湾大学教授。台湾や屋久島の植物の分類学的研究

書簡番号	年月日	発信者	宛先	内容	備考
001	昭和 1936 11.4.1	山本（台北帝大）	宮部（北海道帝大）	先般お約束のロビンソン(B. Robinson)教授の写真を同封します。小生は昨春ボストン滞在中お目にかかりましたが，今春2月にご逝去のよし。写真も悲しい思い出となりました	封書 ペン書
002	昭和 1944 19.4.30	山本（台北帝大）	宮部（北海道帝大）	小生は比島より帰還後は海南島，雷州半島へも調査に赴きました。貴著『日本産キンバイサウ属の種類』別刷のご恵贈に感謝します	葉書 ペン書

幸原省吾
島根県立農事試験場，大分県立農事試験場

書簡番号	年月日	発信者	宛先	内容	備考
001	大正 1913 2.11.26	幸原（島根県立農事試験場）	宮部（札幌農科大学）	本県各地で白葉枯とよばれる病穂発生し，農家指導上困っていますので，別便の標本につきご教授下さい	封書 毛筆罫紙
002	大正 1925 14.6.22	幸原（大分県立農事試験場）	宮部（北海道大学）	先頃ご来遊のときお話のあった七島藺の病苗を発送しました	封書 毛筆罫紙

横山壮次郎 (1868-1909)
明治22年札幌農学校卒業。同校助教授を経て台湾総督府技師，清国奉天農業試験場技師長

書簡番号	年月日	発信者	宛先	内容	備考
001	明治 1909 42.3.30	横山（満州奉天）	宮部（東北帝大農科大学）	当場で採集の当地方野草24種を本日郵送しましたので，折返し種名をお知らせ下さい。このうちには牧草に適しないものがあるのではないかと思います	封筒欠 毛筆罫紙

横山(橋本)直也

明治42年東北帝国大学農科大学卒業。のち北海道煉乳㈱取締役

書簡番号	年月日	発信者	宛先	内容	備考
001	?	横山	宮部 (植物学教室)	(7月10〜19日カムチャッカ,ペトロパヴロフスク)以後アナドイル,アラスカ,セントローレンス湾を経て,8月26日ベーリング島へ(英文で書かれた簡単な公開日誌のほか,各地での何かの集計表を含む)	封書(切手欠)(大至急) ペン書

横山春男

北海道庁立池田高等女学校教諭(十勝国池田町),晋州公立中学校教諭(朝鮮慶尚南道)。『十勝植物誌』を著す

書簡番号	年月日	発信者	宛先	内容	備考
001	昭和1937 12.8.13	横山 (池田高等女学校)	宮部 (北大農学部植物学教室)	一面識もない小生に身に余るお言葉を賜わり,さらに多額の旅費をお送り下さり恐縮です。常々十勝国池田町周辺の該地方植物の徹底的な採集を念願しておりました。休暇も残り少ないので明日より採集に取りかかります	封書 ペン書
002	昭和 －.9.6	横山 (池田高等女学校)	宮部 (北大農学部植物学教室)	ご下命を受けた豊頃村のコナラ産地付近の植物標本は明日発送します。種々の理由で不満足な標本になったことを申し訳なく思います。番号を付した腊葉についてはご鑑定をお知らせ下さい	封書 ペン書罫紙
003	昭和 12.9.27	横山 (池田高等女学校)	宮部 (北大農学部植物学教室)	不完全な標本にも拘わらず早速学名をそえてご教示下さり厚くお礼申上げます。今年東十勝で採集した腊葉を舘脇先生にお送りしてあります	封書 ペン書罫紙
004	昭和 12.10.6	横山 (池田高等女学校)	宮部 (北大農学部植物学教室)	ご親切に甘え,去る9月中に池田町,大津海岸,本別義経山で採集した腊葉若干をお送りしますので鑑定下されば幸いです	封書 ペン書罫紙
005	昭和1939 14.3.21	横山 (朝鮮慶尚南道晋州邑)	宮部 (北大農学部植物学教室)	昨年4月以来1ヵ年の間格別の学恩を賜わり,その上出発の際は記念品までご恵与いただき勿体ない限りです。当地の植物は予想通り北海道とは随分相違しているようなので早速勉強にとりかかるつもりです	封書 ペン書罫紙
006	昭和 14.8.4	横山 (朝鮮晋州公立中学校)	宮部 (北海道帝大)	本年は校友会園芸部長となりましたが,夏期休暇に入るや勤労報国隊の作業が始まり半裸での土木作業です。只今朝鮮の教育界は国体明徴,内鮮一体,忍苦鍛練の三大綱領をかかげて,次第に鮮人を純然たる日本的性格の持主にすることに邁進しています	封書 ペン書
007	昭和1940 15.8.3	横山 (朝鮮晋州公立中学校)	宮部 (北海道帝大)	今夏の南朝鮮は近年にない雨天続きです。私はこの10日間勤労報告隊で地均し作業に従事しています。学校の校舎に生徒と共に泊まりこんで朝5時から夜11時過ぎまで勤務し,その後この地方の植物採集にとりかかっています	封書 ペン書
008	昭和1941 16.4.30	横山 (朝鮮晋州公立中学校)	宮部 (北海道帝大)	当地に来てから2年間に採集した植物の目録を作りましたのでお送りします。この春にもすでに数種発見したものがあります	封書 ペン書

書簡番号	年月日	発信者	宛先	内容	備考

吉岡美標

| 001 | 明治 1899
32. 7.19 | 吉岡
（佐賀花房小路） | 宮部
（札幌農学校） | 私は昨年より葡萄樹の病害に苦労しています。曾て先生の教えを受けた友人の荘嶋熊六氏からすすめられましたので，被害枝をそえて先生のご教示をお願いします | 封書
毛筆罫紙
4 p |

吉永虎馬 (1871-1946)

高知師範学校卒業。高知県立高等女学校教諭，高知高等学校教授（植物学）。牧野富太郎と同郷の四国佐川町出身で幼馴染

001	明治 1901 34. 8.18	吉永 （土佐国佐川町）	宮部 （札幌農学校）	当国産の植物は従来牧野（富太郎）君等の研究により明らかになっていますが，蘚苔類以下については調査がありません。小生は菌類の採集に従事していますが，今後品種不明のものについてご検定下さるようお願いします。白井君には先般突然発狂とのこと。小生は非常な恩恵を受けてきたので悲痛の思いです	封書 毛筆巻紙 (119 cm)
002	明治 1903 36. 4.21	吉永 （高知市第一中学校）	宮部 （札幌農学校）	友人中綿弘次が Polyporus（サルノコシカケ科）の品種名称不明につきご鑑定を願っておりますので，お引受け下されば幸甚です	封書 毛筆罫紙
003	明治 1904 37. 6.19	吉永 （土佐国安芸町第三中学校）	宮部 （札幌農学校）	大変遅くなりましたが菌類の標品50種ばかりを呈上します。名称に誤りなどありましたらお知らせ下さるよう願います	封書 毛筆巻紙
004	明治 1907 40. 6.30	吉永 （高知県立高等女学校）	宮部 （札幌農学校）	有益なる論文のご恵贈に感謝します。兼て準備していた当県産の菌類標本40種をお送りします。種名に誤りがあればご訂正ください	葉書 毛筆
005	明治 40. 8.14	吉永 （高知市外汐江村）	宮部 （札幌北4条）	先日上京して（東大植物）教室に先生が数日前までご滞在だったことを聞き，ご面拝の機会を逸して残念でした。過般差上げた標品につき謝辞のほかに色々とご教示いただき恐縮です	封書 毛筆巻紙 (120 cm)
006	大正 1913 2. 4.11	吉永 （高知県立高等女学校）	宮部 （札幌東北農科大学）	先日ジーテル氏へ送っておいた菌類のうち，左記のものが近頃新たに当地のフロラに入りました。名称を参考までに申しあげます。Uromyces caryophyllinus (Schruk)（さび病菌）	葉書 ペン書
007	大正 1916 5. 4.24	吉永 （高知県立高等女学校）	宮部 （札幌東北農科大学）	お申越の標品は幸い手元にありますので同封いたします。長月がたっていて，かつ少量ですがお役に立てば幸いです	封書 毛筆巻紙
008	大正 5. 5. 5	吉永 （高知県立高等女学校）	宮部 （札幌東北農科大学）	先日は失礼も顧みずご面倒をお願いしたところ，Sydow氏の菌類の論文を写し取ってお送り下さり，先年来の疑問が解消しました。一昨年の初め Sydow 氏より論文を書くとの約束を受けながら戦争勃発で音通が途絶えていたのに，戦時中ながら発表されていたことを知って愉快に思いました	封書 毛筆巻紙 (131 cm)
009	大正 5.11.18	吉永 （高知県立高等女学校）	宮部 （札幌東北農科大学）	先日当地において，ねこはぎ (Lespedeza pilosa S. et Z.) 葉上に初めて Uromyces（さび病菌）の一種をえました。確定いたし兼ねているのでお送りします。ご教示下さい	封書 毛筆巻紙

書簡番号	年月日	発信者	宛先	内容	備考
010	大正 1922 11.1.29	吉永（高知市外高坂村）	宮部（北海道帝国大学農学部）	昨年菌類標本を多少ジーテル氏に送っておいたところ，先日次のような検定の通知を得ましたので，ご参考までに記しておきます	封書 毛筆巻紙 (102 cm)

吉野毅一（1881-1950？）
農商務省農事試験場九州支場（熊本），越後加茂農林学校教諭

書簡番号	年月日	発信者	宛先	内容	備考
001	明治 1903 36.10.24	吉野（新潟古志郡福戸村）	宮部（札幌農学校）	柿葉の病菌を送り来る（宮部博士メモ）	封書 書簡欠
002	明治 36.12.16	吉野（新潟古志郡福戸村）	宮部（札幌農学校）	先日病葉をお送りした柿の樹の病枝を採集しましたので別便で送ります	葉書 ペン書
003		吉野（新潟古志郡福戸村）	宮部（札幌農学校）	病葉の寄生菌の学名をご教示下さり感謝します。標本が少なすぎるとのことでしたので，今度は数葉送ります	封書 毛筆巻紙
004	明治 1906 39.3.13	吉野（熊本）	宮部（札幌農学校）	先月中頃よりビャクシンの葉に変色の菌がつき，只今はすでに銹病菌の胞子堆を見るようになりました	葉書 毛筆
005	明治 1907 40.2.9	吉野（熊本農商務省農事試験場九州支場）	宮部（札幌農学校）	玉蜀黍の標本をご分与下さり，また樟（くす）の Glomerella（炭疽病菌）につきご教示下さり有難うございました。先般白井氏は『植物学雑誌』において小生を批判されましたが，その被害標本は先にお手元に差し上げておいたものです	封書 ペン書
006	明治 1908 41.5.30	吉野（熊本農商務省農事試験場九州支場）	宮部（札幌農学校）	『札幌博物学会会報』1部受領礼状。当地では麦類に病菌がたくさん発生しています	葉書 ペン書
007	明治 1909 42.11.26	吉野（越後加茂農林学校）	宮部（札幌農科大学）	先生の就職25年の記念論文集に寄稿して寸志を報いるつもりのところ，本年6月近火のため書物および標本の大部分を焼失して相かなわず残念です	葉書 ペン書

吉野得一郎
愛媛県立農事試験場，愛媛県立農業学校校長

書簡番号	年月日	発信者	宛先	内容	備考
001	明治 1908 41.9.9	吉野（愛媛松山）	宮部（東北帝大農科大学）	同封の標本は本県越智郡で作付している黄蜀葵（おうしょっき）（トロロアオイ）に発生した病害ですが，病原菌等についてご教示下さい。本県でも四坂島におかれた住友製錬所の煙突より噴出する亜硫酸ガスが近隣の瀬戸内海の島嶼の農業に甚大な被害を与えています。住友では法律を盾に農民の要求を入れず，このままでは足尾銅山の二の舞になりかねません。貴校にはこのような迫害に対する諸般の研究をお願いします	封書 ペン書
002	明治 1909 42.1.27	吉野（愛媛松山）	宮部（東北帝大農科大学）	煙害植物の件は最近農商務省より多数の技術者が来県しました。そのため黄蜀葵の被害標本は改めてお送りします。蚕業を研究している小生の友人が7種の細菌を発見し，命名を依頼してきましたが適当な人がみあたらないのでよろしくお願いします	封書（親展）毛筆（試験場罫紙）

吉村新蔵
北海道炭礦汽船株式会社，夕張炭礦会社支店

書簡番号	年月日	発信者	宛先	内容	備考
001	大正 1914 3.4.23	吉村（北海道夕張炭礦）	宮部（札幌農科大学）	夕張礦内の支柱材に多数の菌が発生したので保存年限を短縮しています。繁殖の胞子を送付しますので，菌の種類，予防法，有効な薬剤等をご教示ください	封書 ペン書

吉村文五郎
昭和15年北海道帝国大学農学部卒業。台湾総督府台南州阿里山派出所

書簡番号	年月日	発信者	宛先	内容	備考
001	昭和 1940 15.5.26	吉村（台湾台南州）	宮部（北大農学部）	このたび阿里山派出所に転勤することになりました。阿里山は高山で気候がよく，眼下には雲海が広がっています	

吉村文四郎 (1882-？)
吉村文五郎の父

書簡番号	年月日	発信者	宛先	内容	備考
001	昭和 －.1.17	吉村（新潟長岡）	宮部（北海道帝大）	息子の文五郎はこのたび暁の応召に接し，入隊時間切迫のためご挨拶もなく出発しましたのでご容赦ください	封書 ペン書
002	昭和 1945 20.9.8	吉村（新潟長岡）	宮部（北海道帝大）	三男文五郎はかねて応召中に水禍に遭い死去しました。8月1日の戦災のため名簿を焼失し，諸先生にも通知もれがあると思います	封書 ペン書
003	昭和 20.12.27	吉村（新潟石地町）	宮部（札幌北6条）	文五郎の百日忌に当りご高配に感謝します。先生には親にも勝るご慈悲とご指導を賜わりながらご報恩もできず不帰の客となったことを息子は残念に思っていることでしょう	封書 ペン書

羅　宗洛 (1898-1978)
大正14年北海道帝国大学農学部農業生物学科卒業。中華民国国立中山大学生物学系教授，のち国立台湾大学初代学長

書簡番号	年月日	発信者	宛先	内容	備考
001	1930.3.26	羅（国立中山大学，中国）	宮部（北大農学部）	小生，貴教室に在学中は公私とも莫大なご交誼を賜わり厚くお礼申上げます。3月9日札幌出発，同21日当地に安着しました。当地の生物系はこれまで動植物の採集のみで，文献不足のためまだ鑑定はしておりません。今後のご鞭撻をお願いします	封書 毛筆3p （国立中山大学用箋）

渡邊　惇
三井物産小樽支店

書簡番号	年月日	発信者	宛先	内容	備考
001	明治 1912 45(？).6.13	渡邊　惇（三井物産小樽支店？）	宮部（札幌）	先日は米国へ輸出の本道楢材の品質につき懇切なご説明をいただき感謝します。なおそのとき持参したスラヴォニア産および内地産楢の strength 又は耐久性実験の結果はどのようになったかご教示下さい	封筒欠 毛筆巻紙

第 3 部

絵 葉 書

＊宮部博士旧蔵書簡第2部のうち，別置されていた絵葉書を収録。
発信者の50音順に配列し，備考欄には絵葉書の説明文を付した

絵 葉 書

書簡番号	年月日	発信者	宛先	内容	備考
001	昭和 －. 6.23	相原金治 (香港日本郵船三島丸にて)	宮部 (北海道帝大)	先般御地出発の際のお見送りに感謝します。ロンドン到着は8月3日でした	香港の景
002	昭和 1929 4(?). 8.27	相原金治 (デンマーク)	宮部 (北海道帝大)	小生は去る17日よりデンマークの農家に寄寓して農牧業の状況を研究中です	デンマーク日本大使館(?)
003	昭和 1934 9. 8. 1	秋山茂雄 (北海道恵山山麓にて)	宮部 (北海道帝大)	恵山では許可証がないため植物採集を禁止されました	トラピスト修道院(湯の川)
004	大正(?) －. 4.27	荒砥琢也 (神戸)	宮部 (札幌農科大学)	内田瀞氏夫妻の訪問を受け，何とも言い知れぬ喜びをともにして主に感謝しました	室蘭製鉄所骸炭(コークス)工場
005	昭和 1933 8.11.26	石田文三郎 (台北帝大)	宮部 (札幌北6条)	21日門司から乗船，23日台北着。植物園その他を見物，台南へ行く予定です	木瓜(パパイア)
006	大正(?) －. 5.22	石田昌人 (爪哇)	宮部 (農科大学)	火災お見舞申上候。目下益虫輸入事業を調査中です	タマリンド(マメ科高木)の並木
007	大正(?) －. 6. 6	石田昌人 (爪哇)	宮部 (農科大学)	明日出発帰台します。益虫は2個の冷蔵箱に入れ輸入します	マンゴスチン(常緑高木果樹)
008	大正(?) －. 7. 2	石田昌人 (台湾台南)	宮部 (農科大学)	爪哇より甘蔗害虫綿蚜虫(アブラムシ)の寄生蜂を携帯して帰着しました	台南州水道水源地
009	大正(?) －. 9.20	石田昌人 (大分別府松屋旅館)	宮部 (農科大学)	私事病後保養を兼ね，賜暇にて当地に来ました	刺竹林(Bumboo Forest)
010	大正(?) －.12. 5	石田昌人 (トンキン，仏領インドシナ)	宮部 (農科大学)	仏領インドシナより新年と先生のご健康を祈る	トンキン(東京)
011	昭和 1937 12. 7.24	市原伝太 (北海道網走美幌)	宮部 (北大農学部)	暑中お見舞	仙台榴ヶ岡公園の桜花
012	昭和 1939 14. 7.29	市原伝太 (北海道網走美幌)	宮部 (北大農学部)	暑中お見舞	紋別町海岸通り
013	?	市原伝太 (根室国野付郡オダイト佐々木旅館)	宮部 (北大農学部)	小生先月下旬よりクナシリ，エトロフ等を旅行ののち，只今尾岱沼(野付湾)に到着しました。野付半島の景色は天ノ橋立も遠く及ばざる絶景でした。千島では近年畜産(馬)熱が高いようです	国後島島登硫黄山
014	大正 1923 12. 5. 1	出田 新 (山口小郡)	宮部 (札幌区帝大)	裳華房刊の『日本植物病理学』続篇上巻を贈呈します	山口県立農業学校
015	大正 12. 5.23	出田 新 (山口小郡)	宮部 (札幌市帝大)	ご返送くださった原稿8篇を確かに落手しました	第6回極東選手権競技大会(於大阪市立運動場)ポスター

絵 葉 書

書簡番号	年月日	発信者	宛先	内容	備考
016	大正 −.10.28	出田 新 (山口小郡)	宮部 (北大農学部)	小生事，農学校校長会議に出席し，帰途大阪，岡山の農業学校を視察しました	山口県立小郡農業学校陳列室
017	大正 −.11. 4	出田 新 (山口小郡)	宮部 (北大農学部)	九州帝大農学部における第2回九州病虫害研究同好会に出席しました	九州帝国大学医科部正門
018	大正 −.11.10	出田 新 (マジソン, Wis.)	宮部 (北大農学部)	ウィスコンシン大学の Jones 教授から厚遇を受け，先生によろしくとのことでした。近くコーネル大学へ行くつもりです	ウィスコンシン大学生物学棟
019	大正 −.11.15	出田 新 (シカゴ, Ill.)	宮部 (北大農学部)	イリノイ大学で Trelease 教授に面会したところ，先生によろしくとのことでした	イリノイ大学農学部
020	昭和 1937 12. 3. 5	出田 新 (大分日出町)	宮部 (北大農学部)	先生は本年は喜寿を迎えられ，年頭には御講書始めのご進講をされたとのこと，お祝い申し上げます	帆足万里先生肖像
021	大正 1923 12. 3.30	伊藤誠哉 (ジュネーブ, スイス)	宮部 (農科大学)	小生はイタリア旅行の前にジュネーブに立寄りました。明日はミラノへ向います	Leontopodium alpinum (エーデルワイス)
022	大正 1923 12. 7. 2	伊藤誠哉 (ハーグ, オランダ)	宮部 (農科大学)	26ヶ国参加の学会は非常な成功でした。クワンニャー(H. Quanjer)夫妻より特に先生によろしくとのことです。これより逸見(武雄)君とベルギーを見物してベルリンへ入るつもりです	牧羊夫
023	大正 12. 8.30	伊藤誠哉 (北海道弟子屈温泉)	宮部 (北大農学部)	遥かに御健康を祈ります	屈斜路湖畔
024	? −.11. 6	稲垣 (セイロン)	宮部 (北大農学部)	小生途中マレー，ジャヴァ，スマトラを一巡し，セイロンより南アフリカへ向かいます	セイロン島ペラデニヤの植物園やし並木
025	? −.10.16	稲田・伊藤 (ボリヴァー市, アルゼンチン)	宮部 (北海道帝大)	稲田氏よりご近況を伺って旧懐にたえません	ボリヴァーのイタリア大使館(?)
026	昭和 ?	今井三子 (青森八甲田山中酸ヶ湯)	宮部 (北大農学部)	本日は八甲田最高峰大岳に登山しましたが，思うほどの採集はありませんでした	八甲田酸ヶ湯温泉椴松の風趣
027	昭和 1937 12. 9.25	今井三子 (青森十和田)	宮部 (北大農学部)	裏の沼で養殖をしている姫鱒と裏山から採ってくる茸が毎食の食膳に上っています	大町桂月先生書
028	? 15. 7.12	岩崎二三 (新潟高田農学校)	宮部 (北大農学部)	Fontinalis(ツノゴケ類)を存分に採集し，帰途羽黒山を経て帰宅しました	ひぎり(馬鞭草科)
029	昭和 1936 11. 7.22	岩垂 悟 (満州公主嶺)	宮部 (北大農学部)	小生出張で公主嶺に参りました。これから新京，ハルピンに行く予定です。いたるところの日本化には驚嘆しています	公主嶺駅 (満州)
030	昭和 11.10.18	岩垂 悟 (満州湯崗子温泉)	宮部 (北大農学部)	目下綿花病害調査で沿線を歩いています。明日は遼陽へ出発します	満州湯崗子温泉

絵 葉 書

書簡番号	年月日	発信者	宛先	内容	備考
031	昭和 ?	内田登一（ベルリン）	宮部（北大農学部）	ニューヨークでもイサカでも先生のお弟子ということで非常な歓待を受けました。一昨日ベルリンに来たところです	ベルリン大学の景
032	昭和 14. 8. 21 *1939*	榎本鈴雄（千葉）	宮部（北大農学部）	出発の際は取り急ぎお別れも申し上げえず失礼しました	遠野全景
033	昭和 15. 9. 2 *1940*	榎本鈴雄（千葉）	宮部（北大農学部）	上京のご挨拶のためお宅に伺いましたが，お留守でした。27日より千葉の兄の家で起居しています	千葉公園羽衣ノ松
034	昭和 12. 8. 8 *1937*	大久保 敬（松山）	宮部（札幌）	今夏は旧友たちが来松し，歓談しました	松山歩兵第22聯隊兵営
035	昭和 14. 1. 20 *1939*	大久保 敬（満州公主嶺）	宮部（札幌）	全国七十余名の農業学校長とともに満朝旅行に加わりました（同窓者13名あり）。明日はハルピン，次に大連の予定です	長春郵便局
036	昭和 －. 6. 17	大島金太郎（台北）	宮部（北大）	遥ニ御健康ヲ祝ス	台湾総督府始政第三十回記念
037	昭和 －. 7. 13	大島幸吉（満州大連満鉄中央試験場）	宮部（北大）	昨日より1ヵ月の滞在予定で研究を始めました	大豆貯蔵庫
038	昭和 －. 8. 11	大島 広（九大農学部）	宮部（北大農学部）	先達ては貴教室をご案内くださり有難うございました。九州に戻り猛烈な暑さに閉口しています	福岡西公園小田部の藤
039	昭和 5. 7. 31 *1930*	岡本	宮部（北大農学部）	"Flora of Hokkaido & Saghalien" No.1 の受領礼状	鹿島神宮御手洗
040	大正 14. 1. 1 *1925*	奥田 或（ケンブリッジ，英国）	宮部（札幌）	謹賀新年遥祈先生之御健勝	ケンブリッジ大学トリニティ・カレッジ
041	大正 12(?). 7. 22 *1923*	小熊 捍（チューリンゲン，ドイツ）	宮部（北大）	私はこの山中に長滞在で避暑という姿です。先日伊藤（誠哉？）君が来て先生のご厚情を伺いました	ブランケンブルク温泉
042	昭和 22. 9. 26 *1947*	小熊 捍（札幌円山）	宮部（北大）	転居通知	円山南大通の自宅
043	明治 －. 6. 20	小此木龍彦（広島呉）	宮部（札幌区植物園内）	小生此度当地海軍病院に勤務しています	横須賀海軍工廠・軍艦陸奥進水記念
044	? 14. 8. 23	小野定雄（奈良）	宮部（北大農学部）	偉大なる祖先たちの残したもの見て深く感激しました	奈良公園の鹿
045	－. 10. 10	小野勇五郎（東京台湾総督府出張所）	宮部（北大農学部）	先日は久し振りに札幌の風物に触れ，母校の発展を見て嬉しく思いました	定山渓薄別温泉の渓流（繁野三郎画）
046	昭和 －. 2. 22	加賀（シンガポール）	宮部（北大農学部）	昨日当地に安着しました。これよりボルネオに行き，4, 5月頃帰国の見込です	シンガポール給水所

絵葉書

書簡番号	年月日	発信者	宛先	内容	備考
047	大正 1915 4.11.20	金子昌太郎（サンフランシスコ港）	宮部（北大農学部）	16日ニューオーリーンズ着。本日当地の蔗糖試験所を訪問しました	ルイジアナ州立大学化学部講堂
048	大正 1916 5.1.4	金子昌太郎（ギアナ，南米英領）	宮部（北海道帝大）	南米各地に立寄り明後日バルバドスへ向います	英領ギアナ植物園事務所
049	大正 5.1.11	金子昌太郎（バルバドス，カリブ海英領）	宮部（北大農学部）	当地の Cane seedling（サトウキビの苗）の育成を視察。これより西インド諸島を回る予定です	ビーチモントホテル
050	明治 1911 44.4.2	加留部（善次？）（オークランドよりシドへの航海中）	宮部（農科大学）	写真のネルソンは，サウス・ニュージランドの北部で苹果（へいか）（リンゴ）とホップの産地です	植物保存所
051	昭和 1940 15.8.3	神田千代一（北海道室蘭）	宮部（北大農学部）	兼ねてお約束のエンドウコンブの新鮮な標本を本日別便にて発送しました	静浦海岸西郷島の妙趣
052	昭和 1929 4.6.4	菊池盛夫（ホノルル，ハワイ）	宮部（北海道帝大）	昨日無事ホノルル上陸。先生ご紹介の原田先生，Dr. Krauss にも面会しました	ハワイの溶岩洞窟
053	昭和（？）－.10.17	北村四郎（仙台）	宮部（北大）	只今は木村様の下で勉強させていただいております	仙台市全景
054	大正 －.4.10	木原 均	宮部（北海道帝大）	富士山麓で学生と登山訓練をやっています	富士八勝（香久山）
055	？ －.－.25	木原均他2名（京都）	宮部（北大）	4人連れで叡山に登ったものの，案内が道を間違えて1里ばかり損をしました	比叡山（湖上ヲ望ム）
056	大正 1925 14.3.16	木原 均（熱田丸船上）	宮部（北大）	神戸を出帆，二等客席の大半は文部省の研究員でした	日本郵船熱田丸
057	大正 14.6.18	木原均・上原・新島・青葉他3名（ベルリン）	宮部（北海道帝大）	今夕当地で同窓会を開き気焰をあげました	ベルリン，フリードリヒ大王博物館
058	昭和 1927 2.5.17	木原均・後藤	宮部（北海道帝大）	帰朝の途中マジソンに立寄り後藤君と会いました	ウィスコンシン州立歴史図書館（マジソン）
059	昭和（？）	木原均・舘脇操（承徳ホテル，中国）	宮部（北大）	昨日4人連れで飛行機で当地に着きました。張家口までさらに乗継ぎます	大仏寺ヲ望ム
060	昭和 1943 18.10.25	木原均他27名（京都）	宮部（北海道帝大）	当地での日本植物学会大会は非常な盛況でした	郵便葉書
061	昭和 1939 14.1.27	木村陽二郎（東大植物）	宮部（北海道帝大）	山本氏採集の狩場山および大平山弟切草有難く受けとりました。暫く拝借します	十和田湖（安井曽太郎画）

絵 葉 書

書簡番号	年月日	発信者	宛先	内容	備考
062	大正(?) 5. 6.27	工藤祐舜 (北海道野幌)	宮部 (札幌農科大学)	当地ではいろいろ珍しい蘭を採集しました	工藤および友人の青焼写真
063	昭和(?) 5. 7.11	栗野亀蔵 (南洋庁, パラオ)	宮部 (札幌農科大学)	南洋庁産業試験場に勤務することになり, 元貴校助手櫻井(一雄?)氏と共に働いています	マングローブ
064	大正1926 15. 7.10	小泉源一 (東大植物)	宮部 (札幌農科大学)	このたび中井(猛之進)君にAconitum(トリカブト属)をお送りの由, 小生にもBetula(カバノキ属)を拝借させてください	小石川植物園
065	大正 -. 9.17	郡場 寛 (鹿児島駅)	宮部 (北大)	このたび薩摩川内川中流でPodostemonaceae(カワゴケソウ科)の一種が発見されたので見物にまいりました	鹿児島県庁
066	? 12. 6.30	小室国次 (仙台)	宮部 (札幌)	このたびは北海道に遊び先生のご高風に接し感銘を受けました。盛岡を経て只今青葉城に入ったところです	盛岡明宜庵
067	? -. 6.19	今 裕 (仏領コーチシナ)	宮部 (北大)	先日は早朝のお見送り有難うございました。海上無事の航行を続けております	コーチシナ(ベトナム最南端)風景
068	?	今田清二 (ノルウェー捕鯨根拠地にて)	宮部 (北海道帝大)	小生約9ヵ月滞在のスタンフォードを出発, メキシコ, パナマより北上, ニューファンドランドを経て, いまノールウェイにおります	God Jul(絵画)
069	大正(?) -.-.29	近藤金吾 (満州大連)	宮部 (札幌農科大学)	論文別刷の礼状	青島小学校
070	大正1922 11. 8.26	近藤金助他5名 (デンマーク)	宮部 (札幌大学)	デンマークより遥かに先生のご健康を祈り上げます	コペンハーゲン市街
071	昭和1936 11. 2.29	齋藤賢道 (大阪帝大)	宮部 (北海道帝大)	「北海道のフロラに就いて」別刷の受贈礼状	日向の熱帯性植物ビロウ樹
072	大正 -. 1.21	坂村 徹 (ウィーン)	宮部 (札幌大学)	今日ウィーン大学のモーリッシュ(H. Molisch)教授を訪問したところ, 宮部先生その他の方々によろしくとのことでした	インスブルックの樹氷
073	大正 -. 1.31	坂村 徹 (ボン)	宮部 (札幌大学)	ギーセンの植物園監督から先生によろしくとのことでした。今日ボンからユトレヒトに向います	ボン大学
074	昭和1936 11. 7. 3	櫻井一雄 (南洋パラオ)	宮部 (北大)	辞令は26日に受け取りました。水は全てスコールによって供給されています	南洋パラオ神様ノ家
075	昭和1937 12. 1.24	櫻井一雄 (南洋パラオ)	宮部 (北大)	星野先生と同船でサイパンに向け出張の途中です	ヤップ島の風景
076	昭和1939 14. 3. 4	櫻井一雄 (南洋コロール島)	宮部 (北大)	コロール島近くの軍艦島という所にいます	コロール島近くの軍艦島
077	昭和 14. 9.21	櫻井一雄 (ポナペ島, ミクロネシア)	宮部 (北大)	ポナペ島に出張して来ました	ポナペ島ナンマタル城跡

絵 葉 書

書簡番号	年月日	発信者	宛先	内容	備考
078	昭和1946 21.11.25	佐々木太一 (北海道中川郡思根内)	宮部 (北大)	早速のご返事有難うございました。その標本は未採集なので今後採集します	郵便葉書
079	? －. 5.15	佐藤一雄 (朝鮮の車中)	宮部 (北大)	満州で講演ののち朝鮮に入りました。朝鮮の旅行を中止して月末に札幌に着きます	太田名所, 太田神社
080	昭和1946 21. 5.18	佐藤正己 (山形松籟町)	宮部 (北大)	2年間のジャワ生活を終り, 無事祖国に戻りました。中井(猛之進)先生は「司政長官タリシ者ハ六月マデ帰還ヲ禁ズ」との軍令により, なお暫くカラン島に居ります。小生宅は戦災を蒙り, 今は愚妻の郷里に疎開しています	郵便葉書
081	大正 －. 2.29	澤田(兼吉?) (台北)	宮部 (札幌北2条)	"Materials for a Flora of Hokkaido" No.1(1913)受領礼状。貝殻虫の寄生菌その他3種を発見しました	台湾の木瓜
082	大正(?) －. 1.29	柴田桂太 (ボイテンゾルグ, オランダ領ジャワ)	宮部 (札幌農科大学)	遥かにご健康を祈ります	ボイテンゾルグ(ボゴール)
083 -1	大正1926 15. 7.21	庄司彌造 (豊原樺太庁)	宮部 (北海道帝大)	本日時田君が着豊しました。札幌ボーイズは皆元気です	樺太土人(アイヌ)橇犬
083 -2	大正1916 5.10.19	素木得一 (台北)	宮部 (札幌農科大学)	出発の際は同窓会を開いて下さり, お見送りいただき有難うございました。本日無事着台しました	日本郵船「備後丸」
084	大正 －. 9. 2	鈴木良吉 (北海道遠軽社名淵家庭学校)	宮部 (北海道帝大)	ご紹介下さった時田, 梅津両君はよく働いて帰りました。先日松村(松年?)先生を迎え母校の先生方の近況を承り懐かしく思いました	北海道社名淵家庭学校雪中代木の景
085	大正1916 5. 9.25	須田金之助 (山形小松)	宮部 (札幌農科大学)	祝御健康	置賜農学校生徒実習(果樹害虫駆除)
086	大正 －. 7. 7	須田金之助 (ベルリン)	宮部 (北海道帝大)	昨夜ワルシャワ出発。本日正午ベルリン到着。明日同窓諸君に面会のつもりです	ベルリン, フリードリヒ帝橋と国立美術館
087	大正 －. 3.26	高岡熊雄他5名 (コペンハーゲン)	宮部 (札幌農科大学)	欧州北の都よりご健康を祝します	コペンハーゲン, フレデリクスベルク宮殿
088	大正1922 11.10. 2	高岡熊雄 (ボストン, Mass.)	宮部・佐藤 (北海道帝大)	昨日ボストンに来ました。ハーバード大, マサチューセッツ工科大を訪問の予定です	ケンブリッジ(Mass.)ワシントンエルム
089	昭和1932 7. 6.26	高岡熊雄他13名 (満州公主嶺)	宮部 (北大)	高岡先生のご到来により同窓生一同が集まりました	満州公主嶺農事試験場綿羊舎

絵 葉 書

書簡番号	年月日	発信者	宛先	内容	備考
090	大正 1926 15.1.1	高橋悌蔵 (チューリヒ, スイス)	宮部 (北大)	謹賀新年	チューリヒの雪山
091	大正 1923 12.8.12	高松正信・江頭 (三重津)	宮部 (北大)	京阪を旅行し当地で江頭君の厄介になっています。当地の高等農林学校も参観しました	津市贄崎燈台
092	明治 1910 43.9.2	武田久吉 (リッチモンド, Va.)	宮部 (札幌農科大学)	千島産キヨシサウ並びにSaxisfraga(ユキノシタ属) exilisの標品を精査したいので暫くお貸しねがえませんか。当地でボアシェーが検査した標本を見たところ大分誤りがあり, その乱暴なことに驚いています	英国王立キュー植物園
093	?	田澤 博 (北京)	宮部 (北海道帝大)	須田先生一行は無事旅行を続けています	北京万寿山
094	大正 1920 9.6.15	舘脇 操 (根室)	宮部 (北海道帝大)	根室の街を歩いていると北の旅(?)が色々と思い出されて感慨無量です	国後島底吠瀧の上流
095	大正 9.6.26	舘脇 操 (千嶋色丹島)	宮部 (北海道帝大)	色丹の中部から北部の山は大体登りました	色丹島斜古丹村より港内を望む
096	大正(?) ?	舘脇操・木村 (福島飯坂温泉)	宮部 (北海道帝大)	木村氏の案内で福島近郊の温泉に来ました	飯坂温泉十網橋上の景
097	昭和 1930 5.7.7	舘脇 操 (樺太大泊)	宮部 (北海道帝大)	今日十年振りで宗谷海峡を渡りました	樺太特生百合
098	昭和(?) 8.5.6	舘脇 操 (北海道稚内)	宮部 (北海道帝大)	今日偶然稚内で林氏に会い, 道庁の件のお話承りました	見晴ヶ岡よりの稚内町展望
099	昭和 1937 12.8.4	舘脇 操 (満州白城?)	宮部 (北海道帝大)	公主嶺分場の調査を終え, 公安嶺の温泉で半日採集しました	王爺廟の喇嘛寺院
100	昭和 12.8.21	舘脇 操 (朝鮮平壌)	宮部 (北海道帝大)	本夕平壌着, これより奉天へ向います	平壌牡丹台
101	昭和 12.8.23	舘脇操他3名 (満州熊岳城)	宮部 (北海道帝大)	植物出身の4人が温泉につかって色々話をしました	南満州熊岳城温泉
102	昭和 1939 14.4.4	舘脇操・正宗 (福岡)	宮部 (北海道帝大)	学会はきわめて盛大でした。台湾から来た正宗(厳敬)氏と同室です	九州帝国大学工学部
103	大正 1921 10.3.26	田中長三郎 (神戸)	宮部 (北海道帝大)	先般お願いの(借用希望標本)目録中下記17点は他より入手につきお取消し下さい	鹿児島名産桜島大根と島人
104	大正(?) -.3.1	田村與吉 (ボストン, Mass.)	宮部 (北海道帝大)	本日ハーバード大, マサチューセッツ工科大学を見学しながら, 母校のことを考えました	ハーバード競技場
105	昭和 1937 12.5.1	段 永嘉 (東京)	宮部 (北海道帝大)	東京駅のスタンプ	銀座夜景
106	大正 1924 13(?).7.6	富樫浩吾 (長野上諏訪)	宮部 (北海道帝大)	理学部植物学教室の採集旅行にお供して昨夕京を立ち, 上諏訪に着きました	化石木ヨリ諏訪湖ヲ望ム

絵 葉 書

書簡番号	年月日	発信者	宛先	内容	備考
107	大正 1926 15. 8. 4	富樫浩吾 (盛岡高等農林学校)	宮部 (北海道帝大)	別便で"Japanese Journal of Botany"に掲載予定論文の英文抄録をお送りしますので，訂正をお願いできないでしょうか	岩手山一合目こがのふち
108	昭和 1929 4. 1.21	富樫浩吾 (松山道後温泉)	宮部 (北海道帝大)	卒業生の就職口探しの出張で四国までやってきました	道後湯の町の遠望
109	昭和 1930 5. 8.29	富樫浩吾 (盛岡)	宮部 (北海道帝大)	宮様の本校行啓準備のため，先に持参しました須川長之助の「採集手控」を至急お送り下さい	盛岡石割桜
110	昭和 1935 10.12.13	富樫浩吾 (盛岡高等農林)	宮部 (北海道帝大)	10日付で在外研究を命じられましたので，17, 18日頃出札します。改めてのご教導よろしくお願いします	ミズザゼン (焼石岳)
111	昭和 －. 8.21	富樫浩吾 (中国青島)	宮部 (北海道帝大)	華北産業科学研究所の招聘で北支各地の植物病害調査をやっています。9月上旬帰校予定です	青島市街ノ一部
112	大正 1923 12. 5.29	時任一彦・南鷹次郎(サンフランシスコ, Calif.)	宮部 (北海道帝大)	本日サンフランシスコ同窓諸君の歓迎会に招かれました	サンフランシスコ，ゴールデンゲート公園博物館
113	大正 1925 14. 6.28	徳田義信 (紅海メッカ沖)	宮部 (北海道帝大)	遥かにご健康を祈ります	セイロン島ペラデニヤ植物園
114	昭和 1929 4. 7.10	栃内吉彦 (イングランド)	伊藤誠哉 (北大農)	北イングランドからスコットランドを見物するため，九大の田町助教授と同行中です	Climbing in Lakeland
115	? －.11.18	栃内吉彦 (北京)	宮部 (北大農学部)	昨日万寿山を見物し感心しました。北京は実にいい処です。在満の教室出身者に大変お世話になりました	万寿山風景
116	大正 1916 5. 8.18	栃内?次郎 (満州奉天にて)	宮部 (札幌，大学)	表敬。今年は南満一帯暑気が強く，東京と異なりません	奉天高粱畑
117	大正 1917 6. 3. 2	栃内(?)	宮部 (札幌農科大学)	表敬	雪の長岡市
118	昭和 ?	永井政次 (上海)	宮部 (北大)	昨日無事上海到着。本日は防疫所を訪問，また海軍当局を訪問して相談の結果，2, 3日中には島へ渡ります	上海パークホテル
119	昭和 ?	永井政次 (北京)	宮部 (北大)	華北農学会に出席するため北京に来て賀士さんと久闊を叙しています	北京万寿山十七橋(2枚続き)
120	大正 1923 12. 4.16	長洲(?) (台北)	宮部 (札幌北2条)	新渡戸先生の推挙により渡台してよりすでに18年です。今日は摂政宮御渡台で全島に歓声が起っています	台湾製糖株式会社屏東工場(台中)
121	大正 －. 2.17	中田覚五郎 (朝鮮水原)	宮部 (札幌農科大学)	暑中見舞い。本夏の採集ご予定の照会。目下中井猛之進氏が渡鮮調査中です	朝鮮総督府勧業模範場
122	大正 1924 13. 1. 3	並河 功 (ロンドン)	宮部 (札幌農科大学)	新年おめでとうございます	ロンドン新庭園

絵 葉 書

書簡番号	年月日	発信者	宛先	内容	備考
123	大正1924 13. 1. 13	並河功他5名 (ロンドン)	宮部 (札幌農科大学)	本日当地で札幌会を開きました	欧州唯一公開の純日本座敷「湖月」(ロンドン)
124	昭和1929 4. 2. -	並河功・樋浦誠 (京都?)	宮部 (札幌農科大学)	並河先生のもとで札幌のことを偲んでいます(樋浦)	(京都京極てとら井屋?製)
125	昭和 4. 8. 24	並河 功 (京都)	宮部 (札幌農科大学)	帰札中はいろいろお世話になりました	山小屋の春
126	? -. 11. 30	成田秀三 (上海)	宮部 (北大)	電報拝謝仕候。本日上海市を見物し，明日出帆の予定です	蘇隄春暁
127	大正1924 13. 5. 6	成田秀三 (ベルリン)	宮部 (北大農学部)	ベルリンに来てから3ヶ月になります	ベルリン国立美術館
128-1	大正1925 14. 7. 1	新島善直・小泉源一(ウプサラ，スウェーデン)	宮部 (北海道帝大)	今日ウプサラに参り，中井，小泉(源)両博士の案内を受け，リンネの旧家を訪ねました	リンネの生家
128-2	昭和1930 5. 8. 21	西門義一 (ケイウスカレッジ，ケンブリッジ，英国)	宮部 (北海道帝大)	ケンブリッジで第5回万国植物学会に参加しています	ケンブリッジ大学クレアカレッジ
129	大正(?) -. 10. 10	西村真琴 (札幌南3条)	宮部 (北海道大学)	昨日は折角のご光来に留守をして申し訳ありません。お話の北星の件小生もできるだけのことをします	鰊釜(?)
130	大正1921 10. 5. 15	二宮(?) (バタビア〔現在のジャカルタ〕，オランダ領)	宮部 (札幌農科大学)	小生今回東?の南洋事業に従事することになり，只今事業地の蘭領ボルネオ島バンジャルマシンに向かうところです	バイテンゾルグ公園(?)
131	大正1926 15. 11. 14	野村満他17名 (熊本)	宮部 (北海道帝大)	北大同窓生18名の寄せ書き	熊本城宇土櫓
132	昭和 -. 10. 26	波木居修一 (バルセロナ，スペイン)	宮部 (北海道帝大)	日本艦隊は今月22日スペイン国バルセロナに到着。人口百万を越える大都会で入港以来官民の大歓迎。皇帝もマドリードより態々行幸	コロンブス通り(バルセロナ)
133	昭和 -. 12. 1	波木居修一 (モンバサ，東アフリカ英領植民地ケニヤ)	宮部 (北海道帝大)	11月30日モンバサに入港。大阪商船の定期航路も開かれ7名の在留邦人もおります	ケニヤ，モンバサ海岸の景
134	大正1926 15. 1. 5	長谷川愛造他9名 (朝鮮釜山)	宮部 (北海道帝大)	「祈先生の御健康」に北大同窓生10名の寄せ書き	朝鮮釜山大正公園
135	大正(?) 2. 10. 15	八田三郎 (ユトレヒト，オランダ)	宮部 (札幌市，大学)	10月1日ベルリンを立ち，パリ，ブリュッセルよりユトレヒトへ	ブリュッセル植物園
136	大正1916 5. 6. 14	早坂一郎 (大洋丸にて)	宮部 (北海道帝大)	船中電報を頂戴し，大いに面目をほどこしました。後4日でサンフランシスコに着きます	(ハワイ)カウアイ島カパ

絵 葉 書

書簡番号	年月日	発信者	宛先	内容	備考
137	大正 1915 4.8.2	半澤伊太郎（鳥取）	宮部（札幌，帝大）	先日は御地へ参上し，校庭内の大自然の趣に感銘を受けました。その学風を全国に広めたく思います	鳥取市城址
138	昭和 1927 2.3.26	半澤 洵（セントルイス，Mo.）	宮部（北海道帝大）	昨日当地に参り，後藤君の世話で植物園，医科(大学?)その他を見学しました	セントルイス，ショーガーデンのグリーンハウス
139	昭和 1937 12.12.6	平野正朝（満州奉天大学）	宮部（北海道帝大）	先達てお訪ねした際には何かとご配慮，ご歓待をいただき有難うございました	奉天南満医学堂
140	大正 1924 13(?)	福士貞吉（仙台）	宮部（北海道帝大）	(仙台における)モーリッシュ(H. Molisch)博士の講演は今日でおわりました(5日間)。これから帰札します	仙台市街全景
141	大正 1925 14.9.18	福士貞吉（セントポール，Minn.）	宮部（北海道帝大）	3日前からセントポールに来ています。明日出立します。各氏の研究を見せてもらいました	セントポール大学事務局と工学部
142	大正(?) 15.7.1	福士貞吉（ニューヨーク）	宮部（北海道帝大）	ワシントン，ボルチモア，フィラデルフィアに立ち寄り，ニューヨークの見物中です	樹齢5000年のカリフォルニア産「ビッグ・トリー」
143	大正(?) 15.7.8	福士貞吉（ボストン，Mass.）	宮部（北海道帝大）	数日前から当地に滞在，明日はイサカへ向かいます	ハーバード大学講堂
144	昭和 1927 2.2.12	福士貞吉（ミュンヘン）	宮部（北海道帝大）	小生5日ベルリンを立ち，ライプチヒ，ハレ，エナを経てミュンヘンに滞在中。各地で研究所，植物園のほか一般の見物にも努め疲れました	ミュンヘン植物園
145	昭和 1938 13.7.8	福士貞吉（青森花館温泉）	宮部（北海道帝大）	昨日弘前着，今日は岩木川畔堀越村で馬鈴薯の萎縮病を調査。内地産種薯の用うべからざる理由が理解できました。トウモロコシのモザイク病も発見しました	唐内坂より見たる岩木山
146	大正 1922 11.6.12	逸見武雄（マジソン，Wis.）	宮部（北海道帝大）	今日レストランでSeymour夫人に会いました。宮部先生によろしくと申しておりました	ウィスコンシン大学ラスロプホール
147	大正 11.8.25	逸見武雄（マジソン，Wis.）	宮部（北海道帝大）	4～5日前ミシガン大学を参観。今日はナイヤガラを見物しました	ミシガン大学新図書館
148	大正 11.8.28	逸見武雄（フィラデルフィア，Penn.）	宮部（北大）	今日から第4回Phytopathologists(植物病理学者)の野外大会が開かれます。デラウェアの片田舎に集まります	ミシガン大学ニューベリーホーム
149	大正 1923 12(?)	逸見武雄・小熊・早川（ベルリン）	宮部（北大）	内乱の噂に驚かされて田舎よりベルリンに戻ってきました。偶然山(アルプス)から帰った小熊(捍)さんに出会いました	四葉のクローバー3本
150	大正 1925 14.10.17	逸見武雄（土佐）	宮部（北大）	植物病理の学生2人と当地へ菌類の採集に来ています	土佐手結岬ノ奇勝
151	昭和(?) -.10.28	逸見武雄（和歌山高野山）	宮部（北大）	杉の病害研究のため奈良を経て高野山の野上寺に一泊しています	高野山の万燈籠堂

絵 葉 書

書簡番号	年月日	発信者	宛先	内容	備考
152	昭和(?) －.5.29	逸見武雄 (満州公主嶺)	宮部 (北大)	昨日公主嶺に着。明日は新京, ハルピン方面に参ります	撫順露天掘
153 -1	昭和 1941 16.9.12	逸見武雄 (京都帝大)	宮部 (北大)	昨日北支より帰洛したのでご論文への礼状が遅くなりました。舘脇君にもよろしく	北京天安門
153 -2	? 11.9.26	卜蔵梅之丞(?) (東京)	宮部 (北海道帝大)	余市の葡萄, 梨の標本について	日本美術院展覧会出品母子の雀(小茂田青樹筆)
154	昭和 1936 11.3.27	堀田禎吉 (台北)	宮部 (北大)	その方面の厚意により高雄より蕃地に入ることを許され, 格別の風情を味わいました	台湾果物, パン樹の実
155	昭和 －	堀田禎吉 (北支派遣島第2968部隊)	宮部 (北海道帝大)	先生の長年のご指導に感謝します。論文のことよろしくお願いします(軍事郵便)	天津街の焼栗(中村軍医筆)
156	大正 1913 2.8.24	本間中久 (新潟難波温泉)	宮部 (北大)	粟生島(新潟県)に行こうと思って当地に来ながら船が来ないので, 近くの山や海岸の採集に努めています	難波温泉噴湯
157	大正 1915 4.2.27	松島 (蒙古経棚城)	宮部 (札幌農科大学)	請安	満州千山龍泉寺
158	? －.8.23	松野孝雄 (ウプサラ, スウェーデン)	宮部 (北大)	6月ドイツに到着, 8月よりスカンジナビアを旅行しています	リンネの記念碑(ウプサラ)
159	大正 1925 14.9.4	松村松年 (レニングラード, ロシア)	宮部 (北海道帝大)	目下レニングラードに滞在中。多くの学者に会いました。9月19日頃の列車で帰朝の途につきます	ペテルブルグ, レストラン・スランヴァンカ
160	大正 1916 5.12.13	松本 G.(巍?) (フレズノ, Calif.)	宮部 (札幌農科大学)	年賀状	フレズノ, カーネイ通り
161	大正 1926 15.6.10	松本(?)巍 	宮部 (札幌北6条)	モンチエーで採集旁々休養し, 来月はパリのパストールへ行くつもりです	モンチエーの塔と登山電車
162	大正 15.7.7	松本(?)巍 (シャモニー, フランス)	宮部 (札幌北6条)	ジュネーブを発ち, イタリア旅行の途次シャモニーに立寄り氷河を見物しました	シャモニーの氷河
163	?	三浦道哉 (満州公主嶺)	宮部 (札幌北2条)	無事興安嶺の調査から戻ってきました。同地の植物は樺太と似たものがあります。朱氏の『樺太植物誌』ドイツ語版をお持ちでしたら拝借したくお願いします	旅順高等女学校
164	昭和 1940 15.7.31	三木 (京都帝大植物)	宮部・舘脇 (北海道帝大)	"Contribution of the Flora of Northern Japan, XIII" 別刷への礼状	上海名所
165	昭和 1934 9.4.2	三宅驥一他15名 (千葉野田町)	宮部・舘脇 (北海道帝大)	日本植物学会第3回大会はすこぶる盛況で, 先生のご出席なきを物足りなく思いました	キッコーマン醤油

絵葉書

書簡番号	年月日	発信者	宛先	内容	備考
166	昭和 1938 13. 2.10	三宅驥一 (マジソン, Wis.)	宮部・舘脇 (北海道帝大)	渡米以来大学歴訪20余校，学術並時局講演34, 5回。昨日はウィスコンシン大で朝顔の遺伝に関する講演をしました	マジソン市航空写真(彩色)
167	昭和 1938 13. 4. 6	三宅驥一 (ハーバード大学)	宮部 (北海道帝大)	渡米以来大学歴訪30数校，講演は64回を超えました。5月2日サンフランシスコ発帰朝します	ハーバード広場商業区域
168	大正 1916 5. 9. 3	三宅康次 (ニューヘブン, Conn.)	宮部 (札幌農科大学)	アメリカ化学会の集会ののち東部の大学視察のため当地に来ました	エール大学ペルプスホール
169	大正 1916 5.10. 3	三宅康次 (ボストン, Mass.)	宮部 (札幌農科大学)	エール，ハーバードの訪問も済み，これよりコーネル大学を訪問の予定	ボストン市公園
170	大正 1916 5.10. 4	三宅康次 (イサカ, NY)	宮部 (札幌農科大学)	イサカの風光は大変美しく，金子昌太郎氏の案内を受けました	コーネル大学セイジカレッジ
171	昭和 1927 2. 5. 6	三宅 勉 (ニューヨーク)	宮部 (北海道帝大)	漸くニューヨークやワシントンが分かった頃ですが，これからロンドンへ向います	ホワイトスターライン「オリンピック号」
172	昭和 1936 11. 3.25	村山大記 (盛岡)	宮部 (北海道帝大)	盛岡着後直ちに富樫(浩吾)教授に面会しました	盛岡高等農林学校果樹園
173	昭和 11.10.25	村山大記 (盛岡高等農林学校)	宮部 (北海道帝大)	日毎に寒くなり，岩手山には雪を見ました	チャグチャグ馬コ(盛岡名物)
174	大正 1923 12.10.13	森岡勇・宮脇・本橋・手島 (コーネル大学, NY)	宮部 (北海道帝大)	酪農会議も無事終り，昨夜当地に集まりました	コーネル大学キャンパス
175	大正 1916 5. 3.21	柳川秀興 (台湾ホリ社)	宮部 (札幌農科大)	遥かに先生のご健康を祈ります	合観山のシャクナゲ満開の景
176	大正 1922 11. 8.15	柳川秀興 (台湾ホリ社)	宮部 (札幌農科大)	小生評議会出席のため今日台北に来ました	台湾アタイヤル族生蕃の男
177	昭和 6. 6.19	山内繁雄(?) (Flor. 米国)	宮部 (北海道帝大)	フロリダ，トールガス生物研究所よりご挨拶	フロリダ，オレンジ園の景
178	明治 1904 37. 7.23	山田玄太郎 (ドレスデン, ドイツ)	宮部 札幌農学校	年賀の和歌三首	ドレスデン河畔(風景)
179	大正 1916 5. 2.10	山田玄太郎(?)	宮部 (札幌農科大学)	出田(?)氏来校につき歓迎会を開きました	大神宮

絵 葉 書

書簡番号	年月日	発信者	宛先	内容	備考
180	大正 1926 15. 1.16	山田玄太郎・吉永虎馬（？）（高知）	宮部（北海道帝大）	徳島，高知を一見して本日帰ります	高知市旅館城西館
181	昭和 1931 6. 8.10	山田玄太郎（北海道阿寒湖畔）	？	昨日川湯を経て阿寒湖畔に来ました	ポッケ付近の絶景
182	昭和 ？	山中敏文（中支派遣軍嵐第6213部隊）	宮部（北大農学部）	遥か中支の戦線より新春のご祝詞を申上げます。小生昨年6ヶ月間支那語の特訓教育を受け，現在は上記部隊の通訳をしております。支那人に接する機会が多いので，彼らの風俗，習慣を研究しています	珠江（小早川篤四郎筆）
183	昭和 －.11.12	山桝義寛（京都高等蚕糸学校）	宮部（札幌北6条）	北大の植物学教室で過ごした6ヶ月を偲んでいます。昨日星野様ご帰札の途次に御所人形を托しました	清水寺雪景
184	昭和 1927 2. 4.10	山本吉之助・須藤・栃内（京都比叡山）	宮部（北大農学部）	比叡山にて遥かに敬意を表す	延暦寺大講堂
185	？	横瀬（？）（大阪出張先より）	宮部（東北帝大農科大学）	貴大学より，拝借陳列の校庭油絵と醋酸石灰の外は鉄道便で発送のつもりです	阿里山神木
186	昭和 1932 7. 9.16	？（京都帝大植物）	宮部（北海道帝大）	「故工藤祐舜の伝記」のご恵贈有難うございました	釈王寺千本松原（朝鮮風景）
187	？	？	宮部（北海道帝大）	船中で偶然大槻君に逢い先生の話に及びました	シャムの寺院？
188	大正 1913 2. 4.12	？	宮部（東北帝大農科大学）	ベルリンを立ちシュツッツガルト，チューリヒなどを経て昨夕当地に着きました。本日は仏国の学者たちから盛んな歓迎を受けました	モンテカルロのカジノ
189	大正 1926 15. 7. 3	？（リッチモンド，Va.）	宮部（北海道帝大）	これから北欧の旅に出たのち，8月にはオクスフォードの会議に出席，再びスコットランドの旅に出ます	カトレアのハイブリッド（キュー植物園）
190	大正 1926 15. 3.19	？（静岡）	宮部（北海道帝大）	このたびは福士（貞吉）様の論文をご恵贈下さり，大いに益するところがありました	静岡県天啓梨園
191	？ －. 6.22	？（朝鮮龍山満？）	宮部（北海道帝大）	先達ては旅行先でお目にかかりご健勝のことを嬉しく思いました	朝鮮金剛山・内金剛大本山楡岾
192	？ －. 4.28	？（新潟）	宮部（北海道帝大）	新潟より先生のご健康を祈ります。去る20日京都で逸見（武雄）教授に会ったところ，先生の御高徳をたたえておりました	新潟カトリック教会
193	大正 1916 5. 5. 8	？（台湾阿里港）	宮部（北海道帝大）	台湾阿緱庁下阿里港ニテ採取	台湾波羅蜜樹（パラミツ）（常緑高木）
194	？	？	？	内容なし	青森名所合浦公園の松（雪景）

絵葉書

書簡番号	年月日	発信者	宛先	内容	備考
195	?	ヘラー・グブラー(チューリヒ，スイス)		(独文)新年のご多幸を祈る	スイス雪山の景
196	1916.3.22	サットン種子商会(リーディング，イングランド)	宮部(北大農学部)	(英文)種子受注書	Antirrhinum(キンギョソウ)の花床
197	1925.7.15	フランシス・E.ダヴィッドソン(横浜)	宮部(北大)	(英文)先日は有難うございました	横浜桟橋ノ景
198	1937.6.1	タッカー(ハーバード大学樹木園, Mass.)	宮部・舘脇(北大)	(英文)論文受贈礼状	葉書
199	1949.6.1	ブラッドリー・M.デイヴィス(ポートランド，Oreg.)	宮部(北大)	(英文)住所変更	
200	1932.11.21	H.フンベルト(パリ)	宮部(北大)	(英文)論文別刷への謝状	パリ国立自然史博物館
201	－.7.20	アルフレッド・H.ポウヴァー(アラバマ工科大学)	宮部(北海道帝大)	(英文)住所変更	シラキュース大学林学部(NY)
202	1923.6.15	E. T.(ケンブリッジ，英国)	宮部(札幌北2条)	(英文)数日中にスコットランドへ出発。長年のご厚誼に感謝します	ケンブリッジ大学セントジョンズカレッジ
203	1922.9.12	?(Col., 米国)	宮部(北海道帝大)	(英文)これは野生のコロンバイン(セイヨウオダマキ)です	コロラド州花コロンバイン

第4部

外　国　人

＊諸外国の著名な植物学者や在日外国人などを含む。発信者のアルファベット順に配列。
　とくに記したもの以外は封筒を欠く

Alcock, L.
英国王立キュー植物園病理学研究室

書簡番号	年月日	発信者	宛先	内容	備考
A-1	－．2.28	L. オールコック（キュー植物園）	宮部（ロンドン？）	（英文）Colton 氏はイングランド南部へ出張中なので，彼のパンフレットに記された細胞の標本を送ります	ペン書

Allen, T. F. & Paul

A-2	1897 3.28	T. F. アレン（NY，米国）	トッド教授	（英文）日本北部の昆布標本の送付について親切なご提案に感謝します。日本の採集者に指示していただければ標本1枚当たり10セントを支払います	ペン書3p

Alston, Arthur Hugh Grafit (1902-58)
大英博物館自然部門

A-3	1932 1.11	A. アルストン（ロンドン）	宮部	（英文）『北海道植物誌』有難うございました。誰かが日本南部についても同様に立派な植物誌を作ってくれることを期待しています	タイプ

Appel, Conrad
ドイツ，ダムルシュタットの種物商

A-4	1905 2.17	C. アペル（ダルムシュタット）	宮部（札幌農学校）	（独文）ドイツ樹木協会の松柏科植物展示会には日本のものが欠如していますので，別紙の毬果を提供していただければ有難く思います	ペン書3p

Atkinson, George Francis (1854-1918)
コーネル大学植物学教授

A-5	1897 4.30	G. アトキンソン（イサカ，NY）		（英文）私は植物形態学文献の歴史を執筆中ですが，あなたのご教示か別刷の送付を願えれば幸いです	印刷物

Baagoe, I.
デンマーク，ネストヴェドの薬剤師・植物研究者

B-1	1902 5.20	I. バーゴエ（ネストヴェド）	宮部（札幌）	（英文）私は Potamogeton（ヒルムシロ属）の研究をしており，各国からの標本を集めています。日本はそれがもっとも豊かな国なので標本をお貸しいただければ幸甚です	ペン書

Babcock, Ernest Brown (1877-1954)
カリフォルニア大学農学部教授（植物遺伝学）

B-2	1928 4.26	E. バブコック（バークレイ，Calif.）	宮部（北海道帝大）	（英文）あなたが『サハリン植物誌』のなかで Crepis burejensis（ヌプリポギク）について書いておられることを九州大学の田町教授から聞きました。私はこの属についてできるだけ多くの標本を見たいと思っているので標本をお貸しいただけませんか	タイプ

書簡番号	年月日	発信者	宛先	内容	備考
B-3	1928 5.15	E. バブコック（バークレイ, Calif.）	宮部（北海道帝大）	(英文)東大の中井(猛之進)博士からCrepis(フタマタタンポポ属)の別種について聞きましたが，C. gymnopus(エゾタカネニガナ)の命名者小泉(源一？)博士はその採集地を夕張岳としか記しておりません。誰かを夕張岳に派遣してこの植物を入手していただければ有難く思います	タイプ
B-4	1928 7.6	E. バブコック（バークレイ, Calif.）	宮部（北海道帝大）	(英文)早速C. gymnopusの立派な標本をお送りいただき感謝します。ただいくつかの成熟した種子の発芽は疑問なので，再度の採集をお願いします	タイプ
B-5	1928 8.7	E. バブコック（バークレイ, Calif.）	宮部（北海道帝大）	(英文)あなたからお送りいただいたC. burejensis(ヌプリポギク)の立派な標本を点検して，シュミットがそれをHaplostephium属に入れたのが正しいことを確信しました	タイプ
B-6	1928 8.9	E. バブコック（バークレイ, Calif.）	宮部（北海道帝大）	(英文)英国の王立植物園からサハリンのCrepisについて館脇，工藤氏発見の新種の情報を入手しました。その標本を入手したく思います	タイプ
B-7	1928 12.5	E. バブコック（バークレイ, Calif.）	宮部（北海道帝大）	(英文)北大植物園で成育のC. burejensisの種子をお送り下さる由感謝します	タイプ
B-8	1935 4.26	E. バブコック（バークレイ, Calif.）	宮部（北海道帝大）	(英文)Crepisの細胞・分類学的調査においてわれわれはこの属の種類の約半分の染色体を調査しました。この研究はこの属における系統発生学の関係を決定するうえで有用でした	タイプ

Baker, C. F.
キューバ共和国農業中央試験場，フィリピン大学農学部

書簡番号	年月日	発信者	宛先	内容	備考
B-9	1906 11.26	C. ベイカー（サンチャゴ・デ・ラスヴェガス，キューバ）		(英文)私は来年早々に世界の実用作物の収穫品種を発表する予定です	タイプ3p カーボン複写
B-10	1912 12.27	C. ベイカー（ロス・バノス，フィリピン）		(英文)私は東洋諸国の人で菌類学に関心のある人々と交流したいと思っています。とくに熱帯作物に寄生するきのこの標本を入手したいのです	タイプ カーボン複写 名刺同封

Baker, Fred

書簡番号	年月日	発信者	宛先	内容	備考
B-11	1914 8.9	F. ベイカー（長野軽井沢）	宮部（札幌）	(英文)私は1週間前に当地に戻り，お借りした地図は書留便でお送りしました。札幌でご一緒した夜は日本に来てからの最高の夜でした	タイプ

Balderston, Lloyd
米国の化学者，皮革化学者協会会長(？)

書簡番号	年月日	発信者	宛先	内容	備考
B-12	1919 5.13	L. ボルダーストン（札幌）	宮部	(英文)フィラデルフィアにお着きのとき，スミス氏不在の場合には植物部の誰かにお会い下さい	ペン書
B-13	1927 3.24	L. ボルダーストン（東京）	宮部	(英文)札幌訪問の際のご歓待有難うございました。私の最大の喜びは多くのすばらしい人々と会えたことでした	ペン書

書簡番号	年月日	発信者	宛先	内容	備考
B-14	1927 6.21	L. ボルダーストン（ウィルミントン，Del.）	宮部 （北海道帝大）	（英文）合衆国農務省のR. K. ビーティ（Beattie）博士を紹介します。彼の日本訪問の目的の一つは胴枯病によって消滅しつつある当地の栗に代わりうる数種の栗を持ち帰ることです。そのほかPicea Glehnii（アカエゾマツ）の種子の入手もお願いします	タイプ
B-15	1927 6.27	L. ボルダーストン（ウィルミントン，Del.）	宮部 （北海道帝大）	（英文）ビーティ博士の件よろしくお願いします。Picea Glehniは私が日本に行ったときタンニンの価値を認識したもので，その種子の入手には新島（善直）教授の協力を期待しています	タイプ
B-16	?	L. ボルダーストン（ウィルミントン，Del.）	宮部 （北海道帝大）	（英文）W. エルキントンは新渡戸夫人の弟で著名なクエーカー教徒です。彼は珪酸ナトリウムを製造しているフィラデルフィアの会社の役員をしています	タイプ 3p (P.1 欠)

Balfour, Isaac Bayley (1853-1922)
スコットランド，英国王立エジンバラ植物園。エジンバラ大学植物学教授

書簡番号	年月日	発信者	宛先	内容	備考
B-17	1899 3.31	I. バルフォア	宮部 （札幌農学校）	（英文）すばらしい種子をお送り下さり有難う。当方からも樹木の種子をお送りします	タイプ
B-18	1915 10. 9	I. バルフォア	宮部	（英文）トーコー園主への支払いにお世話をいただき感謝します。私の息子の戦死の報が届いたので，お礼が遅くなってすみません	タイプ
B-19	1916 6.20	英国政府支出担当官	鹿島	（英文）王立植物園にお送りいただいた植物の代金33円40銭の支払いについて，同封の領収書に署名のうえ返却してください	ペン書
B-20	1916 7. 2	I. バルフォア	宮部	（英文）上記支払いに関する書簡（達筆のため判読困難）	ペン書
B-21	1920 3.15	I. バルフォア（エジンバラ）	宮部	（英文）当地ご訪問の際はお会いできて嬉しく思いました。お送りいただいた種子リストから同封の如く選びました。当方からも種子リストを送ります。Meconopsis（ケシ科メコノプシス属）の種子を少々送りました	タイプ
B-22	1920 6.20	I. バルフォア（エジンバラ）	宮部	（英文）お送りいただいた種子有難く落掌しました（以下達筆のため判読困難）	ペン書

Banyay, Andor

書簡番号	年月日	発信者	宛先	内容	備考
B-23	1921 11.10	A. バーニャイ（ブダペスト，ハンガリー）	園芸社（ブダペスト？）	（ハンガリー語）私は来年王立園芸大学を卒業しますので，貴社のどこかの部門に雇用していただきたくお願いします	ペン書 3p

Barr and Sons
ロンドン，コベントガーデンの草花卸市場

書簡番号	年月日	発信者	宛先	内容	備考
B-24	1900 5.29	バー（ロンドン）	宮部 （札幌農学校植物園）	（英文）種子をお送り下さり感謝します。Paeonia（ボタン属）やAquilegia（オダマキ属）の種子を毎年供給していただけませんか	タイプ

Bartlett, Harley Harris (1886-1960)
米国植物学会書記。ミシガン大学植物学科長

書簡番号	年月日	発信者	宛先	内容	備考
B-25	1917 2.24	H. バートレット (アナバー, Mich.)	宮部 (札幌農学校)	(英文)アメリカ植物学会への入会招待(年会費5ドルで『アメリカ植物学雑誌』に発表の権利あり)	ペン書

Batalin, Alexander (1847-96)
サンクトペテルブルグ帝室植物園長

書簡番号	年月日	発信者	宛先	内容	備考
B-26	1892 8.27 (9.8)	A. バターリン (サンクトペテルブルグ)	宮部 (札幌農学校)	(英文)札幌農学校から受取った腊葉との交換として，本日日本大使館を通じて腊葉1包を発送しました	ペン書

Batchelor, John (1854-1944)
英国の宣教師。1877年に来日し，主としてアイヌへの布教のかたわらアイヌ語とアイヌ文化の研究に従事。1940年第2次大戦勃発のため離日した

書簡番号	年月日	発信者	宛先	内容	備考
B-27	?	J. バチェラー		(英文)ジョン・バチェラー履歴	ペン書
B-28	1909 6.28	J. バチェラー (サセックス, イングランド)	宮部博士	(英文)アイヌ関係の著作に対して天皇が私に勲章(勲四等)を下さったという知らせを大変喜んでいます。これからもアイヌ語やアイヌについての仕事に一層努めたいと思います	ペン書
B-29	1909 8.13	J. バチェラー (サセックス, イングランド)	宮部博士 (札幌)	(英文)勲章が只今届き,みんな喜んでいます。河島(北海道)長官と黒田男爵に礼状を書きました	葉書 ペン書
B-30	1909 8.24	J. バチェラー (ハートフォード, イングランド)	宮部博士 (札幌)	(英文)英国国王より(日本の勲章の)佩用方の許可をうけ，大僧正より神学博士の学位を与えられました	葉書 ペン書
B-31	1938 12.10	J. バチェラー (札幌)	宮部博士 (札幌)	(英文)「アイヌ語辞書」を1冊お送りします。草木の件では大変お世話になり，この本の完成を助けていただきました	タイプ

Beattie, Rolla Kent (1875-1960)
ワシントン州立大学植物学教授，合衆国農務省園芸局病理検査主任

書簡番号	年月日	発信者	宛先	内容	備考
B-32	1919 7.19	R. ビーティ (ワシントン, DC)	宮部	(英文)貴下のアメリカ旅行について同封の日程表(7.23～8.15)を作りました。これでよろしければ植物学者たちに連絡します	タイプ4p
B-33	1919 7.23	R. ビーティ (ワシントン, DC)	宮部 (イサカ, NY)	(英文)お申し出により修正した日程表をお送りします。これに変更があれば面会予定の人々にご連絡下さい	タイプ
B-34	1927 9.27	R. ビーティ (東京)	宮部 (札幌)	(英文)栗の胴枯病に耐性のある栗樹を探すために農務省植物産業局から派遣されて日本にやってきました。ボルダーストン(L. Balderston)教授の助言でタンニン成分の多いPicea glehnii(アカエゾマツ)のアメリカへの導入も求められています	タイプ

書簡番号	年月日	発信者	宛先	内容	備考
B-35	1927 10.27	R. ビーティ (東京)	宮部 (北海道帝大)	(英文)札幌へのすばらしい旅から昨夜東京に戻ってきました。北大の皆さんから受けた暖かい歓迎は忘れないでしょう。当地では栗の選別，燻蒸，荷造りに忙しくすでに115袋を本国に送りました	タイプ
B-36	1927 10.27	ビーティ夫人 (東京)	宮部 (北海道帝大)	(英文)北海道旅行中のご親切有難うございました。夫とともに懐かしんでいます	ペン書
B-37	1927 12.6	R. ビーティ (東京)	宮部 (北海道帝大)	(英文)京都で2週間を過ごし，年3回実をつけるといわれている栗を探すために高知へ旅行しました	タイプ
B-38	1928 3.19	R. ビーティ (台北)	宮部 (北海道帝大)	(英文)私は3月初めから日本の南端で，栗の胴枯病に耐性があると思われるCastanopsis(シイノキ属)を研究しています	タイプ
B-39	1928 3.31	R. ビーティ (台北)	宮部 (北海道帝大)	(英文)今月は台湾で沢山の驚きに満ちたロマンチックで冒険的な日々を過ごしました	絵葉書(台湾南部の熱帯植物) ペン書
B-40	1928 8.8	R. ビーティ (東京)	宮部 (北海道帝大)	(英文)北海道へ出発できるのは木曜になります。この1年日本で多くのものを見ました。来る冬はインドシナとフィリピンで過ごす予定です	タイプ
B-41	1928 9.3	R. ビーティ (東京)	宮部 (北海道帝大)	(英文)札幌からは苫小牧，問寒別へ行き，函館を経由して青森，弘前，十和田湖，秋田で林業者たちからすばらしい協力を受けました	タイプ
B-42	1930 2.4	ビーティ夫妻 (「プレジデント・リンカーン」船上)	宮部 (北海道帝大)	(英文)これが日本で先生に書く最後の手紙となります。私たちは日本，とくに札幌のことを忘れないでしょう。お返しができるとすれば，あなたの学生たちがアメリカに来たときに援助をすることです	タイプ
B-43	1932 12.10	R. ビーティ (ワシントン, DC)	宮部	(英文)年賀葉書	葉書 ペン書

Beckelt, T. W. Nayler
ニュージーランドの植物研究者

書簡番号	年月日	発信者	宛先	内容	備考
B-44	1899 12.15	T. ベッケルト (フェンダルトン，ニュージーランド)	宮部 (札幌農学校)	(英文)"Hedwigia(ヒジキゴケ属)"誌に載せられた「日本のコケ」に関する論文でご芳名を知りました。私の標本に日本のコケを加えたいので交換をしていただければ幸いです	ペン書 3p
B-45	1900 4.19	T. ベッケルト (フェンダルトン，ニュージーランド)	宮部 (札幌農学校)	(英文)2月16日のお便りで「日本のコケ」をお送りいただけることを知り喜んでいます。当方からもコケの標本75種をお送りします	ペン書
B-46	1900 12.3	T. ベッケルト (フェンダルトン，ニュージーランド)	宮部 (札幌農学校)	(英文)私は4月にニュージーランドのコケの標本75種を送りました。その後日本のコケの到着を待ち望んでいます	ペン書
B-47	1901 8.14	T. ベッケルト (フェンダルトン，ニュージーランド)	宮部 (札幌農学校)	(英文)去る5月貴方がお送り下さった114種の日本のコケの標本を受け取りました。その多くは私には目新しいものです	ペン書

書簡番号	年月日	発信者	宛先	内容	備考
B-48	1903 1.19	T. ベッケルト （フェンダルトン、ニュージーランド）	宮部 （札幌農学校）	（英文）先にコケの標本を交換しましたが，Musci（蘚綱）についてはいかがでしょうか。先のお便りによれば蘚苔学に関心をもつ友人をお持ちとか，標本を入手できたらと思います	ペン書

Beer, Rudolph (1873-1940)
英国王立キュー植物園病理学研究室

B-49	1919 10.24	R. ビーア （キュー植物園）	ベイトソン教授	（英文）わが国を訪問中の宮部教授がわれわれの研究所を見学したいとのことなのでよろしく	ペン書
B-50	1919 10.31	R. ビーア （キュー植物園）	宮部	（英文）Victoria Plum の樹皮の一片を送ります。リンゴについた Valsa 属（胴枯病）菌の日本種に関する貴論文のタイトルをお知らせ下さい	ペン書
B-51	1920 2.9	R. ビーア （キュー植物園）	宮部	（英文）先頃キュー植物園でお会いしとき私が果樹の Cytospora 属（胴枯病）菌に関心を持っていることをお話しました。『東北帝大農科大学紀要』の逸見（武雄）博士の論文を見たいので，同封の手紙をお渡し願えませんか	ペン書

Belhatte, C.
パリ，ロラン・ボナパルト公腊葉館長

| B-52 | 1909
1.19 | C. ベラット
（パリ） | | （英文）パリでお会いした池野（成一郎）教授の助言でお便りします。ロラン・ボナパルト殿下はシダ類の研究のために標本を集めています。もし重複を交換できたら大変幸いです | タイプ |
| B-53 | 1910
5.9 | C. ベラット
（パリ） | | （英文）盛岡の山田玄太郎氏の助言でお便りします。ボナパルト殿下は10万種を擁する個人的植物標本室をもっており，日本のシダ類の入手を望んでいます。交換ができれば幸いです | タイプ |

Bell, E. S.

| B-54 | 1903
10.22 | E. ベル
（名古屋） | 宮部
（札幌農学校） | （英文）"Correct English: how to use it" の出版社の依頼で見本を一部送ります（年予約1ドル） | タイプ |

Berger, Alwin (1871-1931)

| B-55 | 1906
? | A. ベルガー
（ラ・モルトーラ，イタリア） | 札幌農学校植物園長 | （英文）Thomas Hanbury 卿はこの6月に75歳の誕生日を迎えます。この機会に彼を知る著名な植物学者たちのアルバムを作りたいので，署名を付した写真をお送り下さるようお願いします | ペン書 |

Bierbach, Oscar
セルビア，ベルグラード植物園

| B-56 | 1899
4.4 | O. ビアバッハ
（ベルグラード） | | （独文）農科大学植物園に種子標本142種をお送りしますのでお受取り下さい。本植物園は高山植物とくに Conandra（イワタバコ属）や Oreocharis（イワギリソウ属）の種子を入手したく思っています | ペン書 |

Bigelow, Robert Payne (1863-1955)

書簡番号	年月日	発信者	宛先	内容	備考
B-57	1888 2.5	R. ビゲロー (モンゴメリー, Md.)	宮部	(英文)12月11日付のお便りを頂戴し, Champia(紅藻類ワツナギソウ属)に関する拙書を褒めていただき喜んでいます。胞子の発芽に成功されなかった由残念です	ペン書4p

Bisby, G. R.
ミネソタ大学農学部植物病理学准教授

書簡番号	年月日	発信者	宛先	内容	備考
B-58	1919 8.5	G. ビスビー (セントポール, Minn.)	宮部 (ウイスコンシン大学植物病理学科気付)	(英文)ビーティ(R. Beattie)博士からあなたが来週金曜日にミネアポリス到着のことを知らせてきました。フリーマン(E. Freeman)博士らは不在ですが, われわれが当地のお世話をいたします	タイプ
B-59	1919 12.11	G. ビスビー (セントポール, Minn.)	宮部 (北海道帝大)	(英文)ミネアポリスご滞在中の楽しい日が忘れられません。再会を期待しています	タイプ

Bishop, Wm. W.
ミシガン大学図書館長

書簡番号	年月日	発信者	宛先	内容	備考
B-60	?	Wm. ビショップ (アナバー, Mich.)	宮部教授 (札幌)	資料受贈礼状	印刷物
B-61	?	Wm. ビショップ (アナバー, Mich.)	宮部名誉教授 (札幌)	資料受贈礼状	印刷物

Bixby, W. G.
米国の靴墨製造所

書簡番号	年月日	発信者	宛先	内容	備考
B-62	1918 4.3	W. ビクスビー (ブルックリン, NY.)	北海道大学農学部植物学科	(英文)クルミの品種：Juglans cordformis(ヒメグルミ), J. sieboldiana(オニグルミ), J. mandshurica(マンシュウグルミ)の日本名や生育地その他についての照会	タイプ4p

Bninski, Adolf
ポーランド樹林育成部長

書簡番号	年月日	発信者	宛先	内容	備考
B-63	1934 12.-	A. ブニンスキ (コルニック, ポーランド)		(英文)ポーランド樹林育成部創設の報知と協力要請	印刷物

Boehmer, Louis (1841?-96)
1874～82年開拓使雇用の園芸技師。その後横浜でルイス・ベーマー商会(植物貿易)を経営

書簡番号	年月日	発信者	宛先	内容	備考
B-64	1902 10.9	L. ベーマー (横浜)	宮部博士 (札幌農学校)	(英文)本日貴校校長からのお便りで, あなたが学生たちの協力で北海道の樹木種子(?)を採集できることを知りました。われわれが入手したいのは以下のリストの通りです	ペン書

書簡番号	年月日	発信者	宛先	内容	備考
B-65	1902 11.14	L. ベーマー（横浜）	宮部博士（札幌農学校）	（英文）成熟次第種子の追加注文をしますので，見込みをお知らせ下さい。Larix leptolepis（カラマツ）の種子100ポンドごとに150円を支払います	タイプ

Bois, Désiré Georges Jean Marie (1856-1946)
パリ自然史博物館植物採集部長

B-66	1922 10. 5	D. ボア（パリ）		（仏文）博物館が管理するヴェルサイユの140ヘクタールの土地に樹木園を併設することになりましたので，日本の樹木や灌木をお送り下さるか，あるいはそのことをお願いできる人を教えて下さるようお願いします	ペン書

Bolley, Henry Luke (1865-1956)
ノースダコタ農科大学教授（植物病理学）

B-67	1903 1. 3	H. ボレー（ノースダコタ農科大学，ND）	宮部教授（札幌）	（英文）亜麻の立枯病に関する非常に興味深いお便りと標本3包を受領しました。それは外見上は当地のものによく似ていますが，菌類が土中で亜麻を傷つけているようです	タイプ
B-68	1921 8. 3	H. ボレー（ノースダコタ農科大学，ND）	平塚直治（札幌，帝国製麻本社）	（英文）宮部教授はわれわれの集会に参加されました。教授から貴君の家族の写真をもらって非常に喜んでいます	タイプ（帝国製麻㈱用紙）
B-69	1922 10.19	H. ボレー（ノースダコタ農科大学，ND）	鈴木鈴馬（東京，帝国製麻本社）	（英文）平塚氏や宮部教授に会うことができて大変嬉しく思いました。宮部博士はどこにおいても「植物病理学の父」として尊敬されています	タイプ
B-70	1923 10. 5	H. ボレー（ノースダコタ農科大学，ND）	宮部博士（東京）	（英文）貴方や平塚氏その他の人々に貴国を襲った震災のお見舞を申しあげます。赤十字を通じたアメリカの援助が早く届きますように	タイプ

Bonnier, Gaston (1853-1922)
ソルボンヌ大学植物学教授，植物学研究所を設立

B-71	1908 4. 8	G. ボニエ（パリ）		（仏文）本年より"Revue Générale de Botanique"誌の改善に努めています。本誌の見本をお送りするために編集部にあなたのご住所を知らせましたのでよろしく	タイプ

Boulanger, Em.
パリの薬剤師

B-72	1896 1.30	Em. ブーランジェ（パリ）	宮部教授	（仏文）函館在住の宣教師フォーリー（U. Faurie）師のおすすめでお便りします。わたしの研究テーマも菌学で，以前からキノコの採集に努めています	ペン書

Bower, T. O.

B-73	1919 11.19	T. ボワー（グラスゴー，スコットランド）	宮部教授	（英文）昨日ロンドンにお出でのとき不在をしていて残念でした	ペン書

書簡番号	年月日	発信者	宛先	内容	備考

Brenckle, Jacob Frederic (1875-1958)
サウスダコタ大学(菌類学)

| B-74 | 1941 4.10 | J. F. ブレンクル(ブルッキングス, SD) | 宮部教授(北海道帝大) | (英文)私は以前ノースダコタのフォーゴで開かれた植物病理学会であなたにお会いしたことがあります。私はタデ属の研究をしておりますので、標本の交換もしくは購入ができれば幸いです | タイプ |

Brigham, Arthur A. (1856-?)
1888～93年札幌農学校教授、のちサウスダコタ農科大学教授

| B-75 | 1907 12.11 | A. ブリガム(ブルッキングス, SD) | 宮部教授 | (英文)札幌を離れてから14年になります。佐藤(昌介)、南(鷹次郎)、吉井(豊造?)教授はお元気ですか。新渡戸博士には数年前サンフランシスコで会いました | ペン書 |

Brioti, Giovanni
イタリア、パヴィア大学隠花植物研究室

| B-76 | 1918 1.17 | G. ブリオッティ(パヴィア) | 札幌農科大学植物園長 | (仏文)実験のため Lactuca brevirostris(アキノノゲシ)の種子をお送りいただければ有難く思います | タイプ |

Britton, Nathaniel Lord (1859-1934)
ニューヨーク植物園初代園長

| B-77 | 1919 8.21 | N. ブリトン(ニューヨーク) | 宮部教授(ハーバード大学博物館気付、ケンブリッジ) | (英文)当地へのご旅行を期待しておりましたが、病気でお出でになれないとのこと、大変残念です | タイプ |

Brooks, F.
イングランド、ケンブリッジ、植物学校

| B-78 | ? 12.20 | F. ブルックス(ケンブリッジ) | 宮部教授 | (英文)お約束の?の標本が無事届きました | ペン書 |

Brooks, William P. (1851-1938)
1877～88年札幌農学校教授、その後マサチューセッツ農科大学教授・農場長

B-79	1898 1.31	W. ブルックス(アマースト, Mass.)	宮部教授(札幌農学校)	(英文)昨年8月ドイツ留学より帰国しましたが、その間私宛にお送りいただいた植物標本に対して心よりお礼申し上げます	タイプ
B-80	1900 2.20	W. ブルックス(アマースト, Mass.)	宮部教授(札幌農学校)	(英文)1年以上も前に球根の包みを受取りながらお礼も書かずに失礼しました。実は球根が何であるかを記した手紙を待っていたのでした。私はそれが Corydalis(キケマン属:エンゴサクの仲間)の球根ではないかと思っていたのですが、生育せず残念でした	タイプ3p
B-81	1904 3.28	W. ブルックス(アマースト, Mass.)	宮部教授(札幌農学校)	(英文)有元(新太郎)氏の上級課程への進学に関する書類は委員会に廻しておきました。Actinidia kolomikta(ミヤママタタビ)の切枝はよい状態で届きました	タイプ

書簡番号	年月日	発信者	宛先	内容	備考
B-82	1904 6.1	W. ブルックス (アマースト, Mass.)	宮部教授 (札幌農学校)	(英文)先月3日付のお便り並びに種子受取りました。早速植えますが，多くが成育することを期待しています	タイプ 3p
B-83	1906 2.16	W. ブルックス (アマースト, Mass.)	宮部 (札幌)	(英文)当地では近年アスパラガス栽培がサビ病で大きな被害を受けており，サビ病に強い品種を探しています。以前北海道で見た野生のアスパラガスの種子を送っていただければ幸いです	タイプ
B-84	1906 9.8.	W. ブルックス (アマースト, Mass.)	宮部 (札幌)	(英文)アスパラガスの品種改良のため野生の北海道アスパラガスの種子がほしいので，誰か人を雇って種子を集めて送ってください	タイプ
B-85	1906 11.28	W. ブルックス (アマースト, Mass.)	宮部 (札幌)	(英文)アスパラガスの種子を受取り心よりお礼申し上げます。送っていただいた量で充分です	タイプ
B-86	1908 2.20	W. ブルックス (アマースト, Mass.)	宮部教授	(英文)先月24日のお手紙を拝誦し，札幌と大学についてこれほど詳しく書いて下さったことを有難く思います	タイプ
B-87	1910 1.1.	W. ブルックス (ブルーク農場)	宮部さん	(英文)桜の木についてのお便りを数日前に受取り，昨日スプリングフィールドに行って通関をしました。ご承知と思いますが，南(鷹次郎)，渡瀬(庄三郎)，頭本(元貞)の3君がマサチューセッツの大学を訪ねてくれて大変嬉しく思いました	タイプ
B-88	1916 1.28	W. ブルックス (アマースト, Mass.)	宮部教授	(英文)植物関係のパンフレットをたくさん送っていただき，あなたがすばらしい仕事をしておられることを知って嬉しく思いました。私の息子もハーバードで植物生理学を専攻し，学位をとるべく勉強しています	タイプ
B-89	1919 4.17	W. ブルックス (アマースト, Mass.)	宮部博士 (北海道帝大)	(英文)大変好青年の平塚(直治)氏があなたの手紙をもって私に会いに来てくれました。彼が届けてくれた同窓の写真はとくにすばらしいものでした	タイプ
B-90	1919 6.21	W. ブルックス (アマースト, Mass.)	宮部博士 (ブラウン夫人気付, ケンブリッジ)	(英文)あなたがマサチューセッツに滞在しており，私に会いに来てくれる事を知って喜んでいます。次の火曜日の12時にアマースト着の汽車でお出でいただければ幸いです	タイプ
B-91	1920 8.20	W. ブルックス (アマースト, Mass.)	宮部教授 (札幌)	(英文)あなたの海外旅行は大変な成功だと聞いておりましたが，お留守中に奥様が亡くなられたとのこと心より同情申しあげます	タイプ
B-92	1921 8.4	W. ブルックス (アマースト, Mass.)	宮部博士 (ケンブリッジ)	(英文)あなたが再びマサチューセッツに滞在中でアマーストに来られることを聞いて非常に喜んでいます。到着の日時をお知らせ下さい	ペン書
B-93	1921 9.10	W. ブルックス (アマースト, Mass.)	宮部博士 (汽船太洋丸)	(英文)楽しい有益な経験をされたことと思います。8月24日私がウッズホールに行ったとき Osterhout 博士があなたのことを褒めていました	ペン書
B-94	1928 2.5	サムナー・ブルックス(子息)(カリフォルニア大学動物学科, Calif.)	宮部教授 (北海道大学)	(英文)3〜4年前あなたがウッズホールを訪問されたとき，私に写真を送って欲しいといわれました。今年20歳になって初めて写真をとりましたので送らせていただきます。私も近いうちに日本を訪れ，両親の楽しかった思い出の地を訪れたい思います	ペン書

書簡番号	年月日	発信者	宛先	内容	備考
B-95	1928 7. 6.	W. ブルックス (アマースト, Mass.)	宮部教授 (札幌)	(英文)写真を同封した6月5日付のお便り有難うございました。あなたの写真のほか佐藤，大島，柳本，黒岩たちの写った写真もすばらしい	ペン書
B-96	1930 9.23	W. ブルックス (アマースト, Mass.)	宮部さん	(英文)あなたが大学を退職されたことを間接的に聞きましたが，お元気とのことを喜んでいます。私は1851年生まれですが，年よりは若く，自動車を運転し菜園の仕事などもしています	ペン書3p
B-97	1933 11. 2	W. ブルックス (アマースト, Mass.)	宮部博士	(英文)もし可能ならばCephalotaxus(イヌガヤ属)の種子を送っていただけませんか。私が札幌にいたとき，その種子を集めて横浜に移っていたルイス・ベーマー(L. Boehmer)に送ったことがありました。それは当地では価値があると思うので入手したいのです	ペン書
B-98	1937 12.10	サムナー・ブルックス(子息)(カリフォルニア大学動物学教授, Calif.)	宮部教授 (北海道大学)	(英文)中国における日本の不評判について日本の立場のご説明に関心をもちました。勿論全ての人々は新聞の影響を受けていますが，われわれ科学者は事実を公平に判断せねばなりません	タイプ
B-99	1938 5. 6	サムナー・ブルックス(子息)(カリフォルニア大学動物学教授, Calif.)	宮部博士	(英文)私の父は3月8日に86歳で他界しました。彼はおそらく生涯のもっとも楽しい時期を札幌で過ごしたものと思います	タイプ

Brotherus, Viktor Ferdinand (1849-1929)
ロシア国フィンランド，ヘルシンキの植物学者(蘚苔類)

書簡番号	年月日	発信者	宛先	内容	備考
B-100	1891 3. 3	ブロゼルス (ヘルシンキ)	宮部博士 (札幌農学校)	(英文)私の友人H.マイヤー教授を通じて非常に多くの日本のコケのコレクションを受取りました。これらの蝦夷地の植物を私のために集めて下さったことに感謝します	ペン書
B-101	1891 7.12	ブロゼルス (ヘルシンキ)	宮部博士 (札幌農学校)	(英文)5月15日のお便り並びにお送り下さった非常に興味深い日本のコケのコレクションに対して心よりお礼を申し上げます。ご要望の北欧の菌類については友人のカルステル教授を通じて入手できると思います	ペン書
B-102	1891 11.20	ブロゼルス (ヘルシンキ)	宮部博士 (札幌農学校)	(英文)あなたが送ってくれたコケの決定を終えましたので，そのリストをお送りします。あなたのお役にたつことを希望します。もしカルステル教授と直接文通される場合の住所は以下の通りです(59種のリストを付す)	ペン書4p
B-103	1894 7.16	ブロゼルス (ヘルシンキ)	宮部博士 (札幌農学校)	(英文)お便り並びにコケの小包を有難く受取りました。私はいま国に滞在していますが，ヘルシンキに帰国次第あなたのコレクションを決定して結果をお知らせします	ペン書

Buchanan, D. H.

書簡番号	年月日	発信者	宛先	内容	備考
B-104	1916 9.30	D. ブキャナン (東京麻布区)	宮部教授	(英文)札幌の人々とお別れしてから早くも1カ月になります。札幌への旅はアメリカの中西部を思い起こさせ，アメリカ精神もみられました	ペン書3p

書簡番号	年月日	発信者	宛先	内容	備考

Buller, A. H. Reginald (1874-1944)
カナダ，マニトバ大学の初代植物学教授。英国学士院会員

書簡番号	年月日	発信者	宛先	内容	備考
B-105	1928 10.25	A. ブラー（ウィニペグ，カナダ）	宮部教授（北海道帝大）	(英文)アメリカ植物学会の会員として富樫浩吾教授をご推薦いただき有難うございました。早速会長のイームズ博士に推薦状を送ります	タイプ

Bunting, Isaac (1850-1936?)
明治初期，横浜でユリの球根輸出を行なった英国人貿易商

書簡番号	年月日	発信者	宛先	内容	備考
B-106	1900 11.22	I. バンティング（横浜）	宮部博士（札幌）	(英文)ご芳名を学生と混同して大変失礼しました。アヤメ科の植物の球根を冬季に固着させることは問題ないと思います	ペン書

Burkill, Isaac Henry (1870-1965)
英国の植物学者。シンガポール植物園，カルカッタ植物園

書簡番号	年月日	発信者	宛先	内容	備考
B-107	1901 8.27	I. バーキル（カルカッタ）	札幌農学校植物学教室	(英文)Apocynum venetum(羅布麻：キョウチクトウ科)の日本の品種(オショロソウ)を入手したく思います。当方からもお望みがあれば送ります	タイプ

Buter, R.
イタリア，ジェノヴァ植物標本館長

書簡番号	年月日	発信者	宛先	内容	備考
B-108	1906 9.30	R. ブーテル（ジェノヴァ）		(英文)札幌の植物園で栽培の，あるいは近隣における野生の日本・アジア種の Geum(ダイコンソウ属)の種子をお分けいただけたら幸いです	ペン書

Butter, E. N.
英国の菌類学者。インド，ビハール州農業試験場

書簡番号	年月日	発信者	宛先	内容	備考
B-109	1919 9.20	E. バター（ビハール）	宮部教授（東北帝大農科大学）	(英文)私は穀類の Helminthosporium 属(葉枯病菌)について研究しており，Oryza(イネ属)にそれを見つけました。それは H. Oryzae Miyabe & Hori(ごま葉枯病菌)と同じと思いますので，比較のために標本をお送りいただけると幸いです	タイプ

Butterfield, K. L.
マサチューセッツ州教育部長

書簡番号	年月日	発信者	宛先	内容	備考
B-110	1921 7.28	K. バターフィルド（アマースト，Mass.）	宮部博士（北海道帝大）	(英文)アマーストでお目にかかったときのことを懐かしく思い出します。私は訪中使節団に参加の途中8月29～9月5日まで横浜に立ち寄ります。その間に札幌を訪れてクラーク博士と関係の深い大学を見たいので，ご連絡いただければ幸いです	タイプ

Chaplin, Winfield Scott (1847-1918)
明治10～15年東京大学理科大学教授(土木工学)。宮部博士留学時はハーバード大学教授(機械工学)，1891～1907年ワシントン大学(セントルイス)学長

書簡番号	年月日	発信者	宛先	内容	備考
C-1	? 6. 8	ハリエット・チャプリン(夫人)(セントルイス，Mo.)	宮部	(英文)お便りおよび岡崎氏を通して薩摩焼のご恵与有難うございました	ペン書 4p
C-2	1888 7.24	ハリエット・チャプリン(夫人)(サウスダートマス，Mass.)	宮部	(英文)W. S. チャプリン(夫)は卒業式後に当地に来て以来ケンブリッジには行っておりません。今彼は浴室作りに多忙です	ペン書 4p
C-3	1889 ?	W. チャプリン	宮部	(英文)お便り有難う。貴君がヨーロッパ旅行を楽しみ，とくにロシア人と交流できたことを喜んでいます	ペン書
C-4	1889 8.14	ハリエット・チャプリン(夫人)(ニューハンプシャー)	宮部	(英文)船上で書かれ英国で投函されたお便りを受取りました。チャプリン(夫)は元気で視力も大分回復しているようです	ペン書 5p C-4と同封
C-5	1889 12. 1	ハリエット・チャプリン(夫人)(ケンブリッジ，Mass.)	宮部	(英文)すでに札幌に着いて仕事を始められたことと思います。私たちは夏に東京大学宛に手紙を送ったのですが，届かなかったのではないかと心配しています。夫は大変元気で視力もかなり回復しました	ペン書 4p
C-6	1903 2.26	W. チャプリン(セントルイス，Mo.)	宮部教授(札幌)	(英文)大村(卓一?)氏が訪ねて来られた時不在でしたが，貴君の写真をもらい，妻も私も大変喜びました。セントルイスにはこの国最良の植物標本館がありますので，万国博覧会のとき是非お出で下さい	タイプ

Christ, Emile
仏領レユニオン島の地主

書簡番号	年月日	発信者	宛先	内容	備考
C-7	1911 11.16	E. クリスト(アヴィロン，レユニオン島)	札幌農学校長(日本)	(仏文)私は芳香植物に関心をもっており，花や葉，根が蒸留に適した日本の植物の種子や球根の入手を望んでいます。貴国にはまた見事な蘭があることも知っておりますので，若木を追加していただければ幸いです	ペン書
C-8	1916 4.10	E. クリスト(アヴィロン，レユニオン島)	宮部教授(札幌植物園長)	(仏文)以前のあなたとの文通は欧州に多くの悲劇と涙をもたらした戦争のために中断しました。今や沈黙を止めてあなたの国の蘭科の植物の送付をお願いします	ペン書 名刺同封

Chung, H. H. (鐘心煊)
中華民国天津，南開学校

書簡番号	年月日	発信者	宛先	内容	備考
C-9	1921 2.17	H. チュン(天津)	宮部教授(北海道帝大)	(英文)米国ケンブリッジでお会いしてから1年半になり，私は帰国して新設の大学で生物学を教えています。植物病理学に関する日本の出版物，満州・朝鮮・樺太・台湾・琉球の植物誌などありましたら，入手したいのですが	ペン書

Clark, Hubert Lyman (1870-1947)
W. S. クラーク博士の子息。ハーバード大学比較動物学標本館長

書簡番号	年月日	発信者	宛先	内容	備考
C-10	1937 12.17	H. クラーク	宮部教授（北海道帝大）	(英文)10月22日付のお便りを注意深く拝読しました。私は日本政府の郵便物検閲を知っていますが、わが国の多くの日本の友人たちは、日本の中国における行為に失望しているといわねばなりません	タイプ

Clark, William Smith II
W. S. クラークの孫でヒューバート・クラークの子息。1921年アマースト大学を卒業後，組合教会の伝道師として札幌に2年間滞在。のちシンシナティ大学英文学教授

書簡番号	年月日	発信者	宛先	内容	備考
C-11	1922 10.14	W. S. クラーク II（札幌）	宮部博士	(英文)今朝神戸から帰って，ローランド夫人(H. Rowland)からあなたが10月28日のクラーク記念会堂(札幌独立基督教会)献堂式に私の挨拶を希望しておられることを聞きました。喜んで同意いたします	ペン書
C-12	1925 10.28	W. S. クラーク II（ケンブリッジ, Mass.）	宮部博士	(英文)入念な調査の結果お役に立ちそうな2枚の写真を発見しました。来年5月の北海道帝国大学開学五十年式典には是非参加したく思います	ペン書 4 p
C-13	1925 11.13	W. S. クラーク II（ケンブリッジ, Mass.）	宮部博士	(英文)別便にて祖父の写真3枚をお送りします。それらはマサチューセッツ農科大学図書館が貸してくれたものなので大切に扱って下さい	ペン書
C-14	1926 6.26	ハサウェイ夫妻		(英文)ハサウェイ夫妻は，娘のグラディス・スミス・ルイスとウィリアム・スミス・クラーク II の結婚式へのご参加をお願いします	印刷物
C-15	1928 8.26	W. S. クラーク II（アマースト, Mass.）	宮部博士	(英文)お便りいただき昨冬は重病だった由，神の恩寵により全快をお祈りします。お送りいただいた祖父の胸像写真はすばらしいもので，非常に有難く思いました	ペン書
C-16	1937 12.-	W. S. クラーク II	宮部博士	(英文)年賀状。日中紛争についての長いお手紙を受取りました。しかしあなたが事変についてお書きになった解釈には同意できません。私は尊敬する文化をもつ日本が，外国において恐ろしい殺戮を始めたことを悲しみます	ペン書

Clinton, George Perkins (1867-1937)
コネチカット州農業試験場。コーネル大学植物病理・微生物部長（植物病理学）

書簡番号	年月日	発信者	宛先	内容	備考
C-17	1905 11.15	G. クリントン（ニューヘヴン, Conn.）	宮部教授	(英文)私の論文は余部がなく，ボストン自然史協会から2ドルで入手することができます。別便にて(?)腊葉1セットをお送りしますので，日本その他の標本をいただければ幸いです	ペン書
C-18	1912 3.11	G. クリントン（ニューヘヴン, Conn.）	宮部教授（東北帝大農科大学）	(英文)最近わが国で Castanea（クリ属）に発見された病原菌 Diaporthe parasitica（胴枯病菌）の標本を同封します。もし日本に同種の標本があったらお知らせ下さい	タイプ
C-19	1912 5.8	G. クリントン（ニューヘヴン, Conn.）	宮部教授（東北帝大農科大学）	(英文)Endothia gyrosa と Diaporthe parasitica（ともに胴枯病菌）に関するお便り有難うございました。もし日本でこれらの菌類のいずれかが発見されたら，できれば標本を送ってください	タイプ

書簡番号	年月日	発信者	宛先	内容	備考
C-20	1927 4.8	G. クリントン (ニューヘヴン, Conn.)	宮部教授 (北海道帝大)	(英文)シーモア(A. Seymour)の植物標本館でUstilago bambusae Miyabe(マダケ黒穂病菌?)とよばれる黒穂病を見ました。これは今日 Ustilago shiraiana P. Henn.(黒穂病菌)と同一と考えられているものではないですか	タイプ

Comez, Orazio (1848-1917)
イタリア, ポルティチ農業専門学校植物研究所

書簡番号	年月日	発信者	宛先	内容	備考
C-21	1896 6.26	O. コメス (ポルティチ)	宮部	(イタリア語)私は Nicotiana(ナス科タバコ属)の分類学に従事していますが, 日本で栽培されているタバコの種子か標本をお送りいただければ有難く思います	ペン書

Conwentz, Hugo (1855-1922)
ドイツ, ダンツィヒ(現在のポーランド, グダニスク)の西プロセイン州立博物館

書簡番号	年月日	発信者	宛先	内容	備考
C-22	1898 8.31	H. コンヴェンツ (ダンツィヒ)		(英文)マルクス(A. Marcus?)教授を通じて今やヨーロッパでは消滅しつつある数種のTrapa(ヒシ属)を頂戴し厚くお礼を申し上げます	葉書 ペン書

Correvon, Henry (1854-1939)
ジュネーヴ, アルプス順化園。アルプスの植物の著名な園芸家

書簡番号	年月日	発信者	宛先	内容	備考
C-23	? 4.10	H. コレフォン (フロレール)		(英文)私は「ジンチョウゲ」を研究しており, そのコレクションを作っております。あなたのお持ちのよい種子をできるだけ多くお送りいただけませんか。こちらからはアルプスの種子のカタログを送りましたので, ご希望のものがありましたらお申出下さい	カード ペン書 名刺同封

Cotton, Arthur Disbrowe (1879-1962)
英国王立キュー植物園標本館長(植物病理・菌類・藻類学)

書簡番号	年月日	発信者	宛先	内容	備考
C-24	1919 10.25	A. コットン (キュー植物園)	宮部教授	(英文)私は月曜は植物園には出ておりませんので, 明日(日曜)拙宅にお出でいただけたら嬉しく思います(地図を記す)	ペン書
C-25	1920 5.4	A. コットン (農水産省, ロンドン)	宮部博士	(英文)私を日本植物病理学会のメンバーにご推薦下さり有難うございました。本日学会誌第1巻第2号を受取りました	タイプ
C-26	1926 2.2	A. コットン (キュー植物園)	宮部教授	(英文)工藤祐舜博士をご紹介のお便り拝見しました。われわれは彼にすぐ会いたいと思っているのですが, 彼は英語がもう少しうまく話せるまで待ちたいと言っております	ペン書

Curtis, Carlton Clarence (1862-1945)
コロンビア大学植物学科

書簡番号	年月日	発信者	宛先	内容	備考
C-27	1920 8.12	C. カーティス (ニューヨーク)	宮部教授 (北海道帝大)	(英文)西村(真琴)氏の依頼でチモシーとブルーグラスの発生に関する彼の論文を送ります。あなたの判断に従って, 自分の学生の論文のように自由に訂正して下さい	ペン書

Davis, John Jefferson (1852-1937)
ウィスコンシン大学植物学科

書簡番号	年月日	発信者	宛先	内容	備考
D-1	1919 10.25	J. デーヴィス（マジソン, Wis.）	宮部博士（札幌）	（英文）この夏あなたがマジソンに来られたとき不在をしていて大変残念でした。Plasmopara humili Miyabe（べと病菌）のアメリカ種をご希望と聞きましたのでお送りします	ペン書

Dean, Bashford (1867-1928)
米国の魚類学者。コロンビア大学教授

D-2	1901 5.11	B. ディーン（神奈川三崎）	宮部博士	（英文）東京から帰ったときあなたが三崎に来られたことを知り残念に思いました。札幌を訪れたときのことを懐かしく思い出しています	ペン書

Deane, Walter (1848-1930)
宮部博士のハーバード大学時代の学友

D-3	1913 6.7	W. ディーン（ケンブリッジ, Mass.）	宮部教授	（英文）北海道植物誌の資料に関する論文をいただき，非常に嬉しく思いました。お会いしてから25年になりますが，僕は貴君と一緒にいた同じ室の同じ机に坐っています	ペン書 4p
D-4	1916 1.22	W. ディーン（ケンブリッジ, Mass.）	宮部	（英文）2年ほど前に Pt.1 を送っていただいた『北海道植物志料』の Pts.2〜5 を有難く受取りました。私のことを覚えていていただいて感謝します	ペン書 4p

Delpino, Federico
ナポリ大学植物学教授

D-5	1905 6.23	?（農事試験場, ナポリ）	宮部教授（札幌）	（イタリア語）デルピーノ教授の死亡通知	印刷物

De Toni, J. B.
イタリア，モデナ大学植物園長

D-6	1903 5.12	J. デ・トーニ（モデナ）	宮部教授（札幌農学校）	（仏文）私は貴国語が分からないので貴著の内容を利用できなくて大変残念です。岡村（金太郎）教授があなたのお仕事について英語もしくは仏語で報告を書いていないでしょうか。私の海藻学研究の中で紹介したいと思います	ペン書 名刺同封

Dieck, G.
ドイツ，メルゼブルク，国立樹木園

D-7	1890 6.16	G. ディーク（国立樹木園, メルゼブルク）	宮部教授（札幌農学校）	（独文）2カ月前あなたの友好的なお便りと非常に魅力的な樹木種子交換の申し出を受けながら，眼病のためこれまでお礼と回答ができなかったことをお詫びします（ドイツの植物園にないか，または珍しい日本樹木のリスト3pを付す）	ペン書 4p

Diehl, William W. (1891-1978)
合衆国農務省。菌類学者

書簡番号	年月日	発信者	宛先	内容	備考
D-8	1923 12.6	W. ディール (ワシントン, DC)	宮部博士 (北海道帝大)	(英文)植物標本室主任シーア(C. Shear)博士の指示で重複標本のうち117種をお送りします。とくに交換は求めませんが、菌類の重複をお持ちでしたらお送りください	タイプ

Dode, Louis-Albert (1875-1945)
フランス樹木学協会の創設者

書簡番号	年月日	発信者	宛先	内容	備考
D-9	1905 2.24	L. ドッドゥ (パリ)	宮部教授 (札幌農学校植物園長)	(仏文)本日ご要望のパラフィン紙をお送りします。私の所属するドイツ樹木学協会のために、あなたが私宛に要望のものをお送り下さるようお願いします	葉書 ペン書
D-10	1906 5.1	L. ドッドゥ (パリ)	宮部教授 (札幌農学校植物園長)	(仏文)以下の植物の入った2個の小包をお送りします	葉書 ペン書
D-11	1907 1.28	L. ドッドゥ (フランス樹木協会)		(仏文)数本の吸枝(bouture：挿し木用の枝)を送ります。当方でも札幌地方の柳やポプラに偶然見つかった吸枝をお送りいただければ有難く思います	ペン書
D-12	1907 11.3	L. ドッドゥ (パリ)	宮部博士 (札幌農学校)	(仏文)吸枝の2回目の小包をお送りします。前回と同様吸枝には錫箔で包んだのと包んでないのがあります	葉書 ペン書
D-13	1908 6.19	L. ドッドゥ (パリ)	宮部博士 (札幌農学校)	(英文)本日札幌から吸枝を受取りました	葉書 ペン書
D-14	1908 9.29	L. ドッドゥ (フランス樹木学協会)	宮部博士 (札幌農学校)	(英文)本日柳とポプラの吸枝を発送します	葉書 ペン書
D-15	1909 1.4	L. ドッドゥ (パリ)		(仏文)以下の吸枝を送ります。ご関心があれば私の論文のうちポプラのジャンルを要約したものをお送りすることができます	ペン書
D-16	1909 5.7	L. ドッドゥ (パリ)		(仏文)私はあなたの手紙の英語を読むことはできますが、書くのは得意でないのでこれまで通りフランス語で書くことをお許し下さい。吸枝は夏と同様年中可能なことをあなたにお示しするために、新たにお送りしました	ペン書4p
D-17	1914 2.23	L. ドッドゥ (パリ)		(英文)以下の樹木の種子をお送りします。私の求める吸枝や種子を送って下さい	ペン書
D-18	1921 8.20	L. ドッドゥ (パリ)		(仏文)ポプラに関する私の最近の論文を受けとられたことと思います	ペン書

Dodge, Bernard Ogilvie (1872-1960)
合衆国農務省。植物病理学者

書簡番号	年月日	発信者	宛先	内容	備考
D-19	1920 11.1	B. ドッジ (ワシントン, DC)	宮部教授 (北大農学部)	(英文)ご関心があると思って、別便にて2個の変種の菌 Ascobolus magnificus(糞生菌類の一種)に関する最近の私の論文をお送りします	タイプ

Dorsett, C. H.
合衆国農務省農業調査部

書簡番号	年月日	発信者	宛先	内容	備考
D-20	1918 3. 6	C. ドーセット（ワシントン, DC）	宮部博士（北海道帝大植物園長）	(英文)当部の T. 田中（田中長三郎）氏のおすすめで，カリフォルニアのチコの作物導入試験場から Castanea pumila と crenata（ともにブナ科クリ属）の 2 種の植物をお送りします。成功裡にお育て下さい（それぞれの作物の内容を付す）	タイプ
D-21	1918 3.23	C. ドーセット（ワシントン, DC）	宮部博士（北海道帝大植物園長）	(英文)3月6日付の手紙で2種の植物をお送りすると書きましたが，成育不良のため今回は中止します。次回をお待ちください	タイプ

Duggar, Benjamin Minge (1872-1956)
セントルイスのワシントン大学ミズーリ植物園，のちウィスコンシン大学植物学教授

書簡番号	年月日	発信者	宛先	内容	備考
D-22	1919 6.14	B. ダガット（セントルイス, Mo.）	宮部教授（北海道帝大）	(英文)あなたが私の研究に折々示して下さったご関心に感謝し，松本（巍）氏を私の実験室に迎えて嬉しく思います。彼は熱心に精力的に研究を続けており，将来に期待しています	タイプ
D-23	1922 9.22	B. ダガット（セントルイス, Mo.）	宮部教授（北海道帝大）	(英文)松本（巍）博士が私の実験室で研究を続け，Rhizoctonia 属（根腐病菌）の特徴に関するすぐれた学位論文によって学位を取得したことを喜んでいます。その論文は9カ月以内にわれわれの紀要に載ることになっています	タイプ

Dyer, William Turner Thiselton- (1843-1928)
英国王立キュー植物園長

書簡番号	年月日	発信者	宛先	内容	備考
D-24	1893 5.17	W. ダイヤー（キュー植物園）	宮部博士（札幌農学校）	(英文)蝦夷（北海道）の植物 237 種を有難く受け取りました	印刷物
D-25	1900 1. 9	W. ダイヤー（キュー植物園）	宮部博士（札幌農学校植物園長）	(英文)199 種の Erysiphaceae（ウドンコカビ科）の標本をサーモン（E. Salmon）氏を通じて受取りました。ブラッドフィールド博士の植物標本室から 150 種の英国コケを送ります	ペン書

Dykes, Willam Rickatson (1877-1925)
英国サリー州のパブリックスクール教師。アヤメの研究で世界的に知られていた

書簡番号	年月日	発信者	宛先	内容	備考
D-26	1906 1.10	W. ダイクス（サリー州ゴダルミング, イングランド）		(英文)日本の野生のアヤメ属の種子を入手するには，あなたにお願いするよう友人のエルウェス（H. Elwes）氏と Grove 氏から助言を受けました。私のとくに欲しいのは「カキツバタ」とよばれているものです	ペン書3p

Easterfield, Thomas Hill (1866-1949)
ニュージーランド，ヴィクトリア大学化学教授

書簡番号	年月日	発信者	宛先	内容	備考
E-1	1904 3.29	J. イースターフィールド（ウェリントン）	宮部博士（札幌農学校）	(英文)ニュージーランドの森林には数種の "Coriaria"（ドクウツギ属）があり，いずれも有毒です。日本種も有毒であるかどうかお知らせ下さい。比較のために乾燥した若枝を送っていただければ幸いです	ペン書3p

書簡番号	年月日	発信者	宛先	内容	備考
## Eaton, Daniel Cady (1834-95) イェール大学植物学教授，植物標本館長					
E-2	1886 10.26	D. イートン (ニューヘヴン, Conn.)	宮部 (ハーバード大学)	(英文)牧野(富太郎)氏の手紙をお届け下さり有難うございました。牧野氏に返事を書きましたが，私は日本の地理を知らないので土佐がどこにあるのか分かりません	ペン書
## Eliot, Charles William (1834-1926) 1869〜1909年ハーバード大学総長					
E-3	1919 8.23	C. エリオット (アステコン, Me.)	E. ワッドワース (ハーバード大学 基金募集委員会)	(英文)ハーバード大学基金募集キャンペーンの重要性についてのメッセージ	石版
E-4	1919 ?	E. ワッドワース	ハーバード大学卒業生各位	(英文)エリオット名誉総長(40年間総長を務めた)からの手紙の紹介	石版
## Elwes, Henry John (1846-1922) 英国の植物採集家・旅行家					
E-5	1904 7.16	H. エルウェス (札幌)	宮部教授	(英文)お会いできませんので，手紙で札幌滞在中のご親切に心より感謝いたします	ペン書3p
E-6	1905 2.25	H. エルウェス (コレスボーン, イングランド)	宮部博士	(英文)私はあなたをロンドンのリンネ協会のメンバーに推薦することを約束しましたが，協会の規則は外国人メンバーの数を制限していて現在は空きがないので，欠員が出来次第リストに載せることにします	ペン書6p
E-7	1905 8.11	H. エルウェス (コレスボーン, イングランド)	宮部博士	(英文)お送り下さった種子が不在中に届いたのでお礼が遅くなり失礼しました。満州ご巡回中の健康を祝福します。私は日本が失ったものが講和で保障されることを期待しています	ペン書
E-8	1921 3.15	H. エルウェス (コレスボーン, イングランド)	宮部博士	(英文)只今見事な樹木図譜(『北海道主要樹木図譜』)を受取り，あなた及び北海道長官に厚くお礼申し上げます	ペン書
## Engler, Heinrich Gustav Adolf (1844-1930) 植物分類学で著名なドイツの植物学者。ベルリン植物園長，ベルリン大学教授					
E-9	1902 2.1	A. エングラー (ベルリン)	宮部教授 (札幌農学校)	(独文)ベルリン植物園は以下の重複植物を送ります	タイプ
## Engles, A.					
E-10	1913 7.31	A. エングレス	宮部教授	(独文)私の日本滞在が希望していたより短縮されたので，北海道は札幌まで足を伸ばせず，大沼までの訪問で満足せざるをえませんでした	ペン書3p (太平洋郵船会社便箋)

書簡番号	年月日	発信者	宛先	内容	備考

Eriksson, Jakob (1848-1931)
ストックホルム大学植物生理学教授

| E-11 | 1913 1.11. | J.エリクソン (ストックホルム) | | (仏文)新住所の名刺 | 名刺 |

Erwin, A. T.
アイオワ大学農学部園芸林業学科

| E-12 | 1904 10.7 | A.アーウィン (エイメス, Io.) | 宮部教授 (札幌農学校) | (英文)ハーバード大学植物園長サージェント(C. Sargent)教授のおすすめで，Prunus pseudocerasus(シナミザクラ：支那実桜)について照会します | タイプ |

Failert, W. G.
ハーバード大学植物学科

| F-1 | 1908 1.12 | W.フェイラート (ケンブリッジ, Mass.) | 宮部教授 (札幌農学校) | (英文)『札幌博物学会会報』第2巻受贈礼状 | ペン書 |

Fairchild, David G. (1869-1954)
合衆国農務省植物産業局の責任者として，穀物その他有用植物のアメリカへの導入に努めた

F-2	1909 1.8	D.フェアチャイルド (ワシントン, DC)	宮部教授 (札幌農学校)	(英文)わが国の南部では飼料に用いられるMucuna(マメ科トビカズラ属)の栽培に成功しています。日本には多種のMucunaがあると聞いておりますので，野生もしくは栽培種類の種子を少々お送りいただけませんか？	タイプ
F-3	1910 5.24	D.フェアチャイルド (ワシントン, DC)	宮部教授 (札幌農学校)	(英文)日本の北の島に自生しているという2種類のクリ(青森栗)の種子を数ポンド入手したく思っています。宛先は当部のサンフランシスコ運送代理店ベイカー宛に願います	タイプ
F-4	1912 3.26	D.フェアチャイルド (ワシントン, DC)	宮部博士 (札幌農業試験場)	(英文)あなたの論文『千島植物誌』の中のBambusa kurilensis(チシマザサ)の記述に大変興味をもちました。この植物の根をお送り下さるか，そのことのできる人を教えていただければ有難く思います	タイプ
F-5	1915 5.14	D.フェアチャイルド (ワシントン, DC)	東北帝大農科大学植物園長	(英文)1月11日付の手紙でお願いしました「サクラ属」の下記の品種(P. incisa kurilensis Max. チシマザクラ)の種子は非常に珍しいもので，当部では移入番号40620～40622を与えました	タイプ
F-6	1921 7.25	D.フェアチャイルド (ワシントン, DC)	宮部 (北海道帝大)	(英文)日本のキビの種子を求めたわれわれの手紙を星野教授にお廻し下さったこと承知しました。あなたがわが国滞在中にワシントンのわれわれのもとをお訪ね下さればと思います	タイプ
F-7	1921 10.17	ヴァン・エセルタイン(D.フェアチャイルドの助手)	宮部 (農学部植物病理学教授)	(英文)ワシントンご訪問中のあなたの要請に従って，別紙リストの各種の小麦とオート麦(燕麦)の種子を穀物調査局からお送りします	タイプ

Farlow, William Gilson (1844-1919)

ハーバード大学隠花植物研究室教授。宮部博士は留学中にファーロー教授に植物病理学や菌類学，海藻学を学んだ

書簡番号	年月日	発信者	宛先	内容	備考
F-8	1887 7. 2	W. ファーロー (ケンブリッジ， Mass.)	宮部 (ウッズホール， Mass.)	(英文)当地は非常に暑いので，シェルバーンで仕事をしている貴君は幸いです。Abies canadensis(カナダトウヒ)の葉に Peridermium(さび病菌)を発見できないか注意してほしい	ペン書
F-9	1887 7.29	W. ファーロー (ケンブリッジ， Mass.)	宮部 (ウッズホール， Mass.)	(英文)貴君は土曜か日曜にケンブリッジに戻ると書いていたが，小生は8月8日の夕方同地を立ちます。貴君が送ったという菌類はまだ届いていません	ペン書 4p
F-10	1887 8.12	W. ファーロー (ニューヨーク)	宮部 (ウッズホール， Mass.)	(英文)貴君がウッズホールを気に入り，よい仕事をするチャンスをもったことを喜んでいます。ベアド教授が危篤だというのでみんな心配しています	ペン書
F-11	1887 8.22	W. ファーロー (ケンブリッジ， Mass.)	宮部 (ウッズホール， Mass.)	(英文)明日はウッズホールに行って貴君がどのような計画を採用したらよいかのべることができると思います。ベアド教授が他界されたので今夏はウッズホールにとどまる気がしません	ペン書
F-12	1887	W. ファーロー (ホルダーネス， NH)	宮部 (ウッズホール， Mass.)	(英文)ケンブリッジはかつてないほど暑いので土曜日にスクワム湖に来ました。当地の空気は涼しく美しい湖があるが，シェルバーンほどではありません	ペン書
F-13	1887 9.10	W. ファーロー (シェルバーン， Vt.)	宮部 (ウッズホール， Mass.)	(英文)貴君がケンブリッジに戻ろうとしているとの手紙を受取りました。人々がウッズホールをそんなに早く立去ってしまうことに驚いています	ペン書
F-14	1888 8.25	W. ファーロー (ケンブリッジ， Mass.)	宮部	(英文)当地の天気は涼しいが，グラン・メノーでは寒いだろうと思います。今朝 Vives 教授から手紙を受取ったが，彼は君の(学位)論文のことを「非常に注意深い価値ある仕事だ」とのべていました	ペン書 4p
F-15	1888 9. 4	W. ファーロー (シェルバーン， Vt.)	宮部	(英文)Vives 教授が貴君の論文を褒め，多分11月号か次号に印刷されるだろうと語っていました	ペン書
F-16	1889 6. 2	W. ファーロー (ケンブリッジ， Mass.)	関係者各位	(英文)ハーバード大学で3年間の修業を終えたのち，日本へ帰国途上の宮部金吾氏をご紹介します。彼は9月には札幌で植物学教授としての職務を始めることになっています。彼はケンブリッジにおいてすぐれた才能を示したことを申しそえます	ペン書
F-17	1889 6. 2	W. ファーロー (ケンブリッジ， Mass.)	関係者各位	(仏文)ハーバード大学で博士号を取得した日本青年宮部金吾氏をご紹介します。彼は札幌農学校の教授となるために日本への帰国途上にあります。パリを通過するときにあなたに私の挨拶を伝えてくれるよう頼みました	ペン書
F-18	1889 6.18	W. ファーロー (ケンブリッジ， Mass.)	宮部	(英文)貴君の絵葉書を受取り，貴君が元気で長い旅に出立したことを知って喜んでいます	ペン書 4p

書簡番号	年月日	発信者	宛先	内容	備考
F-19	1890 4.7	W. ファーロー (ケンブリッジ, Mass.)	宮部	(英文)われわれは皆貴君からの便りを待ち望んでいます。最後の手紙は昨年8月インド洋からのもので，貴君がヨーロッパ歴訪を非常に楽しんだことを伝えていました。私は7月中に2度札幌宛に書留便で小包を送ったので安着を期待しています	ペン書8p
F-20	1890 10.22	W. ファーロー (ケンブリッジ, Mass.)	宮部	(英文)セッチェル(W. Setchell)君とスタージス(W. Sturgis)君が博士号の試験に合格しました。貴君の千島植物誌の論文を送付しましたのでお手紙を待っています。先頃私の父が急死しました	ペン書
F-21	1893 10.22	W. ファーロー (ケンブリッジ, Mass.)	宮部教授	(英文)木村氏がグッデイル(G. Goodale)教授を訪ねてきたとき，貴君が送ってくれた小包を受取り，貴君の消息を聞いて大変嬉しく思いました。グレイ夫人も元気でグレイ(A. Gray)教授の伝記を書いており，数週間中に刊行されます	ペン書10p
F-22	1895 5.2	W. ファーロー (ケンブリッジ, Mass.)	宮部教授	(英文)先週川瀬氏が私を訪ねてきたとき，貴君のことを聞いて喜びました。彼は親切にも貴君に植物標本を届けることに同意してくれました。数週間前に母が亡くなり，私が生まれたころからの地所の処分などで多忙です	ペン書4p
F-23	1900 1.10			(英文)W. G. ファーローとリリアン・ホースフォードの結婚通知状	印刷物
F-24	1900 4.24	W. ファーロー (ケンブリッジ, Mass.)	宮部教授	(英文)貴君が植物園を組織する際の多くの困難を克服したことを知らせてきた手紙は，僕と同様サクスター(R. Thaxter)教授やグッデイル教授も喜ばせました	ペン書16p
F-25	1901 2.18	W. ファーロー (ケンブリッジ, Mass.)	宮部教授	(英文)貴君が送ってくれた標本は本当に立派なもので，われわれの展示ケースに必要なものでした。こちらからも貴君の標本室に何かお返しをしたいと思っています	タイプ
F-26	1904 2.10	W. ファーロー (ケンブリッジ, Mass.)	宮部教授	(英文)長い間手紙を書かなかったが，貴君のことを忘れていたわけではありません。そして今は戦争の勃発のために改めて貴君のことを考えています。言うまでもなく誰もが日本に同情し，ロシアの敗北を望んでいます。ロシア政府は最悪の専制主義で打倒されなければなりません	ペン書3p
F-27	1905 1.24	W. ファーロー (ケンブリッジ, Mass.)	宮部教授	(英文)昨夏送っていただいた3巻本の日露戦争史有難う。ロシア人自身は彼らの政府ほど悪くはないけれども，当地では誰もが日本人の成功に関心をもっています。旅順要塞陥落のニュースはわれわれには元日に届きました	ペン書8p
F-28	1905 12.17	W. ファーロー (ケンブリッジ, Mass.)	宮部教授	(英文)昨夏私が不在中にケンブリッジを訪れた八田(三郎)教授が貴君の土産を自宅に送ってくれました。10月に帰宅してそれが非常に美しい日本の絵画であることを知り，以来わが家の壁に掛けています	ペン書12p
F-29	1907 3.17	W. ファーロー (ケンブリッジ, Mass.)	宮部教授	(英文)"Transactions of the Sapporo Botanical Society"(『札幌博物学会会報』の誤り)第1号を受取りました。すばらしい雑誌の発行とそこに含まれている興味深い論文を祝します。そのなかのマクシモーヴィチ教授の写真は昔会ったことのある彼を思い出させました	ペン書4p

書簡番号	年月日	発信者	宛　先	内　　容	備　考
F-30	1908 1.30	W. ファーロー （ケンブリッジ，Mass.）	宮部教授	（英文）昨日貴君の写真を受取り，昔とほとんど変わっていないのを見て嬉しく思いました。私は1899年以来写真を撮ったことがないのでワイフにせかされています。昨年5月には夫婦そろってリンネのお祝いに参加するためウプサラに行きました	ペン書8p
F-31	1908 2.7	W. ファーロー （ケンブリッジ，Mass.）	宮部教授	（英文）貴君の写真に続いて手紙を受取り非常に喜んでいます。われわれがケンブリッジで貴君と会えるだろうというよき知らせを僕はサクスター氏とライマン（G. Lyman）氏に見せました。グッデイル教授はいま町を離れています。その節にはわが家に招待します	ペン書4p
F-32	1909 3.21	W. ファーロー （ケンブリッジ，Mass.）	宮部教授	（英文）先頃のお便りでは今年中に訪米の予定とのことでしたが，何時頃になりますか。グレイ未亡人は87歳になり外出はできませんが，私のワイフは時折見舞っています	ペン書4p
F-33	1909 6.8	W. ファーロー （ケンブリッジ，Mass.）	宮部教授	（英文）貴君の訪米が今年はないことを聞いて残念です。エリオット氏が退任してローウエル教授が総長に選ばれました。就任式は10月の予定ですが，そのときには外国やアメリカの大学から多くの代表が参加します	ペン書4p
F-34	1913 6.12	W. ファーロー （ケンブリッジ，Mass.）	宮部教授	（英文）久しくお便りを受取っていませんがお元気だと思います。先にもわれわれに期待を抱かせたハーバード ご訪問は決定的に延期されたのかと危ぶんでいます	ペン書8p
F-35	1913 8.9	W. ファーロー （ケンブリッジ，Mass.）	宮部教授	（英文）6月末にヘルニア手術で入院し，7月に帰宅しました。手術は成功だったのですが，その後不眠症に襲われ，ウッズホールから10マイルのバザード湾の当地に転地しています	ペン書4p
F-36	1914 12.-	サクスター他2名 （ハーバード大学）	ハーバード大学隠花植物研究室の卒業生へ	（英文）12月17日に生誕70年を迎えるW. G. ファーロー博士のために，彼のかつての学生たちは生存する全員の写真を含むアルバムを献呈することにしました。各人はキャビネ版の写真に署名のうえ2ドルを添えて委員長に提出するよう望みます	タイプ
F-37	1914 12.25	W. ファーロー （ケンブリッジ，Mass.）	宮部教授	（英文）貴君の非常に丁寧な手紙は，私の誕生日に届いた沢山の手紙や電報のうち最初のものでした。またお送り下さった非常に美しい日本美術品のプレゼントは，われわれの友情を思い起こさせる記念物です。私はアメリカに再来してわれわれに会うという貴君の約束が近く実現されることを期待しています	ペン書8p
F-38	1916 2.13	W. ファーロー （ケンブリッジ，Mass.）	宮部教授	（英文）私は最近日本を旅行したウィルソン（E. Wilson）氏に会い，貴君がアメリカ再訪を望んでいると聞いて嬉しく思いました。この手紙は人名で満ち溢れていますが，貴君も多くの植物学者について私の知っている事実を聞くことに興味があると思ったからです	ペン書8p
F-39	1916 10.1	W. ファーロー （ケンブリッジ，Mass.）	宮部教授	（英文）蔵書や論文を点検していたとき貴君のMacrosporium（白さび病菌）に関する論文をいくつか見つけたので，貴君のお手元においた方が有意義と思って書留便でお送りします	ペン書4p

書簡番号	年月日	発信者	宛先	内容	備考
F-40	1917 7.4	W. ファーロー (ケンブリッジ, Mass.)	宮部教授	(英文)お手紙および写真有難く受取りました。ご子息はハンサムな青年で、彼のワイフも魅力的ですね。彼らにわが家で会えることを期待しています。若い人たちは長い旅が好きですが、老人のわれわれには時間も体力もありませんから	ペン書12p
F-41	1919 4.17	W. ファーロー (ケンブリッジ, Mass.)	宮部教授	(英文)高村博士が平塚(直治)博士を伴って私に会いに来てくれ、あなたが今夏ケンブリッジを訪れるというよき知らせを届けてくれました。できればなるべく早く、6月に来られるよう希望します(宮部博士の手で"the last letter"とあり)	ペン書

Farlow, Lilian H.
W. ファーロー夫人

書簡番号	年月日	発信者	宛先	内容	備考
F-42	1919 6.19	L. ファーロー (ケンブリッジ, Mass.)	宮部博士	(英文)植物園に行きたいときは何時でも私の自動車をご利用下さい。私は夫があなたのことを何をすべきか、どこへ行ったらよいかを知っている人だと言っていたのを覚えています	ペン書4p
F-43	1919 7.6	L. ファーロー (ケンブリッジ, Mass.)	宮部博士	(英文)2日前お訪ねいただいたときお会いできず、残念でした。あなたがイギリスへ立たれる前にまたお会いしたいと思います	ペン書3p
F-44	1921 8.5	L. ファーロー (チョコルア, NH)	宮部博士	(英文)シーモア(A. Seymour)氏の便りではあなたが再びケンブリッジの博物館で研究しておられるとのこと。私はいまケンブリッジにいないので夫が敬愛していたすぐれた植物学者に会えなくて残念です	ペン書
F-45	1921 8.-	L. ファーロー (チョコルア, NH)	宮部博士	(英文)今日あなたに会うためケンブリッジに行けなくて大変残念です。あなたの無事のご帰国をお祈りしつつ	ペン書3p
F-46	1921 8.14	宮部 (ケンブリッジ, Mass.)	L. ファーロー	(英文控)今回はアメリ滞在が短かったのでお訪ねできなくて残念でした。9月17日サンフランシスコ出帆の汽船に乗船します	ペン書
F-47	1921 8.19	L. ファーロー (チョコルア, NH)	宮部さん	(英文)お写真および『北海道主要樹木図譜』をお送りいただき有難うございました。この本は注意深く編纂された著名な学者の大作として大切にいたします	ペン書4p

Faurie, Urbanus Jean (1847-1915)
フランス人宣教師で植物学者。1882年から函館、青森を拠点として布教のかたわら日本各地の植物採集に努め、多くの標本をヨーロッパの博物館に送付。1915年台湾で死去。＊第2部川上瀧彌書簡017〜019, 088参照

書簡番号	年月日	発信者	宛先	内容	備考
F-48	1903 4.8	U. フォーリー (青森)	宮部博士 (札幌農学校)	(和文、ローマ字)土曜日ごとに木下さん(?)が来てあなたのことを話します。今晩の汽車で台湾まで植物採集に行きます。帰途札幌に立寄りお見舞にあがります	ペン書
F-49	1907 12.15	U. フォーリー (青森)		(和文・ローマ字)お手紙有難うございます。Caryophyllaceae(ナデシコ科)はパリの博物館でもその他私の標本をもっているところでもまだ書きません(?)	ペン書

書簡番号	年月日	発信者	宛先	内容	備考
F-50	1908 1.6	U. フォーリー（青森天主公教会）	宮部（農科大学）	（和文・ローマ字）Shinnenn omedeto zonji tatematuri soro nari.（新年お目出とう存じ奉り候也）	葉書 ペン書
F-51	1913 2.18	U. フォーリー（青森天主公教会）	宮部（農科大学）	（和文・ローマ字）先頃琉球の奄美大島でSedum（ベンケイソウ科マンネングサ属）を採集しましたので、今度青森にお出での節にお目にかけます	葉書 ペン書
F-52	1913 6.4	U. フォーリー（青森天主公教会）	宮部（農科大学）	（和文・ローマ字）Filices（シダ類）の標本有難うございました。工藤（祐舜）さんは4〜5日のうちに札幌へ帰ると言っているので困ります。この仕事はまだ沢山残っているので、今月末まで青森に残るように言ってください	ペン書
F-53	1916 9.30	早田文蔵（台湾総督府）・澤田兼吉（小石川植物園）		（和文・英文）本邦植物学の恩人たるフォーリー氏の功績を後世に伝えるため台湾に記念碑を建設する寄付の依頼	印刷物

Fawcett, Howard Samuel (1877-1948)
カリフォルニア大学農学部植物病理学科教授

書簡番号	年月日	発信者	宛先	内容	備考
F-54	1919 6.27	H. フォーセット（バークレー, Calif.）	宮部教授（北海道帝大）	（英文）ご依頼の出版物を別便にて送ります。ご関心のありそうな他の別刷もいくつか同封します	タイプ

Fernald, Merritt Lyndon (1873-1950)
ハーバード大学グレイ植物標本館長

書簡番号	年月日	発信者	宛先	内容	備考
F-55	1939 11.15	M. ファーナルド（ケンブリッジ, Mass.）	『グレイ標本館索引』の予約者へ	（英文）ホイラー（L. Wheeler）博士の転出後、アメリカの新植物索引を本の形態で再版する計画はわれわれが引き受けることになりました。その価格は15ドルと非常に低く設定されておりましたが、予約部数次第ではこの計画は断念せざるをえないので、ご支援よろしくお願いします	印刷物

Field, Sarah M.
神戸女学院

書簡番号	年月日	発信者	宛先	内容	備考
F-56	1936 9.17	S. フィールド（兵庫西宮）	宮部博士	（英文）先頃お訪ねした折に頂戴したリプリントに対し改めて御礼を申し上げます。海藻研究に関するさらなるご高説をお聞きしたいと思います	ペン書

Fischer de Waldheim, Alexander Alexandrowitj (1839-1920)
ロシア帝室ピョートル大帝植物園長

書簡番号	年月日	発信者	宛先	内容	備考
F-57	1915 4. 6/19	A. フィッシャー（ペトログラード）	札幌植物園長	（仏文）貴国において香油の生産のために栽培されているMentha piperita（セイヨウハッカ）の生きた根茎を50本ばかりお分けいただければ大変有難く思います。送付のときは湿った苔で包んで下さい	ペン書

Fisher, Galen
キリスト教青年会

書簡番号	年月日	発信者	宛先	内容	備考
F-58	1905 11.14	G. フィッシャー (東京神田)	佐藤校長 (札幌農学校)	(英文)同封のアンケートに対し，あなたおよび宮部博士のご回答をいただけませんか。そのことはインドにおけるキリスト教の発展を助けることになるでしょう	ペン書・タイプ

Fitzpatrick, Harry Morton (1886-1949)
ニューヨーク州立農科大学植物病理学科准教授，コーネル大学菌類学教授

書簡番号	年月日	発信者	宛先	内容	備考
F-59	1918 10.18	H. フィッツパトリク (イサカ, NY)	宮部博士 (東北帝大農科大学)	(英文)私は世界中の Coryneliaceae(菌類ビンタマカビ科)についての論文の蒐集を完成するところで，世界の多くの地方の資料をもっておりますが，日本の標本は一つももっておりません。お手持ちの資料をお送りいただけませんか	ペン書・タイプ
F-60	1919 1.10	H. フィッツパトリク (イサカ, NY)	宮部博士 (北海道帝大)	(英文)日本では Corynelia(菌類ビンタマカビ?)種の存在は知らないというご返事をいただきました。今週私は山田(玄太郎?)教授から鹿児島県で Podocarpus nageia(ナギ)上で採集された Corynelia clavata(地衣類の一種)の標本を受取りました。しかしそれは Corynelia 種とは違うようです	タイプ

Foslie, Mikael Heggelund (1855-1905)
ノルウェー科学アカデミー博物学部門

書簡番号	年月日	発信者	宛先	内容	備考
F-61	1896 4.28	M. フォスリー (トロンヘイム, ノルウェー)	宮部教授 (札幌)	(英文)私は Lithothamnia(石灰藻)の全ての種類について論文を書こうと思っています。ノルウェーのコンブの大きなコレクションをもっておりますが，交換で日本のコンブを送っていただけないでしょうか	ペン書
F-62	1897 6.12	M. フォスリー (トロンヘイム, ノルウェー)	宮部教授 (札幌)	(英文)4月2日付のお便りおよび Lithothamnia の標本有難うございました。ただそれらの藻類の多くは断片的なものなので確定することは困難ではないかと思います	ペン書 3 p
F-63	1900 4.14	M. フォスリー (トロンヘイム, ノルウェー)	宮部教授 (札幌農学校)	(英文)本日石灰質の藻類に関するいくつかの論文をお送りします。その一つにはあなたが送って下さった Lithothamnion japonicum(サンゴモ科ミヤベオコシ)のことをのべています	葉書 ペン書
F-64	1900 5.16	M. フォスリー (トロンヘイム, ノルウェー)	宮部教授 (札幌農学校)	(英文)数週間前に石灰質の藻類についてのいくつかのパンフレットをお送りしました。その一つにはお送りいただいた標本からの新種のことをのべています	ペン書

書簡番号	年月日	発信者	宛先	内容	備考

Franchet, Adrien René (1834-1900)
パリ自然史博物館植物部門。サヴァティエとの共著で『日本植物目録』(1875～79年)を刊行

| F-65 | 1888 12.15 | A. フランシェ (パリ) | 宮部 (在米中) | (仏文)私は日本の北部そして蝦夷に住んでいるフランス人宣教師のフォーリー(U. Faurie)氏と日頃から文通しており，彼は沢山の非常に珍しい植物標本を博物館に送付してくれています。あなたが札幌にお帰りになれば，きっと彼とお会いになることと思います。私は古くから知り合いのマクシモーヴィチからあなたの蝦夷地における植物研究のことを聞いています。来年あなたがパリに立ち寄られる時お会いできれば大変嬉しく思います | ペン書3p |

Freeman, Edward Monroe (1875-？)
ミネソタ大学農学部教授

| F-66 | 1921 6.21 | E. フリーマン (セントポール, Minn.) | 宮部博士 (シアトル日本郵船支店) | (英文)アメリカ植物学会会長レディック(D. Reddic)博士からあなたが学会の年次集会に参加されることを聞いて喜んでいます。私は参加の植物学者たちにあなたの歓迎スピーチをいたします | タイプ (p.2以下欠) |

Gager, C. Stuart (1872-1943)
ニューヨーク，ブルックリン植物園長

| G-1 | 1912 9.1 | C. ゲイジャー (ブルックリン, NY) | 関係者各位 | (英文)全ての植物園の組織，設備，活動に関する信頼のおける情報がコンパクトな形で出版されれば有意義だと思います。そのために住所が確認できた全ての植物園に質問表を発送しますので，速やかにご回答くださるようお願いします | タイプ・印刷物 |
| G-2 | 1921 2.26 | C. ゲイジャー (ブルックリン, NY) | 宮部教授 (北海道帝大) | (英文)当園の図書館は今朝北海道長官から『北海道主要樹木図譜』の第1～3輯を受領しました。一見して図版の美麗さと正確さに私の限りなき尊敬を申しのべます。この贈物があなたの指示によることを推量して祝辞をお送りします | タイプ |

Galloway, Beverly Thomas (1863-1938)
合衆国農務省植物病理課長

| G-3 | 1889 10.28 | B. ギャロウェイ (ワシントン, DC) | 宮部 (札幌農学校) | (英文)先頃あなたの住所変更と帰国前にヨーロッパご訪問の通知を受取りました。ご提案の菌類および顕花植物の標本，種子の交換には喜んで同意いたします | タイプ |
| G-4 | 1896 8.29 | B. ギャロウェイ (ワシントン, DC) | 宮部教授 (札幌農学校) | (英文)昨年8月3日のお手紙および日本の寄生菌類の小包が誤配されたためお礼が大変遅くなったことをお許しください。われわれはあなたの国の菌類標本を有難く思い，当方からもわが国の菌類をお送りします | タイプ |

Ganong, William Francis (1864-1941)
宮部博士のハーバード時代の学友，のちマサチューセッツ州スミス大学植物学科教授

| G-5 | 1888 9.7 | W. ギャノン (セントステファン, カナダ) | 宮部 (ケンブリッジ？) | (英文)貴君の親切な手紙に返事が遅れたことを怠慢だと思っているでしょう。しかし僕は離れていた実家にいまやっと帰ったばかりです | ペン書 |

書簡番号	年月日	発信者	宛　先	内　　容	備　考
G-6	1889 11.17	W. ギャノン（ケンブリッジ, Mass.）	宮部 （札幌？）	（英文）貴君が安全に帰国して新しい仕事に着手したかどうかについて，貴君から報知があることを期待して手紙を書くことをのばしていました。しかし帰国早々の貴君は多忙だと思うので，当地のニュースを伝えます	ペン書
G-7	1893 10.28	W. ギャノン（ミュンヘン植物研究所，ドイツ）	宮部 （札幌？）	（英文）貴君は当地（ミュンヘン）から僕の手紙を受取って驚いていると思います。実は僕は6月初めにケンブリッジを去ってボンで2カ月を過ごした後当地に滞在しています。ケンブリッジについては特筆すべきニュースはないが，貴君も知っているようにサクスター（R. Thaxter）氏が准教授になりました	ペン書 4 p
G-8	1895 1.20	W. ギャノン（スミス大学植物学科, Mass.）	宮部教授	（英文）木村氏を通じて貴君が送ってくれた手紙と写真は2週間前に1年3カ月かかって届けられました。そのわけはドイツに送られたものが9月に戻ってきて，クリスマスにグッデイル（G. Goodale）博士から渡されたからです	ペン書 3 p
G-9	1895 8.28	W. ギャノン（スミス大学植物園, Mass.）	宮部	（英文）お手紙および2点の論文"Note on Ustilago（黒穂病菌）"および"Ainu economic plants"を有難く受領しました	ペン書 3 p
G-10	1899 4. 8	W. ギャノン（スミス大学植物園, Mass.）	宮部	（英文）最近札幌からわれわれの植物園に種子の小包が届きましたが，貴君のご好意と思い感謝します。われわれの種子リストを送りますので，ご希望のものがありましたらお送りします	ペン書
G-11	1900 5.22	W. ギャノン（スミス大学植物園, Mass.）	宮部教授 （札幌農学校）	（英文）貴校植物園から31包の種子を受取りました。厚くお礼を申し上げます	葉書 ペン書
G-12	1919 6.23	W. ギャノン（セントステファン，カナダ）	宮部教授 （ケンブリッジ, Mass.）	（英文）貴君の手紙はノーザンプトンから回送されて只今受取りました。夏期中はカナダに帰省しています	葉書 ペン書
G-13	1921 8. 7	W. ギャノン（ローゼシー，カナダ）	宮部教授 （ケンブリッジ, Mass.）	（英文）貴君の手紙を受取ったが，僕は6月以来ノーザンプトンを離れていて今度もまた貴君に再会することができなかったことに失望しています	ペン書 3 p
G-14	1932 5. 5	W. ギャノン（ノーザンプトン, Pa.）	宮部教授 （札幌）	（英文）貴君も知っている妻が1920年に死去してから，3年後に僕は大学の若い同僚と再婚して2人の子供がいます。8歳になる長男は地理が好きで外国からの手紙を欲しがっています。僕がしばしば貴君のことを話すものだから貴君に同封のような手紙を書いて送ってくれるよう頼みました。大変面倒でも日本の大きさや人口，彼と同年齢の子供たちの遊びなどについて1ページでも知らせてもらえたら，そのことを生涯覚えているでしょう。余白に彼の宛名を書いておきます	ペン書

Gardner, Nathaniel Lyon (1864-1937)
カリフォルニア大学植物学科准教授，植物標本室長

書簡番号	年月日	発信者	宛　先	内　　容	備　考
G-15	1930 1.13	N. ガードナー（バークレー, Calif.）	宮部教授 （北海道帝大）	（英文）われわれの標本室では過去30年以上にわたり海藻の標本を集めており，北アメリカ北西岸のものを中心に350種に達しています。ご希望なら重複を交換で配布したいと思っています	タイプ

書簡番号	年月日	発信者	宛先	内容	備考
G-16	1930 4.14	N. ガードナー（バークレー，Calif.）	宮部教授（北海道帝大）	(英文)本日300種の藻類標本をお送りします。あなたからもできるだけ多くの海藻標本をお送りいただけたら幸いです	タイプ

Gates, Thomas S. (1906-83)
ペンシルヴァニア大学学長

G-17	1933 6.2	T. ゲイツ（フィラデルフィア，Pa.）		(英文)ペンシルヴァニア大学にモーリス財団より贈られたモーリス樹木園献呈式にご参加をお願いします	印刷物4p（式次第および地図）

Geiman, John
英国王立キュー植物園

G-18	1937 6.1	ゲイマン（キュー植物園）	宮部，舘脇教授（北海道帝大）	(英文)"Flora of Northern Japan, I～VIII"および"Significance of the Schmidt Line"の受贈礼状	印刷物

Gibbs, Vicary (1853-1932)
英国の園芸家

G-19	1907 7.9	V. ギブズ（イングランド）	宮部教授（札幌）	(英文)友人のRalph Walter氏からあなたが横浜の養樹園を通じてFraxinus Mandschurica（ヤチダモ）の生きた標本をお送り下さることを聞きましたが，まだ届いていません。できれば来シーズン中にはお送りくだされば有難く思います	ペン書
G-20	1908 3.7	V. ギブズ（イングランド）	宮部教授（札幌）	(英文)長らく待ち望んでいたFraxinus Mandschuricaを良好な状態で受取りました。わが国の植物についてご希望があればどうぞお知らせ下さい	ペン書

Giddings, N. J.
ウェスト・ヴァージニア大学農学部（植物病理学）

G-21	1919 5.14	N. ギディングズ（モーガンタウン，W. Va.）	宮部（北海道帝大）	(英文)植物病理に関する小論に注目して下さり感謝します。今年わが国にお出でとのことですが，お会いできれば幸いです	タイプ
G-22	1922 9.22	N. ギディングズ（モーガンタウン，W. Va.）	宮部（北海道帝大）	(英文)われわれの農事試験場では貴国の生きた菌類の標本を入手したいと思っています。われわれの欲しいのは芋やトマトに発生する菌類です	タイプ

Gilbert, W. W.
合衆国農務省植物産業局。植物病理学者

G-23	1923 1.18	W. ギルバート（ワシントン，DC）	宮部（北海道帝大）	(英文)私は『園芸』に載せられた高橋氏のキュウリの黒星病に関する小論文に関心をもっています。その論文をお送りいただければ大変有難く思います	タイプ

Gloyer, W. O.
ニューヨーク州農事試験場

書簡番号	年月日	発信者	宛先	内容	備考
G-24	1920 6.16	W. グロイヤー（ジュネヴァ, NY）	宮部（北海道帝大）	(英文)昨年7月当場をご訪問の折あなたの学生の一人がリンゴの癌腫病を研究したことをお聞きしました。それを引用したいので正確な文献名をお知らせいただけませんか	タイプ

Goodale, G. L. (1839-1923)
ハーバード大学植物園長。留学中の宮部博士は彼に植物生理学を学んだ

書簡番号	年月日	発信者	宛先	内容	備考
G-25	1892 3.30	G. グッデイル（ケンブリッジ, Mass.）	宮部教授（札幌農学校）	(英文)本月3日ワトソン(S. Watson)博士が亡くなったことはわれわれにとって大きな損失です。北海道の植生のよい写真がほしいので信頼のおける札幌の写真屋を教えてもらえませんか。写真には色づけを望みます	タイプ
G-26	1893 1.9	G. グッデイル（ケンブリッジ, Mass.）	宮部教授（札幌農学校）	(英文)私は北日本の風景，植生，人々の生業などの写真がほしいので，スライドか彩色写真を入手するために10ポンド為替を送りたいと思います	タイプ

Graebener
ドイツ，バーデン大公国宮廷園管理局

書簡番号	年月日	発信者	宛先	内容	備考
G-27	1911 1.31	グレーベナー（カールスルーエ）	宮部教授（札幌植物園）	(独文)ドイツ文字の筆記体で判読困難	ペン書
G-28	1911 2.28	グレーベナー（カールスルーエ）	宮部教授（札幌植物園）	(独文)ドイツ文字の筆記体で判読困難	葉書 ペン書

Gray, Asa (1810-88)
ハーバード大学博物学教授，植物園長。19世紀アメリカの代表的な植物学者。日本に遠征したペリー艦隊採集の植物を同定し，多くの学名を付けた

書簡番号	年月日	発信者	宛先	内容	備考
G-29	1888 1.31	C. W. エリオット（ハーバード大学総長, Mass.）	関係者各位	(英文)エーサ・グレイ教授が本月30日78歳で逝去されたことを，大きな悲しみをもって通知します	印刷物

Gray, Jane L.
A. グレイ夫人

書簡番号	年月日	発信者	宛先	内容	備考
G-30	1889 6.9	J. グレイ（ケンブリッジ, 植物園, Mass.）	宮部	(英文)数日の不在ののち昨日ケンブリッジへ帰ったとき，あなたの魅力的なプレゼントを発見しました。私はケンブリッジ時代のあなたのことを忘れませんし，将来のご発展を期待しています。ご帰国の安全で楽しい旅を願いつつ	ペン書
G-31	1890 10.31	J. グレイ（ケンブリッジ, 植物園, Mass.）	宮部	(英文)『千島植物誌』をお送り下さり有難うございました。私も機会がありましたらグレイ博士の肖像をお送りしたいと思っています	ペン書3p

Greatrex, F. C.
英国函館副領事，長崎領事

書簡番号	年月日	発信者	宛先	内容	備考
G-32	1915 6.21	F.グレートレクス（函館）	東北帝大農科大学植物研究室	(英文)最近函館副領事に任命されて当地の野花の豊富さに感銘を受けて植物研究を始め，これまでに函館周辺で130種を発見しました。しかし私の経験は英国に限られ，英国の植物のハンドブックしかもっていないため種・目・科のほんの僅かしか同定できません。それ故これまでに出版された『北海道植物誌』を入手したいと思います。年末には札幌を訪れてお会いできれば幸いです	タイプ
G-33	1915 7.24	F.グレートレクス（函館）	教授殿	(英文)ご教示いただいた"Index plantarum"は東京から入手します。腊葉は自然の姿を示さないので標本のコレクションを作るつもりはなく，週に1度くらい私の見つけた新種に注記を付して送りますので，名称や説明をつけて紙片のみお返しくだされば幸いです	タイプ
G-34	1915 9. 8	F.グレートレクス（函館）	教授殿	(英文)先週土曜日に大学を訪問したときはお会いできなくて残念でした。ご伝言をお残し下さり，同定して下さったmannji(？)の標本を調べて帰りました	タイプ
G-35	1915 9.15	F.グレートレクス（函館）	教授殿	(英文)函館の岬南面で採集した2種の標本を同封します。標本はお役に立てば取っておいて下さい	ペン書3p
G-36	1915 9.19	F.グレートレクス（函館）	教授殿	(英文)17日付のお便り今朝受取りました。私は「ハマウツボ科」の近くに成育する「イネ科」の植物はないということに確信がもてません	ペン書
G-37	1915 9.20	F.グレートレクス（函館）	教授殿	(英文)注記の紙片と標本をお送りします。私がお願いしているのは私の注記に目を通してコメントをいただくことだけです	ペン書4p
G-38	1915 10. 2	F.グレートレクス（函館）	教授殿	(英文)さらに紙片と標本を送ります。前回の私の注記に対してすばらしい説明をしていただき感謝します	ペン書
G-39	1915 10.24	F.グレートレクス（函館）	教授殿	(英文)私は赤沼とよばれる函館水道の水源で，小生には珍しいたくさんの植物を発見しました。しかしそれをお送りする前に英国船「ラドフォード・ホール」号が海峡で座礁したために乾燥してしまったことを恐れます	ペン書3p
G-40	1915 11.14	F.グレートレクス（函館）	教授殿	(英文)お便り並びに私の標本に対する説明有難うございました	ペン書3p
G-41	1915 12.28	F.グレートレクス（函館）	教授殿	(英文)『札幌博物学会会報』の興味あるご労作(「北海道植物志料」のことか)有難うございました。私がmanju(？)で発見したCalanthe(エビネ属)をnipponicusとよんでおられますが，これはtricarinata(サルメンエビネ)の別名とはちがいますか	ペン書4p
G-42	1916 4. 2	F.グレートレクス（函館）	教授殿	(英文)私は来春は多分函館にいないと思われるので，今年中にできるだけ多くの植物の名前と習性を学びたいと思います。それ故私が昨年発見した植物のリストを同封します	ペン書

書簡番号	年月日	発信者	宛先	内容	備考
G-43	1916 4.22	F.グレートレクス (函館)	教授殿	(英文)4月2日付で私が昨年5月に発見した植物のリストをお送りし，函館近傍で発見されるもので欠如したものがないかをお尋ねしました。ご返事がないので，あなたがご病気かご不在かを確認するために大学へ電報をうちました。ご在宅だと分りましたので，昨年のお約束に期待して標本を1箱送ります	ペン書 4p
G-44	1916 4.29	F.グレートレクス (函館)	教授殿	(英文)私はあなたがお忙しいことは想像できますので，私を待たせたことを詫びることはありません。私は函館の春の花のリストを作るよう頼んだのではなく，私が見逃したものを知りたかっただけです	ペン書 3p
G-45	1916 4.30	F.グレートレクス (函館)	教授殿	(英文)1日もおかずご面倒をおかけするのは，標本の一つはデリケートで1～2日ももたないからです	ペン書
G-46	1916 5.3	F.グレートレクス (函館)	教授殿	(英文)先日のご教示に非常に感謝しています。私も妻も新種のスミレについて喜んでいます	ペン書 3p
G-47	1916 5.11	F.グレートレクス (函館)	教授殿	(英文)私はスミレが非常に好きで見つけたものは全て調べていますが，種類や形の区別が困難です。次のことを教えて下さい	ペン書 3p
G-48	1916 5.11	F.グレートレクス (函館)	教授殿	(英文)今日再び七重に行ってきましたが，いくつか報告することがあります。第1は先にお送りしたCapsella(ナズナ属)の別種のものを沢山見たことです	ペン書
G-49	1916 5.18	F.グレートレクス (函館)	教授殿	(英文)お便りと同定有難うございました。直ちに七重に出かけてきましたので，Adonis(福寿草)の根をお送りします	ペン書 3p
G-50	1916 5.21	F.グレートレクス (函館)	教授殿	(英文)お便りと同定有難うございました。昨年私が発見し絵をつけて説明した実のついた植物は，確かにGlaucidium palmatum(シラネアオイ)でした	ペン書 3p
G-51	1916 5.31	F.グレートレクス (函館)	教授殿	(英文)あなたが手紙を書く手数を省くために，私は標本について説明した同じ紙の上にメモの形で質問を書くことにします	ペン書
G-52	1916 6.4	F.グレートレクス (函館)	教授殿	(英文)先日のご説明有難うございました。私はCrucifers(アブラナ科)をもっと研究する必要のあることが分りました	ペン書 3p
G-53	1916 6.5	F.グレートレクス (函館)	教授殿	(英文)これは今日散歩しているときに採集した標本ですが，非常にデリケートなので直ちに調べねばなりません	ペン書
G-54	1916 6.10	F.グレートレクス (函館)	教授殿	(英文)何と多くの仕事を私はあなたに押しつけていたことでしょう。私の「紫すみれ」に対し別名を発見していただいたことを妻とともに大変喜んでいます	ペン書 3p
G-55	1916 6.10	F.グレートレクス (函館)	教授殿	(英文)今朝たくさんの標本を送ろうとしていたとき，お便りが届きました	ペン書 4p
G-56	1916 6.13	F.グレートレクス (函館)	教授殿	(英文)昨日私の不在中に石田氏が来てあなたの名刺と伝言を残してゆきました。彼に会って植物を托すことができなくて残念です	ペン書

書簡番号	年月日	発信者	宛　先	内　　容	備　考
G-57	1916 6.17	F.グレートレクス (函館)	教授殿	(英文)絵や説明のほかお手紙をいただき非常に感謝しています。湯の川のCardamine(タネツケバナ属)(No.10)は科学にとって新しいものですか？ もしそうなら私の生涯の野心の一つが実現したことになります	ペン書 4 p
G-58	1916 6.19	F.グレートレクス (函館)	教授殿	(英文)手紙とともに，痛みやすく保存の難しいいくつかの標本をお送りします。お調べになる暇がないときは，お暇になるまで沢山のものを確保しておきます	ペン書 3 p
G-59	1916 6.21	F.グレートレクス (函館)	教授殿	ここに同封する私の標本No.508と508(a)について，これまでどの植物学者も私の挙げる違いを研究していないと思います。それ故あなたが一見して注目に値するかどうかお知らせ下さい	ペン書 3 p
G-60	1916 6.23	F.グレートレクス (函館)	教授殿	(英文)この大きな箱には新種の樹木の大枝，新種のArisaema(テンナンショウ属)の根などが入っています。それらが新種の樹木であるのかあなたのお考えをお聞きしたいと思います	ペン書
G-61	1916 6.25	F.グレートレクス (函館)	教授殿	(英文)先にお送りした標本のうち最後の同定をいただき大変感謝いたします	ペン書
G-62	1916 6.27	F.グレートレクス (函館)	教授殿	(英文)25日付のお便り有難うございました。私はIlex macropoda(アオハダ)の合弁花冠についてあなたが言っておられることを理解できません。ベンサムはAquifoliaceae(モチノキ科)の植物は通常合弁花冠をもつといっているからです	ペン書 4 p
G-63	1916 6.29	F.グレートレクス (函館)	教授殿	(英文)番号をつけた標本のほかにArisaema(テンナンショウ属)の種の3個の球茎を送ります	ペン書
G-64	1916 7. 2	F.グレートレクス (函館)	教授殿	(英文)1日付のお便り今朝受取りました。このように長く興味深いお便りに厚くお礼を申し上げます	ペン書 3 p
G-65	1916 7. 5	F.グレートレクス (函館)	教授殿	(英文)私は褐色の花の咲くAsclepiad(ガガイモ科の植物)について思い違いをしていました。それが細長い葉を持つもっと小さな植物だと思っていたのです	ペン書
G-66	1916 7. 9～10	F.グレートレクス (函館)	教授殿	(英文)私にとって最大の価値をもつ多くの情報を含む2通のお便りを頂戴し非常に感謝しています	ペン書 3 p
G-67	1916 7.13	F.グレートレクス (函館)	教授殿	(英文)昨日私は横津岳の頂上まで散策して，たくさんの標本を採集するという私の大きな目的を達成しました	ペン書
G-68	1916 7.15	F.グレートレクス (函館)	教授殿	(英文)Ilex rugosa(ツルツゲ)の記述を含むお便り有難うございました。疑問のあるErigeron(ムカシヨモギ属)の種の同定をお願いできませんか	ペン書 3 p
G-69	1916 7.16	F.グレートレクス (函館)	教授殿	(英文)7月15日付のお便りとともに横津岳標本についてのメモをお返し下さり有難うございました	ペン書 4 p
G-70	1916 7.22	F.グレートレクス (函館)	教授殿	(英文)私の受取ったあなたの手紙は15日付のものが最後なので，私が15日および17日に送った3箱の標本のことを少々心配しております	ペン書

書簡番号	年月日	発信者	宛先	内容	備考
G-71	1916 7.24	F.グレートレクス（函館）	教授殿	（英文）一昨夜のあなたの電報は，馬鹿なメイドが保管していたことを昨朝になって知りました。彼女の言い訳は以前電報が来て私を午前5時に起して叱られたことがあったからだそうです	ペン書7p
G-72	1916 8.17	F.グレートレクス（函館）	教授殿（函館？）	（英文）先日はお会いできて幸いでした。もっと長い滞在を期待しておりました	ペン書
G-73	1916 8.20	F.グレートレクス（函館）	教授殿	（英文）私がお送りしている2つの箱の中には研究のために興味深い資料が入っていると私は思います。その中のいくつかの標本とくにCirsium（アザミ属）は私には非常に難しいものです	ペン書
G-74	1916 8.22	F.グレートレクス（函館）	教授殿	（英文）今朝お便りを受取りましたが，標本の調査に忙しく今は返事を書く暇がありません	ペン書
G-75	1916 8.25	F.グレートレクス（函館）	教授殿	（英文）今朝お返し下さった2組の同定シート有難うございました。あなたや松村はHermiumと言い，ベンサムはHerminium（ムカゴソウ属）と言っていますが，後者は誤りですか（herminiumが正しい）	ペン書
G-76	1916 8.28	F.グレートレクス（函館）	教授殿	（英文）このブリキ缶の中にはGalium（ヤエムグラ属）が入っており，動かしやすくするために木の葉の層で注意深く包んであります	ペン書5p
G-77	1916 9.2	F.グレートレクス（函館）	教授殿	（英文）長くて興味深いお便りおよび，主として単なる雑草を含む同定シートを有難うございました	ペン書
G-78	1916 9.4	F.グレートレクス（函館）	教授殿	（英文）今月2日に届いた同定シートのお礼をまだ述べていなかったようです。ご承知のように私はいまでは600種以上の標本をもっており，それらは月に10～20種づつ増えています	ペン書3p
G-79	1916 9.5	F.グレートレクス（函館）	教授殿	（英文）今朝ほど届いた追加のメモは私に多くの"思考の糧"を与えてくれました	ペン書
G-80	1916 9.7	F.グレートレクス（函館）	教授殿	（英文）カンタループ（Cantaloup：マスクメロンの一種）およびイギリスの温室メロンは今朝見事な状態で届きました。妻はそれぞれを味わってからお礼を書きます	ペン書
G-81	1916 9.8	アリス・グレートレクス（函館副領事館）	教授殿	（英文）2個の立派なメロンをお送りくださり有難うございました。昨夜食べてみましたが，これまで味わったことのない美味でした	ペン書
G-82	1916 9.9	F.グレートレクス（函館）	教授殿	（英文）先達ての同定有難うございました。Hypericum（オトギリソウ属）ThunbergiiがPrimulaceae（サクラソウ科）に属すると思っていたのは私の大きな間違いでした	ペン書4p
G-83	1916 9.10	F.グレートレクス（函館）	教授殿	（英文）今朝受取った主として小沼地域の植物の同定に深謝します	ペン書4p
G-84	1916 9.17	F.グレートレクス（函館）	教授殿	（英文）私は9日には手紙とベンケイソウ属の植物を，10日には手紙を，12日にはThistle（アザミ）の根を送りましたが未だにいずれも返事をいただいておりません	ペン書3p

書簡番号	年月日	発信者	宛先	内容	備考
G-85	1916 9.21	F.グレートレクス (函館)	教授殿	(英文)9月10日以来あなたから手紙を受取っておりません。あなたが私のメモや標本を受取ったことが分ればまだ待つことができますが、それまではそれらが行方不明になったか、あなたが不在であるか、やる気をなくされたかと案じます	ペン書6p
G-86	1916 9.23	F.グレートレクス (函館)	教授殿	(英文)20日付のお便り有難うございました。本日あなたがSeeptroenide(?)と信じておられる植物のある場所を訪れることができました。入手した根を直ちに送ります	ペン書3p
G-87	1916 9.24	F.グレートレクス (函館)	教授殿	(英文)22日付のお便りおよび駒ヶ岳山麓周辺の散策の際のシートをお返し下さり有難うございました。早々のご返事に感謝します	ペン書5p
G-88	1916 10.5	F.グレートレクス (函館)	教授殿	(英文)今日お送りする標本はあなたには興味がないことを恐れます。それは「ろばの飼料」として知られている「アザミ」です。私のメモと標本を比較して充分な情報をいただければ幸いです	ペン書4p
G-89	1916 10.13	F.グレートレクス (函館)	教授殿	(英文)私の標本に対してご注目下さり、有益で興味深い説明をいただき深く感謝します	ペン書
G-90	1916 10.18	F.グレートレクス (函館)	教授殿	(英文)皮膚病でお悩みの由大変お気の毒です。あなたのご不在の間は工藤(祐舜)教授から大変親切な協力を受けています	ペン書4p
G-91	1916 10.19	F.グレートレクス (函館)	教授殿	(英文)この季節は人の注目を引く草本の標本に乏しい一方、樹木は華麗な色合いで人目をひくので、樹木の調査に適していると思います	ペン書
G-92	1916 10.25	F.グレートレクス (函館)	教授殿	(英文)私は自分の採集した種のリストを時代に合ったものにするために「自然界の秩序」の順に並べたリストの作成を計画しています。そして冬季にはあなたはそれを点検する時間をお持ちのことと期待しています	ペン書8p
G-93	1916 11.3	F.グレートレクス (函館)	教授殿	(英文)先便以来多くの細々した質問にお答え下さり感謝します。多汁の葉をもった植物が実際には子葉だったと聞いて驚きました	ペン書
G-94	1916 11.13	F.グレートレクス (函館)	教授殿	(英文)私はこれからの2カ月間お約束下さったあなたの協力を期待して北海道の顕花植物の完全なリストを作りたいと思っています	ペン書3p
G-95	1916 12.5	F.グレートレクス (函館)	教授殿	(英文)お便り有難うございました。あなたの説明は多くの考えるべき意味深い事実を示してくれます。後日「分類」の件でもお世話になります	ペン書4p
G-96	1916 12.16	F.グレートレクス (函館)	教授殿	(英文)13日付のお便りで私の全ての質問にご配慮下さり深謝します	ペン書
G-97	1917 2.10	F.グレートレクス (函館)	教授殿	(英文)「北海道植物志料」最新号の校正刷をいただき、将来6部の送付をお約束下さり有難うございました。編集中の「北海道顕花植物索引」の最後の5枚とこの索引の説明を同封します	タイプ5p
G-98	1917 2.18	F.グレートレクス (函館)	教授殿	(英文)お便りおよび原稿の校正有難うございました。今回はあなたの訂正と助言を研究しつつ何時間もすごしました	タイプ

書簡番号	年月日	発信者	宛先	内容	備考
G-99	1917 3.1	F. グレートレクス (函館)	教授殿	(英文)植物名の異名についての私の説に注目していただき有難うございます。お説に従って「異名」は「長い間正しい名前として使用され，親しみ深いもの」になっているもののみ含めることにします	ペン書
G-100	1917 3.4	F. グレートレクス (函館)	教授殿	(英文)お返し下さった「索引」の校正の中にいくつかの非常に興味深い点があります	タイプ4p
G-101	1917 5.2	F. グレートレクス (函館)	教授殿	(英文)先日は函館で再びお会いできて幸いでしたが，時間が短くて残念でした。工藤(祐舜)教授に私の標本を同定していただきましたので，よろしくお伝えください	ペン書6p
G-102	1917 5.13	F. グレートレクス (函館)	教授殿	(英文)Cruciferae(アブラナ科)の一部を扱った「要約」シートのご訂正に感謝します	ペン書
G-103	1917 5.16	F. グレートレクス (函館)	教授殿	(英文)Arabis(ヤマハタザオ属)は非常に枯れやすい植物なので，その部分が成熟するにつれて一つづつ送った方がよいと考えました	ペン書
G-104	? 5.20～21	F. グレートレクス (函館)	教授殿	(英文)Ajuga decumbens(キランソウ)その他の同定と至急回答のお約束をお願いします	ペン書3p
G-105	1917 5.28	F. グレートレクス (函館)	教授殿	(英文)Violaceae(スミレ科)についてのインデックス・シートを早急にお取り計らいいただけませんか？	ペン書
G-106	1917 6.11	F. グレートレクス (函館)	教授殿	(英文)今月1日付のすばらしいお手紙，および私の煩瑣な質問について丁寧にお答え下さったことに対してお礼の申し上げようもありません	ペン書
G-107	1917 6.11	F. グレートレクス (函館)	教授殿	(英文)どうか私があなたの言葉を疑いがちだとは考えないで下さい。私は自分の疑問や半信半疑の多くがあなたには非常に馬鹿げて見えるに違いないと思っています	ペン書8p
G-108	1917 6.14	F. グレートレクス (函館)	教授殿	(英文)この間お送りした標本を直ちに見ていただいたことを大変有難く思います	ペン書4p
G-109	1917 6.22	F. グレートレクス (函館)	教授殿	(英文)私はEnkianthus campanulatus(サラサドウダン)の苗の1本をあなたの植物園に寄贈し，他の1本を副領事館の庭に植えたいと思います	ペン書4p
G-110	1917 7.12	F. グレートレクス (函館)	教授殿	(英文)セキハチ氏(植木屋？)宛の手紙を同封の6月26日のお便りと一緒にいただきながら，彼が現在町にいないためまだそれを渡しておりません。数日中にはEnkianthus(ドウダンツツジ属)の移殖を相談できると思います	ペン書3p
G-111	1917 7.14	F. グレートレクス (函館)	教授殿	(英文)あなたは庄司山(桔梗の近く)の西麓には非常に沢山のRhamnus japonica(クロウメモドキ)の樹木が多いと聞いて関心をもたれると思います。私はこの種は北海道の函館半島に限られると信じています	ペン書3p
G-112	1917 7.18	F. グレートレクス (函館)	教授殿	(英文)私は横津岳近くでPlatanthera ophrydioides(キソチドリ)を1本だけ見つけることができましたが，これは昨年のものより小さいようです。今年のものを昨年の標本と比較していただけませんか？	ペン書4p

書簡番号	年月日	発信者	宛先	内容	備考
G-113	1917 7.25	F.グレートレクス (函館)	教授殿	(英文)電話であなたの声は非常によくききとれるのに,あなたは私のいうことが聞きとれていないのではないかと恐れています。あなたは非常に忙しく私のメモを直ちに返してくださらないので,私は電話を私の貴重な標本について確認する手段と考えているのです	ペン書5p
G-114	1917 7.26	F.グレートレクス (函館)	教授殿	(英文)どうか私の沢山の質問にたいする回答を引き延ばさないでください。回答はあなたには困難ではないと思うし,私には本当に必要なことなのです	ペン書
G-115	1917 7.28	F.グレートレクス (函館)	教授殿	(英文)私はあなたが私のPlantanthera(ラン科ツレサギソウ属)No.536(a)をSachalinensis(オオヤマサギソウ)の種に入れておられるのを見てびっくりしました。あなたはPerularia(ラン科トンボソウ属)はPogonia(トキソウ属)と類似のものだと私に言った筈です	ペン書3p
G-116	1917 7.31	F.グレートレクス (函館)	教授殿	(英文)昨日アンドリュー主教と散歩していたとき霧の中で道に迷って横津岳を登っていることに気付き,そのまま頂上に進んで珍しいものを見つけましたので,今晩お送りします	ペン書
G-117	1917 8.1	F.グレートレクス (函館)	教授殿	(英文)お便りがないので少々不安です。今は新しい標本にとってもっとも重要な季節です	ペン書
G-118	1917 8.5	F.グレートレクス (函館)	教授殿	(英文)お手紙今朝受け取りました。私のメモも返していただきました	ペン書3p
G-119	1917 8.8	F.グレートレクス (函館)	教授殿	(英文)私の質問表に対する早々のご回答に感謝します。私の蘭が不完全に分類されたままになっていることが分りました	ペン書3p
G-120	1917 8.14	F.グレートレクス (函館)	教授殿	(英文)私は昨日小さな花をつけた非常に珍しい蘭を見付けました。しかし工藤教授が札幌に戻られるまでには見分け難くなるのは確かなので,この手紙とともにお送りします	ペン書4p
G-121	1917 9.1	F.グレートレクス (函館)	教授殿	(英文)本日電報を受取り,あなたが標本を受取る用意がおありのことを知って非常に喜んでいます。あなたがお忙しいことは知っておりますので長い手紙であなたを煩わさないようにします	ペン書4p
G-122	1917 9.13	F.グレートレクス (函館)	教授殿	(英文)昨日の長くてすばらしいお便り有難うございました。私のように植物の知識を手探りで求めている素人にとっては,あなたが植物に関する話題に応じてくださることは大き助けとなります	ペン書4p
G-123	1917 10.9	F.グレートレクス (函館)	教授殿	(英文)9月23日に送った標本の同定をいただきながらお礼をのべずにすみません。以前お送りした各種の質問表はまだ戻っていませんが,できるだけ早く調べていただけませんか	ペン書4p
G-124	1918 2.18	F.グレートレクス (函館)	教授殿	(英文)最近東京麻糸紡績会社が織物のために行なったUrtica platyphylla(エゾイラクサ)の繊維実験の結果を知る方法をご存知でしたら教えていただけませんか	タイプ
G-125	1918 7.16	F.グレートレクス (函館)	教授殿	(英文)東京に3カ月間滞在し,あなたからは昨年以来手紙を受取っていないので長い手紙を書こうと思っています	ペン書

書簡番号	年月日	発信者	宛先	内容	備考
G-126	1918 7.20	F. グレートレクス (函館)	教授殿	（英文）私は1カ月間ほど大連に出張することを命じられており，その後も再び東京に滞在することを求められそうで，今年は植物のことに多くの時間を使えそうもありません。私は大使館で働いていたとき箱根および軽井沢に2回の植物採集旅行に行き，地方の特性によってスミレの葉が変化することに気付きました	ペン書
G-127	1918 8.8	F. グレートレクス (函館)	教授殿	（英文）16日および20日に送った標本の同定をまだ受取っておりません。お忙しいからだと思いますが，新鮮さを失った標本の同定からは誤りを犯す危険がたくさんあります	ペン書3p
G-128	1918 8.12	F. グレートレクス (函館)	教授殿	（英文）私の妻が送る蘭を無事に受け取り同定されることを期待しています	ペン書
G-129	1918 8.12	アリス・グレートレクス(夫人) (函館)	宮部教授	（英文）私は夫のために蘭をお送りしますが，その同定が大きなご迷惑にならないことを期待しています	ペン書4p
G-130	1918 8.17	アリス・グレートレクス(夫人) (函館)	宮部教授	（英文）昨日午後に届いた夫からの手紙を同封します	ペン書
G-131	1918 9.6	F. グレートレクス (函館)	宮部教授	（英文）今月15日から1カ月間は函館の住居に戻りますが，10月中旬からは再び東京に住まねばなりません。春になっても函館に戻れるかどうか分らず，そのことは私の植物研究にとって大きな損失です	ペン書4p
G-132	1918 10.3	F. グレートレクス (函館)	宮部教授	（英文）同封したのは七重の大牧場地にたくさん生えている Achillea（ノコギリソウ属）ですが，この植物についてご存知の全てを教えていただけませんか	ペン書4p
G-133	1918 10.4	F. グレートレクス (函館)	宮部教授	（英文）今日外出してこれまで熟した形で見たことのなかった多くの果実を研究する機会に恵まれました	ペン書4p
G-134	1918 10.28	F. グレートレクス (東京)	宮部教授	（英文）函館の私の書記からの連絡では今月16日にあなたの手紙を東京の私に送ったそうですが，届いておりません。郵便局に照会しても返事がないので，それがどんな内容であったかお知らせ願えませんか	ペン書3p
G-135	1918 11.15	F. グレートレクス (東京)	宮部教授	（英文）10月13日のお便りがやっと届きました。私は郵便局を責めましたが，どうやら郵便局の少年が鞄の中に入れて忘れていたようです	ペン書4p
G-136	1918 11.22	F. グレートレクス (東京)	宮部教授	（英文）16日のお便りおよび私の標本についての再度のご説明有難うございました。郵便配達の少年の愚行のために余分なお手間をおかけして気の毒です	ペン書3p
G-137	1919 5.16	F. グレートレクス (下関英領事館)	宮部教授	（英文）英国赤十字のシベリア使節団長パウエル将軍が現在休暇で日本旅行中につき北海道訪問を望んでいます。彼は植物にも関心をもっておりますので，大学に貴下を訪ねるよう伝えておきました	ペン書3p

書簡番号	年月日	発信者	宛先	内容	備考
G-138	1920 11.16	F. グレートレクス (函館副領事館)	宮部教授	(英文)私がこの地方の副領事に任命されたことは多分お聞きのことと思います。それでなお数年は当地に住めることを期待しています。私は津軽海峡を渡る船上でバチュラー (J. Batchelor)博士に会い，あなたが奥様をなくされたことを聞いて大変お気の毒に思います。私は一度だけ宮部夫人にお会いしたことがありますが，すばらしい方だったことは屡々聞いておりました	ペン書 4 p
G-139	1922 6.13	F. グレートレクス (函館副領事館)	宮部教授	(英文)私は北海道に戻ってきて私の植物リストにいくつかの追加ができたことを大変幸いに思っています	ペン書
G-140	1922 7.15	F. グレートレクス (函館副領事館)	宮部教授	(英文)私はいま沢山の腊葉標本を工藤(祐舜)教授に送ろうとしています。もし彼が不在のときは私の彼宛の手紙を開封して同封の緑色の紙片の質問に答えていただけませんか	ペン書 4 p
G-141	1922 7.28	F. グレートレクス (函館副領事館)	宮部教授	(英文)ここに英大使の北海道旅行の日程表を同封しますが，その頃あなたは札幌におられますか。できれば彼が大学を訪問するときあなたを訪ねることをすすめたいと思います	ペン書 4 p
G-142	1922 9.10	F. グレートレクス (函館副領事館)	宮部教授	(英文)私が大変苦心して集めた標本にあなたがいくらかの関心を示されることを待ち望んでいます。北海道植物分類があなたの生涯における主要な目的の一つであれば，あなたの仕事の一部分を私の標本の点検にあてることも価値あることでしょう	ペン書
G-143	1922 9.23	F. グレートレクス (函館副領事館)	宮部教授	(英文)これから送る標本を調べて下さい。さらにこれまでお送りした全ての標本をできるだけ早く返して下さい	ペン書
G-144	1922 10.21	F. グレートレクス (函館副領事館)	宮部教授	(英文)七重近傍の耕作地帯で見つけた Leonurus(シソ科メハジキ属)を送りますが，あなたは絶対確信をもって同定できますか。それは厳密に土着の植物ですか，あるいは人の媒介によってもたらされた舶来種ですか？	ペン書
G-145	1923 7. 7	F. グレートレクス (函館副領事館)	宮部教授	(英文)私は工藤(祐舜)が福岡に赴任するという2日付の手紙を受取りました。私の送った包みはあなたに受取ってもらえますか。植物について疑問のあるときは新鮮な標本でないと解決できません	ペン書 4 p
G-146	1923 8.14	F. グレートレクス (函館副領事館)	宮部教授	(英文)同封の紙片を直ちに読んで回答を送り返して下さい。私の標本のいくつかはまだ同定されていません	ペン書
G-147	1923 8.26	F. グレートレクス (函館副領事館)	宮部教授	(英文)22日付のお便り並びに私の意見書に添えられたいくつかの貴重なコメント有難うございました。あなたはモンベツに旅行されるそうですが，私も1日だけ同行できませんか	ペン書 6 p
G-148	1924 8.16	F. グレートレクス (函館副領事館)	宮部教授	(英文)本国への休暇から帰ってきたばかりです。ロンドンでは自然史博物館に何日も通ってフォーリー(U. Faurie)師のたくさんの無名の標本を同定してやりました	ペン書 4 p
G-149	1924 11.11	F. グレートレクス (横浜総領事館)	宮部教授	(英文)当地の総領事の英国に住んでいる親類が Quercus(ブナ科コナラ属)の日本種の全てを送ってくれるよう頼んできました。あなたの植物園に成育する堅果類からそれぞれいくつかの実を送っていただけませんか	ペン書 4 p

書簡番号	年月日	発信者	宛先	内容	備考
G-150	1925 1.11	F. グレートレクス（横浜総領事館）	宮部教授	(英文)先月29日付のお葉書および総領事のためにどんぐりをお送り下さり有難うございました	ペン書
G-151	1925 1.15	F. グレートレクス（横浜総領事館）	宮部教授	(英文)昨年帰国のとき知り合いになった英国自然史博物館の研究者が日本におけるEmpetrum（ガンコウラン属）の変種について聞いてきました。札幌の場合について私の作った質問表にお答えいただけませんか	ペン書
G-152	1925 7.14	F. グレートレクス（函館副領事館）	宮部教授	(英文)私は休暇で1〜2週間当地にきています。私は札幌の工藤さん宛に標本を送ったのですが，彼はいま秋田県にいるそうなので，私の手紙と小包を受取っていないと思います。それ故小包を開いて植物を調べていただけませんか	ペン書
G-153	1925 7.18	F. グレートレクス（函館副領事館）	宮部教授	(英文)15日付のお便り有難うございました。工藤さんがイギリスへの旅を予定していることを初めて知りました	ペン書 4p
G-154	1925 8.25	F. グレートレクス（横浜総領事館）	宮部教授	(英文)あなたは私が札幌に送った標本のいくつかは工藤さんによって同定されているので，秋田県の実家から手紙が届くだろう書いていましたが，私は7月8日以来3通の手紙に対して何らの回答も受取っておりません	ペン書
G-155	1926 1.4	F. グレートレクス（横浜総領事館）	宮部教授	(英文)年賀状有難うございました。私は過去5ヵ月間にあなたに送った幾通かの手紙に返事がないので，あなたに何が起こったのかと思っていました	ペン書
G-156	1926 7.29	F. グレートレクス（函館）	宮部さん	(英文)私は3週間の休暇を植物採集にあてています。石倉の谷では私は未知の2種の植物を発見しました。工藤からは英国へ出発以来便りがありませんが，彼が何時帰国するかご存知ですか	ペン書
G-157	1926 12.27	F. グレートレクス（横浜総領事館）	宮部さん	(英文)大学の標本室から1〜2種の標本を数日間研究のためにお借りすることはできませんか	ペン書
G-158	1929 1.6	F. グレートレクス（長崎領事館）	宮部さん	(英文)年賀状有難うございました。昨年1月私は休暇で本国に帰り11月30日に当地に到着し，ここに領事としてそのまま留まることになりそうです。当地でも余暇に植物研究を続けるためにあなたや工藤のように私の標本を同定してくれる専門家を探したいと思っています	ペン書
G-159	1929 12.23	F. グレートレクス（長崎領事館）	宮部さん	(英文)クリスマスと新年をお祝い申しあげます。『北海道主要樹木図譜』の最新輯を注意深く読んでいて，英語の"Spindle-tree"（ニシキギ）にあたるEuonymus（ニシキギ属）の異名としてVidaliiが触れられていないことに疑問をもちました	ペン書
G-160	1930 1.10	F. グレートレクス（長崎領事館）	宮部さん	(英文)一人の館員がPyrethrum（除虫菊）の調査のため北海道へ旅行しましたが，道庁の専門家からはこの植物のアイデンティティについては何も知ることができず，日本におけるこの植物の名称と起源についての情報を探してくれるよう私に頼んできました。以下の5点についてご教示いただければ幸いです	タイプ

書簡番号	年月日	発信者	宛先	内容	備考
G-161	1931 1.10	F. グレートレクス (長崎領事館)	宮部さん	(英文)私が函館近傍で採集したPotentilla(キジムシロ属)の同定についてあなたと見解を異にした点があったことをご記憶と思います。待ち望んでいた英国の標本が友人のケンブリッジ大学植物園長から届きましたので，札幌の植物標本館に保存していただくようお送りします。函館の標本との関係についてご意見をお聞かせ下さい	ペン書6p
G-162	1931 1.30	F. グレートレクス (長崎領事館)	宮部さん	(英文)15日付のお便り有難うございました。Potentilla(キジムシロ属)の問題がついに解決したことを知って満足しています。訂正はすでに印刷されましたか？『北海道植物誌』の刊行は完全に放棄されたのですか？ 無期限に延ばされたのですか？	ペン書
G-163	1931 5.3	F. グレートレクス (長崎領事館)	宮部さん	(英文)1917年6月3日私が軍川で採集した標本をあなたはAsarum Sieboldii Miquel(ウスバサイシン)と同定されました。先日私は雲仙でAsarum(フタバアオイ属)を発見し，中井(猛之進)博士はそれがA. Sieboldiiだと主張しました。しかし私の記憶と記述によればそれは北海道の標本とは少しも似ておりません。ご参考にお送りしますのでご意見をお聞かせ下さい	タイプ (2部あり)
G-164	1931 6.12	F. グレートレクス (長崎領事館)	宮部さん	(英文)5月3日に私が送った手紙に対する回答をまだ受取っておりません。私は最近バチェラー師から彼が(アイヌ)協会を作ろうとしており，あなたがその会長に予定されていることを聞きました	ペン書
G-165	1931 6.28	F. グレートレクス (長崎領事館)	宮部さん	(英文)私は市立函館図書館からそこで開催される植物展示会に協力を依頼されましたが，同封された資料の中に"Miyabe and Kudo: Flora of Hokkaido and Saghalin Islands"のことが触れられておりました。あなたは実際にそのような植物誌を刊行されたのですか。もしそうなら至急1部入手したいと思います。私が5月3日に書いた手紙に対する回答も希望します	ペン書
G-166	1931 10.15	F. グレートレクス (長崎領事館)	宮部さん	(英文)"Flora of Hokkaido"の第2巻および"Materials for a Flora, vols. VII〜XI"をお送りいただき有難うございました。Vol. XIの中では1917年以後の私の記録は省かれています	ペン書4p
G-167	1932 12.20	F. グレートレクス (長崎領事館)	宮部さん	(英文)私は半年ほど帰国しており3週間前に帰ってきました。私はAsarum(フタバアオイ属)その他の植物について質問した5月以来あなたから手紙を受取っていません。返事を待ち望んでいます	ペン書4p
G-168	1933 2.8	F. グレートレクス (長崎領事館)	宮部さん	(英文)あなた方植物専門家たちはしばしば私を悩ませます。たとえば中井はAsarum Sieboldii(ウスバサイシン)の中に私の目にはほとんど似ていない3つの植物を含めることを主張しています。あなたの植物誌は私のもっている函館標本の正しいネーミングについて多くの疑問を生じさせます	ペン書4p
G-169	1933 2.25	F. グレートレクス (長崎領事館)	宮部さん	(英文)あなたは何年も前に私の標本に正しい名称をつけてくれることと，必要なら調査のための標本を送ることを約束しました。それゆえ私はあなたを煩わすことを遠慮しません	ペン書

書簡番号	年月日	発信者	宛先	内容	備考
G-170	1933 2.28	宮部（札幌）	F. グレートレクス（長崎領事館）	(英文)あなたが上磯で採集したPolygonatum(アマドコロ属)の標本は花も実もない茎の下部だけの不完全なものでしたが，その大きさや葉の特徴からわれわれの『植物誌』のなかではPolygonatum hondoense Nakai(オオアマドコロ)と考えられています	ペン書（下書控？）
G-171	1933 4.30	F. グレートレクス（長崎領事館）	宮部博士	(英文)私が軍川の谷で採集したAsarum(フタバアオイ属)は1930年に軽井沢の森でみたものと同一かどうかは確信がありません。検査のために1ヵ月ほどあなたの標本をお貸し願えませんか	ペン書3 p
G-172	1933 6.22	F. グレートレクス（長崎領事館）	宮部さん	(英文)函館副領事館の畑中書記が私の求めに応じて上磯近傍でPolygonatum giganteum(ナルコユリ)を探して送ってくれましたが，私に届いたのはP. maximowiczii(オオアマドコロ)にほかならず，あなたに届いたのも同じだと思いますので，今一度探させるつもりです	ペン書
G-173	1934 1.9	F. グレートレクス（長崎領事館）	宮部さん	(英文)昨年6月函館からあなたに送らせた上磯のPolygonatum(アマドコロ属)についてあなたの見解をお聞かせ願えませんか。そのために僅かな時間をお割きいただければ有難く思います	ペン書
G-174	1935 6.25	F. グレートレクス（長崎領事館）	宮部さん	(英文)同封の標本を以前あなたがKalopanax divaricatus Miquel(ケヤマウコギ)と同定された函館の低木と比較して見解をお知らせ下さい。またPlatanthera(ツレサギソウ属)の分類について前川氏に送った覚書のコピーを同封します	タイプ
G-175	1935 7.20	F. グレートレクス（長崎領事館）	宮部さん	(英文)あなたが6月24日および7月13日の私の手紙を受取ったかどうかをお知らせ下さい。また私が中禅寺で採集したAcanthopanax(ウコギ属)の標本をなくす前にお返しいただければ幸いです	ペン書
G-176	1936 4.25	F. グレートレクス（ニューヨーク）	宮部さん	(英文)私はゆっくりした旅で帰国の途上にあります。キュー(植物園)その他の場所で調べることがありましたら，私は下記の住所におります	ペン書（カナダ太平洋鉄道便箋）
G-177	1937 5.9	F. グレートレクス（長崎領事館）	宮部さん	(英文)あなたと共著者(工藤祐舜)の植物パンフレットを受取りました。私は相変わらず当地方の植物採集に努めており，珍しい資料をたくさん発見しました	ペン書
G-178	?	F. グレートレクス（長崎領事館）	?	(英文)異国種の植物が『植物誌』の中で土着種と同等に扱われてよい場合の原則の提案	ペン書
G-179	?	F. グレートレクス（長崎領事館）	?	(英文)「私が採集した北海道植物の索引」における番号訂正	ペン書

Greene, Jerome
ハーバード大学総長秘書

書簡番号	年月日	発信者	宛先	内容	備考
G-180	1903 7.14	J. グリーン（ケンブリッジ, Mass.）	宮部博士	(英文)高杉博士からあなた宛の手紙を同封した6月9日付の貴簡を受取りました。ハーバード大学によせられる奨学金の申し込みは非常に多いので，高杉博士のような場合，財政的支援はお約束できません	タイプ

Griggs, Robert Fiske (1881-1962)
オハイオ州立大学植物学科准教授

書簡番号	年月日	発信者	宛先	内容	備考
G-181	1907 3.29	R. グリッグス (コロンバス, Ohio)	宮部博士 (札幌農学校)	(英文)Cymathere(ミスジコンブ属)に関する論文別刷をお送りします。私は北海道の Laminaria angustata(ミツイシコンブ)に関するあなたの貴重な論文を入手したいのですが、入手の方法をお知らせください	ペン書

Gubler, Arnold (1897-？)
1925～31年北海道帝国大学予科ドイツ語教師。在勤中に千島列島の学術調査に参加，帰国後『チューリヒ地理・民族誌学会紀要』第32巻(1932)に「千島誌」を発表。チューリッヒ大学教授

書簡番号	年月日	発信者	宛先	内容	備考
G-182	1932 7.20	A. グブラー (日本郵船榛名丸船上)	宮部博士 (北海道帝大)	(英文)札幌滞在中のご親切に妻とともに厚くお礼を申しあげます。あなたのご研究がどんなに大切なものであるかが分かり、貴大学の大きな進歩に関心をもっています	ペン書

Hall, Garrison K.
マサチューセッツ州ウェストニューベリーのマイクロ写真会社

書簡番号	年月日	発信者	宛先	内容	備考
H-1	1947 12.11	G. ホール (ウェストニューベリー, Mass.)	宮部教授 (北海道帝大)	(英文)数年前われわれはハーバード大学グレイ標本館から依頼を受け、20万枚以上のカードよりなるグレイ索引のマイクロフィルムによる複製の方式を開発しました。最近ではこの方法を絶版本の複製に応用し、ページあたり8～10セントで提供しています(複製見本同封)	タイプコピー

Hamet, Raymond
パリ自然史博物館植物部門

書簡番号	年月日	発信者	宛先	内容	備考
H-2-1	1909 3.28	R. ハメー (パリ)		(仏文)私は"Pflanzenreich"(植物界)誌のためにSedum(ベンケイソウ科キリンソウ属)の論文を編集しつつ、できるだけ多くの資料の収集に努めています。もしこの科の生きた花の交換ができれば幸甚です	ペン書

Hanbury, Thomas
リンネ協会特別会員

書簡番号	年月日	発信者	宛先	内容	備考
H-2-2	1907 〔3.9〕	?	?	(英文)トーマス・ハンベリー(ヴィクトリア勲章勲爵士、リンネ協会特別会員)の追悼	印刷物

Handy, R. B.
合衆国農務省出版部

書簡番号	年月日	発信者	宛先	内容	備考
H-2-3	1903 1.17	R. ハンディ (ワシントン, DC)	宮部 (札幌農学校)	(英文)農務省の植物病理学者ウッド博士の依頼であなたにシュガービート産業に関する以下の出版物を送ります	タイプ

Harlan, Hany
合衆国農務省植物産業局

書簡番号	年月日	発信者	宛先	内容	備考
H-3	1919 10.10	H. ハーラン (ワシントン, DC)	宮部博士	(英文)米国の大麦を札幌で育てたいとのご希望により、以下の4品種をお送りします	タイプ

Harris, Merriman Corbert (1846-1921)

米国メソジスト教会の日本宣教師。1874年函館教会をつくり，その後札幌を訪れて札幌農学校第1，2期生に洗礼を授けた。またフローラ夫人は『土佐日記』を英訳し，函館遺愛女学校の前身となる学校を設立した

書簡番号	年月日	発信者	宛先	内容	備考
H-4	1880 9.1	M. ハリス (東京)	宮部 (札幌)	(英文)あなたのお便りでかつてお会いしたことのあるお兄さんが下谷教会のメンバーになられたことを知り大変嬉しく思いました。そこは遠いので定期的に通うわけにはゆかず，私の妻も健康を害していたのでまだ訪れていませんが，彼女は大分回復しましたので喜んでご依頼に応じることでしょう	ペン書4p
H-5	1882 9.10	F. ハリス(夫人) (ミードヴィル, Pa.)	宮部	(英文)日本から帰国して6カ月になり健康の回復は遅々たるものですが，早く日本に帰れるよう努めています。佐藤(昌介)さんはニューヨークにいると思いますが，住所が分かれば便りをしたいと思います。われわれは札幌教会の発展を喜ぶとともに，仏教・神道・無神論者たちの反対にもかかわらず，キリスト教は日本でも勝利をすると確信しています	ペン書4p
H-6	1918(?) 1.22	M. ハリス	宮部	(英文)廣井(勇)博士と佐藤(昌介)博士からあなたの最愛のご子息が天に召されたことを聞きました。あなたの楽しかった御家庭のお嘆きに同情いたします	ペン書3p
H-7	1921 11.4	エリザベス・ハリス(娘?) (東京青山学院メソジスト伝道本部)	宮部	(英文)ハリス師は自伝を書くために多くの資料を集めようとしていました。私は彼が公刊しようとしていた事実を収集していますが，昔のことは僅かしか知りません。そのため日本における彼の生涯について知っておられる友人たちにいくつかのことを書いて私に送って下さるようお願いする次第です	タイプ

Harskberger, J. W.

ペンシルヴァニア大学植物学教室

書簡番号	年月日	発信者	宛先	内容	備考
H-8	1925 10.24	J. ハースクベルガー (フィラデルフィア, Pa.)	宮部	(英文)数年前から私は古今の植物学者たちの写真を集めており，"Iconotheca Botanica"(植物学者肖像集)と名付けています。そのためできればキャビネ・サイズのあなたの写真を送って下さるようお願いします	タイプ
H-9	1926 4.12	J. ハースクベルガー (フィラデルフィア, Pa.)	宮部博士 (北海道帝大)	(英文)あなたの立派な写真を"Iconotheca Botanica"のためにお送り下さり有難うございました	ペン書

Hartshorne, Anna C. (1860-1957)

米国留学中の津田梅子と知り合い，1900年津田英学塾設立の際に来日して津田の片腕として協力

書簡番号	年月日	発信者	宛先	内容	備考
H-10	1898 10.9	A. ハーツホーン (ヴィクトリア, BC)	宮部博士	(英文)新渡戸博士の依頼により昨日豊平(遠友夜学校)のために金貨10ドルを送金しました	ペン書4p
H-11	1899 7.10	A. ハーツホーン (メリオン・ステーション, Penn.)	宮部博士	(英文)豊平学校のための20円小切手をお送りしますので，中江氏にお渡し下さい	ペン書

書簡番号	年月日	発信者	宛先	内容	備考
H-12	1919 2.24	A. ハーツホーン (東京五番町)	宮部夫妻	(英文)おいしそうな札幌バターをお送りいただき有難うございました。お預かりしている娘さん(?)はご家族の不幸でショックを受けておりますが、学業も7月には終わりますので、勉強は控えさせております。札幌で平和な夏を過ごせば元気を回復することでしょう	ペン書3p
H-13	1919 5.16	A. ハーツホーン (東京五番町)	宮部博士	(英文)アメリカ再訪のご予定と聞いて喜んでいます。フィラデルフィアには同地の自然科学アカデミー植物学部門に私の従弟がおりますので、伝言を送ります。お会いいただければお役に立てると思います	ペン書3p

Haughs, David
ハワイ準州農林行政庁養樹園

書簡番号	年月日	発信者	宛先	内容	備考
H-14 -1	1907 6.28	D. ホーズ (ホノルル)	宮部教授 (札幌農学校)	(英文)別便にてホノルル近傍で採集した種子のサンプルを送ります。この準州に新規植物の導入をはかることは本庁の仕事の一つですので、貴校との種子交換を望んでいます(種子リスト同封)	タイプ3p

Hayes, Alex H.
国際理学部会議事務局長

書簡番号	年月日	発信者	宛先	内容	備考
H-14 -2	1936 7.1	A. ヘイズ (ロンドン)	宮部博士 (北海道帝大)	(英文)当会議の評議会は今年11月ころ年次集会をロンドンで開催すべく準備を進めています。そこではすべての海外支部に討議報告や論文の提出が求められており、もしあなたか貴国の会員が議事録に寄稿していただければ有難く思います	タイプ

Hedger, Florence
合衆国農務省植物産業部

書簡番号	年月日	発信者	宛先	内容	備考
H-14 -3	1927 12.8	F. ヘッジャー (ワシントン, DC)	宮部博士 (北海道帝大)	(英文)故E. F. プルート博士の書類の中からあなた宛の古い手紙が見つかりましたので同封します	ペン書

Hemsley, W. Botting (1843-1924)
英国王立キュー植物園。中国産植物の目録を作成

書簡番号	年月日	発信者	宛先	内容	備考
H-15	1897 1.7(?)	W. ヘムスリー (キュー植物園)	宮部博士 (札幌農学校)	(英文)別刷のうち名前のはっきりしているものはあなた宛に送りますが、他は破棄します	葉書 ペン書

Henry, Augustine (1857-1930)
アイルランド王立科学大学林学教授。とくに中国産植物の採集家として知られる

書簡番号	年月日	発信者	宛先	内容	備考
H-16	1921 3.14	A. ヘンリー (ダブリン, アイルランド)	宮部教授 (北海道帝大)	(英文)美事な印刷の『北海道主要樹木図譜』の第1〜3輯をお送りくださり厚くお礼申し上げます。それは日本の樹木学にとって価値ある貢献です	ペン書
H-17	1922 1.14	A. ヘンリー (ダブリン, アイルランド)	宮部教授 (北海道帝大)	(英文)『北海道主要樹木図譜』の第5〜6輯のご刊行をお祝い申し上げます。お送りいただいた北海道長官にも礼状を送りました	タイプ

書簡番号	年月日	発信者	宛先	内容	備考
H-18	1926 12.16	A. ヘンリー (ダブリン, アイルランド)	宮部教授 (北海道帝大)	(英文)『北海道主要樹木図譜』の第11～14輯を受取りました。ただ9, 10輯を受取っておりませんので，北海道庁に送付を頼んでいただけませんか	タイプ

Hesler, Lexemuel Ray (1888-1977)
ニューヨーク州立農科大学(植物病理学)

| H-19 | 1913
1901 | L. ヘスラー
(イサカ, NY) | 宮部博士 | (英文)私はSphaeropsis malorum (黒腐病菌)によって引き起こされるりんご樹の根瘤病のデータを収集しておりますので，貴地方について以下の質問にお答えいただけませんか | タイプ |

Hieronymus, George Hans E. W. (1846-1921)
ベルリン植物博物館長

| H-20 | 1901
12.14 | G. ヒエロニムス
(ベルリン) | 宮部教授
(札幌) | (独文)私はこの数年イワヒバ科植物の研究を熱心にすすめております。もし日本のイワヒバ科植物の標本をベルリン植物博物館にご寄贈いただければ喜んで同定いたします | ペン書 |

Hill, Arthur William (1875-1941)
英国王立キュー植物園長

| H-21 | 1926
1.29 | A. ヒル
(キュー植物園) | 宮部教授
(北海道帝大) | (英文)『植物学襍説―宮部理学博士就職二十五年祝賀記念』の受領礼状 | 印刷物 |

Hollos, L.
ハンガリーの菌類研究者

| H-22 | 1900
2.28 | L. ホロス
(ケチケメート, ハンガリー) | | (英文)私は多年ハンガリーの菌類の研究をしております。私の標本の名称リストお送りしますので，ご要望のものがあれば交換でお送りします(リスト) | ペン書 |

Holway, Edward Willet D. (1853-1923)
米国の菌類学者

| H-23 | 1905
2.11 | E. ホルウェイ
(ミネアポリス, Minn.) | 宮部
(札幌) | (英文)さび病菌類の交換の申し出を喜んでいます。本日52種の標本を書留で送りますので，お持ちのさび病菌類の標本のほかお書きになった論文をお送りいただければ幸いです | タイプ |

Honey, Edwin E.
コーネル大学植物病理学科

| H-24 | ? | E. ハニー
(イサカ, NY) | 宮部博士 | (英文)あなたがイサカを訪問された時のスナップ写真数枚とイギリスのバルター博士の写真を同封します | ペン書 |

Hotson, John William (1870-1957)
ワシントン州立大学植物学科教授

書簡番号	年月日	発信者	宛先	内容	備考
H-25	1921 6.29	J.ホットソン (シアトル, Wash.)	宮部博士 (日本郵船伏見丸 シアトル)	(英文)アメリカ植物病理学会会長レディク(D. Reddick)博士からあなたが伏見丸で到着されるので，シアトルご滞在中のスケジュール作成に協力してほしいという手紙を受取りました	タイプ

Howe, Marshall Avery (1887-1936)
ニューヨーク植物園。藻類の研究やダリアの栽培で知られる

書簡番号	年月日	発信者	宛先	内容	備考
H-26 -1	1921 8.15	M.ハウ (ニューヨーク)	宮部 (NY，米国)	(英文)あなたがまもなくニューヨークに来られることを知って喜んでいます	タイプ
H-26 -2	1932 6.29	M.ハウ (ニューヨーク)	宮部教授 (北海道帝大)	(英文)北部日本の Laminariaceae(コンブ科)に関する2つの論文別刷を有難く受取りました	タイプ

Hultén, Oskar Eric Gunnar (1894-1981)
スウェーデン国立ストックホルム博物館植物部長，北極圏植物誌の研究者として著名

書簡番号	年月日	発信者	宛先	内容	備考
H-27	1920 6.8	E.フルテン (札幌)	宮部教授 (札幌)	(英文)ホテルへ帰ってみたらペトロパヴロフスクへ向かう日本軍艦がわれわれの便乗を約束した電報が届いていました。その軍艦は今晩函館を出港し室蘭で石炭を積むので，明日そこで乗艦することができます。そのため充分なお礼をのべる機会がありませんが，あなたのすばらしいコレクションを研究する機会を得て幸いでした	ペン書
H-28	1925 11.9	E.フルテン (ストックホルム)	宮部教授 (札幌)	(英文)私はこの数年カムチャツカ半島の植物研究に専念しており，ベルリン，ペテルスブルグ，モスクワを訪れて875種を含む植物誌の第1稿を準備したところです。あなたのお蔭で札幌の博物館も見せてもらいましたが，時間が少なかったので充分ではありませんでした。もしあなたが以下のリストに記した植物を貸与して下さればカムチャツカと千島諸島の植物誌をつなぐことが可能となり，植物地理学にとって大きな利益となるでしょう。私も私の妻も日本と札幌のことを懐かしく思い起こしています	タイプ4p

Humphrey, Clarence John (1882-?)
合衆国農務省植物産業局

書簡番号	年月日	発信者	宛先	内容	備考
H-29	1922 8.30	C.ハンフリー (マジソン, Wis.)	宮部博士 (北海道帝大)	(英文)数年前マジソンで貴君に会ったときわれわれは木材を腐敗させる菌類の標本を交換することを話しあいました。もし来年中に日本の材木腐敗菌の標本を入手できれば僕も重複の資料を貴君に送りたいと思います	タイプ
H-30	1924 11.6	C.ハンフリー (マジソン, Wis.)	宮部博士 (北海道帝大)	(英文)1922年8月30日に僕は木材腐敗菌標本の交換について手紙を書きましたが，それは届かなかったのか返事を受取っていません。僕は来年7月1日にはこの役所を移る予定ですが，森林病理学の仕事は続けるつもりです	タイプ

書簡番号	年月日	発信者	宛先	内容	備考
H-31	1925 4.9	C. ハンフリー (マジソン, Wis.)	宮部博士 (北海道帝大)	(英文)僕はこの2年間に2度貴君に手紙を書きましたが,届かなかったと思われますので,今度はいま一緒に研究している京都大学の沼田(大学)博士に頼んで宛名を日本語で書いてもらうことにしました。僕は7月1日にマジソンを離れることになっていますので,それまでにたくさんの重複標本を処理したいと思います	タイプ
H-32	1926 10.26	C. ハンフリー (フィリピン諸島政府農業・資源部, マニラ)	宮部博士 (北海道帝大)	(英文)私は貴大学の美しいキャンパスとすばらしい人たちのことをしばしば思い出しています。私は札幌の大学に行った時西洋の国にいるような気がしましたし,アメリカで研究したことのある人々の多いことにも驚きました。その後苫小牧の森林で材木腐敗菌を採集したとき,それが五大湖のそれと非常に似ていることを発見しました。私があなたの標本室を調べたとき必要と思ったもののリストを同封しましたので,それぞれの標本をマニラへ送って下さるよう希望します	タイプ 5 p (うち標本 リスト3 p)

Humphrey, James Ellis (1861-97)
宮部博士のハーバード大学時代の学友。マサチューセッツ州立農業試験場,ジョンズ・ホプキンズ大学

書簡番号	年月日	発信者	宛先	内容	備考
H-33	1889 2.3	J. ハンフリー (アマースト, Mass.)	宮部 (ケンブリッジ, Mass.?)	(英文)僕はきのこの栽培をやっていますが,直接に経済の必要性のためではなく生育法の実施のためです。最近僕は札幌から帰国した2人の貴君の知人ブルックス(W. Brooks)とストックブリッジ(H. Stockbridge)に会いました	ペン書3 p
H-34	1889 3.3	J. ハンフリー (アマースト, Mass.)	宮部 (ケンブリッジ, Mass.?)	(英文)貴君がこの国に長く滞在できなくて残念です。ヨーロッパを経由していつごろ帰国の予定ですか。貴君が出発する前に婚約者のリード嬢に会ってほしいと思います	ペン書3 p
H-35	1889 11.10	J. ハンフリー (アマースト, Mass.)	宮部 (札幌)	(英文)貴君のすばらしい手紙を,書かれてから48日後の10月7日に受取りました。リード嬢もよろしくと言っています。僕はこれ以上在籍しないでもケンブリッジの博士候補に認められたので,いずれS. D. (Doctor of Science)を取りたいと思います	ペン書4 p
H-36	1889 12.26	J. ハンフリー (アマースト, Mass.)	宮部 (札幌)	(英文)ジェイムズ・ハンフリーとエリザベス・リードの結婚通知	印刷物
H-37	1893 12.3	J. ハンフリー (ボン, ドイツ)	宮部 (札幌)	(英文)ヨーロッパへ出発しようとしていたとき木村氏から貴君の便りを受取りました。われわれはアントワープからライン河を溯ってハイデルベルクとボンで冬中は研究に従事しますが,3月中旬には帰国することになりそうです	ペン書3 p
H-38	1894 10.23	J. ハンフリー (ボルチモア, Md.)	宮部	(英文)ヨーロッパ遊学中ケンブリッジの木村氏のもとに保管されていた美しい日本絵画の贈り物に心より感謝いたします。それはあまりに見事なため,セイレムの日本百貨店から非常に立派な竹枠の額縁を入手して保存することにしました。われわれは日中の戦争に大変関心をもっていますが,ニュースが乏しく戦争の原因がよく分かりません	ペン書4 p

書簡番号	年月日	発信者	宛先	内容	備考

Jaap, Otto (1864-1922)
ドイツ，ハンブルク市立植物園

J-1	1908 6.30	O. ヤープ (ハンブルク)	教授殿	(独文)私の"Pilz Exsiccatenwerk(きのこ標本集)"がたいへん好評だったので，希望者が多ければ約10号分をまとめて再刊したいと思います。貴研究室での購入希望をお尋ねします。内容は希少なきのこのみで，これまで12号が刊行されています	ペン書

Jack, John George (1861-1949)
宮部博士のハーバード大学時代の学友。ハーバード大学アーノルド樹木園

J-2	1889 10.22	J. ジャック (ジャマイカ・プレイン，Mass.)	宮部	(英文)貴君はすでに帰国して札幌で仕事に着手されたことと思います。ケンブリッジで勤勉な研究を続けた貴君を迎えたことが，札幌の大学にとって大きな利益となることは疑いありません。僕もいつの日か日本を訪れ，貴君と植物採集旅行をしてみたいです	ペン書4p
J-3	1890 4.19	J. ジャック (ジャマイカ・プレイン，Mass.)	宮部	(英文)貴君が大学の樹木園に送ってくれた種子が安着し，僕はサージェント(C. Sargent)教授から礼状を書くよう頼まれました。樹木園の庭師は早速種子を植付け，われわれはその成長を楽しみにしています	ペン書
J-4	1890 10.1	J. ジャック (ジャマイカ・プレイン，Mass.)	宮部教授	(英文)サージェント教授から北日本の樫の種子を送ってもらうよう，貴君にお願いすることを依頼されました。こちらからもアメリカ樫の種子を送るようにしたいと思います	ペン書6p
J-5	1895 8.13	J. ジャック (ジャマイカ・プレイン，Mass.)	宮部教授	(英文)非常に興味深い論文"Ainu Economic Plants"を有難うございました。そこには小生にも興味深い事実がたくさん書かれており，僕は高く評価します。サージェント教授の日本訪問は貴君の協力がなかったら乏しい結果になっていたことでしょう	ペン書4p
J-6	1903 7.19	J. ジャック (ジャマイカ・プレイン，Mass.)	宮部教授 (札幌農学校)	(英文)友人のプロクター氏がマサチューセッツのトップフィールドに個人の植物園を作ろうとしています。僕は日本の貴君の地方に自生する植物の種子の入手について貴君に依頼するよう伝えておきました	ペン書
J-7	1905 5.30	J. ジャック (ジャマイカ・プレイン，Mass.)	宮部教授 (札幌農学校)	(英文)僕は8月に日本，9月には朝鮮を訪れる予定です。札幌を訪れて貴君に会いたいと思います。朝鮮は日露戦争のために存立が危ぶまれていましたが，東郷の大勝利はそのことに対して明るい希望をもたらしてくれました	ペン書
J-8	1905 9.1	J. ジャック (長野)	宮部教授 (札幌農学校)	(英文)札幌滞在中のご親切に深謝しています。僕は今朝長野に着きましたが，それは白澤(保美?)氏のすすめで日本中部の森林木を見るためです。8日には名古屋から神戸を経由して釜山に向う予定です	ペン書
J-9	1905 9.30	J. ジャック (芝罘，中国)	宮部教授 (札幌農学校)	(英文)来月20日頃東京に着いたら直ちに日光と中禅寺湖に旅行しますが，チャンスがあって東京で貴君に会えたらと思っております	葉書 ペン書
J-10	1905 10.31	J. ジャック (長崎)	宮部教授 (札幌農学校)	(英文)27日夜に東京に着いたとき貴君の手紙と種子の小包が僕を待っていました。札幌滞在中に貴君が僕に示してくれたご親切に心より感謝しています	ペン書3p

書簡番号	年月日	発信者	宛先	内容	備考
J-11	1906 3.4	J. ジャック (ジャマイカ・プレイン, Mass.)	宮部教授 (札幌農学校)	(英文)昨夏札幌でとった写真数枚のプリントを同封します。僕はそれらをファーロー(W. Farlow)教授やペンハロー(D. Penhallow)教授にもあげるつもりですが，彼らはこんなささやかな方法でも貴君に会えることを喜ぶと思います	ペン書3p
J-12	1907 6.14	J. ジャック (ジャマイカ・プレイン, Mass.)	宮部教授	(英文)ジョン・ジョージ・ジャックとセリーズ・エミリー・アグネスの結婚通知	印刷物
J-13	1916 9.5	J. ジャック (アーノルド植物園, Mass.)	宮部教授	(英文)数週間前に貴君の最近の著書『樺太植物誌』を受取って大変喜んでいます。僕の夢は再び北海道を訪れて貴君と植物調査旅行をすることです	ペン書
J-14	1921 8.19	J. ジャック (イースト・ウォルポール, Mass.)	宮部教授 (在米中)	(英文)貴君と再会できて本当に嬉しく思いました。一昨日の手紙に貴君が書いていたルーペは一昨日植物園の机上で見つけました。僕は西部へ旅行に出かけるので助手のシュミット氏がそれを日本大使館に送ります	葉書 ペン書
J-15	1931 11.15	J. ジャック (ジャマイカ・プレイン, Mass.)	(札幌)	(英文)"Flora of Hokkaido"は北部日本の植物誌に関心をもつすべての人々にとって非常に興味深いもので，貴君が生涯をかけて継続されることを期待しています	タイプ

Jackson, Herbert Spencer (1883-1951)
インディアナ州パーデュー大学農事試験場植物部主任

書簡番号	年月日	発信者	宛先	内容	備考
J-16	1919 8.7	H. ジャクソン (ラファイエット, Ind.)	宮部博士	(英文)あなたのパーデュー大学ご訪問のとき不在することになりそうで大変残念です。あなたのお世話をメインズ(E. Mains)博士とガードナー(N. Gardner?)博士に頼んでおきます	タイプ

Jaczewski, Arthur Louis A. de (1863-1932)
レニングラード，ロシア植物学協会教授

書簡番号	年月日	発信者	宛先	内容	備考
J-17	1927 1.30	A. ヤツェフスキ (ボロージン教授生誕80年祝賀会委員長)	通知状	(英文)1927年1月30日はロシア植物学協会会長で科学アカデミー会員のボロージン教授の生誕80年にあたります。祝賀会に参加希望の機関および個人は祝辞をお寄せ下さい	印刷物

Janczewski, Eduard von Glinka (1846-1918)
オーストリア＝ハンガリー帝国，クラカウ大学植物学教授(分類・形態・生理学)

書簡番号	年月日	発信者	宛先	内容	備考
J-18	1900 6.1	E. ヤンツェフスキ (クラカウ, オーストリア〔現在はポーランド〕)		(仏文)私はRibes(スグリ属)を研究していますが，それは日本および東アジアの品種を理解することなしには充分ではありません。あなたの植物園はたくさんのRibesを育てておられると思いますが，日本や東アジア自生の生きた植物をお送り下されば，私の研究に大いに役立つでしょう	ペン書4p
J-19	1902 12.14	E. ヤンツェフスキ (クラカウ, オーストリア)	植物園長	(仏文)私はRibesに関する論文をまとめつつあるので，あなたの植物園で育てている日本およびアジアのRibesの種子およびできれば挿木のための1年生の枝をお送り下さるようお願いします	ペン書

書簡番号	年月日	発信者	宛先	内容	備考
J-20	1904 1.4	E. ヤンツェフスキ (クラカウ, オーストリア)	宮部教授 (札幌農学校植物園長)	(仏文)私にとって非常に貴重な3種類の日本のRibesの挿木を立派な状態で受取りました	ペン書
J-21	1904 1.5	E. ヤンツェフスキ (クラカウ, オーストリア)	宮部教授 (札幌農学校植物園長)	(仏文)挿木を受取り昨日簡単なお礼状も書いたところですが, 本日挿木の産地についての詳細なお便りと依頼を受取りました. あなたのご要望のものをお送りしたいのですが, 以下の理由で今年はそのことを実現できません	ペン書4p
J-22	1904 3.18	E. ヤンツェフスキ (クラカウ, オーストリア)	宮部教授 (札幌農学校植物園長)	(仏文)先頃, 私が手紙を送った直後に(日露)戦争が起ったので, それは届かなかったのではないかと思います. それ故いま一度あなたの挿木の送付にお礼を申し上げます. 私はあなたが希望する満州やサハリンのRibesの植物は持っていないことを申し上げねばなりません	葉書 ペン書
J-23	1904 10.29	E. ヤンツェフスキ (クラカウ, オーストリア)	宮部教授 (札幌農学校植物園長)	(仏文)先頃手紙と種子を送った直後に日露間で戦争が起りましたが, 私はそれらの安全な到着を望んでいます. さらに私はあなたが求めた満州やサハリンのRibesの標本を送ることができないことをお詫びせねばなりません. それはどこのコレクションにもないからです	ペン書4p

(Le) Jardin impérial botanique de St. Pétersbourg
サンクトペテルブルグ帝室植物園

書簡番号	年月日	発信者	宛先	内容	備考
J-24-1	1913 6.11/24	サンクトペテルブルグ帝室植物園	(宮部教授?)	(仏文)サンクトペテルブルグ帝室植物園は, 設立200年(1713〜1913)の式典が1913年6月(露暦)11(新暦24)日2時に開催されることをお知らせし, あなたのご出席をお願いします. ペソチナヤ通りの旧腊葉館の玄関からお入り下さい. 黒タキシード, 白ネクタイ着用のこと(裏面にNo. 550の番号あり)	印刷物

Jardine, Nigel K.
仏領レユニオン島レモン生産組合の昆虫学者

書簡番号	年月日	発信者	宛先	内容	備考
J-24-2	1914 2.12	N. ジャルディヌ (パソエロカン, レユニオン島)	宮部 (東北帝大)	(英文)レユニオン島におけるシトロン(ミカン科: 枸櫞)の寄生虫の実験のために殺虫菌類を培養することがわれわれの希望です. あなたがわれわれに下記の菌類を供給して下されば非常に有難く思います	ペン書

Jeffrey, Edward Charles (1866-1952)
ハーバード大学顕花植物研究室

書簡番号	年月日	発信者	宛先	内容	備考
J-25	1905 5.1	E. ジェフリー (ケンブリッジ, Mass.)	宮部教授 (札幌農学校)	(英文)ハーバード大学の卒業生と言いながらこのような厳しい戦争中に頼みごとをして恐縮です. しかし私は消滅した植物形態の観点から世界中の針葉樹林の研究をしており, 貴国の資料の入手を切望しております	タイプ

Johnson, A. G.
ウィスコンシン大学農学部植物病理学科准教授

書簡番号	年月日	発信者	宛先	内容	備考
J-26	1921 11.29	A. ジョンソン (マジソン, Wis.)	宮部教授 (北海道帝大)	(英文)逸見(武雄)博士からあなたの紹介状を受取って非常に嬉しく思いました. われわれは彼のことを信頼していますし, これからやってくる江藤博士も歓迎します	タイプ

Johnson, Duncan Starr (1867-1937)
ジョンズ・ホプキンズ大学植物園長

書簡番号	年月日	発信者	宛先	内容	備考
J-27	1911 5.16	D. ジョンソン（ボルチモア, Md.）	札幌農学校植物園長	（英文）ジョンズ・ホプキンズ大学のために最近お送りいただいた種子のお礼を申し上げます。その中にはわれわれの植物園にとって貴重な多くの種が含まれていました	タイプ
J-28	1921 2.25	D. ジョンソン（ボルチモア, Md.）	宮部教授（北海道帝大）	（英文）『北海道主要樹木図譜』の最初の3輯を北海道長官から受取りました。図版は外形の特徴や花の構造の詳細が美しく描かれて，わが植物園でもラベルに利用するつもりです	タイプ

Jones, Edith Seymour
A. B. Seymour の娘（?）

書簡番号	年月日	発信者	宛先	内容	備考
J-29	1933 11.27	E. ジョーンズ（マジソン, Wis.）	宮部博士	（英文）私の父はいつもあなたのことを思い出して，あなたのご親切に感謝しておりました。L. R. ジョーンズ（Jones）博士は Mycologia（菌学）をめぐる，また A. G. ジョンソン（Johnson）博士は Phytopathology（植物病理学）をめぐる彼の伝記的スケッチを書いています	ペン書

Jones, Lewis Ralph (1864-1945)
ウィスコンシン大学農学部植物病理学科教授

書簡番号	年月日	発信者	宛先	内容	備考
J-30	1913 6.2	L. ジョーンズ（マジソン, Wis.）	宮部教授（札幌農学校）	（英文）植物病理学に関する2つの論文を有難うございました。私も最近の論文をいくつかお送りします	タイプ
J-31	1923 9.—	L. ジョーンズ（マジソン, Wis.）	宮部教授（北海道帝大）	（英文）われわれの学部は「来客名簿」の作成を始めました。あなたのマジソンご訪問のときはそのような記録がなかったので，同封のスリップに記入して送り返してください	タイプ
J-32	1931 8.29	L. ジョーンズ（日光金谷ホテル）	宮部博士	（英文）神秘の森におおわれた神社，仏閣のなかですばらしい日々を味わいましたが，しかし札幌における楽しい思い出以上のものはありません。妻もあなたに対する心からの感謝をのべております	ペン書（日光金谷ホテル用箋）
J-33	1932 5.1	L. ジョーンズ（マジソン, Wis.）		（英文）日本でわれわれを暖かく迎えてくれた友人たちへの感謝の言葉	タイプ
J-34	1932 5.3	L. ジョーンズ（マジソン, Wis.）	宮部教授（北海道帝大）	（英文）私は札幌以後も旅を続けましたが，静かな北の島の思い出がもっとも楽しかったものとして残っています。私は札幌を去ってから『北大50年史』（英文）を再読しましたが，農学教育の歴史のなかで本書に比べられるものが世界中にあるでしょうか	タイプ

Jumelle, Henri Lucien (1866-1935)
マルセイユ市立植物園。植物分類学者

書簡番号	年月日	発信者	宛先	内容	備考
J-35	1926 1.28	H. ジュメル（マルセイユ）	植物園長	（仏文）あなたの植物園から Aleurites cordata（アブラギリ）の果実付きの標本を一つお送りいただければ，他の種類の Aleurites（アブラギリ）属との比較ができて有難く思います	ペン書

書簡番号	年月日	発信者	宛先	内容	備考

Kain, Samuel W.
カナダ，ニュー・ブランズウィック州(NB)博物学協会

K-1	1889 8.3	S. ケイン (セント・ジョン，NB)	宮部	(英文)アメリカを離れる前に送ってくださった写真および日本語の辞書に深謝します	ペン書4p
K-2	1889 12.3	S. ケイン (セント・ジョン，NB)	宮部 (札幌)	(英文)クリスマスも近づいたので季節の挨拶とともに近況をお知らせします	ペン書4p
K-3	1893 4.3	S. ケイン (セント・ジョン，NB)	宮部 (札幌農学校)	(英文)貴君は「夷狄の国」を離れる前に，われわれの協会のために Fungi of Grand Manan(グランドマナン島の菌類)についての論文を書いてくれることを約束しました。当地にはそのことができる人がいないので，貴君がそれを書いて下さることを切望しています	ペン書3p

Kamienski, François (Franciszek)(1851-1912)
ロシア，オデッサ大学教授，植物園長

K-4	1912 9.16	?	?	(仏文)1912年9月61歳でワルシャワで死去したカミエンスキ博士の死亡通知	印刷物

Kellerman, William Ashbrook(1850-1908)
オハイオ州立大学植物学科教授

K-5	1902 1.23	W. ケラーマン (コロンバス，Ohio)	宮部教授 (札幌農学校植物園長)	(英文)本日わが国土着の植物の種子を1包お送りします。交換として貴地方の植物標本をお送りいただければ幸いです(種子リスト付)	タイプ

Kelly, Howard Attwood(1858-1943)
ジョンズ・ホプキンズ大学産婦人科教授(薬用植物学)

K-6	1924 12.29	H. ケリー (ボルチモア，Md.)	宮部教授 (札幌)	(英文)私の菌学図書館のカタログを1部お送りします。お役に立てば幸いです	タイプ

Kinney, H. H. M.
合衆国農務省植物産業局

K-7	1921 7.28	H. キニー (マジソン，Wis.)	宮部博士 (コーネル農事試験場植物病理部気付)	(英文)クンケル博士の論文に対する批評を同封します。あなたがハワイ諸島に行ってクンケル博士にお会いになればすばらしいと思います	タイプ

Koch, Friedrich
ドイツ，ハノーバーの植物研究者

K-8	1932 6.10	F. コッホ (エバーホルツェン，ハノーバー)	教授殿	(独文)この数年間私は Potentilla(キジムシロ属)の研究をしております。将来交配実験によってこの興味深い種と私の郷里の Formentillae(?)の近親関係を知るために P. flagellaris(ハイオオヘビイチゴ)の種子をいくらか入手できたら有難く思います	ペン書

Kolkwitz, Richard (1873-1956)
ドイツの緑藻植物研究者

書簡番号	年月日	発信者	宛先	内容	備考
K-9	1933 2.4	R. コルクヴィッツ (ベルリン)	教授殿	(独文)私は Chlorophyceae(緑藻類)を研究しており，比較のために Prasiola japonica(カワノリ)という藻類資料を入手したく思っています。それゆえもしこの藻類の資料を送っていただければ大変有難く思います	タイプ3p

Kornhauser, Sidney Isaac (1887-1959)
オハイオ州デニソン大学動物学科

書簡番号	年月日	発信者	宛先	内容	備考
K-10	1921 5.21	S. コーンハウザー (グランヴィル, Ohio)	宮部教授 (東北帝大，札幌)	(英文)ハーバード大学のE. L. マーク教授は5月30日に75歳となり，44年間の動物学研究と教育の生活を終えます。私は多くの彼の弟子たちや同僚たちに呼びかけて祝賀会を開くことにしました	タイプ
K-11	1921 10.17	S. コーンハウザー (グランヴィル, Ohio)	マーク教授の友人たちへ	(英文)マーク教授の75歳祝賀会の際に作られた委員会は教授の肖像画の作成をセイファート氏に依頼し，完成した画はハーバード大学に寄贈されることになっております	タイプ

Kryloff, P. N. (1850-1931)
シベリア，国立トムスク大学植物園長・教授(植物地理学)

書簡番号	年月日	発信者	宛先	内容	備考
K-12	1919 2.28	P. クルイロフ (トムスク, ロシア)	宮部教授	(英文)植物交換をお申し出のお手紙有難うございました。ご希望に添えるよう全力を尽くすつもりです。日本で土壌温度計その他環境労働のための用具，淡水藻を採集するプランクトンネットなどを購入できるのであれば，価格リストを業者から直接入手したいと思います	ペン書
K-13	1927 2.16	P. クルイロフ (トムスク, ロシア)	札幌植物園長	(英文)トムスク大学植物園は貴園より『北海道主要樹木図譜』の見事な出版物の第1～12，および13～14輯を受領し深く感謝しております。われわれは貴国との継続的な植物や出版物の交換を望んでおり，その第一歩として西シベリアの植物コレクションを送ります	ペン書

Kryshtofovich, African Nikolaevich (1885-1953)
レニングラードの地質学委員会教授。古生物学者

書簡番号	年月日	発信者	宛先	内容	備考
K-14	1918(?) 7.20	A. クルイシトフォヴィチ (小樽)	ミヤベサンヘ (札幌)	(英文)小樽から挨拶を送ります。私はサハリンのアレクサンドロフスクへ向うところですが，札幌のあなたを訪ねる暇がなくて残念です	葉書 ペン書 (宛名は日本語)
K-15	1918 12.17	A. クルイシトフォヴィチ (トムスク, ロシア)	宮部博士 (札幌)	(英文)トムスク大学のクルイロフ(P. kryloff)教授を紹介します。教授は著名なアルタイの研究者で，日本の植物との交換を望んでいます。現在のところ彼がもっとも望んでいるのは日本の野生植物の種子や札幌の植物園の種子目録などです	ペン書
K-16	1927 2.4	A. クルイシトフォヴィチ (レニングラード)	宮部博士 (札幌)	(英文)工藤(祐舜)博士を個人的に存じませんのでご紹介いただきたくよろしくお願いします。彼の非常に興味深い「蝦夷地の植生」と「北樺太植物調査書」の論文を入手したいとお伝え下さい	タイプ

書簡番号	年月日	発信者	宛先	内容	備考
K-17	1927 10.15	A. クルイシトフォヴィチ（ウラジオストク）	宮部博士（札幌）	（英文）私は工藤博士の2論文の入手についてあなたの協力をお願いし、工藤氏にも手紙を書きましたが、返事をいただいておりません。ある人から彼は札幌を離れているかもしれないと聞きました。他人の論文のことでお手数をかけて申し訳ありません	葉書 タイプ
K-18	1927 11.24	A. クルイシトフォヴィチ（レニングラード）	宮部博士（札幌）	（英文）私はS.清水氏から工藤氏はアメリカへ行っていると聞きました。それ故彼の2つの論文「北樺太植物調査書」と「蝦夷地の植生」）の発注をあなたにお願いします。請求のあり次第為替で支払います	タイプ
K-19	1936 3.6	A. クルイシトフォヴィチ（レニングラード）	宮部博士（札幌）	（英文）工藤博士とご共著の『北海道及樺太植物誌』をお送りいただけませんか。故工藤博士の"Über die Pflanzengeographie von Nordjapans"（北日本の植物地理学について）も入手できたら大変有難く思います	葉書 タイプ
K-20	1936 9.19	A. クルイシトフォヴィチ（レニングラード）	宮部博士（札幌）	（英文）"Flora of Northern parts of Japan"のご恵贈有難うございました。私はいまのところ深い感謝を表すことのできる出版物をもっておりませんが、いくつかの植物についての小論をお送りします	葉書 ペン書

Kuckenthal, Georg
ドイツ、グループ・バイ・コブルクの牧師

書簡番号	年月日	発信者	宛先	内容	備考
K-21	1901 2.4	G. クッケンタール（グループ・バイ・コブルク）	宮部教授	（独文）Carex（スゲ属）を扱っているA.エングラー（H. Engler）の『植物界』を読んでいて、この研究は日本から送られたCarex草本の腊葉によっているのではないかと思いました。彼の東アジアのCarexの論文のなかにはベルリンの博物館にはない北日本の種類が多数記されています。もしそれらのいくつかを分けていただければ有難く思います	ペン書3p

Leichtlin, Maximilian (1831-1910)
ドイツ、バーデンバーデンの園芸家・植物園主

書簡番号	年月日	発信者	宛先	内容	備考
L-1	1899 12.24	M. ライヒトリン（バーデンバーデン）	宮部（札幌植物園）	（英文）私の植物園は世界各地にいろいろの植物を広めるために30年前に設立されました。当園の種子や球根は交換や販売によって他の機関に配布されています。私は横浜のベーマー（L. Boehmer）商会とも関係をもっており、種子交換にもっとも適した日本の植物園について照会したところ、貴園の住所を教えてくれました	ペン書4p
L-2	1900 9.30	M. ライヒトリン（バーデンバーデン）	宮部（札幌植物園）	（英文）本日花の種子33包をサンプルとしてニューヨーク、サンフランシスコ経由であなたに送りました。観覧用植物の種子を数包お送りいただければ幸いです	ペン書3p

Leonhardt, Otto
ベルリン植物交換協会

書簡番号	年月日	発信者	宛先	内容	備考
L-3	1913 10.5	O. レオンハルト（ノッセン、ドイツ）	（宮部）	（英文）1079単位（？）を含む小包をお送りします。きのこは良好な状態で受取りましたが、それらはサンプルごとに1枚の紙に包まれていないと利用できませんのでよろしくお願いします	ペン書

書簡番号	年月日	発信者	宛先	内容	備考

Lindley, Francis O.
英国大使館書記官，のち駐日英国大使(?)

| L-4 | 1906 10.31 | F. リンドリー (東京) | 宮部博士 (札幌) | (英文)東京植物園の三好(学)博士の紹介でお便りいたします。植物に関心のあるスコットランドの友人が Cryptomeria(スギ)の種子を欲しがっています。彼はスコットランドでは見ることのできない種子を，北海道から入手できると考えています | ペン書4p |

Lindley, V. I.

| L-5 | 1900 1.4 | V. I. リンドリー (横浜) | 宮部博士 (札幌) | (英文)佐藤(昌介)博士から小川氏不在のときは，あなたに手紙を書くよういわれていますのでお便りいたします。私は1月9日バンクーバー経由でボストンへ出発します | ペン書6p |

Ling, Arthur W.
イングランド，サウス・イースタン農科大学

| L-6 | 1920 1.7 | A. リング (アッシュフォード，イングランド) | 宮部教授 | (英文)サーモン(E. Salmon)教授の紹介でお便りいたします。私は大豆の植物学的研究を始めましたが，そのために必要な情報をお伝えいただければ有難く思います | ペン書 |

Linton, Edwin
ペンシルヴァニア州のワシントン・ジェファーソン大学植物研究室

| L-7 | 1919 5.6 | E. リントン (ワシントン, Pa.) | 宮部 | (英文)貴君の手紙を受取ってまもなく世界大戦は終わりましたが，僕の一人息子はジョンズ・ホプキンズ医学校在学中にフランスの病院部隊に召集されて病死し，医学博士の贈位を受けました | ペン書 |

Lloyd, Curtis Gates (1859-1926)
シンシナティ，ロイド図書館理事。菌類研究者

L-8	1904 2.15	ロイド図書館 (シンシナティ, Ohio)	宮部 (札幌農学校)	(英文)C. G. ロイド氏(パリ在住)の指示によって薄葉紙をお送りします。彼は Lycoperdon(ホコリタケ属)標本の送付についてあなたに感謝しております	タイプ
L-9	1904 6.20	C. ロイド (ロイド図書館で口述, Ohio)	宮部 (札幌農学校)	(英文)私は世界中のタイプ標本を研究しながら1年以上もヨーロッパの博物館で過ごしており，できるだけ多くの Lycoperdon の資料を入手したいと思っています。とくに入手を希望していた日本の標本が戦争によって妨げられることを心配していましたが，お葉書を受取って安心しました	タイプ
L-10	1905 3.28	C. ロイド (ロイド図書館で口述, Ohio)	宮部 (札幌農学校)	(英文)昨冬をサモア島で過ごし，パリから回送された12月2日付のお手紙を拝見しました。6月1日頃パリに帰ってからお送りいただいた標本を調べることになります	タイプ
L-11	1905 6.23	ロイド図書館 (シンシナティ, Ohio)	宮部 (札幌農学校)	(英文)ロイド氏があなたに送った標本を受領された由の5月24日付のお手紙受取りました。ロイド氏はパリ在住中で菌類標本をそこで受取ることを期待しています	タイプ

書簡番号	年月日	発信者	宛先	内容	備考
L-12	?	?	?	(英文)"Puff Ball Letter"(ホコリタケ通信)No. 8(Paris, Dec., 1905)	印刷物切抜 6p
L-13	1906 4.17	C.ロイド (パリ)	宮部教授	(英文)私は Nidulariaceae(チャダイゴケ科)の論文を書いています。あなたからいくつかの標本が送られてきましたが、コレクションが非常に乏しいので決定することができません	ペン書
L-14	1906 11.16	C.ロイド (パリ)	宮部 (札幌農学校)	(英文)達筆のため判読困難	ペン書
L-15	1906 12.29	C.ロイド (パリ)	宮部 (札幌農学校)	(英文)No. 30 と No. 40 の標本はいずれも Cyathus(チャダイゴケ属)です。あなたの送ってきた別の標本は資料が不足していて命名ができません	葉書 ペン書
L-16	1908 1.8	C.ロイド (シンシナティ, Ohio)	宮部 (札幌農学校)	(英文)Calvatia gigantea(セイヨウオニフスベ)について言えば、あなたは日本の大型の Lycoperdaceae(ホコリタケ科)の情報を提供できますか	タイプ
L-17	1909 12.29	C.ロイド (パリ)	宮部 (札幌農学校)	(英文)同封のパンフレットに関心をお持ちのことと思います。私は今では日本の Phalloids(腹菌類)についてかなりの知識をもっていると思っております。もし日本で知られていない標本がありましたら色をつけた絵をお送り下さい	タイプ
L-18	1911 2.10	C.ロイド (パリ)	?	(英文)数ヵ月前の私の要請に答えて世界中から500以上の標本が届いていることをパリに帰ってから発見しました。標本を調べたのち送ってくれた方々に標本の名称をお知らせしました	タイプ
L-19	?	C.ロイド (パリ)	?	(英文)ここにお送りする数冊のパンフレット中には私のもっとも関心を持っている Polyporoids(サルノコシカケ科)に関するものが2冊あります(以下菌類の採集、標本作成、送付の方法)	タイプ
L-20	1916 3.14	C.ロイド (シンシナティ, Ohio)	宮部教授 (東北帝大)	(英文)数年前私はあなたから沢山の標本を受取り、それ以後私の出版物の全てをお送りしています。最近はあなたからの便りがありませんが、私の研究している分野の標本をお送りいただければ有難く思います	タイプ
L-21	1916 9.7	C.ロイド (シンシナティ, Ohio)	宮部教授 (東北帝大)	(英文)お送り下さった標本に対するお礼が大変遅くなってしまいましたが、ここに礼状とともに標本についての報告を同封します	タイプ4p
L-22	1917 1.26	C.ロイド (シンシナティ, Ohio)	宮部教授 (東北帝大)	(英文)"Mycological Notes"(菌類学ノート)第45号をお送りします。あなたからも希少な Cyclomyces greenii(ウズタケ)の標本を入手できれば幸いです	タイプ
L-23	1921 8.16	C.ロイド (シンシナティ, Ohio)	宮部教授 (ワシントン日本大使館気付)	(英文)あなたの標本1箱を大きな喜びをもって点検し、私の詳細な決定を付してあなたの日本の宛名に送付しました。私をご訪問下さるとのこと大変嬉しく思います。ワシントンからの列車はシンシナティには午前8時に到着します	タイプ
L-24	1921 9.14	C.ロイド (シンシナティ, Ohio)	宮部教授 (札幌東北帝大)	(英文)先日あなたから受取った標本との比較のためにいくつかの標本を送ります	タイプ

書簡番号	年月日	発信者	宛先	内容	備考
L-25	1921 9.14(?)	C. ロイド (シンシナティ, Ohio)	宮部教授 (札幌東北帝大)	(英文)ここに同封する写真は先日お訪ね下さったときのことを思い出させます。あなたを知ることができて嬉しく思っています。安全なご帰国の旅を祈っています	タイプ
L-26	1921 10. 8	C. ロイド (シンシナティ, Ohio)	宮部教授 (北海道帝大)	(英文)"Mycological Notes"の次号にはセッチェル(W. Setchell)教授の写真を載せますが，その次の号にはあなたの写真を載せることを希望しています	タイプ
L-27	1922 9. 1	ロイド図書館 (シンシナティ, Ohio)	北海道帝大植物園長(札幌)	(英文)"Mycological Notes"第7巻1号を同封します	タイプ
L-28	1922 10.21	アンネ・マッケイ (ロイド図書館, Ohio)	宮部教授 (北海道帝大)	(英文)昨日ヨーロッパ旅行中のロイド氏からあなたに"Mycological Notes"64号を2ダース送るよう指示がありましたので別便にてお送りします	ペン書
L-29	1923 3. 2	C. ロイド(代筆?) (キュー植物園)	宮部教授 (北海道帝大)	(英文)私はいま地下菌類にとくに関心をもっています。それらは日本でも知られていて食用にされますか。私は数週間当地で伊藤(誠哉)教授に会っていますが，彼は日本では食用としては用いられないと言いました。あなたがその日本種をできるだけ多く送って下さるよう願っています	ペン書
L-30	1923 10.17	C. ロイド (シンシナティ, Ohio)	宮部教授 (北海道帝大)	(英文)あなたが私をお訪ねくださってから手紙を受取っておりませんが，私があなたの写真を印刷したときにつけた説明は喜んでいただけたことと思います。東京の大震災では被害はなかったでしょうか	タイプ
L-31	1926 11.11	ロイド図書館理事会 (シンシナティ, Ohio)		(英文)ロイド図書館理事会は1926年11月11日カーティス・G. ロイド博士が死去されたことを悲しみをもって報告いたします	印刷物
L-32	1927 1. 5	アンネ・マッケイ (ロイド図書館, Ohio)	宮部教授 (北海道帝大)	(英文)ロイド氏の死去に際して寄せられた弔文に感謝いたします	タイプ

Loder, Edward Giles (1849-1920)
英国の博物学者・園芸家

L-33	1909 12.31	E. ローダー (レオナードスリー, サセックス, イングランド)	宮部教授	(英文)ブリティッシュ・コロンビアのセルカーク山脈の稀少なアルプス落葉松の種子を少々お送りします。Larix kurilensis(グイマツ)その他の5種類の種子各1オンスを入手できませんか	ペン書4p

Lotsy, Johannes Paulus (1867-1931)
"Botanisches Centralblatt"(植物学中央雑誌)〈抄録誌〉の編集者

L-34	1904 9.24	J. ローツィー (ライデン, オランダ)	宮部教授	(英文)以下の論文(「植物学雑誌」掲載の川上・宮部論文)の要約を至急お送り下さい	葉書 ペン書

書簡番号	年月日	発信者	宛先	内容	備考
L-35	1904(?)	J. ローツィー（ライデン, オランダ）	宮部	（英文）要約のついていない日本の論文リストを同封します。要約をつけるべきかどうかはおまかせしますが，要約の価値がないと思われる論文はタイトルを赤インクで抹消してお返し下さい（日本人植物学者の論文の欧文タイトル21点のリストを付す）	印刷物・ペン書3p（リスト）

Lovett, Robert Morss (1870-1956)
シカゴ大学教授。テネシー州進化論訴訟弁護基金委員長

書簡番号	年月日	発信者	宛先	内容	備考
L-36	1926 9.15	R. ロヴェット（ニューヨーク）	宮部（札幌）	（英文）テネシー州最高裁は南部諸州と同様公教育で進化論を教えることを禁止することについて，10月中に判決を出そうとしています。このような動きに終止符をうつには連邦最高裁まで訴訟を続ける必要があり，そのため科学者およびその友人たちに各自10ドルの寄付をお願いしたいと思います	タイプ

Lundström, Erik
スウェーデン，アルバノ植物園長

書簡番号	年月日	発信者	宛先	内容	備考
L-37	1911 4.2(?)	E. ルントストレム（アルバノ）	札幌植物園長	（英文）当植物園でおこなっている生薬学研究のためにMentha arvensis L.(ハッカ)が必要につき種子をお送りいただきたくお願いします	ペン書

Lunin, Gerta
ルーニン夫人。C.マクシモーヴィチの娘。＊付録の「マキシモウィッチ氏生誕百年記念会」一件
資料Ⅳ-001〜003 参照

書簡番号	年月日	発信者	宛先	内容	備考
L-38	1917 1.17(30)	G. ルーニン（ペトログラード, ロシア）	宮部（札幌）	（英文）先達っては私の父と彼の忠実な植物採集者須川長之助の伝記（『札幌博物学会会報』）をお送り下さり，改めてお礼を申し上げます。日本語の読めるロシア人を探して翻訳してもらい，私の父の記憶が日本の科学者たちの間に生きていることを知って感動しました。戦争が終わったら日本を訪れてみたいと思っています	ペン書3p
L-39	1928 8.8	G. ルーニン（ペトログラード, ロシア）	宮部教授	（英文）私と夫が『マキシモウイッチ氏生誕百年記念会』という本を受取ってどんなに喜んだかご想像できないと思います。私たちは日本語が読めなくて残念ですが，あなた方日本の優れた科学者たちが父の生誕百年を祝い，このようにすばらしい本を刊行して下さったお気持ちは十分に理解できます	ペン書

Lyman, George Richard (1871-1926)
米国植物病理学協会会計幹事

書簡番号	年月日	発信者	宛先	内容	備考
L-40	1919 12.11	G. ライマン（ワシントン, DC）	宮部博士（札幌農学校）	（英文）コーネル大学ウェッツェル（H. Whetzel）教授の推薦によりあなたは本協会の会員となりましたので，1920年度の会員証を同封します	タイプ
L-41	1922 1.31	G. ライマン（ワシントン, DC）	宮部博士（北海道帝大）	（英文）1922年度の会費を郵便為替で送ったというお便りを受取りましたので，受領書を送ります	タイプ

書簡番号	年月日	発信者	宛先	内容	備考

Magnus, Paul Wilhelm (1844-1914)
ドイツの菌類学者

M-1	1913 4.—	G. リンダウ他 (ダーレム，ドイツ)		(独文)1914年3月1日に満70歳を迎える菌類学者マグヌス教授を記念して肖像記念碑を建立するための募金依頼	印刷物

Mains, Edwin Butterworth (1890-1968)
インディアナ州パーデュー大学農事試験場．ミシガン大学教授・植物標本館長(菌類学)

M-2	1919 10.29	E. メインズ (ラファイエット，Ind.)	宮部教授 (札幌東北帝大農科大学)	(英文)あなたが当地をお訪ねのとき栽培作物の種子の入手について話をした者ですが，Clematis(センニンソウ属)，Thalictrum(カラマツソウ属)等のアジア種の種子をお送りいただければ非常に有難く思います	タイプ
M-3	1926 2.12	E. メインズ (ラファイエット，Ind.)	宮部教授 (札幌東北帝大農科大学)	(英文)栃内(吉彦)博士は小麦の赤サビ病の論文要約のなかで Thalictrum minus elatum(アキカラマツ)に触れられていました．私は栃内博士の住所を知りませんので，是非とも T. m. e. の種子を入手するためのご援助をいただければ幸いです	タイプ
M-4	1926 4.20	E. メインズ (ラファイエット，Ind.)	宮部教授 (札幌東北帝大農科大学)	(英文)3月8日のお便りと Thalictrum minus の種子を受取り，早速植付けをしました．栃内博士にもどうかよろしくお伝え下さい	タイプ

Mannheim International Art and Great Horticultural Exposition, 1907
ドイツ，マンハイム国際芸術・園芸大博覧会

M-5	1907 3.8	マンハイム市長 (マンハイム)	宮部教授 (札幌植物園長)	(英文)今年開市300年を祝うマンハイム市は国際園芸大博覧会を企画し，ドイツ園芸の高い水準を展示する予定です．この博覧会の賞を判定する審査員としてあなたのご参加をお願い出来れば幸甚です(独文および英文の博覧会案内の小冊子を付す)	タイプ

Marcus, Alfred
ドイツの樹木学者

M-6	1898 9.2	A. マルクス (日光金谷ホテル)	宮部教授 (札幌)	(独文)あなたがドイツ語のおできになることを知っており，私は英語での表現が不得意なのでドイツ語で手紙を書くことをお許しください．私は吉野桜の接木をドイツに輸入することを願っており，岡田園主から2～3年の苗木100本を8ドルで購入することにし，その輸出方をベーマー商会のウンゲル氏に相談しました	ペン書3p (日光金谷ホテル用箋)
M-7	1898 9.26	A. マルクス (箱根フジヤホテル)	宮部教授 (札幌)	(英文)横浜のウンゲル氏との相談の結果，彼は直ちに岡田園の牧氏に手紙を書いて100本の吉野桜を私のために注文しました．10月末に横浜を出帆する船で発送の予定です．ウンゲル氏はまた10種類の楓を100本送ろうとしています	ペン書4p (箱根フジヤホテル用箋)
M-8	1898 10.24	A. マルクス (京都)	宮部教授 (札幌)	(独文)私の旅の最初の成果として本日汽船"バベルスベルク"号で7箱を横浜からドイツへ向けて発送しました	ペン書

書簡番号	年月日	発信者	宛先	内容	備考
M-9	1899 11.13	A. マルクス (ラティンゲン, ラインラント, ドイツ)	宮部教授 (札幌)	(独文)すでにお知らせしたようにすべての松柏類は当地でうまく育っており, 1本のPinus Thunbergii(クロマツ)などはおおきな毬果をつけています。しかし朝顔はうまく育たず, 当地の気候は大きな花をつけるには湿潤さが足りないようです	ペン書5p
M-10	1905 2.11	A. マルクス (デュッセルドルフ, ドイツ)	宮部教授 (札幌)	(英文)あなたは私が桜の木を札幌から100本, 東京から100本入手したことを覚えているでしょう。札幌からのものは非常によい状態で到着し, 5年後のいまでは幹周り7インチに成長し, 私はその一部をドイツやイタリアの庭園に配布しました。残りの90本は向島のようにライン川の岸に植えたいと思っています	ペン書
M-11	1906 1.25	C. ユリウス社 (東京)	宮部教授 (札幌)	(独文)デュッセルドルフのマルクス博士から便りがあり, 100本の桜の木の購入をあなたに依頼したので私にその費用を立替えてくれるようにとのことです	ペン書

Massey, L. M.
ニューヨーク州立農科大学植物病理科

書簡番号	年月日	発信者	宛先	内容	備考
M-12	1918 9.10	L. M. マッセイ (イサカ, NY)	宮部教授 (北海道帝大)	(英文)『日本植物病理学会年報』を予約したいので, バックナンバーを含めて請求書をお送り下さるようお願いします	ペン書

Mattirolo, Oreste (1856-1947)
イタリア, ボローニャ大学, トリノ大学植物研究所農事試験場長・教授

書簡番号	年月日	発信者	宛先	内容	備考
M-13	1895 11.24	O. マッティロロ (ボローニャ大学)	宮部教授 (札幌農学校)	(仏文)アイヌの有用植物に関する2点の興味深い論文(「日本アジア協会報告」)をご恵与下さり心よりお礼申し上げます。私はあなたとの文通を望んでおり, 日本の有用植物との交換でイタリアの種子を提供することができます	ペン書4p
M-14	1918 1.5	O. マッティロロ (トリノ大学)	宮部教授 (札幌東北帝大農科大学)	(仏文)イタリアの新聞に日本ではLactuca brevirostris(アキノノゲシ属の一種)を蚕の飼育用に利用していると書かれていました。私もこの植物をイタリアで栽培してみたいので, その種子をお送りいただければ幸いです	ペン書

Maximowicz, Carl Johann (1827-91)
ロシア, ペテルブルグ帝室植物園主任。モスクワ近郊トゥーラ生まれのバルト系ドイツ人植物学者。1860〜61年箱館に滞在, 1861〜63年須川長之助を同伴して横浜, 長崎で採集, 1864年横浜より帰国。矢田部・松村・宮部・牧野ら初期の日本の植物学者たちから送られた植物を鑑定して大きな影響を与えた

書簡番号	年月日	発信者	宛先	内容	備考
M-15	1887 3.21	C. マクシモーヴィチ (ペテルブルグ)	宮部 (ケンブリッジ, Mass.)	(英文)非常によく調製され正確に命名された北海道植物標本の送付に感謝。多忙のため遅れていた点検を始めたので, 以後折々に今回同様の(同定)リストを送るつもり。今後追加的な送付をいただければ非常に有難い。貴君が留学先に選ばれたハーバード大学はすぐれた教授たちのいる大学ではあるが, 日本, 満州, 中国の植物を研究するにはペテルブルグほどよいところはない。いつの日かご来訪を期待。点検済みの訂正を付した(同定)リストを送付	ペン書4p
M-16	1887 4.4	C. マクシモーヴィチ (ペテルブルグ)	宮部 (ケンブリッジ, Mass.)	(英文)先便の到着を期待。前回同様同定リストの続きを送る	ペン書4p

書簡番号	年月日	発信者	宛先	内容	備考
M-17	1887 5.13	C. マクシモーヴィチ (ペテルブルグ)	宮部 (ケンブリッジ, Mass.)	(英文)同定リストの続きを送付。札幌およびそれ以北地方の球果のついた針葉樹の標本が欲しい。私の照会に対するご回答有難う。貴兄の照会には今のところ答えられないので，次回にお答えしたい	ペン書4p
M-18	1887 6.24	C. マクシモーヴィチ (ペテルブルグ)	宮部 (ケンブリッジ, Mass.)	(英文)まず貴兄の照会に回答する。Paeonia obovata(ヤマシャクヤク)は札幌近傍の円山で採集したもの。Trollius japonicus(シナノキンバイソウ)についての質問は，貴兄の貴重な指摘に留意して再考した…(その他)。同定リストの続き	ペン書5p
M-19	1887 8.29	C. マクシモーヴィチ (ペテルブルグ)	宮部 (ケンブリッジ, Mass.)	(英文)貴翰とともに受領の植物標本を直ちに点検し，寄贈のものを除き，この手紙とともに返却。それらについての私見は次の通り…。中村氏をコレクターとして雇用するようにとのお申出に感謝するが，それよりは中村氏から北海道産の標本コレクションを購入することを希望する。同定リストの最終のものを送付	ペン書4p
M-20	1887 10.12	C. マクシモーヴィチ (ペテルブルグ)	宮部 (ケンブリッジ, Mass.)	(英文)中村氏へ標本売却の条件についてご照会下さったことに感謝。あなたが千島植物に関心を持っておられることを喜ぶ。私も1868年以来千島植物に注目しているが，千島列島については気象や地理条件のためにロシアの植物学者でも同地を訪れた者は皆無であるが，かつてロシアの調査船の士官たちが北千島で収集した植物標本がロシアの科学アカデミーや植物園にあるので，貴君に対する尊敬の証しとしてウルップ島以北の北千島の109種の植物リストを送る	ペン書6p
M-21	1889 3.19	C. マクシモーヴィチ (ペテルブルグ)	宮部 (ケンブリッジ, Mass.)	(英文)(アメリカより)帰国の途次にロシア訪問の意向を歓迎。ただ貴君の予定では滞在の短いことを恐れる。当地の東アジア標本は貴君を満足させることは疑いがなく，私も貴君と個人的関係を深めることを念願している。私は現在日本植物のコレクションをできるだけ完全なものにしたいと思っているので，中村氏が私のために植物を採集し，その発送を貴君が監督するというご意向に深謝する。私はもと下僕の長之助に採集法を教えて標本を送らせているが，私の指示を忘れたらしく充分なものでない	ペン書4p
M-22	1889 3.—	C. マクシモーヴィチ (ペテルブルグ)	宮部 (ケンブリッジ, Mass.)	(英文)1889年3月撮影のマクシモーヴィチの肖像写真(1827年生まれ)。宮部博士へ謹呈	写真 (上記書簡同封?)
M-23	1889 3.22	C. マクシモーヴィチ (ペテルブルグ)	宮部 (ハーバード大学植物園ワトソン氏気付)	(英文)先便でOxytropis(オヤマノエンドウ属)についての貴兄の照会に答えるのを忘れていたので一言。それを同定するには実がついたまま採集した根付のよい標本であることが必要だと思う	葉書
M-24	1889 7.22	C. マクシモーヴィチ (ペテルブルグ)	宮部 (パリ?)	(英文)貴翰受領。(ペテルブルグ滞在中の)貴君に非常に好印象をもった家族たちも郷里へのご無事の旅行を祈っている。今後もわれわれの共通の分野である日本植物の研究に協力できることを非常に期待している。四国の植物標本を送ってくれた牧野(富太郎)氏にもどうかよろしく	ペン書4p

書簡番号	年月日	発信者	宛先	内容	備考
M-25	1889.8.20	C. マクシモーヴィチ（ペテルブルグ）	宮部（札幌）	(英文)パリからの貴翰落手。マルセイユへ出発直前に手紙を書いてくれたことに感謝。この手紙が届く頃貴君は札幌で教鞭をとっていることだろう。貴君の研究活動に幸運あれ。田代(安定)，矢田部(良吉)，牧野(富太郎)氏ら日本の植物学者たちが私に標本を送ってくれるかどうか知りたい。長之助はあまりあてにならず1888年分の標本もまだ届いていない	ペン書4p
M-26	1890.3.13	C. マクシモーヴィチ（ペテルブルグ）	宮部（札幌）	(英文)数日前貴君の『千島植物誌』の校正刷が届き，大変嬉しく思った。それはまだ不完全であるが貴兄の努力によって完成されることを疑わない。先週貴国の西(徳次郎)大使を訪ね，貴君に送った私の著書を帰国する書記官に託して東京大学の伊藤圭介，牧野富太郎宛にも届けることを頼んだ。当地では妻も私もインフルエンザにかかり，同じ病で5週間も病床にある娘を看病しているのは彼女の夫だけ。貴君の手紙は香港以後は受取っていない。貴君の日本からのよい便りを待っている	ペン書4p

Maxon, William Ralph (1877-1948)
スミソニアン博物館植物部。シダ植物の研究者として著名

| M-27 | 1918.5.28 | W. マクソン（ワシントン, DC） | 宮部教授（北海道帝大） | (英文)去る1月にあなたの研究室と当館の標本交換を提案する手紙を書きましたが，まだ返事を受取っておりません。われわれは特に日本と台湾の植物標本を望んでおります。合衆国や熱帯アメリカの標本を沢山送ることができます | タイプ |

McFarland, Frank Theodore (1886-?)
ケンタッキー大学文理学部植物学科，植物標本館

| M-28 | 1920.5.13 | F. マクファーランド（レキシントン, Mass.） | 宮部教授（札幌） | (英文)私はClaviceps(麦角菌)を研究しており，世界各地から集めたsclerotia(菌核)の実験を続けたいと思っております。このために1920年夏中に黒穂病の標本を集めることにご協力をお願いする次第です | タイプ |

Medvedev, P.
ソ連邦レーニン農業アカデミー植物産業研究所

| M-29 | 1934.3.9 | P. メドヴェージェフ（レニングラード） | 宮部教授（北海道帝大） | (英文)科学研究のためにTaraxacum mongolicum(モンゴルタンポポ？)を必要としておりますので，種子のサンプルを少量お分けいただきたくお願いします | タイプ |

Melchers, Leo E.
カンザス州立大学植物学科教授

| M-30 | 1922.6.5 | L. メルチャーズ（マンハッタン, Kan.） | 宮部教授（北海道帝大） | (英文)われわれは最近カンザスで小麦の立枯病を発見し，Ophiobolus cariceti(オオムギ立枯病菌)を分離しました。この病気の世界各地の標本を入手したいので，貴国のOphiobolus(立枯病菌)の標本をお送りいただけませんか | タイプ |

Mereshkowsky, S. S.
ロシアの菌類学者

書簡番号	年月日	発信者	宛先	内容	備考
M-31	1896 1.23(2.4)	S. メレシュコフスキー（ペテルブルグ）		（独文）もっとも望ましい杆菌の培養基(kultur)をあなたに送らせていただきます。畑や納屋における鼠の伝染病について私の対策をあなたにお知らせすることが必要だと思います。主要な方法は以下の通りです……	ペン書4p
M-32	1896 5.15	S. メレシュコフスキー（ペテルブルグ）		（英文）本年2月3日にお送りした杆菌の培養基を受領されたかどうかお知らせ下さい	ペン書

Merrill, Elmer Drew (1876-1956)
ハーバード大学アーノルド樹木園長

書簡番号	年月日	発信者	宛先	内容	備考
M-33	1936 5.21	E. メリル（ジャマイカ・プレイン, Mass.）	宮部（札幌）	（英文）"Contributions to the Flora of Northern Japan"; "Materials for a Flora of Hokkaido"; "Flora of Hokkaido and Saghalien" の受領礼状	印刷物

Milne, John (1850-1913)
英国の地震学者。1876～95年工部省工学寮，工部大学校，東京大学で鉱山学・地震学を教授。1878年には開拓使の玄武丸に同乗して千島列島を視察

書簡番号	年月日	発信者	宛先	内容	備考
M-34	1894 7.8	J. ミルン（札幌豊平館）	宮部（札幌）	（英文）興味深く価値ある論文をお送り下さり感謝します。317の千島種の多くは今ではカムチャツカでも発見されています	ペン書4p

Molisch, Hans (1856-1937)
ウィーン大学植物生理学教授。1922～25年東北帝国大学理学部の客員教授，1926年ウィーン大学総長。日本旅行記「日出づる国にて」(1927年)を著す

書簡番号	年月日	発信者	宛先	内容	備考
M-35	1924 8.5	H. モーリッシュ（旭川）	宮部（札幌）	（独文）札幌におけるすばらしい日々を思い出してご親切を大変有難く思っております。どうか私の心からの感謝をお受け下さい	ペン書
M-36	1925 2.28	H. モーリッシュ（仙台）	宮部（札幌）	（独文）私は今晩仙台を後にしますが，岩崎（高男）氏の申し出（？）についての親切なご決定に心より感謝しています	ペン書3p

Moore, Frederick W. (1857-1949)
アイルランド，ダブリンの王立植物園。著名な園芸家

書簡番号	年月日	発信者	宛先	内容	備考
M-37	1920 1.22	F. ムーア（ダブリン）	宮部教授（北海道帝大）	（英文）無事のご帰国と安寧を期待しています。われわれはあなたが必要なときは何時でも協力したいと思っています。「交換種子リスト」も刊行次第お送りします。当方では立派な桜の木を1ダースほど欲しいと思っています	タイプ
M-38	1920 6.28	F. ムーア（ダブリン）	宮部教授（北海道帝大）	（英文）3月8日および18日付のお手紙有難うございました。お礼が遅くなったのは桜が届くのを待っていたからです。桜は3月19日に横浜を出てから3カ月を経た6月26日に到着し，2本を除いては育つことを期待しています	タイプ

書簡番号	年月日	発信者	宛先	内容	備考
M-39	1921 3. 9	F. ムーア (ダブリン)	宮部教授 (北海道帝大)	(英文)昨日北海道長官から貴方が編纂された『北海道主要樹木図譜』1〜3輯を受領しました。本書の内容のすばらしさをお祝い申し上げます	タイプ
M-40	1921 7.11	F. ムーア (ダブリン)	宮部教授 (北海道帝大)	(英文)『北海道主要樹林図譜』の第4輯を受領しました。これらの美しい図版の寄贈に対し厚くお礼を申し上げます	タイプ

Morgan, John B.
東北帝国大学農科大学予科アメリカ人英語教師

書簡番号	年月日	発信者	宛先	内容	備考
M-41	1919 5.12	J. モーガン (札幌)	宮部教授 (在米)	(英文)私の国へのご出張で多くの古い友人たちと再会を楽しまれたことと思います。ご無事の帰国を待っています。今年も運動会(遊戯会)は雨天にもかかわらず盛大におこなわれました	タイプ

Morris, D.
英国王立キュー植物園長

書簡番号	年月日	発信者	宛先	内容	備考
M-42	1890 8.11	D. モーリス (キュー植物園)	宮部教授 (札幌農学校)	(英文)"Flora of the Kurile Islands" をお送りいただき有難うございました。すばらしい研究だと思います。以前当館に受け入れた「日本の亜麻」について確実な情報を入手したいのでその繊維の一部を同封します。ご協力いただけると大変有難く思います	封筒付(繊維同封) ペン書3p

Morse, W. J.
合衆国農務省植物産業局

書簡番号	年月日	発信者	宛先	内容	備考
M-43	1932 3.17	W. モース (ワシントン,DC)	宮部名誉教授 (北海道帝大)	(英文)当局ではLespedeza(ハギ属)の品種について重点的な研究をしております。局長のピーターズ博士はLespedezaの情報を求めるためあなたに手紙を書くよう私に依頼しました。彼は日本の本州や北海道、朝鮮の試験場でこの品種の研究がなされていないか知ることを望んでおります	ペン書

Muséum d'histoire naturelle. Botanique (phanérogamie)
パリ自然史博物館顕花植物部門

書簡番号	年月日	発信者	宛先	内容	備考
M-44	? 3. 8	自然史博物館 (パリ)	宮部教授(札幌)	(仏文)『北海道主要樹木図譜』の3輯を受領し、厚くお礼を申し上げます。以後の輯もよろしくお願いします	ペン書

Nadson, G.
レニングラード植物園図書館長

書簡番号	年月日	発信者	宛先	内容	備考
N-1	1927 4.11	G. ナトソン (レニングラード)	宮部名誉教授 (北海道帝大植物園)	(英文)宮部,工藤編『北海道主要樹木図譜』1〜14輯は当館にとっても非常に興味深い著作で、ご恵贈に深く感謝します。以後の輯もよろしくお願いします	タイプ

書簡番号	年月日	発信者	宛先	内容	備考

Nambyar, P. K.
マレー半島ペナンのゴム園経営者(?)

書簡番号	年月日	発信者	宛先	内容	備考
N-2	1909 8.12	P. K. ナンビャール (ペナン)	宮部博士 (東北帝大農科大学)	(英文)私はゴム園の除草と肥土のために豆科植物を植えることについて，マサチューセッツ農科大学のブルックス(W. Brooks)教授に照会したところ，日本の「クズ」を植えることと，あなたに手紙を書くよう助言をえました。「クズ」について詳しくご教授いただければ幸いです	タイプ

Nessel, Hermann (1877-1949)
ドイツ，ヘッセン州ギーセン植物園。シダ類の研究者

書簡番号	年月日	発信者	宛先	内容	備考
N-3	1912 4.1	H. ネッセル (フランクフルト・アム・マイン)	札幌植物園	(英文)私は Ferns(シダ類)と Lycopodium(ヒカゲノカズラ属)の愛好者でよいコレクションをもっていますが，日本のものはもっておりません。日本で成育したそれらの腊葉を入手できたら有難いと思います	ペン書
N-4	1927 2.1	H. ネッセル (ギーセン植物園)	宮部教授 (北海道帝大)	(英文)私は Lycopodium について論文を書いていますが，北海道自生の次の6種類の断片が入用なのでご協力をお願いします	ペン書
N-5	1927 4.5	H. ネッセル (ギーセン植物園)	宮部教授 (北海道帝大)	(英文)2月22日付のお便り有難うございました。標本も良好な状態で届きました。ただ Lycopodium integrifolium Mak. et Nakai が北海道に育たないことは残念です。どなたからか入手できないでしょうか	ペン書
N-6	1928 3.12	H. ネッセル (ギーセン植物園)	宮部教授 (北海道帝大)	(英文)再度のお願いで失礼ですが，Lycopodium integrifolium Mak. et Nakai を入手するために牧野(富太郎)氏か中井(猛之進)氏の住所をお知らせいただけないでしょうか	ペン書
N-7	1928 8.15	H. ネッセル (ギーセン植物園)	宮部教授 (北海道帝大)	(英文)本日お便りとともに断片および標本の小包を受取りました	ペン書
N-8	1930 11.6	H. ネッセル (ギーセン植物園)	新島教授 (北海道帝大)	(独文)私が宮部教授宛に送った手紙が戻されてきましたので，Selaginellas(イワヒバ属)に関する私の研究へのご協力をあなたにお願いします	ペン書
N-9	1931 3.16	H. ネッセル (ギーセン植物園)	宮部教授 (札幌)	(英文)Lycopodium の研究を完了しましたので印刷されたら1部お送りします。これから Selaginellas の研究を始めます	ペン書
N-10	1931 4.27	H. ネッセル (ギーセン植物園)	宮部教授 (札幌)	(英文)別刷有難うございました。今日私も Lycopodium に関する小論文を送ります。日本の Selaginellas 標本をいくつかいただければ有難く思います	葉書 ペン書
N-11	1931 10.8	H. ネッセル (ギーセン植物園)	宮部教授 (札幌)	(英文)もし可能ならば Selaginellas の標本のいくつかをお送り下さるようお願いします	タイプ
N-12	1931 11.26	H. ネッセル (ギーセン植物園)	宮部教授 (札幌)	(英文)"Monocotyledoneae"(単子葉植物)の別刷有難うございました。Selaginellas の標本もよろしくお願いします	葉書 ペン書

Newcombe
ミシガン農科大学(？)植物学教授

書簡番号	年月日	発信者	宛先	内容	備考
N-13	1919 7.30	ニューコム (ランシング, Mich.)	宮部博士 (オンタリオ農事試験場気付)	(英文)連邦園芸局のビーティ(R. Beattie)教授からあなたが8月2日にランシングに到着の知らせがあり，ドーニー・ホテルに室を予約しました	タイプ

Noble, R. J.
ミネソタ大学農学部植物病理学科

書簡番号	年月日	発信者	宛先	内容	備考
N-14	1922 6.5 2.16	R.ノーブル (セントポール, Minn.)	宮部教授 (北海道帝大)	(英文)日本における Urocystis tritici(すじ黒穂病菌)の発生について，流行の地方，被害の程度についての簡単な情報を求めています。この病気は現在イリノイ州マジソン南部の53平方マイルでも起っていますが，猖獗はかなり収まっています	タイプ

Novograblenof, P. T.
ソ連邦カムチャツカ州ペトロパヴロフスクの植物研究者

書簡番号	年月日	発信者	宛先	内容	備考
N-15	?	P.ノヴォグラブレノフ (ペトロパヴロフスク)	札幌，大学植物学部	(英文)E. Hulten "Flora of Kamchatka and the adjacent islands" (Stockholm, 1927)の中には工藤(祐舜)博士の "Flora of Paramushir(幌筵島)" のことが触れられています。カムチャツカ南部と，千島北部には類似の植物が多いので，ぜひ工藤博士の著作を読みたいと思います。お送りいただけたら幸いです	タイプ

Oliver, I. W.
ロンドン大学

書簡番号	年月日	発信者	宛先	内容	備考
O-1	1921 3.31	I.オリヴァー (ロンドン)	宮部教授 (北海道帝大)	(英文)『北海道主要樹木図譜』第1～3輯を受領しました。すばらしい著作です	葉書 ペン書

Olmsted, F. L. & Co.
マサチューセッツ州ブルックリンの造園業者

書簡番号	年月日	発信者	宛先	内容	備考
O-2	1891 6.8	F.オルムステット社 (ブルックリン, Mass.)	宮部博士 (札幌植物園長)	(英文)われわれは冬季に華氏0度(−17.8℃)に達する合衆国東部において耐寒性をもつ各種の竹を入手したいと思っています。それらを多量に入手する方法について情報をいただければ幸いです。これまで試みた多くの種は以下のごとく短期間で枯れてしまいました	タイプ

Osterhout, Winthrop J. V.(？) (1871-1964)
ハーバード大学教授(？)

書簡番号	年月日	発信者	宛先	内容	備考
O-3	1919 6.25	N.オスターハウト (ウッズホール, Mass.)	宮部教授	(英文)宮部教授のハーバード大学訪問時の教授たちのウッズホール滞在の状況についてお知らせします	ペン書

Pabisch, Heinrich
ウィーン大学薬学研究所教授

書簡番号	年月日	発信者	宛先	内容	備考
P-1	1913 5.15	H. パビッシュ （ウィーン）	宮部教授 （東北帝大農科大学）	（独文）宮部博士の諸論文の別刷入手依頼	葉書 ペン書

Palibin, Ivan Vladimirovich（？）(1872-1949)
ペテルブルグ帝室植物園標本管理者

書簡番号	年月日	発信者	宛先	内容	備考
P-2	1899 6.—	J. パリビン （ペテルブルグ）	？	（英文）最近刊行した朝鮮植物に関する私の論文をお送りします。御高評を願います	ペン書

Parker, George Howard (1864-1955)
宮部博士のハーバード大学時代の学友。動物学者

書簡番号	年月日	発信者	宛先	内容	備考
P-3	1894 6.15	G. パーカー （ブルックリン, NY）	宮部	（英文）G. H. パーカーとルイーズ・メリットの結婚通知状	印刷物
P-4	n.d.	G. パーカー （ブルックリン, NY）	宮部	（英文）クリスマス・カード	印刷物
P-5	1921 8.25	G. パーカー （ケンブリッジ, Mass.）	宮部	（英文）ケンブリッジを離れられるときに，日本の新貨幣を頂戴し感謝します。この美しい貨幣をわれわれの友情の証しとして大切に保存します	ペン書
P-6	1921 10. 4	G. パーカー （ケンブリッジ, Mass.）	宮部	（英文）ご無事の帰国を期待しています。滞米中に貴君はハーバードにおける退職制度について質問されたので，印刷物を同封します（「ハーバード大学退職金制度」のコピー同封）	ペン書 タイプ
P-7	1933 12.24	G. パーカー （ケンブリッジ, Mass.）	宮部	（英文）お便り拝見しました。私は日本の軍隊がしていることを残念に思います。われわれはいつまでも友人であることを望み，両国が友好的であるために努力したいと願っています	ペン書

Patouillard, N.
フランスの二等薬剤官

書簡番号	年月日	発信者	宛先	内容	備考
P-8	1895 ？	N. パティヤール （パリ）	宮部 （札幌農学校）	（仏文）名刺。自筆で「感謝のために」と記す	印刷物

Patterson, Flora Wambaugh (1847-1928)
合衆国農務省植物産業局。米国農務省最初の女性菌類学者

書簡番号	年月日	発信者	宛先	内容	備考
P-9	1908 10.31	F. パターソン （ワシントン, DC）	宮部博士 （札幌農学校）	（英文）私の最近の関心は Peronospora（べと病菌）と密接な関係のある菌類によって引き起される Cyperus sp.（カヤツリグサ属の一種）の病気に向けられています。私はとくに貴方の Kawakami cyperi（べっ甲病菌）を調べたいので，標本をお送りいただければ幸いです	タイプ

書簡番号	年月日	発信者	宛先	内容	備考

Penhallow, David P.(1854-1910)
1876〜80年札幌農学校植物学・化学・農学教授。1885年よりカナダのマギル大学植物学教授

P-10	1889 4.29	D. ペンハロー (モントリオール)	宮部 (札幌)	(英文)私は6月上旬にアメリカへ行くので，もし貴君がそれまでにケンブリッジを離れていなければ，貴君に会えると思う。妻も貴君に会えれば大変喜ぶでしょう	ペン書4p
P-11	1893 7.15	D. ペンハロー (モントリオール)	宮部博士 (札幌)	(英文)今年僕はサマースクールの植物学を受け持ってケンブリッジに来ています。もし当地かカナダで貴君のために役立つことがあったらお知らせ下さい。佐藤(昌介)博士や札幌の友人たちによろしく	ペン書3p

Penzig, Ottone(1856-1929)
イタリア，ジェノヴァ大学植物研究所教授

P-12	1924 4.23	B. ペンツィヒ (ジェノヴァ)	宮部教授 (札幌)	(英文)交換種子リストに希望の種子の印をつけてお返ししますのでよろしくお願いします。われわれの植物研究所には日本の植物は非常に僅かなので，イタリアの植物との交換で入手したい思っています	ペン書3p

Petch, Thomas(1870-1948)
英国の菌類学者。セイロン王立植物園

P-13	1913 6. 2	T. ペッチ (ペラデニア)	宮部 (札幌)	(英文)"On fungi parasitic on scale-insects in Formosa"(台湾のカイガラムシの寄生菌について)の論文をお送りくださり深謝します。お言葉に甘えて以下のことにご協力いただければ幸いです	ペン書3p

Petrak, Franz(1886-1973)
オーストリアの菌類学者

P-14	1914 2.22	F. ペトラック (メール・ヴァイスキルヘン)		(英文)この9年間私はCirsium(Cnicus)(アザミ属)の研究をしております。お願いしたいことは日本におけるこの種の標本を提供していただくことです。すぐれた標本については1個あたり40〜80ターレルを支払います	ペン書・印刷物

Pettee, James H.(1851-1920)
1878〜1918年に主として岡山で活動したアメリカン・ボード教会の宣教師

P-15	1911 6.16	J. ペティー (岡山)	佐藤昌介(東北帝大農科大学長)	(英文)アメリカのペンシルバニアに住んでいる友人のために協力をお願いします。彼はかつて数年日本に住んでいた日本庭園の崇拝者で，自分の土地に日本の学生たちの協力で日本庭園を作ろうとしていますが，寒冷地なので岡山から送った種子や挿木は育ちません。北海道の種子，球根，挿木ならば育つと思われるので貴校の教授たちのご助言をいただければ幸いです	タイプ

書簡番号	年月日	発信者	宛先	内容	備考

Pierson, George Peck (1861-1939)
1888年に来日した長老派教会のアメリカ人宣教師。1893年以来北海道で伝道，1914～28年は野付牛(北見)に居住し，その旧宅は現在も「ピアソン記念館」として保存されている

P-16	1923 9.29	G. ピアソン (野付牛/北見)	宮部博士 (札幌)	(英文)北星女学校(福音主義キリスト教に基づく札幌の女学校)の先頃の評議会であなたが評議員に推挙されたことをお知らせするのを，評議会書記として大変嬉しく思います。あなたがお忙しい人であることは知っておりますが，年に2～3度の会議にご出席いただければ幸いです	ペン書
P-17	1923 10.15	宮部 (札幌)	G. ピアソン (北星女学校評議会書記)	(英文控)北星女学校の評議員に選ばれたとのお知らせは嬉しい驚きでした。私はそのような仕事には不適なので逡巡しましたが，これも神のご意思であることを信じて受け入れることにしました	ペン書
P-18	1923 10.18	G. ピアソン (野付牛/北見)	宮部博士 (札幌)	(英文)只今ご受諾のお便りを受取り有難く思っております。これは私だけでなく評議員全ての人が同様だと思います	ペン書

Piguet, A. P. D.
ハーバード大学教授(?)

P-19	?	A. ピーゲイ	宮部博士	(英文)博物館での待ち合わせ時刻(メモ)	鉛筆書

Piper, Charles Vancouver (1867-1926)
合衆国農務省植物産業局

P-20	1919 11.13	N. パイパー (ワシントン, DC)	宮部博士 (北海道帝大)	(英文)われわれは合衆国中に芝園(grass gardens)を作りましたが，われわれの条件のもとで全ての芝生が可能であることを試すために，あなたの地方の土着の芝の種を送っていただければ有難く思います	タイプ

Plownight, Charles Bagge (1849-1910)
英国の菌類学者

P-21	1895 8.15	C. プラウナイト (キングス・リン, イングランド)	宮部 (札幌農学校)	(英文)非常に興味深い Ustilago esculenta (黒穂病菌)に関する論文(『植物学雑誌』Vol. 9)を有難うございました	葉書 ペン書
P-22	1899 4.3	C. プラウナイト (キングス・リン, イングランド)	宮部 (札幌農学校)	(英文)数年前お送りいただいた Ustilago esculenta に関するあなたの論文についていくつかお尋ねします。当地では褐色の胞子をもつ Uredo (さび病菌類)に害された Chrysanthemum indicum (シマカンギク)がありますが，日本でもそのようなことはありますか	ペン書3p

Popenoe, Wilson (1892-1975)
合衆国農務省植物産業局農業調査員

P-23	1921 12.9	W. ポペノエ (ワシントン, DC)	宮部教授 (北大農学部植物病理学)	(英文)10月17日に当省の穀物調査課から供給された小麦とオート麦(燕麦)の種子の発送を通知しましたが，その送料は$17.65です。フェアチャイルド(D. Fairchild)博士宛に小切手をお送り下さい	タイプ

書簡番号	年月日	発信者	宛先	内容	備考
P-24	1922 2.2	宮部 (札幌)	D. フェアチャイルド (ワシントン, DC)	(英文控)あなたの局から供給された大量の小麦とオート麦の種子の発送について W. ポペノエ氏から連絡を受けました。それらはすでに横浜に到着しており、まもなく当地に届くでしょう。ワシントンからシアトル、横浜経由札幌までの送料＄17.65の小切手を同封します	ペン書
P-25	1922 3.15	W. ポペノエ (ワシントン, DC)	宮部 (北海道帝大)	(英文)フェアチャイルド氏不在につき私がお便りと小切手の受領についてお礼を申し上げます	タイプ

Porsild, Alf Erling (1901-77)
カナダ国立博物館植物部長

書簡番号	年月日	発信者	宛先	内容	備考
P-26	1939 12.2	A. ポーシルド (オタワ, カナダ)	宮部 (北海道帝大)	(英文)"Flora of Northern Japan, I〜XII"を早速お送りくださり厚くお礼を申し上げます。館脇博士の千島植物に関する論文とともにあなたの北海道とサハリンの植物誌の論文もいただけたら幸いです	タイプ

Porter, R. H.
南京大学，アイオア州立大学准教授(菌類学)

書簡番号	年月日	発信者	宛先	内容	備考
P-27	1926 11.19	R. ポーター (南京大学植物病理学)	宮部 (北海道帝大)	(英文)先頃東京でお会いしたとき，菌学に関するいくつかの論文をお書きになったことを承りました。日本と中国の菌類は類似しておりますので入手できれば非常に有難く思います	タイプ
P-28	1933 4.7	R. ポーター (Ia, 米国)	宮部博士 (北海道帝大)	(英文)1926年汎太平洋学術会議で日本を訪れたとき，箱根山中で高地に繁茂する矮小の竹の品種を見ました。試料のために種子を少量お送りいただけませんでしょうか。費用はお支払いします	タイプ

Powell, G. Harold (1872-1922)
デラウェア大学農事試験場園芸・昆虫部

書簡番号	年月日	発信者	宛先	内容	備考
P-29	1898 6.10	G. パウエル (ニューアーク, Ohio)	宮部教授 (札幌, エゾ)	(英文)アメリカの園芸家たちの間では日本の栗は独立した種であるか，ヨーロッパ種に属するかについて異なった意見があります。そのことについてあなたのご意見をいただければ非常に有難く思います	タイプ

Praeger, Robert Lloyd (1865-1953)
アイルランドの植物学者

書簡番号	年月日	発信者	宛先	内容	備考
P-30	1914 9.12	R. プレーガー (ダブリン)	宮部 (札幌)	(英文)私は今 Sedum 属(ベンケイソウ科キリンソウ属)の研究をしております。それは腊葉では役に立たないので手に入れられる限りの現物を育てています。命名には混乱が多いので，もし小片をお分けいただけたらその命名に努力したいと思います	タイプ
P-31	1916 1.8	R. プレーガー (ダブリン)	宮部 (札幌)	(英文)1年ほど前にお送りいただいた Sedum 属は非常に興味深いものですが，1年目の成長が典型的ではないので，まだ調査を終えておりません	ペン書4p

書簡番号	年月日	発信者	宛先	内容	備考

Price, W. H.

| P-32 | 1916 6.25 | W. プライス（東京赤坂） | 宮部教授（札幌） | （英文）22日付のお便りを受取り，充分なご援助にブキャナン（D. Buchanan）氏とともに心からお礼を申し上げます。われわれは先週水曜日のハーバード（同窓会？）の夕食会でご一緒できなかったことが残念でした | ペン書 |

Pringle, Cyrus Guernsey (1838-1911)
米国の植物採集家

| P-33 | 1905 2.9 | C. プリングル（バーリントン，Vt.） | 宮部教授（札幌農学校） | （英文）この20年間私はハーバードの植物採集学者としてメキシコの植物を研究しその標本館を作っています。先頃メキシコで友人のフレデリック・スター（F. Starr）教授に会ったときあなたとの植物交換を考えていると言ったところ，彼はそのことを熱心にすすめました | ペン書3p |

Purpus, Carl Albert (1851-1941)
ドイツ，ダルムシュタット大公国植物園管理者

| P-34 | 1907 12.17 | A. プルプス（ダルムシュタット） | | （独文）当植物園では珍しい品種の植物種子を求めています | ペン書 |

Quanjer, Hendrik M. (1879-1961)
オランダ，ワーゲニンゲン植物病理学研究所教授

| Q-1 | 1921 2.28 | H. クアンエル（ワーゲニンゲン） | 宮部博士（北海道帝大） | （英文）われわれの雑誌"Tijdschrift over Plantenziekten"（植物病理学雑誌）を出版物交換で日本の研究所に送りたいのですが，2,3の植物病理学研究室の住所をお知らせ下さい | タイプ |
| Q-2 | 1923 7.9 | H. クアンエル（ワーゲニンゲン） | 宮部博士（北海道帝大） | （英文）電報を国際会議場で拝見しました。この会議には日本からも幾人も参加者が来ておりますので，そのことについては後日彼らがあなたに伝えてくれるでしょう | タイプ |

Rafn, Johannes H. (1854-1935)
デンマークの植物学者

| R-1 | 1909 6.16 | J. ラフン（コペンハーゲン） | 宮部教授（東北帝大農科大学） | （英文）あなたからお送りいただいた Magnolia hypoleuca（ホオノキ）の種子の結果は，種子が腐っていたので残念ながら不成功だったことをお知らせします | ペン書（p.2以下欠） |

Rand, Frank Prentice (1889-1971)
マサチューセッツ州立大学同窓会

| R-2 | 1932 7.30 | F. ランド（アマースト，Mass.） | 宮部博士（札幌） | （英文）私はマサチューセッツ州立大学の歴史を物語的に述べた本を書こうとしており，W. S. クラーク学長の札幌出発のときのことを知りたいと思います。あなたはその場に居合せた学生の一人だと思いますので，そのときの状況についてお知らせ下さい。"Be ambitious!"以外にも何か言葉はありましたか | タイプ |

書簡番号	年月日	発信者	宛先	内容	備考
R-3	1932 11.7	F.ランド (アマースト，Mass.)	宮部博士 (札幌)	(英文)10月11日付のお便りに感謝します。われわれはクラーク博士が貴大学の設立において果たした役割を非常に誇りに思います	タイプ

Reddick, Donald (1883-1955)
コーネル大学植物病理学教授。米国植物病理学会長

書簡番号	年月日	発信者	宛先	内容	備考
R-4	?	D.レディック	宮部博士	(英文メモ)この提案は世界に宛てられていますが，あなたのところには間に合わないと思います	ペン書
R-5	1921 6.24	D.レディック (イサカ，NY)	宮部博士 (日本郵船シアトル支部気付)	(英文)あなたがシアトルに6月30日にお着きになることはライマン(G. Lyman)博士や委員会のメンバーには知らせておきました。ワシントン州立大学のホトソン(J. Hotson)教授には西部におけるあなたの日程に協力してくれるよう伝えてあります	タイプ
R-6	1921 9.7	D.レディック (イサカ，NY)	宮部博士 (サンフランシスコ，大洋丸)	(英文)あなたのアメリカ植物病理学会へのご参加はわれわれにとって大きな喜びであり刺激でした。イサカの人々はあなたのご訪問を名誉に思い，宮部博士のための「茶会」は忘れられないといっています	タイプ

Reed, George Matthew (1878-1956)
ニューヨーク，ブルックリン植物園長

書簡番号	年月日	発信者	宛先	内容	備考
R-7	1922 10.27	G.リード (ブルックリン，NY)	宮部教授 (北海道帝大)	(英文)私は小麦に生じる2種類のTilletia(黒穂病菌)の分布についての完全な情報を入手すべく努めているので，日本の情報をお知らせ下さい	タイプ
R-8	1930 7.17	G.リード (東京・帝国ホテル)	宮部教授 (北海道帝大)	(英文)あなたと個人的に知り合いになり，あなたの植物学に対する重要な貢献を知りえて幸いでした。火曜日午後東京に着き，昨日は戦場ヶ原で野生のハナショウブ(花菖蒲)を採集しました	ペン書
R-9	1930 10.24	G.リード (ブルックリン，NY)	宮部教授 (北海道帝大)	(英文)9月中旬に当地に戻りました。日本への旅は大変有益で興味深いものでした。北海道では野生のアヤメを札幌から函館間の鉄道沿線のあちこちに見ることができました	タイプ

Rehder, Alfred (1863-1949)
ハーバード大学アーノルド樹木園植物標本館主任

書簡番号	年月日	発信者	宛先	内容	備考
R-10	1931 11.3	A.レーダー (ジャマイカ・プレイン，Mass.)	宮部教授 (北海道帝大)	(英文)"Flora of Hokkaido and Saghalien, pts. 1, 2"を受領し大変有難く思いました。完成すれば日本植物誌に対する非常に重要な文献になると思います	タイプ
R-11	1931 12.7	A.レーダー (ジャマイカ・プレイン，Mass.)	宮部教授 (北海道帝大)	(英文)"Flora of Hokkaido and Saghalien, pts. I～II"をお送りいただき深謝します。この重要な文献の完成を期待しています	葉書 ペン書
R-12	1936 5.18	A.レーダー (ジャマイカ・プレイン，Mass.)	宮部教授 (北海道帝大)	(英文)"Flora of Hokkaido and Saghalien, pts. III～IV"および6つの論文別刷のご送付に深謝します	葉書 ペン書

Rein, Johannes Justus (1835-1918)
ドイツの地理学者。マールブルク大学・ボン大学教授。1873年日本各地を旅行して，大著『日本―旅行と研究』を刊行

書簡番号	年月日	発信者	宛先	内容	備考
R-13	1896 5.15	J. ライン (ボン)	宮部 (札幌)	(英文)私は今妻の死を知らせる便りを友人の新渡戸教授に書いたばかりです。あなたの植物学の論文は大変興味深く拝見しました。地理学者として私の植物学への関心は主として地理学および経済的側面にあります	ペン書 4p

Reinbold
ドイツの軍医（？）

書簡番号	年月日	発信者	宛先	内容	備考
R-14	1893 12.27	ラインボルト (キール，ドイツ)		(仏文)私は日頃から遠い国の海藻の標本収集に努めているので，あなたと交換ができたら幸いに思います。日本の植物を受取ることは私には大きな価値があり，私も当地方の海藻を提供できます	ペン書 3p

Reineck, Eduard Martin (1869-1931)
ドイツ，ワイマールの植物採集家

書簡番号	年月日	発信者	宛先	内容	備考
R-15	1905 9.23	E. ライネック (ワイマール)	宮部教授 (札幌植物園長)	(仏文)私は日本の植物を研究しているので日本の腊葉(とくに有用・薬用植物)を入手したく思っています。あなたに腊葉の送付をお願いするとともに，私も非常に興味深い植物資料を年内にでもお送りします	葉書 ペン書

Richards, Herbert Maule (1871-1928)
ニューヨーク，コロンビア大学植物学科

書簡番号	年月日	発信者	宛先	内容	備考
R-16	1901 6.9	H. リチャーズ (バーナード大学, NY)	宮部 (札幌)	(英文)昨年11月貴君と三好(学)博士に手紙を書いたのに，返事がないので多分誤配されたのではないかと思います。昨秋母が亡くなりました。僕はしばしば楽しかった札幌滞在のことを思い出します。日本の魅力は忘れがたいもので，そこで出会った全ての人々がその地を好きにさせてくれました	ペン書 3p
R-17	1915 7.17	H. リチャーズ (カナーン, Conn.)	(宮部)	(英文)H. M. リチャーズとマリオン・エリザベス・ラーザンの結婚通知	印刷物
R-18	?	H. リチャーズ	宮部	(英文)先日はMacrosporium(黒斑病菌)に関するすばらしい論文を有難う。それに比して小生の送る論文は貧しくて恥ずかしい。貴君は今頃はヨーロッパ中を旅行していることと思います	ペン書
R-19	1921 7.21	H. リチャーズ (東京築地精養軒ホテル)	宮部博士	(英文)われわれ夫婦は1〜2カ月の予定で日本にやってきました。もしその頃貴君が札幌にいれば北海道を訪ねたいと思っています。突然に日本に向ったのでそのことを友人たちに伝える暇がありませんでした	ペン書
R-20	1923 9.6	H. リチャーズ (コロンビア大学, NY)	宮部博士 (札幌)	(英文)日本からのニュースに驚いています。恐ろしい大地震が人々に与えた災厄に同情の言葉もありません。僕は東京の友人たちのことを大変心配していますので，三好博士その他(小石川)植物園の人たちの状況を教えていただければ有難く思います	タイプ

書簡番号	年月日	発信者	宛先	内容	備考
R-21	1937 6.4	H. リチャーズ夫人（ニューヨーク）	宮部博士（札幌）	（英文）今夏私は日本へ短期間の旅行をしますのでお会いできれば幸いです	ペン書

Robbins, Rosa
A. B. Seymour の娘

書簡番号	年月日	発信者	宛先	内容	備考
R-22	1919 11.4	R. ロビンズ（ベルモント, Mass.）	宮部	（英文）可愛い扇子をお送りいただき有難うございました。父の家での晩餐を思い出して大切にいたします	ペン書
R-23	1933 9.8	R. ロビンズ（グロスター, Mass.）	宮部教授	（英文）今年3月の父の死去のことは姉のエディスがお知らせしたことと思います。死の数週間前から彼はケンブリッジの勤務には出掛けませんでしたが，その間に私は彼が数度あなたのことを話すのを聞きました	ペン書 6p

Robertson, A.
フランス，ニースの熱帯植物園長（？）

書簡番号	年月日	発信者	宛先	内容	備考
R-24	1913 6.3	A. ロバートソン（ニース）	札幌植物園長	（英文）種子をお送りいただき有難うございました。当方からも…（以下達筆のため判読困難）	葉書 ペン書

Robinson, Benjamin Lincoln (1864-1935)
宮部博士のハーバード大学時代の学友。ハーバード大学グレイ植物標本館主任

書簡番号	年月日	発信者	宛先	内容	備考
R-25	1895 7.31	B. ロビンソン（ケンブリッジ, Mass.）	宮部教授（札幌）	（英文）貴君の諸論文を受取り，貴君の活動と成功の証しとして喜んでいます。日本のすぐれた植物標本のセットが売りに出されることがあったら，購入希望者としてグレイ標本館を紹介してください	ペン書
R-26	1897 3.18	B. ロビンソン（ケンブリッジ, Mass.）	宮部教授（札幌）	（英文）数日前トッド（D. Todd）教授から貴君がグレイ標本館に貴重な標本の寄贈をされたと聞いて大変嬉しく思いました。そのコレクションは非常に興味深く，これまで標本館に見られなかったたくさんの品種を含んでいます	ペン書
R-27	1919 11.10	B. ロビンソン（ケンブリッジ, Mass.）	宮部教授（東北帝大農科大学）	（英文）グレイ標本館と東北帝大標本館の交換として本日2包の植物を郵便小包でお送りします。そのなかには50種のフィリピンの植物その他が含まれています	タイプ
R-28	1919 11.10	B. ロビンソン（ケンブリッジ, Mass.）	宮部教授（東北帝大農科大学）	（英文）上記のインボイス	タイプ
R-29	1921 2.26	B. ロビンソン（ケンブリッジ, Mass.）	宮部教授（北海道帝大）	（英文）『北海道主要樹木図譜』の第1〜3輯を受取りました。このすばらしい労作を作られた貴君と工藤（祐舜）助教授の能力に敬意を表します。アメリカではこのように見事なカラーの図版を出版するには費用がかかりすぎます。図版は詳細で科学的であるばかりか，画工の須崎（忠助）氏も見事です	タイプ
R-30	1929 10.15	B. ロビンソン（ケンブリッジ, Mass.）	宮部教授（札幌北6条）	（英文）ご令室の逝去を知って大変悲しんでいます。しかし貴君が植物研究を継続しておられることを聞いて大変嬉しく思っています	タイプ

書簡番号	年月日	発信者	宛先	内容	備考
R-31	1931 3.19	B. ロビンソン (ケンブリッジ, Mass.)	宮部教授 (札幌北6条)	(英文)非常に見事な『北海道主要樹木図譜』の第10輯を，貴君の友人樋浦(誠)教授が届けてくれました。アーノルド樹木園から先程受取りました	タイプ

Rose, Lewis S.
カリフォルニア科学アカデミー

| R-32 | 1931 12.19 | L. ローズ (サンフランシスコ, Calif.) | 宮部博士 (北海道帝大) | (英文)私は大きな植物標本館を作ることでカリフォルニア科学アカデミーを手伝っています。そのために北海道の代表的な植物コレクションをカリフォルニアの植物との交換で入手したいと思っています | タイプ |

Rosenstock, Edward (1856-1938)
ドイツ，ゴータ大学教授(?)

| R-33 | 1902 1.2 | E.ローゼンストック (ゴータ) | | (英文)私は本日270種の顕花植物のコレクションをあなたにお送りしますが，できれば交換に貴国その他のシダ類標本をお送りくださるようお願いします | ペン書 植物リスト 4p |
| R-34 | 1902 4.25 | E.ローゼンストック (ゴータ) | 宮部 (札幌農学校) | (英文)私の希望を満足させて下さるお便り有難うございました。お約束いただいた荷物の到着を楽しみにしています | 葉書 ペン書 |

Rothert, Wladislaw Adolfovich(?) (1863-1916)
前オデッサ大学植物学正教授

| R-35 | 1910 9.30 | W. ロートヘルト (クラカウ,オーストリア) | 宮部教授 (札幌) | (独文)私は以前から Sparganium(ミクリ属)の組織的研究をしており，1908年秋には東京に来てその地のコレクションに関心をもちました。そこには日本北部の資料が欠けていたので，私の古い友人の三好(学)教授のお世話であなたの札幌の標本館から，東京へ送っていただいたのですが，それは私が出発後のことでした。それ故札幌の大学標本館から改めて Sparganium を私のところへお送りいただけないかお尋ねする次第です | タイプ |

Rowell, L. F.

| R-36 | 1923 7.15 | L. ローウェル | T. 林 (札幌) | (英文)シイタケ木のご送付およびその栽培のためのご教示に心よりお礼を申しあげます(以下判読困難) | ペン書 |

Rowland, George Miller (1859-1941)
1886年アメリカン・ボード教会の宣教師として来日し，1896年札幌に赴任以後は約30年間広く道内の伝道にあたり，合唱指導その他の面でも足跡を残した。北大予科英語教師のポーリン・レーンはその娘

| R-37 | 1919 ? | G. ローランド (オーバンディル, Mass.) | 宮部博士 | (英文)今晩6時にオーバンディルでわれわれと一緒に晩餐をとりませんか。ポーリン(娘)と私は12月6日にサンフランシスコを出帆し数カ月の旅行に出掛けます | ペン書 |

書簡番号	年月日	発信者	宛先	内容	備考
R-38	1931 2.25	G. ローランド (オーバンディル, Mass.)	宮部博士 (札幌)	(英文)樋浦誠氏はいま近所に住んでいます。私は彼から近く日本を訪れるジョーンズ(L. Jones)名誉教授をあなたに紹介してくれるよう頼まれましたので，紹介状を渡しておきました	タイプ

Rowland, Helen G.
ジョージ・ローランド夫人

書簡番号	年月日	発信者	宛先	内容	備考
R-39	1941 5.13	H. ローランド (ジャクソンビル, Ill.)	宮部(札幌)	(英文)お便り大変有難うございました。あなたの友情をポールも私も有難く思っています。私たちは今日のような辛い時代にあっても親しい友人たちの住む最愛の国へ戻ることができたらと，しばしば語り合っています	ペン書4p

Rowland, Paul (1887-?)
G. ローランドの子息で宣教師。1914～17年，東北帝国大学農科大学予科英語教師。1915年にはサンフランシスコ万国博のために英文の『東北帝国大学農科大学略史』を編纂している

書簡番号	年月日	発信者	宛先	内容	備考
R-40	1918 2.20	P. ローランド (ウースター, Mass.)	宮部博士夫妻 (札幌)	(英文)数日前ご子息憲次君の突然の死去を知ったときのショックを言い表すことはできません。あなた方の悲しみはその何千倍も大きいことでしょう。ただあなた方の神への信仰が強くて不動のものであることは幸いです	ペン書3p

Ruschpler, Paul
ドイツ樹木学協会会員

書簡番号	年月日	発信者	宛先	内容	備考
R-41	1905 1.5	P. ルシュプラー (ドレスデン)		(独文)私はドイツ樹木学協会の会員でCupuliferae(カシ属)の熱心な採集者です。発芽の可能なカシワの種子を送ることで私の努力を助けくだされば大変有難く思います	ペン書

Salmon, Ernest Stanley (1871-1959)
英国王立キュー植物園，英国ケント州サウス・イースタン農科大学

書簡番号	年月日	発信者	宛先	内容	備考
S-1	1898 9.16	E. サーモン (キュー植物園)	宮部	(英文)私はErysiphaceae(菌類ウドンコカビ科)の分布を調べており，アジア種を見たいと思っています。勿論必要なら全ての標本は返却しますが，できたら貴方の名前で植物園に寄贈してもらえませんか	ペン書3p
S-2	1899 1.11	E. サーモン (キュー植物園)	宮部	(英文)その後アメリカの標本館からErysiphaceaeを借用したところ，その中にあなたが採集したものがありました。私はこの科の地理的分布を調べるためにできるだけ多くの標本を見たいので，どうか貸与をお願いします	ペン書3p
S-3	1899 3.16	E. サーモン (キュー植物園)	宮部	(英文)本日Erysiphaceaeの103個の標本を安全に受取り，早速この貴重な資料のお礼を書いているところです	ペン書6p
S-4	1899 4.11	E. サーモン (キュー植物園)	宮部	(英文)本日Erysiphaceaeの57の標本を含む2回目の小包を受取りました。明日から調査を始めます	ペン書6p
S-5	1899 7.13	E. サーモン (キュー植物園)	宮部	(英文)本日Erysiphaceaeの見事な標本をさらにお送りいただき，心よりお礼を申し上げます。とくに注意をもって研究するつもりです	ペン書6p

書簡番号	年月日	発信者	宛先	内容	備考
S-6	1899 8.29	E. サーモン（キュー植物園）	宮部教授（札幌農学校）	（英文）Quercus glauca（アラカシ）の葉の上に Erysiphe（うどん粉病菌）のついた資料を送っていただけませんか？	葉書 ペン書
S-7	1899 12.30	E. サーモン（キュー植物園）	宮部教授（札幌農学校）	（英文）Erysiphaceae の小包に深謝します。調べたのちにご指示のものは返却します。私はこの10年間コケ類を研究してきましたが，私の標本館からイギリスのコケを個人的にお送りします	ペン書 4 p
S-8	1900 4.16	E. サーモン（キュー植物園）	宮部教授（札幌農学校）	（英文）あなたのお送りくださった Erysiphaceae の標本の最後のものの調査を終えました。日本の Erysiphaceae に関する論文も完成しましたので別刷をお送りします	ペン書 4 p（欠あり？）
S-9	1900 5.13	E. サーモン（キュー植物園）	宮部教授（札幌農学校）	（英文）来シーズン中に私のために Erysiphaceae を採集し，4月まで保存していただけませんか	ペン書 8 p
S-10	1900 10.8	E. サーモン（キュー植物園）	宮部教授（札幌農学校）	（英文）Erysiphaceae の重複標本43種とイギリスのコケの標本21種を送ります	ペン書 4 p
S-11	1900 11.6	E. サーモン（キュー植物園）	宮部教授（札幌農学校）	（英文）この手紙とともに私の Erysiphaceae に関する論文を送ります	葉書 ペン書
S-12	1901 9.5	E. サーモン（キュー植物園）	宮部教授（札幌農学校）	（英文）この手紙とともにマッセイ氏と私の Coprophilous Fungi（糞生菌）に関する論文をお送りします	ペン書 4 p
S-13	1901 10.10	E. サーモン（キュー植物園）	宮部教授（札幌農学校）	（英文）本日 Erysiphaceae の重複標本29種をあなたの標本室のために送ります	ペン書 6 p
S-14	1902 6.10	E. サーモン（キュー植物園）	宮部教授（札幌農学校）	（英文）この手紙とともに Coprophilous Fungi に関する論文の第2部を送ります	ペン書 4 p
S-15	1903 3.23	E. サーモン（キュー植物園）	宮部教授（札幌農学校）	（英文）Erysiphe graminis（うどん粉病）の標本をお送りいただければ有難く思います	葉書 ペン書
S-16	1904 4.25	E. サーモン（キュー植物園）	宮部教授（札幌農学校）	（英文）日本においてかつて Euonymus japonicus（マサキ）がうどん粉病に侵されたことがあったかお知らせ願えませんか	ペン書 3 p
S-17	1905 2.24	E. サーモン（キュー植物園）	宮部教授（札幌農学校）	（英文）以前書いたか忘れましたが，日本の親木についた Oidium（うどん粉病菌）の標本を見せていただけませんか。私はいまこの種を調査中です	葉書 ペン書
S-18	1905 5.7	E. サーモン（キュー植物園）	宮部教授（札幌農学校）	（英文）先頃お送りいただいた Erysiphaceae の標本についてさらなる情報をお知らせ願えませんか？	ペン書 3 p
S-19	1906 3.7	E. サーモン（サウス・イースタン農科大学）	宮部教授（札幌農学校）	（英文）あなたのお持ちになっている Phyllactinia（うどん粉病菌）の分生胞子の段階の例をお見せいただければ幸いです	葉書 ペン書
S-20	1916 6.6	E. サーモン（サウス・イースタン農科大学）	宮部教授（東北帝大農科大学）	（英文）非常に興味深い別刷および H. lupulus var. cordifolius（カラハナソウ）の雄根をお送りいただき有難うございました	ペン書
S-21	?	E. サーモン（サウス・イースタン農科大学）	宮部教授（東北帝大農科大学）	（英文）できれば Humulus lupulus var. cordifolius Miq. の生きた根を雌雄ともに入手したいと思います	ペン書

書簡番号	年月日	発信者	宛先	内容	備考
S-22	1917 1.18	E. サーモン （サウス・イースタン農科大学）	宮部教授 （東北帝大農科大学）	（英文）植物は今朝生きた状態で到着し，早速移植しました。この植物はあなたの植物園で育てたものですか，あるいはよそから来たものですか	ペン書
S-23	1917 2.22	E. サーモン （サウス・イースタン農科大学）	宮部教授 （東北帝大農科大学）	（英文）あなたは 1916.3.29. のお手紙の中で「野生のホップも栽培ホップも Sphaerotheca（うどん粉病菌）に侵されることはない」と述べておられますが，以下の点についてご教示いただければ幸いです	ペン書
S-24	1918 1.14	E. サーモン （サウス・イースタン農科大学）	宮部教授 （東北帝大農科大学，札幌）	（英文）H. lupulus（ホップ）の免疫形に関する小論を同封します	ペン書
S-25	1918 1.30	E. サーモン （サウス・イースタン農科大学）	宮部教授 （東北帝大農科大学，札幌）	（英文）先便への追伸としてあなたの Cordifolius（カラハナソウ）の変種から乾燥ホップを少々お送りいただけませんか	ペン書
S-26	1919 2.3	E. サーモン （サウス・イースタン農科大学）	宮部教授 （北海道帝大）	（英文）日本におけるホップ栽培を記した出版物（日本語以外）をお送りいただけませんか	ペン書
S-27	1920 11.6	E. サーモン （サウス・イースタン農科大学）	宮部教授 （北海道帝大）	（英文）元気で帰国されたことと思います。当地であなたにお会いできたことは私にとって大きな喜びで，忘れることができません	ペン書
S-28	1924 11.13	E. サーモン （サウス・イースタン農科大学）	宮部教授 （北海道帝大）	（英文）ホップの「うどん粉病」は今でも日本では栽培ホップの重大な厄介者になっているかどうかお尋ねします	ペン書
S-29	1925 5.14	E. サーモン （サウス・イースタン農科大学）	宮部教授 （北海道帝大）	（英文）ホップの P. humuli（うどん粉病菌）はなお栽培ホップに大きな害を与えているか，あなたはそれが春に若芽を上ってくる多年性のものであることを発見されたかどうかお尋ねします	ペン書
S-30	1927 9.22	E. サーモン （サウス・イースタン農科大学）	宮部教授 （北海道帝大）	（英文）われわれのところでもあなたの Peronoplasmopara humuli（べと病菌）に非常に似た「うどん粉病」がホップに発生しましたので，以下のことについてお尋ねします	ペン書
S-31	1928 2.10	E. サーモン （サウス・イースタン農科大学）	宮部教授 （北海道帝大）	（英文）日本では疑似の Peronospora humuli（べと病菌）はなお栽培ホップに対する厄介な病気になっているか，あなたはその対策を発見されたかお知らせいただけませんか	ペン書
S-32	1930 3.25	E. サーモン （サウス・イースタン農科大学）	宮部教授 （北海道帝大）	（英文）日本の野生のホップの種子を少々お送りくださいませんか。日本で「うどん粉病」に侵されたホップは同封の図のようになっていますか	ペン書

Sargent, Charles Sprague (1841-1927)

樹木学の世界的大家，『北米樹木誌』を著す。ハーバード大学アーノルド樹木園長。1892年来札時に宮部博士とともに藻岩山・円山の原始林を調査し，帰国後著した『日本森林植物誌』のなかでその森林美と樹種の豊富さを紹介した

書簡番号	年月日	発信者	宛先	内容	備考
S-33	1892 10.10	C. サージェント （東京帝国ホテル）	宮部教授 （札幌農学校）	（英文）離札後も，あなたが付けて下さった助手のお蔭で旅程を有意義に過ごし，函館訪問も非常に実りあるものとすることができました	ペン書

書簡番号	年月日	発信者	宛先	内容	備考
S-34	1892 12.23	C. サージェント（ジャマイカ・プレイン，Mass.）	宮部教授（札幌農学校）	（英文）日本滞在中のご親切に改めてお礼をのべます。お陰様で250種の日本の樹木と潅木の標本と種子を安全に持ち帰ることができました。ただ残念だったのは2日前に届いた挿木用の切枝が乾燥していたことで，包装には注意すべきだと思いました	タイプ
S-35	1893 2.1	C. サージェント（ジャマイカ・プレイン，Mass.）	宮部教授（札幌農学校）	（英文）Pinus strobus（ストローブマツ）の新鮮な種子を2包郵便でお送りします。その北海道への移植については，昨秋札幌の森林官と討議したところです	タイプ
S-36	1893 5.12	C. サージェント（ジャマイカ・プレイン，Mass.）	宮部教授（札幌農学校）	（英文）昨日ブリキの箱に収められた切枝が完全な状態で届きました。私が日本から持ち帰ったカシワ，エリカ，Magnolia salicifolia（タムシバ）を含むたくさんの種子が発芽し，われわれはこれまで知らなかった珍しい植物をもつことになりました	タイプ 3p
S-37	1893 8.7	C. サージェント（ジャマイカ・プレイン，Mass.）	宮部教授（札幌農学校）	（英文）私が日本から帰って以来お手紙を受取っていないのでご病気ではないか心配しています。私が大箱で送った腊葉は届いたでしょうか	タイプ 3p
S-38	1894 1.10	C. サージェント（ジャマイカ・プレイン，Mass.）	宮部教授（札幌農学校）	（英文）今朝あなたから種子が届き，そこには私が欲しかった多くのものが含まれていました。しかし私がもっとも欲しかったのはあなたの手紙なので，どうかあなたや学校のことをお知らせ下さい	タイプ
S-39	1898 8.23	C. サージェント（ジャマイカ・プレイン，Mass.）	宮部教授（札幌農学校）	（英文）随分長く手紙を受取っていませんが，ご病気でないことを願っています。今日はこの秋に次の植物の種子をお送り願えるかどうかをお尋ねします	タイプ
S-40	1899 3.15	C. サージェント（ジャマイカ・プレイン，Mass.）	宮部教授（札幌農学校）	（英文）あなたが送ってくれた種子が届いて喜んでいます。それらは札幌でお世話になった日々のことを思い出させます。この春はあなたの地方で成育し，アイヌたちに価値ある繊維を供給している Ulmus montana（オヒョウ：アイヌ語）の種子を是非送って下さい	タイプ
S-41	1903 12.17	C. サージェント（ジャマイカ・プレイン，Mass.）	宮部教授（札幌農学校）	（英文）私は世界一周の長い旅行から帰ってきたばかりです。ジャワからの帰途横浜に2,3日立ち寄ったとき，松村（任三）教授からあなたが不眠症に悩んでおられることを聞きました。ご回復を祈ります	タイプ
S-42	1904 12.31	C. サージェント（ジャマイカ・プレイン，Mass.）	宮部教授（札幌農学校）	（英文）椙山（清利）氏が朝鮮で採集された樹木や潅木の種子の貴重なコレクションを受取り厚くお礼を申し上げます。われわれは樹木のみならず朝鮮のあらゆる植物の標本や種子を入手したいと考えているので，椙山氏の協力を要請するために，取次いでいただけないでしょうか	タイプ
S-43	1905 3.23	C. サージェント（ジャマイカ・プレイン，Mass.）	宮部教授（札幌農学校）	（英文）あなたの種子リストの中からわれわれの樹木園で入手したいものをお知らせします。朝鮮の植物や種子の採集について椙山氏との取決めをお願いした手紙に対する回答をまだいただいておりませんが，よろしくお願いします	タイプ
S-44	1908 7.9	C. サージェント（ジャマイカ・プレイン，Mass.）	宮部教授（東北帝大農科大学，札幌）	（英文）Salix（ヤナギ属）の切枝は無事に到着しました。札幌付近に生育している Acanthopanax（ウコギ属）も今では樹木園に定着しています。われわれは「札幌の樹木と潅木」の中にこれも印刷したいのですが，まだ花も実もつけていないので，この見事な樹の絵と記述を送ってくれませんか	タイプ

書簡番号	年月日	発信者	宛先	内容	備考
S-45	1912 1.13	C. サージェント (ジャマイカ・プレイン, Mass.)	宮部教授 (東北帝大農科大学, 札幌)	(英文)樹木園に Juniperus litoralis(ハイネズ)の種子が欲しいので送ってもらえませんか。この興味深い植物は函館湾を通るときたくさん見ましたが，アメリカやヨーロッパでは育てられておりません	タイプ
S-46	1913 8.25	C. サージェント (ジャマイカ・プレイン, Mass.)	宮部教授 (東北帝大農科大学)	(英文)わが樹木園は植物や種子を集めるために中国で経験をつんだウィルソン氏(E. Wilson)を日本に派遣しようとしています。彼は札幌も訪れると思うので，あなたの助言を受けるようすすめておきます	タイプ
S-47	1916 1.24	C. サージェント (ジャマイカ・プレイン, Mass.)	宮部教授 (東北帝大農科大学)	(英文)"Flora of Hokkaido" の Nos. 2〜5 をお送り下さり有難うございました。No. 1 も追加していただくようお願いします。『札幌博物学会会報』も Vol. 1, pt. 1〜2 および vol. 3 しか受取っておりません	タイプ
S-48	1919 6.23	C. サージェント (ジャマイカ・プレイン, Mass.)	W. ウィルキー (ロンドン王立園芸協会)	(英文)私の旧友で札幌植物園長の宮部金吾教授を紹介します。氏は日本でもっとも著名な植物学者の一人です	タイプ
S-49	1919 6.23	C. サージェント (ジャマイカ・プレイン, Mass.)	ベッカリア教授 (フィレンツェ植物園)	(英文)私の旧友で札幌植物園長の宮部金吾教授を紹介します。氏は日本でもっとも著名な植物学者の一人です	タイプ
S-50	1919 6.23	C. サージェント (ジャマイカ・プレイン, Mass.)	ブリケット教授 (ジュネーブ植物園)	(英文)私の旧友で札幌植物園長の宮部金吾教授を紹介します。氏は日本でもっとも著名な植物学者の一人です	タイプ
S-51	1919 6.23	C. サージェント (ジャマイカ・プレイン, Mass.)	モンペリエ植物園長(モンペリエ, フランス)	(英文)私の旧友で札幌植物園長の宮部金吾教授を紹介します。氏は日本でもっとも著名な植物学者の一人です	タイプ
S-52	1921 8.8	C. サージェント (ジャマイカ・プレイン, Mass.)	宮部教授	(英文)あなたが再びこの国に来られたことを聞き，当地でお会いできることを喜んでいます(以下達筆のため判読困難)	ペン書
S-53	1921 9.16	C. サージェント (ジャマイカ・プレイン, Mass.)	宮部教授 (札幌植物園)	(英文)レーダー(A. Rehder)と私はあなたの Hokkaido Tilia(シナノキ属)について討議しました。ウィーン会議の命名規則によれば Tilia maximowiczii と Tilia maximowicziana(オオバボダイジュ)は異名とは考えられず，ともに同一種として使用されます。それ故あなたの樹木は Tilia maximowicziana Shirasawa, 1900で, Tilia miyabei (モイワボダイジュ)は異名になります	タイプ

Satzinger, W.
ドイツ，デッサウの庭園監督官

| S-54 | 1932
12.6 | W. ザッツィンガー | 宮部教授 | (独文)私は庭園愛好家および切手収集家として，使用済みの日本の切手を少々お送りいただければ有難く思います。あなたの御住所は『樹木学年報』で知りました | ペン書 |

書簡番号	年月日	発信者	宛先	内容	備考

Schenck, Carl A. (1868-1955)
ドイツの林学者。ドイツやアメリカで森林官を務め，林業の先覚者として知られる

書簡番号	年月日	発信者	宛先	内容	備考
S-55	1938 4.23	C. シェンク（ダルムシュタット，ドイツ）	宮部教授（北海道帝大植物園）	（英文）外国の樹木に関する本の中で私は温帯地方の主要な樹木園を列挙したいと思っています。残念ながら貴国のデータをもたないので，樹木園の名称，場所，責任者の名前などの簡単なリストをお送りいただけませんか	タイプ
S-56	1938 6.8	C. シェンク（ダルムシュタット，ドイツ）	宮部教授（北海道帝大植物園）	（英文）早々のご協力に感謝します。私の本は現在印刷中ですが，メリットがあるとすればそれは日本，アメリカ，カナダ，それにロシアの友人の協力者たちのお蔭です	タイプ
S-57	1939 5.6	C. シェンク（ダルムシュタット，ドイツ）		（英文）ヨーロッパに適合する日本とアメリカの樹木に関する私の本はまもなく出版されます。この本は貴方の協力がなかったら書けなかったものです。3巻（600ページ）よりなるこの本は，ヒットラーの新しい林業局による出版社への財政援助がなかったら印刷されなかったことを知れば興味をもたれることでしょう	タイプ

Schick, Theodor

書簡番号	年月日	発信者	宛先	内容	備考
S-58	1932 12.16	T. シック（シュツットガルト，ドイツ）	宮部教授（札幌植物園長）	（独文・英文）私はあなたの名前をドイツ樹木学協会の年鑑のなかで見つけました。私は Michelia compressa（オガタマノキ）を探していますが，ドイツ，イギリス，フランスでは駄目でした。日本のどこかで新鮮な種子か，若い植物を購入できないでしょうか？ 私はまた Fortunella (Citron) japonica（キンカン）も探しています	葉書ペン書

Schlechter, Rudolf (1872-1925)
ドイツの植物学者，ラン科の専門家。ベルリンの植物標本館長

書簡番号	年月日	発信者	宛先	内容	備考
S-59	1903 1.27	R. シュレヒター（ヌーメア，ニューカレドニア）	宮部博士（札幌植物園）	（英文）この数年私はラン科植物の研究をしており，イギリスやドイツの植物雑誌に論文を書いています。ヨーロッパの植物標本館には日本の資料が少ないので，私のもっているインド，ボルネオ，ニューギニア，ニューカレドニアの標本との交換で日本のラン科植物の1セットを入手できないかお尋ねする次第です	ペン書

Schmidt, Otto Christian (1900-51)
ベルリン植物園の藻類分類学者

書簡番号	年月日	発信者	宛先	内容	備考
S-60	1933 1.14	O. シュミット（ベルリン）	宮部教授（北海道帝大）	（独文）お送りいただいた別刷を大変興味をもって読ませていただきました。われわれの植物園には残念ながら Pleuropterum paradiseum（フウチョウワカメ）と同一視されるものをもっていないことが分かりました。それ故この植物の標本をお送りいただければ有難く思います	ペン書
S-61	1933 6.26	O. シュミット（ベルリン）	宮部教授（北海道帝大）	（独文）Pleuropterum paradiseum の標本をご親切に送付くださいまして深謝いたします	葉書ペン書

Schwerin, Fritz Graf von (1856-1934)
ドイツ樹木学協会会長

書簡番号	年月日	発信者	宛先	内容	備考
S-62	1911 2.13	シュヴェーリン（ルートヴィヒスフェルデ, ドイツ）	宮部教授	（独文）三好（学）教授の助言であなたに二つのお願いがあります。北海道産の黄色い種子をもつSambucus（ニワトコ）の挿木とPrunus ssiori（シウリザクラ）の種子をお送りいただけませんか	ペン書
S-63	1911 4.8	シュヴェーリン（ルートヴィヒスフェルデ, ドイツ）	宮部教授	（独文）ドイツ文字の筆記体で判読困難	葉書 ペン書
S-64	1922 11.14	シュヴェーリン（ルートヴィヒスフェルデ, ドイツ）	宮部教授	（独文）あなたには長年わが協会の会員になっていただき嬉しく思います。毎年12月には400ページ強の年鑑をお送りしておりますが，昨今のドイツマルクの価値低下のため，「終身会員」としてのあなたの機関には200金マルク（100円）をお支払い願いたくよろしくお願いします	タイプ
S-65	n.d.	シュヴェーリン（ルートヴィヒスフェルデ, ドイツ）	宮部教授	（独文）未納になっている1920, 1921, 1922年の分担金48.50マルクを来る5月1日までに郵便為替で支払い願います	ペン書

Scribner, F. Lamson- (1851-1938)
合衆国農務省。イネ科研究者で植物病理学者

書簡番号	年月日	発信者	宛先	内容	備考
S-66	1899 6.1	F. スクリブナー（ワシントン, DC）	宮部博士（札幌植物園長）	（英文）われわれは国立の植物標本館のためにあなたの国原産の草本の標本を交換で入手したいと思っていますので，ご意向をお聞かせ下さい	タイプ

Seaver, Fred J. (1877-1970)
ニューヨーク植物園長。菌類学者

書簡番号	年月日	発信者	宛先	内容	備考
S-67	1947 10.16	F. シーヴァー（ニューヨーク）	宮部教授（札幌北6条）	（英文）ビーティ（R. Beattie）博士と私はあなたがお元気で活躍しておられることを知って大変喜んでいます。私も3月に退職の年齢に達しましたが，なお1年Head of curatorとして留まっています	タイプ

Setchell, William A. (1864-1943)
宮部博士のハーバード大学時代の学友。のちカリフォルニア大学植物学科教授

書簡番号	年月日	発信者	宛先	内容	備考
S-68	1888 5.14	W. セッチェル（ノーウィクル, Conn.）	宮部	（英文）お便り受取りました。藻類の問題で僕の不満を気にしておられるようで申し訳なく思っています。僕も貴君が全ての作業を自分でやる方がよいと思います	ペン書4p
S-69	1888 7.24	W. セッチェル（ノーウィクル, Conn.）	宮部	（英文）休みが始まってもう1ヵ月が過ぎ去ったが，貴君は元気ですか。僕は主として採集に努めており，今日もCeratium（ツノモ属）やその他まだ解明されていない2つの新種を発見しました	ペン書4p
S-70	1888 7.30	W. セッチェル（ノーウィクル, Conn.）	宮部	（英文）お便り有難う。貴君が8月にはそんな楽しい場所に行くことを知って大変喜んでいます	ペン書

書簡番号	年月日	発信者	宛先	内容	備考
S-71	1889 10.13	W. セッチェル (ケンブリッジ, Mass.)	宮部 (札幌)	(英文)お便り有難う。僕の方は何か面白いことを書こうと思っているうちに返事が遅くなりました。ハンフリー(J. Humphrey)は理学博士候補になる予定です。僕は彼が近く結婚するのではないかと思うのですが，そのことは貴君にも知らせがあったことでしょう	ペン書 6p
S-72	1889 11. 5	W. セッチェル (ケンブリッジ, Mass.)	宮部 (札幌)	(英文)貴君からまだ返事が来る頃ではないが，短い手紙を書きます。君は僕が Sorosporium bullatum(黒穂病菌)の発芽を夢みていたことを覚えていると思うが，遂に成功したよ	ペン書 4p
S-73	1900 4.18	W. セッチェル (カリフォルニア大学植物学科, バークレー, Calif.)	宮部 (札幌)	(英文)僕は最近日本の食用海藻に大変興味をもっている。当地の日本人の食料品店にはアサクサノリやワカメがあり，僕はその他の標本も入手したい	タイプ
S-74	1903 5.29	W. セッチェル (バークレー, Calif.)	宮部 (札幌)	(英文)海藻に関する立派な論文を有難う。しかしそれが日本語なのは腹立たしい。少なくともその要約だけでも英語で出版してもらえないだろうか？	ペン書 3p
S-75	1907 9.12	W. セッチェル (バークレー, Calif.)	宮部教授 (札幌)	(英文)われわれは今この地方の Boraginaceae(ムラサキ科)に大変関心を持っている。比較のために日本の資料を入手したいので，とくに次の属のよく結実した植物を送っていただきたい	ペン書
S-76	1911 10.10	W. セッチェル (バークレー, Calif.)	宮部教授 (札幌)	(英文)僕は合衆国の海藻についての報告を準備している。いずれは北アメリカのみならず Laminariaceae(コンブ科)のすべてについて調べたいと思う。貴君が英語もしくは他の欧州語で新しい種や属について報告を準備していないかを知りたい	ペン書
S-77	1914 12.29	W. セッチェル (バークレー, Calif.)	宮部教授 (東北帝国大学)	(英文)貴君から手紙をもらうのは稀なことで，これで25年間に3度目だと思う。三宅教授が君の手紙と写真を届けてくれて君のことをいろいろ聞かせてくれた。貴君はいまでは権威ある教授だが，写真でみるとファーロー(W. Farlow)の研究室で机を並べていた頃の宮部と全くそっくりだ	ペン書
S-78	1918 3. 5	W. セッチェル (バークレー, Calif.)	宮部教授 (東北帝国大学)	(英文)『植物学襍説―宮部理学博士就職二十五年祝賀記念』をお送り下さり深謝します。僕は本書を価値ある植物学論文集としてばかりでなく，われわれの友情の証しとして宝物にしたい	タイプ
S-79	1920 12.15	W. セッチェル (バークレー, Calif.)		(英文)W. A. セッチェルとクララ・B・ゴールドウェルの結婚通知	印刷物
S-80	?	セッチェル夫妻		(英文)年賀状	印刷物
S-81 -1	1921 3. 9	W. セッチェル (バークレー, Calif.)	北海道長官 笠井信一 (札幌)	(英文)宮部金吾・工藤祐舜著『北海道主要樹木図譜』第1～3輯の寄贈礼状	タイプ
S-81 -2	1921 3. 9	W. セッチェル (バークレー, Calif.)	宮部 (札幌)	(英文)本書(『北海道主要樹木図譜』)の送付先にわれわれを加えてくれて有難う。これはすばらしい著作で完璧に近いものだと思います	ペン書

書簡番号	年月日	発信者	宛先	内容	備考
S-82	1921 8.22	W. セッチェル (バークレー, Calif.)	宮部教授 (ワシントン日本大使館気付)	(英文)只今バークレーに帰って来て13日付の貴君の手紙を見ました。僕はクリスマス休暇まで当地にいるので貴君を大学で歓迎できると思います	タイプ
S-83	1923 3.6	W. セッチェル (バークレー, Calif.)	宮部教授 (札幌)	(英文)『北海道主要樹木図譜』の第7〜9輯を受取りました。正規の受領書はカリフォルニア大学総長から北海道長官へ送られると思います	タイプ
S-84	1926 3.25	W. セッチェル (バークレー, Calif.)	宮部教授 (札幌)	(英文)僕は今年10月に東京で開催される「汎太平洋学術会議」に参加したく思っています。できれば日本滞在中に札幌に立ち寄って貴君に会えることを期待しています	タイプ
S-85	1928 5.8	W. セッチェル (バークレー, Calif.)	宮部教授 (札幌)	(英文)山田(幸男)氏が当地に到着したことをお知らせします。私は彼がシベリアの2000種のコレクションを同定し，南京大学のチュン教授のコレクションについて報告することを期待しています。私の希望は山田氏がアジア東沿岸地域について通暁し，地理的分布の問題に新知見を加えることです	タイプ
S-86	1928 8.30	W. セッチェル (バークレー, Calif.)	宮部教授 (札幌)	(英文)『北海道主要樹木図譜』の最新輯に深謝しています。図書館長や大学総長から直接北海道長官へ礼状が送られるでしょう。われわれは山田(幸男)氏の来訪を大変喜んでいますが，彼にとっても同様だと思います	タイプ 4 p
S-87	1931 12.29	W. セッチェル (カリフォルニア大学)	宮部教授 (北海道帝大)	(英文)『北海道主要樹木図譜』の第20〜28輯を有難く受取りました。これは科学的図版と論文の見事な見本です。僕はこの価値ある重要な著作を受取ったことを長い友情の証しと思っています	タイプ
S-88	1932 8.11	W. セッチェル (カリフォルニア大学)	宮部教授 (北海道帝大)	(英文)先頃日本植物学会から僕を通信会員に選んだという通知を受取りました。これは貴君のご親切のお蔭と思って感謝しています	タイプ
S-89	1932 11.15	W. セッチェル (カリフォルニア大学)	宮部教授 (北海道帝大)	(英文)われわれはいま北アメリカの柳の研究を進めており，比較研究のために東アジアの標本を集めているので，アメリカの柳との交換で日本の柳を送ってくれませんか	タイプ
S-90	1932 11.15	W. セッチェル (カリフォルニア大学)	北海道長官 佐上信一	(英文写)『北海道主要樹木図譜』のリプリント版第1輯への礼状	タイプ
S-91	1936 5.28	W. セッチェル (カリフォルニア大学)	宮部教授 (北海道帝大)	(英文)貴君および同僚たちの論文9点を受領し，貴君がなお活躍しておられることを知って喜んでいます。私も大学出版会から刊行された私の記念論文集を送ります	タイプ
S-92	1937 1.25	W. セッチェル (カリフォルニア大学)	宮部教授 (北海道帝大)	(英文)山田(幸男)教授が貴君の近況を伝えるとともに大変立派な貴君の写真を届けてくれました。1887年以来われわれは違った国で同じ目的を持って研究に励み，二人とも定年を過ぎながらなお植物研究に関心ををもって人々から尊敬を受けています。貴君に心より幾重にも感謝しつつ…	タイプ

Seymour, Arthur Bliss (1859-1933)

宮部博士留学当時のハーバード大学隠花植物標本館助手で菌類学者。終生を「ハーバード菌類索引」の編集に捧げる

書簡番号	年月日	発信者	宛先	内容	備考
S-93	1889 7.8	A. シーモア (ケンブリッジ, Mass.)	宮部 (帰国途中)	(英文)タイプライターを試してみて，これは魅力的なものだと思いました。ファーロー(W. Farlow)教授はウッズホールから帰って来たばかりですが，貴君のいう Onion Smut extras(タマネギ黒穂病)だと思われる包みをもっていました。もしそうならご指示の通り直ちに送るつもりです	タイプ
S-94	1889 9.9	A. シーモア (キャンプ・ポイント, Ill.)	宮部 (9月7日東京着)	(英文)僕は子供時代を過ごした土地を訪れています。貴君のお金はケンブリッジ貯蓄銀行の僕の口座に入ったままです。郵便料として78セントしか使っていないので，ヨーロッパ旅行に持って行けばよかったと思います	ペン書
S-95	1890 2.28	A. シーモア (ケンブリッジ, Mass.)	宮部教授 (札幌)	(英文)"The Flora of the Kurile Islands"が60部到着しました。残部はまだ図版のないままでサーレムに残されているが，それらを支払った後の残金はどうしますか	葉書 ペン書
S-96	1890 7.26	シーモア夫人 (ローウェル, Mass.)	宮部教授 (札幌)	(英文)ケンブリッジのあなたの友人たちがあなたのことをどんなに心配し，病気ではないかと案じていると知ったら，誰かに数行の手紙を書かれることと思います。私たちはあなたの学位取得とご結婚に心よりお祝いを申し述べます	ペン書 4p (未完)
S-97	1896 8.9	A. シーモア (ケンブリッジ・植物供給会社, Mass.)	宮部教授 (札幌)	(英文)僕は購入もしくは交換によって標本の入手を求めているので，関心のある人々を紹介して下さい	葉書 ペン書
S-98	1900 —.14	A. シーモア (ケンブリッジ, Mass.)	宮部教授 (札幌)	(英文)僕は今ケンブリッジ貯蓄銀行の君の口座に14.17ドルを持っているが，どうしたらよいでしょうか(メモ)	鉛筆書
S-99	1901 3.28	A. シーモア (ケンブリッジ, Mass.)	宮部 (札幌)	(英文)僕は最近の出版物の中で貴君のErysiphaceae(ウドンコカビ科)がしばしば取り上げられるのを見て喜んでいます。K. ミヤベとは誰か？ 彼はいかにしてそのような名声を得たのか？	ペン書 3p
S-100	1901 4.20	A. シーモア (ケンブリッジ, Mass.)		(英文)クリントン(G. Clinton)氏ができるだけたくさんのUstilaginaceae(？)(黒穂菌科)を貴君と交換することを望んでいます。僕も同様です(メモ)	ペン書
S-101	1905 1.28	A. シーモア (ケンブリッジ, Mass.)	宮部教授 (札幌)	(英文)『東京植物学雑誌』第8号(1904)の論文における結論の要旨を教えて下さい。ウォルコット博士は菊の病菌で大きなトラブルを起しています	葉書 ペン書
S-102	1907 3.9	A. シーモア (ケンブリッジ, Mass.)	宮部教授 (札幌)	(英文)ハンチントンの機械見本市ビルのホールは日本の樹木と思われる満開の桜の木で飾られていました	葉書 ペン書
S-103	1907 3.25	A. シーモア (ケンブリッジ, Mass.)	宮部教授 (札幌)	(英文)貴君が当地にいて，近年セントローレンス湾近くでなされた採集と分布の問題についてファーナルド(M.Fernald)が語るのを聞いてほしかった	葉書 ペン書
S-104	1907 6.15	A. シーモア (ケンブリッジ, Mass.)	宮部教授 (札幌)	(英文)(？)は当地の数人の日本人学生たちがアメリカ人学生に混じって英語の勉強で最高の点数をとったことを語っています(メモ)	ペン書

書簡番号	年月日	発信者	宛先	内　　容	備　考
S-105	1908 3.29	フランク・シーモア（シーモアの子息？）	宮部	（英文）絵葉書と切手を有難うございました。大変珍しいものなので大切に保管するつもりです	ペン書
S-106	1909 4.20	シカゴ大学出版部（シカゴ）	A. シーモア（ケンブリッジ, Mass.)	（英文）日本の宮部教授のために『植物学雑誌』の予約として5.84ドルを受取りましたが，1908年7月より年予約は7.00ドルとなっておりますので，9カ月分の予約となります	タイプ
S-107	1909 ?	A. シーモア（ケンブリッジ, Mass.)	宮部教授（札幌）	（英文）『植物学雑誌』から年間予約が7ドルになったので送った金では9カ月分の予約になるとの連絡があり，申し訳なく思っています。1909年以後の予約はどうしますか？（メモ）	ペン書
S-108	1910 3.29	A. シーモア（ケンブリッジ, Mass.)	宮部教授（札幌）	（英文）ファーロー博士はナポリに出発しました。ジュネーブやパリを訪れた後5月10日にはブリュッセルの植物学会議に参加する予定です	葉書 ペン書
S-109	1911 5. 6	A. シーモア（ケンブリッジ, Mass.)	宮部教授（札幌）	（英文）僕は今日貴君のことを思い出しています。それは僕の最初の結婚記念日だった24年前の今日，貴君と僕ら夫婦でNahant（？）へ行ったからです。わが家族6人は今朝写真屋に行ってきました	ペン書 8 p
S-110	1911 5.19	A. シーモア（ケンブリッジ, Mass.)	宮部教授（札幌）	（英文）ボストン最大のホールでは今大きな伝道（師収集品の）博覧会〝The World in Boston〟が開催されていて，諸民族の衣装，家，風俗習慣に関するものが展示されています。その中には日本についても立派な展示があります	葉書 ペン書
S-111	1911（？） 7.20	A. シーモア（ケンブリッジ, Mass.)	宮部教授（札幌）	（英文）スペイン戦争で名をあげてミシシッピー州の上院議員となったホブソンは，それ以来日本（？）との戦争を語ることによって自己宣伝をしています	ペン書 8 p
S-112	1913 4.20	A. シーモア（ケンブリッジ, Mass.)	宮部教授（札幌）	（英文）ワイドナーという名のハーバードの卒業生がタイタニック号で亡くなりました。彼の文庫がハーバード大学に寄贈されたが，ハーバードにはそれを収める場所がなかったので，ワイドナーの母親は図書館の建築も申し出ました。新図書館には多くの教室も設けられるはずで，授業は本を傍において行われることになるでしょう	ペン書12 p
S-113	1914 1.14	A. シーモア（ケンブリッジ, Mass.)		（英文）American-Japanese Conference（ボストン，（？）寺院）。モース教授の講演要旨などをメモ	鉛筆書15 p
S-114	1914 9.25	A. シーモア（ケンブリッジ, Mass.)	宮部教授（札幌）	（英文）家族は皆元気で，娘のメアリーは学校の教師をしており，エディスは大学に入ったばかりです	葉書 ペン書
S-115	1914 12.14	A. シーモア（ケンブリッジ, Mass.)	宮部教授（札幌）	（英文）手紙を今朝受取りました。2ドルは貴君の札幌の住所宛に送りました	葉書 ペン書
S-116	1916 1.21	A. シーモア（ケンブリッジ, Mass.)	宮部教授（札幌）	（英文）パンフレットを有難うございました。保井（コノ）嬢の研究室に立ち寄ってお手紙を見せました	葉書 ペン書

書簡番号	年月日	発信者	宛先	内容	備考
S-117	1916 3.27	A. シーモア (ケンブリッジ, Mass.)	宮部教授 (札幌)	(英文)保井嬢が東京から来た友人をつれて僕の研究室に来ました	葉書 ペン書
S-118	1917 11. 5	A. シーモア (ケンブリッジ, Mass.)	宮部教授 (札幌)	(英文)ピグネー(A. Pignet)氏が先頃貴君が来た夢を見たと僕に言いました。夢を正夢にして下さい	葉書 ペン書
S-119	1919 1.30	A. シーモア (ケンブリッジ, Mass.)	宮部教授 (札幌)	(英文)貴君がいつも友人たちを僕に会いによこしてくれるのを喜んでいます。坂村(徹)氏は貴君のご子息の死去を知らせてくれました。心よりご同情申し上げます	ペン書10p
S-120	1919 8.24	エディス・シーモア(シーモアの次女) (マジソン, Wis.)	宮部教授 (札幌)	(英文)スペンサー・レンズを数日前に受取り, ご親切を大変喜んでいます。あなたが私の家を訪ねて下さったことを父母の手紙で知りました	ペン書
S-121	1919 12.15	A. シーモア (ケンブリッジ, Mass.)	宮部教授 (札幌)	(英文)今朝僕が家を出た後で, 貴君がマルセーユ出帆の前夜に書いた手紙を妻が受取り, ご令室の死去についての悲しいニュースを電話で知らせてくれました	封筒付 ペン書
S-122	1920 1.18	メアリー・シーモア(シーモアの長女) (シムスベリー, Conn.)	宮部教授 (札幌)	(英文)あなたが出発前に私の家に届けて下さった, 美しい扇子のお礼が大変遅くなって申し訳ありません。ご住所を探すのに手間取って失礼しました	ペン書
S-123	1920 2.29	フランク・シーモア(シーモアの子息?) (ニューヨーク)	宮部教授 (札幌)	(英文)あなたがご帰国前に私の母のところに残して下さった素敵な贈物有難うございました。ご旅行中に手紙を書いても仕方がないと思って今日まで待っておりました	ペン書3p
S-124	1920 3. 4	A. シーモア (ケンブリッジ, Mass.)	宮部教授 (札幌)	(英文)7月初めに僕はアメリカン・ボードの図書館に行って内村(鑑三)氏の本を入手しました。12月にはミクロネシアにおけるわが国の伝道団に関する数冊のパンフレットを貴君に送るために購入しました(後半判読困難)	ペン書4p
S-125	1920 3. 7	A. シーモア (ケンブリッジ, Mass.)	宮部教授 (札幌)	(英文)僕はわれわれがキリスト教の理解において, いくらかの進歩をしたことを貴君が知ることを望んでいます。われわれのすぐれたキリスト教思想家たちは, もはや他民族やその宗教を非難したりはしていません(後半判読困難)	ペン書
S-126	1920 6. 6	A. シーモア (ケンブリッジ, Mass.)	Dr. Bell (アメリカン・ボードの牧師?)	(英文)僕の家族は1831年にアメリカン・ボードに入り, 5人は伝道者です。僕の母は1837年ホノルルで生れました。高校時代に選択が自由だったら兄のフランクと同様外国で働くことを選んだでしょう。僕は「他の人ができない仕事」をやるようにと教えられたので, 今の仕事を40年も続けています	タイプ4p 青焼複写
S-127	1920 7.25	A. シーモア (ケンブリッジ, Mass.)	?	(英文)2番目の孫ロッジャー・ロビンがヴァーモントで生れました	ペン書 青焼複写
S-128	1921 5.26	シーモア夫妻	?	(英文)シーモア夫妻は娘のエディス・キャサリンがF. R. ジョーンズと結婚したことをお知らせします	印刷物

書簡番号	年月日	発信者	宛先	内容	備考
S-129	1921 7.16	A. シーモア (ケンブリッジ, Mass.)	宮部教授 (札幌)	(英文)貴君が世界のこちら側に来ていて間もなく会えることを知って喜んでいます。イリノイ大学卒業の40年記念のために出掛けていたので，帰宅したばかりです	タイプ
S-130	1921 7.20	A. シーモア (ケンブリッジ, Mass.)	宮部教授 (札幌)	(英文)貴君が2年前に住んでいたブラウン夫人の家に行ってきました。今では電気があるので机にはスタディ・ランプをつけることができます。前と同じ室で，借料も同じく6ドルにしてもらいました	タイプ
S-131	1922 4.14	A. シーモア (ケンブリッジ, Mass.)	宮部教授 (札幌)	(英文)メモ類	封筒付 ペン・鉛筆書12p
S-132	1922 5.1	A. シーモア (ケンブリッジ, Mass.)	宮部教授 (札幌)	(英文)とりとめのないメモ	封筒付 ペン書8p
S-133	1922 5.59	A. シーモア (ケンブリッジ, Mass.)		(英文)とりとめのないメモ	封筒付 ペン・鉛筆書
S-134	1922 8.22	A. シーモア (ケンブリッジ, Mass.)	宮部教授 (札幌)	(英文)貴君の友人をまた僕の所に送ってくれて有難う。今度は伊藤(誠哉)教授で，たった今当地に来たばかりです。僕は彼の論文を"Miyabe Festschrift"(『植物学襍説』)の中で見たことがあります	封筒付 ペン書
S-135	1922 9.13	A. シーモア (ケンブリッジ, Mass.)	宮部教授 (札幌)	(英文)札幌から来た伊藤(誠哉)教授はいま当地で北太平洋探検調査隊の菌類を研究しています	ペン書
S-136	1922 9.28	A. シーモア (ケンブリッジ, Mass.)	宮部教授 (札幌)	(英文)貴君とエディスがいなかったら僕は何をしたらよいだろう。今日はエディスの誕生日(26歳)です。僕がP氏にエディスはアメリカ中で「エディス」として知られているといったら，P氏は「そうです。日本でも同様です」といいました	ペン書
S-137	1923 9.14	A. シーモア (ケンブリッジ, Mass.)	宮部教授 (札幌)	(英文)とりとめのないメモ	ペン書
S-138	1924 5.5	A. シーモア (ケンブリッジ, Mass.)	宮部教授 (札幌)	(英文)貴君は1887年5月6日を憶えていますか。君は僕らの結婚1周年を祝うために一緒にNahant(?)へ行きました。明日もまた同じところへ行くつもり(グラフ雑誌，新聞切抜き同封)	封筒付 ペン書
S-139	1924 5.22	A. シーモア (ケンブリッジ, Mass.)	宮部教授 (札幌)	(英文)貴君らと僕らの間の大きくて理解のできない違いは何なのだろう。僕はそのことについてたくさん聞いたが，理解することができなかった。(『ボストン・ポスト』紙の日本移民排斥法の記事を同封)	封筒付 ペン・鉛筆書
S-140	1924 6.8	A. シーモア (ケンブリッジ, Mass.)	宮部教授 (札幌)	(英文)この手紙の目的は，合衆国の上院は(国民を)代表するものではないことを指摘することです	封筒付 ペン書7p

書簡番号	年月日	発信者	宛先	内容	備考
S-141	1924 10.18	A. シーモア (ケンブリッジ, Mass.)	宮部教授 (札幌)	(英文)今日はノートン(Mass.)のホイートン女子大で勉強している札幌出身の坂西志保嬢の楽しい訪問を受けました。彼女の教師がキク属の文献を調査するためによこしたのです。彼女が自分のことを植物学の初心者のように感じると言ったので，僕は勉強すればする程そのように感じるものだと述べておきました	ペン書3p
S-142	1929 5. 2	A. シーモア (ケンブリッジ, Mass.)	宮部教授 (札幌)	(英文)「中東救済マサチューセッツ本部」からの孤児院への寄付への感謝状およびそれに関するメモ	封筒付 タイプ・ペン書3p
S-143	1930 12.23	A. シーモア (ケンブリッジ, Mass.)	宮部教授 (札幌)	(英文)僕は北アメリカの菌類についての情報を集めて総括すべく多忙です(年賀状を同封)	封筒付 ペン書
S-144	1932 5.26	A. シーモア (ケンブリッジ, Mass.)	宮部教授 (札幌)	(英文)僕は貴君をもっとも親しい友人だと考えているので，遠く離れていてもしばしば手紙を書きたいと思います。貴君はシーモア夫人がいないのに気付いていることでしょう。彼女は復活祭の翌朝目標としていた70歳の寿命に3日を残して，われわれのもとを去ってしまいました。子供たちが彼女の大きな業績でした	ペン書6p
S-145	1932 12.10	A. シーモア (ヴェルモント, Mass.)	宮部 (札幌)	(英文)お手紙を熱心に拝読し，子供らのところへ回します。僕がまだ返事を書いていないのは不思議だが，それは医者たちが，働きたいときでも休まねばならぬと言うからです	ペン書4p
S-146	1932 12.10	A. シーモア (ヴェルモント, Mass.)	宮部 (札幌)	(英文)貴君の写真は貴君が上海(?)にいたときと同様に僕には親しいものです。そしてイエスによって教えられた神のよき教えをそこに見ることができます	ペン書
S-147 -1	1933 5.—	?	?	(英文)「イリノイ大学同窓会ニュース」(1933年5月)よりArthur Bliss Seymourの略歴(1933年3月29日逝去)	タイプ
S-147 -2	?	?	?	(英文)A. B. シーモア雑メモ類(1袋)	

Sharp, Lester W. (1887-1961)
第4回国際植物学会議書記。コーネル大学教授(細胞遺伝学)

書簡番号	年月日	発信者	宛先	内容	備考
S-148	1925 12.10	L. シャープ (イサカ, NY)	宮部教授 (北海道帝大)	(英文)1926年8月にイサカで開催される国際植物学会議のプログラム委員会は，あなたに菌類学部会への論文の提出をお願いします	タイプ
S-149	1925 12.24	L. シャープ (イサカ, NY)	宮部教授 (北海道帝大)	(英文)1926年8月にイサカで開催される国際植物学会議のプログラム委員会は，あなたに植物分類学部会への論文の提出をお願いします	タイプ

Shear, Cornelius Loft (1865-1956)
合衆国農務省植物産業局。菌類学者で米国植物病理学会の設立にも大きな役割を果した

書簡番号	年月日	発信者	宛先	内容	備考
S-150	1921 3. 9	C. シアー (ワシントン, DC)	宮部教授 (北海道帝大)	(英文)同封リストの通り，9種類のEndothia(胴枯病菌)の標本を別便にてお送りします。これはあなたの隠花植物コレクションの標本を研究させていただいたお礼です	タイプ

書簡番号	年月日	発信者	宛先	内容	備考
S-151	1922 3. 4	C. シアー (ワシントン, DC)	宮部教授 (北海道帝大)	(英文)別便にて Pezizella lythri(褐斑病菌)を代表する15の標本をお送りします。あなたの近くにある Botryosphaeria(実枯病菌), Diplodia(腐敗病菌), Sphaeropsis(黒腐病菌)などの種をお送りいただければ有難く思います	タイプ

Sinskaia, Evgenia (1889?-1965?)

| S-152 | ? 11.13 | E. シンスカヤ (箱根) | 宮部博士 | (英文)札幌訪問時のご親切に心よりお礼を申し上げます。いまは箱根山中を彷徨して植物の採集をしています。頂戴した工藤(祐舜)博士の本は非常に興味深く拝読しました。舘脇(操)さんにどうかよろしく | ペン書 |

Sites, C. M. L.
中国, Imperial Polytechnic College(上海南洋大学)

| S-153 | 1906 3.16 | C. サイト (上海) | 札幌農学校長 | (英文)札幌農科大学のハンドブック(一覧?)をお送り下さり有難うございました。その中に貴校が北海道資源の博物館をおもちとのことに関心をもちました。われわれは近隣諸国の商業資源の標本を集めていますので, ご助言をお願いします | タイプ |

Smith, Clayton O.
カリフォルニア大学農学部農事試験場

| S-154 | 1922 5.25 | C. スミス (バークレイ, Calif.) | 宮部博士 (北海道帝大) | (英文)私は日本の Prunus mume(ウメ)に関心を持っています。私はあなたが Prunus mume の台木としての用途を知っておられ, 有用な情報を与えて下さるのではないかと思っています。この植物は日本ではどの果実のために利用されていますか | タイプ |

Smith, Erwin Frink (1854-1927)
合衆国農務省植物産業局。植物病理学者

S-155	1919 9. 2	E. スミス (ワシントン, DC)	宮部博士 (北海道帝大)	(英文)お手紙有難うございました。しかし貴君が病気のため多くの植物学者たちに会えなかったのは残念でした。僕はパストゥールに関する新著(翻訳)の最終稿を読んでいるところです。貴君が日本の新聞に書評を書いてくれたらと思います	ペン書 4 p
S-156	1921 9.29	E. スミス (ワシントン, DC)	宮部博士 (北海道帝大)	(英文)貴君が訪ねてくれたとき, 不在で今度も会うことができず残念でした	タイプ
S-157	1927 1.20	E. スミス (ワシントン, DC)	宮部博士 (北海道帝大)	(英文)1919年以来この研究室では中田(覚五郎)博士が働いており, 日本からは多くの興味深い教授たちが訪ねて来ます	タイプ

Smith, William Wright (1875-1956)
スコットランド, 王立エジンバラ植物園長。エジンバラ大学植物学教授

| S-158 | 1922 5. 6 | W. スミス (エジンバラ) | 宮部教授 | (英文)種子のリスト有難うございました。同封リストに記したものをお送りいただければ幸いです。バルフォア(I. Balfour)教授は健康を害して退職しました | タイプ |

Späth, Franz Ludwing (1839-1913)
ベルリン近傍リックスドルフの樹木園・養樹園主。園芸家

書簡番号	年月日	発信者	宛先	内容	備考
S-159	1895 2.13	L. シュペート (ベルリン)	宮部教授 (札幌)	(独文)サージェント(C. Sargent)教授によれば北海道には真正の Tilia miqueliana Maxim.(オオバボダイジュ)が見られるとのこと。この樹木はヨーロッパの庭園にはまだ広まっていないので，その種子をお送りいただければ当地の公園を豊かにすると思います	ペン書

Stakman, Elvin C. (1885-1979)
ミネソタ大学農学部(植物病理学)。小麦の病害の専門家

書簡番号	年月日	発信者	宛先	内容	備考
S-160	1921 7.11	E. スタクマン (セント・ポール，Minn.)	宮部博士 (シアトル，ワシントンホテル)	(英文)あなたが7月9〜20日にセント・ポールで開催の穀物病理学会議にご参加の予定とのことを聞いて喜んでいます。われわれにできることがあったらお申し出下さい	タイプ

Starr, Frederick (1858-1933)
シカゴ大学生物学・人類学教授。知日家として知られ日本に関する著作も多く，神社札を収集して「お札博士」と呼ばれた

書簡番号	年月日	発信者	宛先	内容	備考
S-161	1908 8.18	F. スター (マニラ，フィリピン)	宮部教授 (札幌)	(英文)1904年札幌であなたを訪ねたとき，松浦武四郎がアイヌを描いた掛軸を見せていただき，その複製を私のアイヌコレクションに加えたいと思いました。私はできるだけ本物に近い複製を札幌の画家に作ってもらい，帰国のときに持ち帰りたいと思います	ペン書

Stevens, Frank Lincoln (1871-1934)
イリノイ大学植物病理学教授(菌類学)

書簡番号	年月日	発信者	宛先	内容	備考
S-162	1920 4.14	F. スチーヴンス (アーバナ，Ill.)	宮部教授 (札幌)	(英文)私は Helminthosporium 属(葉枯病菌)に関心をもっており，とくに穀物に生ずる「種」の菌類標本を入手したいと思っています。どのような親木からどのようにして得られるかご教授いただければ幸いです	タイプ
S-163	1921 10.7	F. スチーヴンス (アーバナ，Ill.)	宮部教授 (札幌)	(英文)暫く前に Helminthosporium を受取りました。ご協力に厚く感謝します。私は9月21日にハワイを離れましたが，その地でお会いできず大変残念でした	タイプ
S-164	1930 3.6	F. スチーヴンス (アーバナ，Ill.)	宮部教授 (札幌，中国)	(英文)私はフィリピン大学の植物学教授の席を占めることになり，クリーブランド号で6月17日に上海到着の予定です。そのときお会いできれば大変有難く思います	タイプ

St. John, Harold (1892-1991)
ハワイ大学植物学教授

書簡番号	年月日	発信者	宛先	内容	備考
S-165	1931 5.9	H. セント・ジョン (ホノルル)	宮部教授 (北海道帝大)	(英文)参考文献であなたと工藤(祐舜)氏の共著論文 "Flora of Hokkaido and Saghalien" を見ました。余部がありましたら小生の論文との交換でお送り願えませんか	タイプ
S-166	1931 9.4	H. セント・ジョン (ホノルル)	宮部教授 (北海道帝大)	(英文)"Flora of Hokkaido and Saghalien," pt.1をお送りいただき有難うございました。すばらしいご労作だと思います。ただ2つの点について批評します	タイプ

書簡番号	年月日	発信者	宛先	内容	備考
S-167	1931 11.5	H. セント・ジョン（ホノルル）	宮部教授（北海道帝大）	（英文）"Flora of Hokkaido and Saghalien," pt. 2 を受取りました。ワシントンやオレゴンの植物と対照して見たいと思います。2つの点について批評をお送りします	タイプ

Stockbridge, Horace Edward (1857-1930)
1885～89 札幌農学校の化学・地質学教授，のちフロリダ農科大学教授

書簡番号	年月日	発信者	宛先	内容	備考
S-168	1886 7.28	H. ストックブリッジ（札幌）	宮部（札幌）	（英文）（アメリカ留学に出発しようとしていた宮部金吾に対する助言など）	ペン書 3p

Stone, M. W.
ハーバード大学グレイ植物標本館

書簡番号	年月日	発信者	宛先	内容	備考
S-169	1932 7.6	M. ストーン（ケンブリッジ，Mass.）	宮部教授（北海道帝大）	（英文）ロビンソン（B. Robinson）博士不在につき代わりに別刷のお礼を申しのべます	葉書 ペン書

Stopes, Marie Charlotte (1880-1958)
英国の女性生物学者。産児制限論者として活躍

書簡番号	年月日	発信者	宛先	内容	備考
S-170	1911 3.18	M. ストープス（ロンドン）	宮部	（英文）R. ゲイツとの結婚通知	印刷物

Stout, Arlow Burdette (1876-1957)
ニューヨーク園芸協会国際会議委員会書記。ニューヨーク植物園

書簡番号	年月日	発信者	宛先	内容	備考
S-171	1925 1.31	A. スタウト（ニューヨーク）	宮部教授（北海道帝大）	（英文）「花卉と果実の不毛に関する国際会議」への協力依頼	印刷物（招待状）

St. Paul, Baron von
ドイツ樹木学協会会長

書簡番号	年月日	発信者	宛先	内容	備考
S-172	1898 8.23	ザンクト・パウル（フィッシュバッハ，シレジア，ドイツ）	宮部教授（札幌）	（英文）私はあなたが「ドイツ樹木学協会」のために札幌近辺で採集した種子を A. マルクス（Marcus）教授に送ることを約束されたことを大変喜んでいます。私はそれらの種子を北アメリカ経由で送っていただくことを望んでいます。というのは熱帯経由の輸送は種子を痛めるからです（38種の種子リストを付す）	ペン書
S-173	1898 8.29	ザンクト・パウル（フィッシュバッハ，シレジア，ドイツ）	宮部教授（札幌）	（英文）8月23日付の私の手紙は届いたことと思います。その中で私は北アメリカ経由で種子の送付をお願いしましたが，そのための適当な商社としてサンフランシスコのウェルズ・ファーゴ社を指定しました。それはその商社が日本の主要港に代理店をもっており，あなたの仕事を容易にすると考えたからです	ペン書
S-174	1900 11.7	ザンクト・パウル（フィッシュバッハ，キーフェンゲビリゲ）	宮部教授（札幌）	（英文）9月18日のお便りをいただき，その内容に大変満足しています。樹木学協会はあなたのお手元にある興味深い種子のいずれも喜んでいただきます	ペン書

書簡番号	年月日	発信者	宛先	内容	備考

Sturgis, William Codman (1862-1942)
宮部博士のハーバード大学時代の学友。菌類学者

書簡番号	年月日	発信者	宛先	内容	備考
S-175	1919 9.4	Wm. スタージス (ケンブリッジ, Mass.)	Miss Lister (ロンドン)	(英文)かつてファーロー(W. Farlow)博士のもとで共に学んだ札幌の宮部教授を紹介します。彼は数日中にイングランドへ向いますのでよろしくお願いします	ペン書

Suksdorf, Wilhelm N. (1850-1932)
宮部博士のハーバード大学時代の学友。植物分類学者

書簡番号	年月日	発信者	宛先	内容	備考
S-176	1897 7.10	W. スクスドルフ (ビンゲン, Wash.)	宮部 (札幌)	(英文)貴君と僕がハーバードで学んでから10年になります。ある時僕らは植物標本の交換のことを話しあったが、もし貴君が交換を望むなら送ります。先頃僕は小さな論文をドイツの雑誌に載せたので同封します	ペン書

Swingle, Walter Tennyson (1871-1952)
合衆国農務省植物産業局。植物生理学者

書簡番号	年月日	発信者	宛先	内容	備考
S-177	1919 9.9	W. スウィングル (ワシントン, DC)	宮部教授 (ケンブリッジ, Mass.)	(英文)長い旅行ののちケンブリッジへ戻られたとのお手紙を受取りました。多くの植物学者たちにお会いになられたことを喜んでいます	タイプ
S-178	1921 7.28	W. スウィングル (農務省図書館委員会委員長、ワシントン, DC)	宮部教授 (北海道帝大)	(英文)『植物学襍説―宮部理学博士就職二十五年祝賀記念』の中に発表された論文の抄録や翻訳に対する要望がアメリカの病理学者たちからたくさん来ていますので、一部お分けいただくようお願いします	タイプ

Sydow, Paul (1851-1925)
ドイツの菌類学者。さび菌・黒穂病菌分類体系の基礎を築いた

書簡番号	年月日	発信者	宛先	内容	備考
S-179	1897 6.25	P. シドー (ベルリン)	宮部教授	(独文)あなたは菌類の研究に従事しておられますので、標本の交換をしていただけませんか。私はとくに乾燥したUredineae と Ustilagineae(いずれもイネ科牧草病害菌)を送りますので、その代償となるものを採集して下さるようお願いします	ペン書
S-180	1902 4.3	P. シドー (ベルリン)	宮部教授 (札幌植物園)	(独文)あなたが私と菌類の交換をして下さるかお伺いします。私の Exsirraten(?)との交換であなたから Uredineen(マメ科さび病菌?)もしくは Ustilagineen Phycamyreten(?)をいただけたら有難く思います	葉書 ペン書
S-181	1907 11.21	P. シドー (ベルリン)	宮部教授 (札幌農学校)	(独文)『東京植物学雑誌』の No. 61(1892)の中であなたは Uromyces levispiralis Miy.(さび病菌)について報告していますが、私は日本語を読めないので、私にこの菌類の特性を英語もしくはフランス語で知らせていただけませんか	葉書 ペン書
S-182	1910 10.6	P. シドー (ベルリン)	宮部教授 (札幌農学校)	(独文)『東京植物学雑誌』の No. 61(1892)の中であなたは Uromyces levispiralis について書いていますが、私は日本語が分からないので、この種の特性をドイツ語か英語で知らせていただければ助かります。この種についてのわたしの論文は1911年早々に出るので急いでいます	葉書 ペン書

書簡番号	年月日	発信者	宛先	内容	備考
S-183	1911 10.16	P. シドー (ベルリン)	宮部博士 (札幌)	(独文)私は論文を書くために Phragmidium(さび病菌)属を研究しています。1910年笠井(幹夫)氏によってこの属の3つの新種が発見され，私はそれらに非常に関心をもっています。あなたの研究所にこれら3種の標本がありましたら送っていただきたくお願いします	葉書 ペン書
S-184	1911 12.9	P. シドー (ベルリン)	宮部博士 (札幌)	(独文)お手紙および Phragmidium と Triphragmium(さび病菌)の標本の小包を受取り厚くお礼を申しあげます。新種の記述を付してあなたの国の Gymnosporanpia(さび病菌)を送って下さるとのお申出にも喜んでいます。われわれの論文第3巻中に印刷します	封筒付 ペン書 4p
S-185	1914 1.11	P. シドー (ベルリン)	宮部博士 (札幌)	(独文)私はいま Coleosporium(さび病菌)属の研究をしています。『東京植物学雑誌』の No.24(1910)の中に，私は Coleosporium astilbes Miyabe(葉さび病菌?)という名称を発見しました	葉書 ペン書

Tai, E. L.
中国，南京大学農林学部

T-1	1928 9.5	E. タイ (南京)	宮部博士 (北海道帝大)	(英文)私は1924年以来 Gymnosporangium Yamadae(赤星病菌：サビ病菌)を研究しています。私は当地の図書館の不備のため，『東京植物学雑誌』に載ったあなたの論文や『北大農学部紀要』に載せられた福士(貞吉)氏の最近の論文などの重要な論文を読むことができません。それらの入手にご協力いただければ幸甚です	タイプ

Temple, E. L.
ボストンの造園業者

T-2	1896 2.6	E. テンプル (ボストン, Mass.)	宮部教授 (札幌)	(英文)私はサージェント(C. Sargent)教授の Acer miyabei(クロビイタヤ)の記事を読んで大変関心をもちました。このカエデおよびその他の種子を誰かに採集させてお送りいただければ有難く思います	ペン書

Thaxter, Roland (1858-1932)
宮部博士のハーバード大学時代の学友。のちハーバード大学教授

T-3	1888 11.17	R. サクスター (コネティカット農業試験場，ニューヘヴン, Conn.)	宮部 (ケンブリッジ, Mass.)	(英文)小生の昇進に対するお祝いの手紙をいただいて大変嬉しく思いました。ただ来月農会で就任演説を行うまでは，まだ一人前の植物学者になった気がしません	ペン書 4p
T-4	1888 11.30	R. サクスター (コネティカット農業試験場，ニューヘヴン, Conn.)	宮部 (ケンブリッジ, Mass.)	(英文)先週は大変具合が悪そうに見えたので，ご回復の便りを受取って喜んでいます。小生は日本訪問の実現性に期待しており，多くの欧米人によって貴国が損なわれる前に見ておきたい	ペン書 4p
T-5	1888 12.24	R. サクスター (コネティカット農業試験場，ニューヘヴン, Conn.)	宮部 (ケンブリッジ, Mass.)	(英文)いろいろなご提案有難う。小生は自分の栽培法が貴君の案じておられるような結果を招かないことを望んでいますが，両方の方法を試してみたい	ペン書 2p (以下欠)

書簡番号	年月日	発信者	宛先	内容	備考
T-6	1889 5.20	R. サクスター (コネティカット農業試験場, ニューヘヴン, Conn.)	宮部 (ケンブリッジ, Mass.)	(英文)貴君が(帰国のためニューヨークへ向う途中,前もって汽車の日時を知らせてくれればニューヘヴンの駅で会えるだろう	ペン書
T-7	1889 10.30	R. サクスター (コネティカット農業試験場, ニューヘヴン, Conn.)	宮部 (札幌)	(英文)貴君が帰国して以来僕は,貴君が今地球のどの部分にいるか,ヨーロッパの旅をどのように楽しんでいるか,などを考えていた。今頃は新しい職務について元気で過ごしていることと思う	ペン書5p
T-8	1892 11.23	R. サクスター (ハーバード大学腊葉館, ケンブリッジ, Mass.)	宮部 (札幌)	(英文)数年前貴君は昆虫学専攻の友人の住所を教えてくれると約束したが,これまで君が友人のだれにも手紙をくれないのは何故だろう。貴君が忙しすぎることは疑わないが,時折は数行の手紙も書けないのかい	ペン書
T-9	1914(?)	R. サクスター (ハーバード大学腊葉館, ケンブリッジ, Mass.)	宮部 (札幌)	(英文)11月18日のお便りで貴君が元気なことと,遠からずわれわれが当地で会えるだろうということを聞いて非常に嬉しく思っています。僕がニューヘヴンで貴君と最後に会ってから25年になります	ペン書
T-10	1914 3.21	R. サクスター (ケンブリッジ, Mass.)	宮部 (札幌)	(英文)貴君が先頃送ってくれた論文の中で台湾のAschersonia(昆虫寄生菌)のある種について書いていることに気付きました。僕は昨年西インド諸島で数ヵ月を過ごし,Aschersoniaの多くの形を発見しました。台湾の標本資料を少々分けていただければ幸いです	タイプ
T-11	1915 1.9	R. サクスター (ケンブリッジ, Mass.)	宮部 (札幌)	(英文)11月18日の貴君の手紙が僕をどれほど喜ばせたか君には分からないだろう。貴君が送ってくれたAschersoniaも非常に有難かったが,これは間もなく返します	タイプ
T-12	1919 1.22	R. サクスター (キタリー・ポイント, Me.)	宮部 (アメリカ)	(英文)僕は火曜日にはケンブリッジへ行くので,午前中に貴君と博物館で会いたい	ペン書
T-13	1919 8.25	R. サクスター (キタリー・ポイント, Me.)	宮部 (アメリカ)	(英文)貴君が1,2日中にケンブリッジにやって来るということを先程聞いたばかり…(以下判読困難)	ペン書
T-14	1919 9.4	R. サクスター (キタリー・ポイント, Me.)	宮部 (アメリカ)	(英文)僕は月曜日にはケンブリッジにいるので貴君が出発する前にもう一度会いたい	ペン書
T-15	1920 3.11	R. サクスター (ハーバード大学名誉教授, 隠花植物標本館長, ケンブリッジ, Mass.)	宮部 (札幌)	(英文)貴君が帰国してから一度も便りがないので大変失望している。貴君と再会したことがどんなに僕を喜ばせたか貴君は信じられないだろう。どうか貴君の旅行とその後の生活について知らせてほしい	タイプ
T-16	1921 7.18	R. サクスター (ハーバード大学名誉教授, 隠花植物標本館長, キタリー・ポイント, Me.)	宮部 (アメリカ)	(英文)久しぶりのお便りで貴君が再びアメリカに来ており,また会えることを知って大変喜んでいます。ケンブリッジには何時頃到着するかお知らせください	タイプ

書簡番号	年月日	発信者	宛先	内容	備考
T-17	1921 8.1	R. サクスター（ハーバード大学名誉教授，隠花植物標本館長，キタリー・ポイント，Me.）	宮部（アメリカ）	（英文）先程シカゴからの貴君の手紙を受取りました。ケンブリッジに2週間も滞在されれば，妻もお会いすることを楽しみにしておりますので，ご都合のよい日をお知らせ下さい	タイプ
T-18	1921 11.23	R. サクスター（ハーバード大学名誉教授，隠花植物標本館長，キタリー・ポイント，Me.）	宮部（札幌）	（英文）私は今年は11月までキタリーに留まっていました。妻が手術後3週間入院していたからです。シーモア（A. Seymour）氏はReliquiae Farlowianae（W. Farlow教授が交換のために備えていたニューイングランドのコケ・地衣・菌類の標本）の配分の準備をしており，それが終わったら最初に札幌に発送されるでしょう	タイプ
T-19	1921 11.23	R. サクスター（ハーバード大学名誉教授，隠花植物標本館長，キタリー・ポイント，Me.）	宮部（札幌）	（英文）スミソニアンの国際交換サービスを利用してReliquiae Farlowianaeを1セット送りました。ファーロー博士が貴君の名前をつけた藻類も同封しました。昨年貴君がお話の伊藤誠哉教授は今バークレーに来ているそうですが，私は6月にはケンブリッジを留守にするので会えないことを心配しています	タイプ
T-20	1922 10.23	R. サクスター（ハーバード大学名誉教授，隠花植物標本館長，キタリー・ポイント，Me.）	宮部（札幌）	（英文）逸見（武雄）教授が訪ねて来たそうですが，不在中で残念でした。また9月に伊藤教授が来たときも不在でしたが，彼にカーティス・コレクション中の日本の菌類を見せるために，時間をやりくりして数時間だけ会うことができました	タイプ
T-21	1922 10.29	R. サクスター（ケンブリッジ，Mass.）	宮部（札幌）	（英文）先便を書いた後，僕は貴君が伊藤教授を通じて送ってくれた甲虫を調べてみました。それと似たものはたくさん見たことはあるが，この種の水生甲虫（water beetles）は見たことがありません。それはこの科の中で僅かな種しかもたない属に含まれるようです	タイプ
T-22	?	マーベル・サクスター（夫人）（ケンブリッジ，Mass.）	宮部	（英文）あなたが友人の木村氏を通じて送ってくれた美しい扇子に対して厚くお礼を申しあげます。木村氏にはこの冬中しばしば会うことができるので，近く夕食に誘いたく思っております	ペン書3p
T-23	1924（?） 3.20	R. サクスター（ケンブリッジ，Mass.）	宮部（札幌）	（英文）伊藤（誠哉?）教授が当地に来たとき，彼は貴君が?のスライドを入手したいとワトソン（S. Watson）博士に言ったと聞きました。僕は先日1ダースのスライドを作ったので書留で送ります	ペン書

Thesleff, Artur
ロシア国フィンランド，ヘルシンキ，アレクサンドル大学の学生

T-24	1891 11.29	A. セスレフ（ヘルシンキ）	宮部教授（札幌）	（英文）ブロセルス（D. Brotherus）教授の依頼でフィンランドの菌類標本をいくつかお送りします。私は日本の菌類目録をもっておりませんので，貴国のものと共通のものが多いかもしれません	ペン書4p

Thompson, J. David
米国議会図書館

書簡番号	年月日	発信者	宛先	内容	備考
T-25	1904 2.3	J.トンプソン（ワシントン, DC）	宮部教授（札幌農学校植物園長）	（英文）われわれは世界の学協会ハンドブックを準備しつつあり、「札幌博物学会」の名称を"Dörfler's Botaniker-Adressbuch"の中に見つけました。この協会に情報を求めたのですが、返事がありませんので、あなたの植物園とともにこの学会の情報を教えていただければ幸いです	タイプ・印刷物

Thomson, Robert B.
カナダ，トロント大学植物研究所

書簡番号	年月日	発信者	宛先	内容	備考
T-26	1919 10.14	R.トムソン（トロント）	宮部博士（英国ケンブリッジ大学シーワード教授気付）	（英文）われわれはトロントに植物園を開設すべく宣伝を始めています。あなたの植物園についてわれわれにお話しいただけませんか。当地ご到着の日時をお知らせいただきたくお願いします	タイプ
T-27	1920 1.10	R.トムソン（トロント）	宮部博士（札幌植物園長）	（英文）あなたがカナダ経由で帰国されないことを知ってがっかりしました。われわれはカナダの人々に植物園の必要性を理解させるために外部からの刺激が必要と考えておりますので、改めてあなたに講演をいただけるよう努めたいと思います	タイプ
T-28	1921 11.8	R.トムソン（トロント）	宮部博士（北海道帝大植物園長）	（英文）以前お送りした手紙の中で私はあなたの植物園について書かれたパンフレットをお願いしました。そのほかに交換用の種子リストがありましたらそれもよろしくお願いします	タイプ

Tiesenhausen, Fr. Manfred
ルーマニア，クルージュ大学植物研究所

書簡番号	年月日	発信者	宛先	内容	備考
T-29	1926 5.30	Fr.ティーゼンハウゼン（クルージュ）	宮部（札幌）	（独文）ルーマニアのボナートには Humulus lupulus（ホップ）の病気が発生していて大きな被害を与えています。日本には "Plasmopara humuli Miyabe et Takahashi"（べと病菌）(Trans. Sapporo Nat. Hist. Soc., 1906) という文献があるそうですが、わが国では読むことができませんので、お送りいただけたら幸いです	ペン書青焼複写

Tilden, Josephine Elizabeth (1869-1957)
ミネソタ大学植物学科教授（藻類学）

書簡番号	年月日	発信者	宛先	内容	備考
T-30	1915 4.7	J.ティルデン（ミネアポリス, Minn.）	宮部博士（東北帝大農科大学）	（英文）以前から藻類学文献に関する要望が多いので、この度長年個人用に蓄積してきた索引と資料を公刊することにしました。（"The Algae（藻類）and Their Life Relations"、ミネソタ大学出版局の案内を同封）	タイプ（出版案内）

Todd, David Peck (1855-1939)
アマースト大学天文台長。1896年8月皆既日食観測隊長として北海道北見国枝幸（えさし）村を訪れて村民たちと交流し，帰国後贈った多数の図書が北海道最初の公共図書館「枝幸図書館」設立の契機となった

書簡番号	年月日	発信者	宛先	内容	備考
T-31	1897 6.19	D. トッド（アマースト, Mass.）	宮部教授	（英文）あなたがアメリカに送って下さった植物標本は，ロビンソン（B. Robinson）博士やブルックス（W. Brooks）教授その他に配りました	ペン書

Townsend, Alexander Cockburn (1905-64)
大英自然史博物館司書，目録編纂者

書簡番号	年月日	発信者	宛先	内容	備考
T-32	1934 6.7	A. タウンゼント（ロンドン）	北海道帝大農学部長（札幌）	（英文）『北海道帝国大学農学部紀要』（欧文誌）Vol. 26 (1930) 中の宮部・工藤論文 "Flora of Hokkaido and Saghalien" は Pts. 1, 3～4 しか受領しておりませんが，それは非常に価値ある論文なので欠号を補充していただくようお願いします	タイプ

Townsend, C. O.
合衆国農務省植物産業局。植物病理学者

書簡番号	年月日	発信者	宛先	内容	備考
T-33	1902 10.14	C. タウンゼント（ワシントン, DC）	宮部博士（札幌農学校）	（英文）私はシューガー・ビート（砂糖大根）に関する文献は何によらず入手したいと思っております。この件について貴国で刊行された文献をお送りいただければ幸いです	タイプ
T-34	1903 1.12	C. タウンゼント（ワシントン, DC）	宮部博士（札幌農学校）	（英文）札幌農学校の諸報告，とくに日本のシューガー・ビート栽培に関する情報有難うございました。ご依頼によりわが国の文献をお送りすべく手配します	タイプ

Tracy, Samuel Mills (1847-1920)
ミズーリ大学植物学教授，ミシシッピー農業試験場長

書簡番号	年月日	発信者	宛先	内容	備考
T-35	1880 9.19	S. トレイシー（スタークビル, Miss.）	宮部（札幌）	（英文）私は Gramineae（イネ科），Cyperaceae（カヤツリグサ科），Filices（シダ植物）などの科の植物標本に関心があり，その交換を望んでいます。私は日本のものはほとんどもっていないので，お送りいただくものは何でも喜んでいただきます	タイプ

Trelease, William (1857-1945)
ミズーリ植物園長，のちイリノイ大学植物学教授。1894年アメリカ植物学会初代会長

書簡番号	年月日	発信者	宛先	内容	備考
T-36	1893 6.27	Wm. トレリース（セントルイス, Mo.）	宮部教授（札幌）	（英文）川瀬氏の手紙を同封したお便り拝見しました。当園の園芸コースは特別な教師や助手を雇わねばならないので，一般には開かれておりません。しかし彼が当園で無償で働き勉強するのなら喜んで受け入れます	タイプ
T-37	1893 10.31	Wm. トレリース（セントルイス, Mo.）	宮部博士（札幌）	（英文）川瀬氏持参のお手紙拝見しました。私は彼の外見と性格に満足しています。彼に求めるとすれば英語に慣れることです。彼の父親は月30ドル以内の支出を望み，ニューヨーク滞在中の兄は宿泊費に25ドル以上は払うなと言っているそうですが，私は全てを含めて28ドルで取決めたいと思っています	タイプ

書簡番号	年月日	発信者	宛先	内容	備考
T-38	1903 4.14	Wm. トレリース (セントルイス, Mo.)	宮部教授 (札幌)	(英文)町を離れていたので2月27日付のお便りに返事が遅くなりました。川瀬のことを聞くのはいつも嬉しいことです。数カ月前に万国博覧会の政府展示場を選ぶために，セイントルイスを訪れた日本の委員を通じて彼の手紙を受取り，彼の成功ぶりを知って喜びました	タイプ
T-39	1904 9.26	Wm. トレリース (セントルイス, Mo.)	宮部教授 (札幌農学校)	(英文)当園に数カ月留まっていた星野(勇三)氏が昨日東部の農科大学へ旅立ちました。芳賀(鍬五郎)氏は来年まで留まる予定ですが，星野とともに系統的な勉強をするほか，植物園の仕事も手伝っています。私は数日前貴国の偉大な細菌学者北里柴三郎氏に会えて大変嬉しく思いました。彼は勿論私を忘れていましたが，私はずっと昔彼がコッホの研究室で，今や有名になった破傷風菌に取組んでいた頃のことを覚えています	タイプ
T-40	1919 8.7	Wm. トレリース (イリノイ大学, アーバナ, Ill.)	宮部教授 (シカゴ, ラサールホテル)	(英文)あなたがアーバナに来られたことを喜んでいます。大学は今休暇中ですが，当地に残っている者たちは何でも協力します	タイプ
T-41	1919 8.15	Wm. トレリース (イリノイ大学, アーバナ, Ill.)	宮部教授 (ケンブリッジ, Mass.)	(英文)あなたがヨーロッパに行かれる時，役立つことを期待して数通の紹介状を同封します。これらの人々からそれぞれの国であなたが会うべき人を紹介されるでしょう	タイプ
T-42	1919 8.13	Wm. トレリース (イリノイ大学, アーバナ, Ill.)	オステンフェルド教授 (コペンハーゲン植物園)	(英文)私の友人，札幌の宮部教授を紹介します。コペンハーゲンではウォーミング，ラウンキエール，プルソンの諸教授との面会をお手配下さるよう期待します	タイプ
T-43	1919 8.13	Wm. トレリース (イリノイ大学, アーバナ, Ill.)	ローツィ教授 (オランダ, ハーレム)	(英文)貴君も著作物でよくご存知の札幌の宮部教授を紹介します。貴国の植物学者たちを彼にお引合わせいただければ幸いです	タイプ
T-44	1919 8.13	Wm. トレリース (イリノイ大学, アーバナ, Ill.)	フラホール教授 (モンペリエ植物研究所)	(英文)私の古い友人宮部教授を紹介します。彼はファーロー(W. Farlow)教授の古い弟子ですが，彼の関心が菌類学に限られていないことはあなたもご承知の通りです	タイプ
T-45	1922 1.30	Wm. トレリース (イリノイ大学, アーバナ, Ill.)	宮部教授 (札幌)	(英文)あなたの紹介状をもって逸見(武雄)博士が訪ねてこられたので，生理学や病理学の設備をお見せしました。私の息子に手紙を書きましたので，ジョンズ・ホプキンズ大学でも同様の便宜が得られると思います	タイプ
T-46	1922 3.22	Wm. トレリース (イリノイ大学, アーバナ, Ill.)	宮部教授 (札幌)	(英文)偶然のことから私はキューバから入手した日本の胡椒(?)を調べることになりました。できればこの種の両性の標本をお送りいただけませんか	ペン書

Underwood, Lucien Marcus (1853-1907)
ニューヨーク，コロンビア大学植物学科教授

書簡番号	年月日	発信者	宛先	内容	備考
U-1	1897 12.7	L. アンダーウッド (ニューヨーク)	宮部博士 (札幌)	(英文)私は日本の Ophioglossaceae(ハナヤスリ科)および Botrychium ternatum(フユノハナワラビ)の標本の入手を切望しています。これらの種の知識には大きな混乱があるので，私はその解明に努めています	タイプ

Urban, Ignatz (1848-1931)
ベルリン王立植物博物館

書簡番号	年月日	発信者	宛先	内容	備考
U-2	1895 12.11	I. ウルバン（ベルリン）	宮部教授（札幌農学校）	（英文）親切なお便りと 330 種の興味深い日本の植物を含む小包を有難く受領しました。私は不明確な標本を専門家たちに送り，その結果問題のある植物を全て決定して送ることが出来ることを喜んでいます	ペン書 4 p
U-3	1899 6.17	I. ウルバン（ベルリン）	宮部教授（札幌農学校）	（英文）プレプナー博士が，以前あなたのお送りくださった植物を以下のように同定してくれました	ペン書

Utermart, W. L. Jr.
オランダ領東インド政庁工業顧問

書簡番号	年月日	発信者	宛先	内容	備考
U-4	1918 9.12	W. ウーテルマルト（札幌）	宮部教授（札幌）	（英文）今日の午後お宅を訪ねましたがご不在でした。明朝早く私は小樽に向い，それから函館，松島，日光を経て帰国しますので，（北海道）長官にご紹介いただいたお礼も言わずに帰るのが大変残念です	ペン書

Van Eseltine, Glen Parker (1888-1938)
合衆国農務省植物産業局

書簡番号	年月日	発信者	宛先	内容	備考
V-1	1919 10.18	G. ヴァン・エーゼルタイン（ワシントン, DC）	宮部教授（北海道帝大）	（英文）本局穀物調査課の C. R. ボールの要請で，4 種類の大麦の標本を同封のメモの通り，本日お送りします	タイプ
V-2	1921 5.12	G. ヴァン・エーゼルタイン（ワシントン, DC）	宮部教授（北海道帝大）	（英文）われわれは日本の Echinochloa frumentacea（ヒエ）の異なった種類の種子を，わが国で試みるために入手したいと思っています。それぞれ 2 ポンドづつお送りいただければ幸いです（アメリカ農務省外国種子輸入書類を同封）	タイプ

Vasseur, Louis
マサチューセッツ州ミルトン市の園芸家

書簡番号	年月日	発信者	宛先	内容	備考
V-3	1933 1.15	L. ヴァスール（ミルトン, Mass.）	宮部教授（北海道帝大）	（英文）私はマサチューセッツの園芸協会の会員でフランスのヴェルサイユの園芸学校の卒業生です。私は常々日本から輸入されたすばらしい菊に魅せられており，幾度か播種を試みましたが，不成功でした。私はあなたの住所と名前をマサチューセッツの園芸年鑑で見ましたので，本物の日本の菊の種子を何処で入手できるか教えて下さい	ペン書

Vaughan, R. E.
ウィスコンシン大学植物病理学准教授

書簡番号	年月日	発信者	宛先	内容	備考
V-4	1919 7.31	R. ヴォーン（マジソン, Wis.）	宮部（アメリカ）	（英文）8 月 6，7 日のあなたのマジソン訪問についてビーティ（R. Beattie）博士からジョーンズ（L. Jones）博士に助言がありました。植物学科および植物病理学科の人々があなたの訪問をお待ちしています。中田（覚五郎）博士もマジソンにいるのであなたをお迎えするでしょう	タイプ

書簡番号	年月日	発信者	宛先	内容	備考

Vavilov, Nikolai I. (1887-1943)
ソ連邦レニングラード国立実験農業研究所応用植物・育種局長，ソ連邦科学アカデミー会員。1937年の汎露農学大会でルイセンコの遺伝学説に反対して批判され，1943年サラトフ収容所で栄養失調により死亡。＊第2部木原均書簡017参照

書簡番号	年月日	発信者	宛先	内容	備考
V-5	1925 10.15	N. ヴァヴィロフ（レニングラード）		(英文)当方の「応用植物・育種学報告」との交換であなたの出版物をお送り下さるようお願いします。この報告書の中のすべての論文には英・仏語の抄録がつけられております	タイプ

Vilbouchevitch, Jean
『熱帯植物雑誌』（パリで発行）の発行者

書簡番号	年月日	発信者	宛先	内容	備考
V-6	1902 11.29	J. ヴィルブシェヴィチ（パリ）	宮部教授（札幌）	(仏文)私はペテルブルグの"Khoziain"誌の中でシュタイン氏が，あなたの人柄とあなたの学校に共感をもったと述べているのを読みました。私はあなたの学校が私の雑誌の購読者になっていただければ有難く思います	ペン書

Vilmorin, Maurice Lévêque de (1849-1918)

書簡番号	年月日	発信者	宛先	内容	備考
V-7	1907 5.18	M. ヴィルモラン（パリ）	宮部教授（札幌）	(英文)数日前私の植物交換リストへの回答として札幌植物園から希望品種のリストを受取りました。それらの種子は昨日誤って福岡植物園（札幌）として発送されました	ペン書

Wakefield, Elsie Maud (1886-1972)
英国王立キュー植物園腊葉館の植物採集者

書簡番号	年月日	発信者	宛先	内容	備考
W-1	1919 11.14	E. ウェイクフィールド（キュー植物園）	宮部教授	(英文)お貸しいただいたパンフレットをお返しします。あなたのメモを全てコピーしましたので，いまではわれわれの標本を調べてハーバードの写真コピーのブランクを埋めることが出来ます	ペン書
W-2	1919 11.25	E. ウェイクフィールド（キュー植物園）	宮部教授	(英文)ピアソン氏が帰って来てあなたに会えなかったことを残念がっておりました。彼は"Transactions"（紀要）のインボイスをあなたに送ってくれるよう頼みましたので，あなたの大学図書館宛の図書に同封しておきました	ペン書

Wall, Alfred V.
ボルチモアの種物商（？）

書簡番号	年月日	発信者	宛先	内容	備考
W-3	1915 5.19	A. ウォール（ボルチモア, Md.）	宮部博士（東北帝大）	(英文)佐藤（昌介）博士が昨年当地に来られた時，日本の植物学の権威としてのあなたのお名前をお聞きしました。別紙に記した植物（9種）についてお答えいただければ非常に有難く思います	ペン書

Ware, W. M.
英国ケント州サウス・イースタン農科大学

書簡番号	年月日	発信者	宛先	内容	備考
W-4	1930 5.24	W. ウェア（ウィ，ケント）	宮部教授（北海道帝大）	(英文)Peronoplasmopara humuli（べと病菌）に関する論文を頂戴して非常に喜んでいます	タイプ

Watson, Sereno (1826-92)
ハーバード大学植物標本館(植物地理学)

書簡番号	年月日	発信者	宛先	内容	備考
W-5	1889 12.6	S. ワトソン (ケンブリッジ, Mass.)	宮部	(英文)長い旅行中の6月3日付ロンドンからのお便りを受取り，ご無事の帰国を信じています	ペン書4p

Watts, Rolph J.
マサチューセッツ農科大学学長秘書

書簡番号	年月日	発信者	宛先	内容	備考
W-6	1920 9.8	R. ワッツ (アマースト, Mass.)	宮部 (札幌)	(英文)私はバターフィルド学長の指示で，貴大学における教会設立の件について進展がみられたかどうか照会いたします。あなたは1917年秋と1918年冬期にわれわれがこの教会にアマースト室を設けるために基金を集めたことを覚えておられることと思います。しかし(第一次)大戦勃発のためにこの仕事は完成せず，集まった基金も送りませんでした。われわれは教会がすでに建てられたか，アマースト室を設ける状況はどうなっているかお尋ねします	タイプ
W-7	1921 8.4	宮部 (札幌)	マサチューセッツ農科大学学長秘書 R. ワッツ (アマースト, Mass.)	(英文下書)来年6月末にW.S.クラーク記念教会(札幌独立教会)が落成することをお知らせします。それはクラーク教頭の精神的影響を受けた教会員たちによって建てられるもので，大学とは直接の関係はなく，大学構内にではなく市内の中心部に建てられます	ペン書

Wehmer, C.
ドイツ，ハノーヴァー大学教授。『菌類学中央雑誌』の編集者

書簡番号	年月日	発信者	宛先	内容	備考
W-8	1913 7.4	C. ヴェーマー (ハノーヴァー)	宮部教授 (札幌)	(独文)あなたの祝賀記念論文集『植物学襍説』をお送りいただき厚くお礼を申しあげます。それとともに『菌類学中央雑誌』のために菌類学に関する論文をご執筆いただければ幸甚に存じます	葉書 タイプ

Wehmeyer, Lewis E. (1897-1971)
ミシガン大学植物学科

書簡番号	年月日	発信者	宛先	内容	備考
W-9	1936 7.15	L. ヴェーマイヤー (アナーバー, Mich.)	宮部博士 (北海道帝大)	(英文)あなたの論文"Some studies on a Japanese apple canker and its causal fungus(日本のリンゴ腐爛病とその病原菌)…"の余部がありましたら別刷を入手したく思います。できればこの菌類の標本を送っていただけたらさらに有難く思います	タイプ

Weir, James R.
合衆国農務省植物産業局。森林病理学者

書簡番号	年月日	発信者	宛先	内容	備考
W-10	1916 12.12	J. ウェア (ミズーラ, Mont.)	工藤祐舜 (秋田横手中学)	(英文)あなたは森林その他の植物の腐敗菌や寄生虫の標本をアメリカやカナダのそれらと交換したいとのこと，私はあなたがわれわれの研究室と交換されたら好都合と思います。個人の見返りは一度には少量でもよく，あなたがたくさんの種のコレクションを入手するまで継続することができます	タイプ

書簡番号	年月日	発信者	宛先	内容	備考
W-11	1924 3.28	J. ウェア (ワシントン, DC)	宮部博士 (北海道帝大)	(英文)もし Helicobasidium Tanakae (褐色こうやく病菌)のタイプ標本をおもちでしたら，当地の標本館のためにお送りいただけませんか。われわれはこの菌類の確実な資料の入手を切望しております	タイプ
W-12	1925 2.11	J. ウェア (ワシントン, DC)	宮部博士 (北海道帝大)	(英文)私はあなたの論文"Two new species of Mollisiaceae (チャワンタケ類?)"の中で述べられている新種のタイプ標本を入手したく思いますので，われわれのもっている菌類との交換でお送りいただければ幸いです	タイプ

Went, Friedrich August F. C. (1863-1935)
オランダ，ユトレヒト大学植物学教授，植物園長

書簡番号	年月日	発信者	宛先	内容	備考
W-13	1917 11.—	F. ウェント他 (アムステルダム)	宮部博士 (札幌植物園長)	(英文)Hugo de Vries 教授の70歳祝賀委員会は，オランダおよび諸外国の植物学者たちのアルバムを教授に謹呈したいと思いますので，貴方の写真をお送り下さるようお願いします。(第一次大戦のため)写真の届くのが遅れることを予想して，アルバムは追加可能のように編集されるでしょう	葉書 印刷物
W-14	1921 3.9	F. ウェント他 (ユトレヒト)	宮部博士 (札幌植物園長)	(英文)昨日われわれの植物研究所は『北海道主要樹木図譜』の第1～3輯を受領しました。その美しい仕上がりをお祝いするとともに，それが完成されることを希望しています	タイプ

Weston, William Henry Jr. (1890-1978)
合衆国農務省植物産業局，ハーバード大学隠花植物研究所(植物病理学)

書簡番号	年月日	発信者	宛先	内容	備考
W-15	1920 6.29	W. ウェストン (ワシントン, DC)	宮部教授 (札幌植物園長)	(英文)私は過去2年間フィリピン諸島でとうもろこしの Sclerospora (べと病菌)を研究してきました。ハーバード大学のサクスター(R. Thaxter)博士からあなたがこの種の菌類の専門家で，数カ月前当地に来ておられたことを聞いて，その時ここにいなかったことが大変残念でした。あなたがこの件について発表された論文をお送りいただければ幸甚です	タイプ
W-16	1921 12.15	W. ウェストン (ハーバード大学，ケンブリッジ, Mass.)	宮部教授 (北海道帝大)	(英文)ワシントンであなたをお尋ねしてからまたたく間に時がすぎました。サクスター博士はしばしばあなたのことを語り，あなたの写真を名誉な場所に掲げています。私は今も Sclerospora の研究を続けており，先頃山田(玄太郎?)教授から macrospora (大胞子)の美しい標本資料を入手しました	タイプ

Wheeler, Louis Cutter (1910-80)
ハーバード大学グレイ植物標本館助手

書簡番号	年月日	発信者	宛先	内容	備考
W-17	1938 9.5	L. ホイーラー (ケンブリッジ, Mass.)	宮部教授 (札幌)	(英文)グレイ標本館のカード索引は1885年以後刊行された全ての新世界のシダ植物と種子植物のカタログで，18万枚のカードからなっています。この索引を全ての人が利用できるためにはカードを印刷して本の形で出版することが必要です。それを15ドルの廉価で刊行するには500部の予約が必要なので，ご協力をお願いします	タイプ

Wheeler, William (1851-1932)
1876～79 年札幌農学校教授として数学・土木工学を担当。帰国後はマサチューセッツ州コンコードに土木事務所を開設し土木技師として活躍

書簡番号	年月日	発信者	宛先	内容	備考
W-18	(1919) 6.27	W. ホイーラー (コンコード円山館, Mass.)	宮部博士 (ケンブリッジ, Mass. ?)	(英文)医師の指示で外出が止められているので，残念ながら今日，明日は事務所でお会いすることができません。しかしコンコードにお出かけいただければ，わが家で昼食か正餐をとりたいと思います。妻もそのことを楽しみにしています	ペン書
W-19	1924 3.22	W. ホイーラー (コンコード円山館, Mass.)	宮部博士 (北海道帝大)	(英文)2月11日摂政官の婚儀に際して私に与えられた名誉(勲五等双光旭日章)についてわれわれ夫妻へのお祝いのお便り有難く受取りました。同封の『小樽新聞』の切抜きや佐藤(昌介)博士から送られた『北海タイムス』の記事は翻訳してもらわねば読めませんが，奥田教授が来月ワシントンから戻ってきたら訳してくれるでしょう	タイプ

Whetzel, Herbert Hice (1877-1944)
コーネル大学植物病理学科教授。米国植物病理学のパイオニア

書簡番号	年月日	発信者	宛先	内容	備考
W-20	1918 11.25	H. ウェッツェル (イサカ, NY)	宮部博士 (札幌)	(英文)先便でお約束したように，アメリカ植物病理学会の年次大会のプログラムをお送りします。あなたにご参加いただけることを切望しております	タイプ
W-21	1919 9.26	H. ウェッツェル (イサカ, NY)	宮部博士 (ケンブリッジ, Mass.)	(英文)あなたをイサカにお迎えできて嬉しく思いました。あなたの大変よい写真ができましたので伸ばして研究室に掲げています。あなたはそのときアメリカ植物病理学会の会員になる希望を述べられたと思いますので，推薦させていただきます	タイプ
W-22	1919 12.16	H. ウェッツェル (イサカ, NY)	宮部博士 (ケンブリッジ, Mass.)	(英文)お便り大変有難く拝受しました。アメリカの植物病理学者たちは国際的協力に関心をもっており，日本の友人たちに期待しています。私はあなたのお名前をわれわれの植物病理学会に提示しましたので，近く会員証が届くことと思います	タイプ
W-23	1920 4.27	H. ウェッツェル (イサカ, NY)	宮部博士 (ケンブリッジ, Mass.)	(英文)3月29日のお便り有難うございました。私をあなた方の学会のメンバーに選んで下さったことを感謝いたします	タイプ
W-24	1937 6.28	H. ウェッツェル (イサカ, NY)	宮部博士 (札幌)	(英文)ご紹介のあったコーゴ・タダシ博士は数日前からわれわれの研究室で働いています。私はいつも貴方自身の訪問のことを大きな喜びをもって思い出しています	タイプ
W-25	1941 7.15	H. ウェッツェル (イサカ, NY)	宮部博士 (札幌)	(英文)『日本植物病理学会報』の1940年号にあなたが「懐旧談 Reminiscences」を書いておられるのを見て，お元気でご活躍のことを知り嬉しく思いました。それら4人の日本の研究者によって書かれた文章は，アメリカの植物病理学者たちは読むことができませんので，英訳していただくことを提案します	タイプ

Wille, Johan Nordal F. (1858-1924)
ノルウェーの植物学者。王立フリードリッヒ大学(オスロ大学)教授

書簡番号	年月日	発信者	宛先	内容	備考
W-26	1905 4.12	N. ヴィレ (クリスチャニア〔現在のオスロ〕)	札幌植物園長	(独文)私はあなたの植物園と植物交換の提携ができれば、大変嬉しく思います	ペン書

Wilpert, Hubert
ドイツ、ブレスラウ(現在はポーランドのヴロツワフ)の植物研究所員

書簡番号	年月日	発信者	宛先	内容	備考
W-27	1905 4.12	H. ヴィルペルト (ブレスラウ)		(独文)私はブレスラウの枢密顧問官プーゲ教授のもとで Lappa(ゴボウ)属の研究に従事しており、研究資料として日本で栽培されている Lappa edulis Siebold(ゴボウ)という根菜類を必要としております。その根菜をあなたの助手を通じてお送りいただければ非常に有難く思います	ペン書

Wilson, Ernest Henry (1876-1930)
ハーバード大学アーノルド樹木園副園長。著名な植物採集家で日本のユリ・ツツジ・サクラを欧米に紹介

書簡番号	年月日	発信者	宛先	内容	備考
W-28	1914 9.11	E. ウィルソン (東京)	宮部博士 (札幌)	(英文)達筆のため判読困難	ペン書 3p (東京帝国ホテル用箋)
W-29	1914 9.23	E. ウィルソン (東京)	宮部博士 (札幌)	(英文)別刷と共に次の標本を送りました	ペン書 (東京帝国ホテル用箋)
W-30	1914 10.29	E. ウィルソン (東京)	宮部博士 (札幌)	(英文)10月23日付のお便り有難うございました。お便りがなかったので、ご病気かと心配しておりました	ペン書 (東京帝国ホテル用箋)
W-31	1915 1.12	E. ウィルソン (東京)	宮部博士 (札幌)	(英文)数日前四国から戻って来て、12月4日付のお便りと千島諸島の標本の入っている小包を発見しました	ペン書 (東京帝国ホテル用箋)
W-32	1916 1.12	E. ウィルソン (ジャマイカ・プレイン, Mass.)	宮部博士 (札幌)	(英文)別便にて刊行されたばかりの "Plantae Wilsonianae" Pt. II をお送りします	ペン書
W-33	1917 2.17	E. ウィルソン (東京)	宮部博士 (札幌)	(英文)以前幾週間も楽しい時を過ごして多くの友人たちができた日本に戻って来たことをお知らせします。今度は妻と娘を連れて来たので彼らを楽しませるために大忙しです	ペン書 (築地精養軒ホテル用箋)
W-34	1917 3.25	E. ウィルソン (東京)	宮部博士 (札幌)	(英文)琉球から帰ってきてお手紙を落掌しました	ペン書 3p (築地精養軒ホテル用箋)
W-35	1918 5.31	E. ウィルソン (鎌倉)	宮部博士 (札幌)	(英文)台湾から帰ってきて Thujopsis(アスナロ属)や Abies(モミ属)の標本資料の入った小包を受取りました。アメリカに帰ってから北海道やサハリンの Abies 標本資料を詳しく調べたいと思います	ペン書 (鎌倉海浜ホテル用箋)

書簡番号	年月日	発信者	宛先	内容	備考
W-36	1918 7.26	E. ウィルソン (京城)	宮部博士 (札幌)	(英文)あなたの植物園に Ostrya japonica（アサダ）の樹木がないか照会します。もしあれば誰かに種子を集めさせて送っていただければ有難く思います	ペン書 (朝鮮ホテル用箋)
W-37	1919 6.24	E. ウィルソン (ジャマイカ・プレイン, Mass.)	宮部博士 (ケンブリッジ, Mass.)	(英文)たくさんの紹介状を同封します。お役に立てば幸いです	ペン書
W-38	1922 9.22	E. ウィルソン (ジャマイカ・プレイン, Mass.)	宮部博士 (札幌)	(英文)われわれのコレクションを探していて，以前サージェント（C. Sargent）教授が札幌で採取した種子から育てた Aralia chinensis var. canescens（タラノキ属メダラ）がなくなっていることが分かりました。今秋あなあたがこの植物の種子を採取して送って下されれば有難く思います	タイプ
W-39	1927 4.21	E. ウィルソン (ジャマイカ・プレイン, Mass.)	宮部教授 (札幌)	(英文)ハーバード大学アーノルド樹木園からの『北海道主要樹木園図譜』V～XIV輯の受贈礼状	印刷物

Wilson, Guy West (1877-1956)
米国アッパー・アイオワ大学生物学部（植物病理学）

| W-40 | 1909 3.22 | G. ウィルソン (ファイエット郡, Ia.) | 宮部教授 (東北帝大) | (英文)お便り並びに論文をお送り下さり有難うございました。あなたの標本資料交換のお申出を非常に有難く思っています | ペン書 |

Winkler, Constantin G. A. (1848-1900)
サンクトペテルブルグ帝室植物園

| W-41 | 1894 5.23 | C. ヴィンクラー (ドルパット, エストニア) | | (独文)結婚の挨拶状 | 印刷物 |

Wolf, Franz Theodor (1841-1924)
ドイツの地質学者・植物学者・探検家

| W-42 | 1905 10.15 | T. ヴォルフ (ドレスデン, ドイツ) | 宮部教授 (札幌) | (英文)数年前に私は松村（任三？）教授のご好意で，東京の植物標本館から日本の moss（綿毛のある）Potentilla（キジムシロ属）を入手しました。私はなおあなたが発見した Pot. Miyabei（メアカンキンバイ）を私の新しい分類体系のどこに入れるかを決めていません。この新しい種を少々お送りいただければ非常に有難く思います | ペン書 |
| W-43 | 1906 7.23 | T. ヴォルフ (ドレスデン, ドイツ) | 宮部教授 (札幌) | (独文)Pot. Miyabei のご送付に厚くお礼申し上げます。それは大変すばらしく興味深い種で，私の分類体系によれば Pot. ambigua tatquem（楔葉キジムシロ？）と類縁関係にあります | ペン書 |

Wood, Bertha E.
ハーバード大学植物標本館図書室

書簡番号	年月日	発信者	宛先	内容	備考
W-44	1931 1.31	B. ウッド（ケンブリッジ, Mass.）	宮部教授（北海道帝大）	(英文)『北海道主要樹木図譜』の V～XIV 輯を有難うございました。本書はそれ自体の価値とあなたのファーロー（W. Farlow）博士との関係から当室にとって貴重なものです	タイプ
W-45	1932 7.14	B. ウッド（ケンブリッジ, Mass.）	宮部教授（北海道帝大）	(英文)サクスター（R. Thaxter）博士宛にお送りいただいた別刷にお礼申し上げます。すでにお聞き及びのことと思いますが，サクスター博士は 4 月 22 日に胆嚢癌のため死去されました	タイプ

Wood, John Medley (1827-1915)
南アフリカ，ナタール植物園主事

書簡番号	年月日	発信者	宛先	内容	備考
W-46	1897 8.26	J. ウッド（ダーバン, ナタール州, 南アフリカ）	宮部（札幌）	(英文)7 月 25 日付のお便り受取りました。あなた宛の菌類の小包をやっと発見しましたが，標本の大部分はずっと以前に採集されたものです。しかしなお興味あるものが含まれていると思いますのでお送りいたします	タイプ

Wormald, H.
英国ケント州サウス・イースタン農科大学菌類学部

書簡番号	年月日	発信者	宛先	内容	備考
W-47	1920 10.6	H. ウォーマルド（ウィ, ケント）	宮部教授（札幌）	(英文)昨年あなたが当大学に来られたとき，われわれは果樹に発生する腐食病のことを討議し，あなたは日本における例をあげられました。私は高橋教授の抄録（Mycol. Centralb. Bd. III）を読んで彼と文通したいと思いますので，同封の手紙を彼にお送りいただけませんか	ペン書

Wynne, A. M.
カナダ，トロント大学発酵学部

書簡番号	年月日	発信者	宛先	内容	備考
W-48	1921 8.13	A. ワイン（トロント）	宮部博士（北海道帝大）	(英文)昨夏ミネソタ大学でお会いして以来，私はあなたの弟子たちが書いたいくつかの論文に関心をもち，Fusarium Lini（立枯病菌）の生化学的観点についての栃内吉彦の論文の別刷を入手したいと思います。私は日本語は読めませんが，誰かに訳してもらうことはできます	ペン書

Yuncker, Truman G. (1891-1964)
米国デパウ大学生物学・細菌学部教授

書簡番号	年月日	発信者	宛先	内容	備考
Y-1	1922 12.18	T. ユンカー（グリーンキャッスル, Ind.）	宮部博士（北海道帝大）	(英文)私は Cuscuta（ネナシカズラ属）の種の研究をしていますので，日本および近隣諸国のこの属の代表的なものを見たいと思います。そのサンプルをお送りいただけないでしょうか	タイプ
Y-2	1925 5.25	T. ユンカー（グリーンキャッスル, Ind.）	宮部博士（北海道帝大）	(英文)私は現在 Cuscuta のアジア種の点検を試みています。イリノイ大学のトレリース（W. Trelease）教授はあなたがこの属のコレクションを送ってくれるだろうといいました。シートの貸出しができないときは断片を入手するだけでも結構です	タイプ

書簡番号	年月日	発信者	宛先	内容	備考

Zahlbruckner, Alexander(1860-1938)
オーストリア＝ハンガリー帝国，帝室自然史博物館植物部門

Z-1	1901 1. 4	A. ツァールブルクナー (ウィーン)	宮部教授 (札幌)	(独文)サーモン(E. Salmon)のErysiphaceae(ウドンコカビ科)についての論文中にUnicinura salicina Miyabeiその他が記載されていました。著者は恐らくそれらをあなたから入手したのでしょう。私もこれらの新種を私の刊行する"Kryptogamae exsiccatae(隠花植物標本)"のために利用できれば有難く思います	ペン書

Zundel, George L.(1885-1950)
ワシントン州立大学，イェール大学植物研究所，ペンシルヴェニア州立大学(植物病理学)

Z-2	1923 9.17	G. ツンデル (ワシントン州立大学，プルマン，Wash.)	東北帝大農科大学植物研究室	(英文)私は世界中のUstilaginales(黒穂病菌)の標本を交換もしくは購入によって集めています。また世界各地の黒穂病に関する文献も入手したく思っています	タイプ
Z-3	1927 4. 2	G. ツンデル (イェール大学，ニューヘヴン，Conn.)	宮部教授 (北海道帝大)	(英文)私は世界中のUstilaginalesについての論文を書いています。私は山田(玄太郎？)の「日本植物病ハンドブック」(『植物病理学』?)の中にあなたが名付けた2種の黒穂病を見付けました。これらの植物学的記述と，標本をお送りいただければ幸いです	タイプ
Z-4	1933 9.27	G. ツンデル (ペンシルヴェニア州立大学，ハリスバーグ，Penn.)	宮部教授 (北海道帝大)	(英文)9月4日付のお葉書有難うございました。日本の黒穂病菌を私に送ることについて伊藤(誠哉)教授に手紙を書いて下さったとのことにお礼を申し上げます	タイプ

付　録

「マキシモウィッチ氏生誕百年記念会」
一件資料

「マキシモウィッチ氏生誕百年記念会」一件資料

書簡番号	年月日	発信者	宛先	内容	備考

I．記念会開催に関する書簡〈50音順〉

田中長三郎
台北帝国大学教授

001	昭和 1927 2. 6.28	田中長三郎 (セレクトホテル,モスクワ)	宮部教授 (札幌)	レニングラードでマキシモウイッチ氏の娘ルーニン夫人を訪ね，本年11月にマキシモウイッチ生誕百年祭を日本で開きたいと伝えたところ，写真や自筆署名(?)をもらいました。主要なマキシモウイッチ氏の著書は集めましたので，11月に貴学で百年祭を挙行されるのであれば出陳いたします	封書 ペン書3p (セレクトホテル便箋)
002	昭和 2. 9.17	田中長三郎 (ベルリン)	宮部教授 (札幌)	モスクワからの通信によれば，同地でも学士院でマキシモウイッチ氏百年祭を挙行とのこと。マキシモウイッチ氏は日本近世の植物学の礎石をおいた人ですから，是非日本でも挙行のことをお願いいたします	絵葉書 ペン書
003	昭和 2.11.18	田中長三郎 (パリ)	宮部教授 (札幌)	私の方は標本館回りに多忙です。いよいよ23日にマキシモウイッチ氏百年祭ご挙行のこと実に悦ばしく存じます。早速コマロフ教授とルーニン夫人に手紙を出しました。願わくば日本の植物学者たちがこぞってこの会に参加し，記念誌が出版されることを期待しています	封書 ペン書

中井猛之進
東京帝国大学教授

| 004 | 昭和 1927
2. 9. 6 | 中井
(東京) | 宮部
(札幌) | マクスモーウィッチ氏記念祭のことは，当植物学教室では，(1)東京植物学会の経済状態がよくないこと，(2)(没後?)百年祭ではないことの理由で開催に不賛成です | 封書
ペン書 |
| 005 | 昭和 1928
3. 7. 4 | 中井
(東京) | 宮部
(札幌) | マクスモーウィッチ氏生誕百年祭の出版物有難く拝受しました。故人の植物鑑定も今よりみれば欠点もありますが，足場を作った功は少なからず，百年祭を知れば地下で喜んでおられると思います | 封書
ペン書 |

宮部金吾
「マキシモウィッチ氏生誕百年記念会」会長

006	昭和 1927 2. 7.20	宮部金吾・田中長三郎	各位	カール・ヨーハン・マキシモウィッチ氏生誕百年祭挙行に関する提案(本年7月仙台市で開催の東京植物学会臨時総会で決定を希望)	謄写版
007	昭和 2.11. 9	宮部 (「マキシモウィッチ氏生誕百年記念会」会長)	各位	本月23日は本邦フロラに貢献せる露国の植物分類学者マキシモウィッチ氏生誕百年に当たり，札幌博物学会の主催で記念会を挙行しますのでご出席ください	葉書 印刷物
008	昭和 2.11.18	宮部 (札幌博物学会会長)	各位	本月23日「マキシモウィッチ氏生誕百年記念会」を午後1時より本学中央講堂で挙行し，同氏に関係ある著書，写真，標本等を展覧しますのでご出席下さい	葉書 謄写版
009	昭和 2.11.—	宮部 (札幌博物学会会長)	桜井錠二 (帝国学士院長)	(書簡控)本月23日は本邦植物分類に貢献極めて大なるマキシモウィッチ氏の誕辰満百年に当たり，記念会を開催しますのでご芳志をいただければ光栄です	ペン書罫紙

書簡番号	年月日	発信者	宛先	内容	備考

三好　学
東京帝国大学教授

| 010 | 昭和 1927
2.9.9 | 三好
(東京) | 宮部
(札幌) | 先達てご来京の際にお話のあったマキシモウィッチ氏百年記念祭の件につき教室で話し合ったところ，東京植物学会には目下資金がなく，また学会としては外国の学者に対して公平でなければならないという意見になりました。それ故東京植物学会以外の方法で開催できないかご考慮下さい | 封書
ペン書便箋 |

II．記念会への出欠通知 〈50音順〉

001	昭和 1927 2.11.14	朝比奈泰彦 (東京)	宮部金吾 (札幌博物学会)	都合悪く出席できません	葉書 ペン書
002	昭和 2.11.13	伊藤篤太郎 (東北帝大)	宮部金吾 (札幌博物学会)	講演を依頼されましたが，夏以来健康を損なっており出席できません(この記念会は，宮部博士が東京植物学会に主催を提案したが断られたので，札幌博物学会の主催となった経緯を記す)	封書(親展) ペン書便箋
003	昭和 2.11.18	伊藤篤太郎 (仙台)	宮部金吾 (札幌博物学会)	(電文)原稿今出シタ	電報
004	昭和 2.11.19	伊藤篤太郎 (仙台)	宮部金吾 (札幌博物学会)	小生の講演原稿を送りますので代読よろしくお願いします。マキシモウィッチ関係の腊葉，論文などは近日静養のため帰京しますので，発送を断念しました	封書(書留,親展) ペン書
005	昭和 2.11.19	江本(義数？) (東京)	宮部金吾 (札幌博物学会)	残念ながら欠席	葉書 ペン書
006	昭和 2.11.19	大木麒一 (東京)	宮部金吾 (札幌博物学会)	残念ながら欠席	葉書 ペン書
007	昭和 2.11.15	岡田要之助 (東北帝大)	宮部金吾 (札幌博物学会)	残念ながら欠席	葉書 ペン書
008	昭和 2.11.16	小倉　謙 (東京帝大)	宮部金吾 (札幌博物学会)	欠席	葉書 ペン書
009	昭和 2.11.18	神田正悌 (兵庫甲南高等学校)	宮部金吾 (札幌博物学会)	残念ながら欠席	葉書 ペン書
010	昭和 2.11.15	木梨延太郎 (和歌山)	宮部金吾 (札幌博物学会)	残念ながら欠席	葉書 ペン書
011	昭和 2.11.14	木村有香 (東京帝大)	宮部金吾 (札幌博物学会)	本年はしばしばお邪魔してご面倒をおかけしました。カラフトクロヤナギは北海道のどこのアイヌも Rambana(ケショウヤナギ)と呼ぶのでしょうか。Maximowicz 氏誕生百年記念会は仕事がつかえて出られません	封書 ペン書便箋 3p
012	昭和 2.11.15	草野俊助 (東京帝大)	宮部金吾 (札幌博物学会)	多忙につき参列できません	葉書 ペン書
013	昭和 2.11.15	小泉秀雄 (長野松本市)	宮部金吾 (札幌博物学会)	公務多忙のため欠席します	葉書 ペン書

「マキシモウィッチ氏生誕百年記念会」一件資料

書簡番号	年月日	発信者	宛先	内容	備考
014	昭和2.11.18	纐纈理一郎（九州帝大）	宮部金吾（札幌博物学会）	遠路出席できかねます	葉書 ペン書
015	昭和2.11.17	近野栄太郎（岡山倉敷）	宮部金吾（札幌博物学会）	遠隔地のため出席できません	葉書 毛筆
016	昭和2.11.14	白井光太郎（東京帝大）	宮部金吾（札幌博物学会）	祝辞とともに須川長之助氏採集の標本帳を送ります	葉書 毛筆
017	昭和2.11.16	白井光太郎（東京帝大）	宮部金吾（札幌博物学会）	早川左七氏に百年会の話をしたところ，同氏はマキシモウィッチ氏の崇拝者でその著述の一部を復刻したとのことで，出陳を依頼されたので送ります	封書 毛筆巻紙
018	昭和2.11.16	白澤保美（東京）	宮部金吾（札幌博物学会）	欠席	葉書 ペン書
019	昭和2.11.19	真保一輔（新潟高等学校）	宮部金吾（札幌博物学会）	遠路の上，公用もあり欠席します	葉書 ペン書
020	昭和2.11.15	神保忠男（東京）	宮部金吾（札幌博物学会）	残念ながら欠席	葉書 ペン書
021	昭和2.11.15	高橋章臣（奈良女子高等師範学校）	宮部金吾（札幌博物学会）	遠路にて出席できません	葉書 ペン書
022	昭和2.11.14	中井猛之進（東京帝大）	宮部金吾（札幌博物学会）	本学期の授業とくに多端につき記念祭には出席できません。マクスモーウィッチ氏がこのような企てを知れば，定めし天上にて満足していることと思います	封書 ペン書
023	昭和2.11.18	中田覚五郎（九州帝大）	宮部金吾（札幌博物学会）	遠路のことにて出席できません	封書 ペン書
024	昭和2.11.15	並河 功（京都帝大）	宮部金吾（札幌博物学会）	残念ながら欠席	葉書 ペン書
025	昭和2.11.16	西田彰三（小樽）	宮部金吾（札幌博物学会）	出席のつもりですが，時間をご一報下さい	葉書 ペン書
026	昭和2.11.17	根本莞爾（東京）	宮部金吾（札幌博物学会）	都合により参加できません	葉書 ペン書
027	昭和2.11.18	野原茂六（水戸高等学校）	宮部金吾（札幌博物学会）	公務多忙につき欠席	葉書 ペン書
028	昭和2.11.12	早田文蔵（東京帝大小石川植物園）	宮部金吾（札幌博物学会）	小生今年は台湾へ出向の予定で講義を急いでいるので，不参加をお許し下さい。ただ論文（？）を送れば代読下さるとのことなので目下起草中です	封書 ペン書便箋 3p
029	昭和2.11.18	早田文蔵（東京帝大小石川植物園）	宮部金吾（札幌博物学会）	昨日お送りした論文は思し召しに叶わないことがわかったので，マ氏の論文を全部製本したものを送付します	封書 ペン書便箋
030	昭和2.11.27	早田文蔵（東京帝大小石川植物園）	宮部金吾（札幌博物学会）	先日お送りした論文を出版して下さるときは，校正は自分でやりたいので是非校正刷をお送り下さい	葉書 ペン書

「マキシモウィッチ氏生誕百年記念会」一件資料

書簡番号	年月日	発信者	宛先	内容	備考
031	昭和2.11.15	久内清孝（東京）	宮部金吾（札幌博物学会）	都合のため出席を見合わせます	葉書毛筆
032	昭和2.11.17	逸見武雄（京都帝大）	宮部金吾（札幌博物学会）	遠路のことゆえ欠席	葉書ペン書
033	昭和2.11.16	本田正次（東京帝大小石川植物園）	宮部金吾（札幌博物学会）	勝手ながら出席できかねます	封書ペン書
034	昭和2.11.15	牧野富太郎（東京府下）	宮部金吾（札幌博物学会）	妻が入院中で費用がかさんでいるので汽車は三等で参ります。札幌の宿は安い下宿屋にご案内下さい	封書ペン書
035	昭和2.11.17	松浦 一（第一高等学校）	宮部金吾（札幌博物学会）	この機会に札幌へ参るのもよろしいのですが，なにぶん仕事のため参上いたしかねます	封書ペン書
036	昭和2.11.13	松村任三（東京帝大）	宮部金吾（札幌博物学会）	故人に対する称賛の辞をお望みですが，昨今はそのような事がおっくうになっていますので，悪しからずご諒察下さい	封書ペン書
037	昭和2.11.15	宮地数千木（長野松本高等学校）	宮部金吾（札幌博物学会）	遺憾ながら欠席します	封書ペン書
038	昭和2.11.13	三好 学（東京帝大）	宮部金吾（札幌博物学会）	小生も列席したいのですが，本月下旬天然記念物の指定会議の準備に追われているので，残念ながら出席できません	封書ペン書
039	昭和2.11.15	山口彌輔（東北帝大）	宮部金吾（札幌博物学会）	折悪しく出席できません	葉書ペン書
040	昭和2.11.15	山田玄太郎（鳥取高等農業学校）	宮部金吾（札幌博物学会）	遠隔地で参加できず残念です	葉書ペン書
041	昭和2.11.16	山田幸男（東大小石川植物園）	宮部金吾（札幌博物学会）	残念ながら出席できません	葉書ペン書

III. 記念会に寄せられた祝電（国内）〈50音順〉

書簡番号	年月日	発信者	宛先	内容	備考
001	昭和 1927 2.11.23	河越重紀（鹿児島高等農林学校教授）	宮部金吾（北海道帝大農学部植物学教室）	（電文）遥ニマ先生百年祭ヲ祝ス	電報
002	昭和2.11.23	纉纉理一郎・中田寛五郎（九州帝大教授）	宮部金吾（マキシモウィッチ記念会）	（電文）遥ニ御盛会ヲ祝ス	電報
003	昭和2.11.23	郡場 寛（京都帝大教授）	宮部金吾（北海道帝大）	（電文）マキシモウィッチ百年祭ノ御盛儀ヲ祝ス	電報
004	昭和2.11.22	櫻井錠二 帝国学士院長（東京）	宮部金吾（札幌博物学会会長）	（電文）記念式ヲ祝シ学者ノ追慕ト共ニ学術ノ国際協力増殖ヲ祈ル	電報

書簡番号	年月日	発信者	宛先	内容	備考
005	昭和2.11.22	台湾博物学会	宮部金吾（北海道帝大農学部植物学教室）	（電文）記念会ノ御盛会ヲ祝ス	電報
006	昭和2.11.22	東京植物学会	宮部金吾（北海道帝大農学部植物学教室）	（電文）マキシモーヴィッチ氏百年誕辰ヲ祝シ御盛会ヲイノル	電報
007	昭和2.11.23	早田文蔵（東京帝大教授）	宮部金吾（札幌博物学会会長）	（電文）御盛典ヲ祝ス	電報
008	昭和2.11.22	満州博物学会	宮部金吾（北海道帝大農学部植物学教室）	（電文）御盛典ヲ祝ス	電報

IV. 記念会に寄せられた祝電・書簡（外国）〈アルファベット順〉

Lunin, Gerta
ルーニン夫人。C. マクシモーヴィチの娘

001	1927 7.24	G. ルーニン（レニングラード）	宮部教授（札幌北6条）	（英文）遥か昔あなたがわが家に滞在されて、父が大変喜んでいたことをよく覚えています。父の生誕百年にあたり記念祭が行なわれるそうですが、それが盛大に行なわれるかどうかは重要なことではありません。大変貴重だと思われるのは日本の植物学者たちが父のことを覚えていて下さり、父の研究業績がその人々の中に生きていることです	封書（書留）ペン書
002	1927 11.-	宮部金吾（札幌）	G. ルーニン（レニングラード）	（英文電文控）あなたの父上の百年祭は大成功裡に開催されたことをお知らせします。牧野・伊藤・白井の各氏も参加しました	電報控
003	1927 11.28	G. ルーニン（レニングラード）	宮部教授	（英文電文）電報を受取り感激しています。あなたおよび伊藤・牧野・白井氏に心よりお礼を申しあげます	電報

Maisky, I. M.
ソ連邦代理大使

004	1927 11.21	I. マイスキー（東京）	札幌博物学会（札幌）	（英文電文）貴国においてマクシモーヴィチの生誕百年祭が挙行されることは、日露両国民間の学術文化の関係を強固にするもので喜びに堪えません	電報
005	1927 11.20	I. マイスキー（東京）	札幌博物学会（札幌）	（和文）（E. スパルヴィン〔次頁参照〕の筆跡か？）	封筒欠 毛筆
006	昭和2.11.24	札幌博物学会	マイスキー（ソ連邦代理大使）	（和文電文控）丁重なる祝電およびアカデミーよりの祝電を感謝し、盛会に終わりしを告ぐ　委細文	鉛筆書控

Oldenburg
ソ連邦科学アカデミー常任書記

007	1927 11.23	オルデンブルグ（レニングラード）	札幌博物学会	（英文電文）ソ連邦科学アカデミーはアカデミー会員マクシモーヴィチの生誕百年祭に際し貴会に挨拶を送り、その行為に両国の科学者の連帯強化の新しい証しを見ています	電報（ソ連邦大使館経由）

「マキシモウィッチ氏生誕百年記念会」一件資料

書簡番号	年月日	発信者	宛先	内容	備考
008	?	佐藤昌介（北海道帝大総長）	オルデンブルグ（レニングラード）	（英文電文控）北海道帝大総長は札幌博物学会に代って，マクシモーヴィチ生誕百年祭が盛会裏に行なわれたことをお知らせします	ペン書頼信紙（朝鮮線経由）

Spal'vin, E. G. (1872-1933)
ロシア，ウラジヴォストーク極東大学教授，東京ソ連邦大使館書記官。著名な日本学者で『横目で見た日本』（昭和6年）という日本語で書いた本もある

| 009 | 1927 11.23 | E. スパルヴィン（東京麹町区） | 宮部（北海道帝大） | （和文）マキシモーヴィチ氏生誕百年記念会の案内状有難うございました。レニングラードにも報告したいので，記念会の内容や準備のことなど至急お知らせ下さい | 封書 ペン書 |

V. 記念会式典関係資料 〈日付順〉

001	昭和1927 2.11.21	北海道帝国大学	札幌博物学会会長 宮部金吾	「マキシモウィッチ氏生誕百年記念祭挙行ノ為来ル二十三日午前十一時ヨリ午後六時迄中央講堂使用ノ件許可ス」（校印）	毛筆罫紙
002	昭和 2.11.23	記念会会長 宮部金吾		式辞	毛筆巻紙
003	昭和 2.11.23	記念会会長 宮部金吾		式辞	謄写版
004	昭和 2.11.23	伊藤誠哉		「マキシモウィッチ氏伝」	毛筆巻紙
005	昭和 2.11.23	東北帝大 伊藤篤太郎		「露国植物学者マキシモウィッチ氏を想ふ」	ペン書原稿用紙
006	昭和 2.11.23	白井光太郎		「カール・ヨハン・マキシモウィッチ氏誕辰百年記念会賛同ノ辞」	毛筆巻紙
007	昭和 2.11.23	舘脇 操		「マ氏東亜植物分類に対する貢献」	ペン書罫紙
008	昭和 2.11.23	北大総長佐藤昌介		祝辞	毛筆巻紙
009	昭和 2.11.23			式場写真(1)	
010	昭和 2.11.23			式場写真(2)	
011	昭和1929 4.10.-	東京植物学会会長 三好 学 札幌博物学会会長 宮部金吾		「植物学者マキシモウィッチ氏胸像建設趣意書」（胸像建設箇所：函館市図書館前庭）	ペン書（北海道帝大罫紙）
012	昭和1932 7. 8.19	宮部金吾		（放送原稿）「露国植物学者マキシモウィッチ氏」（札幌放送局にて）	ペン書原稿用紙11p

「マキシモウィッチ氏生誕百年記念会」一件資料

書簡番号	年月日	発信者	宛先	内容	備考

VI. マクシモーヴィチの協力者須川長之助に関する書簡・資料〈50音順〉

岩泉周輔
岩手県紫波村の医師。マクシモーヴィチの協力者須川長之助の友人

書簡番号	年月日	発信者	宛先	内容	備考
001	大正1924 13.10.11	岩泉（岩手紫波村）	宮部（北海道帝大）	御校総長佐藤博士に揮毫をお願いしました「須川長之助翁建碑」について（発起人として）ご芳名をお貸し下さるようお願いします。山田（玄太郎）博士から「須川長之助植物採集談」（『札幌博物学会会報』第1巻第1号の別刷）を20部ご寄贈いただきましたので，これを参考にして須川翁の小伝を企画しています	封書 毛筆巻紙 (113 cm)
002	大正 14.6.17	岩泉（岩手紫波村）	宮部（北海道帝大）	かねてご援助をいただいた須川長之助翁の建碑式を去る4月17日に挙行しました。記念の釜敷を別送いたします	封書 毛筆巻紙
003	昭和1927 2.11.21	岩泉（岩手平館村）	宮部（札幌市北6条）	「マキシモウィッチ氏生誕百年記念会」のために，須川長之助翁の写真を次男栄助氏より借りうけて送ります	封書 毛筆巻紙 (101 cm)
004	昭和 2.11.26	岩泉（岩手平館村）	宮部（札幌市北6条）	（須川長之助翁）建碑之由来	封書 ペン書原稿用紙9p

須川栄助
須川長之助次男

書簡番号	年月日	発信者	宛先	内容	備考
005	昭和1928 3.7.25	須川（岩手水分村）	宮部（札幌市北6条）	今回亡父長之助を含めて「マキシモウィッチ生誕百年記念会」をご開催くださり感謝しております。『博物学会会報』記念号も拝受し，亡父も斯学の発展を祈っていることでしょう	封書 ペン書

〔須川長之助関係資料〕

書簡番号	年月日	発信者	宛先	内容	備考
006	文久1862 2.3.—	長崎港会所	奥州南部 忠(長)之助	（写真複写）須川長之助は函館在留ロシア人マキシモウィッチに雇われて神奈川より当地に廻り滞在していたが，このたび英国軍艦セントロイスで神奈川へ赴きたいとの願出があったので許可する	原本は毛筆
007	文久 2.4.7	阿部越前守（外国奉行）	（ママ）シマクモヒッチ オロス俄羅斯本草家	（写真複写）4月5日付書簡で照会の件，洋銀引替は公使，領事，軍艦の士官に限る。10里外の遊歩は外交官に限る。召使の日本人に採集をさせることは自由	原本は毛筆
008	文久 2.4.7	阿部越前守（外国奉行）	シマクモヒッチ 俄羅斯本草家	（写真複写）上記のオランダ文	原本はペン書
009	文久1863 3.3.4	大久保豊後守（長崎奉行）	マキシモキチ	（写真複写）先頃照会のあった南部生まれの従僕長之助を植物採集のため九州へ派遣すべく往来切手を授与する件承知	原本は毛筆
010	明治1901 34.8.—	鳥山 啓		鳥山啓氏所蔵「須川長之助採集標本の由来」（写）	ペン書罫紙
011	明治1904 37.2.24			（原写真）須川長之助（63歳），山田玄太郎氏撮影	写真 9×6 cm
012	明治1911 44.5.27	松田定久	白井光太郎	須川長之助腊葉乾燥鉄板の記，同付図（写）	毛筆巻紙

書簡番号	年月日	発信者	宛先	内容	備考
013	昭和2.11.20	水野（表具師）	宮部先生	長之助碑文石摺表装料受領書（金五円也）	ペン書

秋月俊幸（あきづき としゆき）

1931 長崎県生まれ。東京教育大学文学部卒業。北海道大学附属図書館を退職後，北海道大学法学部講師を経て，現在，日露関係史や日本北辺地図学史の研究に従事。著書に『日露関係とサハリン島』(筑摩書房，1994年)，『日本北辺の探検と地図の歴史』(北海道大学図書刊行会，1999年)，編書に『日本北辺関係旧記目録』(同前，1990年)，『明治大正期の北海道—写真と目録』(同前，1992年)，『北方史史料集成 第五巻』(北海道出版企画センター，1994年)，訳書にS.ズナメンスキー『ロシア人の日本発見』(北海道大学図書刊行会，1979年)，N.V.ブッセ『サハリン島占領日記・1853-54』(平凡社「東洋文庫」，2003年)，B.L.ウォーカー『蝦夷地の征服 1590-1800——日本の領土拡張にみる生態学と文化』(北海道大学出版会，2007年)などがある。

書簡集からみた宮部金吾——ある植物学者の生涯
2010年9月10日　第1刷発行

編　者　秋　月　俊　幸
発行者　吉　田　克　己
―――――――――――――――
発行所　北海道大学出版会
札幌市北区北9条西8丁目 北海道大学構内(〒060-0809)
Tel. 011(747)2308・Fax. 011(736)8605・http://www.hup.gr.jp

㈱アイワード　　　　　　　　　　　　　Ⓒ 2010　秋月俊幸
ISBN978-4-8329-6719-9

書名	著編者	判型・頁数・定価
普及版 北海道主要樹木図譜	宮部金吾 著 工藤祐舜 須崎忠助 画	B5・188頁 定価4800円
北海道高山植生誌	佐藤 謙 著	B5・708頁 定価20000円
日本海草図譜	大場達之 著 宮田昌彦	A3・128頁 定価24000円
札幌の植物 ―目録と分布表―	原 松次 編著	B5・170頁 定価3800円
有用植物和・英・学名便覧	由田宏一 編	A5・374頁 定価3800円
新北海道の花	梅沢 俊 著	四六・464頁 定価2800円
新版 北海道の樹	辻井達一 梅沢 俊 著 佐藤孝夫	四六・320頁 定価2400円
北海道の湿原と植物	辻井達一 橘ヒサ子 編著	四六・266頁 定価2800円
写真集 北海道の湿原	辻井達一 岡田 操 著	B4・252頁 定価18000円
北海道・緑の環境史	俵 浩三 著	A5・428頁 定価3500円
覆刻 札幌農学校	札幌農学校学芸会 編	菊判・180頁 定価950円
覆刻 札幌農黌年報	開拓使 発行	菊判・全11分冊・平均140頁 定価22000円
W・S・クラーク ―その栄光と挫折―	J.M.マキ 著 高久真一 訳	四六・372頁 定価2400円
朝天虹ヲ吐ク ―志賀重昂『在札幌農學校第貳年期中日記』―	亀井秀雄 松木 博 編著	A5・490頁 定価7500円
北大の125年	北海道大学125年史編集室 編	A5・152頁 定価900円
写真集 北大125年	北海道大学125年史編集室 編	A4・238頁 定価5000円

〈定価は消費税含まず〉

──────北海道大学出版会──────